天津近代历史人物传

上卷

天津市档案馆 / 编

李 晶 万新平 / 主 编

荣 华 于学蕴 / 副主编

天津出版传媒集团

天津人民出版社

图书在版编目（CIP）数据

天津近代历史人物传：上、中、下卷 / 天津市档案
馆编；李晶，万新平主编；荣华，于学蕴副主编.
天津：天津人民出版社，2024. 11. -- ISBN 978-7-201-
20874-9

Ⅰ. K820.821

中国国家版本馆CIP数据核字第2024RV7645号

天津近代历史人物传
TIANJIN JINDAI LISHI RENWU ZHUAN

出　　版	天津人民出版社
出 版 人	刘锦泉
地　　址	天津市和平区西康路35号康岳大厦
邮政编码	300051
邮购电话	（022）23332469
电子信箱	reader@tjrmcbs.com

策划编辑	韩玉霞
特约编辑	杨　轶
责任编辑	李佩俊
装帧设计	卢炀炀

印　　刷	天津海顺印业包装有限公司
经　　销	新华书店
开　　本	710毫米×1000毫米　1/16
印　　张	134.75
插　　页	12
字　　数	1400千字
版次印次	2024年11月第1版　　2024年11月第1次印刷
定　　价	1380.00元（上、中、下卷）

编辑委员会

新版序

在天津市委、市政府的关怀与支持下,天津市档案馆充分发挥近代天津历史研究中心的平台作用,组织调动全市近代史研究力量,深入挖掘天津历史文化资源,自2015年6月至2022年12月,历时七年多,先后编撰出版了《天津近代历史人物传略》七卷本,共收录天津近代各领域的557位具有代表性的人物。这是天津近代史研究领域的一项重要成果,也是首部集学术性、资料性和可读性为一体的天津近代人物的工具书。该书一经出版,即产生了良好的社会反响,逐渐成为人们认识天津、了解天津、研究天津的重要参考,深受读者喜爱。

为深入落实习近平总书记视察天津时提出的在推动文化传承发展上善作善成的重要要求,坚持以文化人、以文惠民、以文润城、以文兴业,大力加强近代历史和人物研究,弘扬天津城市文化和人文精神,丰富时代内涵和当代价值,我们应广大读者要求,在《天津近代历史人物传略》(七卷本)基础上,重新编排修订为三卷本再次出版。三卷本的出版,通过集中展现近代天津一个个鲜活的历史人物的生平事迹,让我们深刻感悟天津文化的多元、开放、包容和创新,充分彰显蕴含其中的鲜红底色,不断擦亮津味、津派文化品牌,讲好天津故事,持续提升天津文化的标识度和影响力,不断增强天津人的文化自豪感和归属感,为谱写强国振兴天津篇章提供文化支撑。

本书再版过程中,得到了市有关单位的关心指导,得到了史学界专家学者和撰稿人的大力支持。天津人民出版社的领导和编辑,在选题立项、书稿审校、出版印刷各环节,都付出了辛勤的劳动。天津市档案馆杨宝红、张珅、段玉洁、韩晨琛等同志参与了文字核校工作。在此，我们向各单位和所有为本书做出贡献的同志表示衷心的感谢！

由于编者水平所限，在史料的挖掘、搜集和研究上还有待进一步深入，书中难免有谬误及挂一漏万之处，我们真诚地希望广大读者提出宝贵意见，帮助我们进一步完善和提高。

天津市档案馆

2024年8月

初版序一

多年来,天津市高度重视天津近代历史研究工作,在市委、市政府的关怀和支持下,2012年3月,天津市档案馆成立了近代天津历史研究中心。这是全国档案系统第一家地方近代历史研究机构,为进一步促进天津近代历史研究搭建了一个重要平台。《天津近代历史人物传略》是研究中心成立后,经市委、市政府批准立项的首个大型学术研究和出版工程。

1840年鸦片战争至1949年中华人民共和国成立,一百多年的中国近代史,是灾难深重、落后挨打的屈辱历史,也是中国人民探索救国之路、实现自由民主的历史,更是中华民族抗击侵略、打倒帝国主义以实现民族解放,打倒封建主义以实现国家富强的斗争史。天津城市在近代具有特殊的历史地位,鸦片战争、第二次鸦片战争、洋务运动、甲午战争、戊戌变法、义和团运动、清末新政、辛亥革命、五四运动、中国共产党成立,党领导下的土地革命、抗日战争、解放战争,等等,这些影响中国近代历史发展进程的重大事件,无不在天津留下了深深的印记,由此有了"近代中国看天津"之说。

天津作为近代中国北方最大的通商口岸,处于东西方文化交汇点,近代化的进程也在加速。这个时期,在天津诞生了中国第一批近代工厂、第一所国立大学和第一所私立大学、第一批近代银行、第一条铁路、第一个电报局、邮政局,等等,逐步实现了向北方经济中心城市的重大转变。20世纪二三十年代,中国形成了南有上海、北有天津的经济格局,奠定了天津经济发展的重要地位。对天津近代百年历史进行深入研究,对于促进改革开放、实现天津又好又快发展具有重要的现实意义。

历史是一部厚重的教科书,透过近代中国宏大的历史场景,我们看到的是一个个鲜活的历史人物。在天津近代历史的舞台上,他们与那些重大历史事件一起,共同勾勒了天津近代历史的脉络。在这里,许许多多革命先驱为了人民的解放事业浴血奋斗,留下了可歌可泣的英雄事迹;在这里,许许多多仁人志士为了救国图强,兴产业、办实业,为加快民族工业的发展付出了心血和汗水;在这里,汇聚了国内外许许多多专家学者、有志青年,在教育、科技诸领域构筑了国内人才的一个高地;在这里,涌现出许许多多知名的演员和艺术家,成为民族文化艺术的一方沃土。无数先进人物,在国难与民族危亡关头英勇献身的精神,在救亡图存的磨难与抗争中勇于探索、自强不息的精神,在历史长河中永远闪耀着光芒!一部天津近代历史给我们留下的历史财富是极为宝贵的!当然,天津也曾是为数众多的清末遗老遗少、军阀买办、达官显贵聚居之地,也是反动黑暗势力麇集的地方。

本书以马克思主义唯物史观为指导,以对历史的敬畏之心,从天津近代百年历史中选取了五百多位具有代表性的历史人物编写成传。这些人物涉及天津近代社会各党派、各阶层、各界别。在编写过程中,我们牢牢把握三个原则,一是坚持实事求是的原则,注重史料的真实性,充分挖掘和运用第一手史料,参考了大量历史文献和最新研究成果,多方印证所选用的口述史料,对各类史料认真甄别、去伪存真、去粗取精,力求全面、真实地记述每一个人物的生平事迹。二是坚持客观公正的原则,注重撰述的客观性,一切用史实说话,不隐恶,不溢美,以期客观真实地反映入传人物的全貌及其对历史的影响,切实从人物的视角呈现一部客观真实的天津近代史。三是坚持严谨细致的原则,注重行文的规范性,确保传文结构合理、层次分明,文字表述精炼、准确、生动,参考文献与注释体系符合学术要求,力求使这部书成为一部集学术性、资料性和可读性为一体的历史工具书。

本书编辑过程中,得到了市委、市政府的关心指导,得到了市有关单位的热情帮助,得到了史学界专家学者的大力支持。这部书凝结着大家的心血和汗水,是集体智慧的结晶。在此,我们向各位领导和所有为本书做出贡献的同志表示衷心的感谢!

由于水平的局限,以及史料的搜集和研究还有待进一步深入,本书需要进一步完善和提高,我们真诚地希望广大读者提出宝贵意见。

今后,近代天津历史研究中心要更好地聚合全市近代史研究人才,发挥好重要平台的作用,充分调动专家学者和全市史学工作者的积极性,进一步搞好天津近代历史的研究工作,讲好天津故事,努力扩大天津历史文化名城的影响力和知名度,切实为建设美丽天津做出新的更大的贡献。

天津市档案馆

近代天津历史研究中心

2016年7月18日

初版序二

　　《天津近代历史人物传略》即将出版,这是天津近代史研究领域的一项重要成果,是一部具有权威性的有关近代天津人物研究的著作,对于深入认识和研究天津近代历史具有较高的学术价值。

　　天津地处京畿,据通衢,扼海口,地理位置十分重要,以1860年被迫开放为标志,天津的历史进入近代时期。洋务运动、小站练兵、清末新政先后发端于天津,义和团运动、辛亥革命、五四运动、中共建党、抗日战争、解放战争在天津留下了史迹,还有九国租界的开辟、北方经济中心的确立,都深刻影响了近代中国的历史进程,故有"近代中国看天津"之说。

　　在这百年巨变的历史中,涌现出一大批中外历史人物,有革命者、实业家、作家、学者、艺术家、达官贵人、失意政客,等等。本书的编者不以传主的政治倾向和职位高低为标尺,坚持收录人物的客观标准,经过深入研究,从近代天津各个领域、各个阶层、各个党派筛选出值得一写的人物,有数百人之多,其所涉近代人物的完整性、系统性,在天津近代历史研究领域还是首次。

　　在记述人物的生平事迹时,编者以马克思主义唯物史观为指导,怀着对历史人物客观公正之心,注重史料的真实性,一切用史实说话,注重行文及体例的规范性,使全书具有较高的研究价值,是一部精品之作。

　　这是一部具有学术性、资料性和可读性的大型工具书,以人物的活动反映了近代天津社会的方方面面,成为了解天津、认识天津、研究天津的史料宝库,肯定会受到读者的喜爱。近代中国看天津,读完这部书,你会感觉此言不虚。

魏宏运

2016年6月18日

凡　例

一、本书定名为《天津近代历史人物传略》,是具有学术性、资料性和可读性的多卷本工具书。

二、本书收录人物时限,上自1840年6月28日第一次鸦片战争爆发,下迄1949年10月1日中华人民共和国建立。入编人物主要经历和重要事迹在此时限之内。入编人物1949年后健在与否不限,但必须是在1949年前确已成名且有重要事迹可书者。凡属1949年前仅崭露头角,而1949年后始声名大显,或1949年前虽已知名,但与天津关系甚浅,而1949年后始长居天津者,一般不予收录。

三、本书中关于天津的区域范围,以现在天津市的行政区划为准,凡属现天津市所辖区之人物,符合收录标准者予以收录。

四、本书收录人物以天津籍为主,包括祖籍天津但流寓外地者;或寄籍天津,出生成长以及长居、终老于天津者。外省市籍人物,视其与天津历史渊源之深浅,在天津具体活动及其影响之久暂、大小为依据,酌量收录。

五、本书收录人物为近代天津在政治、军事、经济、文化、社会各个领域的知名人物,包括近代天津各个重要历史时期及历次重大历史事件中有重要活动、重要影响和重要贡献的中外历史人物。具体而言,军界为师长以上;政界为省、市厅、局长以上;经济界为历届商会会长,主要同业公会会长,著名工厂、商号、银行、钱庄的创业人或经理;文化界为大学与比较著名的中、小学创办人或校长,著名的教授、学者、科学家、工程师、文学家、书画家、音乐家、文物收藏鉴赏家,知名报社社长、编辑与记者,著名的演员、民间艺人,主要医院院长、著名中西医师;社会人士为地方名流(乡绅、盐商、买办等),知名的法官、律师、寓津旧军政人员、前清遗老、宗教神职人员与居士、体育家、武林高手,以及三教九流中的代表人物等。全国性知名人物尤予重点收录。

六、本书人物采取一人一传一篇的形式。

七、本书人物传略以本名为主,其有习惯俗称,向以字、号、别名、艺名流行社会者,用其俗称。人物按姓名拼音字母音序排列,先姓后名。同音字按笔画由少至多排序,同笔画者按笔画顺序排列。外国人按其中文名或中文译名首字拼音排序。

八、本书人物传略正文,大体上包括生卒年、字号、民族、籍贯、出身、学历、主要经历及在天津重要活动事迹诸项。生卒年均用公元纪年,括注于词目人物姓名之后。不详者以问号? 标注。卒年为空白者表示其人健在。汉族一概不特为标注。籍贯一律用当时地名。叙事一律用公元纪年,必要时标注清朝年号。对人物生平事迹一般不做具体评论和评价。

九、本书撰写所依据的文献资料,必要者注释具体出处,一般在文后列出主要参考文献。因所涉参考文献种类丰富,时间跨度大,为方便广大读者检索,采用传统著录格式。有些参考文献的作者为机构作者,其正式全称文字过多,而且历史上名字多有变化。为文字简省考虑,在不引起误解的前提下,此类机构作者名称,按其规范简称著录,如:中国人民政治协商会议天津市委员会文史资料委员会,简写为:天津市政协文史委。其他各级、各地同类机构名称,依此体例。

目　录

上　卷

1

2

中 卷

6

8

下 卷

爱 莲 君

爱莲君(1918—1939)，天津人，出身贫苦，11岁时被转卖给开妓院的赵连琪夫妇作养女，取名赵久英，家住天津法租界老西开世昌里。

赵氏夫妇为人凶悍，性情暴躁，每天逼迫养女干繁重的家务，不知生身父母是谁的赵久英，在吃不饱穿不暖和非打即骂的家庭环境中熬过了一年。当她看到老西开附近一些青楼女孩子学唱"落子"(评剧前身)，便央求养父母让她也去学唱。赵连琪夫妇权衡了利弊，最终安排她拜评剧艺人赵月楼为师，学演评剧，学期4年。

赵久英的师父赵月楼，是有着丰富舞台经验的老艺人，对徒弟要求严格。她立志刻苦学戏，学起戏来勤于思、苦于练，学唱腔、背台词，练基本功无不倾心投入。

经过赵月楼的悉心教育指导，仅一年多，赵久英就跟师父学会《双招亲》《花为媒》《吴家花园》等几出戏。赵月楼给她取了"爱莲君"的艺名，安排她在谦德庄的小戏园子搭班唱"打子儿戏"(计时收费的演出形式，每隔10分钟，伙计到观众跟前收一次钱)。她声调柔媚，每使一句腔，常常博得观众喝彩。赵月楼去世后，爱莲君继续跟赵月楼的徒弟王喜瑞学戏，学会一出演一出，又相继上演了《桃花庵》《杜十娘》《珍珠衫》《占花魁》等一些剧目。

爱莲君身材修长，表演身段也妩媚可人。她的声腔宽厚适中，刚起唱时略带沙音，待嗓子遛开后越唱越婉转清亮(业内俗称"云遮月"嗓)。初期她多摹仿女演员李金顺唱法，在学人之长的同时，结合自己嗓音低哑宽厚的特点，运腔时调式转换灵活，善于使用鼻腔共鸣，把曲调装饰得韵味厚重。她的唱腔时常出现顿挫跳跃、强弱倒置、长短不齐,听来格外纤细轻巧、似断非断,业内人士称这种唱法为"疙瘩腔"。爱莲君所创造的"疙瘩腔",一改评剧早期粗犷激越的"大口"唱法,引导评剧女声唱腔朝着华丽的方向迈进了一大步,闯出了一条属于自己的艺术新路。

赵连琪夫妇见爱莲君一天天成熟起来,便创立了爱莲戏社,由年仅14岁的爱莲君担任挑班主演。

爱莲君在爱莲戏社,一面应付繁重的营业演出,一面继续练功学戏,在频繁的演出实践中,她的艺术水平逐日猛进,声望也随之高涨,挑班后逐渐进入中型戏园演唱。那时她经常演的剧目又多了《十三姐进城》《老妈开嗙》《王少安赶船》《回杯记》《双招亲》《双婚记》《入洞房》等。她学演从师父那里继承下来的老戏,常常按照个人的理解在舞台上即兴发挥。

爱莲君虚心好学,勇于革新。她不但继承传统戏,还请来文明戏演员徐笑菊、李哈哈、刘鹤影等人,为她排演了《芙蓉花下死》《儿比父大一岁》《瓜田恨》《牢狱产子》《新茶花》《杨乃武与小白菜》等十几出令观众耳目一新的活词剧(也称幕表戏)。这些戏锻炼了她在台上灵活、机趣的即兴表演能力,也为她充分展示自己见景生情、自然应对的才能提供了用武之地。爱莲君在剧坛的地位日盛一日,没几年便成为备受观众瞩目的评剧明星。业内人士把她自成一格的唱法称之为"爱"腔,与李金顺、白玉霜、刘翠霞并列为评剧四大声腔流派。此后的评剧舞台上有许多新流派崛起,而声腔艺术大都是从李、刘、白、爱四大声腔派生出来的。

1935年5月,爱莲君带领爱莲戏社远赴上海闯市场,把充满北方文化意蕴的评剧第一次带入上海滩。17岁的爱莲君又邀白玉霜、钰灵芝两位天津的评剧名伶南下。两个多月内,三位名角紧密团结,互相配戏,演出效果超出预期。天津评剧以强大的阵容和实力给上海群众留下美好的印象。

爱莲君一生有过三次灌制唱片的经历。在她16岁那年,应唱片商之邀赴日本大阪,将她唱《花为媒》《一瓶白兰地》《苏小小》《烧骨记》《于公案》《蜜蜂记》《庚娘传》《三赶樊梨花》《打狗劝夫》等戏里的唱段,灌制成唱片回国出售。

她19岁在上海演出期间,当地唱片商为她灌制了《刘翠屏哭井》《烧骨记》两张唱片。同年9月她载誉回津,这些唱片已经提前在天津发行。天津的一些广播电台、商店、影剧院,每天播放她在上海灌制的唱片。1936年前后天津的街头巷尾,随处可闻爱莲君的"八月十五雁南飞"等唱段,爱派声腔风靡一时。

20岁那年,她疾病缠身极度衰弱,但嗜财如命的养父母,逼迫她答应唱片商的要求,带着病到北京灌录了《烧骨记》《李香莲》《樊梨花》等唱片。这是她留下的绝唱,成为研究评剧"爱派"乃至评剧发展史的宝贵资料。

养父母视她为摇钱树,平日一天两场或三场演出,一年到头也难得休息一两天。她所赚的钱,全部控制在养父母手里。除排戏、演戏外,养父母不准她接触社会各界人士,更不准谈婚论嫁。爱莲君两次遇到情投意合的知音,均被养父母拆散。她几乎失去人身自由,长期精神郁闷,身心日益憔悴,最终百病缠身。在她病情日益恶化的日子里,她的养父母仍不给她调养身体的机会,还逼迫她登台挣钱。1938年冬,爱莲君在升平戏园演《珍珠塔》,反串演老旦(方卿之母)时,当场昏倒在台上。这是爱莲君最后一次与天津观众见面。

1939年夏,爱莲君辞世,年仅21岁。

参考文献:

红兵:《评剧爱派创始人爱莲君》,《剧坛》,1982年第8期。

息国玲:《评剧名家演唱艺术》,中国广播电视出版社,1988年。

陈钧:《评剧音乐史》,中国戏剧出版社,1997年。

赵德明:《评剧一代名伶莲小君传》,中国戏剧出版社,2010年。

（甄光俊）

爱泼斯坦

爱泼斯坦(1915—2005),全名伊斯雷尔·爱泼斯坦(Israel Epstein),中文名艾培,1915年4月20日出生于波兰华沙的一个犹太人家庭,1920年随家人定居天津。

爱泼斯坦一家抵津后,住在意租界的马蒂里奇①道(亦称"营盘小马路"),不久,迁至德租界的威廉街附近,后定居于英租界巴克斯道。爱泼斯坦在津度过了18年的时光。5岁进入使用英语教学的幼稚园,7岁转入天津美国学堂;从8岁至14岁,在霍拉齐金娜夫人处学习钢琴。他先后就读于天津文法学校、天津公学。课外,他在父亲担任主席的天津犹太人俱乐部的图书馆中借阅俄文图书,也从美国学堂的图书馆里借阅英文书刊。通过阅读,爱泼斯坦逐渐产生了做一名记者的想法。

1929年前后,14岁的爱泼斯坦开始为天津公学校刊投稿,并开始做编辑和版面设计工作。此后,又担任商业性月刊《东方皮货贸易》的文字校对工作。在天津公学期间,他的作文得到《京津泰晤士报》主编威尔弗雷德·V.彭内尔的好评。此时,爱泼斯坦已兼职开始为天津的俄文日报《晨报》工作,主要是把路透社及其他通讯社的英文新闻翻译成俄文。1931年,爱泼斯坦初中毕业后进入《京津泰晤士报》,正式开始了他的记者生涯。

当时《京津泰晤士报》每天16个版面,编辑部只有7人,爱泼斯坦

---

①马蒂里奇(Matteo Ricci),即明末来华的意大利传教士利玛窦。

任职期间,从校对、编辑乃至撰写社论,他都做过,这为他以后从事新闻工作打下了良好的基础。该报早期的《是谁的新政?》《技术官僚政治》等著名社论,均为他的手笔。1931年,他专程赴北平拜访了长他10岁的燕京大学教授埃德加·斯诺,并为斯诺的著作《远东战争》撰写了书评,两人结下深厚的友谊。1935年冬,爱泼斯坦以极大的热情参加了一二·九运动,在斯诺的介绍下,接待了一批从北京南下请愿的爱国学生。1936年夏,斯诺秘密进入陕北根据地采访,写出震惊中外的《西行漫记》。10月赴北平会晤斯诺时,爱泼斯坦有幸成为最早读到《西行漫记》书稿并看到照片的读者之一。斯诺第一次真实报道的中国工农红军长征的英雄事迹使爱泼斯坦大为震惊,他曾回忆道:"当时,书中令人吃惊的生动叙述和使人信服的事实,向我展现了一个新世界,就像这本书后来给许多人带来的影响一样。"1936年西安事变后,爱泼斯坦在斯诺家中阅读了史沫特莱等人的来信,了解到西安事变的真相和意义。1937年,斯诺在北平创办英文杂志《民主》,支持中国人民的民主和自由斗争,主张实行抗日统一战线,爱泼斯坦应邀为该刊物撰写文章,并以编辑部编辑的身份赴北平参加会议。

1937年七七事变爆发后,爱泼斯坦的父母从天津塘沽乘船离开中国,移居美国,但爱泼斯坦作为美国合众社的驻华记者,仍留在中国继续工作。1937年7月29日凌晨,二十九军官兵与天津保安队主动出击,对日军占据的天津铁路总站、东站、海光寺兵营和东局子飞机场发起进攻。爱泼斯坦夜以继日地工作,把采访到的见闻通过美国合众社向全世界做了客观公正的报道。对日军轰炸南开大学以及天津沦陷后屠杀爱国士兵和学生的暴行,他充满悲愤,对此进行了真实的报道。

平津沦陷后,中共中央北方局决定立即转移仍在平津坚持斗争的共产党员和进步学生。此时,斯诺与英国记者贝特兰护送在北平就医的邓颖超以及王世英、张晓梅来到天津,希望通过爱泼斯坦,帮助邓颖超等三人离开日本占领区。爱泼斯坦通过父亲的关系,成功搭乘英国太古洋行的船只,陪同三人在英租界海河码头乘汽艇到大沽口,登上了前往上海的客轮。邓颖超、王世英、张晓梅三人在烟台下船,转道潍县乘火车前往西安和延安,最终成功脱险。而爱泼斯坦则从青岛登岸,赶赴南京继续担任合众社记者。

1938年4月台儿庄战役期间,爱泼斯坦与荷兰著名纪录片导演、摄影师佐里士·伊文思、匈牙利著名摄影记者罗伯特·卡珀等赶到前线,采访了士兵和指挥官,耳闻目睹了抗战将士们的英雄事迹。1939年,他在伦敦出版了第一本著作《人民之战》,向国外真实报道了两年来日军的侵略暴行和中国人民坚韧不拔的斗争精神。后来他在1991年出版的该书中文版的前言中写道:"我决心要帮助建立反法西斯统一战线并为之服务。我认为各被压迫国家和人民的自卫解放斗争是正义的,应当予以支持。我既然身在中国,就意味着要与中国人民肩并肩地站在一起,声援他们的战斗。"

1938年7月,爱泼斯坦调往广州。广州沦陷后,他转移到香港,随即被合众社解雇。同年9月,他在广州爱国游行队伍中第一次见到了宋庆龄,从此成为亲密战友。翌年,宋庆龄在香港发起组织"保卫中国同盟",邀请爱泼斯坦担任宣传工作,负责编辑出版英文半月刊《新闻通讯》,支持世界人民的反法西斯斗争,向世界介绍中国人民抗战的真实情况,争取国际社会对中国抗战的了解与援助。1938年至1941年,在八路军驻香港办事处负责人廖承志的主持下,爱泼斯坦从事中共中央文件英文译本的编辑工作,其中包括毛泽东《论持久战》的第一部英译本。在工作之余,他还挤出时间编辑了延安推荐的《中国革命运动史》和《中国作家》的英文版。这一时期,爱泼斯坦开始给《纽约时报》投稿,文章论述了中国新文学艺术。

1940年春,爱泼斯坦离开香港与身居重庆的妻子伊迪丝团聚,之后开始在中国国际广播电台工作,后又返回香港,1941年香港沦陷后,他化名亚历克·史蒂文森以躲避日军的搜捕,但不幸仍被日军逮捕,关入收容平民的赤柱拘留营。1942年3月18日,爱泼斯坦与同在香港被拘捕的多名外籍人士逃出拘留营,乘船前往桂林。抵达桂林后,爱泼斯坦任美国联合劳动新闻社驻华记者,负责向美国工会及左派报纸提供中国新闻。为维持生活,他还担任美国战时新闻局(USOWI)重庆办事处的工作人员,每天将华盛顿发来的无线电报编成新闻稿,供中国报纸采用。1943年,爱泼斯坦与伊迪丝离婚后,与英国人邱茉莉女士结为夫妻,二人共同投入到为中国抗日战争服务的工作中。

1944年初夏,爱泼斯坦以美国《纽约时报》《时代》杂志和联合劳动新闻社记者的身份,参加了中外记者西北参观团,突破封锁访问延安和晋绥抗日根据地。延安之行中,他对毛泽东、朱德等共产党领导人进行了采访。毛泽东在与他单独会面时,介绍了自己对抗战形势的精辟分析。爱泼斯坦记述此次采访时说,延安之行"给我决定性的影响,我看到未来,当时我就坚信反动派不能统治中国。新中国一定会在中国共产党的领导下诞生"。1944年10月13日,他在窑洞内采访了周恩来。他的这些采访文章发表在以《纽约时报》为代表的美、英、澳等国家的主流报纸上,成为世界反法西斯战争中国战场的权威报道。

1944年末,在妻子的陪同下,爱泼斯坦访问了英国。1945年至1951年初,他在美国担任《联合劳动新闻》总编辑,并于1949年出版了《中国尚未结束的革命》(The Unfinished Revolution in China)一书。妻子邱茉莉主办进步月刊《聚焦远东》。他们不顾美国反动势力的迫害,积极投入反对美国干涉中国内政、增进美中两国人民友谊的进步活动。在美国居住的前一阶段,美国上层仍有一种"主张中国统一,避免内战"的倾向,爱泼斯坦借机为中国做了大量工作。爱泼斯坦与好友叶君健一起将《黄河大合唱》的歌谱译成英文,在《时代》《生活》杂志老板亨利·卢斯的夫人克莱尔·卢斯的赞助下,由新泽西特伦顿的威斯敏斯特合唱团搬上舞台。但随后,美国政府的对华政策发生陡转,特别是1950年开始的朝鲜战争期间,联邦调查局开始监视爱泼斯坦的行动。

1951年,应宋庆龄之邀,爱泼斯坦夫妇克服重重阻力,重返中国,创办《中国建设》杂志(后更名为《今日中国》)。爱泼斯坦担任执行编辑,为《中国建设》杂志的不断改进与发展倾注了大量心血,该刊现已发展成为有中、英、法、西、阿等多语种文版的综合性月刊。

"我爱中国,爱中国人民,是这种爱把我的工作和生活同中国的命运联系在一起。"爱泼斯坦曾说:"我从小在中国长大,和这块土地、这里的人民建立了深厚的感情。这里有我无数的朋友和同志,有我的事业。中国就是我的家。我已经亲眼看到中国人民革命的胜利,还要亲身投入到建设新中国的行列中去。"1957年,爱泼斯坦申请加入了中国国籍,并于1964年加入了中国共产党。他与邱茉莉还收养了两个中国孩子。

1968年,"文化大革命"中,爱泼斯坦夫妇遭受冤屈,被囚禁狱中5年,但他没有动摇过对中国革命的坚定信念。1973年1月,在周恩来的努力下,爱泼斯坦夫妇获得平反,重回工作岗位。1979年5月,他被任命为《中国建设》总编辑。

1983年,第六届全国政协邀请11名中国籍非华裔人士为委员,爱泼斯坦担任政协常委。

爱泼斯坦的工作得到党和政府的充分肯定,他多次受到毛泽东、邓小平、江泽民、胡锦涛等中央领导的亲切接见。1985年4月20日,为祝贺爱泼斯坦70寿辰和在中国工作半个世纪,《今日中国》杂志社在人民大会堂为他举办了庆祝活动,邓小平等中央领导人亲临祝贺。时任中共中央总书记胡耀邦在贺信中特别指出:"在十年浩劫中,您蒙受重大冤屈,然而丝毫没有动摇您对中国共产党和中国人民的热爱和信赖。您不愧为坚贞的国际主义战士和忠诚的爱国主义公民。"

2004年4月,爱泼斯坦的回忆录《见证中国——爱泼斯坦回忆录》一书出版。2005年4月,爱泼斯坦到天津参加了"爱泼斯坦生平图片展"及本人纪念邮票的首发式。

2005年5月6日,爱泼斯坦因病在北京逝世,终年90岁。

参考文献:

伊斯雷尔·爱泼斯坦:《中国尚未结束的革命》,利特尔＆布朗出版社,1949年。

伊斯雷尔·爱泼斯坦:《毛泽东印象》,豫皖苏新华书店,1949年。

伊斯雷尔·爱泼斯坦:《从鸦片战争到解放》,新世界出版社,1956年。

伊斯雷尔·爱泼斯坦:《见证中国——爱泼斯坦回忆录》,沈苏儒、贾宗谊、钱雨润译,新世界出版社,2004年。

(齐　珏)

安 体 诚

安体诚(1896—1927),字存斋,又名安诚斋、安存增、安灿真,笔名存真,直隶丰润县人,1896年出生于丰润县阎家铺村的一个农民家庭。

1909年,安体诚考入天津北洋法政专门学校附属中学,继而升入该校法律预科和本科。1917年,安体诚以全班第一名的成绩毕业,并由学校资助赴日本京都大学经济学部学习。在该校著名的马克思主义经济学家河上肇博士的影响下,安体诚开始接触和研究马克思主义,并参加了爱国学生团体——新中学会。留日期间,安体诚十分关注中国正在兴起的新文化运动和劳工运动。安体诚根据国内劳工运动的情况,撰写了讨论劳工问题的文章《对于"神圣"二字意义之所感》,并寄送上海共产党早期组织的成员、《民国日报》主编邵力子,1920年冬,安体诚撰写的文章被《民国日报》副刊《觉悟》刊登。

1921年夏,安体诚回国,应邀到母校——北洋法政专门学校任教,讲授马克思主义经济学。9月,在李大钊的指导下,创办了天津工余补习学校,安体诚担任补习学校主任。学校设在恒源纱厂附近的宇纬路东兴里,招收学员(工人和学徒)40余人,开设国文、算术、劳工运动知识等课程。在讲授过程中,安体诚特别注重培养学员的阶级意识,以提高他们的政治觉悟。校内设立了工人图书馆,供学校学员和贫苦知识分子借阅进步书籍和报刊。创办了"五五"书报代卖社①,专门出售

---

① 该社为天津工余补习学校和天津社会主义青年团共同创办的专门代售进步书刊报的书店。

全国各地出版的马克思主义和新文化运动的书刊,深受广大进步青年的欢迎。工余补习学校成为党在天津领导工人运动的基地之一,为北方党组织培养了大批工人运动的骨干,被誉为"天津工人运动的一道曙光"①。学校成立不足一年,就被天津警察当局以宣传"赤化"为由而查封。

1922年初,安体诚经李大钊介绍加入中国共产党,后任中国劳动组合书记部北方分部领导成员兼天津特派员、中共北京区委委员。1922年春末,受中共北京区委调派,安体诚担任中国劳动组合书记部北方分部机关刊物《工人周刊》的记者、编辑,兼管发行工作。在安体诚等人的努力下,该刊介绍国内外劳工消息,着重报道各地工人受奴役的痛苦生活以及团结起来进行斗争等情况,启发工人的阶级觉悟,被誉为"劳动者的喉舌""北方劳动界的言论机关"②,以致引起北洋政府的恐慌,反动当局多次通令严禁刊载相关内容。1922年5月,中国劳动组合书记部由上海迁到北京,《工人周刊》成为总部机关刊物,对全国的工人运动特别是北方工人运动的发展,起到了重要的指导和推动作用。

为推动北方铁路工人运动的广泛开展,1922年5月,安体诚受组织委派任北洋政府交通部密查员和育才科视学。安体诚利用自己的合法身份,在京奉铁路线上秘密执行党内职工运动特派员的任务。他深入工人和学生中间,大力开展革命宣传,建立进步的工会组织,发展党团员,并先后成功地指导了山海关和唐山两次铁路工人的罢工。

1923年初,安体诚因从事工人运动在奉天被捕入狱。坚定的革命信念和顽强的革命意志使安体诚经受住了种种酷刑的严峻考验,后越

---

①中共天津市委党史资料征集委员会编:《马克思主义在天津早期传播》,天津人民出版社,1989年,第20页。

②中共党史人物研究会编:《中共党史人物传》第32卷,陕西人民出版社,1987年,第180页。

狱回到北京。

1923年二七大罢工失败后,安体诚南下杭州,到浙江法政专门学校任教,并担任中共创办的第一个公开发行的中央机关报《向导》周报的发行主任。同时他还担任中共杭州党小组组长、独立支部支部书记等多项工作,为向民众宣传、组织民众、发展党团组织做出了重要贡献。

1923年中共三大召开后,根据国共合作精神,安体诚带领浙江全体党团员以个人身份加入国民党。1924年3月,安体诚当选为国民党浙江临时党部执行委员,负责宣传工作。他创办了《浙江周刊》,宣传孙中山的三大政策。11月,孙中山应冯玉祥电邀北上共商国是,安体诚等联合各群众团体于1925年1月成立浙江省国民会议促成会,并当选为促成会总务委员。3月1日,安体诚率领浙江代表团参加了在北京召开的国民会议促成会全国代表大会,当选为大会秘书长,同国民党右派沈定一、戴季陶破坏浙江国共合作统一战线的阴谋进行了坚决斗争。安体诚的革命活动引起了当地反动派的极大不安。

1925年五卅惨案发生后,安体诚等以浙江临时省党部的名义,组织演讲队、召开国民大会,发动工人、学生和商人以罢工、罢课、罢市等方式援助上海工人斗争。1925年夏,浙江法政专门学校解聘了安体诚。

1925年9月,经党中央同意,安体诚以北京区委兼地委特派员的身份抵达西安,负责整顿西安的团组织并建立党的组织,其公开身份是国民军第三军军长兼陕西军务督办孙岳的秘书,帮助孙岳整顿军纪,协调第三军与陕军、国民军第二军的关系。抵达西安后,9月26日,安体诚等正式成立国民党陕西临时省党部,并选举了执行委员。10月初,他与团中央派来的陕甘特派员吴化之对陕西地区的团组织进行了整顿:解散了矛盾重重的西安第一、第二两个团支部,对团员重新进行登记,并成立共青团西安特别支部。10月下旬,安体诚等创建陕西省历史上第一个党组织——中共西安特别支部,安体诚任书记。特支成立后,安体诚采用撰写文章、发表讲演等形式积极宣传马列主义,培养党团积极分子,使西安党团组织不断扩大。

1925年底,安体诚奉调回北京,在北京大学任教并参与中共北方区委和国民党北京市党部组织部以及国民会议促成会全国联合总会的领导工作。安体诚领导了反对帝国主义侵略和北洋军阀段祺瑞的斗争。1926年3月,日本军舰闯进大沽口,炮轰国民军,蛮横要求国民军拆除天津至大沽口之间的防御工事。中共北方区委得悉后,准备于3月18日通牒期限未满以前,举行一次国民大会并进行大规模的示威活动,以敦促段祺瑞执政府驳回外国列强的最后通牒。同时确定17日派代表到外交部和国务院进行交涉,安体诚和陈毅等4人被推举为赴国务院发言代表。18日,安体诚与北京大学师生一起参加了反对"八国通牒"的国民大会,通过了《国民驳复列强最后通电》和组织"北京国民反对各国侵略中国大同盟"的决定,并进行示威游行。安体诚作为北京市总工会、北京大学等200多个社会团体选举产生的5名代表之一,到铁狮子胡同执政府门前,要求面见段祺瑞,递交国民大会的决议案。北洋政府动用武力血腥镇压手无寸铁的请愿群众,在执政府门前当场死伤二三百人,制造了举世震惊的三一八惨案。在反动派的屠刀下,安体诚临危不惧,为保护学生而身负重伤。

三一八惨案后,安体诚被北洋政府列为主要的通缉对象之一。为躲避段祺瑞执政府和奉系军阀对共产党员的迫害,保存革命力量,迎接即将到来的北伐,中共北方区委将安体诚等一大批党员干部调离北京,分赴南方开展新的工作。安体诚到达广州后,经中共广东区委介绍,到中央军事政治学校(黄埔军校)工作,先后担任政治教官、政治部宣传科科长、中共党团干事、国民党特别党部宣传委员会委员等职,主编《黄埔日刊》,并兼任广州劳动学院教授、毛泽东主办的第六届农民运动讲习所教员等职,为培养黄埔军校的军政干部、支援北伐战争、支持省港大罢工、巩固广东后方做出了重要贡献。

1927年4月15日,国民党广州政府叛变革命,进行"清党"反共。安体诚遵照党组织的指示,带领一部分被驱逐的人员绕道上海赴武汉。到达上海后,安体诚在法租界被捕,关押在龙华监狱。安体诚在狱中严守党的机密,任凭敌人威逼利诱、严刑拷打,宁死不屈。1927年5月,安体诚在龙华英勇就义,年仅31岁。

参考文献:

《革命烈士传》编辑委员会编:《革命烈士传(一)》,人民出版社,1985年。

(孟 罡)

安 幸 生

安幸生(1902—1927),原名安毓文,号仁岗,1902年生于天津北辰中河头村一个富裕的农民家庭。幼年丧母,姐弟五人,排行第二。他在父亲安维礼兴办的三河头小学(后改为天津县公立第四十八小学)读书。1918年,安幸生以优异成绩考入直隶省立第一中学。他聪颖过人,擅长写作和辩论,深得语文老师的喜爱。他为人正直、关心时事,积极探求救国济民之理,逐渐树立起为"振兴中华"而奋斗的信念。

1919年五四运动爆发后,安幸生义无反顾地投身这场伟大的运动中。5月6日,他作为直隶一中代表赴北洋大学参加天津10所中等以上学校学生代表会议,参与天津学生联合会筹备工作。后率领全校学生参加天津各界"国耻"纪念日示威游行和5月23日全市学生罢课大示威,并赴省公署请愿,强烈要求惩办卖国贼、释放北京被捕学生,表现出卓越的组织和领导才能。

为了更好地团结天津广大进步青年开展革命活动,安幸生与于方舟、韩麟符等人于1919年10月发起成立新生社(1920年秋改组为马克思主义研究会,1921年又改为社会主义青年团)。1920年4月,新生社创刊《新生》杂志,安幸生担任主编,他撰写了大量诗文社论,阐述新生社的主张、介绍马克思主义。1921年,安幸生任社会主义青年团委员。不久被捕入狱,后经多方营救获释。

出狱后,安幸生回到故乡中河头村,组织贫苦农民开展反对当局无理收缴"烧炭税"和"割头税"的斗争,迫使当局减免了税款,因而受到当地群众的信任和爱戴。

1922年春,安幸生担任中国劳动组合书记部天津支部主任,积极参加书记部发起的劳动立法运动。8月27日,安幸生致电国会参众两院,指出:"世界人类所衣者、食者、住者,何莫非由我农工劳动者所供给,彼掠夺阶级之资本家、军阀、官僚等在政治上、法律上、经济上、社会上概享有种种特权,而我供给人类幸福之源泉者,不但不能得一温饱,且在政治上、法律上、经济上反受尽种种残酷待遇。"强烈要求国会迅速通过中国劳动组合书记部提出的《劳动法大纲》。10月,安幸生开展募捐后援活动,支持开滦五矿工人罢工。1922年秋,由罗章龙介绍加入中国共产党。

1924年1月,根据当时国共合作的需要,按照党组织的决定,安幸生以个人身份加入国民党。3月9日,安幸生参加在天津高等工业学校举行的社会主义青年团天津地方执行委员会成立大会,参与筹备和领导了天津各界群众连续举行的"五一""五四""五七"示威游行。8月初,安幸生响应北京反帝国主义大联盟的号召,联络天津26个团体,成立"天津反对帝国主义联盟",并任委员长,发表了《反帝联盟宣言》,表示与帝国主义斗争到底。9月7日,安幸生等发动全市工商学各界停工停课,举行"九七"示威大会。在会上他揭露了帝国主义的侵略行径,提出由大会致函国会,抗议帝国主义的罪恶。9月,安幸生与于方舟等筹建中国共产党天津地方执行委员会,担任执委,分工负责海员与码头工人运动。他深入海员和码头工人中宣传中国共产党的主张,开展反帝统一战线的各种活动。

1924年12月,安幸生参与组织欢迎孙中山北上万人大会,发起成立天津国民会议促成会,担任临时书记兼文书科主任。27日,安幸生与于方舟、邓颖超等5人被选为天津国民会议促成会起草委员,撰拟该会章程、宣言、通电等重要文献。后作为天津各界代表之一,送孙中山离津赴京。

1925年1月3日,天津国民会议促成会正式成立,安幸生任书记。

3月,孙中山在北京病逝后,安幸生多次发表演讲宣传孙中山的革命思想和伟大功绩。4月19日,安幸生担任由中共天津地委组织成立的孙中山主义研究会事务科职员,大力宣传中国共产党的主张和孙中山的新三民主义思想,为开展群众革命运动做好思想动员。

为推动天津革命运动的发展,安幸生和李培良等利用举办识字班等形式,发动群众,帮助各工厂、码头建立基层工会,成绩显著。1925年5月1日,安幸生参加中共天津地委组织的天津各行业工人示威游行。5月6日,天津宝成纱厂资本家借故开除一名女童工,引起工人群众不满,党组织和工会发动工人罢工表示抗议,形成劳资双方的僵持局面。安幸生受党组织委托参与调解。他慷慨陈词,驳斥资方种种借口,迫使资方接受了工人提出的三项要求。5月7日,天津60多个团体在南开学校操场举行"天津市民'国耻'纪念会",安幸生任秘书股主任。5月12日,上海《民国日报》上刊登了他撰写的报道这一盛况的文章。文中指出:"此次游行示威,为两年来未有,天津市民运动为全国之冠。"

5月30日,上海爆发五卅运动,安幸生立即组织天津反帝联盟召开紧急会议,发表宣言声讨帝国主义的罪行,在天津各界反帝示威游行大会上报告五卅惨案详细经过,激起群众无比愤慨。6月5日,天津学界万余人集会游行,声援上海。安幸生代表全市学生宣读誓词:"誓死与英日断绝经济关系,打倒帝国主义,联合弱小民族,实行民族自治。"

为团结各界力量开展反帝爱国斗争,安幸生与中共天津地委领导人于方舟、邓颖超、江浩分头联络,于6月10日成立天津各界联合会。安幸生当选为联合会交际员、讲演员和监察员,参与起草联合会章程、宣言和通电。6月14日,天津各界10余万人在南开学校操场再次召开反帝市民大会,声讨英国海军在汉口枪杀、枪伤数百名游行华人的罪行。安幸生、邓颖超等7人被推举为代表,向直隶督办军务公署和直隶省长公署请愿,提出"收回日租界""取消领事裁判权""撤废英日不平等条约""请求英日政府撤惩各肇事驻在地领事""惩办凶手担负赔偿恤金"等5项要求。督办李景林不得不表示:"所有请愿条件,吾当极力向中央陈请。"

随着全市学生罢课斗争日益高涨,安幸生深入学生中间,分析帝国主义文化侵略的本质,提出沪案是"经济问题、阶级斗争问题",要废除不平等条约,就必须"唤醒民众,联合世界上以平等待我之民族"共同奋斗,从而坚定了学生罢课斗争的决心。

7月18日,在安幸生的组织下,"中华海员工业联合会天津支部"成立,安幸生当选为书记。他领导天津全体海员罢工并发表声明,决心"与强暴的英国人反抗,非达最后目的誓不上工"。在罢工斗争中,安幸生始终与工人生活、战斗在一起,实行正确的斗争策略,使罢工斗争给英日帝国主义以沉重打击。

为统一领导天津工人阶级的反帝斗争,1925年8月4日,中共天津地委组织各行业工会成立天津总工会,安幸生任委员长,由此形成了天津工人阶级反帝斗争的坚强核心。同月,在组织纱厂工人罢工斗争中,安幸生等各界联合会代表19人和400余名罢工工人被奉系军阀李景林拘押在督察处,后转入第三监狱。在狱中,安幸生和其他共产党员组成党支部,与狱外党组织取得联系,开展狱中斗争。12月25日,冯玉祥所部国民军攻占天津后,安幸生出狱,并获得中共天津地委赠予的"革命先锋"纪念章。

1926年元旦,安幸生参加天津总工会举行的升旗礼,以总工会秘书身份作报告,号召"各工友加倍努力,以期得到最坚固之团结"。1月17日,国民党天津市党部召开全体党员大会,安幸生当选为农工部委员。2月4日,"天津国民讨张(作霖)排日会"成立,安幸生当选为常委。2月27日,安幸生等人组织2000余名青年召开大会,总结罢工斗争经验教训。3月1日,在"天津各界反英讨吴(佩孚)大会"上安幸生当选为委员。3月20日,天津各界联合会在南开学校操场召开万人大会,安幸生当选为主席团成员。3月21日,安幸生在全市"废约驱段"大会上被推举为代表,向直隶督办孙岳和驻津总司令鹿钟麟请愿。1926年夏,安幸生奉命调往上海、武汉等地从事工会工作。

1927年5月,安幸生参加中共五大会议后回津,不久被党组织调往北京,从事恢复北方区委和北京市委、筹建北方局、组织人民武装等工作。9月18日,安幸生与董季皋之女董恂如结为伉俪。9月22日,中共顺直省委改组,安幸生担任顺直省委组织部部长兼北京市委组织部部长。10月,北京党的组织暴露后,安幸生不顾个人安危,一面销毁党内文件,一面通知其他同志转移。10月21日,安幸生被奉系军阀逮捕。在狱中,他面对威逼利诱和严刑拷打,始终大义凛然。得知被叛徒出卖后,安幸生公开承认自己是共产党员,并说:"我信仰共产主义,是在孙中山先生联共的政策下加入中国共产党的,别的无可奉告。"11月21日,安幸生等18位共产党员被敌人秘密杀害,安幸生年仅25岁。

1949年新中国成立后,根据党中央的决定,在北京八宝山革命公墓隆重举行了安幸生等18位烈士忠骨安葬仪式。周恩来与董恂如一起抬着安幸生的骨灰坛走向墓地。1986年9月14日,安幸生的母校天津市第三中学在校庆85周年之际,隆重举行安幸生塑像揭幕仪式,邓颖超亲笔为塑像题写了"安幸生烈士纪念碑"碑文。1997年5月,安幸生烈士故居被命名为天津市青少年爱国主义教育基地。

参考文献:

中共天津市委党史资料征集委员编:《战斗在天津的共产党人》,天津人民出版社,1991年。

(曹冬梅)

白 宝 山

白宝山(1878—1941),字峻青,号瑞石,晚年又号瑞石老人,天津人。因家境贫寒,白宝山少年时曾在豆腐坊当学徒。因被其师母虐待,白宝山不堪忍受,逃到"口外"(泛指长城以北地区)谋生。

在"口外",白宝山不仅学会了烧炭、牧马,还随土匪学会了双手打枪和武术。白宝山通过驯服并出售无主马群赚了一笔钱,并用这笔钱回乡买了一所小房子。

经人介绍,白宝山到北京一位军官家里当马弁。张勋见到白宝山,深为喜爱,就要过来当了自己的卫兵。白宝山逐渐升至卫兵排排长。在为张勋看护私宅的过程中,白宝山深得张勋的信任,加上又会带兵,遂升为营长。清末,张勋出任江南提督兼江防大臣,任命白宝山为定武军第四路统领,率兵驻海州。

1911年10月,武昌起义爆发。张勋被革命军打败,遂调白宝山部队赴前线断后。此时南北议和,白宝山趁机与革命军谈判。革命军攻入徐州后,张勋率部逃往山东,白宝山固守海州。张勋为白宝山向清廷请功,白宝山被清廷实授九江镇总兵,正二品。但是清朝旋即灭亡,白宝山并没有到九江上任。在清帝退位南北议和时,白宝山曾以这个职位代表张勋与革命军谈判。

1913年,袁世凯派冯国璋率领张勋、雷震春等攻打南京,白宝山为张勋部先锋,仍任统领一职。张勋严令白宝山不惜代价,抢先攻入南京。白宝山率部攻城。半个月间,人员损失过半,仍未攻下南京。后白宝山采纳副参谋长王馨兰的建议,挖地道将炸药送至城墙下,炸开南京城墙一角,攻入南京。

1915年12月23日,白宝山被袁世凯封为一等男爵,28日被任命为海州镇守使。白宝山经营海州已久,所辖部队人数逐渐增加,他已是海州的实际掌控者,对张勋处于听调不听宣的状态。张勋复辟失败,不再统领定武军,定武军残部由白宝山和张文生分别统领。白宝山与李纯部下高级将领齐燮元、陈调元结为把兄弟,借机投靠李纯。李纯将白宝山的部队改编为江苏陆军第一师,后更名为第四师、第五师,但队伍未变。白宝山随之升任中将师长,并继续兼任海州镇守使。

1923年11月,曹锟委任白宝山为郁威将军。1924年10月,在军阀混战中,白宝山作为先锋攻入上海并代理淞沪护军使。同年11月,白宝山率部退回海州。

1925年1月,白宝山升任海州护军使。孙传芳掌控江苏后,委任白宝山为徐州以北前线副总指挥。1925年12月,孙传芳入主南京为五省联军总司令,白宝山任第八师师长。

1926年10月,国民政府在北伐中发表《讨伐孙传芳宣言》。12月,白宝山奉孙传芳命令,由海州开往宜兴。1927年3月,陈调元投蒋。由于白宝山与陈调元的关系一直较为密切,孙传芳对白宝山很是疑忌。白宝山一面敷衍孙传芳,一面与陈调元保持联系。同年3月,白宝山借故退回海州。5月,白宝山赴上海,谋划投靠蒋介石。北伐军攻入海州后,白宝山在海州的全部产业被查封。此后,白宝山在天津闲居。

1930年2月24日,经陈调元斡旋,白宝山被任命为国民政府军事参议院少将参议,被查封的海州产业发还。1938年2月,白宝山随陈调元撤到汉口,并常住在军事参议院。1938年5月,陈调元之母去世,白宝山帮助接待吊唁来宾,蒋介石亲来祭奠,陈调元借机介绍白宝山与蒋介石见面。白宝山表达了参加抗战工作的愿望。随后,蒋介石授予白宝山兼军事委员会委员头衔。

在河北的齐燮元派人带着亲笔劝降书找到白宝山,希望白宝山回华北当他的副司令。蒋介石得知后大怒,要立即枪毙白宝山。白宝山向陈调元表白绝无此意,并送家人由桂林转至重庆为质,以示忠诚。在陈调元的力保下,蒋介石改变主意,命陈调元负责监督白宝山。

1939年,白宝山晋升中将参议。

1941年11月3日,白宝山病逝,终年63岁。

参考文献:

邱树森主编:《中国历代人名辞典》,江西教育出版社,1989年。

刘国铭主编:《中国国民党百年人物全书》(上册),团结出版社,2005年。

白化文:《负笈北京大学》,江西教育出版社,2008年。

(魏淑赟)

白 坚 武

白坚武(1886—1937),字馨远,号馨亚,亦称兴亚,室号知白堂,河北交河人。1886年出生于交河县泊镇党家庄。幼年时随祖父在陈州任所读书,18岁回乡参加科考,中秀才。

1907年白坚武报考天津的北洋法政专门学校,与后来成为中国共产党创始人之一的李大钊成为同学。白坚武与李大钊志趣相投,关系非常密切,受李大钊的影响,白坚武的思想倾向进步,他们并称为"法政二杰"。在学期间,白坚武还结识了该校创始人之一的孙洪伊,深得其赏识与信任。

1913年,从法政专门学校毕业后,白坚武先后在直隶公署、《黄钟日报》担任过秘书、记者等职。1916年投奔在上海反对袁世凯的国民党议员孙洪伊,通过孙洪伊引荐,1917年,白坚武追随江西督军李纯,先后任江西督署和江苏督署顾问,代表李纯从事调和南北军阀、实现"和平统一"的工作。此时的白坚武与李大钊,在反对北洋军阀黑暗统治、主张南北和平统一等问题上的看法基本一致,交往非常密切,书信来往相当频繁。1922年,白坚武改投到直系吴佩孚门下,正式进入吴佩孚的幕府,先后任两湖巡阅使署和直鲁豫巡阅使署政务处处长,参与吴佩孚的军机要务,从此成为吴佩孚的主要幕僚,追随吴佩孚达五年之久,深得其信任与赏识。他主持的政务处是重要的权力机构,下设机要、法制、财政、外交、文书五科,时人称政务处为吴佩孚的"小内阁"。

随着直系势力的壮大,各省要员与直系来往频繁,白坚武时常代表吴佩孚在洛阳接见各方代表，不仅对国家大政发表意见，而且对国务院各部、地方各省的主要人选进行干预，成为"八方风雨会中州"的风云人物。

1923年10月，曹锟贿选当上大总统，白坚武奔走于北京、保定、洛阳之间，疏通斡旋，拥戴曹锟，为此获一等文虎勋章。1924年，直系在第二次直奉战争中败北，白坚武暂时回到天津居住。1925年，吴佩孚在湖北自任14省讨贼联军总司令，率部讨伐奉系张作霖，白坚武赶到武汉，继续追随在吴佩孚左右，再次出任政务处处长。1927年，吴佩孚的军队被北伐军击溃，白坚武辗转去日本，后返回天津家中，在天津英租界度过近十年的寓居生活。

白坚武认为吴佩孚之所以失败，在于过分依赖英美两国。为图谋东山再起，白坚武竭力交往日本军政界人士，希望能得到他们的援助。在天津英租界的求志里，他暗中联络亲日派人士，鼓吹拥戴吴佩孚重新掌权。为筹措活动经费，白坚武出资在天津河东创办专营干鲜果品的仁和货栈，但他把主要精力放在窥测时局上，妄图把直系在京津地区的残存势力组织起来，进而夺取国家政权。货栈因经营不善出现亏损，不久就关门了。

白坚武虽然对吴佩孚有好感，但经过多年交往，他认为吴佩孚"长于用兵，短于施政"，是一个"无远大方略"的人。他曾经写信给吴佩孚，要求他放弃不住租界、不出洋的誓言，建议他去日本游历，争取在日本人的扶持下东山再起。白坚武的这个建议被吴佩孚断然拒绝。1932年初，吴佩孚由四川经甘肃回到北平，准备以锦州为根据地，高举抗日的旗号，召集旧部抗日卫国。此时，已与日本人勾结的白坚武坚决反对，从此与吴佩孚分道扬镳。

经人介绍，白坚武结识了日本驻天津副领事白井康、天津驻屯军少佐参谋三野友吉、通译官吉田忠太郎等人，进而和关东军副参谋长板垣征四郎取得联系，并得到板垣的支持。三野友吉在天津搜集情报,网罗下野军政失意人员及地痞流氓,制造混乱。1931年6月,在三野友吉与土肥原贤二的唆使下,白坚武协助李际春等人在天津发动暴乱,纠集数百名地痞流氓,在日本军队的配合下,冲出日租界闹事。孰料,刚出日租界就遭到中国保安队的迎头痛击。暴乱失败后,白坚武与三野友吉密谋拥吴(佩孚)反蒋(介石),他认为:中国新旧军人中,得民心者是旧军人(指北洋系旧军人),新军人(指国民党系军人)不得民心。同时,他还专门组织拉拢文人的"正谊社"与拉拢武人的"兴北会",声称要"招揽北方军人,振兴北方军威",号召"北方军人联合起来,反抗南方人的统治,在华北搞出一个新局面来"。①

1933年8月,于学忠出任河北省主席,来天津就任。白坚武与于学忠有金兰之好,又同在吴佩孚麾下为官,交谊深厚。在土肥原的唆使下,白坚武屡次劝说于学忠独立,成立"华北国"。遭到拒绝后,他又设计分化、瓦解于学忠的部队,并派人暗杀于学忠,但未遂。

曾任吴佩孚秘书的吴天民在与天津日本特务机关联络时,突然被刺身亡,引起白坚武的极度恐惧,因此他不敢住在英租界的家中,急忙搬到日租界的一家旅馆内,并将正谊社的办公地点也移到日租界。处于日本庇护下的白坚武,活动更为猖狂,他不断地招兵买马,组织上街游行,要求"华北自治",一心为日本帝国主义侵吞华北制造舆论。

1935年,在日本特务头子土肥原的策动下,白坚武与石友三组织"华北正义自治军",白坚武任总司令,他们密谋由天津、丰台一带出发,攻占北平,脱离南京政府,组织成立"华北国",拥戴吴佩孚出山掌权。白坚武利用各种关系策反驻守在平津一带的国民党军官,经过一段时间的工作,他用重金收买了驻丰台的铁甲军中队长段春泽等人。1935年6月27日,一百余名便衣土匪由天津出发至丰台,与驻防丰

---

① 张达骧:《白坚武其人》,载天津市政协文史委编:《天津文史资料选辑》第23辑,天津人民出版社,1983年,第193页。

台的段春泽部会合,进抵永定门车站,向北平城内开炮。因北平当局事先获悉这次行动的情报,早有防范,经过两个多小时的战斗,叛乱被迅速平息。策划叛乱的白坚武等人见阴谋败露,便在日本军方的护送下逃至塘沽,坐船前往东北。不久,白坚武再次回到天津。1935年11月,宋哲元任冀察政务委员会委员长,他担心白坚武勾结日本势力捣乱,便委任白坚武为冀察政务委员会参议,月送车马费200元。

1937年,日本加快对华北的侵略步伐,但对白坚武的所谓建立"华北国"的打算并不热心,冀东防共自治政府的头子殷汝耕等汉奸也极力排斥白坚武,此时的白坚武非常失意。七七事变后,日本占领天津,白坚武怀着复杂的心情离开天津去青岛,不久又与山东省主席韩复榘在济南会面。随后他去河北大名会见宋哲元,是年底,宋哲元卸职到后方养病。时任第六战区司令长官冯玉祥,以通敌叛国罪的罪名逮捕了白坚武,以"汉奸首领罪"在南乐县南门外将其处决,时年51岁。

白坚武有一部四十余册近百万言的《白坚武日记》,又称《知白堂日记》,时间从1916年始至1937年7月14日止,主要记述他步入仕途、投靠军阀当政客,到投靠日本当汉奸的经历,其中涉及当时中国的政治、军事、外交等方面诸多历史事件的内幕,是一部相当珍贵的历史资料。

参考文献:

杜春和:《白坚武的一生》,载河北省政协文史委编:《河北文史集粹》10卷本,河北人民出版社,1992年。

天津市政协文史委编:《天津文史资料选辑》第23辑,天津人民出版社,1983年。

中国社会科学院近代史研究所编,杜春和、耿来金整理:《白坚武日记》,江苏古籍出版社,1992年。

(郭登浩)

白 玉 霜

　　白玉霜(1907—1942)，原姓卢，名慧敏，生于天津。因家境贫寒，幼年被其母卖给在同庆后桂花书院做跟班的李卞氏当养女，改名李桂珍。10岁时被送进同庆坤书馆，先学唱连珠快书、京韵大鼓，再跟评剧艺人孙凤鸣学唱评剧，和小桂花、小菊花一起学演"拆出落子"。

　　14岁的时候，白玉霜开始随班走码头演戏，刚出道就大受欢迎。当时在戏报上用的名字是李桂珍，后取艺名白玉霜。白玉霜和其他演员上午练功排戏，下午和晚上演出，每天十分辛苦。

　　白玉霜学戏之初，第一代评剧女演员李金顺在天津正当红，白玉霜对李派艺术十分痴迷，但是她的嗓子高音不够理想，达不到李金顺的音高，但是她中低音出众，丹田气充足，演唱起来头腔、胸腔一起共鸣，腔音宽而且亮，发出的声音别具韵味。于是她采用低弦低唱，以中低音之所长避高音不足之短，在情绪需要时，用腔音稍一使劲，如异峰突起，轻而易举便能博得观众喝彩。此外，白玉霜特别注意唱、念、做的综合发挥，对水袖、形体及面部表情的艺术技巧，努力往深度追求，积以时日，终于形成特色独具的评剧旦角新流派，很快在天津脱颖而出，成为备受天津观众欢迎的评剧新人。

　　白玉霜勤奋好学，别人的艺术长处，哪怕是同辈演员，她认为是好的，总是千方百计地吸收、消化。她虚心借鉴评剧女演员爱莲君创作出来的"疙瘩腔"，化他山之石为己有，灵活地运用到自己的演唱中。为了得到好的剧目，白玉霜不惜花费重金买到了《朱痕记》《玉石坠》《孔雀东南飞》等京剧剧本，然后移植到评剧舞台上，并且吸收借鉴了程派的表演艺术。

白玉霜看重评剧的完整性。从前评剧戏班排戏都是师傅口传心授,没有导演之说。白玉霜专门请了一位京剧科班毕业的先生,在她的戏班里当导演。上演老戏,她也一定要求导演帮她重新加工。她非常注意戏台上的四梁八柱(老生、小生、彩旦、老旦等)配搭整齐,并要求全班演员全神贯注地对待演出。有的演员误了场,一律按规定"罚香",掏腰包买来香到祖师爷牌位前认错。

1935年7月,白玉霜应上海恩派亚剧场之约南下上海。到上海以后,白玉霜首先演出了《马寡妇开店》。这是一出宣扬妇女大胆追求幸福爱情的剧目,迎合了新生活运动背景下上海大众的心理需求。在艺术上,白玉霜的表演超越了一般艺人只注重情节的传奇性而不注重刻画人物个性的演法。白玉霜凭借此戏在上海滩一炮打响。此后,《马寡妇开店》成为白派演员共同的看家戏之一。1936年,白玉霜去武汉、无锡演出了一段时间之后,应正在上海演戏的另两位评剧坤伶爱莲君、钰灵芝之约,回上海同台合演《马震华哀史》《桃花庵》《珍珠衫》等新剧目,强强联合的阵容,在上海掀起一股评剧热。白玉霜在演出时,大胆地将传统唱念中使用的冀东口音,更改为普通京音。白玉霜在艺术实践中向前迈出了一大步,也对评剧做出了一大贡献。

白玉霜在上海期间,最大的收获是获得了田汉、欧阳予倩、洪深、安娥等新文艺工作者的同情与支持。他们看了她的演出,给予了许多指导,欧阳予倩为她提供了新编的《潘金莲》剧本,采用京剧、评剧"两下锅"的形式,使用京剧、评剧两支乐队伴奏,在上海天蟾舞台演了四五场,全卖满堂。回到恩派亚剧场后,又以纯粹评剧的形式再演《潘金莲》,连演了两个月,上座不衰。白玉霜演完这台戏,懂得了演戏不只是为了挣钱养家糊口,还肩负着对观众进行思想教育的责任。接着,她又在田汉、欧阳予倩的支持下,排演了全本《玉堂春》《阎惜娇》,演出也产生了轰动效应。

明星电影公司编剧郑小秋、导演张石川看了白玉霜的演出,接受洪深的建议,于1936年7月拍摄了一部反映评剧女艺人悲惨遭遇的电影故事片《海棠红》,白玉霜扮演女主角海棠红,电影演员舒绣文扮演小蓉养母,王献斋、严工上、沈骏等扮演其他角色。白玉霜有着与剧中人物海棠红极为相似的人生经历,拍片时感情真挚、自然,进戏很快。影片里有一大段用评剧旋律谱写的"戏中戏",白玉霜演得更是得心应手,拍摄过程非常顺利。影片拍成后,白玉霜闻名全国。著名戏剧家洪深、欧阳予倩在报上著文,对白玉霜的表演艺术给予很高的评价。20世纪50年代出版的《中国电影发展史》第一卷,还使用了这部影片的剧照。电影《海棠红》的成功,使评剧艺人白玉霜一跃成为电影明星,并且被报界誉为评剧皇后。

1937年春,白玉霜回到天津剧坛,身价倍增,在新明大戏院连演数月,上座率居高不下。七七事变后不久,天津沦陷。在日本侵略者统治下,评剧艺人的日子更为难过,白玉霜苦心经营,仍难以维持剧团的生存。1937年8月,白玉霜领衔的玉顺班到北平开明戏院演出。玉顺班结束北平演出回到天津,车站宪警以戏班里的艺人有抗日嫌疑为借口,将戏班扣押,几经波折才放白玉霜回家。

1938年,北平开明戏院再次邀约白玉霜演出,《新民报》总编辑吴菊痴散席后在回家途中,被抗日锄奸队开枪打死。敌伪当局了解到他刚刚离开白玉霜的筵席,遂将白玉霜和李卞氏抓到官衙,押了两周才释放。白玉霜在衙内吃了不少苦,还挨了打。

白玉霜常年在繁忙的演出中拼搏劳累,没有顾及身体健康。1941年10月在北洋戏院演戏期间,因体力不支,由每天日夜两场改为只演夜场。12月初,病情加重,不得已中断了演出,诊治半年有余。养母李卞氏把白玉霜当成摇钱树,不顾她的健康一天天恶化。白玉霜身体刚有好转,李卞氏就逼迫她唱戏挣钱。1942年8月,病入膏肓的白玉霜,依然要在北洋戏院的台上演出《闺房劝婿》。那天,她到戏院演出,是由别人搀着上的车。上装时她还愁眉苦脸,一到台上,又表现得精神抖擞,全身心投入剧中人物的感情。但她终于病倒不起。8月10日,白玉霜在天津寓所里病逝,终年35岁。

参考文献:

1936年《申报》《大公报》。

中国戏曲志编辑委员会编:《中国戏曲志·天津卷》,文化艺术出版社,1990年。

（甄光俊）

白毓昆

白毓昆(1868—1912),字雅雨,号铣玉,江苏南通人,生于1868年4月17日(清同治七年三月二十五日)。1886年,以排名第一考取秀才,进江阴南普书院深造,习旧学及天文、算学、舆地、史论等。1899年至1900年,在上海南洋公学求学,主攻史地学。毕业后任教于上海南洋公学和澄衷学校。

1908年秋,白毓昆接受北洋法政专门学校、北洋女子师范学堂的聘请,携家眷到天津教书,住在河北三经路居易里。

白毓昆精通地理学,1909年9月27日,他与友人张相文等发起成立了中国地学会,并亲任编辑部长,于次年1月编辑出版了中国最早的自然科学杂志《地学杂志》,通过介绍祖国的地理山川,激发人们的民族精神和爱国情怀。

白毓昆是深受李大钊尊敬的老师。李大钊于1907年至1913年在北洋法政专门学校读书,白毓昆作为李大钊的历史和地理老师,不但传授知识,而且在思想上给予李大钊许多有益的指导,在李大钊由立宪派向革命派的转变过程中,起到了重要的作用。

1910年11月,天津学界要求清政府开设国会,实行宪政。白毓昆则认为,要求清政府变法、维新、立宪,好比是"与虎谋皮"[1]。

立宪派请愿活动的失败,使白毓昆更加坚定了用武力推翻清王朝

---

[1]中国史学会主编:中国近代史资料丛刊《辛亥革命》第6册,上海人民出版社,1957年,第367页。

的决心。1911年10月10日武昌起义爆发,白毓昆认为京师是"清室的根本",如果"京津不动摇,则南军恐难持久"。因此,他积极主张在京津一带发动起义,以加速清王朝的灭亡。他组织"红十字会",借以集众演说,进行革命宣传。又同胡宪、凌钺等人组织以北洋法政专门学校和北洋女子师范学堂的师生为主要成员的天津共和会。白毓昆被推为会长。共和会机关设在天增里附近生昌酒店楼上,从事革命活动。在此期间,白毓昆在女会员的掩护下,奔走于北京、张家口之间,参与策划起义,输送炸弹,并广派会员分赴各地联络民团。共和会很快成为活跃在北方的一个重要革命团体。

1911年11月24日,湖北军政府全权代表胡鄂公来到天津,寓居法租界紫竹林之长发栈,组织北方起义响应武昌。白毓昆次日即偕孙谏声等到他的住所讨论组织滦州起义事。12月2日,在北洋医学堂召开直隶各革命团体代表会议,公推胡鄂公为总指挥,下设秘书处和参谋部、军事部、交通部、联络部。会议还决议各地成立总司令部指挥革命,任命孙谏声为天津总司令,白毓昆等人为指挥。12月14日,北方革命协会在天津英租界小白楼成立。参加会议的有胡鄂公、白毓昆及各革命团体代表,通过了《北方革命协会简章》,宣布以"协助革命军北伐,崇奉孙先生之三民主义"为宗旨。

12月30日上午,北方革命协会于天津共和会召开各革命团体代表会,通告滦州王金铭、张建功、施从云等电请天津同志赴滦,指导革命、组织政府诸情形。会议决定由白毓昆、熊朝霖、孙谏声、陈涛等十余人分批前往。下午,施从云派李兰廷、陈熙泰二人由滦来津告知北方革命协会,谓滦州驻军官兵决定于1912年1月2日宣布独立。会后,北方革命协会遂派白毓昆、孙谏声、陈涛等人由天津赴滦州。12月30日晚,白毓昆等人即赶往滦州。

白毓昆等人到滦州后,于1月2日宣布滦州驻军三个营起义,成立北方军政府,以第2营营长王金铭为滦军都督,第3营营长张建功为副都督,第1营营长施从云为滦军总司令,白毓昆为参谋部长兼外交部长。滦州起义爆发后,袁世凯急派清军通永镇总兵王怀庆率军前往镇压。1月4日晚,白毓昆同王金铭、施从云率起义军向天津进发。次日凌晨与清军激战于雷庄。清军伪示停战议和。王金铭、施从云不听部下劝阻,前往谈判,即遭杀害。白毓昆带数人从小道冲出,行至古冶不幸被捕。他面对敌人视死如归,慷慨陈词:"我死不足惜,唯诸君今为满奴,异日且将为外人牛马,痛何如之。"王怀庆令白毓昆跪下,白毓昆斥之曰:"此身可裂,此膝不可屈,杀则杀耳,何迫辱为!"白毓昆于1月7日被杀害。

白毓昆殉难后,由遗骸衣袋内检得所赋绝命诗一首,最后四句为:"希望后起者,同志气相连。此身虽死了,主义永流传。"①

1912年7月,白毓昆的灵柩被运回家乡南通,安葬在狼山之阳。9月,民国政府追授他陆军上将衔。

参考文献:

冯玉祥:《冯玉祥选集》上卷,人民出版社,1985年。

李新等主编:《中华民国史·人物传》第6卷,中华书局,1981年。

骆宝善、刘路生主编:《袁世凯全集》,河南大学出版社,2013年。

庄锦生:《白雅雨》(《江苏文史资料》第62辑),1993年内部印行。

(葛培林)

---

① 萧平编,吴小如注:《辛亥革命烈士诗文选》,中华书局,1962年,第212页。

白 云 鹏

　　白云鹏(1875—1952),字翼卿,直隶霸县人。白云鹏幼读私塾,因喜爱看戏听曲,14岁开始半农半艺,在农村演唱竹板书。1900年来津,拜师在史振林门下,学唱木板大鼓和演奏三弦。不久,由木板大鼓衍变而来的京韵大鼓刚一诞生,即以其鲜明的天津本土化特色,受到了观众的喜爱。1903年前后,白云鹏结合自身的嗓音条件,从早期的京韵大鼓中创造出了适合自己的唱腔。为了创新,他聘请了拉弦和唱词的名师,从《红楼梦》唱段改起,逐字逐曲反复练习,反复演唱,并结合北京人喜闻乐见的京腔口语与调、词、韵、弦有机配合,边演边唱,边唱边改。他演唱的京韵大鼓,咬字行腔,运用和缓、低回的唱法,嗓音宽厚苍劲,咬字轻,放音松,悠远婉转。1916年,白云鹏成为北京杂耍园子"四海升平"的第一台柱。他的演唱风格被业内及广大观众认可,创立了"白派",与刘宝全的"刘派"、张小轩的"张派"鼎足而立。其后他往来于京津等地演出,声誉日增。还曾去东北及江苏、上海、南京、济南、武汉等地搭班演出。

　　白云鹏的"白派"京韵大鼓独具一格。他演唱时嗓音宽厚而苍劲有力,调门低沉而吐字清晰,行腔婉转而秀雅别致,说中带唱,唱中带说,朴素自然又温文尔雅。他常用稳而有变、平中见奇的唱法,来描绘凄凉的景物和抒发人物的愤懑与悱恻之情。如在《哭黛玉》中,恰当地运用了排比句,通过十六个"我哭你,我叹你",八个"再和你"渲染人物的哀思,感人至深。他的演唱以凄婉纤巧、清醇淡雅的风格著称于世,特别适宜表现哀怨、悱恻的情绪。

白云鹏的演唱曲目非常丰富,其取材于传统故事的《三顾茅庐》《观榜别女》《骂曹训子》《霸王别姬》《黛玉焚稿》《宝玉劝黛玉》等,深受观众喜爱。

白云鹏是一位关心时局,具有民族气节的艺术家。他取材时事,创作编演了大批具有进步思想的艺术作品。1913年,经直隶督办冯国璋批准,由进步知识分子和曲艺艺人组成的艺曲改良社成立。白云鹏与刘宝全、荣剑尘("荣派"单弦创始人)等为改良社鼓书股成员。他认为灌输社会教育,以演唱的作用为最大。他身体力行,创作并亲自演唱了《维持国货》,反响强烈。1915年,他在广东会馆演出两场,观众踊跃,他将收入全部捐出,并另捐十块大洋,作抚恤储金。还创作演出了《孙总理伦敦蒙难》《劝各界》《改良劝夫》等。

1916年10月,法租界当局强行侵占老西开。白云鹏积极投入到反对法帝国主义的斗争中,多次参加义演和募捐活动。他在极短的时间内创作出两段抨击法国侵略行径的唱词,在多处演唱。

1937年七七事变后不久,天津沦陷。具有反帝爱国传统的曲艺艺人们以各种形式宣传抗日,反映人民的爱国情绪。白云鹏创作并首演了《马占山血战史》《一·二八之上海》等,重新编排了《煤山恨》,再次推出《贞娥虎》,演唱这些曲目以宣传抗战,鼓舞斗志。《大公报》《益世报》等报刊曾多次在报道中赞扬他的爱国行动。

新中国成立后,白云鹏迎来了生命的新曙光,他更加热爱国家、热爱社会,热爱自己一生追求的艺术事业。1949年11月10日,天津市戏曲曲艺工作者协会成立,白云鹏任副主任。1950年,他出席了全国曲艺工作者代表大会,受到党和国家领导人的接见。

1950年9月,天津红风曲艺杂技社成立,该社囊括了京韵大鼓演员骆玉笙,相声演员张寿臣、常宝堃、赵佩茹、马三立,单弦演员石慧儒,山东快书演员高元钧,乐亭大鼓演员王佩臣,梅花大鼓演员花五宝等著名艺人。曲艺社由白云鹏任社长。在白云鹏的带领下,红风社积极排演新节目,他本人创作并演出了《四女夸夫》。

1951年白云鹏被中国戏曲研究院聘为艺术顾问,被北京艺培学校聘为特级教师,他不遗余力地为国家的艺术事业做出自己的贡献。

1952年4月6日白云鹏在北京病逝。终年78岁。

尚存于世的白云鹏京韵大鼓唱片有《长坂坡》《黛玉焚稿》《探晴雯》《白帝城》《黛玉归天》《哭祖庙》《方孝孺》《霸王别姬》《太虚幻境》《孟姜女》《刺虎》《双玉听琴》等。

参考文献:

中国曲艺志全国编辑委员会、《中国曲艺志·天津卷》编辑委员会编著:《中国曲艺志·天津卷》,中国ISBN中心,2009年。

采访高玉琮的口述材料。

（刘　雷）

包 瑞 德

包瑞德(1892—1977)，英文名大卫·D.巴莱特(David D. Barrett)1892年出生于美国科罗拉多州中央市，1915年毕业于科罗拉多大学，后在一所高中任教。第一次世界大战爆发后，于1917年加入美国陆军。1924年奉派来华，担任美国驻华公使馆助理武官。他是"两次世界大战期间活跃在军官队伍中为数不多的非西点军校毕业生成员之一"①。

包瑞德在北京期间，他的勤奋刻苦和语言天赋使其汉语水平大为提高。他还阅读了大量中国经典书籍。1928年，包瑞德结束在北京的汉语学习，回到佐治亚州本宁堡的步兵学校进修高级课程。在这里，他与马歇尔和史迪威相遇。

1931年10月，包瑞德再次被派往中国，在天津担任美军第十五步兵团情报处参谋。美军第十五步兵团建于1861年，曾参加过八国联军对华侵略，镇压过义和团运动。后以执行不平等条约《辛丑条约》为名，进驻天津，直到1938年被迫退出。第十五步兵团驻扎在天津德租界内。

包瑞德在津期间，主要负责第十五步兵团的汉语学习计划。从1933年2月开始，他在团刊《哨兵报》上连载自己撰写的"汉语写作"课程内容，以此为教学手段，旨在帮助士兵达到掌握1000个汉字的"切

---

① [美]阿尔弗雷德·考尼比斯：《扛龙旗的美国大兵：美国第十五步兵团在中国，1912—1938》，刘悦译，作家出版社，2011年，第103页。

实可行的目标"。

包瑞德对天津颇有感情,他称天津是"令他感到激动"的"湿地天堂",尽管"中国不是那么美丽,还很脏乱",但这里却是他始终热爱的舒适家园。[①]

1934年,包瑞德离开天津,两年后到北平的美国驻华使馆任助理武官,在史迪威手下工作。在天津和北平的驻守使包瑞德近距离地观察到日本对中国的侵略。1937年7月,他亲眼见证了卢沟桥事变,事变第二天他就与史迪威一起参加外国观察团到现场视察。全民族抗战爆发后,他一度随国民政府迁往汉口,1939年初转移到国民政府所在地重庆。1942年5月,包瑞德接替史迪威升任驻华首席武官。

1944年,世界反法西斯战争取得重大转折性胜利,然而国民党军队在豫湘桂战役中出现的大溃败,促使美国总统罗斯福谨慎评估援助国民党政府的对华政策。美国驻华外交人员戴维斯为驻华司令史迪威准备了一份美国应向延安派出军事观察组的备忘录,引起罗斯福的高度重视。美国政府对不断开辟敌后战场、捷报频传的共产党抗日武装产生了越来越浓厚的兴趣,希望能与共产党领导人直接接触。

1944年3月24日,包瑞德接到命令赴重庆执行临时任务,行前他并不知道这个任务就是率观察组去延安。由于蒋介石的阻挠,包瑞德在重庆滞留一个月后不得不返回桂林。同年6月,美国副总统华莱士奉罗斯福总统之命访问重庆,迫使蒋介石同意美方向延安派遣观察组的要求。经过重庆、延安和美军三方面协调,这个使团被正式定名为"美军中缅印战区驻延安观察组",简称"美军延安观察组",代号"迪克西使团"。包瑞德担任使团的第一任组长。早在天津的时候,包瑞德就观察到国民政府把很大力量用于镇压共产党人,而不是把全部力量

---

① [美]阿尔弗雷德·考尼比斯:《扛龙旗的美国大兵:美国第十五步兵团在中国,1912—1938》,刘悦译,作家出版社,2011年,第105页。

都用于对日作战。在他看来,国民党称共产党为土匪是不负责任的和错误的。可以说,包瑞德对中国共产党抱有同情态度。

1944年7月22日和8月7日,迪克西使团一行18人分两批抵达延安,受到中共和延安各界的热烈欢迎。毛泽东在《解放日报》社论中指出:使团的到来是抗战后最令人兴奋的事情。

包瑞德领衔的美军观察组,其成员来自美国外交系统和海陆空三军,他们向美国政府提供了大量珍贵的情报,包括抗日根据地内人民的生活、共产党军队的作战能力、共产党的外交政策等,为美国政府制定对华政策提供了可靠的参考。

包瑞德在延安度过了约5个月的时间。1944年秋,中缅印战区总部授予包瑞德上校勋章,毛泽东、朱德、周恩来和延安各界代表参加了授勋仪式。

1944年底到1945年初,包瑞德就中国共产党对日作战能力问题提交了一项报告。他认为共产党军队是优秀的游击战士,应当给予共产党少量的步枪、机枪、迫击炮、反坦克炮和一些轻炮,[①]装备以适当的美国武器,使其能够参加正规的对日作战。由于蒋介石的激烈反对,包瑞德的建议没有被采纳。从整个战争和中美关系的角度来看,迪克西使团的一些真知灼见并未改变美国政府扶蒋反共的政策,但不可因此否认使团具有的历史意义。

日本投降后,包瑞德再次被任命为驻华助理武官。1950年2月,他前往台湾,担任美国派驻台湾的武官。1950年国庆,他策划了炮轰天安门事件。1960年,他受聘回母校科罗拉多大学任中文客座教授,担任新设立的斯拉夫及东方语言系首任主任。1977年,在美国旧金山病故,终年85岁。

---

① [美]D.包瑞德:《美军观察组在延安》,万高潮等译,解放军出版社,1984年,第119—120页。

参考文献：

［美］D.包瑞德：《美军观察组在延安》，万高潮等译，解放军出版社，1984年。

［美］阿尔弗雷德·考尼比斯：《扛龙旗的美国大兵：美国第十五步兵团在中国，1912—1938》，刘悦译，作家出版社，2011年。

John N.Hart, *The Making of an Army "Old China Hand": A Memoir of Colonel David D.Barrett*, Berkeley, California: Center for Chinese Studies,University of California,1985.

（张　畅）

包　森

　　包森(1911—1942)，本名赵宝森，又名赵寒，1911年7月21日(清宣统三年六月二十六日)出生于陕西省蒲城县一个贫苦农民家庭，兄妹6人，他排行第三。虽然家庭生活困难，但父兄仍倾力供他读书。

　　1918年，包森入本村私塾就学。幼年时他喜读历史演义，逐渐养成了急公好义、慷慨豪放的性格。1927年，包森入蒲城县第一高小上学。在学校中的共产党员和进步教师引导启发下，他开始阅读进步书刊，逐步懂得了一些革命道理。1930年，包森入三原县省立第三中学读书。1931年九一八事变后，他联合爱国青年组成宣传队，在三原、泾阳等地开展抗日宣传活动。其间，包森带头冲入泾阳县国民党党部，要求国民党政府抗日。与此同时，包森还在学校发动罢课，反对国民党政府对日妥协，校方以"触犯校规"为由将他开除，后他又遭到通缉。1932年2月，经中共蒲城县委秘书王培荣介绍，包森加入中国共产党。1932年8月1日，包森在参加纪念中国工农红军诞生5周年集会时被捕入狱，后经营救获释。

　　1932年，陕甘苏区建立。冬季，党组织派包森到泾阳苗嘉祥游击队扩充红军，不久又调到三原武字区领导开展游击战争。1933年春，包森被派到新字区开展工作，恢复和发展了党组织，并任组织委员。7月，王泰吉骑兵团在耀县起义，编为"西北民众抗日义勇军"，包森被派到起义军政治部工作。

　　1933年秋，包森在西安被捕入狱，国民党当局以"危害民国罪"，判处包森有期徒刑10年。他在狱中受尽酷刑，但仍坚持斗争，以致被反动当局定为"首乱分子",直到西安事变和平解决后他才获释。出狱后,包森被党组织派到西北军任职,开展党的统一战线工作。1937年3月,他被派到延安抗日军政大学学习。

包森在抗大毕业后,被分配到晋察冀八路军独立第1师地方工作队,先后在涞源、唐县、定县等地工作。后随军到平西,担任房山县游击支队队长,是房(山)涿(县)涞(源)联合县创建人之一,后任八路军邓华支队三十三大队党总支书记。

1938年6月,八路军第四纵队挺进冀东,在党中央和河北省委指示下发动抗日武装大暴动。在此期间,包森率所部深入敌后,寻找战机,相机歼敌。攻克佛爷来(村)伪警察所战斗与攻占龙山口金矿战斗后,包森的部队发展到200余人。冀东大暴动后,为保存有生力量,八路军第四纵队转移到平西根据地整训,留下少数部队组成3个支队,其中,包森所部被编为第二支队,在遵(化)兴(隆)迁(安)一带开展游击战争。此后,包森指挥第二支队攻克迁安、遵化、兴隆、玉田等地20余个日伪据点,扩大了抗日游击区,第二支队也发展到2000余人。1939年秋,按照中共晋察冀分局和军区的指示,冀东部队统编为八路军第十三支队,李运昌任司令员,包森任副司令员。1940年元旦,冀东区党分委在遵化县阁老湾村召开会议,决定派包森率部队前往盘山,并以此为依托,在蓟(县)平(谷)密(云)地区开展抗日斗争。

盘山坐落于蓟县城西北处,山势险峻、林木茂密,面积达百余平方千米,具备开展游击战的有利条件。1940年2月,包森在地方党组织负责人李子光等人的配合下,改编了在盘山活动的游击队,剿灭了盘山一带的土匪,并对作恶多端、屡教不改的蒋德翠等匪首进行了坚决镇压,从而稳定了盘山一带的社会局面。与此同时,包森还主持了建党建政工作,成立了盘山地区八路军政治处和随营学校。4月,蓟(县)平(谷)密(云)联合县政府成立,并组成中共蓟平密联合县委员会。

1940年7月,晋察冀军区组建冀东军分区,李运昌任司令员,包森任副司令员,下辖第十二团、第十三团,包森兼任第十三团团长。7月28日,包森率部在盘山西麓的白草洼,伏击并全歼号称"常胜军"的日本关东军武岛骑兵中队70余人。随后,包森率部沿蓟运河南下平原地区,连克蓟县、宝坻的多个日伪军据点。经过一年多艰苦奋战,在地方党组织配合下,逐步创建了冀东西部游击根据地。其区域包括蓟县、平谷全境,西至三河、顺义边界,南至玉田、宝坻、宁河边界,北至兴隆、密云长城沿线,人口达百余万。

由于敌后抗日军民不断取得胜利,日军遂将进攻重点转向中共领导下的敌后战场。1941年3月,日本华北方面军开始实施极端残酷的"治安强化运动",其中,冀东游击区是日军重点扫荡的地区之一。同年6月,3000余日军扫荡蓟、玉边界的杨家套、杨家板桥地区。在蓟县十棵树(村),包森率十三团主力与进犯的日军展开激战。日军凭借火力优势,并大量施放燃烧弹和毒气弹。面对危险局面,包森沉着指挥,机关干部全以短枪应战。此时,突然天降大雨,使日军的毒气弹失去了效用。与此同时,在其他部队的支援下,包森率部队成功突围,使日军合围八路军的计划破产。在此后的反"扫荡"战斗中,包森率十三团转入外线作战,连续攻克据点,并采取"围点打援"的战术,在丈烟台伏击由马兰峪增援而来的伪满洲队一个连,击毙日籍连长山口。包森乘势率部挺进热河南部地区,进一步扩大了抗日游击区。

日军在遭到八路军的接连打击后,在华北地区集中3万伪治安军进驻冀东,企图彻底消灭八路军和摧毁抗日根据地。面对险恶形势,冀东区党委召开紧急会议,决心粉碎伪治安军的进攻,保卫基本区。1941年12月上旬,军分区司令员李运昌、副司令员包森等在遵化县驸马寨部署攻打伪治安军战役。会后,包森与李运昌等率十二团、十三团等部队首战四十里铺,取得歼敌400余人的胜利。随后,包森组织了多次战斗,歼灭伪治安军官兵500余人,击毙2名日籍教官。

为集中兵力扩大战果,包森部署7个连的兵力于遵化、玉田交界地区,准备歼灭大股伪军。1942年1月13日凌晨,包森率部设伏果河沿地区,全歼伪治安军第4团,击溃第3团,俘获伪军中校以下官兵800余人,击毙日籍教官4名。随后,为防止日军报复性扫荡,十三团化整为零,包森率特务连隐蔽在玉田县西部的一个小村庄。2月4日,包森组织了贾庄子战斗,当即击毙日军中佐大队长及以下70余人,缴获轻机枪1挺,步枪20余支。

1942年2月17日,包森率特务连及1营一部在遵化野瓠山(村)与日军和伪满洲队遭遇,双方展开激战。战斗中,包森不幸被日军冷枪击中胸部牺牲,年仅31岁。

1942年3月17日,延安《解放日报》头版为纪念包森撰写社论,其中说道:"他的赫赫战功与英雄精神将永远留在人民的记忆中。"叶剑英元帅称他为"中国的夏伯阳"。原冀东军分区司令员李运昌曾经这样评价包森,"作战最勇敢,执行任务最坚决,立的战功最大,创造了以少胜多、成营成团消灭敌人的奇迹,充分表现出他的军事指挥才能。"1990年,天津电影制片厂拍摄了彩色故事片《剑吼长城东》,片中主角抗日英雄的原型就是包森,其主题歌所唱"千里击强虏,剑吼长城东。壮岁国难死,悲歌燕赵风",高度概括了包森的英雄业绩。

参考文献:

中共蓟县县委党史资料征集委员会、盘山烈士陵园编:《盘山英烈》,天津人民出版社,1991年。

中共唐山市委党史研究室编:《冀东革命史》,中共党史出版社,1993年。

(王凯捷)

鲍 贵 卿

鲍贵卿(1867—1934),字霆九,奉天海城人。鲍贵卿祖上世居山东牟平,后逃荒到海城架掌寺落户,垦荒务农。其父鲍永宽是木匠,有五子,鲍贵卿行四。父母早亡,鲍贵卿得兄嫂照料,供他读过几年私塾,后因家贫失学。

鲍贵卿19岁时投榆关驻军叶志超部,因办事干练而受器重。叶志超将自家的丫头许配鲍贵卿为妻,又送鲍贵卿入随营武备学堂学习。其后,鲍贵卿转入天津北洋武备学堂学习两年。1888年毕业后,鲍贵卿被派任驻榆关正定练军炮兵哨长。

1894年,鲍贵卿随叶志超开赴朝鲜,驻牙山。叶志超未按既定方案于公州设防,而逃往平壤,却谎报战功请赏。李鸿章任命叶志超为驻平壤清军总指挥。在平壤保卫战中,叶志超再次逃跑,丢官入狱,鲍贵卿等也被革职。

1895年,袁世凯奉命到小站编练新建陆军,鲍贵卿被启用,任工程营队官。鲍贵卿在军中以骁勇闻名,被工程营主将王士珍、段祺瑞等赞为"忠勤异侪辈"。

1899年,鲍贵卿任武卫右军左翼管带,驻防天津小站。12月,武卫右军随袁世凯开赴山东镇压义和团。1902年,鲍贵卿随王士珍等募兵6000人在保定进行训练,于翌年编成北洋常备军左镇。鲍贵卿时任该镇左翼步兵第二营营长。1904年,升任第一镇步队第四标统带,7月,升任第四协协统,驻防直隶迁安。

1908年,鲍贵卿回乡省亲,与张作霖相遇。鲍贵卿与张作霖是同乡,张作霖年幼时曾受鲍母哺育之恩。张作霖将长女首芳(冠英)许配给鲍贵卿的次子英麟,二人结成儿女亲家。

1911年,鲍贵卿晋升陆军少将,领陆军协都统衔,由迁安移驻保定。武昌起义后,清廷派北洋军赴鄂与革命军作战。1912年1月26日,鲍贵卿参与段祺瑞等人的两次联合通电,敦请清帝退位。

民国成立后,陆军改编,鲍贵卿任陆军第二师第四旅旅长,10月授陆军少将,驻防直隶。其间保定陆军军官学校学生闹学潮,鲍贵卿出动部队强行解散学生。1913年2月,鲍贵卿获二等文虎奖章,6月加陆军中将衔。同年7月二次革命爆发后,鲍贵卿奉袁世凯命令率部镇压革命。8月二次革命失败,他被任命为安徽芜湖大通司令官,9月改任芜湖镇守使兼第三混成旅旅长。1914年,鲍贵卿堵截白朗起义军有功,得袁世凯嘉奖,为皖督倪嗣冲所忌,于当年8月被解除兵权返京,出任北京陆军讲武堂堂长。10月,鲍晋升陆军中将。袁世凯称帝后,封鲍贵卿为"一等男爵"。

张作霖就任奉天督军后,鲍贵卿因与张作霖是同乡并有姻戚关系,1917年6月张作霖向北京政府推荐鲍贵卿署理黑龙江督军。7月鲍贵卿被任命为黑龙江督军兼署省长,加陆军上将衔。从此,鲍贵卿成为奉系军阀中的重要一员。上任之初,鲍贵卿凭借与张作霖和北洋派的深厚关系,平定了黑龙江省的骚乱,掌握了军政大权,同时为张作霖统一东三省奠定了基础。鲍贵卿任职两年,采用"招标"的办法,卖官鬻爵。他办寿时,不收礼品,只收现钱,并借用北京政府参加欧战的名义募捐,中饱私囊。因鲍贵卿善于敛财,被称为"鲍钱褡子"。

1918年9月,北京政府任命张作霖为东三省巡阅使,成为"东北王"。1919年7月,鲍贵卿署吉林督军。

1919年8月,鲍贵卿任中东铁路督办兼东省铁路护路军总司令,10月获一等文虎奖章。1920年1月20日,鲍贵卿以吉林督军和铁路督办的身份致电中东铁路局局长霍尔瓦特,声明中国对中东铁路享有完全主权,拒绝霍尔瓦特以俄人"实行国家统治权"的无理要求。1920年3月12日,哈尔滨30多个工人组织联合向霍尔瓦特发出最后通牒,限其在24小时内辞职。随后,鲍贵卿下令接管了原沙俄外阿穆尔军区司令部、护路军参谋部、宪兵总部及警察局等机构,并派兵进驻中东铁路沿线,解除俄军警武装,霍尔瓦特被解职赶下台。在鲍贵卿的主持下,同年5月,中东铁路主权被中国接收,沙俄势力被驱逐。

1920年9月,鲍贵卿兼署吉林省省长,独揽吉林军政大权。10月,珲春爆发反日斗争,焚毁珲春日本领事馆和日本占领的街市,日本趁机派兵万余人侵占大片中国土地。北京政府和张作霖向日本妥协,命鲍贵卿与日本人谈判,议定珲春"会剿"八条。1920年12月和1921年1月,鲍贵卿以政府财产为担保两次向日本借款,遭到吉省各界人士的强烈反对。

1921年3月,鲍贵卿被调任将军府霆威将军进京。同年12月,大总统徐世昌在张作霖的建议下重组内阁,任命鲍贵卿为陆军总长。1922年5月,张作霖在直奉战争中战败,退出关外。同年9月,内阁改组,鲍贵卿被免去陆军总长职务。

1923年10月,曹锟通过贿选当上总统后,派鲍贵卿等赴奉磋商奉直关系。1924年3月,鲍贵卿再任东省铁路公司督办,10月中东铁路依《奉俄协定》改组,华方鲍贵卿等五人任新理事,鲍贵卿任理事长,苏方伊万诺夫为中东铁路局局长,中东铁路的实权完全由苏方控制。1925年9月,鲍贵卿辞职。

1927年6月,张作霖就任陆海军大元帅,组织军政府。鲍贵卿先后担任军事顾问、故宫博物院管理委员会委员、审计院长。1928年6月,张作霖于皇姑屯罹难。自此,鲍贵卿退出政治舞台,在天津、北平寓居。

鲍贵卿退隐后经营天津仁义地产公司,任公司董事长。鲍贵卿还投资恒源纱厂等近代工业。

鲍贵卿晚年因开支过巨,所经营企业多不景气,入不敷出,他便以抵押和变卖房地产度日。1934年3月1日因病去世,终年67岁。

参考文献:

天津市政协文史委编:《天津文史资料选辑》第43辑,天津人民出版社,1988年。

齐齐哈尔市政协文史委编:《军界首脑》(《齐齐哈尔文史资料》第21辑),1992年内部印行。

高文、王水主编:《辽宁文史人物录》(《辽宁文史资料》总第39辑),辽宁人民出版社,1993年。

沈阳市政协文史委编:《沈阳文史资料》第21辑,1994年内部印行。

(魏淑赟)

鲍乃弟

鲍乃弟（生卒年不详），全名保罗·鲍乃弟（Paul Bonepti），意大利人。20世纪20年代，鲍乃弟来到天津，居住在意租界大马路，后迁居英租界科伦坡道，任意租界工部局规划工程处工程师。

鲍乃弟为意租界、英租界、法租界设计了许多建筑。这些建筑富有南欧和意大利风格，主要有意租界回力球场，与瑞士建筑设计师凯撒合作设计的利多利大楼，法租界霞飞路上的张公扰故居，五大道的新式里弄住宅疙瘩楼和安乐村等。他还设计了马场道同乐里的意式联排式公寓楼。

1924年，鲍乃弟为张公扰设计住宅。张公扰又名张谦，广东新会人，曾任中国驻檀香山领事、驻葡萄牙公使和天津英租界工部局华人董事。这幢小楼为集仿式楼房，造型新颖别致，位于法租界的中心霞飞路。建筑主体是2层带地下室，砖木结构，共有楼房28间、平房4间。一层是客厅、餐厅和花厅。客厅门口上檐墙上有一组人物造型的图案。前厅两侧有实窗口造型，其内有圆形花纹和西洋人头像等装饰。二层有卧室、起居室、浴室，并设有挑檐半椭圆形阳台和圆形、菱形、梯形屋顶平台。屋顶平台上建有六角连列卷式尖坡顶凉亭。楼内暖气、卫生设备齐全。院落中有花木绿地和花坛，围墙为铁艺透墙。

位于马场道的安乐村住宅始建于1928年，由意大利鲍乃弟建筑事务所设计，英国新教首善堂投资建造。这三幢联排式公寓住宅呈"品"字形分布，均为由分户单元联排组成的砖木混合结构楼房，带地下室，前后设有独门小院，兼有意大利古典式和巴洛克式建筑风格，具有折中主义建筑特征。李烛尘、骆玉笙曾居住于此。

建于1932—1936年的回力球场,位于天津意租界马可·波罗路,为意大利塔式建筑,摩登风格,4层砖混结构,混水砂浆墙面。主入口处门厅建有36米高的灯塔式塔楼,塔顶设有灯柱,正侧立面檐部于窗台下饰有姿态各异的回力球运动员的浮雕装饰带,突出了建筑物的特色。1945年,意大利租界被中国政府收回,回力球场被勒令停业。新中国成立后,原回力球场设施被拆除,由市建筑设计院总工程师关颂坚和瑞士籍工程师凯思乐重新设计施工,建成天津第一工人文化宫大剧场。

1937年,鲍乃弟设计了一幢具有浓郁意大利风情的毗连式高级住宅。这幢新式里弄住宅位于现马场道与睦南道之间,为4层砖木结构,因墙体凹凸点点,俗称"疙瘩楼"。墙体与阳台珍珠串式的栏杆、窗边的水波纹花饰相映成趣。当年疙瘩楼的居民多为知识界人士,有多位天津工商学院的教师,因著名京剧表演艺术家马连良曾居住于此而闻名。

1939年,鲍乃弟设计了位于马场道的同乐里住宅。这幢住宅由3幢形状各异的英式联排式3层楼组成,砖木结构,为高级里弄式住宅。

20世纪40年代末,鲍乃弟离开天津,一说他去了希腊,一说他回到了意大利。

参考文献:

周祖奭等编:《中国近代建筑总览·天津篇》,中国建筑工业出版社,1988年。

高仲林主编:《天津近代建筑》,天津科学技术出版社,1990年。

天津市档案馆、天津市河北区档案馆编:《旧天津意奥租界故事》,天津人民出版社,2011年。

(金彭育)

比　特

　　比特（1832—1909），全名费利斯·比特（Felice Beato），又译作布托、毕托、比托、贝托、比阿托、贝阿托等，1832年生于意大利威尼斯市，后来迁居威尼斯科孚岛。[①]父亲是外交官，1844年受派前往奥斯曼帝国首都伊斯坦布尔英国领事馆工作，少年比特随父迁居。

　　在伊斯坦布尔，比特既能全面接受欧洲教育，又有机会了解亚洲文化，还在这里接触到摄影艺术，并成为职业摄影师。1851年，比特进入了在当地小有名气的詹姆斯·罗伯森开设的照相馆工作，后来罗伯森娶了比特的姐姐。1855年，罗伯森接替英国摄影师罗杰·芬顿，成为克里米亚战争（1853—1856）后期的主要记录者。1856年，罗伯森将助手比特派往克里米亚，其后署名"罗伯森照相馆"的有关克里米亚战争的照片都是比特拍摄的。这次在战争前线的锻炼，使比特初步积累了战地摄影经验。

　　1857年，比特与弟弟安东尼·比特一起被罗伯森照相馆派往埃及和希腊开展业务，其间他们掌握了经营照相馆的技能。1858年2月，比特抵达印度的加尔各答，进行探险旅行和摄影创作，真正开始独立的职业摄影生涯。随后，安东尼·比特也追随哥哥来到加尔各答，两人在这里开设了第一家商业照相馆，除拍摄特色建筑外也拍摄人物肖像。驻扎在加尔各答的英军官兵流行把名片照作为礼物寄赠亲友，比特由此结识了众多官兵，其中包括詹斯·霍普·格兰特。1858年4月，

---

　　①1815年至1864年，威尼斯成为英国的保护地，因此比特的出生证明为英国籍。

受英国战争事务部委托,比特抵达印度的勒克瑙,拍摄印度兵变被镇压后的"损失"(主要是城市建筑)。但在实际拍摄中比特突破指令,在摄影史上首次将阵亡者尸体收入镜头。虽然其导演性的拍摄后来引起争议,但当照片传回欧洲时反响强烈,战争的残酷也引起智识者的反思。

　　1860年2月,格兰特以赴中国远征军司令的身份,乘船离开加尔各答,3月中旬抵达中国香港。开船之前,比特通过格兰特的帮助与军方成功地沟通,得到以随军记者身份拍照的机会。1860年6月,英军自香港北上大连湾,为进攻天津做准备,比特随行。8月1日,英法联军在北塘登陆,14日占领塘沽,21日攻陷大沽炮台,24日进占天津。其间比特拍摄了大量照片,以展示联军"战绩"。"他跟随向北京进军的英法远征军,拍摄了像城堡一般的皇城和沿途堆积的尸体的一些令人难忘的凄惨照片。担任防守任务阵亡的中国士兵趴在一个要塞城堡上,旁边摆着他们原始的土炮和弓弩。"①这就是比特拍摄的大沽石头缝炮台陷落后的景象。

　　法国史学家伯纳·布利赛的《1860:圆明园大劫难》中,对比特的拍摄有着如下评述:"冲锋过后,刚刚夺取炮台,极其兴奋的随军摄影师毕托就摆好相机,对这些'绝妙的'战争场面,要从不同角度拍下。"②他请求在完成拍摄之前,丝毫不要动现场,不把尸首抬走。因此,他拍摄的照片展示了侵略战争的残酷性和野蛮性。

　　1860年8月25日,比特跟随英军进入天津。清人郝福森在《红毛国形象衣服器械船只图说》一文中有如下记载:"英匪入天津时,志颇不小,心亦过细。凡河面之宽窄、城堞之高低,所有紧要地方,无不写画而去。尤可异者,手执玻璃一块,上抹铅墨,欲象何处,用玻璃照之。

---

①马运增等编著:《中国摄影史(1840—1937)》,中国摄影出版社,1988年,第35页。

②[法]伯纳·布立赛:《1860:圆明园大劫难》,高发明、丽泉、李鸿飞译,郑德弟等校,浙江古籍出版社,2005年,第116页。

完时铅墨用水刷去,居然一幅画图也。如望海楼、海光寺、玉皇阁,皆用玻璃照去。"[1]

比特拍摄的照片,留下了天津滨海地区以及海河沿岸最早的影像,保留了北塘炮台、大沽炮台及周边地区的历史风貌。但其在北塘和大沽的战地摄影活动,是第二次鸦片战争英国军事机器的组成部分,是以服务于侵略和殖民为目的的,对前线而言是增进士气、宣扬军威,对本土来说则是鼓吹民众、动员战争,其政治色彩是极为浓重的。

其后,比特随英法联军进入北京,拍摄了很多重要历史人物和场景。离开中国之后,他又先后到日本、朝鲜、苏丹、缅甸从事军事摄影活动。

1909年1月29日,比特在意大利佛罗伦萨去世,终年77岁。

参考文献:

[英]泰瑞·贝内特:《中国摄影史(1842—1860)》,徐婷婷译,中国摄影出版社,2011年。

徐家宁:《为摄影而生:比阿托一生的冒险经历》,载秦风老照片馆编:《皇城金梦1860:菲利斯·比阿托之经典中国影像》,福建教育出版社,2014年。

南无哀:《东方照相记——近代以来西方重要摄影家在中国》,生活·读书·新知三联书店,2016年。

(杜 鱼)

---

①中国史学会主编:中国近代史资料丛刊《第二次鸦片战争》第1册,上海人民出版社,1978年,第583页。

毕 鸣 岐

毕鸣岐(1902—1971),字凤岗,山东省利津县人,出生于普通的农民家庭。其父毕克俊早年以种田为生,农闲则为盐商运盐,后来在村里开设了一家小药铺,全家才得以温饱。毕克俊共有六男三女,毕鸣岐在男孩中排行第五。

毕鸣岐自幼聪明好学,童年接受私塾教育,后进入教会学校学习。1915年进入泰安德育小学读书。1921年入济南德育师范学校就读,在校期间因参加反抗北洋政府的爱国学生运动而被校方开除。1923年,转入济宁中西中学就读。毕鸣岐勤奋好学,德语成绩名列前茅,这为他后来从事外贸生意打下了坚实的基础。

1925年毕鸣岐中学毕业后,先在济宁谋得一份小学教员工作,不久到济南德商德孚洋行当职员。1926年秋到北京德孚洋行任文书。翌年初,他先后在沈阳的福康公司、德商礼和洋行任翻译。1927年冬,他的经营才能以及良好的语言能力被挪威凯利洋行总经理看中,被聘为华人经理,从此开始了他的买办生涯。1928年6月,毕鸣岐到哈尔滨任德商福茂洋行华人经理。1931年九一八事变后,福茂洋行业务日渐萎缩,毕鸣岐辞去洋行经理职务。1934年,他任天津孔士洋行华人经理,此后就再也没有离开天津。

在天津,毕鸣岐凭借着他广泛的人脉关系以及过人的经营之术,使得天津孔士洋行生意日益兴隆,获利甚丰。资方给予毕鸣岐高薪,而且还让其分享2%~5%的销货回扣,毕鸣岐每年的收入高达数万元。1946年毕鸣岐独资10万多元创办了华牲贸易行,主要是做德国和美国生意,其经营方式和品类范围,基本与孔士洋行雷同,并沿袭了孔士洋行的国外业务渠道。随着华牲经贸业务的发展,毕鸣岐在工商界的声誉和地位日益提高。1948年他被选为天津进出口同业公会理事长,同年4月又当选为天津市商会会长。

毕鸣岐是位爱国工商企业家。1931年九一八事变后,当时在沈阳工作的毕鸣岐怀着抗日救国之心,参加了一些抗日活动,受到日本特务的注意,是年冬他秘密回到了关内,到张家口德商德华洋行任华人经理。1932年间,他利用德华洋行的运货汽车,掩护共产党的高级干部高岗过境赴苏联。1933年春,日军攻占热河,向河北、察哈尔进犯。5月26日,冯玉祥将军在张家口成立"察哈尔民众抗日同盟军"。毕鸣岐的工商经营能力受到冯玉祥将军的器重,被委任为少将军衔咨议,积极进行募捐活动,支援抗日斗争。

1948年冬,天津工商界人士受国民党舆论宣传影响,人心浮动,纷纷欲出走台湾及海外。毕鸣岐因在平津等地有多家企业和多处房产,又加上与国民党军政要员交往甚密,因此也处于极端犹豫和恐慌之中。在此关键时刻,他幼年时代的同窗好友、中共地下党员王华庭找到了他。经过多次促膝谈心,在王华庭的宣传和解释下,毕鸣岐了解到共产党保护民族工商业的政策,解除了顾虑,决心留下来等待解放,并劝说陈合增、陈毓增等工商界一些朋友留下,迎接解放。1949年1月11日,利用同解放军代表谈判之机,毕鸣岐偕同工商界名流李烛尘、朱继圣、杨亦周等人到杨柳青会晤东北野战军参谋长、天津前线司令员刘亚楼,向人民解放军表示了天津市各界人士的欢迎之心。天津解放后,他还写信动员已去香港的多位朋友返回内地。

天津解放之初,百废待兴,在经济恢复中,毕鸣岐发挥了重要的作用。当时,有一艘美国商船满载着天津许多贸易行订购的进口物资停泊在大沽口外,但所载之货无人敢领。于是毕鸣岐向军管会汇报请示,批准其入港,率先在天津恢复了国内进出口业务。之后,香港的华资公司纷纷派员来津成立分公司,上海公司也在津设分支机构,这为繁荣天津市场起到了重要的作用。

新中国成立后,毕鸣岐响应政府发展经济的号召,将经营贸易行所积累的资金投入生产事业,还变卖了家中部分黄金、房产、汽车。自1949年到1950年,他先后投资创办了新民化工厂、大电锯厂、新中砖瓦厂、建业砖瓦厂、新成造纸厂。其中,新民化工厂是在美国对中国进行封锁,中国印染工业面临染料奇缺的情况下由毕鸣岐独资兴办的。为办好企业,毕鸣岐通过各种渠道广揽人才,先后从津沪等地聘请了14位高水平的科技人才,担任该厂高级工程师。在专家的指导下,不仅改进了生产技术设备,成功研究出如何从废芒硝水中收回50%的芒硝,并用于工业盐代替精盐,而且该厂生产的硫化蓝等产品填补了我国染料工业的空白。此外,他还和工商界一些代表人士共同倡导集资兴办了示范机械厂和投资公司。前者为天津机器工业向制造精密机床发展开创了道路,后者为天津工业投资提供了便利条件。为发挥私营进出口业的作用,增强在国际市场上的竞争能力,毕鸣岐还倡议进出口业组织起来,走联合经营的道路,这对搞活外贸和后来公私合营组建进出口公司,奠定了基础。

毕鸣岐在积极发展民族工商业的同时,也积极参加各项爱国活动。1950年10月,抗美援朝战争爆发。11月30日,时任天津市工商联副主委毕鸣岐和主委李烛尘一起,领导天津市全体工商业者,举行了震动全国的抗美援朝保家卫国游行大会。1953年,他代表天津市工商界参加了以贺龙元帅为团长的华北人民赴朝慰问团,并担任副总团长,赴前线慰问中国人民志愿军。回国后,他积极向工商界宣传抗美援朝的伟大胜利,宣传中国人民志愿军的光辉事迹和崇高的国际主义精神。抗美援朝期间,他不仅带头个人捐献飞机一架,而且还带动天津市民主建国会和工商联一起为国家捐献大量资金。50年代认购公债时,他每次认购的金额都为全市之首。他本人及其所经营的企业,累计认购公债达20多万元,在工商界中起了很大的带头作用。毕鸣岐的爱国热情,受到时任天津市市长黄敬的称赞。

1954年10月,毕鸣岐积极响应党和政府的公私合营号召,申请将其独资经营的新民化工厂实行公私合营。该厂当时是国内为数不多的生产硫化蓝染料的专业厂,也是天津市第一批实行公私合营的私营企业。1956年全行业公私合营时,他代表天津市工商界向毛主席报喜,受到毛泽东主席、周恩来总理和其他国家领导人的接见。毕鸣岐的模范行动,对推动工商界接受社会主义改造起了积极作用。

毕鸣岐以支持社会公益事业为己任,热心创办、资助社会福利和教育事业。天津山东公学是山东同乡会为解决同乡子女入学而创办的,天津解放后,作为山东同乡会董事的毕鸣岐将公学改名津光小学,面向全市招生,办学经费主要来自毕鸣岐的募捐资助。他还推动进出口同业公会捐资创建天津市实验小学,并捐献自己的房产开办幼儿园。他还大力支持山东同乡会创办的山东医院复诊,他为医院捐资并贡献出很多木料维修医院内部设施,后在他的主持下,山东医院改名津光医院,1953年扩建成为红十字医院。他热心慈善事业,多次捐资支援灾区。

1957年毕鸣岐被错划为"右派",并在"文化大革命"中遭受迫害,于1971年5月15日逝世,终年69岁。1978年中共天津市委为他平反,举行追悼会,并将其骨灰移葬于天津市烈士陵园。

参考文献:

戴翾英、罗先哲:《工商业家毕鸣岐》,载山东省政协文史委编:《山东文史集粹》(修订本)下集,中国文史出版社,1998年。

戴翾英、罗先哲:《爱国企业家毕鸣岐》,《文史精华》,2000年第9期。

(王　静)

边守靖

边守靖(1885—1956),字洁清,亦作洁卿,天津静海人。边家是静海望族,其父边仲三是清末举人,未参加会试即病故。边守靖由其叔父边锡三收养,边锡三亲自授其以诗书,边守靖得以考中秀才。

科举废除后,边守靖入天津中学堂读书,中学毕业后考入师范,几年后以优异成绩考取公费赴日留学资格,进入日本东京帝国大学法律科学习。在日本,边守靖受革命思潮的影响,加入了孙中山领导的同盟会。1910年回国后,边守靖到保定师范学堂任教,直到武昌起义爆发。

中华民国成立后,各省成立议会,边守靖以留日学生和同盟会会员资格当选为直隶省临时省议会副议长,次年当选为省议会议长。边守靖锐意改革,与一部分议员商讨拟定了整饬吏治、整顿税收、疏浚河道、大办教育等十大议案,经省议会通过,咨请行政当局采择实施。这十大议案虽未能全部实施,但各县议会遵照省命宣传鼓动,出现了一些新气象,在启发民智、广开言路、除旧布新等方面起到一些作用。

1913年国民党发动的二次革命失败,袁世凯勒令国民党自动解散。1915年下半年,袁世凯先后授予边守靖勋四位、二等文虎章、一等大绶宝光嘉禾章,边守靖加入劝进队伍,联络省议员以直隶省议会的名义向袁世凯上劝进书,拥护袁称帝。

1916年9月,直系军阀首领曹锟任直隶督军,督军公署驻保定,直隶省长公署和直隶省议会设在天津。作为直隶省议会议长的边守靖与曹锟、曹锐兄弟形成了良好的关系。

1916年10月,天津法租界当局擅自违约,扩占租界区域,将老西开一部分划入租界区,引起天津人民强烈反对,民众纷纷向省政当局及省议会请愿,请求维护国家主权,向法方交涉,退还强占土地。省议员在边守靖的领导下迅速召开特别会议,号召全体议员保卫国家领土主权,抵制法货,并发起组织公民大会。10月29日通电全国各省,呼吁共同斗争。经过天津各界的多次斗争,法方被迫让步。

1918年1月,曹锐署理直隶省长,次年7月改为实任。曹、边不久结为金兰之交,互相支持。省公署交议之事,省议会无不通过;省议会欲办之事,省公署一一照允。

1919年五四运动爆发时,天津各界采取罢课、罢市行动,积极响应、支持学生爱国运动。作为省议会议长的边守靖赞扬并支持爱国学生的行动。当时天津的爱国学生向各方呼吁揭发问题,常常需要拍发电报。边守靖把议会使用的电报记账本交给学生联合会使用,博得了学生们的好感,引起了北洋政府的不满。

边守靖得到曹氏兄弟的赏识与器重,有关军政要事也时常请边氏出谋划策。边守靖也竭尽才智为之筹划,甚获曹锟之欢心,被曹锟聘为直鲁豫巡阅使署高等顾问,继而又被两湖巡阅使吴佩孚聘为高等顾问。边守靖的才干也得到了大总统黎元洪、冯国璋等人的赏识,任他为甘肃省省长,被边守靖谢绝。在逼迫黎元洪总统下台、重金收买国会议员贿选曹锟为大总统的过程中,边守靖不仅是献策者,还是这些行动的指挥者、参与者。曹、边两家一直保持密切关系。

奉系军阀李景林、褚玉璞督直时,边守靖仍然任直隶省议会议长。1928年6月,国民革命军占领京津,直隶省改为河北省,取消省议会,边守靖退出政界,专心经营工商业。他出资经营的工商业较多,除恒源纺织厂外,还有信记银号、稻香村食品店、西服店、酱园、铁厂、浴池等。

30年代初,恒源纱厂负债累累,生产难以为继。日本商人企图乘机收买恒源纱厂。边守靖认为恒源纱厂是振兴民族工业的象征，坚决阻止了日本人的吞并企图，并及时与金城、中南、盐业等银行联系贷款，改为合作经营，由新成立的诚孚公司管理，产权仍归恒源纱厂所有，从而使恒源纱厂摆脱了困境。1935年，因边守靖曾任省议会议长多年，宋哲元请其出来主持冀察选举县参议会筹备处，边守靖任处长。后来又因边守靖曾督办过直隶治河事务，国民党全国经济委员会聘其为华北水利委员会委员。1936年，张自忠任天津市市长，边守靖就任市政府首席参事。1937年，边守靖陪同张自忠赴日本访问。七七事变后，宋哲元离开北平，张自忠代理冀察政务委员会委员长一职，张自忠命边守靖代理天津市市长。数日后，天津沦陷。

日军占领天津后，多次拉拢边守靖出任伪职，都遭到他的拒绝。边守靖一心经营工商企业，绝口不问政事。日本钟渊纺织株式会社曾提出要对恒源纱厂实行中日合营，被边守靖拒绝。日本人意图采取从股东手中高价收购股票的方式控制恒源纱厂。由于恒源纱厂的股票是记名股票，股东出让股票，必须到董事会办理过户手续。边守靖察觉到此事后，立即召开董事会，并通过决议：股东在出让股票时，应由本厂股东优先收购。以此挫败了日本人的企图。日军对恒源纱厂实施了一系列的报复行动，他们以献铜献铁为名，拆走了恒源纱厂三分之一的设备，并断绝了原棉的供应。在这段最为艰苦的时期，边守靖想尽一切办法保全恒源纱厂，先是聘请日本人作为技术顾问，周旋于日伪之间，后派人赴各地自行收买原棉，使工厂渡过了难关。在北洋军阀官僚投资的纱厂中，恒源是唯一一个没有被日商吞并的工厂，在抗战胜利后的股东大会上，全体股东对边守靖维护恒源的功绩表示了衷心的感谢。

抗战胜利后，恒源纱厂依靠一部分美棉救济得以维持生产，因当时法币贬值，便趁机偿还了诚孚公司的债款，在1946年2月回到了自己经营的局面。当时由曹锐的孙子曹郁文任经理，刘晓斋任副经理，边守靖担任董事长。

中共天津地下组织的工作和国民党政府的腐败,使边守靖思想上开始倾向共产党。天津解放前夕,边守靖与周叔弢、杨亦周、毕鸣岐等人,到郊区会见解放军代表,努力谋求天津和平解放。

周恩来总理到津时,曾召见边守靖并设便宴,勉励他好好经营,要相信党的政策,为恢复经济做贡献,这使边极为感动。时任中共天津市委书记黄火青对他也不断帮助启发,安排他担任天津市政协常委,又选为工商联副主任,后又任中国人民救济总会天津分会副主委。1954年,恒源纱厂顺利完成公私合营,成为全国第一批实行公私合营的试点企业之一,也是天津第一家实现公私合营的企业,为天津的资本主义工商业改造树立了榜样。

1956年7月6日,边守靖病故于天津,终年71岁。

参考文献:

李新等主编:《中华民国史·人物传》第1卷,中华书局,2011年。

天津市政协文史委编:《近代天津十大实业家》,天津人民出版社,1999年。

河北省政协文史委编:《河北文史集粹·政治卷》,河北人民出版社,1992年。

天津市政协文史委编:《天津文史资料选辑》第95辑,天津人民出版社,2002年。

（高　鹏）

卞 白 眉

卞白眉(1884—1968),名寿荪,字白眉,世居扬州。1884年出生于湖北武昌。其祖父卞宝弟曾任湖广总督,其父卞绪昌曾捐官候补道,历任安徽皖台、芜湖捐道、凤阳兵备道等职。

卞白眉自幼攻读四书五经,15岁应乡试,为秀才。16岁与李鸿章侄孙女李国锦完婚。后清廷废除科举,卞府在扬州成立洋书房,聘请日本小林健吉及毕业于上海圣约翰大学的曹锡庚等为教师,教授子女英、日文及其他科学知识。卞白眉学习新学两年后,捐补为太常寺博士,移居北京,时年18岁。

卞白眉在北京目睹了清廷的昏聩腐败,决定弃官赴美留学。1906年,他偕夫人至美国,考入布朗大学,攻读政治经济学,取得文学学士学位。1911年辛亥革命爆发,卞白眉于1912年回国,经中国银行总裁孙多森的介绍,一面清理大清银行善后事宜,一面筹建中国银行。自此,卞白眉步入中国金融界。1913年中国银行正式成立,作为政府的中央银行,享有发行货币、代理国库等特权。卞白眉入行之初,任发行局佐理,后升任总稽核。1916年因反对北洋政府明令停止中国、交通两银行(以下简称中、交两行)钞券兑现,辞职移居天津,协助孙多森筹办中孚银行。1918年,冯耿光、张嘉璈出任中国银行正、副总裁,邀请卞白眉重回中国银行,1918年出任天津分行副经理,翌年晋升为经理。1920年,卞白眉被推举为天津银行公会会长。

由于1916年中、交两行停止兑现,使中国银行的信誉受到影响。卞白眉主持中国银行天津分行后,认真做好发行准备,坚持十足兑现,以恢复银行信誉。1921年11月15日,北京中、交两行突然发生挤兑风潮。消息传来,中国银行天津分行也发生挤兑风潮,当日客户提款和柜台兑现即达160余万现洋。直隶省长曹锐唯恐引起社会骚乱,召见卞白眉询问情况。卞即采取应急措施:通知各代理发行银行补足六成现金准备,商请上海分行运津现洋150万元,与三津磨房公会商妥预存现洋5万元,并通知全市1300多家米面铺,收到中国银行钞券,保证兑现。同时,由银行公会电呈北洋政府国务院请求饬令天津海关照收中、交两行钞券,海关税务司并允将六厘公债基金提前拨来备用,又催收盐余款10余万元。至当月20日即平息了挤兑风潮,到12月1日取消了限额兑换的规定。

第一次世界大战结束后,英镑汇价猛涨,进口棉纱布折合银两计算,成本要比原订货高,加以国内军阀混战,销路不畅。因此,凡订有进口棉纱布的商号,无不蒙受损失。按当时汇价折算,天津棉纱布商亏欠洋行贷款100余万银两,引起各方关注,外商银行及洋行希望中国银行出头协助,棉纱布业也请求卞白眉帮助渡过难关。卞白眉于1921年2月28日会晤汇丰银行经理安德森、麦加利银行经理曼因磋商解决办法。最后议定由天津棉纱布商共同筹集白银70万两,其中一笔50万两,按月息2分存入中国银行,定期20年,后10年无息;另一笔20万两,定期20年,后8年无息。棉布商所欠洋行贷款由中国银行负责以利息分期偿还。10月5日,经总行批准,各洋行与棉纱布商共同签订了偿还合同,中国银行以第三者的身份见证签字,帮助民族企业渡过了这次难关。

天津自开埠以来,对外贸易一直控制在外商洋行之手。卞白眉为了扶植华商对外贸易的开展,经请示总行同意,于1923年在中国银行天津分行开办外汇业务,聘用留美归国的林凤苞主持。同时,政府对我国留学生发放的在外津贴等事,也都委托中国银行办理。为开办外汇业务,天津分行除自筹外币外,曾向上海分行借用美金25万元。同

64

时通过随市购买朝鲜银行发行的钞票,汇交日本代理银行换为日元,再以日元换兑英镑、美金、法郎等外币,并从中收取兑换差价。其在国外的代理行有美国的纽约欧文信托公司,英国的米兰银行等。

为了扶植内地土特产出口,卞白眉曾拨专款100万元,作为内地押汇业务,并在华北各省区分支行设立仓库,使各地客商便于就地办理抵押贷款,如押汇贷款、打包贷款、出口押汇贷款等业务。各贸易商利用中国银行各个环节的贷款办法,十分称便。中国银行则既有物资保证,又可加速资金周转,按期回收,且押款利息、货栈栈租、代理保险结算等业务都有不少收入,吸进了大量银行存款,贷款、内汇、外汇等业务与日俱增。卞白眉做外汇业务特别注意收支平衡,如当天外汇进出发生差额,致使账面不能平衡时,则以外汇折成黄金,委托东街钱庄买进黄金,以弥补当日外汇之缺额。

根据中国银行总行实行区行管辖制的决定,自1924年起中国银行天津分行成为华北地区的管辖行,统管河北、山西、陕西、河南、察哈尔、绥远以及北京、天津市,共六省二市分行的业务。

1926年夏,奉系军阀占据天津,褚玉璞为直隶督办,提出以地皮作抵押,名为向各银行借款,实为勒索。后来褚玉璞将抵押改为直隶省未发行之封存钞票。7月30日,褚突然派人至各银行检查抵押品封存情况,卞白眉身为银行公会会长,为同业出面奔走,先补齐了北四行所动用的抵押。卞白眉作为见证人,就此了结了军阀勒索案。

30年代初,华北地区天灾人祸不断,农村经济遭受严重破坏,农业生产亟待赈济。卞白眉自1934年起,在中国银行天津分行开办农业贷款,赴河北、河南、陕西三省产棉区考察;招录了一批大学生和高中生,委托华洋义赈会培训后赴各县从事农贷发放工作,发放范围包括河北省保定、石家庄、正定、邯郸等20个县,河南省郑州、安阳、灵宝、许昌等12个县,发放的农贷以购买牲畜、农具、化肥、优种和小型水利设施为限,多则几万元,少则数千元,以土地为抵押,一般为月息8厘,秋收后还款。同时引进国外良种猪、鸡,供农民饲养,增加了农民的农、副收入。

1931年九一八事变后,华北地区民族工商业者经营的纱厂,大都陷入困境。卞白眉与河南省政府磋商,由中国银行于1935年11月将纱厂接管,该厂所欠债务和股权皆由中国银行出资清理了结,原厂长和职工全部留用,对董事会进行改组,卞白眉任董事长。当年,卞白眉还在灵宝、彰德等地设立了棉花打包厂,以保证出口质量。

1935年春,平津两行又一次发生挤兑风潮。卞白眉向总行申报预备充足现洋,又通令华北各地分支行,大量吸收现洋存款,源源不断运至平津,增加了库存实力,抵挡住了兑现压力。与此同时,又通过当局与日本方面交涉,限制朝鲜人兑现。双管齐下,终于平息了平津两市又一次挤兑风潮。

1936年,宋子文鉴于法币贬值,提出将储蓄部存款600万元投向华北纺纱行业。为此,卞白眉拟订了《沟通秦豫纱厂经营计划》。天津分行对各厂认股半数以上。接管雍裕纱厂后,派会计驻厂监督财政,并推荐技术人员进厂,改进工艺流程,使该厂生产大有起色。华北地区沦陷后,豫丰厂迁至四川重庆和合川两地,雍裕厂迁至陕西虢镇,成立了虢镇业精纺织厂。

1937年7月,日军占领天津后,伪币尚未发行,日军急需法币抢购物资。日方指使前北洋政府外交总长曹汝霖等传话,希望中、交两行共同向日本正金银行和朝鲜银行透支300万元法币。卞白眉认为银行之间只可少数周转,允许透支20万元。但日本兴中公司负责人十河却致函银行公会和伪河北省银行,定要共同筹集300万元。卞白眉亲自到日租界十河处说明筹集法币之困难,不能大量供应。十河竟出言恫吓,卞毫不畏惧,不欢而散。8月30日,日方又拟以金票300万元调换法币300万元,并要求中国银行将所换金票存入库中,不能动用。曹汝霖出面向卞说项,卞当即表示,若此迁就,中、交两行是否能维持下去,亦成问题,再次拒绝日本的兑换要求。9月19日,日方特务机关长喜多诚一令曹汝霖造访卞白眉,拟由河北省银行加发钞票,然后以金票兑换法币,卞白眉再次予以拒绝。

1937年12月,伪政权决定成立华北联合准备银行。先由曹汝霖出面约请中国、交通两行以及"北四行"负责人征询意见。伪中华民国临时政府行政委员会委员长王克敏又于12月16日亲临天津,与卞白眉商讨成立联合准备银行事宜。对此卞白眉明确表示:一、不加入股本;二、不能截止发行日和发行额;三、不能交出全部准备金。最后由王克敏出面,授意卞白眉签注"尽量筹集"四字。卞在不得已的情况下,被迫签写"卞白眉尽量筹集"七字,以示他并非代表中国银行。

1938年1月,中国银行总行通知卞白眉去香港开会。他几经周折,于2月10日乘英轮泽生号离津赴港。卞白眉在香港成立天津中国银行驻香港办事处,仍遥领天津分行,直到1941年太平洋战争爆发。1943年,卞白眉任中国银行副总经理。1949年,中国银行总行迁香港后,卞白眉退休。1951年,卞白眉迁居美国。

1968年,卞白眉病故于美国,终年84岁。

方兆麟为其编有《卞白眉日记》四卷存世。

参考文献:

刘续亨:《著名银行家卞白眉在天津的二十年》,载天津市政协文史委编:《天津文史资料选辑》第36辑,天津人民出版社,1986年。

张连红、严海建主编:《民国财经巨擘百人传》,南京出版社,2013年。

冬月编著:《五大道名门世家》,天津人民出版社,2013年。

(高　鹏)

卞荫昌

卞荫昌(1866—1926),字月庭,天津人。光绪年间,卞荫昌曾任职户部、工部、法部。1904年任天津商务总会协理,后任天津军警联合会体育社评议员。

1912年,壬子兵变发生,据资料统计,天津地区被抢被焚商户达2200余家,损失白银1212万两以上。为避免战火波及,卞荫昌协同政府组建商团,并担任天津商团军团长。

1913年,卞荫昌任直隶商务联合会会长,同年以中国代表团团长身份参加巴拿马博览会。当时因军阀混战商界举步维艰,卞荫昌始终尽全力维护商民利益,1915年3月获北洋政府颁发的四等嘉禾奖章。1916年10月,在天津民众反对法国强占老西开的爱国斗争中,卞荫昌发起成立天津国权国土维持会,并被选举为会长。他多次呈文痛陈法国侵占老西开之害,指出:"设一国得志,难保他国不相率效尤;是则我国大好河山,何难一齐断送净尽。"①而且为捍卫、维护国权起见,卞荫昌等人还挺身而出,在荣业大街大舞台召开8000多人参加的大会,成立天津公民大会,卞荫昌被选为会长。在卞荫昌的领导下,天津公民大会一方面发布宣言,断绝与法国贸易往来,不使用法国银行纸币,解散法国在天津成立的招募华工机构——惠民公司,中国货不卖给法国,中国人不得给法国做侦探,电告法国撤走驻华公使和驻津领事,等等;另一方面坚决支持法租界工人罢工和学生罢课,为罢工团提供饮

①罗澍伟编著:《天津的名门世家》,天津古籍出版社,2004年,第51页。

食、办公场所和10余万元的捐款，为"不愿觍颜履此伤心之地，受敌人教育，永与法汉学堂断绝关系"①的学生组织中法学校，借用联合会为校址使原法汉学生复课，并一律免收学费，经费由公民大会承担。这场斗争得到了全国的支援，迫使北洋政府始终未敢同意法国侵占老西开的无理要求。

1918年，卞荫昌当选为直隶省众议员，1919年任直隶商会总会长。五四运动爆发后，卞荫昌任天津各界联合会会长，他组织商界抵制日货、营救抗日学生的爱国活动。当时日本强占山东一案尚未解决，日本又派军舰横行福州。为了警醒国人，各界联合会专门设调查股，调查各商号购销与实存日货的情况。卞荫昌作为联合会的主要人物，对发现售卖日货的商家进行劝导、说服，或自立公约向各商号进行宣传。在抵制日货的斗争中，周恩来等4名学生代表被捕。卞荫昌在狱外积极组织营救活动，并亲赴北京营救被捕代表，与当局进行说理斗争，最后迫使北洋政府不得不释放被捕代表。

1919年11月1日，天津总商会改选会长，卞荫昌再次当选为会长。但遭到日本驻天津领事船津辰一郎的反对，他电告北洋政府农商部次长，认为卞荫昌曾参与抵制日货，不适合担任商会会长。北洋政府于是致函卞荫昌，嘱其与日本领事慎重相处，勿令发生重大交涉，致令政府难于应付。消息传出，天津商民群情激愤，天津总商会致函外交部、农商部，请依国际通例要求日本政府撤换船津，并向天津总商会赔礼道歉。②卞荫昌以个人名义先行回复农商部工商司，对该日领事无端干涉天津商会事务表示极其愤慨："任情污蔑，种种轻慢言词殊与国际体面攸关。"对政府当局的态度也进行了反驳。

---

① 《法文学生之义愤》，载中国社科院近代研究所《近代史资料》编辑部编：《近代史资料》第5期，知识产权出版社，2006年，第62页。
② 天津市档案馆等编：《天津商会档案汇编（1912—1928）》第1册，天津人民出版社，1992年，第59页。

为避免军阀混战对商会业务的影响,卞荫昌不断呼吁政府召开和平会议,进行裁军。1925年,重病的卞荫昌任善后会议专门委员,他联合京沪汉三地商会会长向政府建议裁兵善后办法,还承诺4个城市的商会愿筹募临时短期公债3000万元用于裁兵,俟裁兵实行后,再发善后长期公债3亿元。1926年,他又倡议在上海召开和平会议,他表示道:"民国以来,无岁不战,无地不兵,十四年间,国家所经之事变、人民所受之痛苦,殆以罄竹难书。""由荫昌召集各省区商民领袖在上海开和平会议,请麾下各派代表赴沪列席讨论解决方法,以弭兵祸而救国本。"①表达了尽早结束军阀混战的决心。

卞荫昌因多次参与赈灾救济有功而被授予各种奖章。如1917年天津水灾,天津县属于重灾区,被灾村庄328个,受灾人口3.7万多人。以卞荫昌为首的天津商会会同体育社、教养院、保卫局等团体积极投入救灾。他们帮助打埝筑坝,以御水患,在旧城西南隅及海河葛沽镇、北乡桃花寺一带居民中口碑甚佳。卞荫昌还调集商会成员赶赴四乡灾区,将从汉口、北京等地募集的冬衣散发到灾民手中,并辅助红十字会向灾民发放粮食。卞荫昌对天津河防的安全深为关心。1925年,英国将庚子赔款退还用于在华兴学及办理有益事业,他立即电函英国商会,恳请英商会能够拨用部分庚款办理直省河防创兴水利。②

卞荫昌力主将灾民被动受助变为主动自救,不仅进行单纯的施与和募捐,更要授予灾民一定的技能,使其自养自立。1917年水灾后,卞荫昌向京畿水灾河工善后督办熊希龄建议,设立因利局低息贷款给贫苦灾民,让灾民以借贷资本自营生计。对于高阳、饶阳、献县和肃宁等地棉户,天津商会协助直隶商会联合会和督办处拟定了《布商借款保息办法十条》和《放纱收价办法》,实现了灾民生产自救。1920年,他还

①《卞荫昌建议裁兵计划》,《益世报》,1925年5月12日。
②天津市档案馆编:《北洋军阀天津档案史料选编》,天津古籍出版社,1990年,第215页。

将部分灾童送到上海厚生纱厂做工。这些灾童重返天津时,卞荫昌再次出面协调天津纱厂联合会接纳这批灾童。[①]

卞荫昌爱国爱商的情怀赢得了天津商界的敬重。1923年,卞荫昌因病欲辞去天津总商会会长,各界同人竭力挽留。

卞荫昌于1926年11月17日病逝,终年60岁。

参考文献:

天津市档案馆编:《北洋军阀天津档案史料选编》,天津古籍出版社,1990年。

全国政协文史委编:《五四运动亲历记》,中国文史出版社,1999年。

罗澍伟编著:《天津的名门世家》,天津古籍出版社,2004年。

(王　静)

---

①刘颖冰主编:《行善时代》,中国三峡出版社,2007年,第615页。

伯 瑞 尔

伯瑞尔（1884—?），全名利奥·伯瑞尔（Leo Breull），1884年5月3日生于奥地利维也纳，犹太裔奥地利人。

1920年9月，伯瑞尔以德国柏林医科大学医学教授的身份来津，他素以医生为业，尤对治疗肺结核有独到之处。1924年12月，伯瑞尔与5名美国人、德国人，在津创立天津德美医院有限公司，集资331股，每股美金100元，共计资本3.31万元，其中每位创始人各入两股。①德国柏林医大教授海阁士、伯瑞尔分任正、副院长。1925年1月，该公司在美国内华达州注册登记。

公司成立之初，由于资金不足向英商先农公司抵押贷款。1925年2月23日，公司以13,695块银圆永租华人朱桂山位于特一区5余亩土地，聘请天津著名设计师盖苓兴建天津德美医院（German American Hospital Tientsin），院址在德、美租界交界的威尔逊路260号，美国兵营对面。该院内为一座砖木混合结构的三层小楼，建筑面积为1831.93平方米，共有45间房，设20张床位，另有几间平房。1926年2月18日，医院将部分地产裁租给天津著名的美国律师爱温斯（R.F.Evans）。1933年，医院发行债券6.5万银圆，部分用来偿还先农公司债务，部分用于修缮医院和购买医疗设备。

医院设有一流的病房、化验室和X光室，手术室有万能手术台等进口的医疗设备，在当时的天津可谓首屈一指。但由于其收费过高，

---

① 天津市档案馆藏档案，J25-2-2248。

来该院的患者多为在津的外国人和达官贵人。

伯瑞尔任用了潘其壎、李公范等4名中国医生。院长海阁士医术全面，尤以外科手术见长，但因他整日把自己关在手术室里，极少在门诊露面，又从来不出诊，所以很少有人知道他。以治疗肺结核病症闻名天津的伯瑞尔在内科门诊坐诊，与病人及家属接触较多，他随身带着翻译，无论早晚，只要有出诊病人，他随叫随到，态度和蔼，深得病人和家属的尊敬。在当时，德美医院和伯瑞尔都很有名。

1935年，海阁士因病去世，其股份由其妻和女儿继承，其部分积蓄以代贫苦患者偿还医药费的名义捐赠给了医院。伯瑞尔担任院长后，于1936年将股金由美元改为银圆，每股银圆100元，老股每股换新股两股，另从基金中提取435,184银圆作为老股红利。1941年时，该院已发行股票1000股，伯瑞尔的内弟、美国人纽曼等人，为认购200股以上的股东大户，汉纳根、盖苓、起士林、巴德等许多各国在津知名人士也纷纷入股加盟。

1941年12月太平洋战争爆发后，北平协和医院在日军武力胁迫下被迫关闭，该院名医纷纷来到天津谋生。由于没有自己的诊所和医疗设备，如妇产科专家林崧、小儿科专家范权、肿瘤专家金显宅等著名医生，均与德美医院挂钩合作，德美医院因之业务量大增，为此在德租界十四号路兴建了医院西楼，该楼也是三层砖木结构小楼，建筑面积为735.40平方米，共有24间房，多为员工住宅。此时德美医院进入鼎盛时期，病房内虽设有60余张床位，但仍不能满足患者的需求。

太平洋战争爆发后，驻天津的日军借口该院拥有美国股份，意欲强行接管。为逃避日伪政权的接收，医院在形式上"清除"美国人股份，又于1943年2月22日将该院更名为"德华医院"。抗战胜利后，美军进驻天津，美国人恢复了股权，该院也恢复为德美医院。但因德、日、韩侨大多被遣送回国，医院中的德国股份被国民党政府冻结，并且与该院合作的名医在津站稳脚跟后，相继开设了自己的诊所，1946年

3月,德美医院被迫停业。5月15日,经股东大会决议,将房屋及设备出租给了天津苏联医院,改称天津苏联公民协会医院,院长为苏籍人。①租期届满后,1947年2月经董事会决定,医院秘书长美国律师东伯利(又名伊司坦,Barry C.Eastham)曾一度代理德美医院并在美驻津领事馆登记,但实际管理人仍为伯瑞尔。

伯瑞尔为人谦和,各界知名人士均乐于与之结交。伯瑞尔与从事音乐的妻子相依度日,并无子女,定居于第六区江苏路3号。②1938年德国将奥国吞并,他于同年4月改入德国籍,至1941年德国厉行纳粹主义政策,通令取消德奥犹太民族的德国国籍,他便成为无国籍者。1942年12月、1943年4月,他两度申请偕妻加入中国国籍,希望仍居天津继续工作,并尽其所能为中国人服务。但当时的天津日本陆军特务机关表示,伯瑞尔被德国剥夺了国籍,应以敌性人论,未予照准。1947年,奥国重获独立,伯瑞尔遂恢复了奥地利国籍。

1949年1月天津解放后,该医院转租给中国医生潘其壎等组建的德美医院和记有限公司,仍称德美医院。但潘只懂医术不擅管理,医院几近无法维持,1951年4月,改租于天津市公共卫生局使用。

1953年初,伯瑞尔离津回国。后事不详。

参考文献:

周利成、王勇则编著:《外国人在旧天津》,天津人民出版社,2007年。

(周利成)

---

①天津市档案馆藏档案,X58-y-126。
②天津市档案馆藏档案,J1-3-7145。

卜 静 安

卜静安（1902—1939），本名卜占台，天津蓟州人。1902年生于蓟州板桥村的一个贫苦农民家庭。卜静安幼年读过私塾，由于家境贫寒，辍学在家务农。他喜欢读书，劳动之余经常借来《水浒传》《三国演义》等古典小说阅读，对书中行侠仗义、劫富济贫的侠义之士甚为敬佩，逐渐养成了嫉恶如仇、刚正不阿、不畏强暴的性格。青年时代去山东闯荡15年，卜静安受到孙中山三民主义思想的影响，培养了浓厚的民主革命思想和民族意识。

卜静安从山东回到家乡后，继续追求进步思想。他同革命青年卜荣久、王少奇等交好，经常听他们讲革命道理，逐渐接受了中国共产党的革命理论。1931年九一八事变后，日本帝国主义侵占中国东北，卜静安毅然参加中国共产党领导的反帝大同盟组织，积极投身抗日救亡斗争。在同反动当局的斗争中，他坚毅勇敢，表现出不怕牺牲的革命精神。

1935年，卜静安结识了在东北、北平等地参加抗日活动的进步青年李友梅，二人成为知己。在卜静安的鼓励下，李友梅在蓟县杨津庄镇渔津庄小学当了教员，并在该学校成立了抗日救亡小组。

1936年秋，在党组织的安排下，卜荣久和王少奇回到蓟县，以行医为掩护，开展抗日救亡活动。卜静安积极参加卜荣久、王少奇组织的抗日救国会，广泛开展宣传，动员群众参加抗日斗争。由于工作繁忙，长时间不能回家，妻子对此有意见，他解释说："现在要先保国，后保家。有国才有家，没国哪有家？国亡了，家也得亡！"在卜静安的带动下,妻子不但积极支持他组织抗日斗争,自己也加入抗日救亡运动,成为积极分子。

1937年全民族抗战爆发后,在党的领导下,蓟县的抗日斗争更加活跃,各地纷纷建立抗日救国会组织。1937年冬,卜静安等人在抗日救亡小组的基础上成立了五区抗日救国会,采取各种方式向群众宣传抗日救国思想。同时,卜静安同李友梅还争取五区民团团总胡香圃等人站到抗日立场上来,并与上仓镇警察建立联系,组织起一支拥有100多人、50余支枪的抗日武装队伍。

1938年4月,卜静安作为五区抗日救国会领导人,参加了中共蓟县县委在盘山千像寺召开的县委扩大会议。会议决定各区救国会进一步开展统战工作,争取各方面人士参加抗日,为发动抗日武装暴动做准备。会后,卜静安和李友梅进一步加强了对保甲长和民团的统战工作,吸收开明绅士和民团骨干参加救国会组织,为发动武装暴动做准备。

1938年6月,宋时轮、邓华率领的八路军第四纵队挺进冀东。在第四纵队的支持和推动下,中共冀热边特委决定抓住时机,发动冀东抗日大暴动。7月5日,中共蓟县县委召开紧急会议,传达特委指示,部署了冀东抗日大暴动的准备工作,决定抗日暴动队伍组成后,编为冀东抗日联军第五纵队。

7月14日,蓟县抗日武装大暴动爆发。邦均镇打响冀东西部武装暴动的第一枪后,卜静安当即通知其所联系的队伍,攻打上仓河西伪警察所。通过内线策应,一举获胜,暴动首战告捷,士气大振。打下上仓伪警察所后,卜静安领导暴动队伍开展了收枪扩军运动,动员群众"有人出人,有枪出枪,有钱出钱",暴动队伍迅速发展到500多人,定名为上仓五纵队。为团结抗日,卜静安主动支持胡香圃任总队长,自己任副总队长,李友梅任政治主任,下设三个大队和一个特务队,成为中共领导下的冀东抗日武装力量的组成部分。

7月底,八路军第四纵队一部攻打蓟县县城,卜静安率领暴动队伍配合四纵作战。经过两天激战,攻克蓟县县城。战斗中,卜静安身先士卒,英勇作战。进城后,按全县抗联队伍统一编制,卜静安率领的上仓五纵队改编为蓟县游击队第四大队,胡香圃任大队长,卜静安任副大队长。8月,伪蒙骑兵队分路进犯蓟县,卜静安率部进行英勇抵抗。

1938年秋,根据中共河北省委和八路军四纵党委的决定,冀东抗联队伍随同八路军西撤。卜静安率领的第四大队也转移至三河县西马坊一带,与党领导的另外几支武装队伍合编,成立平(谷)三(河)蓟(县)密(云)顺(义)五县游击总队,共1500多人,胡香圃任总队长,卜静安任副总队长。

10月,青纱帐长成,日伪军更加频繁地进行"扫荡",斗争环境日益严酷,卜静安所部与蓟县县委失去联系。他们且战且退,向西转移。在行军途中不断遭受敌人袭击,队伍大部分被打散。在这种情况下,为保存革命力量,卜静安等将剩余部队拉到盘山,分散潜伏。之后,卜静安到蓟县大石峪村以教书为掩护隐蔽下来,等待时机以重整旗鼓。

1938年12月,中共蓟县县委书记李子光从平西回到蓟县,与坚持在冀东西部进行游击战争的八路军四纵第三支队取得了联系,继续开展抗日斗争。1939年初,卜静安闻讯后,立即集结潜伏的游击队伍找到第三支队要求收编。收编后部队命名为"盘山游击独立大队",任命卜静安为大队长,刘向道为参谋长。此后,部队在卜静安的率领下,以盘山为中心,在平三公路以东、段甲岭以北、靠山集南部区域,广泛开展抗日游击战争。4月,游击活动区域发展到三河县北部、平谷县西南部的平原地区。5月,队伍发展到500多人,设三个营。8月,卜静安率部伏击上仓伪警备队,大获全胜。除少数敌人被打死打伤外,其余全部被俘,缴获步枪45支、自行车46辆及一批子弹。这场伏击战的胜利,极大地鼓舞了周边地区群众的抗日斗志,震慑了敌人。

1939年9月,日伪军开始进行秋季大"扫荡",向蓟县、三河据点大量增兵。为应对可能的严峻威胁,补充秋冬部队给养,卜静安率部抓紧时间征集粮款。其间,患病尚未痊愈的卜静安及所部被敌人包围,在敌我力量悬殊的情况下,卜静安沉着指挥部队突围。经过激战,腿部负伤的卜静安在警卫员的掩护下得以脱险。养伤期间,卜静安被敌人密探发现,不幸被捕。

卜静安被捕后,敌人采用各种手段进行诱降。卜静安识破敌人的诡计,进行坚决斗争。敌人见诱降无效,对其严刑拷打,卜静安誓死不屈。他说:"我卜静安只要有一口气就要抗日,将你们赶出中国去。"1939年10月,卜静安在通州壮烈牺牲,为中国人民抗日民族解放事业献出了宝贵的生命,年仅37岁。

参考文献:

中共天津市委党史资料征集委员会编:《天津抗日英烈》,天津古籍出版社,1995年。

(马兆亭)

卜荣久

卜荣久(1908—1944),原名卜汝宣,化名卜庸、张依文,河北省蓟县板桥村人。卜荣久自幼勤奋好学,学生时代就是一个忧国忧民的热血青年。1933年在通县师范学校上学时,正值长城抗战失败,他目睹祖国河山不断被日本帝国主义蚕食,国家和民族危机日益深重,毅然参加了中国共产党领导的反帝大同盟组织,积极投身抗日救亡运动。他与王少奇等6名同学,两次到香河渠口、刘宋等村镇开展抗日救亡宣传,深入街头巷尾,利用演讲、演剧、唱革命歌曲、发传单、写标语等形式,宣传抗日救国,许多群众受到影响,积极加入抗日救亡行列。与此同时,他还在学校组织学生请愿团赴南京,要求国民党政府停止内战,一致抗日。

1935年,一二·九运动爆发,正在北平中国大学上学的卜荣久积极地投入了这场斗争,被推选为学校青年抗日先锋队大队长。他率领学生上街示威游行,勇敢拦截国民党二十九军军长宋哲元乘坐的汽车,同国民党军警的血腥镇压展开英勇搏斗。一二·九运动后,卜荣久加入了中国共产党。

1936年春,卜荣久受党组织派遣,弃学回到蓟县参加革命工作,与一起返回蓟县的好友王少奇积极开展抗日救亡活动,发起抗日救国会组织。为了便于开展革命活动,1937年2月,他与王少奇合伙在自家厢房开设了一个诊所,以给人看病为掩护,开展抗日救亡活动。他们采取"穷人看病、富人花钱"的办法,穷人看病尽量少收或不收药费,富人看病则加倍收费,迅速团结了广大劳苦群众,仅用半年多的时间便在板桥周围20余个村庄建立了抗日救国会组织。

1937年七七事变后不久,蓟县被日军占领。在日本残暴的殖民统治下,不但劳苦群众坚决要求抗日,许多上层人士也改变了以前的观望态度,有了抗日的要求。1937年10月12日,卜荣久和王少奇参加了中共蓟县县委在翠屏山召开的秘密会议。会议强调要进一步做好抗日宣传和统一战线工作,大力发展抗日救国会组织,为发动抗日武装暴动做准备。会后,卜荣久奔走于蓟县城厢和各地农村,秘密开展抗日宣传和组织工作。

1938年4月4日,卜荣久参加了中共蓟县县委在盘山千像寺召开的县委扩大会议。会议总结了前一段时期抗日救国会的工作,肯定了成绩,要求进一步发动群众,尽可能地把群众组织到抗日救国会中;同时加强统一战线工作,争取民团武装和开明士绅站到抗日方面,积极为抗日武装暴动做准备。会议宣布成立蓟县抗日救国会总会,任命卜荣久为总会主任。

千像寺会议后,抗日救国会组织迅速发展壮大,武装暴动准备工作全面展开。卜荣久带头说服家人,卖掉四亩水田,购买枪支弹药,为武装暴动准备武器。在他的带动下,许多士绅和知名人士纷纷表示要以民族大义为重,有钱出钱、有枪出枪,有的还动员自己亲属和朋友参加抗日活动。

1938年6月,宋时轮、邓华率领的八路军第四纵队挺进冀东。中共冀热边特委决定利用这个时机,在八路军的配合下于7月中旬发起冀东抗日大暴动。中共蓟县县委于7月5日在塔院栗树沟召开紧急会议,卜荣久参加了会议。冀热边特委委员丁振军传达了特委的指示,确定7月16日为冀东抗日大暴动统一行动的时间,并拟定蓟县暴动队伍组成后,编为冀东抗日联军第五纵队。会议还责成卜荣久和王少奇准备暴动所需的命令布告、标语传单、关防印信、收枪收据、队伍臂章、医疗药品等事宜。会议结束后,卜荣久和王少奇夜以继日地进行准备工作,迅速完成了任务。

栗树沟会议后,由于八路军的到来,形势发展大大超过了预期,广大群众热情高涨,纷纷要求早日行动。此时青纱帐已经长成,正是暴动的好时机。根据这些情况,县委决定立即发起暴动。

7月14日,邦均地区打响了蓟县抗日大暴动的第一枪。与此同时,卜荣久等以城内简师、第一高小的进步师生及城南、城北抗日救国会会员为骨干,组建了抗日联军第五总队;李子光等在二区组建了抗日联军第十六总队。暴动队伍组建后,立即发起了声势浩大的收枪和扩军运动,暴动队伍所到之处,得到了各阶层群众的热烈拥护和大力支持,敌伪政权纷纷瓦解,大批伪军、伪警、伪职人员倒戈起义,参加暴动队伍。到7月底,暴动队伍占领了蓟县所有村镇,并配合八路军主力部队一举攻克蓟县县城,摧毁了敌伪县政权,建立了抗日县政权。蓟县抗日大暴动取得完全胜利,给日本的殖民统治以沉重打击。

冀东抗日大暴动胜利后不久,敌人纠集大批兵力进行疯狂反扑,到处屠杀抗日军民,实行"三光"政策,恢复伪政权,形势迅速逆转,斗争环境日益残酷,加上部队给养发生严重困难,中共河北省委和八路军四纵党委决定,抗日联军和八路军主力暂时西撤平西根据地进行整训。

1938年秋后,卜荣久随八路军四纵主力到达平西。1939年8月,卜荣久担任了昌(平)延(庆)怀(柔)联合县县长,在极端困难的情况下,他带领全县人民同日伪军及其反动势力进行了不屈不挠的斗争,给敌人以沉重打击。1942年,卜荣久赴晋察冀分局党校学习。1943年6月,卜荣久又随军转战冀东,担任蓟(县)遵(化)兴(隆)联合县县长。由于他在工作中对党忠心耿耿,密切联系群众,深得群众的爱戴和拥护。1944年4月,党组织又调他担任中共冀热边行署秘书长。

1944年10月16日,卜荣久随同冀热边特委常委、组织部部长周文彬赴丰润参加特委扩大会议。会议进行中发现敌情,与会人员转移到杨家铺。10月17日,日军3000多人对杨家铺进行包围合击,在突围中,卜荣久不幸腹部中弹,壮烈牺牲,年仅36岁。

参考文献：

中共天津市委党史资料征集委员会编:《天津抗日英烈》,天津古籍出版社,1995年。

（林　琳）

蔡慕韩

蔡慕韩(1902—1978),直隶霸县人。1902年蔡慕韩出生于霸县胜芳镇的一个大地主家庭。胜芳蔡家在文安、霸县、大城三县境内共有土地1200余顷之多,是远近闻名的大财主。蔡慕韩的父亲蔡炎(字犊泉)是胜芳蔡家第三代当家人,母亲是天津"八大家"之一的"长源杨"杨春农的孙女。蔡慕韩是家中的次子。

蔡慕韩8岁时,父亲在家中设专馆教其读书,由秀才蔡次东开蒙。十四五岁时,由当地举人王锡命教读,家中还聘有英文教师教授其英语。蔡犊泉去世后,蔡慕韩的叔父蔡次泉、蔡荫泉及其长兄蔡述谭,沉溺于烟、色,家务完全由蔡慕韩主持。

1920年前后,连续发生了直皖、直奉战争。由于时局不靖,而地方支应军需为数浩繁,蔡慕韩遂与叔父次泉、荫泉商议,1922年全家迁至天津。蔡慕韩把胜芳所有动产除立祥号仍留胜芳从事出租土地、经营地租外,其他如立昌永、立丰两银号均移至天津继续经营。蔡家三门以吕厚堂(蔡慕韩)、树德堂(蔡次泉)、荫德堂(蔡荫泉)三个堂号各自经营粮行业务,从业人员均系由胜芳立祥号调来。蔡慕韩还在奥租界开设天聚当,在西头怡和斗店投资任董事。

蔡慕韩先住日租界,后移居英租界。因拥有大量资金,他在金融界也很活跃,逐渐为租界当局重视,于1930年被选为英租界工部局董事。

当时,天津的洋行买办与盐商、当商等组织有"行商公所",成员有平和洋行买办杜克臣、横滨正金银行华方经理魏信臣、新泰兴洋行买办宁星普、盐商叶兰舫和粮商王郅隆等。蔡慕韩到津以后，很想加入这个公所。当时裕津银号的赵聘卿为了取得该公所成员资格，将所经营之裕津银号改组为裕津银行，大事招股。蔡慕韩通过其姻亲魏信臣的介绍，出资认股后，以裕津银行大股东身份取得该银行的常务董事，加入了"行商公所"，从此蔡慕韩便在天津金融界活跃起来。

蔡慕韩看到济安自来水公司股票稳妥可靠，遂产生了收购的念头。济安自来水公司最初股票共约2万股，每股票面100两银，共为200万两银。蔡慕韩大量收购其股票，天津沦陷时，已拥有济安公司股票三千七八百股，这时每股票面值已达250元，蔡慕韩成为该公司持有股票最多者。沦陷初期，济安自来水公司系卢开瑗把持，其弟卢南生为当时的天津市公用局局长（济安自来水公司属公用局管辖）。后卢开瑗离开天津，蔡慕韩在卢南生的支持下，以责任董事名义每日到公司办公。这时蔡慕韩的长兄蔡述谭亦大量收购该公司股票。该公司董事会改选时，蔡家兄弟二人互争董事长，相持不下。蔡慕韩就将自己的一部分股票，借给曹汝霖，由曹出任董事长，蔡述谭为副董事长。后来董事会改组，蔡慕韩任总经理、董事长，公司实际由蔡慕韩把持。蔡慕韩取得济安自来水公司的大权后，第一个措施即连提两次水价，公司获得利润极大。获得巨额利润后，第二步即将原有的2万股改为85000股，增值为850万元，每股票面由100两改为100元，原持有股票100股者，即作为350股。因蔡慕韩持有股票较多，他的收益比其他股票持有人更多。

天津沦陷后，日伪政府对烟、酒、粮、油、纸张等物资严格控制。工厂商品和进口商品只能卖与第一部组合成员，由第一部组合成员卖与第二部组合成员的批发商，再由第二部组合成员卖与零售商，价格必须按限价出售。第一部组合成员都是日商。日商加藤洋行是经营纸张的第一部组合成员，由台湾等处运来纸浆，交给各造纸厂，而各厂纸张成品必须卖与加藤洋行，这样各厂无利可图。蔡慕韩找到了与工厂股东有关的利生进出口公司,双方达到协议,先由利生加入纸业第二部组合,再与加藤洋行磋商。在加藤的默许下,由华北造纸厂卖与第一部组合成员加藤的纸张,全部再卖与第二部组合成员的利生公司。然后由利生以市场价格(即黑市价格)向外销售。这样利生售得的市场价格与限价的巨额差价,除部分作为利生公司的酬金外,其余由华北造纸厂和加藤洋行经办人利益均沾。所以沦陷区的华北造纸厂仍然能够获得高额利润,蔡慕韩也因此获得各股东的称赞。蔡慕韩认为华北造纸厂有利可图,股票必然上涨,遂大量购进。于是蔡慕韩又开设万祥银号,与立昌永、立丰两银号形成三足鼎峙。不久,他又接办了河北三条石周公祠大街利和毛巾厂,并自任总经理。

1942年,东亚毛呢厂技师赵子真、开滦矿务局董事兼秘书娄鲁青等创办了华北造纸厂,又拟开办大陆造纸厂作为华北造纸厂的分厂,并改组华北造纸厂为华北股份有限公司,股金由100万元增为400万元。每股100元,凡有300股以上股权者,可以被选为董事。蔡慕韩通过开滦矿务局工程师朱建三介绍认购600股以上。另外,蔡慕韩在胜芳拥有大量芦苇地。芦苇是造纸原料,蔡慕韩在华北造纸厂既有股东收益,又为自己的芦苇打开了销路。

抗战胜利后,蔡慕韩仍任济安自来水公司总经理。为了应对通货膨胀和物价上涨,公司开始实行按物价指数收取水费。即按公司需用的几种主要物资如煤、水管、白矾(滤水用)和油、粮等价格为标准,作比例收取水费。这时公司又两次增加股额,最后一次增至3000万元。

天津解放前夕,蔡慕韩把他的动产完全换成黄金,并携带济安自来水公司董、监事会中押存的近千股股票于1948年底乘国民党飞机逃往上海。蔡抵沪后,原拟转赴香港,因在上海作股票交易,香港之行作罢。上海解放后,蔡慕韩乘解放后通行的第一列火车北返。当时,济安自来水公司已被军管,蔡慕韩以利和毛巾厂大股东身份进入该厂,不拿报酬,帮助整理业务。1951年2月,天津市召开政协会议,蔡慕韩任政协委员。1956年,胜芳镇人民政府筹建发电厂,蔡慕韩带头认购股票,并对政府承诺,建厂期间资金不足部分由他全部承担。1956年,在资本主义工商业的社会主义改造中,蔡慕韩始终积极拥护,坚决执行。

1978年,蔡慕韩在天津去世,终年76岁。

参考文献:

蔡慕韩:《"胜芳蔡"的发迹与衰败》,载河北省政协文史委编:《河北文史集粹·经济卷》,河北人民出版社,1992年。

蔡慕韩:《"胜芳蔡"发家史》,载河北省政协文史委编:《河北文史资料》第7辑,河北人民出版社,1982年。

吴志国主编:《这里是胜芳》,人民日报出版社,2009年。

（张慕洋）

蔡儒楷

　　蔡儒楷（1869—1923），字志赓，江西南昌县人。其父蔡垣性情豪迈，他"幼承庭训，博通经史，豁达有父风"。1897年蔡儒楷中举，"援例以知府用，发直隶佐理教育行政"。1903年至1904年，蔡儒楷先后出任直隶农务学堂、直隶高等农业学堂监督。[①]

　　1906年至1911年，蔡儒楷转任北洋大学堂监督，总理全校事务。"期间，他参与遴选优秀生官费留学美国；主持增设师范科；1908年主持分设法律甲、乙班，土木工甲、乙班，采矿冶金甲、乙班；主持拟定《各班逐年课程及一切办法》。"[②]此时，严复任留学毕业生考试的考官，与蔡儒楷多有交往。这一时期，蔡儒楷参与的社会活动也是比较多的，比较重要的是在1909年，中国地学会在天津创办，蔡儒楷被公推为评议员。另外，在1911年，蔡儒楷发起成立业余研究京剧的社团——天津戏剧改良社，为天津最早的以改良旧剧、移风易俗为宗旨的社团。之后又主持成立改良戏曲练习所，鼓吹"欧美各国之戏剧家为第一等人格，戏曲有转移社会、辅助政治进行之效力，编纂各种新戏，培养戏曲专门人才"[③]。

　　1912年，民国肇建，蔡儒楷任直隶提学使，同年8月，因直隶布政

---

　　①刘大群等主编：《河北农业大学校志（1902—2002）》，中国文史出版社，2002年，第731页。

　　②周川主编：《中国近现代高等教育人物辞典》，福建教育出版社，2012年，第636页。

　　③中国戏曲志编辑委员会编：《中国戏曲志·天津卷》，文化艺术出版社，1990年，第249页。

使曹锐请假,蔡儒楷短暂兼署直隶布政使。1913年,蔡儒楷出任直隶教育司司长,因丧母丁忧,改为署任。1913年至1914年,他兼任国立北洋大学校长,"任内主持制定《国立北洋大学校办事总纲》;主持开办法文班、俄文班、师范班;按照新颁《大学规程》调整各学门课程,充实法科与工科"①,"其兴学之法,首重择师,而择师又首重德行。由此,师道立而学风盛"②。

1914年2月20日,袁世凯任命严修为教育总长,同一天下令:"严修未到任以前,特任蔡儒楷暂行署理。"③5月9日,蔡儒楷任山东民政长,随后改任山东巡按使。他上任不久,恰逢筹备将在美国旧金山举行的"旧金山巴拿马太平洋博览会",实业界人士和政府官员普遍认识到参加博览会可以扩大国货产品的影响,进一步促进实业发展。蔡儒楷十分重视这次展会,专门成立了"山东展览会兼办巴拿马赛会出品协会",并任会长。协会还聘请了山东将军靳云鹏为名誉会长。6月15日至7月15日,山东省第一次物品展览会在济南商埠公园(今中山公园)举办,"出品陈列者计达累万,全省物品,征集周全,其规模之宏巨,影响之深广,均可谓前所未有"。展览会期间,中外媒体进行了详细报道,并给予了很高评价。④

1915年,在山东省实业司司长潘复的倡议下,蔡儒楷、靳云鹏等人筹办鲁丰纱厂。1919年9月,鲁丰纱厂建成开业,一度为山东省最大的棉纺织企业。新中国成立后改为济南国棉一厂。

1915年12月12日,袁世凯称帝,蔡儒楷被封为一等男爵。早在1914年10月,蔡儒楷就被授予二等嘉禾章。1916年6月6日,袁世凯

---

①中国戏曲志编辑委员会编:《中国戏曲志·天津卷》,文化艺术出版社,1990年,250页。

②江西省地方志编纂委员会编:《江西省志·江西省人物志》,方志出版社,2008年,第336页。

③骆宝善、刘路生主编:《袁世凯全集》第25卷,河南大学出版社,2013年,第319页。

④张继平:《济南历史上最早的博览会》,《走向世界》,2010年第12期。

抑郁而死,蔡儒楷亦被免职。

1921年,蔡儒楷出任江西南浔铁路总经理。1923年,蔡儒楷去世,终年54岁。

参考文献:

骆宝善、刘路生主编:《袁世凯全集》,河南大学出版社,2013年。

李盛平主编:《中国近现代人名大辞典》,中国国际广播出版社,1989年。

(徐燕卿)

蔡绍基

蔡绍基(1859—1933)，字述堂，广东香山县人，家境贫寒。1872年，容闳招募幼童出洋，蔡绍基报名参加，并到上海出洋肄业局预备学校接受强化培训。1872年8月，蔡绍基作为中国首批幼童之一赴美国留学，先在哈特福德西部中学读书，后入哈特福德公立高中继续学业。

1879年，在高中毕业会上蔡绍基发表演讲《鸦片贸易》，他说："中国没有死，她只是睡着了，她最终将会醒来，并注定会骄傲地屹立于世界！"①此语震惊四座。1881年，蔡绍基入耶鲁大学攻读法律，是该校"东方人"棒球队成员之一。

1881年底，蔡绍基奉召回国，在天津道台衙门任助理翻译，后被派往大北电报局任译员。1883年随税务司穆麟德(P.G.von Mollendorf)前往朝鲜汉城建立海关，帮办商务。不久，入袁世凯幕府任秘书、通商洋务委员，期满保举知县。1893年回国，在中国专门办理对外交涉事宜的天津洋务局任会办，保升直隶州知州，加捐知府，升道员，记名海关道。

1895年10月，在直隶总督、北洋大臣王文韶和津海关道盛宣怀的推动下，中国近代第一所大学——北洋西学学堂成立(北洋西学学堂设头等学堂和二等学堂，学制均为4年。头等学堂为大学本科，学生毕业后可出国留学深造。二等学堂为大学预科，为头等学堂提供生

①天津市口述史研究会编，井振武编著：《留美幼童与天津》，天津人民出版社，2016年，第197—200页。

源)。蔡绍基出任二等学堂总办。

1900年,八国联军入侵津京,北洋大学堂校务中断。1902年8月,直隶总督、北洋大臣袁世凯到津,正式恢复清政府对天津的管辖主权,决定选择北运河边的西沽武库旧址重建北洋大学堂,任命蔡绍基为总办,负责筹建新校舍等事宜。庚子之役,西沽武库被破坏,蔡绍基利用武库的八座库房,两座改为教室,六座改为学生宿舍,并在东端新建教学大楼一座,正门上方书写五个金字"北洋大学堂",还建设有外国教员宿舍楼、中国教员宿舍平房、学务处等办公用房设施。1903年,唐绍仪任北洋大学堂督办。4月27日,大学堂正式复课。北洋大学堂校歌中"花堤霭霭,北运滔滔,巍巍学府北洋高"①的歌词,记载了在西沽重建北洋大学堂的历史往事。

蔡绍基、唐绍仪等人接手后,兢兢业业、严谨治学,热心培养人才,支持新学教育,多有建树,给北洋大学堂带来一股新风。1906年,学堂附设开办法文班、俄文班,培养专门翻译人才;启用出身北洋水师学堂、留学英国格林威治海军军官学校的王劭廉担任教务提调;1907年、1908年,开办师范科两班培养师资,有学员70多人。

蔡绍基善于理财,深受袁世凯信赖。他曾任牛庄海关道、天津新钞两关总办,代理津海关道,补授奉天锦关道兼按察使等。1908年,蔡绍基出任津海关道,兼任北洋大学堂督办。他在任职期间,学生多从天津、上海、香港等地招收,任课教师多为中外硕学鸿儒,既有教育大师吴稚晖,著名学者罗瘿公、庄凌孙等,也有日籍学者渡边龙圣、美籍学者福拉尔等人,以美、日、英、法、德、俄教师任主课,教材多采用外文原版。在办学方向、学科设置、学制、教学安排、授课进度、讲授内容与方法、教科书、教员配备等方面,皆以美国哈佛大学、耶鲁大学为蓝本,成为当时中国新式大学的楷模,被誉为"东方的康奈尔"。

----

① 左森主编:《回忆北洋大学》,天津大学出版社,1989年,第1页。

1910年,蔡绍基退职,寓居天津英租界,他仍积极协助扩充北洋大学堂,并致力于慈善事业。

此后蔡绍基过起隐士生活。每逢春秋佳节,集同学旧友欢叙,还捐资故乡修建北岭小学。他与东北军少帅张学良关系密切,张每至津门必盘桓其家。他与美国总统胡佛早年相识,时有函电往来。

1917年,蔡绍基在日租界宫岛街与明石街交口处出资兴办大罗天游艺场。"大罗天"意为世外桃源。正门有一尊广东佛山石湾烧制的"刘海戏金蟾"坐像,格外引人注目。游艺场内有京剧院、露天电影场、杂耍剧场,建有旅馆、小卖店等配套设施。著名京剧表演艺术家梅兰芳、杨小楼、程砚秋等人均在大罗天演出过。大罗天后来逐渐演变为古玩市场。

1933年6月23日,蔡绍基在天津逝世,终年74岁。

参考文献:

北洋大学史料小组编:《北洋大学事略》,载天津市政协文史委编:《天津文史资料选辑》第11辑,天津人民出版社,1980年。

田金海:《天津大罗天古玩市场的兴衰》,载天津市政协文史委编:《天津文史资料选辑》第69辑,天津人民出版社,1996年。

容尚谦:《创办出洋局及官学生历史》,王敏若译,珠海出版社,2002年。

刘凤山、刘建平主编:《向海而行:北洋大学-天津大学建校120周年征文集》,天津人民出版社,2015年。

(井振武)

蔡 远 泽

蔡远泽（1886—1945），字惠臣，号璋石，浙江德清人。蔡远泽在1900年前后就读于上海南洋公学。1902年11月，由于南洋公学禁止学生阅览一切新书及进步报刊，引发了退学风潮，在校读书的蔡远泽也参加了罢课，退学后被蔡元培在上海创办的爱国学社收留，后考入北洋大学堂预科就读。

1906年，经北洋大学堂选送，蔡远泽赴美国留学。先在麻省理工学院矿科获学士学位，后相继获得麻省理工学院采矿系硕士学位、哥伦比亚大学会计学硕士学位。回国后，于1917年12月在上海加入寰球中国学生会。1918年任北洋大学工科采矿冶金专业教授。1919年9月起兼任北洋大学工科学长，并在直隶高等工业专门学校化学科兼任教职。1924年8月，北洋大学校长刘振华裁撤工科学长一职，蔡远泽遂辞去教职。

蔡远泽此后致力于发挥专业特长，曾任奉天省黑山县境内八道壕煤矿工程师、宛平县门头沟琉璃渠煤矿经理以及通惠实业股份有限公司矿师、大北煤矿总工程师等职。蔡远泽还从事探矿工作，1927年1月取得了磁县北沟迤西地方煤矿的勘查许可证。

1928年7月，北洋大学改称国立北平大学第二工学院，茅以升任院长。1929年3月31日晚，校内大楼因失火而被烧毁，土木科机械、画图室全部以及博物院中之矿石标本并化石等珍品，悉付一炬。1929年8月，又更名为国立北洋工学院。1930年7月，经北洋大学毕业生同学会推选，经南京国民政府教育部批准，蔡远泽被委任为校长。他就任后,竭力恢复教学秩序,积极争取庚子赔款中比利时退还的部分资金,主持校园设施规划,重建被焚校舍,修建新操场及桥梁,筹设工程学馆主体建筑。后因办学经费困难,因四处奔波筹措经费而患病调养,于1932年9月辞职。

1933年,蔡远泽担任南京国民政府财政部盐务稽核总所下设在北京的盐务学校校长,相继被聘为北洋工学院采矿冶金科咨询委员会委员、院史编纂委员会委员。

1933年11月,蔡远泽呈请开采河北省磁县北大峪一带的煤矿(面积482公顷32公亩)。1934年4月,经南京国民政府实业部核发采矿执照,准予开采20年。蔡远泽遂将该煤矿命名为"永安煤矿",该矿资本定为300万元,尚有向平汉线双庙车站接修运煤轻便铁道之计划。

1935年7月,盐务学校因办学经费不敷而停办后,改设为盐业研究所,从事盐质改进、渔盐及工农业用盐的变色变性、硝酸炼制及副产品利用等研究。蔡远泽改任盐务稽核总所保管处处长。1936年,财政部为降低西南地区制盐成本,将盐业研究所迁至重庆,蔡远泽被委任为所长。

因南下任职,蔡远泽遂以无力经营永安煤矿为由,于1936年9月呈请河北省政府,将该煤矿产权移转给以北洋大学原教授李养冲为常务董事的致和煤矿股份有限公司,蔡远泽成为该公司股东。

全民族抗战爆发后,蔡远泽积极兴办实业支援抗战。1938年6月,财政部盐务总局派盐业研究所所长蔡远泽、工程师朱庭祜到四川威远调查,接洽开采黄荆沟煤矿事宜,他们共同完成了《调查威远煤矿报告》,成立了黄荆沟煤矿局。1938年10月,蔡远泽报呈食盐制造氯酸钠炸药厂计划书,引起重庆国民政府经济部资源委员会、军政部兵工署的重视,后由军政部兵工署筹备设立。

1940年,蔡远泽辞去盐业研究所所长一职,在北洋大学同学会重庆分会开展活动。1941年,北洋大学全国校友集议,决定在大后方筹设私立北洋工学院,蔡远泽在贵阳被推定为筹备委员会委员。1942年,赴湖南创办焦炭公司,在湘粤一带颇有声望。

1944年,日军进攻湘桂,蔡远泽返回重庆。1945年在贵阳开办中国煤矿公司。同年5月,因感染斑疹伤寒,病逝于贵阳中央医院,终年59岁。

参考文献:

《北洋大学新校长之设施言行不能相顾》,《大公报》,1924年9月17日。

《北洋大学校长改聘》,《大公报》,1930年7月2日。

《北洋院长蔡远泽将抵津》,《益世报》,1930年7月14日。

财政部盐务署盐务稽核总所编:《盐务汇刊》第24期,1933年8月15日。

国立北洋工学院总务处:《国立北洋工学院校友及毕业同学录(民国二十四年度)》,1936年3月编印。

中国第二历史档案馆编:《中华民国史档案资料汇编》第5辑第1编《财政经济(一)·财经会议与财政概况》,江苏古籍出版社,1997年。

（王勇则）

曹 福 田

  曹福田(？—1901)，天津静海人。曹福田出身行伍，后部队被裁撤。1899年春，山东和直隶一带的义和拳传入天津。曹福田回到家乡后开设"团场"，开始聚众习武，并被推举为团首。1900年前后，曹福田活动于南皮、庆云、盐山、青县一带，积极组织、发展民众加入义和团。他统领的义和团众达数千人，逐渐发展成为直隶义和团的一支重要力量。曹福田自称"署理静海一带义和神拳"，以太平天国首领杨秀清自居，并宣称："吾奉玉皇敕命，带有天兵天将，期于灭尽洋人而后止，再行酌夺绅商。"[1]

  1900年6月中旬，曹福田率所辖义和团民进入天津，于天津城西门外吕祖堂[2]设下总坛口，后又设立双忠庙、如意庵、老爷庙、老母庙、玉皇庙等众多团坛，管辖静海、盐山、庆云等地来津的义和团及红灯照成员。在津期间，曹福田坚持打击破坏社会秩序、反抗义和团运动的人员和趁火打劫的清军士兵，曾于6月24日一次处决20余名持械抢劫的清军。曹福田对义和团民的纪律要求较高，他曾用"神不附体，临阵伤亡"为词，告诫团众不要贪财。对于趁机为非作歹的匪徒他亦予以打击，对维护天津的社会秩序起到了积极作用。

  当时团民在烧毁教堂时也烧毁了一些洋货店，曹福田得知后便嘱

---

  ①廖一中：《义和团运动史》，载储仁逊：《闻见录》(手抄本)。
  ②吕祖堂位于今天津市红桥区芥园道中段。吕祖堂主要建筑有前殿、后殿及五仙堂等。天津义和团"乾"字团总坛的坛场即设在五仙堂内。前、后殿和五仙堂前面的空地是团民习拳练功之所。

告团众"洋货入中国久,商民何罪"①,制止了这种行为,并"沿街出示,令商贾公平交易,齐心灭洋"②,团结了商民,也提高了其威望。义和团对天津的土匪、恶霸、流氓、地痞之流和部分胡作非为的清军坚决镇压,"街巷间无复向日之纷扰矣"③。同时他也多次在吕祖堂附近处决"洋人"。

曹福田初至天津,直隶候补道谭文焕带其拜谒直隶总督裕禄,裕禄授予其一支大令,使其掌生杀之权,并可调用各兵队。据《清鉴纲目》记载,慈禧曾密诏曹福田入京,"奖其义勇,赏银二千两,慰劳有加,并命潜将匪众,咸集京师,习其技术,号为义民,编为义和团,而令端、庄两王分别统帅之"④。

曹福田在天津抗击八国联军,指挥了阻击西摩尔联军和在老龙头、紫竹林、机器西局等处的战斗,以多种方式协同清军作战,起到了重要的配合作用。

1900年6月15日,屯驻于大沽口外军舰上的各国侵略军向大沽炮台发起进攻。6月16日清晨,曹福田率领部分义和团开进东沽及大沽口炮台。"天津义和团首领曹老师来到大沽口,并和清军首领罗荣光手拉手上了南岸炮台。"⑤6月17日凌晨,大沽口炮台失陷。曹福田率队撤回天津,与清军联合包围了有千余名俄军盘踞的老龙头火车站,展开激战。18日,曹福田率义和团数千人攻打老龙头火车站,增援遭俄国侵略军炮击的清军,与清军一起一度攻入车站,击毙俄军500余人。

---

①罗惇曧著,孙安邦、王开学点校:《罗瘿公笔记选》,山西古籍出版社,1997年,第31页。

②中国史学会主编:中国近代史资料丛刊《义和团》第2册,神州国光社,1951年,第151页。

③中国史学会主编:中国近代史资料丛刊《义和团》第1册,神州国光社,1951年,第478页。

④印鸾章编:《清鉴》(上下),上海书店出版社,1985年,第852页。

⑤南开大学历史系:《天津义和团调查》,天津古籍出版社,1990年,第58页。

6月21日,曹福田率团民在穆家庄、天齐庙一带阻击从廊坊败退的由西摩尔率领的联军。6月27日,曹福田再次率义和团配合清军进攻老龙头火车站,并发布致八国联军的战书。6月28日,张德成抵达天津后,曹福田、林黑儿、王德成、杨寿臣等人与张德成在河东药王庙聚会,共议破敌之计。曹福田与张德成联名在铁桥、河东一带张贴告示:"初三日与洋人合仗,从兴隆街至老龙头,所有住户铺面,皆须一律腾净,不然恐有妨碍。"①29日,曹福田、张德成指挥义和团向火车站发起进攻,官府的练军在三岔河口、黑炮台等处也用大炮给予火力支援,义和团民一度占领了火车站。

此后裕禄召集聂士成、马玉昆等人会商战斗部署,决定调整兵力,联合义和团,按"三面进攻之计"分路进攻,曹福田与马玉昆的武卫左军配合继续进攻火车站,在火车站一带与侵略军作战。7月9日,曹福田、张德成、庞维带领团民持续攻打租界、老龙头火车站。11日,义和团和清军一度攻入车站,租界内联军急赴增援,激战3小时,打死打伤联军150人,清军损失300余人,团民伤亡严重。12日,曹福田、张德成率义和团再次进攻紫竹林一带租界。14日,八国联军攻占天津城后,曹福田率领义和团撤出天津,先后转移到高家村、青县、静海、沧州等地。

1901年春,曹福田被官府捕杀于静海。

参考文献:

中国史学会主编:中国近代史资料丛刊《义和团》)(全4册),上海人民出版社、上海书店出版社,2000年。

路遥主编:《义和团运动文献资料汇编》,山东大学出版社,2012年。

---

①陈振江、程啸编著:《义和团文献辑注与研究》,天津人民出版社,1985年,第40页。

中国社会科学院近代史研究所《近代史资料》编译室主编:近代史资料专刊《义和团史料》,知识产权出版社,2013年。

[美]柯文(Paul A.Cohen):《历史三调:作为事件、经历和神话的义和团(典藏版)》,杜继东译,社会科学文献出版社,2015年。

(王　冬)

曹鸿年

曹鸿年(1879—1956),字恕伯,晚年改名宏年,天津人,回族。1879年7月11日(清光绪五年五月二十二日),曹鸿年出生于一个小商人家庭,幼年敏而好学。初入私塾,师从顾叔度读书,并学习诗文书法,长于汉隶。后又跟随著名花鸟画家王铸九学习国画,专于竹兰。

1900年,曹鸿年学业有成,在家中设馆,招生授课,从此走上了教育之路。1901年始,清廷推行新政,废科举而兴办新式教育。天津也开始了从私塾到新式学堂的变革,同时掀起废庙兴学之风。曹鸿年经天津教育界前辈严范孙介绍,到天津城里的会文书院听讲,学习有关新式学堂的知识,这成为其从私塾教学步入新式学堂执教的起点。

1902年,曹鸿年被聘为天津城西北角文昌宫民立第一半日蒙学堂教员。不久调任城西慈惠寺两等官立小学堂教员,后经县政府指派前往直隶省立单级教员讲习所学习。1905年12月,曹鸿年由天津县劝学所委任,在西马路宣讲所内创办单级小学,并担任主任教员。1909年和1910年的《直隶教育官报》,对曹鸿年的教学工作多次给予好评。

1914年4月,曹鸿年担任天津县立单级教员讲习所分所主任教员,兼任望海楼私立单级教员讲习所主任教员。11月,曹鸿年担任模范单级小学校校长,校址在河东锦衣卫桥的火神庙,隶属于省立第一师范学校,是师范学校毕业生的实习校,后改称省立第一师范学校附属小学第二部,曹鸿年任主任。1916年12月,该校11个班的学生毕业,曹鸿年以二部主任的身份,带领毕业生到北京及保定等地学校,参观学习教学工作。

1917年初，北洋政府教育部派员视察直隶、江苏、浙江三省的初等教育，评定优良小学11所，曹鸿年任职的这所附属小学名列第四。教育部的评语说："该主任诚恳勤勉，富于研究心、责任心，其所办小学堪膺优良小学之选。"①曹鸿年荣获三等奖章一枚。

曹鸿年十分重视体育教学，编著了《新式体操》一书，亲自绘画连环插图，石印出版，很受欢迎。他个人也坚持体育锻炼，每天练习八段锦和剑术。

9月，曹鸿年蒙直隶督军兼省长曹锟的委派，作为第二期中小学校负责人14人中的一员，赴日本、朝鲜、江浙等地考察教育。

1918年4月，曹鸿年考察归来后，整理出《考察日韩江浙教育笔记》一书，由天津直隶书局印刷代售。该书记述了沿途风景、社会状况、学校内容、教育精神，以及农业、工业、商业见闻等内容。曹鸿年还撰写了《论国民教育》一文，这篇文章不仅表明了他的教育救国思想，也说明了他对于发展教育的信心和抱负。他不仅重视文化教育，而且其德智体全面发展的教育理念，在当时无疑也是超前的。

1921年1月1日，北京清真书报社主办的《清真周刊》正式出版了。创刊号登有曹鸿年的发刊词，主要强调了家庭教育、社会教育、学校教育和宗教教育的特点和作用。这年暑假过后，曹鸿年出任直隶美术学会图画导师，从此走上了专心从事书画艺术创作并以此来养家糊口、维持生计的道路。

1922年7月，吴兴人钱云鹤在沪创办上海书画院，慕名向曹鸿年征求书画。曹鸿年寄上10余幅兰竹佳作，每幅有题并附诗，诗意清新，画法古茂。曹鸿年的画作被收入民国著名画刊《神州吉光集》，浙江嵊县人郑昶所著《中国画学全史》一书，也将曹鸿年写入其中。

---

① 曹世瑛、曹世雄：《先父曹鸿年传略》，《天津史志》，1990年第3期，天津市地方史志编修委员会总编辑室，内部印行。

1924年6月，曹鸿年选出各体字、各种画共12帧，论书法、论画法、论篆刻等著作，历年所作诗、词、楹联，论教育的文章，以及有关他个人经历的文稿，编为《松寿轩第一集》出版。由新民意报馆印刷，天津益世报馆、天津国货售品所、天津新民意报馆发行。刘孟扬为该书题写了书名并作序，天津著名教育家严范孙题赠七律一首，对曹先生的书画艺术给予了高度的评价。

　　曹鸿年的书画诗词等艺术造诣颇深。他的书法悬肘中锋，笔力遒劲，篆隶行楷魏碑大草，皆能挥洒自如，尤以隶书见长，还擅长金石篆刻。曹鸿年凭着真才实学享誉文化艺术界，声名日隆，前来求索书画者日众。曹鸿年曾参加张大千在西安举办的全国书画家作品展。张大千称"先生诗、书、画三绝，足为北人吐气"。在后来的书信往还中，张大千称赞曹鸿年是"江北才子"①。足可见曹鸿年在全国书画界的影响。

　　1925年2月，在天津清真大寺的扩建增修工程中，曹鸿年为山门的南、北跨院二道门，分别撰写了"追踪修业"和"进德扬辉"匾额，以砖刻的艺术形式，装饰在门楣上，古朴典雅，美观大方。3月，曹鸿年主编的《明德报》第二号出版。曹鸿年身体力行，修身养德，谦虚谨慎，认真负责地办好这份期刊。

　　1930年2月，小伙巷牛圈街的清真女寺创建伊始，曹鸿年为之撰写了"清真古教"匾额，以砖刻的艺术形式，镶嵌在礼拜大殿的外墙上，庄重圣洁，朴实无华。3月，小伙巷栅栏口西街14号的清真老义学扩建，曹鸿年撰写了《天津清真老义学碑》，镌刻在白色大理石上，镶嵌在室内东墙上，碑文记述了清真老义学的历史沿革及房屋产权情况。此碑现在天津市红桥区伊斯兰教协会收藏。10月，曹鸿年所撰文章《题殷墟甲骨文》，在《字学杂志》第二期上发表，令人瞩目。

---

　　①李佺棠：《我的老师：回族书画家曹鸿年先生》，《南开春秋》总第4期，1991年。

1934年2月,天津基督教青年会的王子英组织宗教生活运动大会,约请曹鸿年讲述清真要理。曹鸿年以《说清真教缘起及五大纲》为题,发表了生动的演讲。4月,天津清真南大寺的盥洗室(俗称水房子)修葺一新,曹鸿年为之撰写了对联一副。

1937年七七事变爆发后,平津沦陷,曹鸿年坚守晚节。时任北平伪华北政务委员会主席缪斌、伪山东省主席马良,都曾致函曹鸿年,向其求索字画,曹鸿年始终未予理睬。抗战胜利后,李宗仁担任北平行辕主任,对沦陷期间不愿附敌的知名人士给予表扬,曹鸿年收到了慰问信。

1939年天津遭遇特大洪水,天津清真南大寺被洪水浸淹。翌年,天津清真南大寺将山门及南北跨院提升改造,落地重建。10月,曹鸿年为南角门题写了"清真南大寺"匾额,镌刻在白色大理石上,镶嵌在门楣之上。1943年6月,天津清真南大寺在义学胡同东口,面向西马路,增建木牌坊一座(民间称之为小牌坊)。其采用的是单间、双柱、两层的门式木构架,上层是用阿拉伯文书写的五开光经字匾,下层是曹鸿年书写的"清真南大寺"汉字匾。曹鸿年也曾为沧州清真北大寺撰写对联。曹鸿年不愧是一位受人爱戴的回族书画艺术家。

1949年1月15日,天津解放,曹鸿年的生活得到了政府的关怀和照顾,他看到改天换地、政通人和,对新社会充满了希望。曹鸿年拥护中国共产党的领导,向党组织提出了入党申请。

1951年4月5日清明节,市立第八小学为解放天津牺牲的烈士扫墓,请曹鸿年代撰挽联。其联曰:"华北人民解放后,千废并举,万象更新,已度两年,未忘英雄铁血;国内百业改进中,善政频颁,仁人领导,试藉互爱,发扬民主精神。"曹鸿年感情深厚,真情实感,跃然纸上。

1953年,曹鸿年被天津市文史研究馆聘为馆员,并加入了中国共产党。

曹鸿年著有《考察日韩江浙教育笔记》《实际小学管理法》《教育管

见》《新式体操》《教育法规汇编》《新管理法》等教育专著,《松寿轩第一集》《松寿轩第二集》《松寿轩诗稿三百首》《松寿轩歌词巧对汇编》《松寿轩书画篆刻丛谈》等艺术专著。

1956年5月2日,曹鸿年因病去世,终年77岁。

参考文献:

天津回教联合会:《明德报》第1号,1924年11月。

《天津史志》,1990年第3期,天津市地方史志编修委员会总编辑室,内部印行。

天津市政协文史委编:《天津文史资料选辑》第104辑,天津人民出版社,2005年。

(尹忠田)

曹　锟

曹锟(1862—1938),字仲珊,天津人,出生于天津大沽一个贫穷造船工家庭。

曹锟20岁时投淮军当兵,1885年入天津北洋武备学堂学习,1890年毕业,曾在宋庆的毅军当哨官。1894年中日甲午战争随军夫朝鲜,战后投袁世凯的新建陆军,任右翼步兵一营帮带。袁世凯任直隶总督后,1902年曹锟任直隶常备军右翼步队第十一营管带,1903年直隶常备军右翼步队被改编为北洋陆军第一镇,曹任第一镇第一协统领。①1906年彰德秋操时,曹锟任北洋军第一混成协统领,1907年升任新军第三镇统制。同年随东三省总督徐世昌移驻长春,后历任记名总兵、副都统、总兵、提督等职。武昌起义后,受命移驻直隶、娘子关一带,后移驻京郊南苑附近,民国成立后,任陆军第三师师长。

1912年2月,曹锟在北京纵兵哗变,为袁世凯制造拒绝南下任职的借口,1914年,曹锟被任命为长江上游警备司令,监视南方革命势力的活动。1915年袁世凯预谋称帝,曹锟与张绍曾以直隶代表名义,上书请求改变国体,支持帝制,袁世凯称帝后被授"虎威将军",再封一等伯。1915年12月,蔡锷在云南领导护国军讨袁,袁世凯决心以武力镇压,曹锟、张敬尧于1916年1月受命率军入川,与护国军战于叙州、泸州之间,受创败退。6月,袁世凯病死,黎元洪任大总统,曹率残部东

---

① 联棻:《北洋军的建立》,载全国政协文史委编:《文史资料选辑》第3辑,中华书局,1960年,第177页。

归。9月,任直隶督军,驻保定。1917年5月23日,黎元洪下令免去段祺瑞总理职务,各省拥段的督军宣布独立,曹锟虽然于6月宣布独立,但仍与黎元洪保持一定的关系。同年,张勋策划复辟,在徐州召开"督军团"会议,曹锟派代表参加。随后段祺瑞"马厂誓师"讨伐张勋,曹锟又见风使舵投靠段祺瑞,担任西路讨逆军总司令。同年,曹锟兼任直隶省长。张勋复辟失败后,黎元洪下野,冯国璋代理大总统,段祺瑞复任总理,但他拒不恢复旧国会,而是以各省指定代表,炮制非法临时参议院,代行国会立法职权。北洋军阀纷纷附和,曹锟也通电支持。在北洋政府的冯、段"府院之争"的对峙中,曹锟时而附冯,时而附段,取骑墙态度。1917年,孙中山在南方建立军政府,发动以反对北洋军阀、恢复《临时约法》为宗旨的护法运动。在对南方政府的态度上,曹锟时而主张"南北议和",声称愿做"调人",时而积极主战,根据冯、段势力的消长,在各派力量间纵横捭阖,谋取利益。

1919年五四运动中,段祺瑞及其安福系声名狼藉,直系军阀乘机策动反皖系军阀活动。12月,冯国璋病死,曹锟被推为北洋直系军阀首领,他利用皖、奉之间的矛盾,积极争取奉系。1920年7月,直皖战争爆发,奉系从东部战场帮助直系进攻皖系。皖系军队战败,段祺瑞下台,直奉两系军阀共同控制北京政府。9月,曹锟任直鲁豫巡阅使。此后直、奉两系为争夺中央与地方权力,不断发生矛盾。

1922年,奉军大举进关,直奉战争爆发,奉军败退关外,曹锟、吴佩孚重新控制了北方局面。曹锟同意吴佩孚召集1917年旧国会的主张,于6月拥护黎元洪重新上台,以"法统"的名义抵制南方的护法军政府。

黎元洪恢复总统职位后,曹锟就开始了自己当总统的努力,通过其弟曹锐及高凌霨、吴毓麟、边守靖等串通众议院议长吴景濂,收买议员作驱黎拥曹的准备。1923年6月,在曹锟的示意下,直系政客通过策动内阁辞职、军警索饷请愿、围困黎元洪住宅、断水断电等手段,把黎元洪逼下台。接着曹锟急不可待要进行总统选举,但因议员纷纷离京,无法召集国会。于是曹锟采取了收买议员的办法,规定凡选举时出席的议员每人贿以五千元支票,吸引了一批议员由沪北返。10月5日,这批被称为"猪仔"的议员把曹锟选为总统。10日,曹锟当上了中华民国第五任大总统。同时,他授意国会公布了一部中华民国宪法。这是中华民国第一部正式的宪法,经过长期酝酿,其内容可圈可点。但曹锟因贿选任总统,其宪法被称为"贿选宪法"。

曹锟靠贿选当上总统后,直系内部更加分裂,外部反直势力日渐壮大。1924年10月,爆发了第二次直奉战争,冯玉祥发动北京政变,直系对奉作战失败。11月2日,曹锟宣布辞职,被软禁于中南海延庆楼,获释后去河南投靠吴佩孚。1927年吴佩孚失败后,曹锟回到天津当了寓公,从此不再参与政事,再也没有离开过天津。

做了寓公的曹锟,以书画、打拳、会友和聊天度日。曹锟晚年信佛,他经常到大悲禅院烧香念经。他请人画了一幅表现孔孟等圣人功绩的《圣迹图》,每晚都要在《圣迹图》前朝拜。晚年的曹锟特别爱听河北梆子,有时来了兴致,自己也哼上几段。曹锟最爱画国画,尤其擅画梅花,因为梅花"凌厉冰霜节愈坚"。他练书法最得意的是一笔写成一个虎字,再盖上图章,然后署名为"乐寿老人"或"渤叟"。[1]

1931年九一八事变后,日本人占领了东北、华北的大片土地,他们搜罗社会上有声望的人物,妄图采取"以华制华"的策略,建立伪政权,曹锟成为日本特务重点争取的人物。日本特务头子土肥原贤二亲自策划了对曹锟的诱降工作,先后派几个日本人去曹宅探访,邀请其出山,但均遭到严词拒绝。土肥原贤二又派出曹锟的老部下齐燮元、高凌霨劝其出山,曹锟仍不为所动,坚决拒绝与日本人"合作"。

①许哲娜:《曹锟在天津的平民生活·曹锟旧宅》,周俊旗主编:《建筑 名人 城市》,天津社会科学院出版社,2012年。

曹锟自身文化水平不高,但是他很重视教育,尊重知识。1921年他在原保定农业专门学校的基础上,创办了一所综合性大学——河北大学,自任董事长,学校教师实行聘任制。曹锟常对手下说,自己就是一个推车卖布的大老粗,什么都不懂,办大学就得靠教授,他对教授毕恭毕敬,以师礼待之。曹锟从不干涉学校正常的教学和用人等事务,但他经常教育学生要尊敬老师。①

1938年5月17日,曹锟在天津英租界泉山里寓所因病去世,终年76岁。

1938年6月14日,国民政府发布训令,追授曹锟为陆军一级上将,颁赠"华胄忠良"匾额一方,褒奖其民族气节。

参考文献:

张祥斌编著:《曹锟传》,吉林大学出版社,2010年。

（陈　克）

---

① 康鹏:《军阀与教育》,《甘肃日报》,2012年6月1日。

曹 汝 霖

曹汝霖(1877—1966),字润田,原籍浙江,1877年1月23日(清光绪二年十二月初十日)生于上海。幼年入私塾,1895年考中秀才,后去汉阳铁路学堂读书。

1900年,曹汝霖赴日本留学,初在早稻田专门学校,后转入东京法学院法律政治科学习,曾参加译书汇编社工作。1904年曹回国,在第一次经济特科廷试中考取第二名进士,后历任法律馆纂修官、工商部候补主事、民政部财例提调。1907年,曹为东三省总督徐世昌讲授过东北三省问题,深受徐的赏识,认为他"学识兼优,才堪大用"。其后,曹汝霖被慈禧太后和光绪皇帝召见,后调入清廷外务部工作。

辛亥革命后,曹汝霖改当律师,1913年被袁世凯指派为第一届参议院议员,同年8月任外交次长。1915年受袁世凯指派代表民国政府与日本谈判签署"二十一条",1916年4月任交通总长,后兼署外交总长,并任交通银行总经理。1917年1月,曹通过西原龟三向日本兴业银行借款500万日元,是以东北的修筑铁路、砍伐森林和采矿为抵押的"西原借款"八项借款之一。同年7月任段祺瑞内阁交通总长。1918年3月,曹兼任财政总长,再次向日本大宗借款,充作军饷。1918年秋,又以山东铁路主权作抵押,向日本再次借款。1919年初,任钱能训内阁交通总长。

1919年巴黎和会上,协约国将德国在山东的权益私下转让给日本,标志着中国外交的失败。消息传到国内,引发国内民众的强烈不满。1919年5月4日,北京学生举行游行示威,爆发了著名的五四运动。学生将矛头直指交通总长曹汝霖、货币局总裁陆宗舆和驻日公使章宗祥身上，并打出了"外争主权，内除国贼"的口号。游行学生冲入赵家楼曹汝霖宅邸，但是他躲了起来，结果章宗祥被误认为是曹汝霖而被学生痛打一顿。1919年6月10日，曹汝霖与陆、章二人同时被免职。

曹汝霖深受刺激，决定退出政界。他先是住在北京的法国医院，后又躲进同仁医院，不久搬到北海团城，闭门谢客。1919年冬，他迁居天津，先赁屋而居，后在德租界廉价购得一栋德商住宅。1922年第一次直奉战争结束后，直系军阀控制北京政府，吴佩孚下令通缉曹汝霖。曹汝霖认为德租界已改由中国政府管理，不安全，于是便寓居在日租界。

曹汝霖居津期间，与日本总领事多有往来。他往返于天津和北京，并担任井陉正丰煤矿股份有限公司董事长。

20年代，由曹汝霖发起，共有20余人出资，在北京阜成门内白塔寺沟沿建立中央医院。曹汝霖担任中央医院院长、名誉院长等职，经费由他筹措。新中国成立后，医院更名为人民医院，后改为北京大学人民医院。1927年12月，曹汝霖还与朱启钤、周学熙、李士伟、吴鼎昌等人在天津法租界的大来饭店成立生产协助会，推举朱启钤任议长，该会宗旨是解决救济受灾实业家等问题。

北洋政府中皖系和直系发生矛盾之时，曹汝霖居中调停，但未能成功。1927年，曹汝霖担任张作霖军政府财政委员会委员长，1928年张作霖被日军炸死后，曹回到天津日租界寓居。

1937年七七事变爆发后，日军相继占领平津等华北大片地区，为了实行"以华制华""分而治之"的方针，日军加速在华北建立伪政权，并寻找合适人选充当政府首脑。日本华北派遣军特务部长喜多诚一最初看中寓居平津的曹锟、靳云鹏、吴佩孚、曹汝霖四人。但是这些人都以各种理由拒绝出山。日军决定扶植设立华北临时政府，日本关东军派陆军中将土肥原贤二前往劝说曹汝霖担任华北临时政府主席,但是曹汝霖以身体有病为由推辞。华北临时政府成立前一日,喜多诚一特来天津,在利顺德饭店专门宴请曹汝霖、王揖唐、靳云鹏、龚心湛、齐燮元、陆宗舆等八人,希望他们支持华北伪政府,为中日亲善而努力。曹担任了"最高顾问"。1940年10月,日本与华北政务委员会达成协议,将井陉、正丰、六河沟煤矿与石门炼焦厂合并,成立"井陉煤矿股份有限公司",曹汝霖出任董事长。1942年3月,王揖唐出任华北政务委员会委员长时,曹汝霖担任"咨询委员"、新民印书馆董事长、"中日恳谈会"会长等职。

1945年8月,中国取得抗日战争的胜利,曹汝霖致电蒋介石表示祝贺,而蒋则回电表示慰问。1948年,曹汝霖为葬母前往上海,并留居上海。1949年,中国人民解放军在渡江战役后逼近上海,曹汝霖离开上海前往台湾,后又去香港。1950年,曹汝霖赴日本,1957年迁居美国,居住在密歇根州底特律市,1966年8月4日去世,终年89岁。

参考文献:

粤东闲鹤编:《曹汝霖》,华民印刷所,1919年。

曹汝霖:《曹汝霖一生之回忆》,中国大百科全书出版社,2009年。

(万鲁建)

曹　锐

　　曹锐(1868—1924),字健亭,直隶天津大沽人,北洋时期直系首领曹锟之弟。1868年曹锐出生于一个贫苦渔民家庭,其父曹本生以修造木船为业。在兄弟姐妹中,曹锐排行第四,人称"曹老四",与排行第三的曹锟关系最近。

　　由于家境艰难,曹锐早年在大沽钰盛号米庄当学徒。曹锟投军发迹后,曹锐用曹锟给他的钱捐了个监生,[①]此后便弃商而仕。先任天津县清乡局长,在捐资为候补县丞后,[②]改任直隶迁安县知县。随后又捐得候补道,任北洋陆军第二镇执法官。辛亥革命爆发后,任兵站总办。1912年4月,任直隶布政使,掌管全省财赋和人事。[③]

　　1916年9月,曹锟任直隶督军。1917年12月在护法战争中,曹锟奉命率部南下作战。为确保直隶地盘不被他人染指,曹锟向代总统冯国璋和国务总理段祺瑞提出任命曹锐为直隶省长。1918年1月30日,曹锐上任。这样,曹氏兄弟便分掌了直隶的军政大权。

　　在任期间,深谙敛财之道的曹锐,以权势为依靠,将官场做成商场,把直隶130多个县的知事(县长)按四个等级定价出售,小县8000元,中县9000元,大县10000元,天津、滦县、清苑三县属于"特缺",要临时议价,非三四万元不能到手。所有知县均定期一年,续任再交钱。

---

　　①③张学继:《曹锐》,载李新等主编:《中华民国史·人物传》第1卷,中华书局,2011年,第126页。

　　②天津市政协文史委编:《天津近代人物录》,1987年内部印行,第320页。

而且各县等级随收成浮动,曹锐称此为"随行就市"[1]。仅此一项就捞得数百万元。此外,全省交通、河务、实业、财政等有油水可捞的部门,官职也全部论价出售。

除卖官鬻爵外,曹锐借包办直系各军粮秣、被服等军需物资之机,通过开办大米庄、被服厂、饼干公司等工商企业,从各地低价采购米面、原料,不纳捐税、以次充好、偷工减料,而后高价出售,牟取厚利。同时,任军需总监的曹锐还向直系各军索贿、克扣。

曹锐更是凭借省长之权,以公产敛财。当恒源帆布有限公司创办人章瑞廷找他商租官办企业直隶模范纱厂时,精明的曹锐想到如果自己开办布厂,既可解决军需,又可盈利,而且帆布公司的产品还可用于制作帐篷、雨衣、马槽和担架等,于是提出只能官商合办,不许租归商办。以此为契机,1919年,曹锐与章瑞廷等人将直隶模范纱厂与恒源帆布有限公司合并,成立恒源纺织有限公司,曹锐任总理。并厂期间,曹锐将模范纱厂多估出的官股39万元记在自己名下。[2]

曹锐还涉足土地交易,成立了专做土地买卖的大业公司,利用权势廉价购地,高价出售,将南运河、北运河、子牙河、大清河、金钟河的河滩强行归入大业公司。

亦官亦军亦商的曹锐,在曹锟的庇护下,通过横征暴敛,积累了万贯家财。据1933年8月上海出版的《生活周刊》报道,曹锐的财产有1200万元之巨。[3]曹锐将这些钱的大部存入英商汇丰银行、美商花旗银行和法商东方汇理银行。

天津地处九河下梢,每到夏秋季节,常常面临水患威胁。曹锐上任的前一年,天津就遭受严重水灾。上任后,曹锐对此不敢掉以轻心。为了河防,他曾公开奖惩过相关官员,并要求每5日呈报一次水情。

①③李炎锟:《曹锐卖官敛财》,《江苏政协》,1993年第3期。

②董权甫、刘申之:《曹锟家族与天津恒源纺织有限公司》,载全国政协文史委编:《文史资料选辑》第44辑,中华书局,1963年,第91页。

由于曹锐重视河道疏浚,以致历久无成的三岔河口裁湾取直工程,在曹锐上任的1918年,实现了当年开工,当年竣工。

1920年1月29日,面对省公署门前请愿的手无寸铁的学生,曹锐与警察厅厅长杨以德进行了残酷镇压,导致"绝大的流血惨剧","卧地不能起立者数十人,头破血流腰折腿断者十数人……一时风云惨黯,哭声震天"①,学生代表周恩来等人也被拘禁。事后,遭到各界人士的诘问和谴责。

第一次直奉战争爆发前夕,因奉军入关,曹锐逃往保定。战争前后,天津各界纷纷要求曹锐辞职。曹锟不得已于1922年6月18日宣布免去曹锐省长职务。

去职后的曹锐不甘寂寞,他操纵各方势力,为曹锟贿选大总统进行活动,成为幕后的总策划人和主持者,并在筹集贿选资金的活动中大发其财。1923年10月,曹锟通过贿赂当选大总统后,遂任命曹锐为直鲁豫三省矿务督办。

第二次直奉战争期间,1924年10月22日,冯玉祥等发动北京政变,囚禁了曹锟和曹锐。11月29日,曹锐被带到国民军总部,冯玉祥派人向其讨要钱财。当天夜里,曹锐吞食鸦片自杀,终年56岁。

参考文献:

李新等主编:《中华民国史·人物传》第1卷,中华书局,2011年。

天津市地方志编修委员会办公室、天津图书馆编:《〈益世报〉天津资料点校汇编》(1),天津社会科学院出版社,1999年。

徐友春主编:《民国人物大辞典》,河北人民出版社,1991年。

李炎锟:《曹锐卖官敛财》,《江苏政协》,1993年第3期。

(岳　宏)

---

① 天津市地方志编修委员会办公室、天津图书馆编:《〈益世报〉天津资料点校汇编》(1),天津社会科学院出版社,1999年,第174—176页。

曹　禺

曹禺(1910—1996),本名万家宝,字小石,祖籍湖北潜江,1910年9月24日(清宣统二年八月二十一日)生于天津一个官僚家庭。父亲万德尊,曾任镇守使、都统和黎元洪总统秘书,黎元洪下台后避居天津。

曹禺自幼丧母,继母将他抚养成人。他刚满3岁,继母就常抱着他到戏院看戏,除了京剧,他对文明戏丑角秦哈哈的表演特别感兴趣,这在他童稚的心灵中播下了戏剧的种子。到了读书年龄,家里为他请来了私塾先生,由于对文学的热爱,青少年时代的曹禺就涉猎了大量的中国古典名著和西方文学作品。

1922年,曹禺考入天津南开中学,该校以教学严谨著称,同时学生的课余生活丰富多彩,文学会、戏剧社等各种社团组织,为热衷文学和戏剧的曹禺提供了很好的发展机会。还是高中一年级学生的曹禺,与同学一起创办了文学刊物《玄背》,发表了自己唯一的一部小说《今宵酒醒何处》。该刊物得到了郁达夫的支持,并亲自写信给曹禺等人,称《玄背》是一颗"青梅",给人以"清新的感觉"。在南开,曹禺还担任《南开周刊》"杂俎"栏目和《南开双周》戏剧栏目的编辑,编辑发表了独幕剧《压迫》和《疯人的世界》两个剧本。

1925年,曹禺加入南开新剧团,从此开始了他的编剧、演剧生涯。在新剧团,他以本名万家宝参加演出过多部话剧,其中包括张彭春执导的丁西林的《压迫》,田汉的《获虎之夜》《可怜的斐迦》,易卜生的《娜拉》(又名《傀儡家庭》)等,与张彭春合作改编并参加演出了张彭春的

《新村正》、高尔斯华绥的《争强》、易卜生的《国民公敌》等剧。独幕喜剧《压迫》是曹禺继马千里、周恩来、陆善忱之后,第一次扮演话剧里的女主角。他那圆润的声调、和悦的面容、镇静的神态、熟练的动作,配上他那矮小的身材,一位年轻妇人的形象便生动地展现在观众眼前。一位从北平赶到南开看戏的剧评人这样评价曹禺的表演:"尽善尽美者还是《压迫》……在《压迫》中我以为做女客的先生是'了不得'。"[①]在新剧团,他参演的第一部戏是霍普特曼的《织工》,主演的第一部戏是《娜拉》,他在剧中还饰演娜拉。曹禺从事编剧活动的第一次试笔,是他和张彭春改编的《争强》,他在剧中还饰演70多岁的矿厂董事长,那老态龙钟的形象,滑稽诙谐,引人发笑。黄佐临先生观看此剧后,在1929年10月26日《大公报·教育界》,以《南开公演〈争强〉与原著之比较》为题撰文,给予高度评价。

在编演话剧的同时,曹禺还翻译了《太太》《冬夜》等外国剧本,作为新剧团演出剧目。这两个剧目曾为平津各社会话剧团体及学校剧团所普遍采用。此外,他还改编了外国剧本《蜕变》《镀金》等,"这些活动培养了他对话剧的兴趣和舞台感觉,从思想上亦给了他很大的影响"[②]。

1929年秋天,曹禺进入南开大学政治系学习。1930年,转到清华大学西洋文学系,为他广泛接触西方古典戏剧开启了一扇大门。在这里,他不仅研读莎士比亚剧本,还反复阅读契诃夫的作品。在清华学习期间,他参与编演了《娜拉》《马百计》《罪》等剧。

1933年,曹禺开始写作构思5年之久的《雷雨》,从撰写初稿到定稿,仅用了半年时间,他初次尝到写剧的快乐。《雷雨》剧本后来被巴金看到,并推荐发表在1934年《文学季刊》第1卷第3期上,中国话剧史

---

① 于飞:《南开演的三个剧》,《大公报》,1927年9月13日。
② 田本相、张靖编著:《曹禺年谱》,南开大学出版社,1985年,第10页。

上第一部艺术上比较成熟的现代大型话剧——《雷雨》诞生了。此时"曹禺"的名字才真正被大家所认知,而其本名万家宝逐渐淡出了人们的记忆。回忆当时发现《雷雨》的情形,巴金曾感慨地说:"我感动地一口气读完它,而且为它掉了泪。……我想做一件事,一件帮助别人的事情,我想找个机会不自私地献出我的微少的努力。"[1]

由于巴金的发现,才使得《雷雨》剧本公诸于世,并于1935年4月被留日学生的"中华话剧同好会"首次搬上舞台,而将此剧演红的则是中国旅行剧团(简称中旅剧团),1935年初,中旅剧团团长唐槐秋在欧阳予倩的推荐下读到《雷雨》剧本,深深感到:"当时,我国的戏剧运动还在幼年时代,这样完整的多幕剧还是罕见的。"于是,他决定把《雷雨》搬上舞台,并很快与当时在天津河北女子师范任教的曹禺取得联系,得到曹禺的认可。1935年春节过后,唐槐秋着手《雷雨》的排演。但是,北平当局严格的剧本审查制度,使其以"乱伦""有伤风化"等罪名三次遭到"驳回"。正是由于这三次驳回,才把国内首次[2]上演《雷雨》的机会留给了天津市立师范学校的孤松剧团。该剧团于1935年8月17日至18日,在中旅剧团来津前的两个月,首演《雷雨》于该校礼堂,导演是当时南开新剧团的四大导演之一吕仰平。排演时剧团请曹禺亲临指导。当天,唐槐秋应曹禺之邀,专程赴津陪同曹禺观看演出。

孤松剧团的成功演出给唐槐秋传达了一个信号,点燃了他重新排演《雷雨》的激情。曹禺本人非常赏识唐槐秋及其剧团的实力,更希望中旅剧团能够将此剧搬上舞台。同时,唐槐秋和剧团也把该剧看得很重,在天津新新影戏院公演的前一天,他们在下榻的惠中饭店专门给曹禺开了一个房间,请他指导排练。从而使他对这个豪华的大饭店十分熟悉,为他日后创作《日出》埋下伏笔。

---

①田本相、张靖编著:《曹禺年谱》,南开大学出版社,1985年,第26页。

②有学者考证国内首演是浙江上虞的春晖中学,但当时媒体没有报道。

1935年10月12日，中旅剧团在新新影戏院公演《雷雨》，导演唐槐秋，戴涯饰周朴园，赵慧深饰繁漪，陶金饰周萍，章曼萍饰鲁四凤。《雷雨》第一天上演大获成功，13日的《大公报》称："昨天满座，空前盛况。"在得到曹禺和天津观众认可后，中旅剧团又携该剧到北平、上海、南京等地巡演。曹聚仁先生曾说，1935年"从戏剧史上看，应该说是进入《雷雨》时代"①。

1935年12月15日，曹禺与张彭春合作，将莫里哀的名剧《悭吝人》改编为《财狂》，在南开中学瑞庭礼堂公演数日，曹禺在剧中饰演韩伯康。16日的《大公报》刊登谭宗燕的《〈财狂〉评述》一文，作者对曹禺饰演的韩伯康大加赞赏："走道的姿势和说话的神气，处处深刻地表现出一个悭吝人为金钱所支配的丑态，造成了种种形形色色的笑料。"

曹禺的《雷雨》和《日出》，许多素材都来自天津，他本人也说："这两个戏的故事情节都是我天天听得见、看得到的亲戚、朋友、社会上的事。"②《雷雨》中鲁贵的家取材于天津老龙头车站，一道铁栅栏门以外的地方，那个地方很脏很乱。为了创作《日出》，曹禺除到大饭店观察有钱人的奢侈生活，还深入天津社会底层访问，体验他们的困苦生活，以至于常常遭到白眼、嘲讽、辱骂甚至殴打，更不要说被朋友误解了。为了赶写《日出》剧本，曹禺还推辞了《大公报·文艺》副刊约写短剧之邀。1936年6月，《日出》终于在《文季月刊》第1期开始连载。《日出》发表后，由萧乾主持的天津《大公报·文艺》副刊从第273期至276期刊载对此剧的系列评论，陆续发表了沈从文、巴金、靳以、陈荒煤、叶圣陶等著名作家和评论家的文章。1937年2月18日，为回应《大公报》对《日出》剧本的评论，曹禺在《大公报》上发表《我怎样写〈日出〉》一文。《日出》发表后，社会各界要求上演的呼声越来越高。1937年2月2日，上

①曹聚仁：《文坛五十年续编·戏剧的新阶段》，载《曹禺研究专辑》上册，新文化出版社，1976年，第538页。
②章用秀：《曹禺：这就是我原来的家》，《今晚报》，2013年6月15日。

海戏剧工作社正式在卡尔登大戏院公演《日出》，曹禺专程由南京赶到上海观看。

1936年，曹禺与马彦祥、戴涯等一起，为"适应新兴演剧艺术职业化的要求"，在南京组织了中国戏剧学会，并担任国立剧校教师一职，在此期间开始构思他的第三部剧作《原野》，1937年4月发表在巴金、靳以主编的《文丛》上，1937年7月由文化出版社刊行了单行本。在南京，他们排演的第一个剧目就是《雷雨》，曹禺在剧中饰演周朴园。回忆当时的情景，马彦祥记忆犹新："我看过不下十几个周朴园，但曹禺演得最好。这可能因为他懂得自己的人物。"①马彦祥不是唯一一个赞赏曹禺演技的人，"他亲近的朋友，甚至认为他表演艺术的成就高于剧作，若不是受身材的限制，他真是中国能够演多型角色而艺术修养最高的唯一优秀演员"②。除写剧、编剧、演剧外，他还导演话剧，他导演的话剧《镀金》《争强》《日出》等曾在南京公演。

1937年5月，《大公报》举办文艺作品评奖活动，曹禺的《日出》获《大公报》文艺奖。由叶圣陶、巴金、杨振声、靳以等人组成的文艺评审委员会，对《日出》所作的评语是："他由我们腐烂的社会层里雕塑出那么些有血有肉的人物，责贬继之以抚爱，真像我们时代突然来了一位摄魂者。"③

1940年是曹禺戏剧创作最旺盛的一年。这一年，他连续创作、改编了三个剧本:《蜕变》《北京人》和《正在想》。《蜕变》是一部为抗战服务的力作，1941年，由苦干剧团的前身上海职业剧团搬上卡尔登大戏院的舞台，导演黄佐临，主演是石挥、丹尼、严俊、韩非等。《北京人》是饱含曹禺生活思想和希望的一部作品，体现了作者长期以来追求的美学理想境界。《正在想》是曹禺根据墨西哥作家约瑟菲纳·尼格里的剧

①田本相、张靖编著:《曹禺年谱》，南开大学出版社，1985年，第39页。
②③杨刚:《现实的侦探》，《大公报》，1936年12月17日。

本《红色绒线外套》改编而成,他还亲自导演,由南京国立戏剧学校搬上舞台。

1942年夏,曹禺着手把巴金的《家》改编成剧本,为长篇小说改编话剧提供了成功的范例,对话剧艺术的探索有了新的突破。

《雷雨》《日出》的相继发表,奠定了曹禺在中国话剧史上的地位。从《雷雨》到《北京人》,经过近十年的艰苦创作,曹禺戏剧文学的地位已经确立,"是在替中国戏剧开辟启示录里的新天地"[①]。

1949年,曹禺从香港返回北平,出席了第一次文代会。1950年,曹禺任中央戏剧学院副院长。1952年6月,任北京人民艺术剧院院长。1954年,他完成了《明朗的天》的创作,这是曹禺新在中国成立后的第一部作品,在探索和表现新的时代、新的主题、新的人物上,无疑是一次大胆的尝试。1956年4月,他加入了中国共产党。1961年七八月间,他与他人合作完成了《胆剑篇》,在《人民文学》上分两期连载。1962年8月,他开始动笔创作《王昭君》,由于"文化大革命"期间遭受迫害,在搁置了15年后的1978年,他最终完成了这部作品。

在创作话剧的同时,作为北京人民艺术剧院的院长,他对剧院的创建发展倾注了大量心血。1982年,曹禺在为院庆三十周年出版的画册所写的《序言》中说:"在三十周年的纪念日中,我感触最深的是,我一半的生命与这个剧院紧紧连在一起。"他曾担任第八届全国政协委员、中国文联执行主席。

1988年初夏,曹禺在刘厚生和陈刚等人的陪同下,专程从北京来天津,参加天津戏剧博物馆名誉馆长的受聘仪式,在参观古戏台时,曹禺语重心长地说:"我希望今后天津戏剧博物馆成为戏剧史展览的地方,但更重要的是要保护好古典剧场。如果朝拜兵马俑在西安,那么朝拜戏剧就要到天津戏剧博物馆,朝拜这样一个古戏台,因为它代表

---

①《大公报》,1937年5月15日。

我国几千年的东方文化。"①

　　1994年,由中国文联、中国戏剧家协会主办的全国优秀剧本创作奖,更名为"曹禺戏剧文学奖"。1996年12月13日,曹禺在北京逝世,终年86岁。

参考文献:

周恩来:《吾校新剧观》,《校风》第39期,1916年9月25日。

田本相、张靖编著:《曹禺年谱》,南开大学出版社,1985年。

曹聚仁:《文坛五十年续编·戏剧的新阶段》,载《曹禺研究专辑》上册,新文化出版社,1976年。

（杨秀玲）

---

①黄殿祺:《追赶雷电的人——曹禺》,载天津市政协文史委编:《近代天津十大影剧家》,天津人民出版社,2001年,第265页。

常 宝 堃

常宝堃(1922—1951),满族,原籍北京,1922年5月5日生于河北张家口,艺名小蘑菇。其父常连安原是北京著名的京剧科班"富连成"学员,因嗓子倒仓而离开京剧行当,改学戏法、相声。1927年,常宝堃5岁,为生活所迫,已向父亲学会一些小戏法如"仙人摘豆"等,学会了几段相声如《反七口》等,并开始跟随父亲演出。由于他聪明可爱,相貌标致,相声说得逗,深得观众喜爱。张家口盛产蘑菇,人们便叫他"小蘑菇"。父亲也高兴观众这样的称呼,"小蘑菇"就成了他一生的艺名。以后,他的二弟、三弟、四弟的艺名,分别是"二蘑菇""三蘑菇""四蘑菇"。

1929年,常宝堃随父亲来到天津,依然撂地①卖艺。天津是北方曲艺重镇,集中了北方主要曲艺形式的领军人物,尤其是相声,名家云集。此时的常宝堃虽只有7岁,但已经会了近20个相声段子,而且表演得像模像样。1930年,常宝堃被相声的领军人物、"相声大王"张寿臣收为徒弟,经其指教,技艺猛进。天津相声艺人众多,但能够进园子(茶社、茶馆、小剧场)演出的却极少,更多的艺人是撂地演出。而常宝堃只8岁,就已经进入海风茶社表演。后又应邀进入山泉茶社、义顺茶社、聚英戏院、小广寒影院等戏园演出。

1933年,常宝堃应邀赴南京,在著名的鸣凤杂耍馆演出,父亲常连

---

①在露天场地表演。

安为他捧哏。年仅11岁的常宝堃已经排在"倒二",即压轴^①的位置。1935年,常宝堃返回天津,就开始在中高档曲艺演出场所演出,如中原游艺场、上平安影院、燕乐、庆云等,还应邀在中华电台演播。自此,"小蘑菇"这个名字家喻户晓。当时他只有13岁,还是个孩子。

常宝堃表演的相声节奏快,废话少,笑料多,包袱响,表演活泼,火炽热闹,尤善于临时抓哏。他虽嗓音欠佳,但字句清楚,韵味十足。尤其在学、唱方面有着非凡的才能,如在《闹公堂》中学刘文斌、于瑞凤等人的演唱,几近真人;学乞丐叫街并用叫街的嗓音说话,堪称一绝;在"倒口"(学地方方言)活中,学山东、山西、河北的方言惟妙惟肖。他多才多艺,反串京剧时,擅演净、丑,如演《连环套》的窦尔墩、《法门寺》的刘瑾、《拾玉镯》的刘媒婆等,颇得观众好评,还饰演过旦角宋巧姣。他的相声,清新、机敏、滑稽并略带顽皮,更加贴近生活,关注现实。

常宝堃与赵佩茹合作,请赵佩茹给他捧哏。赵佩茹长常宝堃7岁,从艺也早,是张寿臣的师弟焦少海的徒弟,捧哏艺术非常出色。常宝堃非常尊重、倚重赵佩茹,名义上是赵佩茹捧哏,其实是二人互为捧逗,有些段子常宝堃主动提出自己捧哏,由赵佩茹逗哏。二人对艺术都很较真,每次演出前都认真排演,以达到台词、口风、神气、眼神等完全默契。1940年,18岁的常宝堃与赵佩茹在几家电台演播,曲目有100多段。

1940年8月,常宝堃创建了"天津兄弟演艺剧团"(1946年4月更名为"兄弟剧团"),自任团长。这是第一个由相声艺人组建的曲艺团体。剧团先后集结了相声名家赵佩茹、佟浩如、马三立、苏文茂;"程派"河南坠子创始人程玉兰及王宝霞;相声、太平歌词名家秦佩贤;京韵大鼓名家林红玉、小映云;单弦名家王剑云、张剑平、张伯扬;"高派"山东快书创始人高元钧;魔术师陈亚南、陈亚华等。剧团每天下午、晚

---

^①倒数第二个节目称"压轴",倒数第一个节目称"大轴"。

上演出两场,上座率很高。他们还进行反串京剧演出。

除此之外,常宝堃还别出心裁地组织、演出笑剧。当时话剧初兴,笑剧借用话剧的演出方式,其分场、话白、布景、灯光、服装、道具等,基本与话剧相同,但有大量的唱段。编剧采用文明戏"幕表戏"的做法,只写出场次、人物和情节的详细提纲,台词、对白都由演员根据剧情临场发挥。其表演吸收文明戏及传统戏曲的程式,还大量采取相声、魔术等艺术手法。剧中人物借鉴话剧语言说国语,一些特定的人物说天津、河北、山东或江南方言。剧团初期,在曲艺演出前演出笑剧,至1943年改为以笑剧演出为主,前场加演曲艺,将笑剧的发展推向高潮。常宝堃还为笑剧的排演专设编导一职,特聘对文明戏等多种表演形式都有所了解的张鹤琴担任。他与张鹤琴等人一起,把拆唱八角鼓、彩唱莲花落、相声、双簧、滑稽表演等种种产生笑料的手法和魔术,以及曲艺艺人在反串京剧中正剧加滑稽的手法,等等,都运用到笑剧中来,从而创造出这种天津所独有的曲种。笑剧为以后出现的相声剧奠定了基础。

常宝堃多次在舞台上抨击日本帝国主义。比如他与赵佩茹表演《耍猴儿》,台词中有耍猴儿敲锣的句子,他临时加了一句"今天我可没带锣来"。赵佩茹马上问:"你的锣呢?"他说:"都献铜了。"原来,当时日本侵略者为制造军事武器,大肆搜刮铜铁。此句是他对日本侵略的抨击。一次说《卖估衣》,他一上台就说:"各位是不是都看到了,很多商铺大甩卖,写了'本日大卖出'的牌子。这几个字要倒过来念就难听了:出卖大日本!"由于对日本帝国主义的抨击讽刺,他曾两次被捕,被抓到日本宪兵队,关押数月,受尽毒打和折磨。日本投降后,国民党倒行逆施,祸国殃民。天津竟然出现过桥也要打票的情况,他编演了《打桥票》进行揭露讽刺,也因而又一次被捕。

1949年1月15日天津解放,几天后常宝堃就创作表演了《新对联》《新灯谜》等新相声,热情歌颂中国共产党、中国人民解放军。随后他加入红风曲艺团,成为主要演员之一。

1950年10月,抗美援朝战争爆发。1951年3月16日,第一批中国人民赴朝鲜慰问团总团赴朝演出,其中有一支由86人组成的"曲艺服务大队",常宝堃任第四中队队长。4月23日,他在演出后遭敌机轰炸,光荣牺牲,年仅29岁。

1951年5月15日,天津市马场道第一公墓殡仪馆举行了常宝堃公祭,前来参加公祭的有天津市市长黄敬、文化名人田汉等各界人士三万多人。天津市人民政府追授常宝堃"人民艺术家""革命烈士"称号。

参考文献:

中国曲艺志全国编辑委员会、《中国曲艺志·天津卷》编辑委员会编著:《中国曲艺志·天津卷》,中国 ISBN 中心,2009年。

（高玉琮　刘雷）

常 连 安

常连安(1899—1966),满族,北京人。本名常安。7岁时父亲去世,8岁时去东北学习京剧,能唱净角、老生,艺名小鑫奎。后回北京,14岁时进"富连成"科班专学京剧老生。因他与马连良、于连泉等都是"连"字辈,所以改名为常连安。后来,他的嗓子倒仓后没有恢复好,无法再学京剧。他不得不改学变戏法、相声,在张家口撂地卖艺。1922年长子常宝堃在张家口出生,到常宝堃三四岁时,常连安便开始教他戏法、相声,带他到处卖艺养家糊口。

1929年,常连安携妻儿到了天津。天津是个曲艺重镇,艺人众多,名家云集。常连安带着儿子搭戏法艺人万傻子的班,变戏法、说相声。1930年,常宝堃被张寿臣收为徒弟,张寿臣在收常宝堃时,还代替自己的师父、"相声八德"之一的焦德海收常连安为徒。[1]

常连安很有说相声的天分。他立志要把几个儿子都培养成优秀的相声艺人,他先后亲自给大儿子、二儿子和三儿子捧哏。

1940年,常连安在北京西单商场中部创立了启明茶社,专门演出相声,解决了许多相声艺人的撂地问题,同时也旗帜鲜明地倡导起文明相声。常连安规定,无论名气多大、辈分多高的艺人,只要说了涉"黄"内容,不但不给分文报酬,而且以后再不准在此演出。启明茶社,提高了相声品位。

常连安的主张得到了相声界的支持,众多的优秀艺人都愿意在启

---

[1]相声行称此举为"代拉师弟"。

明茶社演出。当时的多位名家都曾在这里演出自己最拿手的段子。由于段子干净,名艺人、名段子多,这里的观众也很多,京剧表演艺术家马连良、荀慧生、言菊朋、金少山等,电影艺术家白光、石挥、谢添、欧阳莎菲、李翰祥等,以及后来成为相声名家的马季、李文华,台湾相声的奠基人吴兆南、魏龙豪都是这里的常客。常连安创办的启明茶社被誉为"中国相声大本营"。

新中国成立后,曲艺艺人迎来了新生。1951年4月23日,常宝堃在朝鲜战场牺牲,对常连安是一个沉重的打击。但他抑制住悲痛,继续投入相声表演中,先后为张寿臣、赵佩茹捧眼。他努力钻研单口相声和太平歌词,不仅常演一些传统曲目,还把《山东二黄》《空城计》《杂学唱》《哭笑论》等对口曲目改为单口,把"柳活儿"(学唱)对口段子改为一人说,每次演出都很受欢迎。他还整理了一些中篇相声,如《解学士》《君臣斗》等,特别是加工演出了新曲目《追车》和《大师兄闹衙门》等。他的单口相声表演轻松活泼,口锋轻俏,神态逼真,动作幅度较大,善于和观众互动交流,不是简单的"讲述",而是别具一格的"演述"。他演唱过太平歌词《刘伶醉酒》《白猿偷桃》《雷峰夕照》等传统曲目,还演唱过《抗日英雄赞》等新曲目。

1951年12月,天津市文化局批准成立天津市曲艺工作团,京韵大鼓名家骆玉笙、铁片大鼓名家王佩臣、山东快书名家高元钧及相声名家张寿臣、马三立、赵佩茹、张庆森、常宝霖、常宝霆、白全福、苏文茂等均是该团演员。常连安担任团长一职,统筹全团业务。他在繁忙的事务工作之余仍然参加演出,既说单口又说对口,一个月要演出一百场左右,但他从不索取额外报酬。

常连安是个多面手,会的多而且门门精通。60年代初期,他参加了天津市魔术会演,他的"手彩"如"九连环""罗圈当当""仙人摘豆"等,加上表演前的"铺纲"(说话)包袱多,受到观众的热烈欢迎。1957年,他参加天津市第一届曲艺杂技会演,演出了他挖掘的濒临消失的民间曲艺形式"什不闲"。

他为相声做出的一大贡献是开创了"常氏相声"。1961年,天津市文化局举办了"常氏相声"专场演出。由文化主管部门为一个家族举办专场演出,这是第一次。

1963年,常连安随天津市曲艺团到南方演出,积劳成疾。1966年,常连安在天津病逝,终年67岁。

参考文献:

中国曲艺志全国编辑委员会、《中国曲艺志·北京卷》编辑委员会编著:《中国曲艺志·北京卷》,中国 ISBN 中心,1999年。

（高玉琮　曲庆涛）

陈 宝 泉

陈宝泉(1874—1937),字筱庄、小庄、肖庄,天津人。陈宝泉从小受到良好的私塾教育,喜读各种历史书籍。15岁开始入问津书院和辅仁书院读书,16岁从王菊舫老师学习。李叔同比陈宝泉小6岁,二人自幼交往甚密。

1895年,陈宝泉考入县学附生,1897年考取京师同文馆算学预备生。时值戊戌变法风起云涌,年少气盛的陈宝泉加入了康有为创办的强学会。1901年,陈宝泉进入王春瀛开办的开文书局做编辑和校对。当时书局里集中了很多名人,他们经常在一起讨论学问和时务,陈宝泉获益良多。

1902年冬天,严修捐资成立了天津民立第一小学堂,陈宝泉被聘为教师。1903年秋天,严修选送他赴日本弘文书院师范科短期培训。这是天津第一批官派留学生,也是清末新政时期直隶省为教育改革做准备的措施之一。与陈宝泉同行的共有20人,10人为天津人。这些人后来都成为天津的文化名人。日本弘文学院成立于1902年,是一所专门接收中国留学生的学校,留学生中不少人是同盟会的骨干,陈宝泉在日期间对革命运动有了新的认知。他说:"予向在国内虽常习东文及阅新出书报,而对于革新事业终有扞格不入之处。居东一年,始有涣然冰释之概焉。"

1904年陈宝泉回国后,曾在天津多所小学任职。由于当时周学熙计划在天津设立教育博物馆,于是当年冬天又派陈宝泉赴日考察博物馆并购置展品。在日本的一个月时间里,陈宝泉在东京就教育博物馆事访问了一些教育专家,并购买了地理、历史两门类展品。回国后拟定了《天津教育品陈列馆试办大概章程》,策划并筹办了天津教育品陈列馆,1905年2月10日开馆,这是中国人最早的博物馆实践。该馆开馆之时,正值废除科举兴办新式学堂,因此它对兴办新式教育起了相当重要的引领和普及作用。

当时严修任直隶学校司督办,陈宝泉被调入直隶学校司,成为严修的得力助手。陈宝泉任职期间,拟订了劝学所、宣讲所等章程。当年春天直隶学校司改名学务公所,从保定搬到天津,陈宝泉任直隶学务公所图书课副课长,主编了中国近代最早的省级教育行政机关刊物《直隶教育杂志》,在社会上产生了广泛的影响。他编辑的格致教科书,以及与高步瀛用白话文合编的《国民必读》一、二、三编,共印行10万册,在民间非常流行。这一时期他还经常利用业余时间对民众进行教育革新的通俗讲演,不遗余力地投入了天津的教育事业。

1905年冬,清廷下诏:"以各省学堂次第兴办,必须有总汇之区,以资董率而专责成,特设学部,命荣庆为尚书,熙瑛、严修为侍郎。"陈宝泉也随即调入学部,从主事做到郎中。在学部他开始大展才能,拟订学部开部之计划,改订中等以下学堂章程,主持图书局和组织编纂教科书的工作,编著了《民教相安》《国民镜》《家庭谈话》等。后又担任普通教育司师范科员外郎。1910年,擢升为学部实业司司长。1912年3月,民国政府成立后,陈宝泉被教育部总长蔡元培和次长范源濂任命为北京高等师范学校(北京师范大学的前身)校长,并应邀出席了全国临时教育会议,参与民国初年教育变革。他扩充北京高师的学科,完善学校的建制,奠定了后来北京师范大学的规模。

五四运动时,陈宝泉与蔡元培等积极营救被捕学生,使北高师成为新文化运动中除北大之外又一重要阵地。陈宝泉重视道德教育,将其视为教育之根本、人生之基础。他在北京高师任职9年,赢得了师生的深切爱戴,他辞去高师校长职务时,校内外600多人通函挽留。

1920年冬,陈宝泉调任教育部普通教育司司长。1921年夏,陈宝泉参与组织教育调查社,邀请美国教育家孟禄博士来华考察,并邀集教育界人士召开大型教育讨论会,并参与成立了中华教育改进社。他与陶行知、胡适合编《孟禄的中国教育讨论》。并和陶行知南北呼应,主张将教授法改为教学法,认为:"方法由宗旨而定,今日教学法之宗旨,应力斥教员中心主义,而实行儿童中心主义。"他参与制定"壬戌学制",并任中华教育文化基金委员会委员,参与发起中华平民教育促进总会。1923年任教育部教育次长兼普通教育司司长。1928年,北京政府结束后,教育部被解散,不久陈宝泉离开北京,回到天津。

1929年,严智怡等人举荐陈宝泉出任天津市政府参事、教育部名誉编审。后来他在天津历任天津贫民救济院院长、天津广智馆董事、基督教青年会董事、铁路同人教育会副会长等职,并在南开大学兼课。1930年底,任河北省政府委员兼教育厅厅长。

陈宝泉喜藏书,14岁时对藏书产生了兴趣,开始其藏书生涯,有藏书楼名为"退思斋"。著有《中国近代学制变迁史》《退思斋诗文存》《陈筱庄五十自述》。

1937年陈宝泉病逝,终年63岁。

参考文献:

天津市政协文史委编:《近代天津十二大教育家》,天津人民出版社,1999年。

北京师范大学校史研究室编:《北京师范大学校史》,北京师范大学出版社,1982年。

蔡德生、刘立德:《陈宝泉教育论著选》,人民教育出版社,1996年。

王金生:《陈宝泉及其教育思想》,《河北师范大学学报(教育科学版)》,2003年第4期。

(陈　克)

陈 长 捷

　　陈长捷(1892—1968),字介山,号峋,福建闽侯人。1892年6月2日(清光绪十八年五月初八日)出生于一个农民家庭。陈长捷祖辈世代务农,家境贫寒,他7岁入乌山师范附小读书。1911年辛亥革命爆发,陈长捷参加福州学生军北上,不久南北议和,学生军解散,陈长捷仍回福州,转入武备学堂读书。

　　1917年,陈长捷考入保定陆军军官学校骑兵第7期。1919年10月毕业,应傅作义之约赴山西阎锡山部赵戴文第四混成旅任少尉见习官。后相继升任排长、连长、副团长、代理团长和旅参谋长等职。

　　1927年,陈长捷任第十五旅旅长。1930年,第十五旅扩编为第十一师,参加了反蒋的"中原大战"。其率部沿津浦线南下,打济南、夺泰安、攻曲阜、捣徐州,屡建战功。后因张学良率东北军入关,冯玉祥部下倒戈,陈长捷腹背受敌,不得不退回山西,所部改编为二〇八旅。1935年,晋军第七十二师师长李生达被人暗杀,师长由陈长捷继任。

　　1933年9月,蒋介石发动对中央苏区的第五次"围剿"。陈长捷所部奉命开往江西吉安前线,参加"围剿"红军。第二年春,陈长捷奉命经晋北离石县渡黄河开赴陕北绥德地区,配合中央军"围剿"陕北红军。1936年2月,刘志丹、徐海东等率红军东征,声震晋南,陈长捷火速回援。8月,陈长捷再次率部渡过黄河,集结于绥德地区,与中央军合力围困到达陕北的中央红军。11月12日,陈长捷获国民政府颁发的四等云麾勋章、国民革命军誓师十周年纪念勋章。

　　1937年初,阎锡山借口构筑国防工事,将陈长捷师调回山西。七七事变后,陈长捷率部从大同开赴河北南口,与汤恩伯军并肩抗击日军板垣师团。行前,全师将士誓师,要保家卫国、奋勇杀敌。陈长捷部后转战山西代县休整,扩编部队,他升任第六十一军军长。9月,在平型关附近的团口与日军血战半月,有力地配合了八路军第一一五师取得平型关大捷。10月初,日军板垣师团凭借装备优势大举进犯忻口。卫立煌率郝梦龄、朱怀冰等部设伏大白水一带痛击日军。右翼军前线总指挥郝梦龄殉国,陈长捷继任,组织督战队,亲临前线督战。双方激战20个昼夜,遗尸累累,阵地岿然不动。不久太原陷落。忻口、太原作战历时一个多月,中国军民共毙伤日军2万余人。[①]第六十一军移防吕梁山乡宁、蒲县。1938年2月,临汾失守,阎锡山被日军紧追不舍,陈率部救援,在蒲县乔家湾与日军苦战数日。

1939年3月,陈长捷升任第十三集团军(总司令王靖国)中将副总司令兼第六十一军军长。5月调升第六集团军(辖第六十一军、暂编第一军)中将总司令。阎锡山曾命陈为"讨逆军总司令",摧毁晋西各县抗日政权和抗日救亡团体,杀害牺盟会干部、后方医院伤病员百人。1942年,陈长捷被免去军职,只身到重庆,进陆军大学特六期将官班学习。

1946年3月,陈长捷自陆军大学毕业后,被派任军政部第二十官总队中将总队长。1947年3月,陈长捷在西北军政长官张治中的推荐下出任第八补给区司令,驻于兰州。不久傅作义进驻北平,任陈长捷为天津警备司令部司令。

1948年6月3日,陈长捷赴津就任。傅作义确定了"坚踞平津,主力保持海口"的战略。陈在津积极配合,建立特别联合行动小组,侦破捕杀共产党地下人员,实施"依城决战"的方略。征募壮丁,编成"警备

---

①中国人民解放军军事科学院军事历史研究部编:《中国抗日战争史》中,解放军出版社,2006年,第75页。

旅"自兼旅长,作为守备;收容从东北战场溃败来津的10万残兵,维持市面秩序。10月,蒋介石视察天津,当场夸奖了陈长捷建立的防御体系。11月,陈长捷兼任天津城防司令部司令。随着战局的发展,华北"剿总"将天津、塘沽作为津沽防区,由侯镜如任司令、陈担任副司令。于是国民党守军在市内又修筑巷战工事,依托既有的坚固楼房形成火力点;在主要街衢架设路障、带刺铁丝网;选渤海大楼、盐业银行等建筑为据点,做逐巷逐屋抵抗的准备。12月22日,陈长捷下达"扫清城防工事射界"的手令,在宜兴埠、穆庄子、丁字沽、北辛庄纵火,形成5里无人区。为阻止解放军攻城,陈长捷还部署守军设置地雷网,下令将南运河与护城河在市西三元村沟通,造成积水横溢。

1949年1月2日,东北野战军秘密入关,并完成对天津的包围。司令员林彪、政委罗荣桓写信给陈长捷等人,劝其放下武器,和平解放天津。3日,国民党第六十二军军长林伟俦带两个师来津,以河北(金钢桥以北地区)作为阵地。陈长捷派出丁作韶等议和代表4人赴杨柳青会晤解放军,得到6日至12日停止向城内炮击7天的答复,限期1月8日前无条件投降。5日,第八十五军军长刘云瀚从芦台带两个师加入天津城防,部署在河东地区。天津防区配置有第六十二军、第八十五军各两个师,第九十二军留津的一个师为主力,另附两个护路旅、两个河北保安团、两个宪兵营和五个市警察局所属的保安大队。陈长捷任城防司令,林伟俦为副司令。

此时东北野战军再次重申:天津守军必须于1月8日前放下武器!13日,东北野战军严令:1月13日12时前必须把部队开出城外,听候处理,否则14日攻城。同时陈长捷接到林彪的亲笔信,随即召集林伟俦、刘云瀚、杜建时等人讨论对策,并回信表示:"武器乃军人之第二生命,放下武器乃军人之最大耻辱,岂可随便放下。贵军倘有谋和诚意,请派代表前来商谈。"实际上拒绝了解放军的最后通牒。14日上午10时,东北解放军500余门火炮同时向津城开火。陈长捷等人躲入地下室里指挥守城。当晚,小西关、民族门一带防线被解放军突破。陈再次召集林伟俦、刘云瀚、杜建时、秋宗鼎等人开会,宣布天津局势无法维持下去,准备放下武器,由杜建时市长找李烛尘、杨亦周为代表,第二天早晨出城商谈。但为时已晚。15日上午8时,解放军攻克海光寺。9时,解放军冲进地下室指挥部,陈长捷被俘。

陈长捷是以中国人民解放军公布的战犯身份被俘虏的,先被关押在河北省井陉县华北军区政治部军法处看守所,后迁北京德胜门外功德林监狱,由公安部北京战犯管理处管理。在回顾天津城防失守时,他表示有"三个没想到":一是没想到东北野战军80万神兵天降;二是没想到毛泽东挥兵张家口、新保安太快,并迅速完成分割包围;三是没想到解放军神勇,固若金汤的天津城防阵地被迅速突破。

1959年12月4日,经最高人民法院批准,陈长捷作为首批特赦人员获释,定居上海。1961年任上海市政协秘书处专员,负责文史资料的编辑工作。短短几年时间,他写出10余篇30余万字文稿,留下了珍贵的历史资料。

1968年,陈长捷去世,终年76岁。1979年2月27日,中共上海市委统战部将其骨灰安放在龙华烈士陵园。

参考文献:

中共天津市委党史资料征集委员会编:《天津解放纪实》,中共党史资料出版社,1988年。

陈德仁编著:《天津战役研究》,天津古籍出版社,2003年。

王凯捷:《天津方式》,中共党史出版社,2007年。

井振武、王树森:《巧布防 善攻心 顺民意 保城防——辑录天津解放战争片段》,《天津档案》,2009年第5期。

（井振武）

陈　荻

陈荻(1909—1940)，原名陈世雄，字临武，化名陈自秋、陈荻。1909年出生于河北省玉田县鸦鸿桥镇河东村。幼年在本镇小学读书，后入昌黎县汇文中学学习，毕业于丰润县商业职业中学。1927年初加入中国共产党。

1927年初，经中共玉田县委决定，陈荻以共产党员的身份参加国民党玉田县党部，任宣传干事。不久，大革命失败，蒋介石及国民党右派势力疯狂"清共""剿共"。根据党的指示，陈荻转移到乡村秘密从事党的工作，任中共玉田县委秘书。

1930年6月，在中共京东特委召开的京东党代表大会上，陈荻被任命为中共遵化县委书记。会后，陈荻赴遵化县城，准备继续组织与发动木瓦泥石工人反对国民党县政府侵占鲁班庙工会会址的斗争。此时李立三提出以武汉为中心发动全国总暴动和集中红军进攻中心城市。为加强对玉田暴动的领导力量，陈荻奉京东特委之命回玉田县，并亲自参加了由特委书记叶善枝领导的"七八""七十"武装斗争。①

"黄林暴动"失败后，陈荻为躲避玉田县反动政府的通缉，不得不潜往东北，在哈尔滨市靠朋友接济或当代课教师度日。尽管生活艰难，但他并未动摇信心，他设法与当地党组织取得联系，并与其他革命

---

① "七八"即7月8日，20余名游击队员袭击玉田警察局；"七十"即7月10日，48名游击队员攻打"反共会"首领、黄林村地主张楷的"黄林暴动"。

同志一道办起《哈尔滨新报》，并担任主编，宣传革命思想，团结进步力量，抨击国民党反动统治。随后，陈获考取了哈尔滨邮政局邮务佐一职。为了壮大革命力量，他不计收入低微，仗义疏财，广泛结交有志之士。为了提高自己的政治理论水平，他把办报所得稿酬用于购置马克思主义著作，一有时间便潜心研习。

九一八事变后，陈获目睹无辜百姓横遭日军铁蹄践踏而流离失所的惨状，决心弃职回关内抗日。此时适逢南京邮政总局在局内进步势力的强烈要求下，决定将东北三省全体邮政人员调进关内。陈获到南京邮政总局报到后，被分配到安徽省芜湖市邮政局工作。因他为人耿直、主持正义，不久便被同人推举为邮政工会委员，积极从事工人运动。此后他又与当地党组织接上关系，利用工会委员的合法身份和邮政工作之便，一方面组织职工群众、宣传革命思想，通过办工会会刊激发职工群众的爱国热情，一方面为党组织传递秘密文件，护送地下党员，密切与进步党派和无党派爱国人士的关系。他曾亲自护送朱学范[1]由芜湖去上海。

1934年，中共京东特委调陈获回河北省宁河县芦台工作，任中共宁河县委委员兼芦台党支部书记，负责建立地方党组织，设立秘密联络站。到芦台后，他以邮政局邮务佐的公开身份，秘密从事党的工作。他与中共党员张家声、张家庆、田泽林在芦台中街天齐庙东侧建立医院，挂牌"新牛医院门诊部"，借行医为名建立交通站，从事秘密交通工作。不久又在丰台镇建"柏林医院"，作为联络站下的联络点。芦台系水陆交通要道，党组织不但通过联络站传递信息、接送人员，确保途经芦台的革命同志的安全，而且通过联络站购置军需物资和医疗药具，运往抗日前线。在陈获的积极努力下，党组织营救出多名被捕入狱的

---

[1] 新中国成立后，朱学范历任邮电部部长、中华全国总工会副主席、全国人大常委会副委员长、民革中央主席等职。

同志,并妥善安排了他们出狱后的工作与生活。为把物资与药品及时运往抗日前线,他绞尽脑汁,甚至动员妻子高田化装成走亲戚的样子,冒着生命危险,抱着孩子携带药品通过日伪封锁线。

在这期间,陈荻还以投递信件为掩护,深入宁河中学、商会、绸缎庄、书店等处,宣传动员各界人士结成爱国统一战线,投入抗日斗争,并积极慎重地秘密发展党员,建立和扩大党的组织。陈荻与地下党员、宁河中学教员刘亚夫接上了关系,并决定由刘亚夫出面团结进步学生,以“宁河中学读书演讲会”的形式秘密宣传抗日,开展对敌斗争。七七事变后,刘亚夫带领“读书演讲会”成员及其他进步学生,从芦台出发奔赴抗日根据地。由于陈荻的尽心尽责,交通站在冀东的抗日救国斗争中做出了很大贡献。

1937年秋至1938年上半年,在冀东抗日大暴动酝酿组织期间,陈荻和秘密联络站的同志不失时机地购进药品,由陈荻等扮成商人或装作走亲戚,通过封锁线,将药品秘密运往冀东暴动指挥机关,为暴动做了必要的准备。1937年秋,中共河北省委派李楚离(1937年9月任华北人民抗日自卫委员会党团书记,后任冀东区党分委书记兼冀东军分区政委)取道芦台,深入冀东,了解冀东各地党组织和群众基础状况,以便对暴动做出部署。陈荻和秘密联络站的同志出色地完成了护送李楚离由芦台进入丰润等地的任务。1940年,李楚离在战斗中负伤,再次来到芦台,受到联络站同志们的精心医治和护理。冀东特委书记胡锡奎、丰(润)玉(田)宁(河)联合县县长胡光、《救国报》编辑柳梅等人,都曾多次由联络站护送奔赴各地进行革命活动。

1938年6月末,冀东大暴动前夕,党组织指示陈荻带领芦台的部分地下党员参加大暴动。当时陈荻的家属都在芦台,时刻都有被搜捕抄家的危险,但在国难当头之时,陈荻不顾个人与家属的安危,告别妻子和三个年幼的孩子奔向了冀东抗日暴动的最前线。陈荻到达冀东暴动指挥机关后,被派往冀东抗日联军李运昌部第五总队任政治主任,后任冀东军分区宣传科长、部长等职。

1940年6月,陈荻与阎锡九等转移到丰润县郭庄子村时,突然被王官营与丰润城关的日伪军包围。陈荻、阎锡九奋力组织突围,但因敌众我寡,只能且战且退。在敌人包围圈压缩得愈来愈小的危急时刻,他们突然发现一条河挡住了退路。此河名叫泉水河,本来河面不宽,河水不深,但因当时正是雨季,山洪下泄,沟渠灌满,河面加宽,水深流急。在无路可走的情况下,陈荻便带领阎锡九等几名同志强行涉水。陈荻水性好,很快便游到对岸,但他发现阎锡九离河岸还很远,此时敌人已经追上来,在这千钧一发的时刻,他丝毫不顾个人安危,毅然下水回游,去救助阎锡九和其他同志。由于体力消耗过大,他与阎锡九被卷入旋涡,不幸牺牲,年仅31岁。

参考文献:

中共天津市委党史研究室:《中国共产党天津历史》第1卷,中共党史出版社,2005年。

中共天津市委党史资料征集委员会编:《天津抗日英烈》,天津古籍出版社,1995年。

(赵凤俊)

陈调甫

陈调甫(1889—1961),名德元,字调甫,以字行,1889年12月28日(清光绪十五年十二月初七日)出生于江苏省吴县一个税务官吏家庭。1907年陈调甫到上海求学,先入复旦公学,后转入中国公学。1912年进入苏州东吴大学化学系,1916年毕业,因成绩优异留校任教,从事科学研究工作,专注于铜类合金分析和纯碱试制工作,1917年获硕士学位。

1917年,陈调甫为创办碱厂,与苏州瑞记荷兰水(汽水)厂厂主吴次伯和友人王小徐合作,用苏尔维法试制纯碱成功,进行工业性小型试验,也获得满意效果。1917年冬,陈调甫等人经实业家张謇介绍,北上天津与范旭东合作创办永利制碱公司。为了解决用长芦盐制造纯碱的技术难题,1918年,在范旭东的支持下,陈调甫经过数月的努力,在范旭东家中用小型制碱设备制造出了合格的纯碱,坚定了股东们的信心,为公司创立奠定了基础。1918年11月,由范旭东、陈调甫等7人创建的永利制碱公司在塘沽正式成立。范旭东将制碱技术责任委托给不足30岁的陈调甫,陈调甫备受鼓舞,欣然同意。

因公司申请制碱用盐免税事宜很费时日,当年冬,陈调甫自费赴美国伊利诺伊大学研究院进修,并成为美国化学会会员。在此期间,他深入考察制碱技术,购买机器设备,招揽技术人才,陈调甫发现侯德榜很有才华,力邀其回国参加碱厂建设。除此以外,他还引荐了刘树杞、李德庸等十几位留美技术人员,这些人都成为永利碱厂的技术骨干。

1919年冬,陈调甫携带技术图纸回国。次年,永利碱厂在天津塘沽开工建设,范旭东坐镇天津总揽全局,陈调甫在塘沽一线主持建厂工作。在陈调甫的主持下,永利碱厂克服了军阀混战、交通运输不便、缺乏建设经验、机器制造水平低下等种种困难,经过三年努力,完成了碱厂的土木工程,其中包括当时全国最高的两座10层厂房。1923年,陈调甫任公司工务部部长,致力于企业管理和培养人才。经其举荐,永利公司委派侯德榜任技师长,继续完成基建和准备试产。在试产过程中,面对种种困难,陈调甫与范旭东、侯德榜、李烛尘等人相互鼓励,共同制定和实施重大决策,特别是由陈调甫倡议筹办了机修车间,大大提高了工作效率,加快了试产进程。1926年6月,永利碱厂终于制出了优质纯碱,达到了世界先进水平,并投入批量生产,并于同年8月在美国举办的万国博览会上获得"中国工业进步的象征"美誉,荣获大会金质奖章。

陈调甫年轻时就对油漆研究深感兴趣,著有《国宝大漆》一书。永利碱厂建成投产后,他感到中国油漆工业还很落后,于1928年12月独自创办了永明漆厂。他不断组织开发新产品,扩大生产销售,用自产油漆替代进口油漆,为中国涂料事业的发展打下了基础。永明漆厂最初厂房狭小,设备简陋。陈调甫借鉴永利碱厂的经验,走技术创新的道路,择优选拔人才从事新产品的研发工作。他重视职工的技术与文化教育,提取工厂利润的20%作为教育基金,用于提高职工的技术和文化水平,开设工人业余免费补习班,使永明漆厂职工学文化、学技术蔚然成风。

为了开发新产品,他购进美国酚醛清漆,组织技术人员进行化验、分析,针对其耐水性差的弱点,采用中国廉价的桐油作为改性剂进行试验,研制出的新产品其性能超过美国酚醛清漆,陈调甫把它命名为"永明漆",这是中国油漆工业的第一个名牌产品。1933年,"永明漆"获得国民政府颁发的优质奖状,蜚声全国。另外,陈调甫在分析美国杜邦公司喷漆的基础上,成功研制了国产喷漆,制成汽车修理用漆和铁路车辆用漆,取得了良好的业绩。

1933年11月,范旭东决定创办硫酸铵厂,陈调甫受托勘定厂址,他同侯德榜一起到各地勘察,最后选址在南京卸甲甸建厂,这里水陆交通便利、地势平坦,原料可就近取材。在永利硫酸铵厂建设过程中,陈调甫负责土木建筑和设备安装等工作,他全力以赴完成了建厂任务。

1937年全民族抗战爆发,永利内迁四川,陈调甫因无法兼顾永利与永明漆厂,不得不忍痛离开永利。七七事变后,平津陷落,陈调甫避居上海。日军几次拉拢永明漆厂不成,便以军需为名,将永明漆厂存放在中国银行仓库的贵重原料全部劫走,永明漆厂被迫停产。后来,陈调甫建立了万华制药厂和永明实验室,继续致力于油漆研究,在用醇酸树脂为原料生产油漆方面取得了突破性进展。抗战胜利后,陈调甫将大批图书、仪器和原料从上海运回天津,恢复永明漆厂,积极组织科研和扩大生产,扩充了实验室,增聘了许多青年技术人才。

1947年,永利召开抗战胜利后的第一次股东大会,陈调甫被选为董事,他同范旭东、李烛尘、侯德榜等人始终保持着深厚的友谊。1948年,永明漆厂又一名牌产品"三宝漆"研制成功,实现批量生产,使中国涂料工业前进了一大步。

新中国成立后,陈调甫衷心拥护中国共产党的领导,积极响应社会主义改造。1952年,永明漆厂的油漆产量已经跃居全国首位。我国第一代醇酸树脂漆"三宝漆"大量生产,质量达到了国际先进水平,产品不仅在国内广泛使用,并且远销苏联及东欧、东南亚各国。1953年1月,在陈调甫的敦促下,永明漆厂率先实行公私合营,改名为天津市公私合营永明漆工业公司,为全国油漆行业树立了榜样,走在了全国私营工商业社会主义改造的前列。50年代后期,陈调甫虽然年事已高,但仍然坚持科研工作。他不能每天去工厂上班,便自费在家中设立实验室,从事有机硅涂料的研究工作,制成五碳藻醇,受到天津市人民政府的表彰。

1956年后,陈调甫先后担任化工部华北研究院副院长、天津化工学院副院长等职务,晚年还着手编著油漆词典。1961年12月25日,陈调甫因心脏病复发在天津去世,终年72岁。

参考文献:

天津市政协文史委编:《天津文史资料选辑》第51辑,天津人民出版社,1990年。

寿充一等编:《近代中国工商人物志》第1册,中国文史出版社,1996年。

张连红、严海建主编:《民国财经巨擘百人传》,南京出版社,2013年。

白雪岩主编:《中华百年人物篇》(现代卷),中国世界语出版社,1999年。

(高　鹏)

陈 范 有

陈范有(1898—1952),名汝良,字范有,以字行,安徽石埭县人。1898年生于天津。其父陈一甫持家俭朴,家教严格,热心慈善,爱国爱乡,这些品质对陈范有的一生产生了重大的影响。

陈范有儿时就读天津高等小学堂,1912年考入南开中学。陈范有学习刻苦,品学兼优。在南开中学学习期间,陈范有产生了强烈的爱国思想。1917年,陈范有考入天津北洋大学土木工程系,成绩一直名列前茅,享受奖学金。1919年五四运动期间,他与张太雷等人组成北洋大学第二讲演团,到塘沽进行宣传演讲。

1921年,陈范有大学毕业后原想赴美留学,但父亲要他回家乡石埭造桥,用他所学知识为家乡人民造福。石埭县城南的舒溪河是南北交通要道,夏秋水涨,船翻人亡的事时有发生,乡人盼望修建大桥已久。1922年,陈一甫等人集资13万银元,由陈范有实地参加勘察设计和施工,建成钢筋水泥结构的永济桥。在造桥的三年间,陈范有食宿自理,不取分文。《石埭县志》在题为"石埭舒溪永济桥记"的条目中记载了陈范有造桥之事。该桥的建成开启了皖南徽州到芜湖的通道,受到家乡民众和来往过客的一致赞扬。陈范有还在石埭崇实学校担任英语教师,并与校长孙梅轩联合倡议开办初中部。

1925年,27岁的陈范有进入启新洋灰公司,从此步入水泥行业。他从工程师做起,很快就熟悉了水泥生产的各个环节,并承担了在塘沽于家堡修建水泥海运专用码头的任务。1933年,陈范有任启新洋灰公司协理。由于他受过现代化教育,懂得工程技术,不久便进入决策层,为启新洋灰公司注入了新的活力。他重视科学技术,曾到美国和欧洲考察水泥工业,不断吸取先进技术。他在负责唐山启新洋灰厂8号窑的扩建改造工程时,敢于创新,一丝不苟,亲自复核验对数据,亲自设计图纸,在施工现场直接参与建设,使8号窑的设计成为他技术成熟的代表作。陈范有在天津还先后担任过滦州矿务公司副主任、开滦矿务局议董等职务。

陈范有考虑到启新洋灰厂所处的环境,深感唐山与被日本侵占的东三省近在咫尺,日本侵略者虎视眈眈,该厂的前景堪忧。虽然当时工厂尚可获利,他仍未雨绸缪,把资金转向比较安全的南方建厂。这个观点很快获得启新管理层的共识。1935年,陈范有成为常务董事和筹建南京江南水泥公司的负责人。他雄心勃勃地购买了世界一流的机器,亲自进行规划、设计,决心把江南水泥厂建成远东一流的水泥厂。用了两年多时间,一座年产20万吨的现代化水泥厂展现在栖霞山麓。1937年七七事变爆发,接着淞沪会战开始。那时他仍希望工厂早日建成,以巩固国防。11月,上海失守,陈范有等人只好将江南水泥厂职工紧急疏散,并想出聘请洋人护厂的策略,工厂挂上了丹麦国旗。在沦陷后的半年时间里,江南水泥厂难民营救护同胞3万多人。

日军占领南京后,打起了江南水泥厂先进设备的主意。日方对工厂派丹麦和德国人留守产生了怀疑。1938年5月,陈范有秘密来到上海,与丹麦史密斯公司进行密谈。陈范有说服史密斯公司与江南水泥厂采取同样的立场,使护厂行动得以成功。陈范有坚持“不资敌,不合作”的方针,拒绝与日方签订协议,拒绝开工生产。1938年至1943年的6年间,江南水泥厂承受着巨大经济损失,顶住日方种种压力,坚持不开工,未给日本人生产一袋水泥。这是抗战中期江南水泥厂为反对侵略战争做出的重大牺牲。1943年7月,日方通知拆移江南水泥厂机器至山东张店造铝。陈范有与日方展开斗争。最后陈范有等人在天津召开了临时股东大会,反对日方拆机。此举激怒了日方,认为江南厂有抗日嫌疑,意欲抓捕有抗日倾向的人。1943年11月29日,陈范有不顾危险,挺身领衔赴北京六国饭店与日方会谈,重申江南水泥厂维护公司法的原则。最终日方虽然强用兵力拆走机器,但由于坚持斗争,使拆机拖延了半年之久,到战争结束时,日方也没有建成铝厂。

陈范有继承了其父陈一甫乐善好施、济人救难的风范。全民族抗战爆发后,日军轰炸了以抗日著称的南开大学,并扬言要逮捕当时在南开大学任秘书长的黄钰生(字子坚)。陈范有得知后,先请黄住在自己家中,后为黄买了船票,使其得以离开天津,平安到达昆明西南联大任教。1938年6月27日,天津耀华学校校长赵天麟,因带领师生开展抗日救亡运动,被日本特务暗杀。陈范有得知后,不顾个人安危,暗地派人送钱接济他的家属。耀华学校1944届学生于敏,其父因病失业,他面临无法继续进入大学深造的困境。陈范有得知后资助他考大学,帮他渡过经济难关。后来于敏成为中国核物理专家,成功地设计了氢弹,被称为“氢弹之父”,获得“两弹一星”功勋奖章。1939年,天津发生严重水灾,马路上可以行船,溺死的人畜尸体到处可见。陈范有组织“甲戌社”进行救济,向灾民分发现款及洋面、食物(馒头及大饼)、棉衣、酱菜等必需品。

抗战胜利后,陈范有不贪图高官厚禄,谢绝了国民政府行政院院长翁文灏聘请他为资源委员会委员的邀请,抱着实业救国的理想,面对重重困难,担任江南水泥公司总经理,脚踏实地重建该厂。他各处筹集资金,但获得的资金因物价不断上涨而不断贬值。1948年,国民党政府发行金圆券又夺走了工厂的黄金和外汇。最后,江南厂还受到扬子电气公司的敲诈。虽然面临着种种不利情况,陈范有仍然招添上海新股1/4,并设法结汇200万美元添置机器,于是一座崭新的现代化水泥厂从被日本人破坏的废墟中重新建立起来。

南京解放后,陈范有写信给周恩来总理,请求政府帮助解决了水泥厂高压电路的问题,还亲笔书写了长达54页的《江南水泥公司之历史与内容及拟为政府部分加工之建议》,向政府提出合理化建议。在人民政府的支持下,1950年,江南水泥厂终于结束长达16年的建厂过程,开工生产,成为新中国水泥工业的骨干企业,为新中国的建设事业服务了达半个世纪之久。

新中国成立后,陈范有曾当选全国水泥同业联合会主任委员。他将100万元股票等无偿捐献给国家,还将多处房产上缴政府。

1952年3月31日,陈范有在上海去世,终年54岁。

参考文献:

陈克潜:《爱国实业家陈范有与江南水泥厂》,苏州大学出版社,2013年。

吴熙祥:《洋灰世家:陈一甫、陈范有父子求索实业救国之路》,上海人民出版社,2010年。

张连红、严海建主编:《民国财经巨擘百人传》,南京出版社,2013年。

（高　鹏）

陈 光 远

陈光远(1873—1939)，字秀峰，直隶武清县崔黄口人。陈家人口众多，陈光远行八，陈氏兄弟中除个别经商外大多在家务农。陈光远幼年时在本乡粮店学徒，17岁时，家中将他送到北京一家玉器铺学习雕琢手艺，因陈光远非常调皮，不久即被掌柜辞退。①

19岁时，陈光远考入天津武备学堂二期学习军事，毕业后在武卫右军任队官。袁世凯在天津小站编练新军时，非常器重武备学堂的毕业生，陈光远为袁世凯所赏识，先后担任督操、北洋常备军军政司总务处总办、第四镇第八协统领等职，成为袁世凯亲手建成的北洋六镇的骨干力量。②辛亥革命时，他跟随冯国璋南下武汉，参与镇压武昌起义，与王占元、李纯部攻陷了汉口、汉阳。因镇压革命军有功受到清廷嘉奖，陈光远被晋升为第四镇统制，以冯国璋为首领，王占元、李纯、陈光远为骨干的直系军阀集团逐渐形成。1914年，袁世凯成立军事模范团，自任团长，任命陈光远为副团长。1917年他兼任京津警备司令。张勋复辟时，陈光远因讨逆有功，被任命为绥远都统。1917年8月，代总统冯国璋调陈光远任江西督军，以加强直系对长江中下游的控制力。他与江苏督军李纯、湖北督军王占元牢牢控制长江中下游，并称"长江三督"，一时直系力量大增。

1920年，江苏督军李纯去世。1921年，湖北督军王占元下野，长

①周俊旗主编：《建筑 名人 城市》，天津社会科学院出版社，2012年，第119页。
②郭长久主编：《五大道的故事》，百花文艺出版社，1999年，第101页。

江三督风光不在。冯国璋去世后,曹锟成为直系领袖,陈光远素来与曹锟关系不睦。1922年,广东政府派北伐军进攻江西时,陈光远得不到直系势力的及时支援,部队节节败退。1922年6月,陈光远被曹锟免职,后寓居天津英租界。

陈光远深知军队就是他的政治资本,领兵时以不吃空名、不喝兵血、不克扣军饷闻名,这在当时的军阀中是不多见的。但他在敛财方面颇有心机,在江西督军任内,他的第十二师和第九混成旅是国家正式编制的部队,其服装费用均由陆军部每年按季拨给款项承做,有时不能如期领到,就需要催拨。陈光远借着这个理由,以先自筹措为名,由财政厅负责筹齐款项,一年180万元。在他任内大约五年期间,单是这笔款项就有约八九百万元,大多流入了他的私囊。[1]陈光远在江西对厘金收入亦十分重视,凡往来行旅货物皆抽重税,即"携带火柴一包,亦须交税,然国库所得则不过十分之一二,其余均饱私囊"[2],江西省也就有了"穷了江西一省,富了武清一家"的民谣。

陈光远与龚心湛为儿女亲家,他的大量资金通过龚心湛投资到北洋企业中,在华新纺织公司、耀华玻璃厂、启新洋灰公司、滦州煤矿公司、中国实业银行等企业中都有股份。陈光远的资本成为这些企业的重要资金来源。在天津租界做寓公的陈光远,以研究黄金行情的涨落为消遣,金价落时他必购进,他的银行存款大都购成黄金现货囤积起来,而不受货币贬值的影响。

陈光远在天津广置房地产,不仅在英租界购置了大量房产,成立了振德房地产公司,还在河北锦衣卫桥大街、日纬路、律纬路、昆纬路、小王庄等地购地建房,收取租金。他以振德堂的名义在南市权乐茶园

---

①齐协民:《我所知道的陈光远》,载全国政协文史委编:《中华文史资料文库》第10卷,中国文史出版社,1996年,第1641页。

②任启圣:《陈光远事迹概述》,载全国政协文史委编:《文史资料存稿选编》晚清·北洋(下),中国文史出版社,2002年,第689页。

149

后盖了一片楼房,取名为振德里。除此之外,他在北京、大连等地广有房产。在北京旧刑部街有一所住宅,在天桥有几百间房产用于出租。[1]他在家乡武清也购置15889亩土地,全部出租给农民耕种,共涉及佃户661家。[2]

此外,陈光远还在天津开设了德丰银号,用妻妾的名义开设了两处当铺,一为德华当,在天津西门里路北,一为辑华当,在天津毛贾伙巷口,两个当铺各拥有资本20万元。

陈光远在英租界寓所中过着安逸舒适的生活,他最亲近的朋友是曾任湖北督军的王占元,两人从小站练兵时就意气相投,有几十年的交情,因此往来比较频繁。

1939年8月,陈光远病逝于天津寓所,终年66岁。

参考文献:

朱汉国、杨群总主编,杨群本册主编:《中华民国史》第6册,四川人民出版社,2006年。

《江西省志·人物志》编纂委员会编:《江西省志·人物志》,方志出版社,2007年。

王俯民编著:《民国军人志》,中国广播电视出版社,1992年。

(郭登浩)

---

[1]齐协民:《我所知道的陈光远》,载全国政协文史委编:《中华文史资料文库》第10卷,第1641页。

[2]天津市和平区政协文史委编:《近代天津名人故居》,天津人民出版社,2001年,第233页。

陈嚣洲

　　陈嚣洲(1880—1962),名钟年,字嚣洲(早年亦字鹤洲),多以字行,号觉斋。祖籍浙江绍兴,天津人。

　　陈嚣洲为天津县庠生,1900年后曾留学日本,1903年毕业于天津科学馆。[①]1903年4月,陈嚣洲任职北洋官报局总办张孝谦的译员,后随从周学熙等赴日本考察工商业,回国后翻译了由日本人山田邦彦、石上孙三合著的《中学矿物教科书》。该书1904年9月由北洋官报局排印,成为直隶初级师范学堂教科书。

　　1906年底,陈嚣洲任教天津初级师范学堂。该学堂1905年创办,胡家祺为监督,1910年更名为直隶第一初级师范学堂。该学堂时有日本教习小幡勇治(教授物理、化学课程)、熊泽文吾(教授歌唱、手工课程),陈嚣洲为此二人担任译员。1910年12月,该学堂已毕业学生170名。直隶总督陈夔龙遂奏请奖励该学堂办学人员并获准奏,任职已满三年的陈嚣洲作为"寻常出力"者,"拟请以府经历[②]不论双单月尽先选用"[③]。陈嚣洲在该校任教长达10年之久,其间还兼任天津府中学、天津南开中学教员。

　　1917年6月,陈嚣洲任天津劝学所主办的《天津劝学月刊》编辑、

---

　　①天津科学馆成立时间不晚于1902年。

　　②清代知府衙门设有经历司,职掌出纳文移及府衙内部事务。经历司设经历一人,品秩为正八品。

　　③《直隶总督陈夔龙奏直隶初级师范办学人员期满请奖折(并单)》,北京《政治官报》第1129号,1910年,第11—12页。

记者,并在创刊号上载文《言论》《说早》。①此后,陈嚚洲任职于直隶商品陈列所,并参与天津博物院筹备工作。1918年,陈嚚洲还担任北洋防疫处顾问、日本医士的译员,因参与防疫有功,被北洋政府奖给八等嘉禾章。1920年,陈嚚洲任直隶省实业调查员,调查了第三区灵寿、平山等10县的实业状况。此后,陈嚚洲追随出任江苏省教育厅厅长的胡家祺赴南京任职,先是参与南京秀山公园的规划建设。1921年初,受秀山公园筹备主任胡家祺指派,陈嚚洲赴沪参观各中西著名花园,以备参考。

1922年后,陈嚚洲由宁返津,以教授家馆、从事书法、金石等艺术活动为主。

1931年九一八事变爆发后,李廷玉(字实忱)主办天津国学研究社。该社以"发挥旧时文化,振兴民族精神"为宗旨,社长李廷玉、副社长钟世铭。②1932年至1938年,陈嚚洲受聘为讲师,主讲金石、书法课程,不计报酬,以"造成有用之才,备为国家匡时之选"为己任。陈嚚洲还参与创办了《国学》月刊,兼任该刊编辑,该刊名题字及装帧设计也出自其手。

陈嚚洲的书法教育实践活动,以其任教于天津国学研究社期间最为活跃。陈嚚洲擅长书法,"于魏碑最为致力,一时无两"③,在该研究社任教期间,陈嚚洲培养了一批卓有成就的书法、金石人才。陈嚚洲还把书法讲义结集,出版了书学论著《书法》。

1936年6月24日,李廷玉请陈嚚洲为《南运河下游疏浚委员会纪念碑(二)》书丹,此碑碑文皇皇千言,与碑额"宋公德政"均为魏体书,

---

①《劝学所首期月刊之内容》,《益世报》,1917年7月24日。
②陈文彦:《述国学研究社艰难缔造之概况》,天津《国学》月刊,1937年第1卷第1期,第37—40页。
③陆辛农:《天津书画家小记》,载天津文史研究馆编:《天津文史丛刊》,1989年总第10期,第229页。

彰显了陈嚣洲的书法功力。

陈嚣洲平生收集金石拓本极多,富藏汉碑。除汉魏名刻外,还收藏汉墓志、造像,诸如《洛阳龙门山造像记》,就收有"龙门四品本""十品本""二十品本""五十品本""百品本"等。其藏书亦丰富,平时所读"前四史"皆为明万历刊本。

1947年,李琴湘、李廷玉等倡建天津私立崇化中学,校址设在天津文庙。陈嚣洲经该校教导主任龚望介绍,担任国文、书法、生理卫生等课教员。

1952年,天津私立崇化中学改为公办,更名为天津市第三十一中学。此时陈嚣洲年迈多病,在家病休仍牵挂于教务,坚持将学生作文、书法等作业携至家中仔细批改。1953年,他辞去教职。其学生伊睿辰(即伊家楷)为其敬绘画像,金石学家、甲骨学家王襄亦为该画像题诗、题记,以为纪念。

1957年,陈嚣洲参与筹建天津大悲院弘一大师纪念堂。他与李叔同交谊甚笃,藏有多幅李叔同出家前后的书法作品,遂将这些珍藏的写件捐赠给弘一大师纪念堂。

1957年,陈嚣洲又以天津市城厢区政治协商会议社会组组员的身份,参与发起筹建天津市中国书法研究社。1959年3月29日,天津市中国书法研究社成立,王襄被公推为理事会主席,陈嚣洲为7名理事之一,并担任讲习组组长。

陈嚣洲一生涉足书法、金石、教育、医学及日语翻译、书刊编辑、博物陈列、园林建筑、收藏鉴定等诸多领域。陈嚣洲的书法墨迹流传至今约20种。

1962年,陈嚣洲在津去世,终年82岁。

参考文献:

陈嚣洲:《书法》,铅印本一册,天津文岚簃古宋印书局,1935年。

陈鬻洲:《原天津私立崇化中学教职员详细履历登记表》,1949年1月27日,龚望之子龚绶收藏。

唐石父:《天津文教界收藏家述略》,载天津市政协文史委编:《天津文史资料选辑》第4辑,天津人民出版社,1979年。

龚望、余明善:《陈鬻洲先生书〈南运河下游疏浚纪念碑〉墨迹序》,载傅杰编订:《余明善文稿》,齐鲁书社,2003年。

章用秀:《昔年"书法学鬻翁"——陈钟年》,载章用秀:《天津书法三百年》,天津人民美术出版社,2013年。

（王勇则）

陈 嘉 谟

陈嘉谟(1881—1950),字岘亭,直隶人,出生于一个富裕的农民家庭。陈嘉谟自幼在本村私塾念书,19岁考入北洋速成武备学堂,毕业后在冯国璋部历任排长、连长,25岁时与冯国璋的侄女结婚。陈嘉谟因得到其旅长萧耀南的赏识,晋升为营长、团长。1919年在直系吴佩孚部第二十五师任旅长。

1921年,萧耀南出任湖北督军,陈嘉谟亦开始平步青云。1922年任第二十五师师长。1926年2月,萧耀南病故,陈嘉谟继任湖北督军职务。

1926年,国民革命军北伐。吴佩孚的军队由汀泗桥、贺胜桥接连败退。8月31日晚,北伐军进抵武昌城郊。吴佩孚决定死守武汉三镇,任命刘玉春为武昌守城总司令,与湖北督军陈嘉谟共同防守。吴佩孚本人则率部撤往河南信阳以北,武昌遂成一座孤城。北伐军先是强攻,继而围困。吴佩孚见大势已去,便携部下靳云鹗、杜西钧乘火车北逃。10月10日,北伐军攻破武昌城,俘敌万余名,陈嘉谟、刘玉春也做了北伐军的俘虏。

北伐军攻打武昌时,城内几十万居民因粮食与饮水都已短缺,饿死者较多,陈嘉谟、刘玉春的驻守激怒了北伐军将士和武汉的民众。两人被俘后,各民众团体强烈要求将陈、刘付诸"人民公判"。

1927年2月,武汉国民政府司法部制定了《反革命罪条例》。这是中国历史上首次正式立法将"反革命"定为一种刑事罪名。2月10日,专门成立了湖北人民审判委员会,运用该条例审讯刘玉春和陈嘉谟,控告他们犯有"残害人民""占据城池"及"反革命"等罪行。第一次开庭之后,陈、刘案件就不了了之了,时隔不久,两人重获自由。

1928年,陈嘉谟被北伐军释放后,一直在天津日租界闲居。1937年七七事变后,日本人请其"出山",陈嘉谟未答应。陈嘉谟在津期间,没有经济收入,一切开支靠拆卖家中资产供给。

1950年天津镇压反革命时,陈嘉谟被关押,不久病死,终年69岁。

参考文献:

刘玉春:《百战归田录》卷2,线装本,1930年自印。

包惠僧:《包惠僧回忆录》,人民出版社,1983年。

[苏]A.B.巴库林:《中国大革命武汉时期见闻录》,郑厚安、刘功勋、刘佐文译,中国社会科学出版社,1985年。

（柏艺莹）

陈 镜 湖

陈镜湖(1901—1933),字印潭,号小秋,曾用名陈龙川、陈士秋,化名李铁然,热河建平人。

1918年秋,陈镜湖考入天津直隶省立第一中学。1919年五四运动爆发后,他和于方舟、韩麟符等同学组织学生救国团,率领学生参加向省公署请愿、示威游行和街头演讲等活动,宣传革命理论,揭露帝国主义侵略中国的罪行。随后,陈镜湖等组织成立了以直隶一中学生为骨干的"新生社",创办了带有社会主义色彩的刊物《新生》杂志。在李大钊的帮助下,"新生社"改为马克思主义研究会,学习社会主义理论,宣传新思想、新文化。

1922年,陈镜湖中学毕业,同年8月考入南开大学文科。1923年1月,他和韩麟符等同学创办了天津向明学会半月刊《向明》。同年,陈镜湖在李大钊、张太雷等人的介绍和帮助下,加入中国社会主义青年团,负责团的组织工作,不久转为中国共产党党员。同年冬,陈镜湖回到直隶一中工作,秘密发展党、团组织,传播马克思主义,为天津市早期党的活动做出了贡献。

1923年6月,中共三大决定,共产党员以个人名义参加国民党,以建立民主革命的统一战线,陈镜湖遂以个人名义加入国民党。1924年1月,陈镜湖赴广州出席国民党一大。会后,被派到冯玉祥部国民军任支队长,到热河、察哈尔、绥远等地从事革命活动。同年,冯玉祥发动"北京政变",经过李大钊的工作,冯玉祥接受中共主张,参加国民革命,同意将军队改编为国民军。陈镜湖任国民军热河民军司令,他曾到建平、围场、多伦等地组织武装力量,扩充民军。他带的军队不扰民、不害民,他自己也和士兵同甘共苦。12月,孙中山北上到天津时,陈镜湖几次同孙中山见面,并受中共北方区委指派,任孙中山的北上特派宣传员,宣传《北上宣言》。

1925年初,陈镜湖被中共北方区委任命为中共热河工作委员会负责人,公开身份是国民党热河省党部执行委员。他领导建立、发展热河地区的中共组织,积极组织开展国民会议运动。同年冬,陈镜湖出席在张家口召开的农工兵代表大会,被选为内蒙古农工兵大同盟中央执行委员。此后,同盟在热察绥各地发展盟员、建立组织,开展斗争。当时,中共为了在冯玉祥的国民军中建立一支自己的武装力量,组建了3个骑兵纵队,命名为"内蒙古特别民军",加入冯玉祥的国民军。陈镜湖任第二纵队司令,率领特别民军配合国民军向热河进发,攻打奉军。第二纵队与奉军作战几个月,伤亡很重,仅剩数百人。1926年夏,陈镜湖率部同国民军一起撤到包头,国民军在包头整编后,重建一个骑兵旅,陈镜湖被任命为骑兵旅旅长。9月17日,他带领骑兵旅参加了冯玉祥在五原举行的"五原誓师",然后随冯部向西挺进,先后到甘肃、宁夏、陕西等地参加北伐战争。

1926年底,陈镜湖被冯玉祥派到陕西省蒲城县任县长。陈镜湖到任后,努力减轻百姓赋税,将每年的粮税减免三分之二,深受老百姓的爱戴。他看到当地文化落后,百姓子弟无受教育的条件和机会,便主持创办了"蒲城县立国民师范学校",并兼任校长,还书写了校匾。他不但要求全县各学校开设"三民主义"课,还亲自到师范学校讲课。

1927年蒋介石发动四一二反革命政变。在蒋介石的拉拢下,冯玉祥一度实行"清党"政策,陈镜湖秘密离开陕西回到北京,在中共北方区委的领导下,在北京与天津之间从事党的秘密活动。同年4月27日,中共五大在武汉召开,陈镜湖被选为内蒙古代表。

大革命失败后,陈镜湖于1928年回到天津参与组织中共临时工作委员会,任负责人之一。1930年,因党组织被破坏,陈镜湖与党组织失去了联系。为了尽快接上组织关系,他会同有关同志徒步去苏联找共产国际,和党组织接上关系后,旋即回国。回国后,陈镜湖任中共内蒙古特委临时书记,兼管组织工作,化名李铁然。

1931年九一八事变后,他积极领导组织内蒙古特别是热河地区的抗日救亡运动,发展群众性组织"民众抗日后援会"。10月,中共内蒙古特委正式成立,陈镜湖任书记。他经常往返于北平、天津、围场、多伦、张家口、热河等地,巡视指导基层党组织的整顿和平绥路工运等项工作,传达中央指示精神,深入动员民众,卓有成效地开展抗日救国斗争。1932年末,日本侵略军蓄意向热河发动进攻,中共内蒙古特委面对强敌,决定成立蒙汉抗日同盟军事委员会,由陈镜湖直接负责,随即发表了《坚决抵抗日本帝国主义的宣言》。

1933年3月,日军侵占了热河省会承德,并进一步入侵察哈尔。5月,沽源、多伦等地先后失陷,陈镜湖率中共特委机关大部分人员奔赴张家口,参与领导发动长城内外各县民团参加民众抗日同盟军,他任民众抗日同盟军总司令部参议。5月12日,陈镜湖奉命带领参谋朱耀远及警卫员,从张家口乘车去张北县北部点验抗日武装时,在桦树梁遭到当地反动民团袭击,不幸牺牲,年仅32岁。

参考文献:

董济民、秦奎一编:《革命楷模陈镜湖》,白山出版社,1989年。

《陈镜湖》,载朝阳市史志办公室编:《朝阳党史人物》,辽宁民族出版社,2002年。

《陈镜湖》,载廖盖隆主编:《中国共产党历史大辞典》,中共中央党校出版社,2001年。

陈德仁:《陈镜湖在天津》,《天津史志》,1994年第3期,天津市地方史志编修委员会总编辑室,内部印行。

（欧阳康）

陈逵

陈逵(1902—1990),曾用名陈弼猷,湖南攸县人。1902年7月,陈逵出生于湖南省攸县凤岭乡(今柏市镇)樟井村。陈逵天资聪颖,5岁就被送入私塾学习。陈逵上小学期间,辛亥革命爆发,这对他影响颇深。1915年,陈逵进入长沙明德中学读书,明德中学由著名教育家胡元倓在1903年创办,学校的新思想影响着陈逵。1918年冬,陈逵在明德中学毕业。1919年,陈逵来到上海沪江大学预科班学习。

1920年8月,陈逵得到赴美勤工俭学的机会,他先后在南加州克莱蒙高中、加州大学农学院学习。1922年夏,陈逵在内布拉斯加大学文理学院学习,直至大学毕业。1926年秋,陈逵继续在内布拉斯加大学研究院研习哲学,转年他又进入威斯康辛大学研究院研习欧美文学和哲学。在大学期间,陈逵就开始用英文作诗或译诗。1925年,他开始在《世纪》《书人》等美国著名刊物上发表英语诗。1926年,在内布拉斯加大学毕业典礼上,陈逵获"桂冠诗人"的称号。在接下来两年里,他的英文诗创作达到高潮,作品多次刊登在几家美国著名杂志上。陈逵曾在美国最有影响的《日晷》杂志上发表了5篇作品。1927年8月号的《日晷》杂志扉页介绍了5位作者,第一位就是陈逵。他成为当时在美国最活跃的东方诗人。美国贝宁顿大学文学系主任菲比·赵女士曾赞誉陈逵道:"他就是卓越的撰稿人,与美国诗坛的名流相比毫不逊色。"

1925年5月,五卅惨案发生,陈逵得知消息后彻夜难眠,满怀悲愤地写了短篇小说《耻辱》,在纽约 *The Nation* 上发表,引起了有正义感的美国人士的义愤和关注,收到百余封读者同情信。30年代,上海商务印书馆的英语周刊曾分期转载《耻辱》并附译文。1905年创刊的《中国留美学生英文月报》,是中国留美学生会的会刊,以介绍时事政治为重点。1927年8月,陈逵被选为该报主编,他在编辑的过程中表达了强烈的民族自尊心。美国南部密西西比州的黑人儿童和白人儿童一直是分校读书。1927年10月,该州教育委员会决议:华裔儿童只能进黑人学校。《中国留美学生英文月报》将这一消息原封不动地登载在首页上,只加个标题《美国之愚昧的暴露》,一时舆论哗然。远在柏林的史沫特莱也写信赞扬陈逵:"编辑方针是空前的。"以著名教育家杜威为首的一批美国教授,联名成立了"全国争取中国人法律防卫委员会",为在美华人争取平等权利。

1928年秋,陈逵谢绝友人的挽留,毅然回到祖国。他先后在北平大学女子文理学院、北京大学、南开大学、暨南大学、复旦大学、湖南大学等大学任教,并创办南开大学英文系。他是南开大学英文系第一任系主任、文学院院长。1933年陈逵离开南开大学,又先后在山东大学、浙江大学、中山大学、云南大学任教。1942年秋,陈逵返回家乡,在湖南大学任教并创办外文系,兼系主任之职。

1956年,陈逵任外交学院英文系教授。1960年秋,陈逵任解放军技术工程学院(洛阳解放军外国语学院前身)教授和顾问直至退休。陈逵辛勤教学数十年,为国家培养了大批优秀的外语外事人才。

为了向西方世界介绍中国的优秀文化,陈逵于1924年便开始汉诗的英译工作,翻译了白居易、元稹、王维等唐代诗人的诗歌。1951年,陈逵被聘为《毛泽东选集》英译委员会委员。1957年,在印度出版的《亚非评论》上,发表了陈逵译成英文的《沁园春·雪》《水调歌头·游泳》《长征》《西江月·井冈山》等8首毛泽东诗词。

陈逵精研西方文学,尤其是诗歌。而他于中国传统诗歌,也同样深深地热爱,故他的旧体诗往往呈现一种中西融合的情味。他的英诗汉译26首,主要为戴维·赫伯特·劳伦斯和托马斯·穆尔的诗。这些诗多数反映了沉沦民族对命运无可奈何的至痛,对本民族执着的热爱,感情强烈,真挚缠绵,沉郁深厚,感人至深。陈还与友人合译了英国作家萨克雷的名著《亨利·艾斯芒德的历史》。

60年代以后,陈逵赋闲在家,不再公开发表诗歌或有译著问世。

1990年1月,陈逵在北京病逝,终年88岁。有《陈逵诗集》《陈逵中英诗文选》等著作存世。

参考文献:

彭长江、顾延龄:《译海探秘》,湖南师范大学出版社,1999年。

姚莫诩:《记忆中的陈逵先生》,《粤海风》,2009年第1期。

南开大学办公室编:《南开人物志》,南开大学出版社,1999年。

南开大学新闻中心编:《回眸南开》,南开大学出版社,1999年。

(冯智强)

陈夔龙

陈夔龙（1857—1948），曾用名斌，字筱石，一作小石、韶石，号庸庵、庸叟、花近楼主。贵州贵阳人，祖籍江西抚州。

陈夔龙8岁时父亲去世，依靠寡母姜氏纺线为生，家境颇艰，然姜氏坚持"延师课读于家"[①]。家风重学尚仕，陈夔龙亦刻苦笃学，加之天资聪颖，他16岁中秀才，19岁中举人。1885年，陈夔龙任四川总督丁宝桢幕僚。翌年中三甲进士，授兵部主事，后迁至郎中，兼总理各国事务衙门章京。甲午战后，他特意拜谒李鸿章，得其赏识。1896年5月，陈夔龙随兵部尚书荣禄赴津查案，二人相谈甚为投机，后入武卫军幕。

1898年6月，光绪皇帝颁布诏书，宣布变法。荣禄奏调陈夔龙往北洋差遣，他婉言辞谢，留京任职。9月28日，庆亲王奕劻派人传陈夔龙参与会审"戊戌六君子"。慈禧囚禁光绪帝之后，电召直隶总督兼北洋大臣荣禄到京，令其以大学士身份管理各部事务，任军机处大臣上行走。荣禄特派陈夔龙以兵部司员襄助一切事宜。

1899年，陈夔龙由兵部郎中升授内阁侍读学士，受荣禄差遣，入京堂之列。次年，庚子事变，京兆尹王培佑奉差出京，陈夔龙被补授顺天府丞署理府尹（后补授府尹）期间，他受慈禧太后召见，奉旨维持"钱商四恒商业"[②]，督办京津一带转运事宜，为两宫西逃筹备车马。8月15日，慈禧挟光绪仓皇西逃，委派8位"留京办事大臣"，协助奕劻、李鸿

[①] 徐一士著，孙安邦点校：《一士类稿》，山西古籍出版社，1996年，第147页。
[②] "四恒"即恒兴、恒利、恒和、恒源，时为北京东四牌楼一带的四大钱铺。

章与八国联军媾和,陈夔龙是其中唯一的汉大臣。

1901年,陈夔龙改任河南布政使,李鸿章赏识其才干,让他仍留京城。年末,陈夔龙奉命赴任署理漕运总督。在漕运总督任时,陈夔龙惩处贪吏、整饬税务、整顿漕运、清理河道,他还主动"报效"银两,以重修庚子之变被毁的北京正阳门城楼,受到慈禧的赞赏。

1903年至1906年,陈夔龙调任河南巡抚,推行河务、警务、军事、农工、商务一切新政,并通饬各营认真训练新式操法,选定兵弁派赴北洋学习。1906年,陈夔龙改任江苏巡抚,次年,迁四川总督,不久改任湖广总督。

1909年11月,陈夔龙调任直隶总督兼北洋大臣。依照旧制,上任之初应是驻津领事先来拜谒,但为了表示自己的谦逊,陈夔龙先去拜见各国领事。陈夔龙认为:"中外通商,凡交际与交涉厘为二事。交际以私交言,余与各领事素无交情,何必令其来见。交涉事关两国公件,关道与领事平权,载在条约,尽可互相商酌。渠亦勿庸见余,听之可也。"①妥善处理了与各国驻津领事的礼仪,使各国领事"相率来见"。

陈夔龙在直隶推行新政,建树颇多。他奏请裁并衙门、裁汰官员。裁撤了在保定的筹款局、练饷局、印花税局以及天津的海防支应局、淮军银钱所,在天津设立财政总汇处,使财政管理体制逐渐走向近代化,直隶财政中心转移至天津。同时,裁并巡防保定各营务处、洋务局等部门,并认真遴选裁撤人员,为他日实行宪政储备人才。在教育方面,陈夔龙积极筹建直隶初级师范学堂,但"各属财力不充,设备既多简单,年限亦复短促,养成教员每不适完全教授之用"。他与提学使傅增湘详细筹议,核减数量,在保定、滦州、昌平、天津建立4所初级师范学堂。整顿北洋派赴各国留学生,对多年尚不升学与毕业后久不回国者,停止学费供应。对北运河、永定河、黄河进行治理,清除水灾之患,

_____

①陈夔龙:《梦蕉亭杂记》,北京古籍书店,1985年,第112页。

164

取得一定效果。

清政府于1908年颁布《钦定宪法大纲》，各地立宪派代表先后赴京请愿要求提前行宪。1909年，天津各界集会，温世霖、阎凤阁等率众前往督署请愿，陈夔龙被迫答应代奏。天津全国学界国会请愿同志会通电各省，咨议局告以天津全体学界停课，已举代表晋京请愿，请各省"速起以为后援"。陈夔龙亟派四百军警前往镇压，并接连饬令解散同志会，命令军警持枪巡逻，随时驱散聚集群众，平息了请愿浪潮。又下令密拿温世霖到案，即日电奏发往新疆安置。

1911年武昌起义爆发后，陈夔龙积极为清廷出谋划策。10月29日，直隶第十二镇统制张绍曾与蓝天蔚联络，发动滦州兵谏。不久，又爆发滦州起义。陈夔龙一面调兵镇压，一面电请内阁，要求采取一致行动，后在陆军部派兵协助下，镇压了滦州起义。陈夔龙对待革命人士态度强硬，同盟会会员王钟声"衔沪军都督命，至天津策动北方革命"，败露后被其下令处死。1912年1月27日，北方革命党人、天津暗杀团团长薛成华在天津总站附近行刺天津镇总兵张怀芝，被判处死刑。"若以法律论断，薛既未伤人，本无处置死刑之理。然营务处尽属'直督'之鹰犬，薛遂不得不死"①。

1912年2月，陈夔龙见清廷大势已去，以养病为名移寓天津租界。不久，清帝退位。1913年3月，陈夔龙移居上海。后积极参与"张勋复辟"，出任弼德院顾问大臣。冯玉祥发动北京政变后，陈夔龙邀集诸遗老致电当局，要求恢复对清室的优待。1933年，溥仪赏以"太子少保"空衔。1938年，他一度迁居香港。

陈夔龙晚年致力于搜集、印行贵州乡邦文献珍本，如散佚多年的郑珍诗文集、海内孤本《淘美堂诗集》等。陈夔龙堪称鉴赏家、书法家，

---

①一广编：《暗杀史（十四）薛成华炸张怀芝（民国元年一月二十七日）》，载陆保璇编辑：《满清稗史》（后函），新中国图书局，1913年，第25—26页。

且精通诗词,曾先后拜师于王闿运和俞樾。有《庸庵尚书奏议》16卷、《梦蕉亭杂记》2卷、《松寿堂诗抄》10卷、《花近楼诗存》17卷及《水流云在图记》2册等行世。

1948年8月17日,陈夔龙卒于上海寓所,终年91岁。

参考文献:

马秀娟:《末代直隶总督陈夔龙》,《贵州文史天地》,1999年第2期。

董丛林等:《清末直隶新政研究》,河北人民出版社,2002年。

(徐燕卿)

陈少梅

陈少梅(1909—1954),名云彰,字少梅,以字行,号升湖、陈五等,湖南衡山人,1909年4月5日(清宣统元年闰二月十五日)出生于福建漳州。1911年3岁时随父母回到故乡湖南衡山。

衡山陈氏是文化世家,其父陈嘉言,字梅生,31岁中解元,38岁中进士而供职翰林院,历任翰林院编修、京畿道监察御史、江南道监察御史、福建漳州知府等职,为民国首届国会议员,晚年主持衡山书院,所作诗文书法享誉大江南北,曾支持何叔衡、毛泽东办自修大学。陈嘉言58岁得第五子,见他幼而好学,由衷喜爱,便为他取字"少梅",以励其承继父志,望其早日青出于蓝。

1912年,陈少梅随父居住在北京宣武门外烂漫胡同湖南会馆。其父与同居会馆的湘籍名士多有往来,与居京的达官文士也时有交往,这使少年时代的陈少梅得以开阔眼界,增多识见。在父亲督导下,他边读书写字,边鉴赏并临写古画,学画兴致日益浓厚,画艺不断精进。他善于向前辈学习,功力日趋扎实。

1923年,陈少梅加入金城主持的"中国画学研究会",并被金城收为入室弟子。金城,浙江湖州人,43岁时创办中国画学研究会,以"精研古法,博采新知"为宗旨,精心培养并提携弘扬中国画之骨干人才。在金城的教导与引领下,陈少梅很快在北京画坛显露头角。1924年,其作品参加中日第三次绘画联展,分别在北京与上海两处展出,得到南北名家与众多观者好评。金城自豪地说:"我一生教授弟子甚多,他是最小的,却是我最得意的。将来他会超过我。"①

1925年,陈少梅开始在京课徒授画,从学者有黄均、王叔晖、孙天牧等人。1926年,陈少梅创作《罗汉渡海图》,为其现存有明确纪年的最早作品。是年夏,其作品参加在日本东京、大阪两地巡展的中日第四次绘画联展,开始受到日本画坛瞩目。是年秋,金城因病辞世,金开藩承继父志,在北京东四钱粮胡同14号创建"湖社画会",其骨干成员皆金城弟子,且多以"湖"字为号,陈少梅自号"升湖"。1927年,湖社画会与日本画家渡边晨亩联袂组成中日绘画研究会,陈少梅是积极促成者之一。1928年,陈少梅作品参加该会在上海、大连、奉天等地画展,均大受好评。1930年,湖社画会在美、英、法等国举办国画展览,其作品清雅劲秀,引起国际画坛关注,比利时举办建国百年纪念国际博览会,其作品荣获美术银奖。

30年代,陈少梅国画创作主要从"北宗"传统艺术中汲取营养,代表作有《秋日放舟》《柳村渔舟》《夏山图》《桐荫仕女》等,人们对他的艺术期待日益提高。1930年湖社画会在天津举办画展,受到天津观众高度赞扬。天津文化名士严智开、孙润宇、王良生等人争相呼吁湖社落户津门,邀请陈少梅来天津讲学。1931年3月10日湖社天津分会正式开课,会务由陈少梅、刘养浩负责。陈少梅秉承恩师金城教授国画的方式,从欣赏、研究、临摹宋元笔法入手,依照古人作画题材与步骤循序渐进,同时结合绘画史论及自己的创作体会,使学员眼界大开,学有实效,造成了画会人才济济、盛极一时的兴盛局面。

1932年陈少梅在津举办个人画展,《北洋画报》等刊物争相报道,以"丹青名手"誉之,奠定了他作为津派画坛领袖的地位。其教画手稿被学员和爱好者视为至宝,争相传摹。是年冬,陈少梅为天津实业家

---

①陈长智:《陈少梅年表》,载陈少梅绘:《中国近现代名家画集·陈少梅》,人民美术出版社,2001年,第200页。

周学熙创作了《周母吴太夫人百龄追庆纪念图咏》,画共八幅,每幅皆形象生动,用笔劲秀,境界高逸。周学熙遂将自己写的序文、孙家鼐为母亲所撰墓表、俞寿沧的题咏及徐德虹的跋语,与陈少梅的画裱成一册,由日本艺社以珂罗版影印行世,陈少梅由此画名益振。

1934年,陈少梅遵父母之命,返湘与王文贞女士结婚。1935年7月,其个人画展在天津永安饭店举办,观者如潮。好友巢章甫撰《陈少梅画展小言》云:"人物仕女并皆佳绝,山水更兼擅南北二家。并世作者,殊不多睹也。值此艺术消沉之际,正复异彩当空,光芒万丈,盛可知也。"①

1937年7月30日,日军占领天津,湖社天津分会终止活动,陈少梅避居英租界伦敦道世界里1号,以鬻画课徒为生,在周叔弢、郎正庭、巢章甫、卞慧新等实业家和鉴赏家的帮助下,勉强度日。进入40年代,陈少梅绘画艺术更臻成熟,其山水画、人物仕女画,工写兼能,炉火纯青,形成了精谨、清丽、秀雅、劲爽的艺术风格。其代表作有《西园雅集图》《桃花源》《人物四条屏》《柳荫消夏》《春山觅诗》《梅岭观溪》《采菱图》《芦汀渔女》《溪岸听琴》《琴赋会友》《松荫染翰》等。1945年8月抗战胜利,他挥毫创作《踏歌图》,题云:"乙酉七月,倭寇投诚,我河山光复,举国欢腾,写此志庆。"随即湖社天津分会恢复活动。

1946年4月,陈少梅在天津举办个人画展,盛况空前。是年他完成《金陵十二钗》条屏,友人郭则沄、张书云、邢端、高毓澎、陈云诰、胡嗣瑗等六翰林分别为条屏题诗。是年创作了《勒马图》《松溪高屋》《行旅图》《达摩》《东方朔》《清流漱石》《松泉高士》等新作。1947年创作长约5米的《桃花源图》手卷及《红楼望梅》《金碧山水》等精妙佳作。1948年秋,有感于民生苦难,创作写意人物画《卖饼儿》,题云:"北风吹衣射我饼,不忧衣单忧饼冷。"1948年末,平津战役在即,他拒绝国民党

---

①巢章甫:《陈少梅画展小言》,《北洋画报》,1935年7月11日。

政要孙科等人"南下过江"的邀请,而与中共地下党负责人吴云心达成迎候解放的默契。

对于陈少梅三四十年代的创作,书画名家的嘉许与赞扬不胜枚举,如启功认为:"先生画,早年攻人物,后多作山水,下笔便沉着爽利,这无法不说是出自天然。学宋派山水,较豪放的似戴进、吴伟一路,但边幅修洁,删略他们那种粗犷的习气。细笔的似周臣、唐寅两家,又能在潇洒中不失精密、严整的法度。"①孙天牧指出:"韩文公文起八代之衰,少梅师之于北派山水画,誉之兴三百年之绝,亦不为过,诚北派山水画集大成者。当时国画领域中,是四王吴恽一统天下的时代,少梅师独具慧眼,另辟蹊径,跳出了时尚的画风,毅然走到明代北派山水大家唐、仇的领域之中,这得有了不起的见解和勇气。他的北派山水画一出,异军突起,影响极大,给人耳目一新的感觉,受到社会上的普遍喜爱。"②范曾评论道:"少梅先生以北宗为体,以南宗为用。以北宗蓄其势,以南宗添其韵。其渊源如此,盖不可以南北宗限之也。……追千古之风神者,则独上层楼,望尽天涯,其才识卓荦,非一派一门可牢笼拘束者。传统之于我,乃浇胸中块垒之杯酒,入乎其内,出乎其外,恢弘传统,使成不蠹之户枢,不腐之流水,天下景从,可称泱泱乎大者。以此标准辨识陈少梅,则为中国画界大手笔,或无多疑。"③

新中国成立后,陈少梅受到党和政府的关怀与重视,被推选为天津文艺工会负责人。1950年任天津市政协委员,历任中国美术家协会天津分会主席、天津美术学校校长。他焕发了激情,创作了《白洋淀》《农业合作社》《建房工地》《送粮图》《采棉图》《送饭》等现实题材国画和宣传画。1951年,任天津美术工厂厂长,绘制了《湖南老共产党员孔

---

①启功:《陈少梅画集序》,陈少梅绘:《陈少梅画集》,天津人民美术出版社,1986年。

②孙天牧:《近代北派山水第一人——忆先师陈少梅先生》,《画廊》,2002年第3期。

③范曾:《陈少梅画集序言》,载陈少梅绘:《中国近现代名家画集·陈少梅》,人民美术出版社,2001年,第1—4页。

十爹》等连环画。1952年,参与筹备天津美术协会工作,为宣传新婚姻法而绘制《相思树》连环画。他还创作了一批颇有新意的作品,如《江南春》《观瀑图》《牧牛图》《丛林远岭》《燕山秋色》《颐和园玉琴峡》《燕山春晓》等。后又创作《春山图》祝贺毛泽东主席60华诞,与惠孝同、胡佩衡、周元亮、潘素合画青绿山水《江山无尽图》等。

1953年,陈少梅应好友钱杏邨、叶浅予邀请赴京,先居什刹海张伯驹寓所,后居西海湖畔板桥头条胡同1号胡佩衡寓所。1954年春赴北京西山写生,创作了《晨林山径》《山间小憩》等新作。同年9月9日,去宣武区湖南会馆探望母亲,因突发脑溢血猝然病逝,年仅45岁。

陈少梅居津二十余年,教授学员逾百人。其作品多被中国美术馆及省(市)博物馆等收藏。有《陈少梅画选》《陈少梅画辑》《陈少梅画集》行世。

参考文献:

陈少梅绘:《中国近现代名家画集·陈少梅》,人民美术出版社,2001年。

何延喆、何厚今编:《中国名画家全集·陈少梅》,河北教育出版社,2001年。

(邢津 王振德)

陈 士 和

陈士和（1887—1955），北京人，字兰亭，本名建谷，后改固本。其父为清庆亲王府厨师。陈固本13岁参加义和团，干过多种杂役，义和团失败后他到庆王府随父亲做帮厨。当时贝勒衍杰爱听评书，尤其是张致兰演说的《聊斋志异》（下文简称《聊斋》）。陈固本工余时常听评书，对评书产生了浓厚的兴趣。1912年，他正式拜张致兰为师，取艺名为陈士和，开始学习评书。

张致兰曾考取秀才，精通古文，学识渊博。他说《聊斋》，是逐字逐句译成白话，说书如同讲学，原原本本，但有声有色，被听众评价为"书馆成学馆，说书兼对书"。陈士和决定在继承师父衣钵的同时，还要对师父"照本宣科"的说书方式加以改变。他常听田岚云、群福庆、王效廉、李长采、双厚坪等名艺人说的书，博采众家之长，在师父讲述的基础上，变"坐谈今古式"讲说为"现身说法式"的演说，以爱憎分明的感情、渊博的社会知识和生动活泼的语言对故事进行再度创作。他首先选择了《画皮》，第一次演出非常成功，得到了张致兰的支持和赞赏，陈士和从此开始了独具特色的《聊斋》评书生涯。

评书的特点是"评"，"评"的方法之一是结合社会现状。陈士和改编《聊斋》，所加入的"评"大多是对社会生活真实又客观的评价，因此主题显豁、贴近现实。由于陈士和的再创作和表演都很精彩，对于听惯了老《聊斋》的听众来说，有了耳目一新的感觉，同时他也把众多从未阅读过《聊斋》的听众带入了一片新的艺术天地，成为说《聊斋》的评书艺人中的佼佼者。1925年春，天津永福茶楼因地处偏僻，上座率不高。为了扭转局面,特去北京邀请陈士和来说书。他到天津后,先说《席方平》。第一天上八成座,次日就爆了。很快,"陈士和"这个名字就为更多的听众所知晓,一些书场、茶楼竞相邀约,他也从此在天津定居,偶尔去北京演出。

陈士和在天津说的《聊斋》,曾向田岚云、潘诚立、王致廉、群福庆等学过说书中的武功,在说《崔猛》《田七郎》《向杲》《老饕》等《聊斋》段子时,穿插一些武术身段,抬手动脚,潇洒洗练,赢得了"武《聊斋》"的赞誉。他在说书中经常针砭时弊。30年代,蒋介石倡导所谓"新生活运动",这时他说《考弊司》,讲到一进考弊司衙门大堂,看见迎面一对石碣上的刻字,原文一副四字联,他又各加上两个小字,改为"孝悌忠信,未必;礼义廉耻,不准",对时弊进行了辛辣的讽刺。陈士和多才多艺,能够说相声,唱太平歌词,并且在几家广播电台录音播出。他还会反串京剧,擅演丑角,扮演《女起解》中崇公道,很多观众误以为他是京剧艺人。张寿臣创作新评书《白宗巍坠楼》《枪毙刘汉臣》即听取过他的意见。他也把张寿臣相声里的包袱"化"在他的评书表演之中,因此,他的《聊斋》时时抖个包袱,效果极佳。

1938年,天津著名戏园"大观园"邀约他演说评书,与"白派"京韵大鼓创始人白云鹏、"荣派"单弦创始人荣剑尘、"相声大王"张寿臣、"金派"梅花大鼓创始人金万昌等众多曲艺名家同台献艺。他演说《聊斋》中的片段,在众多名家中占有重要一席。他在天津多家电台连续播讲评书,深受行内外的一致赞许。1947年的《中南报》和《天津民国日报》分别刊登了陈士和讲述过的《聊斋》书目,有《西湖主》《念䄧》《庚娘》《霍女》《贾儿》《马介甫》《张鸿渐》《仇大娘》《辛十四娘》《邵女》《青娥》《小谢》《江城》《荷花三娘子》《仙人岛》《白于》《彭海秋》《道士》《胭脂》《田七郎》《宫梦弼》《云萝公主》《嫦娥》《邢子仪》《菱角》《莲香》《成仙》《寄生》《老饕》《锦瑟》《金生色》《素秋》《王桂庵》《珊瑚》《神女》《吕无病》《陈云栖》《火焚沉香床》,加上已经录音的书目,共计53部。

1950年9月17日,天津市文艺工作者联合会正式成立。陈士和在首届文代会上被选为文联委员。1952年,陈士和应邀参加了电影《六号门》的拍摄,扮演了大恶霸马金龙的父亲马八辈儿。此前他从未接触过电影,但初上银幕就成功塑造了一个老恶霸、老混混儿的形象。在拍摄期间,他还专为长春电影制片厂的演职员表演了评书《王者》《梦狼》等。1953年,陈士和作为天津市代表参加了第二届全国文代会,周恩来发现他白须飘洒、气派非凡,便询问他的来历,并请他为大家表演。他在现场表演了《梦狼》,受到中央领导和代表们的一致好评。周恩来称赞他为"老英雄",祝贺他在口头文学方面所取得的成就,并希望他回天津后把评书《聊斋》传给下一代。

　　1954年10月,天津市组织了以何迟为首的班子,对陈士和的《聊斋》书目进行抢救性整理,拟出书目50多部。可惜他说到第14部《崔猛》的一半时,因身体不适而停止,《崔猛》后半段由弟子补齐。

　　1955年1月16日,陈士和病逝,终年68岁。

参考文献:

中国曲艺志全国编辑委员会、《中国曲艺志·天津卷》编辑委员会编著:《中国曲艺志·天津卷》,中国ISBN中心,2009年。

（高玉琮　刘雷）

陈诵洛

陈诵洛（1897—1965），名中岳，字诵洛、颂洛，号侠龛、侠堪，浙江绍兴人，祖父以文雄一邑。父陈子慎，著有《息影草庐吟剩》。

1912年，陈诵洛进入浙江省立第五中学学习。1913年秋，与屠钦樾、杜尔梅等同学发起成立文艺团体剡社，参与编辑《剡社丛刊》，在该刊发表小说《此中人语》。[①]1914年4月，为韩天啸创办的《亚东小说新刊》撰写发刊词，并在第一期发表小说《碎琴记》。这一时期，陈诵洛的创作以旧体诗词和哀情小说为主。1916年秋，陈考入浙江省立法政专门学校。1919年6月，任杭州学联会长，在上海大东旅馆参加全国学联成立大会。1920年6月，由浙江省立法政专门学校法律本科甲等毕业，毕业前与黄维时编辑了《离声》，在其上发表了《雨》《清道夫》等新诗。1920年9月，任直隶高等审判厅民一庭书记官。1921年，任磁县承审员。是年，加入天津城南诗社，常参与社务，亦曾任社长。城南诗社1921年由严修倡建于天津城南之八里台，主要成员多是朝野名流、地方文人，每次集会，必有许多题赠唱和。1924年，城南诗社编印了第一部诗歌选集《城南诗社集》，此后又编印过多部诗歌选集，一时引领天津文坛风气。陈诵洛是较早加入城南诗社的社员，与诗社核心人物严修、赵幼梅等人交往甚密，严修曾作《次韵酬陈诵洛》，盛赞陈氏之诗"济济城南社，君诗格最尊"[②]。赵元礼论及城南社友之诗时，认为诵洛

---

① 杜尔梅：《剡社沿革志略》，《剡社丛刊》，1916年第3期。
② 严修：《次韵酬陈诵洛》，载《陈诵洛集》，江苏广陵书社，2011年，第599页。

诗:"其意极挚,其气极清,其骨极健,同时流辈中所不及也"①,评价甚高。

1922年,陈诵洛在直隶省公署任职。1926年,《侠龛随笔》《侠龛诗存》出版,《侠龛随笔》类多论诗之作,《侠龛诗存》为其诗歌专辑。王守恂《侠龛诗存·序》称诵洛诗"古诗近汉魏,律诗近盛唐",又说:"先生诸作,诚无愧于斯言。诵洛为先生同乡后起。"1928年6月,华北灾赈会成立,陈诵洛任文牍股主任。后任直隶满城、肃宁、三河、玉田等县县长。

1930年2月,任密云县县长。12月,调任磁县县长。1932年9月,改任蠡县县长。是年,《今雨谈屑》《南归志》《转蓬集》出版。《今雨谈屑》由赵幼梅、任传藻题词,收录54篇给《汉文泰晤士报》的投稿,记录了很多天津城南诗社的轶事。《南归志》,赵幼梅作序,为笔记体诗话,内容主要是作者从天津回浙江时的见闻和随感,共77篇。诗集《转蓬集》由天津大公报馆印行,徐世昌题签,王守恂作序,赵幼梅题词,吴寿贤作跋,收录了1926年至1932年间他的诗作267首,其中多为咏史之作。赵元礼在《藏斋诗话》中说:"诵洛自识杨昀谷先生后,诗境一变。"所谓"诗境一变",指的是此时陈诵洛的诗风已经由唐入宋了。

1933年1月5日,《蟫香馆别记》开始在天津《广智星期报》连载,署名"陈诵洛"。《蟫香馆别记》后于同年出版,赵元礼、刘赓垚作序。1933年5月,陈诵洛任天津水西庄遗址保管委员会委员,致力于水西庄遗址的保护。9月1日,陈诵洛接任天津县县长,着手进行市县划界工作。是年,陈诵洛编校的《严范孙先生古近体诗存稿》(三卷)由天津协成印书局出版。1934年1月,拟定了海河放淤办法,任整理海河委员会放淤区域土地征收委员会委员兼土地股主任。1935年8月,陈诵洛

---

①赵元礼:《藏斋诗话》,载张寅彭编:《民国诗话丛编》(二),上海书店出版社,2002年,第265页。

176

整理的《杨昀谷先生遗诗》(八卷,补录一卷)出版。9月1日,陈诵洛在金钟桥南岸参加南运河疏浚委员会竖碑典礼。9月28日,被任命为天津区行政专员,仍兼天津县县长。1936年4月,任河北省第四区行政督察专员。不久离开天津,由河南去四川。

抗战时期,陈诵洛辗转四川、河南、广西、陕西各地,历任自贡市政筹备处副处长、财政部河南盐务办事处处长、粤西盐务管理局局长、大同银行分行经理等职。其间,他编印了北行诗稿《北再行杂诗五十首》,作有《自长安归重庆僦居歌乐山途次杂诗》《山中寓庐滞雨不能出成七绝句》等诗,编印了雍社唱和集《偕梅集》。

1946年夏,陈诵洛任平津沪盐务专员,回到天津,受到久别的朋友和当地士绅连续数月的热情宴请。9月,辞去盐务专员一职。1947年12月,参加于右任招集的紫金山天文台重阳雅集。1948年3月,在南京太平商场开设中国文物馆。1949年重阳节与汪辟疆、沈剑如、李蔬畦、陈器伯、章行严等人在南京鸡鸣寺豁蒙楼雅集。

1950年,陈诵洛由南京迁居上海,在一所中学任语文和历史教员。

1965年6月,陈诵洛于浙江病逝,终年68岁。

著有《侠龛诗存》《侠龛随笔》《南归志》《今雨谈屑》《转蓬集》《北再行杂诗五十首》《邂逅轩诗录》等,辑有《两汉书歌谣辑》《晋书歌谣辑》《蟫香馆别记》等。后人辑有《陈诵洛集》《陈诵洛集续编稿》。

参考文献:

《陈诵洛集》,广陵书社,2011年。

张元卿辑录:《陈诵洛集续编稿》,文汇出版社,2014年。

张元卿辑录:《陈诵洛年谱》,天津古籍出版社,2015年。

（张元卿）

陈 潭 秋

　　陈潭秋(1896—1943),原名陈澄,字云先,化名徐杰。1896年1月4日(清光绪二十二年十一月二十日)出生于湖北省黄冈县陈宅楼。祖父陈畴,是清末举人,终生在乡间教书。父亲陈厚怙,一生守田躬耕,母亲龚莲馨操持家务。陈潭秋兄弟姐妹共十人,八男二女,他排行第七。由于父亲多病,兄弟姐妹多在上学,所以家庭经济每况愈下,到他和八弟荫林大学毕业时,家中田地已所剩无几。

　　陈潭秋的童年,正值帝国主义列强加紧瓜分中国,中华民族危机日益深重,清政府腐败无能,民不聊生。陈潭秋目睹人民的悲惨遭遇,深感旧社会的罪恶,愤恨不已。

　　幼年的陈潭秋读书勤奋,文思敏捷。1912年,陈潭秋入湖北武昌省立第一中学读书。1915年,入私立武昌中华大学补习。1916年,入国立武昌高等师范学校学习。在中学和大学读书期间,他广泛阅读进步书刊,结交进步青年,时常与他们一起议论时政。俄国十月革命爆发后,他更加努力阅读《新青年》《每周评论》上登载的文章,眼界大为开阔。

　　1919年五四运动爆发后,他毅然投入斗争之中,并逐步成为运动的骨干。随着革命斗争形势的迅速发展,陈潭秋、董必武等具有初步共产主义思想的知识分子,于1920年秋成立了武汉中国共产党早期组织,陈潭秋作为主要负责人,立即带领小组成员开展了一系列革命活动。1921年湖北人民通讯社创办,陈潭秋任社长。1921年7月,中国共产党第一次全国代表大会在上海举行,陈潭秋和董必武作为武汉共产党早期组织的代表,出席了这次具有伟大历史意义的大会。大会结束后,陈潭秋回到武汉,继续领导学生运动、工人运动等革命斗争。1923年,他参与领导了震惊中外的京汉铁路工人大罢工,后去安源负责工会教育工作,并任中共安源地委委员,社会主义青年团安源地委委员长。1924年秋,从安源回到武汉,组建中共武昌地委并担任委员长职务,参与领导了武汉地区的五卅反帝爱国运动。第一次国共合作时期,与董必武等参加并领导了国民党湖北省党部的筹建工作,任国民党湖北省执行委员会组织部部长。此后,陈潭秋曾担任中共湖北区委组织部部长。1927年5月,在中共第五次全国代表大会上当选为候补中央委员。

1927年大革命失败后,陈潭秋任中共江西省委组织部部长、江西省委书记、中共中央组织部秘书等职。其间,他领导和组织了江西农村的秋收暴动。不久,又奉调到党中央工作。1927年6月,党中央派陈潭秋以中央巡视员的身份,前往中共顺直省委检查工作。7月,陈潭秋到达天津,召集了顺直省委常委会、省委扩大会,并深入基层调查研究,了解省委和北方党组织的工作情况和存在的问题。8月,陈潭秋完成巡视任务后返回上海,向中央详细汇报了巡视顺直省委的情况。

为了进一步整顿北方党的组织,1928年10月,党中央派陈潭秋再次去天津。行前,李立三交代说:"'六大'已经结束了,周恩来同志不久就会回国。由他来天津召开北方党的代表会,传达'六大'精神,整顿北方党组织,你们先去筹备。"[1]陈潭秋与徐彬如等到达天津时,中央已决定撤销北方局,由陈潭秋、刘少奇、韩连惠以"潭少连"的名义代行北方局的工作。为了筹备顺直省委扩大会议,陈潭秋、刘少奇、徐彬如等先阅读了大量基层送来的工作报告,然后又分别深入保南、保北、唐

---

①徐彬如:《陈潭秋同志战斗在顺直省委》,载中国革命博物馆党史研究室编:《党史研究资料》第1集,四川人民出版社,1980年,第387页。

山、北平等地了解情况,并在陈潭秋的主持下,创办了党内刊物《出路》。陈潭秋为《出路》创刊号写了发刊词,第二、三期仍有他的文章;周恩来(笔名伍豪)、刘少奇(笔名肇启)也都分别在《出路》上发表过重要文章。这份刊物对北方党的建设起了重要作用。1928年12月,周恩来取道上海到天津。12月底,顺直省委扩大会议在天津举行。会议由陈潭秋、刘少奇轮流主持,周恩来作政治报告,传达中共六大精神。政治报告中吸收了陈潭秋肯定"北方党有基础"等意见,通过了陈潭秋主持起草的《当前形势和北方党的任务》等决议案,并组成了新的顺直省委(即北方局),韩连惠任书记,陈潭秋任宣传部部长。为了贯彻会议精神,会后不久,陈潭秋等即分头深入基层工作。

1929年7月,陈潭秋被调回党中央工作。1930年8月,任满洲总行动委员会书记。9月,参加中共六届三中全会,补选为候补中央委员。11月,任中共满洲省委书记。12月,在哈尔滨被捕。经组织营救于1932年7月获释。在此后相当长的一段时期里,他先后担任江苏省委秘书长(进入中央革命根据地)、福建省委书记、中华苏维埃共和国中央执行委员会委员、粮食人民委员(粮食部长)等职。红军长征后,陈潭秋留在南方坚持游击战争,后到苏联莫斯科列宁学院学习,并参加中共驻共产国际代表团的工作。1939年5月,陈潭秋从苏联回延安途中,按照党中央的指示,任中共中央驻新疆代表和八路军驻新疆办事处负责人。在他的领导下,新疆的工作顺利开展,由此扩大了党在新疆各族人民中的影响,统一战线得以发展,但也引起敌人的仇视。陈潭秋同新疆军阀盛世才进行了灵活巧妙的斗争。当盛世才公开走上反苏反共道路后,1942年夏,党中央同意在新疆工作的共产党员全部撤离,陈潭秋把自己列入最后一批。1942年8月,陈潭秋、毛泽民等人被盛世才逮捕。在狱中,陈潭秋等人与敌人进行了英勇顽强的斗争。1943年9月27日,陈潭秋、毛泽民、林基路在狱中被秘密杀害。陈潭秋时年47岁。

新中国成立后,陈潭秋的遗骨被安葬在乌鲁木齐市南郊风景秀美的烈士陵园中,受到全国人民特别是新疆各族人民的永远缅怀。

参考文献:

中共天津市委党史研究室:《中国共产党天津历史》第1卷,中共党史出版社,2005年。

《中共中央北方局》资料丛书编审委员会编:《中共中央北方局·综合卷》,中共党史出版社,2002年。

（王凯捷）

陈 炎 仲

陈炎仲（1901—1940），名燊寿，字炎仲，以字行，四川合江人。1913年考入北京师范大学附中，他"天资过人，性好美术，对于中西绘事，莫不细心研讨"。

1919年，陈炎仲考入北京铁路管理学校铁路管理系，毕业后曾任北京正阳门、唐山新河等车站站长。因"鉴于国家公私建筑事业初兴，而设计绘图者，皆系外人，每引为遗憾"[①]，陈炎仲于1923年赴英学习建筑学，1925年考入伦敦建筑学会建筑专门学校——建筑联盟学院美术建筑学专业。求学期间，陈炎仲在伦敦苏斯特设计绘图所和非伯建筑工程事务所实习。

1928年，陈炎仲毕业回国，任天津市工务局技士、建筑科科长。1929年，陈炎仲受阎子亨之邀，担任中国工程司咨询建筑师，与阎子亨合作设计了很多建筑工程项目，主持设计的茂根别墅、茂根大楼等，代表了陈炎仲的设计水平。

陈炎仲为天津的近代建筑教育做出了重要贡献。1930年，陈炎仲被聘为天津河北工学院教授。1934年夏，他应天津工商学院院长华南圭之邀，担任天津工商学院土木工程系建筑学及建筑绘图教授。1935年9月，陈炎仲加入中国建筑师学会。

天津工商学院是1921年创办的一所教会学校，创办之初分工、商两科，工科以土木工学教育为主。1937年，在陈炎仲的办学理念及建

---

① 《天津工商学院二十九年班毕业纪念刊》，1940年。

议下,工商学院将工科分为土木工程系和建筑工程系,并对两系课程设置进行了大规模调整,使该校建筑工程系与当时主流建筑院校相比,更加偏重于工程实践,陈炎仲被聘为建筑工程系首任系主任。

关于创办建筑工程系的原因,陈炎仲认为:"以国内建设日兴,需要专门人才日盛,故国内各工学院无不就各院环境及设施之特殊情形,分别扩充或添加专门学系,以应付国内各地需要专门人才之孔急……而近来公私建筑日趋繁盛,对于建筑之设计、美术、工程、设备等,日渐讲求,故建筑师之需要,不容稍缓。虽然中国之建筑师,年来因需要而增,但以毕业于国外大学者为多,故国内大学之应添设建筑系自属切要。"[1]正是在这种背景下,陈炎仲受工商学院院长华南圭、教务长暴安良的委托,积极筹备并创办了建筑工程系。

关于建筑工程系的办学宗旨,陈炎仲提出:"建筑学科,为近代专门以上学校所研究学科之一种,因其范围甚广,为研究方便精专起见,又分为二种,一为关于美术及设计之建筑学科,一为关于工程构造之建筑学科。二者所专究之课程,既不甚相同,因之所造就之人才亦异,故专门建筑设计者,称为建筑师。专门工程构造者,称为工程师。"[2]由于建筑学的技术与艺术的双重属性,陈炎仲认为建筑系应分为两种,建筑美术系和建筑工程系。工商学院建筑工程系"将以上两种合并为一,并特别注重工程方面"[3],使其以工程技术和实践为重心的教学宗旨得以确定。

关于建筑工程系学制方面,陈炎仲与工商学院其他教师研究讨论,将法国教育体系转向美国教育体系。他们认真研究美国各大学及国内工学院的课程表,建筑工程系为当代美国所首创,综合建筑与工程于一炉,在课程设置上,宗法于美国建筑工程系。"有鉴于此,尤以华

①陈炎仲:《工学院现在及将来》,《工商学生》,1937年第1卷第4期。
②陈炎仲:《建筑学概论》,《工商学志》(特刊),1934年第6期。
③陈炎仲:《工学院现在及将来》,《工商学生》,1937年第1卷第4期。

北建筑人才缺乏,1937年,采用美国制度,成立建筑工程系;熔美术建筑师与工程师之优点于一炉,对于美术、计算,同时并重,以期造就完善的建筑专门人才,以适应社会的需要。"[1]

陈炎仲十分重视优秀教师的引进,先后为天津工商学院建筑工程系招揽了一批著名建筑师前来执教,包括基泰的张镈、杨宽麟,华信工程司的阎子亨等,使得天津工商学院建筑工程系成为中国近代建筑教育的先驱之一,为中国尤其是平津地区培养了大批优秀的建筑人才。

1940年2月,陈炎仲因病英年早逝,终年39岁。

参考文献:

陈炎仲:《建筑学概论》,《工商学志》(特刊),1934年第6期,内部印行。

陈炎仲:《建筑工程系简介》,《工商学生》,1937年第1卷第4期。

温玉清:《桃李不言,下自成蹊——天津工商学院建筑系及其教学体系述评(1937—1952)》,载张复合编:《中国近代建筑研究与保护》(三),清华大学出版社,2003年。

张晟:《京津冀地区土木工学背景下的近代建筑教育研究》,天津大学,2011年内部印行。

(宋昆　张晟)

---

[1]许屺生:《工商建筑系介绍》,载《工商向导》,1940年,第41页。

陈亦侯

　　陈亦侯（1886—1970），浙江温州人。家境殷实富足，少时在温州读私塾，为清朝末代举人。1903年考入京师大学堂译学馆，学习外语。1908年毕业后，执教于湖南优级师范学堂（后更名为湖南高等师范学校）教授英文，不久回到温州。1912年，陈亦侯进入上海浙江兴业银行工作，担任发行部长，后得到盐业银行总经理吴鼎昌的赏识，应吴鼎昌邀请，1927年任盐业银行北京分行襄理。

　　1929年陈亦侯调入盐业银行天津分行，1933年任经理，兼任滦州矿务公司和恒源纺织公司董事、天津市银行业同业公会理事长。20世纪30年代，"北四行"（当时北方著名私营银行盐业、金城、中南和大陆银行的合称）打算花费500万元建造上海国际饭店。当时上海的最高建筑是英商沙逊大厦，在"北四行"决定建楼之前，中国银行也曾动议建造一座高于沙逊大厦的办公楼。为了保持"最高"的地位，英商动用各种势力强迫中国银行降低了高度。陈亦侯时任盐业银行天津分行总经理，他和同行们共同商定，如果英商沙逊胆敢挑衅打压，就不惜以这500万元的代价和沙逊诉诸公堂，最终国际饭店超越沙逊大厦成为上海滩的标志性建筑。陈亦侯又说服同行们，国际饭店内一律使用天津生产的风船牌地毯，从而促进了天津的地毯生产。①

　　1922年，清逊帝溥仪结婚大典，急需用款，便以清宫珍存的铸造于

---

①李宁：《西安道93号陈亦侯旧居：顶天立地"陈五爷"》，《城市快报》，2010年10月28日。

1790年的一套黄金编钟等珍宝作为抵押,向北京盐业银行借款40万元,期限一年。这套编钟共16只,为绝世之宝。到期后溥仪无力偿还,成为呆账。1924年溥仪被逐出皇宫,还贷更加无望。盐业银行遂将金编钟列入账外送东交民巷外商银行金库密藏。30年代初,张作霖、阎锡山等军阀多次探询金编钟的下落,盐业银行均矢口否认。

1931年九一八事变后,北平盐业银行感到这批国宝放在外商银行极不安全,决定送至天津盐业银行密藏。陈亦侯作为北四行储蓄会的负责人,担负护送金编钟进津的任务。1932年,陈亦侯将这批国宝悄无声息地从北平运至天津,将金编钟存在位于法租界的盐业银行地下库房内,其他玉器、瓷器等珍宝存于北四行储蓄会地下库房。1939年,风传日军将接管法租界,陈亦侯立即请示远在贵州的盐业银行总经理吴鼎昌,万一出现险情该如何处理,吴鼎昌命令毁掉。但陈亦侯决定保护国宝,他与北四行储蓄会经理胡仲文约定,将金编钟转移到该会的地库密藏。

1940年4月,陈亦侯在司机杨兰波、四行储蓄会经理胡仲文和储蓄会工友徐祥的帮助下,将金编钟秘密转运到该会的一个小型地库内,用数吨煤炭将地库入口封死,瓷器、玉器安放在夹墙中,2000多册宋版古籍藏在屋顶。1941年太平洋战争爆发后,日本宪兵肆无忌惮冲入租界。为了得到这批国宝,日本人对陈亦侯威逼利诱,均因陈亦侯态度坚决而未果。

抗战胜利后,戴笠和孔祥熙也曾追查金编钟的下落,陈亦侯一概推说不知。1946年11月盐业银行第20次股东会议改选董、监事会,陈亦侯被选为协理。1949年1月15日天津解放,陈亦侯列出保管清单,将金编钟和玉器、瓷器、古籍全部上交军管会,这批国宝免遭劫掠损毁的命运,后完璧归赵运往北京故宫博物院,现陈列于故宫珍宝馆内。1951年11月,陈亦侯任盐业银行董事、天津分行经理,兼任滦州矿务公司、济安自来水公司董事。

陈亦侯办事认真,生活简朴。陈亦侯对吃饭极不讲究,总是匆匆用过,饭菜上桌之后,他不言不语,而且仅吃距离最近的那盘菜,吃完转身离开。他年薪3万大洋,在当年的天津属于高薪阶层,但多年的中式对襟衬衫,领头、袖口一再缝补,只有遇到重要场合才穿着考究精致,但绝不会给人留下铺张排场的印象。

陈亦侯对子女要求很严。陈亦侯一生育有5个子女,对子女的教育强调自力更生、自我奋斗,这在他的遗嘱中也有真切体现。他告诉子女,他的全部个人财产如何处理,与子女无关,子女都应独立,但在外面遇到难处没饭吃了,可以回家吃饭。家里的孩子不论男女,每人都可得到200元的结婚费用。

1970年11月1日,陈亦侯病逝于天津,终年84岁。

参考文献:

黑广菊、曹健编:《盐业银行档案史料选编》,天津人民出版社,2012年。

(李秀玲)

陈哲甫

陈哲甫(1867—1948)，名恩荣，天津人。原籍浙江山阴县，1867年，陈哲甫祖父在北京做官时，其家由浙江迁到天津。

1892年，陈哲甫入县学，第二年中举人，其后虽屡应会试，但均未考中。此后，陈哲甫不再参加科举考试，而是在家中授徒。1900年，陈哲甫到严修的严氏家塾应聘，得习新学。1903年，经严修推荐，陈哲甫赴日本留学，入弘文书院学习。1906年，陈哲甫回国，任直隶省学务处视学，周历直隶各县，宣讲劝学，并倡组天足会开通民智，对直隶各县创办新学发挥了重要作用。数年后再度赴日本考察教育。1911年辛亥革命后，陈哲甫创立红十字会天津分会，对救护伤员出力甚多。1912年，陈哲甫应邀到北京，出任北京高等师范学校(北师大前身)斋务长、庶务长兼教授，先后共八年，并曾兼任北京贫儿院院长。后在燕京大学担任国文系主任兼教授。1927年前后，陈哲甫回到天津，在汇文学校担任国文教员。陈哲甫注重培养学生的国学基础，同时吸纳新的教育教学方式。在汇文学校任教期间，他还创作了极具时代特色的学堂乐歌，同时在国学研究社讲授《周易》。

陈哲甫既是民国时期的一位教育家，也是书法家、诗人，尤其精草书，喜诗词，擅昆曲，著有《学易刍言》《天津丧礼说略》等书。其母亲喜好卫子弟书并且非常内行，常招艺人到家中演唱，能够随时指出艺人所唱的字音和曲调之瑕疵。陈哲甫自幼亦喜爱卫子弟书，而且能唱，常在学界聚会联欢时演唱，撰有《卫子弟书之价值》等文章。在他的影响下，其子也是卫子弟书票友，对于推广和保存卫子弟书曲种做出一定贡献。

1937年7月,日军占领天津后,陈哲甫离开天津,南下江宁,辗转上海、武汉、长沙、重庆等地,致力于讲授与注疏《周易》,并游历山川名迹,赋诗甚丰。

抗战胜利后,陈哲甫返回家乡天津居住。1947年,在西门里创立丁亥周易学习社,讲授《易经》。[①]因年老体衰,六十四卦未讲完,即去世。陈哲甫的学术思想十分严谨,他曾用"尽其当然,顺其自然,而不知其所以然"来描述《易经》,用现在的观点看来,是非常严密而中肯的。[②]

1948年4月3日,陈哲甫在天津病逝,终年81岁。

参考文献:

刘炎臣:《刘炎臣文集》,天津古籍出版社,2015年。

章用秀:《沽上文谭》,天津古籍出版社,2015年。

（郭登浩）

[①]天津市李叔同-弘一大师研究会、天津大悲禅院编:《弘一大师的精神境界》,天津教育出版社,2015年,第131页。

[②]天津文史资料研究委员会编:《天津近代人物录》,天津市地方志编修委员会总编辑室,1987年,第203页。

陈之骥

陈之骥(1884—1964),字叔良,天津宁河人。1884年11月4日(清光绪十年九月十七日),陈之骥生于宁河县丰台镇。

1903年,陈之骥赴日本留学,先后在振武学校、日本陆军测量修技所、联队士官学校学习5年,见习士官半年。1905年加入中国同盟会,[1]并与黄兴、李书城等组织成立"铁血丈夫团"[2]。1908年,陈之骥在日本陆军士官学校中国学生队第五期步兵科毕业后,追随孙中山、黄兴等共同筹划中国革命方略。

1909年,陈之骥回国,先到桂林,在广西陆军干部学堂担任教官。陈之骥做事情肯负责,为人又很讲义气,他的表现得到时任广西巡抚张鸣岐的赏识,让他做了兵备处教练总办兼干部学堂监督。1911年,陈之骥北上京师,在军咨府任职。在京城候命时,他与冯国璋的女儿喜结连理,成为冯国璋的女婿。

1911年10月,武昌起义爆发,陈之骥颇为活跃,他"奔走于京、津各地,出入窥测于权贵显要之门",亲历亲闻北方革命的许多内幕。中华民国建立后,孙中山将大总统之位让给袁世凯,并派专使赴北京迎接。孰料北京发生兵变,并波及天津、保定等地。陈之骥奉冯国璋之命协助禁卫军布置警戒、镇压乱兵,随后又赴天津联络直隶总督张锡

---

① 张功臣:《民国先驱:清末革命党人秘史》,新华出版社,2014年,第346页。
② 全国政协文史委编:《辛亥革命回忆录》第1集,文史资料出版社,1981年,第180页。

銮、天津警察厅厅长杨以德平定兵变。

陈之骥拥有革命党人与冯国璋女婿的特殊身份,因而受到孙中山和袁世凯的看重,革命党人与北洋政府一致推举他担任新组建的陆军第八师师长。1913年,陈之骥率第八师驻南京,随黄兴参加二次革命。冯国璋率北洋军第二军由津浦线南下与黄兴率领的革命军接战,黄兴率部苦战数日,勉强支撑到7月底,匆忙乘船离开南京,临行前嘱咐陈之骥妥善维持南京秩序,免遭乱兵蹂躏。在张勋、冯国璋部的围攻下,南京失守,第八师从内讧发展为兵变,最终导致官兵溃散,全师解体。陈之骥在日本驻南京领事船津的护送下到下关码头,搭乘兵轮转渡上海,逃亡到日本。

1914年,陈之骥秘密回国,隐居在上海,后来又住进南京的冯府。冯国璋督理江苏及任大总统时,陈之骥虽未受任何职务,却以冯国璋女婿的身份代表冯国璋奔走南北、联络各省。同时,陈之骥的政治理念、政治观点对冯国璋影响很大,在代理大总统一年多的时间里,冯国璋力主与南方军政府罢兵言和,极力推行"和平统一"政策,这与主张"武力统一"的段祺瑞发生冲突。

1918年,冯国璋与段祺瑞矛盾激化,通电辞职,返回河间故里养病。冯国璋下台后,陈之骥举家离开北京,告别政治舞台,迁居天津,到意大利租界做寓公,自此不再过问政治。冯国璋素有爱财之名,发迹后在老家河间、天津及北京聚敛土地财富无数,据称仅房屋就有千余间,死后都分给了子女们。陈之骥夫妇由意租界迁到河北律纬路,与失势的北洋官僚来往密切,但不再参与政务,而是转为投资实业。其间,他与冯国璋三子冯家遇及老友孙庆泽合资创办天津东方油漆厂,所生产的"灯塔牌"油漆,物美价廉,很快就驰名北方,销路甚广。直奉军阀混战后期,陈之骥与当时已转任张宗昌部总参议的师景云等人,纵横捭阖于军阀吴佩孚、孙传芳之间,对于消弭北方战火,多有贡献。

新中国成立后,陈之骥举家移居北京,将其在天津的住宅花园捐给天津铁路局充作铁路职工托儿所,其夫人冯家逊曾任该托儿所的名誉所长。1960年,陈之骥被聘为中央文史研究馆馆员,撰写了多篇文章,回忆自身经历,为人们留下许多鲜为人知的史料。

1964年7月30日,陈之骥病逝于北京,终年80岁。

参考文献:

王俯民编著:《民国军人志》,中国广播电视出版社,1992年。

中央文史研究馆编:《中央文史研究馆馆员传略》,中华书局,2001年。

张功臣:《民国先驱:清末革命党人秘史》,新华出版社,2014年。

(郭嘉宁)

陈芝琴

  陈芝琴(1875—1947),天津人。他幼读诗书,长习英语,精通会计,早年做过洋行买办,后转至天津海关,直到退休。他是张伯苓的知交好友,两人同在天津基督教青年会董事会任职。

  1916年至1917年,陈芝琴投资天津民族企业家王晋生的华北制革厂,支持王晋生改变土法制革工艺,实施先进的化学制革法,提高了皮革产品质量,取得了良好的经济收益。

  1917年,陈芝琴等人发起创办幼女教养所。1928年,幼女教养所并入广仁堂,当时收容有幼女28名,大部分接受过基督教的洗礼。

  1920年3月,天津拒毒会互推职员,时任基督教青年会司库的陈芝琴被委任为董事。1921年3月19日,天津中华童子军联合会在基督教青年会开成立大会,陈芝琴被票选为会计。

  20年代末30年代初,陈芝琴任天津基督教女青年会顾问。他参与推动了女青年会各方面活动的开展,为广大妇女、儿童,特别是劳动妇女、职业妇女和女青年学生做了不少工作,给她们提供切实的服务,产生了一定的社会效益。

  1932年一·二八事变前后,上海民族资产阶级因不满国民党政府的"攘外必先安内"政策,呼吁停止内战、共御外侮。5月25日,全国商会联合会、上海市总商会、上海市银行公会、上海市钱业公会联名向各省市商会、银行公会发出通电,各大报纸亦纷纷予以响应,一时在全国范围内形成一股呼吁废止内战的浪潮。8月27日,废止内战大同盟在上海召开了成立大会。9月2日,陈芝琴在内的天津各界人士80余人致电上海废止内战大同盟,响应废止内战运动。[1]

陈芝琴热心教育事业。20世纪20年代初南开大学在八里台兴建新校舍时,陈芝琴慷慨捐助女生宿舍楼建筑费用3万元,宿舍楼建成后命名为"芝琴楼",以示纪念。陈芝琴屡次为张伯苓创办的教育机构捐款,于1937年捐建了重庆南开中学科学馆。陈芝琴的捐赠对"经费之需要甚巨"[2]的张伯苓来说实为雪中送炭。

陈芝琴对天津社会福利和卫生事业也多有捐助。1935年,陈芝琴任基督教青年会联青社董事,为支持天津联青社开展社会福利事业,陈芝琴慨然出让其河北大经路宿纬路住宅的空闲部分,设置儿童游戏场。1941年,郭德隆等筹办结核病门诊部时,陈芝琴应邀任筹备委员,并捐助6000元作为购买X光机之需。

1947年8月,张伯苓回到天津时,发现陈芝琴的住宅被警方占用,便致函天津市市长杜建时:"陈芝琴先生河北三马路、宿纬路转角住宅现为警察占用",陈芝琴"热心社会事业,大学芝琴楼、中学芝琴里平房、重庆中学芝琴馆均为陈先生所捐赠,个人捐款可谓巨矣",而现在"经过八年抗战,先生产业衰落,目前仅供馇粥",张伯苓希望"俾陈先生收回居住,得以略为安定"。[3]

陈芝琴笃信基督教,为仓门口基督教自立会执事之一。曾任天津基督教青年会董事和财产保管委员会主任委员多年,并曾担任天津青年会总干事。他参加天津青年会的服务事业,内容包括捐助、医疗、反毒品、公民教育等。

1947年9月29日,陈芝琴病逝,终年72岁。

①梁吉生、张兰普编:《张伯苓私档全宗》中卷,中国档案出版社,2009年,第694页。
②张伯苓著,文明国编:《张伯苓自述》,安徽文艺出版社,2013年,第146页。
③梁吉生、张兰普编:《张伯苓私档全宗》下卷,中国档案出版社,2009年,第1298页。

194

参考文献：

中国防痨协会编写组编：《中国防痨史料》第 1 辑，1983 年内部印行。

天津市地方志编修委员会办公室、天津图书馆编：《〈益世报〉天津资料点校汇编》(1)，天津社会科学院出版社，1999 年。

赵晓阳：《基督教青年会在中国：本土和现代的探索》，社会科学文献出版社，2008 年。

（魏淑赟）

褚 玉 璞

　　褚玉璞(1887—1929),字蕴山,山东省汶上县人,出生于汶上县城西七十里褚庄。其曾祖父曾任都司、守备等武职,其父时家道中落。褚玉璞少年时曾两次投考保定陆军军官学校未被录取,转而投身绿林,做了土匪,被清政府清剿时,褚玉璞远遁他乡。1912年,上海都督陈其美在沪招募新兵,褚玉璞投充陈其美的民军,被编入光复军张宗昌的骑兵团任连长。1913年8月随张宗昌投靠军阀冯国璋,参与镇压国民党发动的二次革命。

　　1918年春,褚玉璞在张宗昌任旅长的江苏暂编陆军第六混成旅任营长,后该旅扩编为暂编陆军第一师,张宗昌任师长,褚玉璞任第一旅第二团团长。1921年3月,张宗昌所部被直系江西督军陈光远的重兵围困,张宗昌化装出逃,褚玉璞返回鲁苏交界的丰县、沛县一带。1922年春,褚玉璞追随张宗昌出关,逃往沈阳,投靠奉系张作霖。最初,二人不为张作霖所重视,张宗昌仅被委以宪兵营长之职,褚玉璞为连长。1922年,前吉林督军孟恩远的外甥高士傧联合土匪卢永贵起兵反张作霖。张宗昌携褚玉璞率宪兵营前往讨伐,高、卢被杀,张宗昌乘机收编高、卢旧部三个团,由是见重于张作霖,被委任为绥宁镇守使,并升任吉林省防军第三旅旅长,褚玉璞任第五十五团团长。同年冬,万余沙俄军队携带大量枪炮、马匹及铁甲车逃入中国境内,被张宗昌收容,奠定了张宗昌、褚玉璞日后发展的军事基础。

　　1924年9月,张作霖发动第二次直奉战争,褚随张宗昌入关作战。张宗昌、褚玉璞部在玉麟山与直军董政国所属的第三路军时全胜、第六路军阎绍堂等部交锋。褚玉璞率部猛攻,血战数昼夜,将时全胜部击溃,董政国、阎绍堂败退冷口。张、褚乘胜追击,褚玉璞率先锋军抵达直隶滦州,直军全面崩溃,被张、褚俘获改编者不下七八万人。不久,张作霖任命张宗昌为第一军军长,褚升任旅长、副军长,率军南下,攻取江苏。苏北镇守使陈调元避战让出徐州,张、褚所部直趋浦口,江苏督办齐燮元弃职逃走。张、褚部进驻上海后,褚玉璞以副军长名义,率领3万人驻防宜兴。1925年初,张作霖授意段祺瑞任命张宗昌为苏皖鲁三省剿匪总司令,驻节徐州,不久改任山东省军务督办,褚任第六军军长、前敌总指挥,驻守济宁。孙殿英率土匪队伍投奔张宗昌,被编入褚玉璞的第六军。

1925年10月,孙传芳联合冯玉祥反奉,自浙江进攻苏、皖,直抵徐州,冯部国民一军张之江进攻直隶李景林,国民二军岳维峻进攻山东。战役从徐州开始,张宗昌以褚玉璞为前敌总指挥,双方战斗非常激烈,战斗中褚玉璞肺部受伤,被送往青岛福柏医院医治。李景林兵败,被国民军逐出天津,逃往济南向张宗昌求救。1926年1月,张宗昌、李景林组织直鲁联军,褚玉璞任前敌总指挥、直鲁联军副司令、第十五军军长,配合奉军进攻冯玉祥的国民军。此时褚伤未痊愈,带病作战,由津浦路北上。在击败国民军后,3月23日,直鲁联军攻占天津,3月29日,褚玉璞代理直隶军务督办,李爽垲代理直隶省长。4月7日,褚玉璞就任直隶省保安总司令兼省长之职,军政大权集于一身。5月10日,李景林与直鲁联军各军师旅长发表联合通电,公推张宗昌为直鲁联军总司令、褚玉璞为副总司令。

褚玉璞就任直隶省军务督办后,利用手中的权力大肆敛财。1926年5月,褚以直隶保安总司令部名义训令长芦盐务稽核分所,要求截留盐税。褚玉璞此令一出,触动了五国银行团的利益,立即引起轩然大波。银行团代表为此向伦敦银行团发电,建议将保护盐税问题列入华府关税附加谈判。5月3日,日本、英国、法国驻天津总领事就长芦盐税一事致函直隶保安总司令部。褚玉璞令长芦盐运使会同外交部特派直隶交涉公署查核办理。6月10日,英、日、法三国公使致电本国政府报告讨论长芦盐税被扣经过,并建议武装干涉。后经双方妥协,议定每月由长芦盐款项下拟付直隶省协款30万元,并分期拟付前欠直隶省协款45万元,要求直隶省不干涉盐务,予以盐务协助,不施行任何不合法之盐斤加抽。7月,直隶保安总司令部给财政部盐务署发文予以确认,并承诺切实履行。至此,褚玉璞截留盐税风波方告平息。1927年5月、1928年四五月间,褚玉璞又两度截留长芦盐税,后双方经过协商达成妥协。

褚玉璞肆意安插亲信乡党,培植势力。汶上县曾有不少无业游民、官僚政客、地主豪绅等投褚从军或谋官,而褚的乡土观念较重,也乐于任用同乡,所以当时直隶有"学会汶上话,便把洋刀挎"的说法。褚军队里的下级军官如排、连、营长及军需、副官等多系汶上人,地方官吏中如天津市的局长、所长、县长、道尹等,汶上人也为数不少。据当时统计,汶上人在直隶任道尹者2人,任县长者30多人。

督直期间,褚玉璞还大肆镇压革命运动。1926年10月16日,褚玉璞以直隶保安总司令、直隶省长公署名义,发出查禁赤党密令,制定了租界内之稽查、清查户口、严密盘查闲散旅客、防止及遏乱之法、各军警机关协助法等办法。后又多次发文要求各地严密查禁。1926年11月22日,褚玉璞派人破坏了设在天津英租界义庆里40号的中共地下组织,逮捕了共产党员江震寰等15人,并于1927年4月15日将这些革命者在天津南开广场公然枪杀。褚玉璞还破坏了设在英租界的中共天津地委机关,并于1927年11月18日下午,杀害了中共天津市委书记李季达、组织部部长粟泽及青年团员、天津地毯三厂工人姚宝元。

1927年国民革命军北伐时,褚玉璞任安国军前敌司令,率部南下山东。1928年4月,在第二次北伐中,直鲁联军被击溃,奉系失败。张宗昌、褚玉璞率残部盘踞河北滦东。9月,张学良令奉军与桂军白崇禧部配合,将直鲁联军残部包围缴械,褚玉璞化装成老百姓,亡命大连。1929年2月,张宗昌、褚玉璞从日本驻大连领事馆领取枪械5000多支,带领旧部万余人乘船抵达龙口港,收罗旧部,伺机东山再起。此时驻守胶东一带的刘珍年部原属直鲁联军,已被改编为国民革命军。张、褚遂决定先消灭刘珍年部,然后西征,但不久即兵败,张宗昌逃往海上,褚玉璞率残部向西败走,后在福山县被刘珍年活捉。

1929年8月20日,褚玉璞在牟平县被枪决,终年42岁。

参考文献:

王志民主编:《山东重要历史人物》第6卷,山东人民出版社,2009年。

山东省政协文史委编:《山东文史集粹·军事卷》,山东人民出版社,1993年。

张宪文等主编:《中华民国史大辞典》,江苏古籍出版社,2001年。

王新生、孙启泰主编:《中国军阀史词典》,国防大学出版社,1992年。

李新等主编:《中华民国史·人物传》第1卷,中华书局,2011年。

（王　进）

船越寿雄

　　船越寿雄（1902—1945），日本人，1902年12月19日（清光绪二十八年十一月二十日）出生于日本冈山县阿哲郡刑部町。

　　1930年前，船越寿雄在上海每日新闻社通信部担任记者，这是一家日本新闻机构，设立于1918年。在沪期间，船越寿雄与日本反战人士尾崎秀实熟识。船越寿雄先是在上海东亚同文书院参加中国问题学习小组活动，后加入反战情报小组，投身反战斗争。后与尾崎秀实联合其他在沪的中日等国籍的共产党员、进步人士组成"日支斗争同盟"，受中国共产党指导。船越寿雄还参加了苏联情报员理查德·佐尔格组织的国际反法西斯情报小组（拉姆扎小组）。

　　1928年至1933年，尾崎秀实在日本大阪朝日新闻社上海通讯部任职，曾任上海分社主任。全民族抗战爆发后，以尾崎秀实为代表的一批日本反战志士与中国共产党人合作，转战隐蔽战线，开展反法西斯斗争。

　　尾崎秀实曾推荐山上正义①担任佐尔格的联络员。山上正义因于1932年12月调任日本联合通讯社北平支局局长，遂推荐船越寿雄接替自己。船越本来就已参与日支斗争同盟的活动，曾将川合②的情报传递给尾崎，再交给佐尔格。在佐尔格1932年离开中国前，船越一直与佐尔格和川合合作。后因时局发生变化，"佐尔格和尾崎圈子里的

---

　　①山上正义（1896—1938），笔名林守仁，日本鹿儿岛人，日本左翼记者、作家，日本共产党党员，1925年来沪，时任日本联合通讯社驻上海分社主任。
　　②川合贞吉（1901—1981），时任《上海周报》评论员。其于1937年著『支那の民族性と社会』，日本东京第二国民会出版部，1937年。

间谍和准间谍继续在中国从事情报工作,但大多数活动是在上海以外的城市。船越搬到了天津和汉口,有时也到东北走走"①。

1933年2月,船越寿雄赴任日本联合通讯社汉口支局局长前夕,委托上海东亚同文书院的学监野泽房二②作为自己的后任,从事在华反战谍报活动。船越寿雄后又赴津,任日本读卖新闻社驻天津支局局长、京津日日新闻社编辑长。

1936年,船越寿雄与尾崎秀实协商,并与在华日本产业界人士、领事馆、军队机关等协商后,于同年11月在津创办支那问题研究所,船越寿雄任所长,兼任编辑、发行人。研究所还包括副所长田福太郎(从事著述)、记者小堀正彦、三菱公司社员长谷川一郎等成员。而曾有过反战经验的尾崎庄太郎及川合贞吉、大村达夫(中西功)等日本进步人士,或担任该所编辑,或与该所关系密切。船越寿雄在津住址及支那问题研究所所址均位于日租界宫岛街。

支那问题研究所是一家中国经济问题研究机构,进行华北经济数据统计和发布,主要刊物是1937年2月创刊的《支研经济旬报》。该旬报"渐次扩大"调查内容和范围,全方位"网罗支那统计资料",既刊行不定期和准定期的相关刊物,又编制天津批发物价指数。该指数原由南开大学经济研究所编制,1938年至1942年7月,改由天津支那问题研究所续编。该所还于1938年起续编华北批发物价指数。这两个指数在当时影响较大,被海内外引用的频率较高。截至1941年,支那问题研究所已出版刊物近10种。这些杂志均为公开出版,调查研究活动也都是公开的,"主要是信息性调查资料,披露了不少日伪当局施政

①傅佛果:《一个另类的日本人社团——战时上海日本左翼的活动》,载熊月之、马学强、晏可佳选编:《上海的外国人(1842—1949)》,上海古籍出版社,2003年,第207—208页。

②野泽房二,生于1871年,日本神户人,东京帝国大学经济学部卒业,经济学学士。1931年任上海东亚同文书院讲师。

情节"①。船越寿雄在其所编刊物中反映出一些进步思想,且在津期间仍与反战人士甚至是日本共产党员保持联系。

1941年苏德战争爆发前后,佐尔格的身份暴露,尾崎秀实等相继被日本军部逮捕,时称"佐尔格事件"(也称国际谍报团事件)。船越寿雄的身份随后也被识破,1942年1月4日,他被日本当局拘捕。判决文中称,他与尾崎秀实等都是"同谍报活动的日本人担任联络负责人的共产主义者"②。船越寿雄被判处有期徒刑10年。

1945年2月27日,船越寿雄死于日本东京巢鸭监狱,终年43岁。

参考文献:

天津支那问题研究所编:《支那经济年报》第1辑,1938年2月25日。

天津支那问题研究所编:《支研经济旬报》第5卷第9号(通卷第131号),1941年2月21日。

辽宁地区、吉林省、黑龙江地区中心图书馆委员会编:《全国日文期刊联合目录》,全国图书联合目录编辑组,1962年内部印行。

田中梓:『いわゆるゾルゲ事件について-その概要と参考文献の紹介』,日本『参考書誌研究』,1982年第24号。

(王勇则)

---

① 解学诗:《满铁与华北经济(1935—1945)》,社会科学文献出版社,2007年,第4页。
② 刘献彪、林治广编:《鲁迅与中日文化交流》,湖南人民出版社,1981年,第284页。

崔 伯

崔伯（1881—1947），全名伯西·布来克福德·崔伯（Percy Blackford Tripp），1881年12月5日出生于美国弗吉尼亚州费尔法克斯镇。11岁时就学于马里兰州立中学，生性聪慧，学冠全级，但因为体质不佳，学业时辍时续，21岁始得中学毕业。1902年秋天，考入哥伦比亚大学专攻文学，1906年获学士学位。

1906年，直隶学务处委托天津基督教青年会在美聘请两位英文教员来津任教。同年秋冬季节，崔伯来津执教于北洋大学堂和官立中学堂。崔伯把中国视为第二故乡，他不穿西装，而穿中国的长袍马褂，头戴瓜皮帽，为了符合清朝男子留辫子的要求，还在帽子的后面缝上了一条长长的假辫子。

1911年，崔伯为奔母丧而返美，逗留了近一年。返华途中又游历了南美各国，沿途考察教育，并专作关于中国之讲演，一路大受欢迎。返津后，于1913年接受南开中学校长张伯苓的聘请，兼任该校英语教师。是年8月，周恩来考入南开中学，其英文教师就是崔伯。南开新剧团有一次演剧，剧中的一个角色是外国女传教士，崔伯自告奋勇扮演了这一角色，与时子周、马千里、周恩来等同台演出。

1915年毕业于南开中学的老校友、教育家黄钰生先生曾经回忆崔伯道："我三年级时，听他用极其简单而正确的英语，给我们班讲安徒生和格林的童话，边讲边比划，时常引得我们哄堂大笑。他是一位古怪而又和蔼可亲的人……他嗓门那么大，以至于华午晴先生以为他和我吵起来了,跑上楼来'劝解'。"[1]

1915年,崔伯和中国姑娘何淑娴结婚,住在河北黄纬路仁田西里6号。1917年加入中国国籍。作为最早在天津执教英语的美国教师之一,崔伯深感英语教材对于中国学生不适用。为了更好地研究英语教材,1918年,他携眷赴美进行自修性研究。起初是钻研一套能更好地帮助中国学生学好英语的新教材和教学方法,后又研究如何使其他一些课程(如音乐和美术等)更能适应于中国的实际情况。崔伯回美6年,经常到华盛顿图书馆孜孜不倦地查阅资料,编写英语教材。

1924年崔伯回津后,就任南开学校中学部英文科顾问,对英语教员进行业务指导,同时在自己家中创办了一个"模范英语学校"。征得住在西郊的好友梅贻琦家同意后,他把梅家东面的两间房子圈过来并打通,改为一间大教室。他还在基督教青年会的夜校开课,用他的新教材和新教法,培养了大量英语实用人才。他应其老友、天津市卫生局局长金希伯的邀请兼任该局的英文秘书,工作极其勤勉。1930年8月,由时子周任校长的天津市立师范学校建立,他又应邀担任该校的英语教师。

崔伯作为一名教师,对学生有一种特殊的感情。他非常喜欢与青年人交朋友,经常请学生到家里做客,对家境困难或有疾病的青年给予资助。他一生中交往比较密切的青年朋友有何清儒、章晴孙、孙世玉、李英孙等人,与他来往最密切的学生有王建新和徐继培。

1937年七七事变后天津沦陷,已是56岁的崔伯不愿为日本人做事,推脱身体不好,"退休"隐居在家,除为挚友准备留学补习英文外,不再执教他处。在日伪统治下,崔伯作为一个中国公民,也和其他中国老百姓一样,忍受着精神上的痛苦和生活上的折磨。1939年天津水

---

①黄钰生:《早期的南开中学——一九一二至一九一六间一些片段的回忆》,载杨志行等主编:《解放前南开中学的教育》,天津教育出版社,1989年,第48页。

灾中,他的地下室书库不幸被水浸泡,一生积累的大量资料和教学文件抢救不及,损失惨重。这对一辈子爱书、读书和教书的崔伯来说,真是极大的不幸。

1941年12月太平洋战争爆发后,日本宪兵闯入崔伯家中,想把他当作美国人送入集中营,然而当他拿出中国政府颁发的"入籍证"时,日本宪兵只好悻悻离去。天津沦陷八年,他精神忧郁,身心憔悴,加之生活困难,衰老得非常厉害。

1947年夏,崔伯因肠胃不适突然吐血,遂住院治疗,7月18日因医治无效逝世,终年66岁。崔伯被安葬于天津市第一公墓,在他的葬礼上,南开大学张伯苓校长致悼词,家人、亲友、弟子及天津教育界人士,共同悼念这位教育家。

参考文献:

崔伯之子崔约翰先生提供的书面与口述资料。

北洋大学—天津大学校史编辑室:《北洋大学—天津大学校史》(1),天津大学出版社,1990年。

杨志行等主编:《解放前南开中学的教育》,天津教育出版社,1989年。

(张绍祖)

崔古柏夫

崔古柏夫（D.Tricuboff，1898—?），又名德雷古柏夫，1898年生于俄国，犹太人。1917年十月革命后流亡哈尔滨，靠做中介维持生计。

1929年崔古柏夫来津，初期穷困潦倒，1935年与美籍商人路易加帝在英租界青岛路开设德盛洋行，经营呢绒、布匹、绸缎、皮革等，生活有了起色。

1937年七七事变前，崔古柏夫大量走私并包销私货牟取暴利。天津沦陷后，日军禁止商民收用军用皮革，并设立皮革加工业统制会及皮毛统制协会加强物资管制。崔古柏夫与日军勾结，多次向日军驻津第一八二〇部队、日军华北皮毛统制协会低价献卖皮革。为方便与日军沟通联络，他以重金聘用日本人丰川担任洋行顾问。

1941年初，崔古柏夫通过银行贷款从美国进口大批西服面料，后又以货物作为抵押，多次套购，囤积居奇。1941年底太平洋战争爆发，货币贬值，物价暴涨，崔古柏夫以高价抛售囤积货品，赚取暴利。他先后在天津和北平开设多家洋行，参股大阔饭店、大利餐舞厅，在天津、北平、北戴河等地广置房产20多处，成为在津最大的外国人暴发户。

抗战胜利后，崔古柏夫向日商大量收购皮货、猪鬃、皮革等伪产，数额高达千万元之巨。他将货物藏匿于英租界的仓库内，妄图出口到国外，牟取暴利。1946年1月，河北平津区敌伪产业处理局天津办事处收到一封署名张文敏的举报信，告发崔古柏夫在抗战胜利后大量收购晖东制靴株式会社的敌伪产业。后经办事处派人调查取证，情况属实。9月9日，河北高等法院天津分院将其拘捕收押，以汉奸罪对崔古柏夫提起公诉。

1947年2月8日,河北高等法院天津分院列举了崔古柏夫大量犯罪事实,证据确凿,做出判决:崔古柏夫犯罪事实成立,判处有期徒刑5年,剥夺公权4年,财产除酌留家属必须生活费外全部没收。崔古柏夫不服,上诉最高法院。由于苏联驻津领事顾德夫介入,1947年7月初,此案由南京最高法院发回更审。崔古柏夫请求易更审,最高法院予以核准。同年8月25日,南京最高法院做出"崔古柏夫无罪"的终审判决。崔古柏夫当庭释放,并发还其财产。

1948年8月12日,崔古柏夫离开天津,经上海赴澳洲,12月3日转至以色列。其后事迹不详。

参考文献:

周利成、王勇则编著:《外国人在旧天津》,天津人民出版社,2007年。

(周利成)

崔 廷 献

崔廷献(1875—1942),字文征,号了心居士,山西省寿阳县库仓村人,出生于贫苦农家,依靠父亲和弟弟种地供养他读完私塾,亲身经历了生活的困苦与艰辛。

崔廷献16岁时以童子试第一名入学,1898年考取优贡,到徐沟县任教职,其间他定期去太原令德堂进修。1900年义和团兴起,他立即返回寿阳创办保甲团练,巡行乡里。1901年,崔廷献参加经济特科考试,考中进士,获知县资格。次年,他上书提议建立中西合办的山西大学堂,被批准,任山西大学堂舍监。1905年冬,发生山西民众反对英国福公司霸占晋东、晋西开矿权的斗争,崔廷献作为山西大学堂西学专斋学生代表,根据《万国公法》理直气壮提出质问,使英人理屈词穷。他们对"西斋"学生用尽种种威胁利诱手段,但无丝毫效果。崔廷献与343人联名向当局请愿,并代写申明废约书禀呈晋抚张人骏,要求废止与福公司的办矿合同。1906年2月,他以日本留学生生活管理员身份赴日勤工俭学,工余时间在日本法政大学研读政治、经济、法律等科,寻求御侮强国的办法。其间,他接受了孙中山的同盟会纲领,并开始为之奋斗,[①]成为中国同盟会早期会员。

1906年底,崔廷献回国后被推为全省争矿代表,到北京向清政府请愿,与英国福公司直接谈判。1907年底,争矿运动取得胜利,并成立

---

①郭华荣:《晋中市晋商公园雕塑人物——崔廷献(人物介绍)》,载台北山西同乡会编:《山西文献》第82期,第121页。

了山西保晋矿务公司。此后他历任山西法政学堂斋务长,山西咨询局总参议,山西农林、实业、铁路等学堂监督,教育总会副会长,同蒲铁路协理等职。1911年1月,崔廷献任奉天葫芦岛开埠局局长,着手实施筑港工程。10月,辛亥革命爆发后,他回山西任内务司司长兼财政司司长,并代行民政长事务。随后崔廷献任阎锡山都督府书记官,1916年至1923年兼任山西保晋矿务公司总经理。1917年张勋复辟时,崔廷献任山西讨逆军总司令部参议。

1917年,山西推行"六政(水利、蚕桑、禁烟、种树、剪发、天足)三事(畜牧、造林、种棉)",崔廷献任六政考核处处长。1918年,他被推为山西省议会议长,兼留日预备学校校长、育才馆教务主任、洗心社讲长,以培育人才为职志。1922年8月,崔廷献出任山西政务厅厅长,次年任河东道道尹。1926年兼任山西河东盐运使。1927年北伐后,崔廷献助理平津卫戍事宜,任特务委员长。

1928年6月,阎锡山所属的国民革命军占领天津,南京国民政府设立"天津特别市",属行政院直辖。经中央政治会议决定,9月5日,崔廷献任天津特别市市长,9月14日,崔廷献宣誓就职。

崔廷献上任后,施行撙节办法,精简机构,腾出经费以为补助建设之用;他少领工薪、少支公费,以为同事之表率;实行财政绝对公开,市府职员不得兼职,减少贪污舞弊;他刊登启事,接待各界来访,成立市政委员会,定期讨论市政大事;惩治舞弊官吏,依据胶皮车工会代表控告,将工巡捐务处处长撤任,送交公安局惩办;注重警务人员训诫,指出警察任务在于维持公共治安,必须尽其责,做三民主义义务宣传员;他把市政建设当作繁荣天津、解决民生问题的一件大事去做;在《大公报》上发表《告津市民众书》,进行三民主义思想建设。

崔廷献把实行地方自治及平均地权二事作为实现三民主义政治的要求。他上任一个月即在市政会议上提出《土地登记条例》,并主持讨论通过了《成立街村组织条例》。

崔廷献大力发展工业经济。由市政府收回北辰公司自行售电、设立市民银行、收回比商电车电灯公司,并令社会、财政两局筹划募集公债,创办了一批民族工厂,在市郊建立了8个贫民工厂,以帮助失业工人就业;提倡国货、抵制外货,举行国货展览,奖励国货出品,兴办国货大商场;实行免费代办工商业注册,减免苛捐杂税以减轻商民负担。1929年,地方税收由建市初每月只有十三四万元增加到平均每月33万元。1929年,天津市送于南京中华国货展览会参展的产品,得奖字号达115家之多。

崔廷献对教育事业很重视。他认为教育是政治、经济的基础。1928年,天津特别市设立教育局,委任邓庆澜为局长。面临天津失学儿童多、无固定教育经费、严重缺少师资的问题,在市府财政入不敷出的情况下,崔廷献仍从天津地方卷烟特税中每月拨6万元作为教育专款,以专款的75%进行学校教育,20%进行社会教育,5%进行其他教育。又接收县立小学140余处,扩充、整顿、增添市立小学12处。为发展社会教育,对12周岁以上的失学男女实行补习教育,创立民众补习学校100余所,增设市立图书馆1处、通俗图书馆7处、民众阅报所10处、美术馆1处、公共体育场1处。1929年,天津市教育经费占全市总支出的18.91%。为解决天津建设所需的高级人才,他提议登报公开招考公费出国留学生。1930年,全市计划选派4名天津市籍的大学毕业生分赴德国、英国、美国学习。

崔廷献还推动开展全市的卫生运动,进行食品、药品及饮用水检验,进行防疫注射等。积极设立医疗救济机构,天津市政府1928年成立红十字会残废院,1929年2月成立了妇女救济院,9月成立天津贫民救济院。1930年社会局组织天津市慈善事业联合委员会,崔廷献任监督。他还委任德国柏林大学医学博士李允恪为市府顾问,并派其筹设天津第一座市立医院(天津第一医院前身),市立医院于1930年6月20日成立。

1930年2月,陕西发生旱灾,崔廷献亲自担任募捐委员长。9月18日,辽宁两个县发生水灾,崔廷献立即组织成立辽灾急赈会。

1930年9月18日,张学良通电拥蒋。10月2日,东北军张学良的代表进驻天津市政府,崔廷献结束了他两年多的天津市市长生涯。卸任前,崔廷献无条件释放了在天津自新院拘押的36名共产党员。

崔廷献回山西后赋闲在家,开始研修佛学,自号了心居士。1937年日军侵占太原前,他携家眷定居香港九龙。日本侵略者曾两次派人到香港,请崔廷献出任伪山西省省长,被他严词拒绝。

1942年9月14日,崔廷献病逝于香港九龙,终年67岁。

参考文献:

崔廷献:《怎样繁荣天津市》,载天津特别市社会局编:《社会月刊》1929年第一卷第五、六号合刊。

崔港珠:《为实现孙中山先生遗愿奋斗的模范市长崔廷献》,载台北山西同乡会编:《山西文献》第88期,内部印行。

张友渔:《关于崔廷献撤销自新院的证言》(1980年),载寿阳县志编纂委员会编:《寿阳县志》,山西人民出版社,1989年。

(张绍祖)

德 璀 琳

德璀琳(1842—1913),全名古斯塔夫·阿道夫·费迪南德·德璀琳(Gustav Adolf Ferdinand Detring),德国北莱茵–威斯特法伦州人,1842年12月24日出生于德国西部的尤利西市,父亲是一名公证师,母亲是瑞典人。8岁时父亲去世,母亲带着孩子们回到比利时与荷兰边境的亚琛市的娘家,投奔当过少校的外祖父。德璀琳在亚琛的市立学校上学,一直到高中,学业优秀。

德璀琳早期在比利时首都布鲁塞尔的一家丝绸店学徒,随后做了一名记者,为《比利时星报》工作。他热爱体育,业余时间担任布鲁塞尔地区德国人体操协会会长。1865年,经人介绍到中国海关工作,从此开始一生在华事业的发展。

1865年4月,德璀琳初到中国,先后在烟台、淡水(今台北)海关供职,1867年被调往津海关任三等帮办,1869年10月升二等帮办,1870年1月被调往台湾,暂时代理淡水海关税务司,1871年以二等帮办任淡水海关代理税务司,同年7月升头等帮办,1872年3月正式成为镇江海关税务司。总税务司英国人赫德为海关洋员的晋升设计了一套包括汉语在内的一系列考试,从入职开始,德璀琳就一直苦学汉语,熟悉关务,并顺利通过了所有考试。从刚进海关时的一个末等的供事,到成为掌管一个通商口岸海关大小事务的税务司,他只用了7年时间。[1]

---

①张畅、刘悦:《李鸿章的洋顾问:德璀琳与汉纳根》,台湾传记文学出版社,2012年,第15—16页。

1873年,德璀琳首次回国休假,并受赫德指派代表中国展览团参加在维也纳举办的国际博览会。由于中国代表团的组织工作卓有成效,中国展品广受各国好评,奥地利政府向与会的德璀琳等人颁发了勋章,[1]清政府也授予德璀琳三品衔,以示奖励。[2]1878年,德璀琳又奉命参与了巴黎博览会中国展览团的组织工作,并被博览会授予"荣誉军团"军官的称号。[3]

1875年,德璀琳结束休假后回到中国,被派往牛庄海关任税务司。适逢李鸿章在此谈判缔结《中英烟台条约》,德璀琳奉命协助李鸿章,由此得到李鸿章的赏识,1877年调任津海关税务司。此后,他成为李鸿章身边最重要的洋顾问之一。

当时,李鸿章任直隶总督兼北洋大臣,正在筹划创建北洋水师。1876年,德璀琳陪同李鸿章在天津大沽口视察,接收为创建北洋水师而从英国购买的第一批舰艇。3年后,他协助李鸿章验收了第二批购自英国的舰艇。1880年和1881年,又两次为李鸿章验收船舰。[4]他还建议李鸿章将烟台的舰船及其水勇调来天津,训练之后赴英国驾驶订购的两艘军舰。1881年,这两艘由中国人自己驾驶的军舰经大西洋、地中海、苏伊士运河、马六甲海峡驶回,中国海军首次扬威海外。与此同时,德璀琳奉命在天津开始修建大沽船坞以作北洋舰队的基地,他还向李鸿章推荐汉纳根、瑞乃尔等一批德国技术人才,在旅顺、威海修建军港以作北洋水师舰艇停泊处。经过多年苦心经营,李鸿章在德璀

①陈霞飞编:《中国海关密档——赫德、金登干函电汇编(1874—1907)》第1卷,中华书局,1990年,第39、99、101页。

②黄胜强编:《旧中国海关总税务司署通令选编》,中国海关出版社,2003年,第223—225页。

③《中国海关密档——赫德、金登干函电汇编(1874—1907)》第1卷,第605—650页;第2卷,第133、136页;第3卷,第448—453页。

④天津市档案馆、天津海关编:《津海关秘档解译——天津近代历史记录》,中国海关出版社,2006年,第179—180页。

琳、汉纳根等人的协助下,建成了大沽、旅顺、威海三角防御体系。

近代交通通信事业的发展与贸易和国防事业密不可分。德璀琳一直极力向李鸿章介绍电报、电话和邮政等现代通信手段的重要性。1877年,李鸿章尝试在总督衙门至天津机器局间架设电报线,并收发电报成功。以后,这条实验线路延伸到大沽炮台及北塘兵营,确保了直隶总督府与北洋海防前线的通信畅通,这也是中国电信的肇始。在总税务司赫德的主持下,1878年,德璀琳在津海关试办邮政。同年3月23日,德璀琳发布公告:海关书信馆对外开放,开始收寄华洋公众信件,同时开办京津骑差邮路,中国近代邮政正式发端。6月15日,德璀琳致函上海海关造册处,要求按照随函附去的核定后的邮票图案,印制3分银和5分银的邮票各10万枚。7月24日,首批5分银邮票,自上海抵津,由德璀琳签收,中国第一枚邮票"大龙邮票"在天津首发。年内开辟了天津—山海关—牛庄,以及牛庄—小平岛—烟台两条陆上邮路。为了使军情和贸易信息更快地传递,1884年,德璀琳开始运作架设天津至大沽口的电话线路,第二年线路完成并正式移交给天津电报局。他还请电报局将电话线接设到大沽引水公司以及天津的各个洋行。

1886年,德璀琳向李鸿章正式推荐英国人金达,就中国铁路发展问题提出建议。1891年,金达被李鸿章聘为北洋官铁路局总工程师。作为回报,津榆铁路修建所需的铁轨也全购自德国克虏伯铸钢厂。德璀琳利用洋务运动对科学技术人才的需求,向李鸿章建议模仿西方在天津创办一所现代大学。得到李首肯后,1886年,他开始创办博文书院。

由于深得李鸿章的信任,德璀琳还曾充当李鸿章的私人密使,多次参与外交活动。1881年,李鸿章委派幕僚马建忠秘密前往印度,与印度总督协商由德璀琳起草的鸦片专卖方案。翌年,德璀琳还利用第二次回国休假的机会,到英国进行秘密游说以期得到英政府的同意和大鸦片商的经济支持。该计划失败后,德璀琳的目光又马上转向这年爆发的中法战争。1884年2月,德璀琳休假期满回到中国,被赫德调往粤海关任税务司。经香港赴广州途中,德璀琳巧遇法国海军副司令利士比及舰长福禄诺。4月,李鸿章将德璀琳召回天津,与业已成为法国官方代表的福禄诺进行和谈。5月,李鸿章与福禄诺签订了《中法天津简明条约》,史称"李福协议"。协议的签订使德璀琳的威望大为提高,6月,经李鸿章上奏,清政府授予他三等双龙宝星勋章。

1885年,中法战争的硝烟刚刚散去,慈禧命李鸿章设法将靠近紫禁城的天主教北堂迁移别处。李鸿章就此事与德璀琳进行了商议,决定分别委派英国商人敦约翰赴罗马,北堂教士法国人樊国梁赴法国,分别与教皇和法国天主教会进行交涉,德璀琳负责居中联络。为表彰德璀琳等人,清廷特下谕旨赏赐德璀琳二品顶戴。

1894年中日甲午战争爆发。清政府战败后急于求和,决定派德璀琳赴日了解日方和谈条件。11月,德璀琳以李鸿章特使的名义,从大沽乘德国商船前往日本。由于担心列强介入,日方以德璀琳没有正式委任为由拒绝接见他,结果德璀琳无功而返。

1896年3月,借祝贺俄皇尼古拉二世加冕之机,清廷决定派李鸿章以"钦差头等出使大臣"的名义前往联络俄国,签署《中俄密约》以共同防御日本,并游历欧美诸国进行外交访问,顺便与各国商讨提高关税问题。德璀琳作为随员与李鸿章乘"海晏"轮出访。在德国期间,德璀琳陪同李鸿章面见德皇,会晤了首相和外交大臣以及前首相俾斯麦,德方安排李鸿章参观了船厂、兵工厂,观摩了陆军演习。

1897年,德璀琳与女婿汉纳根合伙在德国组建"德中工业与矿山开发公司",同年返回中国,继续担任津海关税务司。1899年,他又兼任了秦皇岛海关税务司,同时通过开平矿务局督办张翼介入开平矿务。1900年六七月间八国联军侵华,德璀琳利用受张翼委托保护矿产的机会,盗卖开平煤矿,将其转让给在英国注册的"开平矿务有限公司"。1904年,因开平矿务局所付巨额车马费一事为赫德所知,德璀琳被迫辞去税务司之职,其在中国的事业不光彩地结束了。

1876至1904年间,德璀琳长期任津海关税务司。他将新设立的秦皇岛海关扩展为津海关的分关,而且管辖的内容也不断增加。1887年,他主持修造了津海关办公大楼,将报关、验估和结关手续全部集中,不出大厅即可办理完竣。那时,海关除负责进出口船货、人员物品监管、征税缉私之外,还包揽了海河航道的整治维护、灯标设施、港口管理、检疫防疫等海港事务,创办了邮政业务,兼办商标业务,参与创办博文书院、公共图书馆,修建马路,创办有轨电车,架设电报电话线,以及成立天津赛马会、改扩建利顺德饭店等地方事务。在他任内,津海关的业绩在全国各口岸中,除上海以外,无出其右者。①

德璀琳在天津生活居住长达四十年之久,虽身为德籍侨民,却长期担任英租界董事局主席。他利用与李鸿章的密切关系,使英租界得以三次扩张和快速发展,他主持修建的英租界工部局建筑"戈登堂",是中国近代通商口岸中第一座市政大厅,李鸿章为其剪彩。

1887年,他修筑了从赛马场到英租界的碎石子路,不仅方便了侨民的出行,而且直接获得了马路两边的大片土地,这也是天津历史上第一条碎石子路。八国联军占领天津期间,德璀琳还修建了一条马路,其由天津旧城西南角经炮台庄,出僧格林沁围墙之海光门,在德租界同大沽路相接,路长约2.5千米,路宽平均12米,路基宽24米,耗资1万元,历时3个月修成。②为了方便京津交通,1893年,德璀琳还建议李鸿章兴修了直达北京的"京津大道",使京津之间原本五六天的行程被缩短为三天左右。

---

①《津海关历年税收(1861—1948年)》,载天津海关译编委员会编译:《津海关史要览》,中国海关出版社,2004年,第230—231页。

②倪瑞英等译:《都统衙门——天津临时政府会议纪要》,天津社会科学院出版社,2004年,第609、612、700、701页。

德璀琳作为津海关税务司,从对外贸易发展全局着眼,建议全面整修海河航道工程。他认为,海河之状况实甚有碍于本埠之贸易,而将来欲保持本埠在中国北方之商业优势,则咸赖此问题之圆满解决。1886年,他首次提出将海河裁湾取直的新方案。1890年夏季,天津遭逢水灾,德璀琳趁机劝说李鸿章对海河进行详细的勘测并绘制海河地形图,他还说服李鸿章用新式铁钯挑挖河淤。从1901年至1904年,由德璀琳参与组成的海河工程局委员会陆续完成海河上游三段裁湾取直工程,裁去了当时海河三处最难行的河湾,经此工程,不仅通行船舶增加,水患亦得以减轻。

1886年,德璀琳参与创办的天津第一家外文报纸《中国时报》和中文报纸《时报》开始出版,前者于1891年停刊。后来由德璀琳任主席的英租界董事局资助的英文报纸《京津泰晤士报》于1894年出版,也是当时中国北方最重要的外文报纸。德璀琳还出资办过另一份地方性商业报纸——《直报》,于1895年正月创刊,被认为是《时报》的后身。

1873年第一次回国休假时,德璀琳认识了出身名门的埃维琳·鲍尔,并于第二年春天结婚。婚后,德璀琳夫妇共养育了五个女儿。德璀琳的五个女婿,在天津的侨民圈中拥有很高的社会地位,他们与德璀琳一起构成了天津租界中一个侨民大家族。德璀琳本人和几个女儿、女婿都多才多艺,擅长体育,尤其是酷爱赛马。从1886年开始,他连续多年担任天津赛马会的秘书和旗手。他利用与李鸿章的友谊,让天津赛马会接管了英租界外佟楼以南养牲园及附近土地,修建了远东第一流的新赛马场。在德璀琳的主持下,天津赛马会获益颇丰,还将赛马场旁的天津乡谊俱乐部并入到赛马会,使人们在赛马之余有了一个休息娱乐的去处。

1913年1月4日,德璀琳在天津寓所病逝,终年71岁。

参考文献:

《李鸿章全集》,时代文艺出版社,1998年。

中国社会科学院近代史研究所翻译室编:《近代来华外国人名辞典》,中国社会科学出版社,1981年。

陈诗启:《中国近代海关史》,人民出版社,2002年。

张畅、刘悦:《李鸿章的洋顾问:德璀琳与汉纳根》,台湾传记文学出版社,2012年。

(张　畅)

德 日 进

德日进(1881—1955),法文名皮埃尔·泰亚尔·德·夏尔丹(P. Teil-hard de Chardin),法国人,耶稣会士,天主教神父。1881年5月,生于法国奥维涅省萨尔斯纳镇一个信仰天主教的贵族家庭。1892年,就读于耶稣会开办的蒙格雷圣母中学。1899年加入爱克斯–普罗旺斯耶稣会初修院成为修士。1911年晋升为神父。

1912年,受巴黎博物馆古生物学教授玛瑟兰·蒲勒的影响,德日进开始对古生物学产生兴趣,并开始了专门研究。第一次世界大战爆发后,1915年德日进应征入伍,科研工作被迫中断长达5年。1919年德日进取得巴黎大学植物学、动物学等学科的学士学位。1920年在巴黎天主教学院讲授古生物学和地质学。1922年获古生物学博士学位。

1923年至1946年间,德日进多次来华进行科学考察,足迹遍及北京、天津、河北、河南、山东、山西、内蒙古、陕西、宁夏、甘肃、青海、辽宁、吉林、黑龙江等地,对中国旧石器时代考古学的开拓和奠基,对中国地层学、古生物学和区域地质研究做出了重要贡献。

德日进在华学术活动主要分为三个阶段。第一阶段是1923年至1929年,他以北疆博物院(天津自然博物馆前身)为依托,与法国神父桑志华合作进行了一系列的考古发掘。北疆博物院是近代中国北方的第一座博物馆,也是中国古人类学创建初期的主要研究机构。其由天主教献县教区专拨天津英租界马场道南侧的一处空地兴建而成,作为天津工商学院附设的教学和研究机构。在院长桑志华的主持下,收藏和陈列了大量采集自黄河流域等北方广阔腹地的古生物、地质、矿物、动植物及民俗类标本。

1922年，桑志华在内蒙古萨拉乌苏河发掘了十分完整的披毛犀骨架化石，还意外发现了古人类牙齿化石，经加拿大人类解剖学家布达生鉴定，为旧石器晚期人类，定名为"河套人"，这是在中国境内首次发现的有可靠地点和地层记录的古代人类化石。1923年5月，在法国巴黎自然历史博物馆、法国科学院及法国教育部资助下，以德日进为首的"法国古代生物考察团"在华进行了为期两年的考察。考察团首先对桑志华采掘的标本进行整理研究。之后，德日进应桑志华邀请，赴鄂尔多斯高原一带考察。他们以包头为起点，沿黄河左岸西行，穿过乌拉山到狼山东麓，后折向西南，在蹬口附近东渡黄河，之后又傍黄河右岸向南到银川市东南的横城，到达今宁夏回族自治区灵武县的水洞沟。在被旧河床切割的黄土剖面中，发现了一处内容丰富的旧石器时代晚期遗址。同年7月，德日进与桑志华在陕西榆林油房头、靖边小桥畔及宁夏三圣宫等地，发现了与水洞沟属同一时期的石器200多件。1924年，德日进与桑志华合写了《关于内蒙和陕北第一次发现旧石器文化初步报告》，对上述考察成果进行了总结。1926年，德日进在纽约美国自然历史博物馆的《自然历史》杂志上发表文章，介绍了内蒙古萨拉乌苏河和宁夏水洞沟以及陕西油房头的旧石器时代考古发现。这是德日进在中国考察活动所取得的第一项重要成果。

1924年，德日进先后去河南、热河、察哈尔等地采集化石标本。桑志华观察了这些标本后，决定与德日进及美国地质学家巴尔博等人一起到阳原县的桑干河畔进行考察。同年9月，他们在泥河湾村红色的黏土层内，发现了大量的哺乳动物化石，包括象、犀、马、羊、牛、猪、驼、麂、鹿、狐、貂、犬、熊、鼬、獾、水獭、鼠、虎、猞猁、刺猬等。第二年，他们又多次来到泥河湾，采集了大量的动植物标本。巴尔博将盆地内的河湖沉积物命名为"泥河湾层"，从而拉开了泥河湾盆地科学研究的帷幕。1930年，德日进与皮维窦发表了《泥河湾哺乳动物化石》一文，他们把三趾马红土以上、马兰黄土以下这段地层里采集到的哺乳动物化石,定为泥河湾动物群,认为此动物群可与欧洲维拉方期动物群相对比。德日进对泥河湾哺乳动物化石的研究,对于中国古生物学的发展起到了重要的推动作用。后来,经过几代科学家的努力,泥河湾逐步形成了集旧石器时代遗迹、哺乳动物化石群及第四纪地层标准剖面为一体的综合性的第四纪文化遗址。

1925年,由于在巴黎天主教大学传授进化论思想,德日进被迫离开教职。桑志华请求以耶稣会中国北方教区(献县教区)的名义引进德日进为北疆博物院服务。1926年,他们先后到陕西潼关、山西洪洞一带进行考察。1927年4月,德日进与桑志华一起赴绥远、察哈尔、热河等地考察,之后又到周口店进行考察。这一年,德日进完成《神的境界》一书的撰写工作。1929年,德日进与桑志华一起去东北进行补充调查。德日进的研究成果也提高了北疆博物院在国际学术界的地位。

德日进在华学术活动的第二阶段是1929年至1937年。1929年,随着中国地质研究所新生代研究室的成立,德日进以研究室顾问的身份,与裴文中、步达生、杨钟健、贾兰坡等人合作,参与了北京周口店遗址的发掘工作。1929年12月2日下午4时,裴文中发现了第一个"北京人"头盖骨,此外还发现了人工制作的工具和用火遗迹,这成为震惊世界的重大考古发现。这一时期德日进的主要任务是对周口店遗址的发掘及对研究工作进行科学指导,配合野外发掘工作,负责地层古生物的鉴定和研究。

这一阶段是德日进在华野外地质调查的主要时期,他有计划地在晋陕、秦岭东段、三峡、两广及长江下游地区开展新生代地质考察。1930年,德日进与杨钟健一起撰写了论文《山西西部陕西北部蓬蒂纪后黄土期前之地层观察》。1931年,德日进以地质顾问身份参加了法国雪铁龙公司组织的横跨欧亚大陆的"黄色远征"系列活动。1932年,德日进去山西考察,之后返回法国。1933年6月,德日进与我国著名学者丁文江及美国地质学家葛利普同赴华盛顿出席第16届国际地质大会。1934年,到南京、重庆、成都、河南等地考察。1935年,到广东、广西考察,继而赴印尼爪哇等地考察。1936年6月,由德日进撰写的《周口店第九地点之哺乳化石》刊载在由国民政府实业部地质调查所、国立北平研究院地质研究所主办的《中国古生物志》丙种第七号第四册上。

1937年7月,七七事变爆发,德日进在华学术活动随之进入到第三阶段。1938年,由于日本军队封锁了天津的英、法租界,桑志华的考察活动被迫终止,他任命法国人罗学宾为北疆博物院副院长后,便只身一人回到法国,这使得德日进在华考察活动也受到影响。1939年,第二次世界大战爆发,德日进受困于北京。1940年,罗学宾在北京建立北京地质生物研究所,德日进任名誉所长。1941年太平洋战争爆发后,罗学宾与德日进在中国的考察活动被迫终止,1946年6月,德日进返回法国。

回到法国后的德日进先后到美国、南非等地进行考察。1950年,德日进当选法国科学院院士。由于长期持进化论思想,不容于教会,德日进在1951年被迫移居美国。1955年4月10日,德日进病逝于纽约,终年74岁。

参考文献:

[法]黎桑(桑志华):《黄河流域十年实地调查记目录》,天津法文图书馆,民国时期印行。

[法]德日进、杨钟健:《山西西部陕西北部蓬蒂纪后黄土期前之地层观察》,《地质专报》甲种第8号,农矿部直辖地质调查所,1930年内部印行。

[法]德日进:《周口店第九地点之哺乳化石》,《中国古生物志》丙

种第七号第四册,实业部地质调查所、国立北平研究院地质研究所,1936年内部印行。

陈锡欣编:《天津自然博物馆八十周年》,天津科学技术出版社,1994年。

孙景云编:《天津自然博物馆建馆90周年文集》,天津科学技术出版社,2004年。

(侯福志)

邓 庆 澜

邓庆澜(1880—1960),字澄波,祖籍浙江绍兴,天津人。邓庆澜出生5个月后,父亲邓奎章病故,母亲于氏以缝补浆洗维持家庭生活。邓庆澜6岁入私塾读书。

1903年8月,天津最早的官立小学堂——城隍庙小学堂开办,邓庆澜被聘为该校教员。1904年,严修在四乡设学招生,邓庆澜、陈筱庄受严修委托在天津西门城隍庙内筹设单级小学堂,邓庆澜为健堂长兼教员。小学堂开展"单级复式"教学,即一班有不同年级的学生,这样在课程安排和教学进行上,教师都需要付出很大的精力。此举为北方提倡单级教授的发端。

1905年,邓庆澜官费赴日留学,毕业于日本东京宏文书院师范专科,并加入孙中山领导的同盟会。回国后,邓庆澜先后任天津县第一学区教育委员及第一学区劝学员、直隶省立单级教员讲习所总务主任、天津官立模范两等小学堂教员。

1907年,天津县立师范讲习所成立,邓庆澜任所长。讲习所于晚间讲授小学教员所必须的课程,一年后经考试合格者发给证书。该所是天津最早的教师进修学校。他还曾担任天津劝学所视学、天津县教育学会会长、天津县实业局局长等职。

1928年,天津定为特别市,邓庆澜任市教育局局长。他争取到市政府每月从由地方卷烟特税收入中直接拨付教育经费6万元,全年合计72万元,作为天津市的教育专款。为合理使用这项专款,邓庆澜建议由市教育局和市财政局联合成立"天津市教育专款保管委员会",由他和财政局局长周根声任主席,独立保管,负责计划、安排、监督使用。1930年,邓庆澜主持制定了天津市中小学教师薪俸等级和晋级标准,还规定了年终加薪办法,从1930年开始实行,一直执行到1937年七七事变爆发。

1929年,邓庆澜在天津市小学教职员联合会的支持下,主持接管了原县属的各官立男女小学和几所公立小学,重新按市立第一、第二、第三、第四、第五的顺序排名。接管后的所有学校男女生兼收,保障男女学童均享有同等受教育的权利。

1929年初,为解决师资不足的问题,邓庆澜积极争取筹建天津市立师范学校(简称市师)获得批准。他向市政府申请拨专款4万元,直接由地方卷烟特税收入拨进,作为该校的创建经费。邓庆澜始终关心市师的发展,先后在大经路河北公园建市师附属小学、在天津老城里户部街建市师幼稚园,作为学生实习的基地。为了提高在职教职员的业务素质,邓庆澜于河东中学内开办音乐美术传习所,于市师内开办教育学和图书馆学班。

邓庆澜在任特别市教育局局长期间,推动成立了市义务教育委员会,并从1935年起实施义务教育。1936年,各类小学达到421所,入学儿童70,852人,教职员工2027人。1929年至1936年,天津中等教育也有发展。据统计,1936年,全市有公私立普通中学25所,在校学生6963人;其他中等学校7所,在校学生1416人。为培养高级人才,市教育局在1930年举行首次留学生考试,选派了4名天津市籍大学生分赴德、英、美学习矿冶、电机、染织和教育。

邓庆澜重视职业教育和社会教育。1930年创办了市立第一职业补习学校,分设普通、商业、工艺等科,实行半工半读,不收学费。在社会教育方面,他接管了东马路、西马路、北大关、地藏庵四处宣讲所,改名为天津市第一、第二、第三、第四通俗讲演所。先后创建了天津市立图书馆、天津市立美术馆、天津市立民众教育馆。

邓庆澜在任天津特别市教育局局长期间,要求教育行政人员要公正廉洁、克己奉公。他率先垂范,把自己收入的多半捐助慈善事业和教育事业。30年代前后,他担任多所私立学校的董事或董事长,把节省的月薪完全用于发展天津的教育事业,没有私人积蓄。他教育子女不可华服、不可济私。

1937年7月30日,日军占领了天津,邓庆澜拒不担任伪职。抗战胜利后,他初任河北省政府财政厅秘书兼驻津办事处主任。1945年10月,邓庆澜受委托着手恢复天津市立师范学校,并于1946年9月复校上课,自任校长。他一再强调作为师范生要注重品德修养,廉洁奉公、为人师表。他还强调师范生要努力学习文化知识,全面发展。同时他还担任私立渤海中学董事长、私立圣功女子中小学代理董事长、私立法汉中小学副董事长、私立庐山中学常务董事、私立崇化初级中学董事、私立众成商职学校董事、私立山西旅津初级中学董事等职。

1948年10月末,市立师范学校成立了护校委员会。邓庆澜、李邦翰、刘伯高等学校领导都参加了护校工作,天津解放时学校财产基本未受损失。

1949年11月,邓庆澜调任天津市立第一图书馆馆长。任职期间以多种形式开展读者服务工作,整理捐赠图书4万余册,先后建立10余个“巡回站”,送书到工厂、部队,并成立读书会,对组织青年学习政治理论发挥了作用。1954年退休后任天津市文史研究馆馆员、天津市政协委员等职。邓庆澜著有《中国儿童教育大纲》《单级教授讲义:单级小学校教授法》等。

1960年12月,邓庆澜病逝,终年80岁。

参考文献:

齐植璐:《天津近代著名教育家严修》,载天津市政协文史委编:《天津文史资料选辑》第25辑,天津人民出版社,1983年。

天津市教育局《教育志》编修办公室编著:《天津基础教育四十年(1949—1988)》,1989年内部印行。

天津市南开中学编印:《天津市南开中学建校八十五周年纪念专刊(1904—1989)》,1989年内部印行。

汪桂年:《天津近代小学教育家邓庆澜》,载天津市政协文史委编:《天津文史资料选辑》第58辑,天津人民出版社,1993年。

(张绍祖)

邓 颖 超

　　邓颖超(1904—1992),曾用名邓玉爱、邓文淑,祖籍河南光山县,1904年2月4日(光绪二十九年十二月十九日)出生在广西南宁一个地方官吏家庭。父亲邓庭忠曾任南宁镇台,母亲杨振德,自幼学习中医。邓颖超出生后,父亲由于受重男轻女封建思想影响,要将女儿送人,杨振德以死抗争。邓颖超3岁时父亲因得罪上司遭到陷害,被流放新疆,后客死他乡,杨振德决意独自把女儿抚养成人。她们母女二人先后在广州、上海等地辗转求生,1910年迁居天津。其间,杨振德以行医和做家庭教师为生,虽然过着清贫的生活,却始终没有放松对女儿的教育。邓颖超深受母亲性格的影响。1913年后,邓颖超先后在北京平民学校、天津直隶第一女子师范学校读书。

　　1919年五四运动爆发。此时,正在直隶第一女子师范学校读书的邓颖超,年仅15岁,便积极投身轰轰烈烈的反帝爱国运动之中。她和周恩来、马骏、刘清扬、郭隆真等人,站到了革命运动的最前列,参加和组织领导了天津学生运动。

　　1919年5月5日,直隶第一女子师范学校召开各班学生代表会议,邓颖超、郭隆真等倡议成立以女校学生为主的女界爱国同志会。25日,天津女界爱国同志会在东门里江苏会馆召开成立大会,大会选举刘清扬、李毅韬为正副会长,邓颖超任评议委员、讲演队队长。6月23日,天津各界联合会在天津总商会召开全体代表大会,邓颖超出席大会并当选联合会交际科干事。随后,邓颖超率领女青年,克服重重困难,冲破封建习俗,走向大街小巷,甚至深入家庭,向广大市民特别是妇女进行反帝爱国宣传,动员大家抵制日货,争取民族独立。

为团结带领进步青年学生更好地开展革命活动,1919年9月16日,邓颖超和周恩来、马骏、郭隆真、刘清扬等20人,在东南角草厂庵天津学生联合会办公室成立了革命团体觉悟社,邓颖超是最年轻的社员。觉悟社的成立,为五四运动在天津的发展注入了生机与活力,使天津的爱国运动有了坚强的领导核心,为中国共产党的建立培养了一批优秀人才。21日,即觉悟社成立的第五天,李大钊应邀到天津讲演,会后受邀与觉悟社社员座谈。这次会见,给邓颖超留下了深刻印象。当年的觉悟社社员谌小岑后来回忆说:“最年轻的社员邓文淑,简单地向他介绍了觉悟社成立的经过和旨趣,并表示要向北京先辈学习。”①9月22日,邓颖超在南开学校操场举行的天津各界追悼唐山代表郭友三大会上发表演讲,痛斥北洋政府的卖国行为,呼吁大家团结一致,与卖国政府斗争到底。10月10日,天津各界群众数万人在南开操场举行国庆庆祝大会,周恩来、邓颖超等14人当选为主席团成员。会后,举行了大规模游行活动,遭到了军警的镇压。邓颖超带领女学生不顾军警阻挠殴打,向群众讲演并散发传单,邓颖超冲锋在前,“被伤吐血”。随后,天津学生停课请愿,揭露当局镇压群众的反动行径,得到全国人民的广泛声援。12月,天津中等以上男女各校学生组成新的学生联合会,周恩来当选为执行科长,邓颖超当选为教育委员和讲演委员。

1920年1月,在抵制日货的斗争中,以周恩来为代表的觉悟社成员积极行动起来。1月29日,周恩来、于方舟、郭隆真、张若名等领导数千学生开展大规模请愿斗争,要求释放被捕的马千里、马骏等代表,遭到军警镇压,周恩来等4名代表被捕,50多人重伤。惨案发生后,邓

---

①中共天津市委党史研究室编著:《中国共产党天津历史》第1卷,中共党史出版社,2005年,第42页。

颖超等承担起领导天津学生运动的重任,使天津学生运动持续发展。为抗议当局的非法拘捕,声援被捕代表的绝食斗争,4月5日,邓颖超等24人带着行李到警察厅要求入狱替换被捕代表,并揭露警察厅非法长期监禁学生的罪行,迫使警方不得不做出一些让步。随后,邓颖超等继续开展营救被捕代表的活动,直至代表们被释出狱。1920年5月7日"五七"国耻纪念日这天,邓颖超不顾校方的阻拦,扛起大旗,率领300多学生出校参加纪念大会,为要求取消"二十一条"进行宣传讲演活动。爱国学生遭到学校无理开除,全体女生愤然离校。后来,经过12天的斗争,校方被迫收回决定。

1920年夏,邓颖超在天津女师毕业后,先后到北京师大附小和马千里任校长的天津达仁女校任教。其间,邓颖超还与周恩来、刘清扬等到北京参加了由李大钊主持的京津两地进步团体座谈会。座谈会上,邓颖超介绍了觉悟社的组织经过和一年来的活动情况。1923年,邓颖超加入中国社会主义青年团。从此,她以教师身份为掩护,在天津继续从事革命活动。这一时期,她参加了组织女权运动同盟会直隶支部的工作,在《女权运动同盟会直隶支部特刊》第3期上发表文章,抨击旧礼教、旧制度给广大妇女带来的深重灾难。1924年底,随着天津妇女国民会议促成会的成立,她更加积极地投入到宣传马克思主义、宣传妇女运动的工作之中。1924年1月,《妇女日报》在天津创刊,该报虽然存在时间不长,却凝聚着邓颖超的心血。她曾任该报编辑员,一度代理总经理。与此同时,她还在《妇女日报》上著文宣传马列主义,并发表了一系列诗作,渴望新生活的到来。1924年1月21日,列宁逝世。26日,《妇女日报》登载了邓颖超写的文章《悼列宁》,介绍了列宁的革命实践活动,热情赞颂了列宁领导的世界上第一个社会主义国家取得的巨大成就:"他确为人类创了一新生命,开了一个新领域!

他虽与世长辞,但他的精神和伟大的事业却永久不朽了!"①

为了推动天津妇女运动深入发展,1923年初,以邓颖超等为首的一批青年马克思主义者和进步分子创办了"女星社",并出版《女星》杂志。该社的宗旨是:"实地拯救被压迫妇女,宣传妇女应有的革命精神,并加入无产阶级革命。"邓颖超任女星社总务部书记、教育部委员,后任总务委员会委员长、女星社常委。女星社主要通过其刊物《女星》和"女星补习学校"开展妇女解放运动,扩大在社会上的影响。那个时期,《女星》上刊登了很多有分量的反映妇女生活及反抗压迫的文章,在社会上引起极大反响。

大革命初期,根据党的指示,邓颖超与其他党团员一样,以个人身份加入国民党。这时,她不仅担任天津社会主义青年团特支宣传委员,1925年3月转入中国共产党,任中共天津地委妇女部长,同时还担任了国民党直隶省党部妇女部长。1924年1月至1925年7月,作为国民会议运动和五卅运动在天津的主要领导人之一,邓颖超在发动各界群众把反帝反封建斗争推向高潮方面发挥了重要作用。这个时期,她参与组织了欢迎孙中山北上和国民会议运动。1924年12月4日,当孙中山从日本乘船抵津时,受到了天津群众的隆重欢迎,邓颖超参加了码头上的欢迎仪式。随后又与10位代表到张园,联系设宴欢迎并请孙中山演说事宜,孙中山抱病未能出席。邓颖超等询问了病情,代表天津人民表示慰问。8日,孙中山在天津发表宣言再次呼吁召开国民会议。18日,天津50多个团体的代表召开欢迎孙中山大会,邓颖超与会。会上发起成立天津国民会议促成会。22日,以邓颖超为首的天津妇女国民会议促成会宣告成立。

从1924年12月下旬起,邓颖超全力投入国民会议运动,制定了天

---

①中共天津市委党史资料征集委员会、天津市妇女联合会编:《女星社》,中共党史资料出版社,1985年,第82页。

津国民会议促成会章程、宣言。1925年1月3日,天津国民会议促成会成立,邓颖超任总务委员。此后,她积极开展统一战线工作,广泛发动群众,组织各种活动,促进了天津国共合作,推动了天津革命高潮的到来。3月12日孙中山逝世后,她积极参加筹备天津市民追悼孙中山大会的工作。4月18日,天津市民追悼孙中山先生大会隆重举行。会后,邓颖超参加了孙中山主义研究会,被选入总务科和编辑科。

1925年五卅惨案发生后,天津人民群情激愤,6月6日,以邓颖超为首的天津妇女国民会议促成会发出通告,指出五卅惨案"实国民运动史上从未有之惨剧",帝国主义残杀我同胞,"是可忍,孰不可忍!"此后,为建立统一的反帝爱国组织,邓颖超积极投入筹备工作,参与了各界联合会章程、宣言和通电的起草工作。6月10日,反帝爱国统一战线组织"天津各界联合会"召开成立大会,选举邓颖超为主席团主席。6月14日,天津各界十万人在南开学校操场集会,追悼五卅惨案中牺牲的同胞。邓颖超作为大会主席,在会上痛斥帝国主义的残暴罪行,全场观众深受感动。会后,邓颖超等率抗议群众举行了游行示威,向直隶省公署督办李景林请愿。在愤怒的群众面前,李景林不得不表示:"所有请愿条件,吾当极力向中央陈请。"[①]这次集会宣传,震慑了反动政府。随后,200余群众团体纷纷加入各界联合会,天津人民的反帝士气更加高涨。

1925年夏,邓颖超被调到广东,任中共两广区委委员,兼妇委书记和国民党省党部妇女部秘书等职。她同国民党中央妇女部部长何香凝真诚合作,组织广大妇女投身国民革命。同年8月8日,她和周恩来结婚,从此他们结为终身革命伴侣。1927年,蒋介石叛变革命后,她从广东到上海,任中共中央妇委书记,在白色恐怖的恶劣环境下,从事秘

①中共天津市委党史资料征集委员会、天津市总工会工运史研究室、天津市历史博物馆编:《五卅运动在天津》,中共党史资料出版社,1987年,第6页。

密工作。1932年至1934年,邓颖超在江西中央苏区,参加党和工农民主政府工作。先后任中共中央宣传部和组织部干事,中央机关总支书记、中共中央局秘书长、中共中央政治局秘书、中华苏维埃共和国第二届中央执行委员等职。1934年参加红军长征。

　　1937年七七事变爆发后,北平、天津相继沦陷。此时,邓颖超正在北平西山疗养院治病,化名李扬逸,因周恩来化名"李知凡",故她被称为"李知凡太太"。当时,根据党中央和中共中央北方局的指示,须在较短的时间内转移在平津地区坚持斗争的共产党员和进步青年学生。1937年9月,按照党组织的安排,邓颖超和王世英、张晓梅等人来到天津,找到了美国合众社驻天津记者爱泼斯坦,请他帮助购买南下的船票。为了保密起见,斯诺在向爱泼斯坦介绍邓颖超等人时,只说她们是爱国者。为尽快安排她们脱离险境,爱泼斯坦安排邓颖超和张晓梅到英租界印度人泰莱悌开办的酒店居住,同时将王世英接到自己的家中。由于爱泼斯坦引起了日本特务的注意,他决定与邓颖超、斯诺等人一同离津。爱泼斯坦通过他的父亲老爱泼斯坦——一个小公司的经理,找到英国太古轮船公司的熟人,经过一番周折,终于买到了船票。他们原计划在青岛下船一同去上海,但上海形势也很危急,邓颖超等临时决定改在烟台下船,换乘火车到徐州,经西安返回延安。爱泼斯坦则在青岛下船去南京。1985年4月,爱泼斯坦70寿辰时,党和国家领导人邓小平、邓颖超亲临人民大会堂为他祝寿。在祝寿酒会上,邓颖超又一次回忆起这段往事时,两个人的手紧紧地握在了一起,感染了所有的与会者。①抗日战争爆发后,邓颖超在武汉、重庆等地开展抗日民族统一战线工作,先后任中共中央长江局妇委委员,中共中央南方局委员、妇委书记,中共中央妇委副书记,中共驻重庆、南京代表团成员。在这期间,她积极团结社会各界人士和广大妇女,为坚持

————————————

　　①1997年4月10日,笔者采访爱泼斯坦记录。

抗战、团结、进步,反对投降、分裂、倒退,进行了不懈的努力。

解放战争时期,邓颖超作为中共代表团成员出席在重庆召开的政治协商会议,并在重庆、南京、上海为争取中国的和平、民主而斗争。1947年3月,任中共中央后方工作委员会委员。奉命回到延安后任中共中央妇委代理书记。1949年3月,在第一次全国妇女代表大会上当选为全国妇联副主席,并任党组副书记。1949年6月,邓颖超当选新政治协商会议筹备委员会委员,成为《共同纲领》起草小组成员之一。

新中国成立后,邓颖超历任全国妇联副主席、党组副书记、名誉主席,第四、第五届全国人大常委会副委员长。党的十一届三中全会以后,1977年、1982年当选为第十一、第十二届中共中央政治局委员,中共中央纪律检查委员会第二书记。1983年当选为第六届全国政协主席。

邓颖超作为党和国家领导人,曾多次到天津视察指导工作。1983年9月6日,已是中共中央政治局委员、全国政协主席的邓颖超,来到天津南开中学看望师生员工,参观了"周恩来青年时代在津革命活动纪念馆",向工作人员回忆并讲述当年一些鲜为人知的情况。随后,她又来到海河公园内的"青年园",受到在场群众的热烈欢迎。在津期间,邓颖超还接见了天津市妇女干部,看望了天津市政协机关工作人员,还接见了曾为她缝制棉袄的和平区某服装厂的全体青年工人。1984年7月7日,正在天津休假的邓颖超同志,应中共天津市委党史资料征集委员会的请求,回顾了她早年在津进行革命活动的若干历史情况。

1992年7月11日,邓颖超在北京逝世,终年88岁。7月18日上午,天津市党政军负责人和各界群众聚集天津礼堂,深切悼念伟大的无产阶级革命家、政治家、著名社会活动家、坚定的马克思主义者、党和国家的卓越领导人、中国妇女运动的先驱邓颖超。悼念仪式后,按照邓颖超同志生前遗愿,将她的骨灰撒在了天津海河和渤海湾。

参考文献:

中共天津市委党史资料征集委员会、天津市妇女联合会编:《邓颖超与天津早期妇女运动》,中国妇女出版社,1987年。

（王凯捷）

邓曰谟

邓曰谟(1896—1983),号舒庵,广东香山人。1896年5月出生于一个殷实的工商业者家庭,家庭环境使邓曰谟从少年时期即有机会接触西方工业文明。

1908年,邓曰谟进入当地教会学校博文书院学习。1911年,15岁的邓曰谟来到上海,参与了反对清王朝的革命活动,担任密码电报的翻译。1914年,邓曰谟参加了大学的入学考试。1915年1月邓曰谟进入北洋大学预科,1917年预科毕业转入本科采矿冶金专业。1920年6月,邓曰谟在北洋大学采冶科毕业,获工学学士学位。经北洋大学教授美国人斯佩芮推荐,1920年12月自费去美国学习,先是在美国芝加哥的格雷钢铁厂研制实验仪器,后来又在查默斯机电厂学习水力机与发电机制造技术。1922年底,邓曰谟回到国内,先后从事工业技术和教学工作。

1930年,邓曰谟到北洋大学任教,先任化学教授,继任机械学教授,后任水利学教授。南京国民政府教育部规定,凡是工科院校必须建立实验室,但当时的教学实验仪器设备几乎全靠进口,且价格昂贵,如一台5万磅材料试验机需花费1.5万多美元,而政府对学校的拨款极为有限。为了克服这个困难,邓曰谟下决心自己设计、制造。1932年至1933年,邓曰谟依托机械研究社,经过一系列艰苦试验,成功设计并制造出材料试验室、水力实验室的一系列仪器设备,如油压试验机、冲击试验机、水泥拉力机、流速计、混流水泵、两级水泵、水轮机等,除了装备北洋大学的材料试验室和水力实验室外,还供给山东大学、中山大学、河南大学、重庆大学、焦作工学院、河南水利专门学校等高校的有关实验室使用。其中5万磅材料试验机为当时由中国人自己设计和制造的第一台全能材料试验机，可以进行有关材料机械性能的一系列静力试验。

邓曰谟还设计制造出一种动力机械煤气发动机，用煤炭经煤气发生炉产生一氧化碳来发动内燃机，并在北洋大学实习工厂自行研制成功机械加工设备大型工件车床。邓曰谟因而成为中国早期机械设备研制和教学方面富有创造活力的开拓者之一。

1934年，北洋工学院成立了"飞机工程研究会"。1934年1月，南京国民政府军政部航空署拨给北洋工学院一架德国造福克·沃尔夫飞机，以供研究仿制，其发动机为一星型5缸汽油机。时任北洋工学院机械系教授、材料试验室主任的邓曰谟，毅然主持承担了飞机发动机的试制工作。此事在当时不仅有材料、技术及工艺上的困难，还有来自社会上的阻力。邓曰谟和他的助手们从铸造合金入手，自己动手冶炼，用了两年时间，试验数百次，终于闯过了一道道难关，使铸造合金在强度、硬度、表面性能方面的技术指标达到了德国标准。接着，邓曰谟逐一仿制发动机零件，把发动机件取下一件，仿造一件，首先进行试验室台架试验，然后进行实物运转试验，即把仿造的机件装在原机上开车试验，比较其性能差距，并加以改进，最后把整个原机零件都替换成了自制零件。试验结果，自制发动机在马力、转速、稳定性等方面都达到了德国原机的水平，取得了完全成功，由此试制成功中国第一台飞机发动机。

抗战胜利后，邓曰谟复任北洋大学采矿系教授，继续从事教学工作和机械设计与制造。1947年5月20日，北平学生举行了"反饥饿、反内战"大游行和街头宣讲，邓曰谟的次子邓霄担任队前纠察，被国民党军警用带铁钉的木棍打成重伤。邓曰谟专程从天津赶到北平，参加了5月22日晚在北京大学民主广场举行的"光荣战士晚会"，并在会上发表演讲,愤怒谴责当局的暴行。

1949年10月,中华人民共和国成立,邓曰谟被任命为北洋大学校务委员会委员、天津财经委员会委员,担任天津市农垦局、农业部、新港及海河工程局等多个单位的顾问,并再次成立了机械研究社,承担了大量工程设计和机械制造任务。1948年,国民党军队撤退时炸毁了保定地区安新县水闸,天津市政府决定在1949年汛期到来之前修复该闸,但当时天津的大小工厂都未开工,无法承担这一任务。如果不能及时修复该闸,安新县及邻近地区数十万人的生命财产就会受到严重威胁。受天津市政府委托,邓曰谟于1949年5月承担了水闸修复任务,从水闸的设计到安装,他和助手们仅用了21天就完成了抢修任务,使安新县及附近地区安然度过了1949年的汛期。1950年,邓曰谟还主持了天津芦台高里区水利灌溉工程的设计和重建。1956年,他主持设计了北京永定河三家店水利枢纽工程。

1952年高等学校院系调整,邓曰谟由天津大学转至中国矿业学院,任机械系教授,长期致力于机械工程的理论研究和教学工作,在培养研究生、承担工程设计、开展校内外技术咨询服务等方面做了大量工作,为许多厂矿企业解决了工程技术上的难题。1958年,唐山煤矿出现煤水泵止推轴承工作时间不长即烧毁的问题,矿上的许多煤水泵几乎一两天就要换一套新轴承,眼看库存的轴承就要用完,生产受到影响。煤矿向中国矿业学院求助。邓曰谟被派到唐山去帮助解决这个问题,他在唐山煤矿设计院的协助下,通过仔细分析试验,找到了问题的症结,采取有效的技术措施,攻克了这一技术难题,使煤水泵轴承寿命延长达半年以上。

作为国内早期的机械工程领域专家,邓曰谟具有机械、电机、采矿、冶金、水利、工程材料等多方面的专长,工程实践经验非常丰富。他写过一些短篇工程常识,还结合教学工作的需要,编写过矿山机械、材料试验等多种讲义。从教40余年,一直未脱离机械设计与制造的实际工作,先后在焦作工学院、北洋大学、中国矿业学院讲授过物理、化学分析、矿山机械、冶金机械、水利机械、矿藏设计、机械设计、材料试验、工程材料学、机工学、水利学、制图和金属工艺学等十几门课程,桃李满天下。

1983年12月30日,邓曰谟在北京病逝,终年87岁。

参考文献:

北洋大学-天津大学校史编辑室:《北洋大学-天津大学校史》(1),天津大学出版社,1990年。

李义丹、王杰主编:《文化记忆》,天津大学出版社,2011年。

李义丹、王杰主编:《实事求是 日新又新——天津大学文化研究》,高等教育出版社,2013年。

（王　杰）

邸玉堂

邸玉堂（1900—1977），名金印，河北枣强人，出身商人家庭，幼时入私塾学习。其叔父曾任北京市五金行公会会长。

邸玉堂受父亲与叔父的影响，14岁时来津入五金行学做生意。1917年，邸玉堂经人介绍到天津裕庆隆五金行当学徒。因当时五金行经营的绝大部分是国外进口产品，店铺需要有专人负责到海关上税并起运货物，邸玉堂被派去报关起货。其间，邸玉堂发现"跑局所的"，即那些专门与铁路局、铁工厂等公营企业联系生意的人，通过与官办企业建立联系，不仅有大批生意可做，而且利润丰厚。于是私下与北洋铁工厂联系，后经人介绍，邸玉堂认识了德县兵工厂枪弹厂的厂长，做成了第一笔化铜罐买卖，由此赢得了经理的信任。邸玉堂通过德县兵工厂总办陈星桥的关系，垄断了该厂百分之八九十的业务量。除了德县兵工厂的业务外，邸玉堂当时还兼做北洋铁工厂、大沽造船所及一些煤矿的生意。

1923年，裕庆隆五金行的业务量居当时天津五金行业前列，而裕庆隆50%的业务都是邸玉堂完成的。随着邸玉堂在五金行地位的不断提高，23岁时他离开了裕庆隆，与人合资开设晋丰五金行，邸玉堂任经理。

晋丰五金行初以德县兵工厂为老顾主，主要经营紫铜、青铝、子弹夹钢皮、子弹头等军火材料。邸玉堂胆子大，敢冒风险，买卖做得也大，在商界有"大手笔"之称，一年后便开设了晋隆商行。当时天津五金市场几乎为日货所垄断,因此晋隆商行也专做日本五金进口生意,德县兵工厂的五金由晋隆专卖,就连做子弹箱的木材也由晋隆承办,因此获利很多。

1930年中原大战爆发,晋隆损失30余万元,股东纷纷撤资。1931年起,晋隆改为邸氏独资经营。由于邸玉堂与天津金融界的诚信合作,晋隆树立了良好的信誉。1932年,邸玉堂与北平邹泉荪等集资开设亨通贸易公司,主要以猪鬃、蛋黄、皮毛、草帽缏等土货出口为主营业务,同时进口大米、面粉、五金、自行车零件等,形成对五金行"三管"(铁管、铅管、钢管)的垄断局面。1941年太平洋战争爆发后,进出口贸易停滞,公司的经营遇到很大困难。

为了应付经营上的危局,邸玉堂开始投资货栈业。1935年,邸玉堂合资开设隆丰货栈,专门用于五金商货物存放。但由于受世界经济恐慌的影响,隆丰货栈不久也被迫关闭。

凭着在商界的声望,1935年,35岁的邸玉堂出任天津五金业同业公会代理主席。1936年,邸玉堂当选为五金业同业公会主席、天津市商会执行委员。同年,邸玉堂获得了铁路局的生意,在为北宁铁路局采办材料中又积累了四五十万元的资本。1937年,邸玉堂在隆丰货栈旧址成立了益丰银号,后又扩大为益丰银行,获利颇丰。

1937年天津沦陷后,邸玉堂担任伪天津商会会长。邸玉堂还投资过造胰公司、保险公司、面粉公司、针织工厂和当铺等。

1945年日本无条件投降后,国民政府军事肃奸机关以邸玉堂担任伪商会会长以及战时资敌为由将其逮捕,并转送河北省高院受审。后经河北省高院审判,邸玉堂以经济汉奸的罪名被判无期徒刑。

新中国成立后,邸玉堂被下放到老家枣强刘仓口村。1977年,邸玉堂逝世,终年77岁。

参考文献：

天津市政协文史委编:《天津文史资料选辑》第32辑,天津人民出版社,1985年。

天津市档案馆等编:《天津商会档案汇编(1937—1945)》,天津人民出版社,1997年。

河北省衡水市政协文史委编:《衡水文史资料丛书之三:衡水经济史料》,河北人民出版社,2002年。

马敏主编:《中国近代商会通史》第4卷,社会科学文献出版社,2015年。

（王　静）

丁 家 立

丁家立(1857—1930)，全名查尔斯·丹尼尔·坦尼（Charles Daniel
Tenney），1857年生于美国马萨诸塞州波士顿城，1878年在美国达特
茅斯大学获学士学位，1879年获欧柏林大学研究院神学硕士学位。

1882年，丁家立来华，作为美国公理会的神职人员，在山西省太谷
传教，曾力劝当地富绅捐资兴学，但收效甚微。又值其妻患病求医，遂
于1886年辞去教会职务，携全家迁至天津，任美国驻天津领事馆副领
事，同时以学者的身份从事文教活动。

丁家立来津后，在英租界达文波路北头租用了一所楼房，开了一
个不带宗教色彩的中西书院，招收学生数十人。中西书院当时在社会
上享有很高的声誉，丁家立在天津外国侨民中亦属文化水平较高者。
他为李鸿章的子孙和一些洋行买办讲授英文，借助这种方式，得以与
李鸿章、盛宣怀等洋务官僚接近，并结下深厚的私交。

1895年9月19日，盛宣怀将《拟设天津中西学堂章程禀》呈请直隶
总督兼北洋大臣王文韶。9月30日，王文韶将《拟设天津中西学堂章
程禀》择要改拟为《津海关道盛宣怀创办西学学堂禀明立案由》奏折上
奏光绪皇帝。10月2日，光绪帝朱批成立"天津北洋西学学堂"①，次年
更名为"北洋大学堂"。此前，盛宣怀曾就筹办新式学堂一事和丁家立
细致地研讨过办学章程、方法、实施计划等，丁家立为主要策划人之

---

①北洋大学—天津大学校史编辑室：《北洋大学-天津大学校史》(1)，天津大学出
版社，1990年，第14页。

一,因此被聘为北洋西学学堂第一任总教习。

天津北洋西学学堂即现在的天津大学,是中国近代第一所大学,它与近代中国对外关系史、教育史和思想文化史有着密切关系。学堂创办之初设有督办,由清政府官员兼任,但历任督办均不管校务,学堂实际事务由总教习丁家立一人主理。丁家立主持该校达11年之久,对学堂的创建、发展起了重要作用。

天津北洋西学学堂初设于原博文书院址,1895年底,德国将学堂校址划入租界,但初期未对学堂加以干涉。1900年八国联军入侵天津,北洋大学堂校舍先为美军所占,后成为德军兵营。校舍被霸占,设备、文档案卷均遭破坏,学堂被迫停课。直隶总督兼北洋大臣袁世凯为此事多次与联军交涉,均无果。丁家立曾任八国联军都统衙门中文秘书,此时他以北洋大学堂总教习的身份挺身而出,亲赴柏林,根据德国人购地章程规定的地价、房价,向德国政府索取偿金海关银5万两。袁世凯当即指定在天津城北西沽武库废墟上重建北洋大学堂校舍。1903年建成教学东楼、外国教员宿舍楼、中国教员宿舍平房及学务处等办公用房。原大库房8座,2座改为教室,6座改为学生宿舍。1903年4月27日学校正式复课。

学堂创办初期,设立头等学堂、二等学堂各一所,二等学堂毕业后可升入头等学堂,学制各为4年。每所学堂共分四班,由高到低依次为头班、二班、三班、四班(末班),每班招生30人,学生按年依次升班,各学堂规模保持为120人。1902年,直隶总督袁世凯在保定设立直隶高等学堂,聘请丁家立兼任总教习,主管学堂的教学及延聘教员事务。丁家立遂将保定直隶高等学堂依北洋二等学堂学制改为4年,定为北洋大学堂头等学堂的预备学堂。学生毕业后无需考试,即可升入北洋大学堂头等学堂,使高等学堂的学制、课程设置与北洋大学堂的教学相联系,成为一个有机的整体。

1904年,为进一步完善管理机制和规章制度,该校制定了《天津大学堂新订各规则》,分门别类地规定了学校教学管理等各项制度,"北洋大学在中国近代大学中以严谨的校风而闻名,这同它在建校初期就十分重视各项规章制度的建设是分不开的"①。

学堂创立之初,丁家立仿效美国大学的模式,在头等学堂设置专门课程,分设工程学、电学、矿务学、机器学和律例学等。1897年,盛宣怀创办的山海关铁路学堂停办,学生并入北洋大学堂,增设铁路专科。1898年,应芦汉铁路要求,开设铁路学堂。1903年,应外交需要,附设法文班、俄文班,以培养专门人才。丁家立注重英文及基础课的学习,依照年级不同,循序渐进地安排课程,"课堂授课,除国文外,一律用英语教授,因此学生的英语水平都比较高"②。而各学科的专业课程则各有侧重,使学生学有所长。

丁家立十分重视教师的选拔和延聘,当时共延聘教习(包括教授、副教授和讲师)44人,其中洋教习10人。随着功课门类的增加,教习亦随之增加。丁家立延聘洋教习为北洋大学堂开了先河,为此后学堂不断延聘美、英、法、德、日、俄等国知名学者奠定了基础。

资送学生出国留学是学堂创办计划中的重要组成部分。1899年,第一届毕业生原拟赴美留学,因1900年八国联军攻占天津未能成行。1903年,北洋大学在天津西沽复校,派遣留学生才得以实施。学校设立"留美学堂监督"一职,由总教习丁家立兼任,每次由丁家立带领学生赴美留学。丁家立在国外仍把留学生看作自己的学生,负责把学生送往各相关学校读书,监督检查学生的学习,安排管理学生的膳食、住宿、医疗等,每月还发给比在校时更多的零用钱。1901年至1907年,全国官费留美学生计有100余人,其中北洋大学堂就占半数以上。③

①张大民:《天津近代教育史》,天津人民出版社,1993年,第53页。
②荣毓瑛:《北洋大学琐记》,载中国致公党上海市委员会、上海市政协文史委编:《上海文史资料选辑》第52辑,上海人民出版社,1980年,第90页。
③金以林:《近代中国大学研究》,中央文献出版社,2000年,第17页。

这些成绩与丁家立的努力密不可分。

丁家立在校任职期间，除兼任课程外，还编有课本《北洋大学丛书》，著有《亚洲地理》等书。其所著《英文法程》为当时流行最广的教科书。

1901年，丁家立与胡佛、田夏礼、林德、狄更生等在天津成立了先农公司，在香港注册，从事建筑设计、房屋出租、买卖、经租代理等业务，并在北戴河进行别墅设计与建筑工作。

1906年，丁家立辞去北洋大学堂总教习、保定直隶高等学堂总教习和直隶全省西学督办等职务，只保留留美学生监督一职，1908年完全脱离北洋大学堂。回国后，达特茅斯大学认为他在中国的活动为母校增了光，特授予他法学博士学位。美国政府以其通晓中国事务，1912年任命他担任美国驻中国南京副领事。1924年，丁家立又一次来华游历并专程参观了北洋大学校园，受到全校师生的热烈欢迎。1930年他病故于美国，终年73岁。

丁家立先后获得中国政府颁发的三枚勋章，1895年获三等双龙宝星勋章，1903年获二等双龙宝星勋章，1921年获二等嘉禾勋章。

参考文献：

王玉国：《丁家立与北洋大学堂》，《天津大学学报（社会科学版）》，2003年第1期。

北洋大学-天津大学校史编辑室：《北洋大学-天津大学校史》（1），天津大学出版社，1990年。

周利成、王勇则编著：《外国人在旧天津》，天津人民出版社，2007年。

张大民：《天津近代教育史》，天津人民出版社，1993年。

（刘轶男）

丁 开 嶂

丁开嶂(1870—1945)，原名作霖，字小川，河北省丰润人。幼时在乡间读私塾，20岁左右应遵化乡试，得中秀才。1902年京师大学堂成立后，丁开嶂入学师范馆。

1904年日俄战争爆发后，丁开嶂化名开山，赴东北创立抗俄铁血会，袭扰俄军。1905年，又创立华北救命军，要求清廷召回因参与维新而被迫流亡的人士；立即停止科举，革除弊政，速订宪法。1906年冬，丁开嶂加入中国同盟。同年改华北救命军为革命铁血会，设根据地于家乡丰润县南青坨村。1907年，丁自京师大学堂毕业，奏奖文科举人，分发吏部候补主事，未就，不久后创立北振武社。1911年10月10日武昌起义爆发后，黎元洪特派胡鄂公、孙谏声北上，请丁开嶂担任铁血会军长职，商议举行滦州暴动。丁开嶂虽患腿疾，仍拄杖赴津，指挥革命运动，在天津法租界内设铁血军军部，任军长。同时建立四部军，即永、遵、通、蓟之京东部军4万人，张家口、古北口外之京北部军5000人，朝阳、热河之边外部军万余人，锦、广、义、宁南至营口之关东部军5万人，并着手筹划滦州暴动方略和购置军火等准备工作。同年12月29日，丁开嶂与已加入铁血会的滦州清军管带王金铭、施从云、张建功多次计议后，密电邀北方革命组织齐集滦州准备起义。

1912年1月2日，滦州宣布独立。丁开嶂派铁血会永遵(永平、遵化)部部长孙鼎臣、炸弹队队长李辅廷、副队长胡珍率领聚于滦州的铁血会成员入城共同防守。4日拂晓，清通永镇总兵王怀庆与第三镇统制曹锟合力向滦州大举进攻。革命军遭敌埋伏，总司令施从云等遇难。丁开嶂率军增援,受阻而退。滦州暴动失败后,丁开嶂又发动铁血会相继在张家口、通州、天津、奉天、遵化组织起义,均遭镇压。

1912年2月,丁开嶂在天津召集四部军将领举行军事会议,决定派各部军精选壮士潜入北京,于农历除夕分路攻击清廷各衙门,同时各部树旗,宣告独立。会议推举丁开嶂为中华民国军政府北部民军临时大元帅,都督燕辽诸军事。袁世凯迫于南北革命彼呼此应,于2月12日强迫清宣统帝退位。铁血会遂放弃全军起义的计划,于1913年自动解散。

中华民国建立后,丁开嶂被授予开国头等九鼎勋章,任同盟会本部评议员。1915年,应奉天学界邀请,再组铁血会,反对"二十一条"的签署。北洋政府时代,屡次征聘其皆不就。1919年赴上海与孙中山会晤,以所著《大新世界》请教,孙中山视其为救世先锋军。1923年,孙中山与张作霖合作后,丁开嶂任定国仁义军总司令部参谋长。

1931年九一八事变后,东北沦丧。丁开嶂著《论收复东北大计划》一书,书中力陈不抵抗政策、依赖国际联盟解决决非良策。1932年,在洛阳召开的国难会议上被聘为议员。丁开嶂多次拟具议案,呼吁国共合作,协力抗日御侮。由于与会者缺乏共识,只得作罢返乡。1937年七七事变后,丁开嶂的家乡沦陷,他逐渐郁郁寡欢,积劳成疾,右臂残疾。八路军在冀东开展活动后,丁所在乡村为冀东丰滦迁联合县所辖,共产党区县干部时常前往探望丁开嶂,他亦以礼相待,并以抗日救国相勉励。

1945年8月7日,丁开嶂因病逝世,终年75岁。

参考文献:

丁文隽:《丁开嶂先生与铁血会》,载河北省政协文史委:《河北文史资料》第6辑,1982年内部印行。

《丁开嶂》,载中国人民解放军河北省唐山军分区:《唐山市军事志》,1997年内部印行。

丁迈鸿:《先父丁开嶂——一位被遗忘的北方革命者》,《北京师范大学校报》,2002年1月14日。

丁开嶂:《辛亥革命时期的铁血会》,载刘萍、李学通主编:《辛亥革命资料选编》第1卷《反清革命》(下),社会科学文献出版社,2012年。

(欧阳康)

丁懋英

丁懋英（1892—1969），江苏镇江人。出生于中医世家，祖父谙岐黄之术，父亲曾师从清末宫廷御医马培之，并在上海行医成名。

1903年，11岁的丁懋英入私塾读书。1905年，丁懋英被父亲安排与一富家子弟订婚，当她了解到男方有吸食鸦片的恶习后，悲愤逃婚，前往香港，准备参加孙中山组织的革命队伍。她在香港找寻两个月，最后身无分文，衣食无着，被好心人送到了孤儿院。丁懋英的父亲听到消息后勃然大怒，自此不准她踏进家门。外祖父得知消息后，将丁懋英接回自己家中居住。后来在二哥的帮助下，丁懋英进入南京金陵女中读书。1911年，她在上海中西女校毕业，之后留校任教两年。

1913年，丁懋英考取清华大学留美官费生，翌年，赴美入马萨诺塞州何乐山女子学院就读预科。1916年开始就读密歇根大学医科，毕业后在底特律女子医院担任实习医师。1921年至1922年先后在西费城女子医院、费城医学院附属医院及纽约韦拉派克医院任住院医师。

1922年夏，丁懋英学成回国，受天津女医局董事会会长严修之邀任女医局局长。丁懋英上任后，积极利用多方特别捐款建立和改善医院基础设施。

1929年，丁懋英得到奖学金，再度赴美国密歇根大学深造。

1932年，丁懋英为纪念前任局长曹丽云，在天津女医局（此时已复名为北洋女医院）内建丽云护士楼，并创建了天津女医院附设私立丽云护士学校，亲自兼任校长。

1935年，丁懋英在伦敦路创办私立天津女医院分院。院内除设妇产科病房外,增添了儿科、内科、外科、耳鼻喉科和牙科病房,还特约了当时在天津较有声誉的几位开业医师,每周分别来院坐诊。

1937年5月,丁懋英应南开女中的邀请,为毕业班学生作了一次演讲,讲演的题目为《青年人成长的要点》。她从一位医生的视角,对青年人提出了健康成长的要求。她指出:"青年时期是人生最宝贵的时期,一切习惯的养成、事业的成败都取决于青年时期。"她主张青年成长要注重朴实,要崇尚自然成长,主张天然健康,反对过度修饰,"不随波逐流地模仿人家,偏要涂那么多胭脂,使人看了感到一种不痛快"。她主张"依时睡,依时起,心里快活,精神充足",做"自己的事业"。在"个人的地位和身份"要求中,她主张"严格管束自己"。作为医生,她以录用护士的标准要求青年学生,对头部的要求是:"不要涂多少油,整齐便够了";对牙齿的要求是:"口对于牙不能不负责任。口腔是食品的必经孔道,怎么能不要洗刷洁净呢";对着装的要求是:待客、会议时,不只要注意外衣,在里面更注意不要裹着"肮脏的衬衣"。这些要求看起来似乎是常常被忽视的生活小节,却是文明生活的基本要求。在待人接物方面,父亲教诲她:"对于长者要恭敬,对于同事要体恤,对于以下要宽容。"她将其作为给青年同学的忠告。在"宗旨"要求中,她主张"每人要确定自己的宗旨,依着它做去,只要是你能力所及的,保你会成功的"。最后,在"公共知识"要求中,她说:"人类生活有两种目的:(目的)A.对于社会国家的贡献:要做社会上有用的'钉子',不要放在墙外刺人。家庭要负起教育的责任。(目的)B.快乐:要有'比上不足,比下有余'的心理,那样才有快乐。快乐地做有益国家的事……只要有恒心,什么难关不可打破呢!"①

除了聘请社会名流入医院董事会以增强经济实力外,丁懋英还在

---

① 崔国良:《妇产科医生视角:青年成长要点——丁懋英大夫在南开女中的讲演》,《今晚报》,2010年4月12日。

八里台吴家窑置园田耕耘兼作牧畜。全民族抗战爆发后,天津女医院经费不仅自给自足,而且略有盈余。丁懋英分别在第十一区南开四马路与救世军合办分诊所,在小白楼女青年会内设分诊所,在八里台吴家窑本院职工宿舍内设立乡村卫生所,在河北公园附近设立天津人民肺病疗养院等六处医院和卫生机构,为平民义诊。

1945年抗战胜利后,联合国救济总署援华物资运抵天津,经美国驻天津领事推荐,丁懋英担任这批物资的监管,负责将救济物资发放到难民及贫民手里。1948年3月20日,丁懋英出资,委托监狱缝纫科制作棉衣500件,发给劳役犯人作为囚衣。[①]

天津解放以后,市卫生局于1950年1月1日接收了天津女医院,并改名为天津市市立人民妇产科医院,丁懋英任院长。6月,她提出辞职,将天津女医院及成都道私人医院的房舍均捐献给天津市人民政府,自己孤身赴美。1952年,60岁的丁懋英又考取了美国三州医师执照,仍坚持在美行医。

1969年,丁懋英在美国逝世,葬于旧金山郊外,终年77岁。

参考文献:

天津市南开区政协文史委、天津市南开区文化局编:《南开春秋文史丛刊》第5辑,1992年内部印行。

天津医专校史编写组编:《从学堂到医专:庆祝天津医学高等专科学校百年华诞(1908—2008)》,天津人民出版社,2008年。

(赵云利)

[①]薛梅卿、从金鹏主编:《天津监狱史》,天津人民出版社,1999年,第92页。

丁 子 良

丁子良（1870—1935），名国瑞，字子良，号竹园，以字、号行，北京人，回族。丁子良出生于一个中医世家，其叔父丁庆三（名德恩）是北京知名的中医外科大夫。丁子良幼学诗书，聪颖过人，受其叔父影响，青年时代便研习中医，立志"不为良相，乃为良医"[①]。

1895年春，丁子良来天津行医，到西北角回族聚居区投靠教亲，很快就在小伙巷租到门脸房屋一处，榜书匾额"敬慎医室"，开始悬壶济世。丁子良专于中医内科、妇科、小儿科，他医术精湛，医德高尚，真心实意地治病救人，很快就打开局面，赢得了口碑。

1906年，丁子良在天津《商报》刊发启事，倡议创建中医研究会，得到知名人士林墨青、刘孟扬等人的大力帮助。他精心撰写了《创议中医研究会章程》，大项共计10章，小项则有81条之多，事无巨细，面面俱到，切实可行。研究会的工作顺理成章地开展起来，丁子良被选举为研究会董事。研究会的活动内容很丰富，包括医药学术演讲、病例医案研讨、中草药药材辨认，以及施诊治病等方面。

丁子良积极提倡中西医结合，他在阐述创建中医研究会的宗旨时写道："中西医学，互有短长，凡西是而中非者，我取而效法之，中是而西非者，我发明推阐之，表面之名称不同，而理想意旨确相合者，我引证解明之，理想治法与习惯万难符合者，姑且阙疑以存之。总以讲明

---

①刘成麟：《竹园丛话》第3集"序"，天津敬慎医室，1923年印行。

医术,有益病人为归宿,不存门户之见。"①把中西医结合的理论、方法和目的阐述得清清楚楚、简便易行,是其行医多年的经验之谈。他还是将医学与药学相结合的开拓者和实践者。基于把医学与药学相结合的主张,丁子良在呈禀天津县署各衙门批准立案时,把最初创议的"中医研究会"定名为"天津医药研究会"。

1907年秋,丁子良辞去天津医药研究会董事之职,专心创办白话报。同年,丁子良在津创办《竹园白话报》。他认为开社会之风气,最宜办小张的白话报,或是浅文话报,言论越浅越好。因为对社会风俗的病症下药,教妇女小孩,不论粗细人一听就懂。1908年10月25日,第404号《竹园白话报》改称为《天津竹园报》。丁子良写过很多提倡移风易俗的文章,如《结婚宜速改良》《好女不穿嫁妆衣》《好男儿当爱国》等,这些有益世道人心的文章,深入浅出,亦庄亦谐,开通风气,增益民智,颇受广大读者欢迎。丁子良也写过很多政论文章,如《十年来官府之罪恶》《中华民国之新国耻》《忠告袁大总统》等,这些针砭时弊的文章,言辞犀利,入木三分,笔锋敏锐,一语破的,在社会上产生了较大影响。

丁子良作为报人,十分关心报业的处境和发展,他撰述了多篇有关报业的文章,如《论中国订定报律》《说报》《作报难》《叹报律》《劝官府勿再与报馆结怨》《办报之难易》《白话报立言之难》等。这些金声玉振的文章,由表及里,闳中肆外,是丁子良亲身经历的感慨之谈,是研究近代报业经济、新闻出版史不可多得的宝贵资料。

1911年,丁子良与顾叔度、李镇桐、丁义华、杜清廉、刘孟扬等6人,发起成立了"国民争废烟会"。大会公推丁子良为临时会长,又推选出丁子良、李子久、刘伯年、李玉孙、杜竹轩等5人,组成废约代表团,进京请愿,为废除英国与中国订立的有关鸦片烟的不平等条约而

①《创议中医研究会章程》,载《竹园丛话》,天津敬慎医室,1924年印行。

奔走。这是继虎门销烟之后再次掀起的国民废烟行动。

1912年正月,天津地方疫病流行,传染快,治疗难。丁子良回到医药研究会,共同会诊研讨医治良方。2月,疫情得到控制。5月7日夜间,医药研究会因相邻商铺失火被毁,这一近代以来较早创建的医学团体宣告终结。

丁子良的二弟丁宝臣于1906年在北京创办《正宗爱国报》,因刊文抨击袁世凯政权的弊政,1913年8月1日,袁世凯以"惑乱军心,收受乱党资助"等罪名将丁宝臣逮捕,判处死刑。北京各界人士多方营救而不能,丁宝臣被杀害时年仅37岁。[①]

1915年,丁子良因家庭的巨大变故,举家迁居法租界,诊所迁至法租界梨栈大安里,从此专心为患者治病,"敬慎医室"远近闻名。为便于患者服药,他专门研制出多种中成药,计有清肺化痰露、秘制消核膏、黑色密药、加料如意金黄散。精工创制古玉生香香皂,专治散风洁血、解毒杀虫、除垢祛湿、润肌泽肤,凡脸面上粉刺、雀斑等、诸症皆适用。丁子良凭着多年的临床经验著书立说,主要著作有《增补瘟疫论》《说疫》《敬慎医室集效方》《治痢捷要》等,丰富和充实了我国医药学文化宝库。丁子良胸怀坦荡,开放大方,从不保守,他把自己的治疗经验、制药方法公之于众,将预防疾病、炮制药材的方法,毫无保留地公之于众。繁忙的日常医务工作,使他逐步走出了家庭变故的阴影,又开始撰述文章。

1923年,丁子良把三十年来发表的演说、文章编辑成《竹园丛话》,共为24集(册),由天津敬慎医室印行。《竹园丛话》的内容分为两类:一类为撰著,是丁子良的自撰之稿,分为演说、寓言、谐谈、卫生、杂俎等栏目;一类为选录,凡是各报各书有关时局、有益世道的文章皆转载

---

①张巨龄:《醒世篇与丁宝臣的〈正宗爱国报〉》,《北方民族大学学报(哲学社会科学版)》,2012年第6期。

之,署原著者之名。《竹园丛话》涉猎内容广泛,涉及政治、经济、文化、教育、时事诸方面,文笔犀利,通俗易懂,深为社会欢迎。

1935年,丁子良病逝于天津,终年65岁。

参考文献:

《竹园丛话》全24集(册),天津敬慎医室铅印本,1923年至1926年印行。

(尹忠田)

丁 作 韶

丁作韶(1902—1978),本名丁作诏,字舜廷,河南夏邑人。1902年1月生于河南夏邑,其祖父、父亲参加过清末维新变法与辛亥革命,具有初步的资产阶级民主进步思想,进而也深深影响着丁作韶。

1917年,丁作韶考取河南留学欧美预备学校英文科,仅用3年时间就完成了按照教学计划需要5年才能修完的学分,并于1920年9月破格转入法文科插班学习,随后再次提前毕业。1922年,丁作韶考取上海震旦大学法律学系,1927年获法学士学位。同年,他将法国布立厄耳所著的《现代三大帝国主义》一书译成中文在国内刊行,同时还独自撰写了《英俄与犹太人》一书。1928年,丁作韶赴法国留学,在巴黎大学先后获得法学硕士和博士学位。留学期间,他还兼任《时事月报》《中央日报》《中央月刊》及《世界日报》驻欧特约通讯员,足迹遍及欧洲各主要国家,阅历丰富。

1931年9月,丁作韶从法国学成归来抵达上海。早在丁作韶启程回国之前,他就已经收到了时任厦门大学法律系主任、自己的震旦大学老学长徐砥平教授的来函,言明已向厦门大学林文庆校长推荐并获得同意,力邀他到厦门大学法律系执教。由于丁作韶在巴黎留学期间,曾与张作霖的公子张学文及被派到欧洲考察军事的东北将领吴克仁有约,遂决定先赴东北一游。丁作韶在北平顺道拜访几位旧友,稍事休整后,便毅然登上驶往沈阳的列车。是时正是1931年9月18日晚上。当列车从北平东站徐徐开出时,日本在沈阳发动九一八事变的消息尚无所闻。然而随着19日早上列车抵达山海关,有关日军已经侵占沈阳的消息便开始在站台上传开。由于沈阳已被占领,城市正处于戒严之中,通往沈阳的列车只能停靠在皇姑屯,丁作韶只好在车站附近觅得一家小店暂且住下。20日一早,丁作韶不顾旁人的苦苦相劝,将随身携带的行李委托旅店老板看管,并留下家人的联系方式以防不测,决意只身冒险前往沈阳城。丁作韶此行本为张学文、吴克仁而来,但故人已不知去向,久留沈阳没有意义,而且日军烧杀抢掠的暴行愈演愈烈,随时都可能有生命危险。在友人的规劝下,丁作韶于9月22日混在成千上万的逃亡难民之中搭乘火车返回北平。

1931年9月底,丁文韶到达厦门,受聘为厦门大学法律系教授,承担刑法总则、刑法分则、国际公法、国际私法等课程的教学任务。10月2日下午,丁作韶受厦门大学学生抗日救国会的邀请,在群贤楼大礼堂公开演讲中日问题。全校学生为了出席听讲,特地向学校请假两小时。1931年10月间,受集美学校抗日救国会之邀,丁作韶作有关日军侵占沈阳城情况的演讲,听者群情激愤,同仇敌忾。1931年11月30日和12月16日,丁作韶先后两次率领厦门大学学生请愿团前往广州、南京请愿,吁请政府"早日消弭内争,一致御侮"。

一年间,丁作韶抗日宣讲的足迹遍及北平、天津、济南、南京、上海、厦门、漳州、泉州、汕头、广州、福州、开封等地,不遗余力地为唤起民众抗敌自救而奔走呼号。丁作韶的抗日演讲稿及相关文章,后来汇集成四本专书刊行于世,即《抗日救国方案》(张克那等编,厦门大学印务处,1931年)、《抵抗主义》(楼桐茂记,中山大学中日问题研究会,1931年)、《抵抗主义——民众自救方案》(原景信编,中国抵抗总社,1932年)、《丁作韶博士言论集》(大学书店,1936年)。《厦大周刊》第11卷第17期(1932年4月6日)也刊登有丁作韶撰写的《大学与救国运动》一文。1932年3月24日下午,丁作韶再次应厦门基督教青年会之邀,在该会大礼堂演讲"全国抗日救国运动之经过"。

1932年夏,丁作韶离开厦门大学,受聘为四川大学法学院教授。

1933年转赴天津,担任河北省立法商学院教授,还兼任过民国大学、中国大学教授,以及北平《晨报》、《新北平报》、北平《益世报》、《世界日报》主笔。

　　1937年全民族抗战爆发后,丁作韶赴重庆执律师业,并兼任内迁此地办学的朝阳大学教授。旋又转往桂林,任广西大学教授、西南商业专科学校教授。抗战胜利前夕,丁作韶再次受聘为四川大学教授,并任训导长,兼任重庆《益世报》主笔。此时的丁作韶思想"右"倾,曾经多次在四川大学校内阻挠破坏学生的进步活动,更于1946年3月12日参与策划制造了"三教授事件",鼓动一些不明真相的学生围攻李相符、彭迪先、陶大镛三人,诬称他们"主张把东北送给苏联""支持新疆、蒙古独立"等。事件平息后,他的行为引发进步师生的强烈谴责,因此被迫辞职。

　　1946年,丁作韶离开四川大学,回到天津重执律师业,并任天津《益世报》法律顾问,同时当选为天津临时参议会议员。1947年曾与李宜琛、李朋三一道担任金璧辉(川岛芳子)间谍案的辩护律师。1948年曾受聘为河南大学教授。

　　天津解放前夕,人民解放军包围天津,敦促天津国民党守军缴械投降,要求守军尽快派出代表前来谈判投降条件。1949年1月8日,丁作韶与杨云青、康相久、胡景薰等四人被委任为守军代表,出城与东北野战军参谋长刘亚楼进行谈判。谈判先后进行了三次,终以破裂告终。

　　1950年,丁作韶随李弥部国民党残军1000余人退往缅甸境内。1953年赴台湾后,丁作韶受聘为台北大学教授,致力于法学高等教育,培养法学专门人才。同时还曾兼任过台南市"议会议员"、台湾中华训育学会理事长等职。

　　丁作韶一生著译较丰,主要著作有:《英俄与犹太人》《五四运动史》《兵役手册》《国家总动员法释义与实施》《东南亚游记》等;主要译著有:《现代三大帝国主义》《法国宪法之演进》《法国政治思想史》等。

1978年,丁作韶在台湾病逝,终年76岁。

参考文献:

刘卫东主编:《河南大学百年人物志》,河南大学出版社,2012年。

杨瑞春:《中国国民党大陆工作组织研究(1950—1990)》,九州出版社,2014年。

（柏艺莹）

260

董 秋 斯

　　董秋斯(1899—1969),本名绍明,字景天,自1939年起以笔名"董秋斯"代替本名,天津静海人。他出生于一个农民家庭,贫寒的家境造就了董秋斯坚强的性格和报效国家的满腔热忱。就读南开中学期间,品学兼优的董秋斯积极参加五四运动。1921年,董秋斯从天津南开中学毕业后报考燕京大学,依靠半工半读完成了学业。1925年五卅运动爆发,身为燕京大学学生会主席的董秋斯与同学刘谦初合编《燕大周刊》,宣传文学革命,后来又与熊佛西等发起并成立燕大文学会。

　　1926年,董秋斯大学毕业后,应聘到广州协和神学院教书。在那里,他接触了一些马列主义书籍。12月初,国共合作的国民政府由广州北迁,武汉成为革命中心。他和刘谦初、孟用潜随即奔赴武汉,加入国民革命军第十一军政治部从事宣传工作。1927年2月,董秋斯主编理论周刊《血路》,继续传播反帝反封建的先进思想。

　　1928年,董秋斯不幸染上肺病,转去上海医治。在求医期间,只要精神体力稍微好转,董秋斯就会一头扎进学习中。董秋斯以高度的热情阅读了所能找到的苏联文学作品,并尽力从中汲取营养和力量。在阅读《士敏土》一书的过程中,董秋斯为其人物情节所深深感动。该书描绘了苏联结束内战向社会主义建设过渡的过程中,产生的一连串重要问题并逐一得到解决的艰苦历程。董秋斯随即决定翻译此书,把它介绍给中国民众。在翻译的过程中,鲁迅先生在精神和物质上都给予他极大的支持与帮助,并为此书作了代序和图序。这本书是董秋斯翻译的第一部长篇小说,自此他便与翻译工作结下不解之缘。

在上海的中共中央宣传部的挚友张采真的大力举荐下,病中的董秋斯接办了《世界月刊》,这是中国共产党领导下的一个外围刊物。1930年,董秋斯参加左联和社联的发起工作,并主编《国际》月刊。1931年,经史沫特莱的推荐以及中共地下组织的批准,董秋斯与第三国际东方局领导佐尔格直接建立起联系,并积极参加该局的工作。1934年,因劳累过度,董秋斯的病情加重,转入北平协和医院诊治。手术虽然成功了,但在手术中董秋斯被截去8根肋骨,右肺完全压缩。

此后在上海的11年里,董秋斯把养病和地下工作之余的大部分时间都用于翻译外国文学作品,其中费时最多的是托尔斯泰的《战争与和平》。董秋斯从1938年开始翻译这部作品,1949年出版上半部,直到1958年才全部完成这部130多万字的巨著。全书面世后,获得了茅盾先生的好评。董秋斯还翻译过列昂诺夫的长篇小说《索溪》,这本书叙述了20世纪30年代苏联人民在索溪的原始森林里和大自然作斗争,建起一座大型造纸厂的故事。和《土敏土》一样,《索溪》也受到了高尔基的赞赏。除了上述3部苏联小说,董秋斯还翻译过其他国家的许多优秀作品,如英国著名作家狄更斯的《大卫·科波菲尔》、美国著名作家欧文·斯通的《杰克·伦敦传》、加德维尔的《跪在上升的太阳下》与《美国黑人生活纪实》、多丽丝·莱辛的《高原牛的家》、保加利亚著名作家艾林·彼林的《安德列希科》、斯坦倍克的《红马驹》《相持》、以色列著名作家罗丝·吴尔的《安静的森林》,董秋斯还翻译了奥茨本的《精神分析学与辩论唯物论》(再版时恢复原名《弗洛伊德与马克思》)。董秋斯每译一部作品,都要在序言或译后记中说明自己为什么要翻译这部作品,以便读者对此书的来龙去脉有更多了解。

1945年底,中国民主促进会在上海成立,董秋斯是发起人之一,并当选为民进中央委员兼宣传部部长,还担任《民主》周刊编委。此后一段时间,董秋斯为《民主》周刊写过不少文章,也翻译过一些西方记者介绍解放区状况的作品,如《外国军火与中国内战》《记原子弹下的广岛》等。1946年董秋斯加入中国共产党。1949年上海即将解放的时候,组织上决定创办《翻译》月刊,以便传达党在文化方面的方针政策,介绍社会主义国家的文学成就,由董秋斯任主编。不久上海翻译工作者协会成立,旨在发现和培养翻译人才、提高翻译水平,董秋斯又接任了协会主席。新中国成立后,董秋斯历任上海翻译工作者协会主席、《翻译》月刊主编、中国作协编审、《世界文学》副主编。1950年,董秋斯奉调来京,进入出版总署编译局主编《翻译通报》,为联系全国翻译工作者、调查研究、交流翻译经验等付出了许多心血。1952年加入中国作家协会。1953年初,中国作家协会创办《译文》月刊(1959年改名《世界文学》),董秋斯任副主编。1964年,该刊划归中国科学院外国文学研究所领导,董秋斯也到外国文学研究所工作。董秋斯历任全国文协理事,民进中央理事、宣传部部长,上海中苏友协理事等职。

“文化大革命”期间,董秋斯遭到迫害。1969年除夕,因病在家中去世,终年70岁。1979年,董秋斯获平反昭雪,恢复名誉。中国社会科学院在悼词中对董秋斯作了高度评价。

参考文献：

凌山:《深深的怀念——回忆董秋斯同志片段》,《中国翻译》,1980年第4期。

凌山:《董秋斯与翻译工作》,《俄罗斯文艺》,2000年第2期。

那艳武:《翻译家董秋斯研究》,天津财经大学2010年硕士学位论文。

(冯智强)

董守义

　　董守义(1895—1978)，直隶蠡县人。1907年入保定同仁学堂，1910年入通州协和书院。入校后，任协和篮球、足球及田径队队员，1913年当选为篮球队队长，后被推举为学校体育会会长，多次代表学校参加校外各项运动赛事，所到靡不获胜而归。1916年，毕业后由通州来天津，在基督教青年会体育部任职。1917年5月，随团前往日本东京，代表中国出席第三届远东运动会，11月赴上海入青年会全国协会主办的体育学校学习，并兼上海东亚体专、爱国女学体育科教员。1919年，任天津青年会体育部干事，并兼南开学校体育教员、篮球队教练。1923年5月，代表中国参加日本大阪第六届远东运动会篮球赛，同年任天津篮球队教练。后至美国麻省春田大学研究体育，入选为该校篮球队、网球队队员。1925年7月毕业回国，任天津南开学校体育教员。1927年8月，任中国参加上海第八届远东运动会篮球队教练，同年当选为天津体育协进会理事。

　　1925年至1930年，董守义任南开学校体育教员以及"南开五虎"篮球队教练。"南开五虎"李国琛、唐宝昆、刘健常、王锡良、魏蓬云均为南开篮球队成员，在董守义的指导下，球技日益精湛，1928年赢得天津公开篮球赛锦标，1929年，在天津万国篮球赛得到首席，使国人扬眉吐气。[1]1928年秋，董守义带领"南开五虎"远征东北，六战六捷。他还倡议兴建了一个公共运动场，在其倡导下天津篮球运动一枝独秀，成

---

[1]《五虎略历》，《大公报》，1931年1月18日。

264

为"篮球之乡"。1929年4月,华北球类运动会在山西太原举行,燕京、北平师大等近30支队伍参加篮球比赛。"南开五虎"队一一将其击败,获得华北篮球冠军。[1]1930年"南开五虎"队又先后获得天津万国篮球赛冠军,以及杭州第四届全国运动会篮球冠军。之后以"南开五虎"为主力的中国篮球队赴日本参加第九届远东运动会。

南开篮球队随即以为母校建校二十五周年募捐为名转战上海,先后与西青、沪江、南洋以及菲律宾篮球队比赛,皆获得胜利。菲律宾篮球队为参加日本远东运动会逗留上海,上海各球队均不敢应战,唯南开篮球队最终以37比31战胜对手,受到当地团体的热烈追捧。上海ABC内衣公司赠送大锦标一面,上写"冠盖神州"四个大字,上款写"南开大学篮球队十八年南征优胜纪念"。[2]

董守义注重培养球队的比赛精神。1929年天津举办春季中华公开篮球赛,董守义发表讲话将体育精神分为健身与教育两方面。在后来的体育实践中,董守义又将比赛精神分为运动会、运动员、观众三个方面。董守义在报刊发表文章指出:"运动员在任何的运动中,当绝对遵守那种运动的规则;自己一到运动场上,要消除自己一切的脾气,对人应当较平时更加和蔼可亲。不应以胜负为荣辱,只用全力求技术的精进,身心的健全,变成一个有为的中华国民。"[3]"旁观者应有之精神:应该轻视胜负,不应偏重一方,应提倡双方体育运动的精神,鼓励双方的勇气。"[4]"为了贯彻这种比赛精神,需要体育界造就真正的体育领袖,不但于技能方面上有专长,更宜注意人格上的领袖资格,有了真正的体育领袖,学生才肯虚心接受训练。"[5]

---

①《南开五虎》,载南开大学特刊编辑委员会编:《南开四十周年校庆特刊》,1944年内部印行,第35页。

②《凯旋声中之南开篮球队》,《大公报》,1929年5月2日。

③董守义:《运动员应守的三个信条》,《体育周报》,1932年第1期。

④董守义:《体育运动比赛精神》,《青年进步》,1923年第60期。

⑤董守义:《我的第八届远东运动会观》,《体育》,1927年第1卷。

因比赛而伴生的裁判,也是董守义十分注重的一个方面。1930年杭州举行第四届全国运动大会,董守义被聘为篮球总裁判。董守义在《篮球裁判纲要》一文中,对篮球裁判的行政问题、设置裁判委员会、裁判考试方法,以及篮球裁判技术问题、裁判员站在何处最合适等问题,都做了规定。①

董守义积极为社会体育事业培养人才。1926年,他协助天津市教育局成立了体育、音乐练习所,专门培养中小学体育、音乐教师,并承担全部体育课程的教学。1930年起先后在清华大学、北京师范大学、哈尔滨、广州等学校和地区举办体育干部、教师和运动员训练班,并先后在北京师范大学、民国大学、女子文理学院、西北联合大学、浙江大学任体育教授。②

董守义在中国体育界任职颇多:1935年当选全国体育协进会理事、国民政府教育部国民体育委员会委员。1936年担任中国男篮教练,参加在柏林举行的第十一届奥运会,被评为国际裁判员,成为中国在奥运会上最早的国际裁判员之一。后任第一届国际业余篮球联合会委员,到苏联、欧美等十几个国家考察体育。1938年至1945年,任全国体协总干事以及国民政府教育部国民体育委员会常务委员。1947年6月18日,在瑞典斯德哥尔摩举行的第十四届国际奥委会会议上,董守义当选国际奥委会委员。1948年,董守义以奥委会委员的身份出席在伦敦举行的第十四届奥运会。同年,任浙江体育专科学校教授并兼任浙江大学篮球队教练。

1952年7月,董守义作为中国体育代表团总指导,带领中国队参加在芬兰举行的第十五届奥运会。董守义于1955年担任全国体育总会副主席,1956年当选中国篮协主席,1959年任第三届全国政协委

①董守义:《篮球裁判纲要》,《福建体育通讯》,1940年第1卷第3期。
②陈青:《董守义先生的敬业精神》,《体育文史》,1996年第2期。

员,1961年任国家体委运动司副司长、全国武术协会主席,1978年任第五届全国政协委员。

董守义在体育理论方面著述颇丰,著有《篮球术》《最新篮球术》《足球术》《田径赛术》《篮球训练法》,以及普及奥林匹克运动知识的《国际奥林匹克》等。

1978年6月13日,董守义在北京病逝,终年83岁。

参考文献:

董守义:《最新篮球术》,商务印书馆,1947年。

董尔智:《董守义》,《民国档案》,1985年第2期。

黄文宪:《被奈史密斯器重的人:记中国体育活动家、篮坛先驱董守义先生》,《辽宁体育》,1992年第3期。

（汤　锐）

董毓华

　　董毓华(1907—1939),又名美棠,号实存,曾化名王春裕、李家栋、王仲华、鲁渝、魏嘉祥、王大惠等。1907年11月18日(清光绪三十三年十月十三日),董毓华出生于湖北省蕲春县狮子口董家冲四房湾的一个教师家庭。幼年时,董毓华品学兼优,思想追求进步。1924年考入武昌启黄中学,后又跨读湖北省第一师范学校艺术科。他不仅学业优秀,而且十分关心国家和社会进步,积极参加学校革命活动,被誉为"蕲春三杰"①之一。

　　1925年5月4日,董毓华筹备并直接参加了中共湖北地方组织领导的纪念五四运动六周年游行示威活动,受伤后仍然坚持指挥,直至被抬到医院。同年夏,董毓华由董必武介绍加入中国共产党,在武汉从事革命活动。

　　大革命失败后,董毓华根据党的指示返回家乡,以教书为掩护从事地下斗争。第一次国共合作时期,他曾组织成立中国国民党蕲春县狮子口区党部并任负责人。后发起成立农会、妇女协会、学生会和儿童团等群众组织,广泛开展革命宣传。斗争中,董毓华深刻地认识到建立农民革命武装的重要性,并组建了一支百余人的狮子口农民武装自卫队,亲自任队长和教练。1928年初春,董毓华再度赴汉,考入湖北省立师范学校,在求学的同时开展党的青年工作,毕业后在汉阳十五小学教书。

---

　　①另两位是张天佑、陈博。

1930年下半年,武汉党组织遭到严重破坏,董毓华与党组织失去联系。1933年秋,董毓华考入北平的中国大学政治经济系,继续寻找党组织。在校期间,他深入钻研马克思主义著作,组织政治经济学、土地问题和东北问题等三个研究会,引导大家学习马克思主义理论,宣传革命思想,逐渐成为全校学生活动的中心人物。

1935年春,北平党组织恢复后,董毓华成为中国大学党组织的主要领导人,并担任中华民族武装自卫委员会北平分会、北平大中学校学生黄河水灾赈济会的领导工作。

1935年华北事变后,面对愈加深重的民族危机,北平大中学校学生在党的领导下,成立北平市大中学生联合会,董毓华被推选为学联主席,负责抗日救国的宣传工作。为反对国民党以"冀察政务委员会"管理华北工作的卖国行为,12月8日,北平学联在党的领导下,决定发起反对成立"冀察政务委员会"的请愿活动。董毓华积极参与请愿的联络和组织工作,被推举为西城大中学校学生请愿活动指挥。12月9日,请愿活动遭到反动军警阻止,董毓华毅然担任请愿队伍总指挥,率领队伍向国民党政府北平军分会发起请愿。由于反动当局没有谈判意愿,董毓华与北大学生代表宋黎等人商量后决定将请愿改为示威。在示威游行中,学生们遭到反动军警的血腥镇压,董毓华率领学生同军警展开英勇斗争,谱写了震惊中外的一二·九学生爱国运动的重要篇章。

针对国民党当局宣布12月16日正式成立冀察政务委员会,董毓华等人研究决定,联络天津各大学学生会,举行更大规模的示威游行。18日,天津大中学校举行抗日集会和示威游行,成立天津市大中学校学生联合会,以有力的行动声援了一二·九爱国运动。26日,平津学生联合会成立,董毓华被推选为学联主席。为回击国民党政府企图扑灭学生抗日救亡运动的烈火,促进学生运动与工农运动的紧密结合,董毓华根据党的指示,与天津学联组织"平津学生南下扩大宣传团"进行抗日宣传。在斗争过程中,董毓华认为"应建立一个适应新的斗争形势的统一的广泛群众性的青年救亡组织,才能更广泛地团结广大青年投入抗日救亡运动"。1936年1月底,北平党组织决定在宣传团的基础上成立一个具有广泛群众性的青年救亡组织——"民族解放先锋队",简称"民先",它成为党领导抗日救亡运动的得力助手,为党领导抗日战争提供了一支重要的干部队伍。

1936年2月21日,董毓华由平入津,以北洋工学院学生的公开身份活动,组织成立平津各界救国联合会,并任党团书记。3月中旬,董毓华受刘少奇委派,赴上海筹建全国学生救国联合会和全国各界救国联合会,将抗日民族统一战线推向全国。经过周密的准备,董毓华于4月首先邀集各地学生代表在太湖秘密召开全国学生救国联合会筹备会议,讨论通过联合会的章程和宣言。5月29日,全国学生救国联合会在上海成立,董毓华当选执行主席。随后,在董毓华的积极筹备下,全国各界救国联合会于6月1日在上海成立,董毓华担任联合会党团书记,负责组织联络工作。全国学生救国联合会和全国各界救国联合会的成立,有力地推动了抗日救亡运动的蓬勃发展,为全国抗日民族统一战线的形成打下了坚实的基础。

6月,董毓华奉调返回天津,担任中共中央北方局特派员和中央军委华北联络局成员,在华北地区开展上层人士的统战工作。与此同时,他还以深入细致的工作,将平津各界救国联合会扩大成为华北七省两市的华北各界救国联合会,并担任联合会党团书记兼华北"青年救国会"的负责人。华北地区的抗日救亡运动更加广泛地开展起来。

1936年西安事变和平解决后,全国性的抗日民族统一战线初步形成。1937年上半年,董毓华先后参加或主持了"民先"第一次全国代表大会、华北学生救国联合会成立大会和华北各界救国联合会执委扩大会议,积极领导和推动华北学联和华北各界救国联合会创办刊物,进行抗日救亡宣传,为即将爆发的全民族抗战做了充分的准备。

1937年七七事变爆发后,河北省委根据北方局的指示,将工作重点转向农村,平津大批党员、干部和抗日志士转移到冀东、冀南、山东、山西等敌后农村开展抗日游击战争。1937年9月,根据党的指示,董毓华等将原华北各界救国联合会改组为华北人民抗日自卫委员会,并任党团成员兼军事部长。他深入冀东和津南等地大力开展组织群众武装的工作。为了使华北人民抗日自卫委员会取得合法地位,董毓华冲破重重封锁,与国民党经过多轮谈判,终于取得自卫会的合法地位。随后,他又受河北省委派遣到高志远部队任党代表,通过对这支民团武装的改造,使之成为接受党领导的一支具有雄厚实力的抗日武装。

1938年6月,八路军第四纵队挺进冀东。董毓华在田家湾召开军事会议,决定成立抗日联军司令部,董毓华任政委,并决定发起冀东抗日大暴动。暴动胜利后,根据北方局的指示,成立冀热辽军区和行政委员会,统一对部队的领导,董毓华任军区政委和行政委员会主任。面对敌人的疯狂反扑,中共河北省委、八路军四纵党委和冀热辽特委做出将部队撤往平西根据地进行休整的决定。面对外有敌兵围追堵截、内有队伍思想不够统一的状况,董毓华以卓越的指挥才能,为党保存下一支经受严格考验和锻炼的抗日队伍。到达平西后,董毓华所部改编为八路军,他任平西抗日联军司令。

1939年1月,冀热察区党委成立,董毓华任区党委秘书长,后又任华北人民抗日联军司令员,曾作为冀热察区代表赴延安出席会议。6月,在前线指挥作战的董毓华因长期奋战劳累而病倒,由于医疗条件有限,不幸逝世,年仅32岁。

参考文献：

中共党史人物研究会编:《中共党史人物传》第41卷,陕西人民出版社,1989年。

中共天津市委党史资料征集委员会:《天津抗日英烈》,天津古籍出版社,1995年。

（孟 罡）

董 政 国

董政国(1879—1947),本名慎峰,字蓬山,号赞勋,山东即墨县下泊村人,1879年出生于一个清贫的农民家庭。董政国天资聪颖,勤奋好学,幼年时,家境贫寒,经济拮据,但父母对其寄予厚望,虽忍饥受寒,仍在他8岁时,送他进本村的私塾念书。董政国很能理解含辛茹苦的父母供自己求学的用意,他求知若渴,潜心攻读,塾师见他勤奋有为,亦格外器重,每天将所教课程数倍授于他。这样,董政国在不到四年的时间里就将塾师所能传授的知识全部学完。但终因家境贫苦,无力供他继续求学,他只好于12岁时辍学,回家务农。

1896年,17岁的董政国经父亲的朋友介绍,去青岛从军,投奔章高远军门,在其手下当杂务兵。第二年,章军门调防,董政国无处可去,遂回乡务农。1898年,19岁的董政国不甘心像父辈那样耕田为生,他怀着谋出路的想法,毅然只身去天津小站从军,参加了袁世凯的新建陆军。由于他身强力壮、作战勇敢、机敏过人,又肯于吃苦,很快在士兵中崭露头角,由士兵晋升为班长、排长,并被选送到河北保定武备学堂深造。毕业后,先后在北洋军中担任教官、营长、团长等职。

董政国在任职期间,不论是训练,还是作战,都能做到身先士卒,与下属官兵同甘苦。1917年由第二团团长升任北洋军第五旅旅长。1920年,直皖战争爆发,董政国指挥第五旅在湖南衡阳与皖军交战,一举击溃皖军,大获全胜,董政国荣获二等嘉禾勋章,并被提升为第十三混成旅旅长。1922年第一次直奉战争中,董政国任直系左翼军司令官,司令部设在天津东部的芦台镇。4月,董政国率部击溃防守长辛店的奉军。由于董政国指挥有方、战功显赫,荣获一等文虎勋章及五狮军刀的荣誉和奖赏。1924年9月,江浙战争爆发,奉系军阀张作霖乘机派兵入关,第二次直奉战争爆发。战前,董政国已被擢升为第九师师长,又被吴佩孚晋升为陆军中将、勋四位,并被任命为讨奉第一军副司令官兼第三路军司令官,司令部设在北京北苑。战争开始后,董政国奉命率部出兵榆关(今山海关)外大杖子,阻击奉军;同时,第十六混成旅旅长冯玉祥作为右翼军率部出兵古北口。直奉双方正在交战中,冯玉祥突然于10月发动政变,率部回师北京。此举导致直系军前线的全体官兵军心涣散,失去战意。奉军乘乱猛攻,董政国部为奉军张宗昌所败,几乎全军覆没。吴佩孚取道海路逃往长江一带,董政国率残部退守桃林、冷口间待命。

1926年,北伐战争开始,国民革命军挥师北伐。直系军阀吴佩孚亲任"讨赤"(指北伐军)联军总司令,集中十余万兵力于湖北、湖南一带,妄图与北伐军相对抗。董政国被任命为"讨赤"援湘第八路军司令,作为吴佩孚的主力部队在湖北咸宁一带防守。7月,国民革命军(即北伐军)第四军、第七军、第八军相继在湖北、湖南向北洋军发起了进攻。汀泗桥位于粤汉路上,是武汉南面的第一门户,它一面高山耸立,三面环水,地势险要,易守难攻,吴佩孚派第一师师长宋大霈率部镇守此桥,董政国部也被调来协助防守。①经过激烈的战斗,北洋军被叶挺独立团击溃,董政国率残部撤退至武汉以北驻扎防守。

1926年12月,董政国父亲病逝,他守孝之后,便于次年回到天津闲居,从此脱离军界,不问军政事务。1933年,董政国参与发起组织山东旅津同乡会(山东会馆),并担任副会长。

1947年5月,董政国因病在天津去世,终年68岁。

---

① 程舒伟、郑瑞峰:《周恩来与黄埔军校》,中央文献出版社,2014年,第65页。

参考文献:

即墨县政协文史委编:《即墨文史资料》第 4 辑,1988 年内部印行。

陈贤庆、陈贤杰编:《民国军政人物寻踪》,南京出版社,1991 年。

天津市政协文史委编:《天津文史资料选辑》第 56 辑,天津人民出版社,1992 年。

（郭嘉宁）

杜宝桢

杜宝桢(1873—?),字筱琴,天津人。1910年,在强国强种思潮的影响下,杜宝桢倡议组建天津体育社(亦称天津普通体育社)并任体育社社长。该社以练习体操、强健身体、振作尚武精神为宗旨,主要招收本埠土著并寄居之士农工商及其子弟为成员。体育社成立之初,共招收20岁左右、体魄强壮的青年100多人,课程以练习军操为主,每日练习两次体操。因为体育社是由民间绅商共同筹资而建,所以其运转资金完全靠绅商捐赠和社会捐助。为了筹集资金,杜宝桢会同其他发起人多次筹办义务戏,邀请京津两地名角演出。通过这样的演出,既扩大了体育社的社会影响力,又吸引了众多新成员入社。后来,体育社除操练军操强身健体外,还应酬社会上的"红白事",天津警察厅成立保安队时,体育社便合并其中。

在清末立宪运动中,各地纷纷成立国会请愿团。1910年10月,直隶绅商因不满清政府推迟召开国会的决定,齐集东马路宣讲所,并推选杜宝桢等12人为代表赴督署,陈述俄国入侵东三省之外交危机,以及"非开国会不足以释民众与朝廷之恶感,不足以救中国之亡"之情,坚持要求明年即开国会。在代表们的强烈请求之下,直隶总督陈夔龙答应上奏清廷。

1912年,在天津城里大费家胡同南口的水月庵,杜宝桢与其弟杜笑山成立体仁南善社,简称"南善堂"。南善堂初期实行董事制,并聘请范竹斋、卞月亭等社会名流和殷实富豪为董事,商议会中事务,但实际上主持南善堂事务的是杜氏兄弟。南善堂是慈善团体,定期的慈善活动主要包括恤嫠和赈济文贫两种,此外还办理一些诸如冬天赈衣、夏天赈药等临时赈济之事,如果遇到特殊情况,南善堂也办理急赈。

1917年天津遭遇大水灾,灾民饿殍遍地,惨不忍睹。杜宝桢兄弟一方面安排急赈事项,派人分头募捐善款;一方面派人购买赈粮,开办粥厂,发放窝头。同时还派人承包打埝工程,购买麻袋,招募临时工从事装土、打埝等劳动。同年7月26日,为解救极贫和鳏寡孤独,以及卧床呻吟、奄奄待毙之人,杜宝桢还约请本埠热心医士组织成立"医药慈善会",以广济生命。杜宝桢的种种善举得到了政府的认可。

杜宝桢赈济战区灾民是最令人称道的义行善举。1924年9月第二次直奉战争期间,逃到津城的难民无衣无食、无处住宿。杜宝桢心急如焚,考虑到战地灾民来津避难者日多,他带头组织天津八善堂临时救济战地灾民善会,暂借天津南善堂为事务所,并自任主任。在成立大会上他当场捐款,后乘大车亲赴乡间救济难民。同时,八善堂一方面派人分往灾区放赈,为灾民提供口粮;另一方面派遣人员到灾区接难民,并将所有灾民安置于收容所中,给予医疗救助。1926年5月,当这些难民返乡时,八善堂还为难民提供返乡资费。八善堂对受伤士兵也给予帮助。1926年8月,杜宝桢等人筹款2万元亲赴前线,为轻伤人员定购棉裤袄,出资助其返乡,并用汽车将重伤士兵分送医院。杜宝桢的仁风义举盛传一时,因此荣获四等嘉禾勋章。

杜宝桢经营过恒泰染店,多年任天津商会会董,维护商民权益也是他的主要活动之一。清末民初,天津手工染坊已具有一定规模,为谋行业之团结并服务行业、维护行业权益,1918年天津染商成立染商公会。杜宝桢以社会名望和商界地位被公会推选为会长。杜宝桢还曾担任《中华报》主笔。

杜宝桢热衷于社会各界的爱国维权活动。为振兴商业、研究商情利弊,同时为天津商会决策提供辅助和支持,天津商会以"研究物品,讲求制造,除商弊,利商益,振兴商业"为宗旨,在会内附设商业研究会,杜宝桢当选为会长。1911年10月武昌起义后,天津市面动荡,为协助官府维持经济秩序及地方治安,杜宝桢与商会总理宁世福、协理吴连元、坐办李向辰等人共同维持天津商务和地面,得到直隶总督陈夔龙的嘉奖。

在参与社会活动之余,杜宝桢还醉心翰墨书法。津埠有"无匾不成店"的说法,津城商家对牌匾特别重视,常常不惜重金邀请书法大家为其书写。杜宝桢的书法宗自颜真卿,丰腴雄浑、骨力遒劲、端庄雄伟,且又有自身的空灵与雅秀,因此经常受邀为商家书写匾额。天津的老字号桂顺斋、大德祥、小梨园、登瀛楼、一品堂、天祥市场、天祥绸布庄等,其匾额均由其书写。外埠商家也慕名请其题字,北京同升和店堂里的玻璃牌就是由他题写的。当时为祝贺同升和开业,杜宝桢亲笔题写了"同心偕力功成和,升功冠戴财源多"对联,巧妙地把"同升和"三字融于对联之中。

杜宝桢卒年不详。

参考文献:

天津市地方志编修委员会办公室、天津图书馆编:《〈益世报〉天津资料点校汇编》(1),天津社会科学院出版社,1999年。

闫元兴:《民初慈善事业与慈善团体探析——以天津南善堂和八善堂为例》,《中共郑州市委党校学报》,2008年第1期。

章用秀:《天津书法三百年》,天津人民美术出版社,2013年。

(王　静)

杜 建 时

杜建时(1906—1989),字际平,天津武清人。生于武清县杨村镇,7岁进入武清县杨村模范小学读书。13岁考入天津南开中学。17岁考入北京大学政法预科班。1925年,19岁的杜建时考入东北讲武堂北平分校,后随校到沈阳。毕业后,他在炮兵教导团任团附,不足半年便升为连长,一年后升为营长。

1931年九一八事变后,东北军入关,东北讲武堂解散。1931年,杜建时考入陆军大学,毕业考试获全校第一名。1934年,蒋介石给他指派杜建时出国深造,在美国堪萨斯陆军大学读书。毕业后,蒋介石写信说:"世界大战即将爆发,我们将领中懂得国际关系的人太少,你要再入一个学校学习国际关系……"[1]杜建时遂又考入美国加州大学攻读国际关系学,毕业时获得法学博士学位。

1939年杜建时自美国学成回国,相继担任第九战区参谋处处长、副参谋长。1940年杜建时兼任中央陆军军官学校长沙分校主任,培训初、中级干部,以应抗战中补充干部的需要。自1941年初,复兼任湖南省干部训练团教育长,对地方党、政、军干部加以轮流培训,以提高干部素质。1942年杜建时出任陆军大学教务处处长。不久,任国防研究院副主任(主任为蒋介石),负责筹建国防研究院,培养陆、海、空各军种高级统帅和幕僚人员。

在此期间,美国派以马格鲁德为首的军事代表团来华协商对华军

---

[1]沉度、应列等编:《国民党高级将领传略》,华文出版社,2005年,第371页。

事援助事宜,蒋介石委任杜建时兼任军委会委员长侍从室中将高级参谋及国民政府参军处中将参军,协助委员长侍从室主任商震与之谈判。1941年12月太平洋战争爆发后,美国派史迪威来华担任中国战区参谋长,杜建时任翻译。后来,杜建时一直从事蒋介石委派的对外军事联络工作,充当重要幕僚。

1943年夏,罗斯福、丘吉尔在华盛顿发起会议,讨论地中海、缅甸作战与美国空军在中国战区的使用问题,蒋介石派宋子文偕杜建时代表参加。在会上,杜建时、宋子文反复说明中国战场急需优势的空军力量,以防日军继续深入,提议中印航运集中7、8、9三个月的运力为十四航空队输运汽油和武器,此提议为罗斯福所采纳。1943年11月20日,商震、王宠惠率领包括杜建时在内的重要幕僚飞抵开罗,从事开罗会议准备工作。11月23日至26日,中、美、英三国在埃及开罗召开会议,蒋介石、罗斯福、丘吉尔出席,杜建时作为蒋的幕僚参加了这次会议。1945年,作为中国代表团成员之一,杜建时参加了在美国旧金山召开的联合国成立后的第一次大会。

1945年9月,杜建时回到重庆。蒋介石特派他到天津担任第十一战区驻津、唐、榆代表。为了指挥上的便利,又任命杜为北宁线护路司令兼天津市副市长。杜建时任职期间,多次与美国海军陆战队司令洛基中将举行会谈,协商军事作战、交换情报等事宜。当时先后集中到天津的日俘、日侨约有28万人,经杜建时与洛基商定,利用美国舰艇遣送日俘、日侨,用4个月的时间全部遣运回日本。北宁线护路司令直属于东北行营。从1945年11月到1946年7月,先后接应第一军、第六军、第四十九军、第六十军、第九十三军、第七十一军、第五十军等,通过海路在秦皇岛、葫芦岛登陆,开往东北。

1946年11月,杜建时被擢升为天津市市长。就任市长职后,为了稳定时局,杜建时宣布了四条施政方针:一是"实行地方政治",二是

"增进市民福利",三是"扶助工商业",四是"转移社会风气"。①1947年初,上海黄金、美钞波动甚剧,影响到天津。杜建时决定对黄金、美钞紧急管制,以行政力量强制停止黄金、美钞交易,并亲自到黑市交易所去压制取缔,缓解了短时的通货膨胀。

1946年12月24日,美国海军陆战队士兵在北平强奸北京大学女生沈崇事件发生后,南开大学学生举行游行示威。杜建时面嘱天津市警察局局长李汉元:"学生上街游行,应派徒手警察沿街维护,不可干涉。"②当学生游行到市府前时,要求面见市长,他在市府礼堂接见学生,表示同情他们的爱国行动,斥责美国士兵的违法乱纪,并声明向美军驻津司令提出抗议,学生们表示满意。他还规定,治安人员未经他批准,不准任意逮捕学生和其他人员。

任天津市市长期间,杜建时筹集地方财力,构建永久城防工事,共构筑大型碉堡1000多个,小型碉堡群500多个。他按照蒋介石的意图劝说傅作义放弃绥远,集中兵力于平津,以确保出海口,傅作义未予采纳。1948年10月,解放军向张家口发起猛烈攻击,傅作义以其主力往援张家口,致使芦台、杨村空虚,塘沽、天津暴露在解放军直接攻击之下。国防部参谋次长李及兰、总统府参军罗泽闿、联勤总司令部参谋长吴光朝特地乘专机来津,劝杜建时率天津现有兵力突围到塘沽,从海上逃走。但警备司令陈长捷说:"你(指杜)如把部队带走,我只有自杀。"③杜只得放弃突围计划,听天由命。一天,杜建时的老友李烛尘来访,动员他向解放军投降。杜说:"我受国民党和蒋介石多年栽培,不能'忘恩负义',我是军人,军人是不能投降的,但可以尽最大努力,将天津完整地交给共产党。"④蒋介石通知杜建时离津,并两次派飞机来接他,杜都让飞机返回南京。天津解放前夕,杜建时保护了工厂、档

①②沉度、应列等编:《国民党高级将领传略》,第372页。

③④河北省政协文史委、河北省档案局编:《毛泽东与河北》下卷,河北人民出版社,2006年,第212页。

案,并拟定了"和平宣言",于1949年1月15日晨在天津电台进行广播,对减少城市破坏和人员伤亡起到了一定作用。1949年1月14日,解放军对天津发动总攻,经过29小时的战斗,全歼守敌13万,俘虏了陈长捷等军事要员。1949年1月16日,杜建时主动到天津市人民政府,向秘书长吴砚农同志呈交"市长""市府"印鉴,向解放军自首。

杜建时于1961年获得政府特赦,1962年被安排为全国政协文史资料委员会专员,后担任副主任。1983年,杜建时任全国政协委员以及国民党革命委员会中央委员、监察委员,此后参加了更广泛的社会活动。同年,最高人民法院认为,根据当年解放天津的具体情况,对杜建时不应以战犯看待,遂撤销了1961年对他的特赦书。

1989年11月7日,杜建时因病在北京逝世,终年83岁。

参考文献:

胡必林、方灏:《民国高级将领列传》,解放军出版社,2006年。

杜建新:《回忆族兄杜建时》,载天津市政协文史委编:《天津文史资料选辑》第111辑,天津人民出版社,2008年。

陈德仁编著:《天津战役研究》,天津古籍出版社,2003年。

郑杰:《杜建时同志生平》,载天津市武清县政协文史委编:《武清文史资料选辑》第4辑,1990年内部印行。

(欧阳康)

杜 克 臣

杜克臣(1876—1932),名禹铭,字克臣,以字行,天津人。杜克臣少时在天津一家钱铺做学徒,成年后进入英商平和洋行任职员。平和洋行是英商于1870年在上海创办,主要从事与进出口贸易相关的打包业,并开办酒精厂和机器厂等。随着业务的扩大,平和洋行在天津、汉口等地设立了多家分行。杜克臣因熟悉天津本地商情,社交联系面广,由职员升任天津平和洋行华账房经理,任职长达30余年。

杜克臣任平和洋行买办期间,主要负责天津棉花、纱布及土特产的出口,以及面粉、棉花及机械五金设备的进口业务。在杜克臣的经营下,当时天津上述商品的进出口业务几乎完全被平和洋行所垄断。在该洋行最鼎盛之时,拥有河东及海河沿岸的东西南北四大货栈。杜克臣在经营平和货栈的同时,积极开辟新的经营领域,在招揽皮毛、棉花客商以扩大出口货源的基础上,为拓展仓储业务开辟门路。经过多年努力,杜克臣依靠平和洋行积累了巨额财富和显耀的社会地位。

1911年,杜克臣等人以"研究出入口各货,以期兴利除弊、商务发达"[1]为宗旨,创办天津行商公所。参加成员有来自英商怡和、太古、新太兴、仁记、平和、隆茂,德商禅臣、礼和,法商永兴,美商美丰等洋行的津城著名买办30余人。虽然该行商公所最终被取消,但公所的设立为杜克臣在洋行界奠定了重要地位。第一次世界大战爆发后,英商因

---

① 来新夏、郭凤岐主编:《天津大辞典》,天津社会科学院出版社,2001年,第215页。

归国而委托杜克臣保管洋行资产,并继续负责进出口业务。这也是杜克臣获利最多的时期。当时杜克臣以行商公所为依托,在张北一带设庄收购羊毛,然后运至欧洲,成本低廉但获利丰厚。在此基础上,杜克臣自营开办了永谦银号,并与日商正金洋行买办魏信臣合资开办义丰成银号、永康银号、裕津银行、志通银号等,"极为商界所重视,信用昭著"①。1914年,杜克臣被众商推举为商会评议员。

1915年,杜克臣与魏信臣借鉴宁波帮同文俱乐部形式——既能纵情享乐,亦便于遇事商谈居奇射利,且可广通声气,抬高个人声价,联合胡寿田等人筹资购买芦庄子楼房一所,组建了以行商公所的部分成员为会员的"行商分所"。该地位于日租界与中国地界交界处,为三不管地带。分所的楼下为客厅、饭厅、球房、账房,楼上为斗牌室、吸烟(鸦片)室,是高等华人的娱乐场所。为了"合法化",二人还分别在警察厅及日租界办了登记手续。

行商分所组织较为严密。内部专门设有账房、厨师及勤杂工人,由聚义栈经理于耀臣任总管。分所实行会员制,并对会员资格进行严格限制,其规定入会成员一非暴发户,二要个人资产在百万以上,且由魏信臣和杜克臣介绍,经多数赞成方可参加。经由杜克臣介绍的会员均是当时津城闻名的买办,比如英商新泰兴洋行的宁星普、美商德泰洋行的胡寿田和美丰洋行的李正卿、法商永兴洋行的叶星海,以及日商日信洋行的张稚棠等。此外还有皮毛经纪人何荩臣、刘桐甫、程祝三,皮毛商艾润兰,以及聚义栈经理王泽普、于耀臣等。同时分所对于来此娱乐的会员也给予一定的方便,比如赌客输赢不需现款,由专人代为记账,每月月终结清款项即可。

1920年天津商会改选,杜克臣当选副会长,并一直连任至1927

①天津市地方志编修委员会办公室、天津图书馆编:《〈益世报〉天津资料点校汇编》(1),天津社会科学院出版社,1999年,第1342页。

年。身为天津商会副会长,杜克臣积极维护商界同人权益。1921年,考虑到国内土货出口形势不利,杜克臣与大和洋行买办受天津商会委托召集行商会议讨论对策,提出政府要支持商业发展,"取消杂捐,以轻置本,保护运输,及时销售",国内土货出口商则要保证货真价实,"禁止掺土掺水,以维货质,置本轻、货质优,庶可与美抗衡,我国土货,销路自畅"①。

杜克臣也参与社会慈善活动。1915年,育黎堂改组为天津教养院,并在育黎堂、栖流所旧址和东南城角草厂庵学棚三处设立分院。杜克臣以"该院所收贫民幼失教养,壮乏成全,非有相当之教育,即不足化其顽梗之性情"②,特著《教养三字经》一书,并刊印千册送交各分院,以备贫民讲诵之用。1922年,天津急赈会提议组织平民银行,以资接济贫民。因该银行虽系营业性质,实为慈善机关,所以得到了众商的大力支持。作为银行筹备员之一,杜克臣提议本会董事应积极参与筹建活动,并在其中承担股款。

支持教育事业也是杜克臣热心社会活动的一个重要方面。1927年,著名教育家严修以"研究历代学术源流,发扬固有文化"③为宗旨创办崇化学会。1929年,杜克臣将自己天津行商分所的房子提供给崇化学会继续办学。同时杜克臣担任该学会董事并为其捐献经费,维持学会办学。

20年代末,世界经济萎靡、商业衰落,杜克臣亦受到影响,营业范围逐渐缩小。1931年,国际羊毛市价突变,致使杜克臣所囤积的大量羊毛遭此价格波动而赔损,遭受重大打击。

1932年,杜克臣因病在津逝世,终年56岁。

---

①②天津市地方志编修委员会办公室、天津图书馆编:《〈益世报〉天津资料点校汇编》(1),第685、1321页。

③蔡鸿源、徐友春主编:《民国会社党派大辞典》,黄山书社,2012年,第42页。

参考文献:

天津市政协文史委编:《天津文史资料选辑》第13辑,天津人民出版社,1981年。

天津市档案馆等编:《天津商会档案汇编(1912—1928)》(1),天津人民出版社,1992年。

全国政协文史委编:《文史资料存稿选编》第21辑《经济》(上册),中国文史出版社,2002年。

[日]田中仁、江沛、许育铭主编:《现代中国变动与东亚新格局》第1辑,社会科学文献出版社,2012年。

文昊编:《亲历者讲述:民国的买办富豪》,中国文史出版社,2013年。

（王　静）

杜 笑 山

　　杜笑山(1884—1927),名宝贤,字笑山,天津人。杜笑山清末选用州同,后在天津警察厅任职。杜笑山早年因擅发私运军火护照获罪,由于天津警察厅厅长杨以德与杜家有亲戚关系,在杨以德的百般庇护下,杜笑山未被追究刑事责任,仅以撤销职务了事。[①]

　　1912年,杜笑山伙同其兄杜宝桢(字筱琴)在天津城里大费家胡同南口的水月庵办了一个慈善团体,名为"体仁南善社",简称"南善堂"。南善堂以办恤嫠会为主,即对一些无生活来源的守节孀妇,按月给予一定的救济金,每人1元至2元不等,人数固定在200人左右。由于名额有限,一般孀妇报名参加恤嫠会是很困难的。其中也有营私舞弊之事,有时经办人从中吃空额,捏造假名,到月头派自己的亲信去领取。[②]

　　南善堂还办理一些临时赈济之事,冬季对一些衣食无着者发放一些御寒衣物,如旧棉被、旧棉衣等。夏季发放一些防暑的药物。春节前发放一些玉米面,根据家庭人口等情况,3斤、5斤,最多10斤不等,由本人到指定的面铺领取。如遇特殊情况,也办理急赈和募捐等活动。

　　南善堂成立初期,杜笑山聘请了一些社会名流和著名绅商为董

---

　　①金大扬:《八善堂与杜笑山》,载天津市政协文史委编:《天津文史资料选辑》第31辑,天津人民出版社,1985年,第217页。
　　②金大扬:《褚玉璞枪毙杜笑山》,载天津市政协文史委编:《天津文史资料选辑》第76辑,天津人民出版社,1997年,第500页。

事。南善堂的实权始终掌握在杜笑山、杜宝桢兄弟手中。南善堂对外劝募赈款、采购赈粮和发放赈济粮物,都由他们兄弟二人操办,至于内部助理人员的聘用,更由他们二人决定。

1917年天津发生水灾,南善堂在杜氏兄弟的带领下,赶办急赈,一方面派人分头到各界紧急募集赈灾款项,一方面派人购买赈粮,开办粥厂,还承包打垫工程,购买麻袋,招募青壮年从事装土、打垫等劳动。杜氏兄弟在这场募捐赈灾过程中发了一笔横财。

1924年秋,奉系军阀占领天津,失去政治靠山的杜笑山一度沉寂。1926年,直鲁联军褚玉璞担任直隶督办,杜笑山迅速与褚玉璞及其兄褚玉凤拉上关系,经常坐着"包月车"进出督办公署的大门,与褚家兄弟吃喝不分。杜笑山更是把南善堂附设的南善堂小学更名为"蕴山"小学,因褚玉璞号"蕴珊",采用"蕴山"名称,表示这所小学是督办褚蕴珊与杜笑山合办,既给褚玉璞贴金,又壮大了杜笑山的声势。

杜笑山凭借与褚玉璞的特殊关系,垄断了天津的慈善团体,把天津的北善堂、崇善东社、引善社、公善社、备济社、济生社和体仁广生社与南善堂合并起来,组成20年代中期天津最大的慈善团体——"八善堂",由杜笑山统一领导,总部设在南善堂原址。有人送给杜笑山"万众载德"四个金字的一块巨匾,挂在其城里香店胡同家中的大门上,[①]杜笑山成为名噪津门的大善人。

八善堂的经济来源除各位董事捐赠外,主要依靠向外摊派聚敛,杜氏兄弟还经常邀请龚云甫、杨小楼、梅兰芳等著名演员来津义演,一般安排在新明戏院演出,头等包厢80元,二等包厢60元,散座10元。一次义演,除去各项开支净余3万余元。[②]

民国年间,河北省灾歉、战乱频发,灾民四处流离,生活无着,八善

---

①谭汝为、刘利祥:《天津地名故事》,天津人民出版社,2012年,第196页。
②章用秀:《八善堂始末》,《慈善》,2011年第6期。

堂在救济灾民中发挥过重要作用。1925年冬,国民军与奉军交战,各乡难民纷纷逃避,无衣无食,杜笑山出面统一进行赈济活动,八善堂下设40余处分支机构,收容20多万灾民,战后负责资遣回籍,死者代为埋葬。12月17日《益世报》报道:"战事发生以来,各慈善机构纷纷筹设收容被难妇孺机关,以资救济。而尤以天津八善堂合组之救济战地灾民善会为热心。"[①]1926年1月,通过八善堂的关系,普乐茶园、福厚里等收容难民22,455人,每日由八善堂提供食物约需千元,并安排医生每日到收容所查询,及时为患病灾民施药诊治。[②]

杜笑山以赈灾为名发动募捐,成立"战区临时救灾会",组织大批人员打着八善堂的旗号到各县赈灾,一边募捐,一边进行放赈,并负责掩埋战地遗弃的死尸。一时间八善堂声名大振。

杜笑山与褚玉璞的关系更是日渐亲密,褚玉璞每次离津赴前线布防时,杜笑山率领八善堂的董事们及蕴山小学的军乐队,前往车站恭送。一次,褚玉璞在前方打了胜仗归来,杜笑山便以八善堂的名义,在鼓楼南广东会馆举行大规模的"凯旋会",摆酒宴,演京剧,开销达万元。此外,杜笑山还几次以八善堂的名义,征敛粮食、衣被等转送前线慰问将士,一次就送给褚玉璞数万元充当军费。

1927年春天,在褚玉璞的支持下,杜笑山担任天津屠宰场的场长,这个官职不大,却是个"日进斗金"的肥差,每年净挣8万大洋。屠宰场坐落于西于庄屠宰场大街,隶属天津警察厅管理,杜笑山有褚玉璞的支持,根本不把警察厅放在眼里,更没有尽心应酬。警察厅厅长常之英对此很不满意,认为长此以往对自己很不利,恨不能把杜笑山一脚踢开。碍于杜笑山与褚玉璞非同寻常的关系,常之英又无可奈何,只是暗暗等待时机收拾杜笑山。

①《益世报》,1925年12月17日。
②章用秀:《八善堂始末》,《慈善》,2011年第6期。

1927年,国民政府北伐军推进到徐州一带,褚玉璞奉命离津前往徐州前线督战。警察厅长常之英认为这是个机会,立即拘捕杜笑山,查封屠宰场,同时派人审查天津屠宰场的账目,结果不仅账目不清,而且多处有营私舞弊情况,亏损款项达数万元之多。常之英以厅长身份找杜笑山谈话,并将其软禁起来。

杜笑山被拘押后,警察厅始终没有宣布拘押理由,也未移送法院审理。天津总商会等不明真相的社会团体纷纷致函警察厅,请求保释杜笑山或尽快审理此案。常之英均答复以:此案重大,尚需禀明褚督办,再做处置。

褚玉璞回到天津后,常之英立即把杜笑山贪污公款之事进行了详细的汇报。此时,褚玉璞正为前方军事失利而烦恼,听了常之英的汇报,很不耐烦地说:叫他拿出10万块钱来就算了。常之英说杜笑山根本不买督办的账,听说他二哥还托人去北京找张大帅了,以此进行离间。褚玉璞顺手写了一个条子,命令警察厅枪毙杜笑山,立即执行。

1927年12月23日下午,杜笑山以营私舞弊、大量侵吞公款等罪行,被执行枪决,终年43岁。

参考文献:

天津市政协文史委编:《天津文史资料选辑》第31辑,天津人民出版社,1985年。

天津市政协文史委编:《天津老城忆旧》,天津人民出版社,1997年。

闫元兴:《民初慈善事业与慈善团体探析——以天津南善堂和八善堂为例》,《中共郑州市委党校学报》,2008年第1期。

(郭登浩)

渡边龙圣

渡边龙圣(1865—1945),日本新潟县人。1887年,渡边龙圣毕业于东京专门学校英文科,后入读东京帝国大学哲学科。1894年获美国康奈尔大学哲学博士学位。1895年起任教于东京高等师范学校。1899年8月,兼任东京音乐学校教授、校长。

渡边龙圣注重对伦理学的研究,著述、译作颇丰,有《伦理学序论》《伦理学入门》《普通实践伦理》《伦理学讲义》《赛斯氏伦理学纲要》(与田中达合译)、《伦理学教科书》(与中岛半次郎合著)等。1902年,梁启超在《东籍月旦》中向国人推荐了渡边龙圣的《赛斯氏伦理学纲要》。

1901年前后,渡边龙圣受日本文部省委派来华,其间获袁世凯接见。渡边龙圣因知识广博、英语流畅,备受袁世凯赏识,袁决定邀其来华任职。1902年秋,渡边龙圣来华就任直隶总督府学务顾问,同时担任直隶师范学堂总教习,初定聘期为两年,后又三次续聘。

渡边龙圣上任后,直接参与了《直隶法政学堂章程》和《保定府小学堂生徒规则》的拟定,还参与中国学生赴日留学制度设计,在日本东京特设中国留学生庶务司。

1904年,渡边龙圣返回日本,选聘东京高等师范学校教师关本幸太郎来华,负责直隶师范学堂的管理工作,同时选聘音乐、东文博物、地理等日本教习,还协调向日本选派直隶留学生事宜。

1904年,直隶各学堂中等以下教员不敷使用,中等以上教员尤为缺乏。各学堂先后与日员渡边龙圣、师范监督罗正钧等商议,在保定师范学堂选派学生赴日本广岛高等师范留学,计派学习伦理、教育两科2人,地理、历史两科2人,物理、化学、数学三科6人,博物一科4人,为直隶高等师范学堂培养了师资。

渡边龙圣借鉴日本地方教育行政制度,建议在直隶所属各府州县设立劝学所,以普及初等教育。这对创办和发展小学堂起到了明显的推动作用。1905年,严修奏请各省推广设立劝学所,以期普及初等教育。1905年12月,清政府颁布《奏定劝学所章程》,近代中国初等教育从此进入了快速发展时期。直隶省的小学堂规模扩张最为明显,1903年,直隶省初等小学堂、高等小学堂的在校生仅分别为6000人、1000人,至1908年,直隶两等小学堂已分别增至8534所、174所,在校学生分别为180,489人、8639人。1909年,直隶的新式学堂规模已名列全国首位,学生人数则居全国第二位。

渡边龙圣积极参与创办《直隶教育杂志》。这是直隶省教育行政机关刊物,主要栏目包括有关教育的谕令、奏章、论说、文牍、报告、学制、时间、杂录等,也翻译国外的教育著作和教科书。杂志创刊于1905年1月,由直隶学务处参议王景禧、丁惟鲁和顾问渡边龙圣负责,日本教习松平康国、北村泽吉等参与其事。渡边龙圣除协助提高办刊质量外,还积极撰写《设立实业小学堂及实业师范学堂议》《天津参观学堂笔记》《教育行政法》《强迫教育管见》等文章,讲述其教育研究心得,传播其教育理念。《直隶教育杂志》1909年更名为《直隶教育官报》,1911年停刊。

1903年、1906年,袁世凯两次上奏为渡边龙圣请勋,1903年赏三等第二宝星,1906年赏三等第一宝星。

1906年暑假后,北洋大学堂附设师范一科,酌定课程,专门培养中学堂英文师资,北洋大学堂聘请渡边龙圣为名誉教员,授生理、心理、伦理、教育学、教授法、管理法诸科。师范生毕业后,多派任中学教员。渡边龙圣在北洋大学堂任教约两年,专心培养师资。1909年聘任期满回国后,渡边龙圣继续担任东京音乐学校校长。

渡边龙圣担任小樽、名古屋两所高等商业学校校长共计24年。其间他注重实业教育的研究,相继撰有《德国的教育现状和实业补习教育》《美国的教育现状和实业补习教育》及《都市实业补习教育》等。他还将从事商业教育以来的演讲及相关回忆、论文结集为《乾甫式辞集》,1929年由名古屋高等商业学校出版。

渡边龙圣晚年转而研究日本宗教。1945年,渡边龙圣逝世,终年80岁。

参考文献:

甘厚慈编:《北洋公牍类纂》,京城益森印刷有限公司,1907年。

[日]阿部洋:《清末直隶省之教育改革与渡边龙圣》,载《受雇的日本教习之研究:20世纪初期从事教育近代化的日本人》,日本《国立教育研究所专刊》,1988年3月号。

董守义、袁间琨编译:《日本与中国近代教育》,辽宁教育出版社,1993年。

王桂主编:《中日教育关系史》,山东教育出版社,1993年。

汪向荣:《日本教习》,商务印书馆,2014年。

(王勇则)

段 祺 瑞

段祺瑞(1865—1936),字芝泉,曾用名启瑞,晚号正道居士,安徽合肥人,生于1865年3月6日(清同治四年二月初九日)。段祺瑞出身于清末官宦家庭,祖父段佩官至淮军统领。因父亲早亡,段祺瑞自幼随祖父读书军中。

1881年,段祺瑞投山东威海军营为哨官。1885年考入天津武备学堂炮兵科,1889年毕业后,被派到旅顺监修炮台,后赴德国学习军事,并在克虏伯炮厂实习。1890年回国后,先后任北洋军械局委员、威海随营武备学堂教习。1896年,段祺瑞被袁世凯调到天津小站筹练新军,任炮兵统带兼随营学堂监督。1899年,段祺瑞随袁世凯赴山东任职。1901年,在袁世凯的保奏下,段祺瑞以知府职仍留山东补用,并加三品衔,兼任武卫右军学堂总办。

1901年底,袁世凯升任直隶总督,段祺瑞随袁赴保定任职。1902年6月,段祺瑞出任北洋军政司参谋处总办,负责编练北洋常备军,不久升为补用道员。因镇压直隶广宗县景庭宾起义而赏戴花翎,加"勇"号。1903年,清廷成立新军编练处,袁世凯任会办大臣,经袁的保荐,段祺瑞出任编练处军令司正使,加副都统衔,成为编练北洋新军的骨干,与冯国璋、王士珍并称"北洋三杰"。1904年,段祺瑞兼署常备军第三镇翼长,次年2月调任第四镇统制,任河间秋操北军总统。1906年初,段祺瑞调署第三镇统制,兼北洋武备学堂监督。同年3月,补授福建汀州镇总兵,仍留北洋效力,并为北洋保定军官学堂总办。后又任会考陆军留学毕业生主试大臣等职。1909年12月,调充第六镇统制,

1910年署江北提督,加侍郎衔,驻江苏清江浦。

1911年10月辛亥革命爆发,清廷重新起用袁世凯,同时召段祺瑞入京,授第二军军统职,派往湖北镇压革命。袁世凯于11月入京组阁后,派段祺瑞署理湖广总督,并任第一军军统兼领湖北前线各军,驻孝感。12月,南北议和会议在上海召开,段祺瑞不断对革命党人施加军事压力。当清皇室在退位问题上迟疑不决时,段祺瑞于1912年初率北洋将领46人两次致电清廷,请立定共和政体,否则率全军将士入京,与王公剖陈利害。[①]清帝被迫于2月12日宣布退位。袁世凯就任中华民国临时大总统后,任命段祺瑞为陆军总长。

1913年,段祺瑞一度代理国务总理,镇压孙中山等人领导的二次革命。后署理湖北都督,兼领河南都督,镇压了白朗起义。1914年5月,袁世凯创设"海陆军大元帅统率办事处",将陆军部权力收归自己直接掌握。段祺瑞遂将部务交给陆军部次长徐树铮,不再到部办事。为了安抚段祺瑞,袁世凯于1914年6月授他将军府建威上将军,兼管将军府事务。因段祺瑞对袁世凯实行帝制的行为持消极态度,8月29日,袁世凯将其免职并软禁。

1916年3月22日,袁世凯迫于形势取消洪宪帝制,重新起用段祺瑞收拾局面。3月23日段祺瑞出任参谋总长,4月代理徐世昌为国务卿兼陆军总长。5月8日,袁世凯撤销政事堂,恢复国务院,段祺瑞任国务总理。

1916年6月6日,黎元洪继任大总统,段祺瑞任北京政府国务总理。黎、段二人的矛盾不断激化,演成了"府院之争",经徐世昌调解,矛盾一度缓和。1917年春,第一次世界大战的参战问题成为双方矛盾的焦点,段祺瑞主张对德宣战,黎元洪在国会的支持下则表示反对。3

[①]《段祺瑞致内阁代奏电》,载中国史学会主编:中国近代史资料丛刊《辛亥革命》第8册,上海人民出版社,1957年,第173、179页。

月3日,段祺瑞内阁通过对德绝交案,4日段率内阁成员到总统府,要求黎元洪签发公文,遭到黎元洪的拒绝。当晚,段祺瑞上书辞职,出走天津。后经冯国璋的斡旋,黎元洪表示不再反对,段于3月6日复职。5月,段祺瑞试图通过对德宣战案,遭到国会议员的抵制。段祺瑞要求解散国会,改制宪法,国会则呈请黎元洪免去段的国务总理职务。黎元洪乘机于23日下令免去段祺瑞国务总理兼陆军总长职。段以总统令无总理附署为由不予承认,并赴天津策动督军团解散国会。5月底,各省督军纷纷通电宣布独立,汤化龙与"研究系"议员也对黎元洪罢免段祺瑞的行为采取抵制态度。31日,国会众议院议长汤化龙辞职。黎元洪于6月1日召张勋入京"共商国是",张勋提出以解散国会为条件。12日,黎元洪下令解散国会。张勋进京后,于7月1日拥清废帝溥仪复辟。2日,黎元洪避入日本使馆。

段祺瑞得知张勋复辟的消息,在天津与梁启超、曾毓隽、徐树铮等人决定武力讨伐复辟,并由曹汝霖筹集款项,派傅良佐联络天津马厂驻军第八师师长李长泰。在李长泰的支持下,段祺瑞于7月1日[①]晚在天津北站乘专列秘密前往马厂军中,傅良佐等人随同前往。7月2日,梁启超等人也到达马厂军中,梁随机起草了讨逆通电,并连夜发出。7月3日,段祺瑞在天津马厂举兵讨伐张勋,自任"讨逆军"总司令,12日,讨逆军分三路攻入北京城内,张勋避入荷兰使馆,溥仪再次宣布退位。14日,段祺瑞回到北京,黎元洪通电去职。8月1日,冯国璋任代总统,4日国务会议通过对德宣战案,中国正式加入协约国集团。

对德宣战后,段祺瑞多次向日本借款,其中最著名的为"西原借款"。日方通过借款加强了对中国政治、军事、经济等方面的控制,还夺取了德国在山东的特权。段祺瑞在重新组阁后,意图推翻《中华民国临时约法》,并将"武力统一"作为施政重点。1917年9月10日,孙中

---

①7月2日凌晨到达。

山在广州就任海陆军大元帅,组织军政府,领导"护法运动"。段祺瑞发动了"武力统一"全国的战争,以北洋武力镇压护法运动,南北战事再起。11月14日,湖南前线直系将领王汝贤通电全国要求停战,直、鄂、赣、苏四督军联名通电响应,段的武力统一计划受阻,于11月16日通电提出辞呈,冯国璋在22日予以批准。12月18日,冯国璋任命段祺瑞为参战督办。1918年1月18日,冯国璋发布讨伐令,进军湖南,南北战事重起。3月19日,曹锟等人联名致电,请段祺瑞出山。23日,冯国璋发表段祺瑞组阁令。段祺瑞组阁后继续实施"武力统一"政策。1918年5月,段祺瑞内阁先后与日本签订了《中日陆军共同防敌军事协定》《中日海军共同防敌军事协定》。

1918年,冯国璋代总统任职期将满,段祺瑞为了排斥冯国璋,指使亲信王揖唐等人组织安福俱乐部。安福俱乐部以金钱贿赂操纵选举,获得新国会384个议席,占两院议席的81.36%,这届国会被称为"安福国会"。8月12日,国会开会,冯国璋和段祺瑞相约同时下野,徐世昌被选为大总统。段祺瑞仍任南北战事参战督办,他手中掌握着参战军的武力,还掌握着国会的大部分席位。1918年底,第一次世界大战结束,段祺瑞仍扩大参战军。1919年2月,南北双方代表在上海举行和平会议,南方代表要求解散参战军,废除与日本订立的军事协定。1919年7月20日,徐世昌下令裁撤参战处,改设督办边防事务处,段祺瑞任边防督办,改参战军为"西北边防军"。段祺瑞的亲信徐树铮任西北筹边使兼西北边防军总司令,督办外蒙古善后一切事宜。皖系获得了西北各省区的权力。1919年秋冬之际,直系、奉系组成七省反皖同盟,以"清君侧"为名反对徐树铮。1920年初,吴佩孚提出撤防北归,河南督军赵倜加入反皖同盟。

1920年4月9日,曹锟在保定召开八省反皖同盟会议,商定军队撤回原防地,解散安福国会。5月22日,吴佩孚所部自衡阳撤防北返,奉军也借口入关。7月4日,徐世昌下令解除徐树铮西北筹边使及西北边防军总司令之职。8日,段祺瑞召开军政会议,决定起兵讨伐曹锟、吴佩孚。9日,段祺瑞在北京团河组织定国军总司令部,自任总司令。14日直皖战争爆发。战争历时5天,皖军全线溃败,徐树铮遁逃。19日,段祺瑞引咎辞职,全家移居天津。

1924年9月,第二次直奉战争爆发。10月23日,冯玉祥发动"北京政变"。26日冯玉祥等人请段祺瑞出山。11月10日,冯玉祥、张作霖、段祺瑞在天津召开会议,推戴段为中华民国临时执政。24日,段祺瑞正式就任中华民国临时执政,取消总统府、国务院,总揽军务政务,统率海陆军。临时执政名义上总揽全国军政事务,实际上只是奉系军阀和冯玉祥国民军暂时妥协的结果。段祺瑞于1925年2月组织召开善后会议,通过《军事善后委员会条例》《国民代表会议条例》《财政善后委员会条例》。

1926年初,直奉军阀联合进攻冯玉祥的国民军,日本联合《辛丑条约》八个缔约国,向段祺瑞提出最后通牒,威逼国民军撤退。北京的大中学校师生数千人于3月18日在天安门广场举行"反对八国最后通牒国民大会",会后举行游行。游行队伍到达执政府门前时,遭到段祺瑞卫队枪击,酿成三一八惨案。直奉联军逼近北京时,段祺瑞准备联合张作霖驱赶国民军出北京。4月9日,国民军先发制人,包围了临时执政府,段祺瑞逃入东交民巷。国民军退出北京后,段祺瑞未能与张作霖达成一致,于4月20日宣布下野,结束了政治生涯。随后段祺瑞寓居天津,号"正道居士",每天吃斋、礼佛。

1931年九一八事变爆发后,日本人欲请段祺瑞出山成立傀儡政权,遭段拒绝。1933年,段祺瑞移居上海。1936年11月因病去世,终年71岁。

参考文献:

彭秀良:《段祺瑞传》,中华书局,2015年。

朱汉国、杨群总主编,杨群本册主编:《中华民国史》第6册,四川人民出版社,2006年。

白寿彝总主编,王桧林、郭大钧、鲁振祥主编:《中国通史》第12卷《近代后编(1919—1949)》(下),上海人民出版社,2015年。

中国社会科学院近代史研究所中华民国史组编:《中华民国史资料丛稿·人物传记》第3辑,中华书局,1976年。

(高　鹏)

范旭东

范旭东(1883—1945),曾用名范源让,字明俊,后改名范锐,字旭东。1883年10月25日(清光绪九年九月二十五日)出生于湖南湘阴东乡村。其祖父曾任直隶大兴县知县,父亲以教书为业,哥哥范源濂,字静生。范旭东6岁时,祖父、父亲相继去世,母亲遂携范旭东兄弟移居长沙保节堂。此后,范源濂在梁启超执教的时务学堂半工半读。范旭东少年时追随其兄来往于革命者之间,深受革命思想的熏陶。1901年,范源濂准备参加唐才常领导的汉口武装起义,不料事泄失败。范氏兄弟躲藏在一艘商船里,东渡日本避难。

范旭东到日本后,先进入清华学校学习日语。之后,考入和歌山中学,毕业后入冈山高等学堂学习医学。1908年,范旭东考入京都帝国大学理学院应用化学系,1910年毕业后留校任助教。

1911年10月辛亥革命爆发,当年冬天范旭东满怀抱负回到国内,到财政部下辖北京铸币厂负责化验分析银元的质量,并致力于币制改革工作。但官僚政府积弊太深,改革无法实现,两个月后范旭东便辞职了。他说:"我一次就饱尝了官场腐朽的滋味。"①时逢财政部要派专员去欧洲调查盐的专卖法和制盐设备,范旭东作为工程技术人员,获得了随团出国考察的资格。这次偶然的机会,使他得以考察欧洲各国的盐政和制盐工业。在将近一年的时间里,范旭东遍访了欧洲大陆各

---

① 章执中:《我所知道的爱国实业家范旭东》,载湖南省政协文史委编:《湖南文史资料选辑》第17辑,湖南教育出版社,1983年,第2页。

国矿盐产地和沿海盐场,并特意整理设厂资料,准备回国后帮助财政部创办新式盐场。不料回国后政局变化,财政部对创办新式盐场之事搁置不提。范旭东十分失望,遂辞去了财政部公职,决心肩负起创办精盐工厂和改良盐质的重任,由此揭开了中国盐业史和化工史上崭新的一页。

1913年冬,范旭东只身来到盛产海盐的天津塘沽,面对成片海滩和盐坨,他以一个化学家的眼光和实业家的魄力,决心在这里建设以盐为主要原料的化学工业基地。他在渔村一间土屋住下,进行试制精盐的各种化学实验,并考察当地盐产资源的状况,选择合适的建厂地址。1914年7月,久大精盐公司在天津成立,资本额为银元5万两,股东计有梁启超、范源濂、蔡锷、黎元洪、冯玉祥等106人。景本白出任董事长,范旭东任总经理。精盐厂设在塘沽。

1915年6月,久大盐厂在塘沽开始兴建,范旭东亲自到日本购买机器设备,10月30日工厂竣工,12月正式投产。精盐产品商标为五角形的"海王星",寓意久大自强不息、为民造福。久大盐厂以海滩晒盐加工卤水,用钢板制平底锅升温蒸发结晶,生产出中国制造的第一批精盐。它品质洁净、均匀、卫生,传统方法生产的粗盐不能与之相比,品种主要有粒盐、粉盐和砖盐等。初期日产量5吨,1919年扩建西厂,每年产量最高达62,500吨。

久大精盐公司的产品广受欢迎。然而盐的运销并不是单纯的质量竞争,旧盐商依仗对食盐产、运、销的垄断特权,顽固抵制久大精盐,使久大产品的早期运销举步维艰。范旭东亲自策划经营,南北奔波,与旧盐商以及地方军阀势力奋力抗争,终于使久大精盐打进了食盐销售的最大市场——长江中下游的湘、鄂、皖、赣等省区,开创了中国盐政的新格局。1922年,范旭东承接了中国政府从日本手中收回的青岛盐场和制盐设备,与当地盐商共同组建了永裕盐业公司。

范旭东创办久大盐厂之时,第一次世界大战爆发。战争导致欧亚交通梗阻，而过度依赖卜内门洋碱的国内民族工业因碱价腾升，几乎无法维持。为应对危局，范旭东等作为发起人，在1917年呈请北京政府农商部，成立了永利制碱股份有限公司。然而，永利的事业远比想象困难得多。1924年8月13日，永利碱厂正式开工生产，但生产的碱红黑相间，产品质量不符合市场标准，资金周转陷入窘境。范旭东派侯德榜赴美国考察技术，依靠久大公司的资金支持及向金城银行借款，度过了困难时期。在范旭东的坚持下，留美化学家、永利碱厂总工程师侯德榜博士和技术人员不屈不挠，反复试验。1926年，永利碱厂生产出优质纯碱，实现了正常运转。永利生产的"红三角"牌纯碱于1926年8月在美国费城的万国博览会获得金奖，为国人争得了荣誉。在国际竞争中，永利与长期垄断日本和中国化工产品的英国卜内门公司展开了激烈竞争，最终获得了销售的主动权。

范旭东不仅善于经营策划，而且非常重视科学研究。1922年，在久大化验室的基础上，范旭东建立了中国第一家民营化工科研机构——黄海化学工业研究社（简称黄海社），由哈佛大学毕业的孙学悟博士主持。从此，范旭东企业集团的核心——永（利）、久（大）、黄（海）团体形成。黄海社除协助解决久大、永利在生产过程中遇到的技术难题外，在化学肥料、有色金属、发酵与微生物工程等研究领域均取得重大成就，它在中国技术创新史上占有重要的地位。

范旭东、侯德榜与"永久黄"团体同人再接再厉，1933年11月2日向南京政府实业部呈请筹办硫酸铵厂，获得批准。1934年7月，永利公司开始在江苏六合县卸甲甸购地建厂。范旭东派侯德榜与美国氮气工程公司洽谈工厂设计及设备采购事宜。1937年2月5日，永利硫酸铵厂顺利投产。作为亚洲规模最大的永利硫酸铵厂，其兴建却只用了两年半时间，参与设计的美方工程师将南京硫酸铵厂与日本、苏联硫酸铵厂比较后评价道："就进度快和质量好而言，中国稳居第一。"①

---

① 黄汉瑞：《回忆范旭东先生》，载全国政协文史委编：《文史资料选辑》第80辑，中国文史出版社，1982年，第40页。

永利硫酸铵厂建成后,中国化学工业具备了酸、碱两翼,开始腾飞。

1937年,日本侵华战争全面爆发,因范旭东断然拒绝与日本人合作,刚刚建成的南京硫酸铵厂遭到日机的狂轰滥炸,天津塘沽的碱厂、盐厂也尽陷敌手。久大、永利、黄海社日夜赶拆机器,携带资料,历尽艰辛,转入四川。

1938年3月21日,永利选定五通桥为川厂厂址,而久大则选择在自流井设厂。范旭东决心在此建设川西化工中心,为华西化工创建始基。这些工厂虽限于器材短缺,难以发挥全部效能,但都坚持生产,直至抗战结束。

抗战期间,在极端困难的条件下,范旭东组织以侯德榜为首的永利技术人员与黄海社研究人员一道,试验成功适合华西环境的新制碱法,命名为"侯氏碱法",为世界制碱技术开辟了新途径。

抗战胜利前夕,历经三十年创业磨难的范旭东雄心不减,为战后全面振兴化学工业,拟定了宏伟的"十厂计划",准备新建、重建和扩建有机化学、无机化学、化肥、陶瓷、玻璃等10大工厂,并亲自到美国联系贷款事宜,但国民政府拒绝为贷款担保。范旭东忧愤交加,于1945年10月4日在重庆病逝,终年62岁。噩耗传来,举国痛惜,各界人士隆重悼念,毛泽东亲笔题写挽幛:"工业先导,功在中华"。周恩来代表毛泽东亲往吊唁。

参考文献:

全国政协文史委、天津市政协文史委《化工先导范旭东》编辑组编著:《化工先导范旭东》,中国文史出版社,1987年。

张同义:《范旭东传》,湖南人民出版社,1987年。

陈歆文:《中国化学工业的奠基人——范旭东》,大连出版社,2003年。

(赵津 李健英)

范源濂

　　范源濂(1876—1927)，字静生，湖南湘阴人，生于 1876 年 10 月 16 日(清光绪二年八月二十九日)，是民族企业家范旭东兄长。

　　1898 年至 1905 年，范源濂先后求学于长沙时务学堂、上海南洋公学、东京大同学校和东京高等师范学校，师从于梁启超，与蔡锷为同学，结识了严修、曹汝霖等人。在日本留学期间，范源濂与梅谦次郎①、嘉纳治五郎②等在东京创办了速成法政科和师范班，招收男女留学生，开创中国法政教育及女子留学的先河。1905 年，清政府设立学部，范源濂回国任学部员外郎。同年北京法政学堂开办，他任学部主事佐理办学。次年，参与创建了殖边学堂③和优级师范学堂，开中国师范教育之始。1911 年 2 月，兼任清华学堂(京师大学堂)副监督，后任学部参事，对当时国内教育事业进行了一系列的改革，例如，规定各级学校课程，废除读经，增加自然科学与工农技艺课程，推行义务教育和社会教育，规定小学男女同校等，旨在实现全国教育规范化。

　　1912 年 1 月，民国政府成立后，范源濂被任命为教育次长，辅佐时任教育总长蔡元培执掌部务。此间，他们先后制定颁布了《普通教育

---

　　①梅谦次郎(1860—1910)，日本法学家、教育家，曾担任帝国大学法科大学(今东京大学法学部)教授、大学长和文部省总务长官等职，起草了日本民法典与日本商法典。

　　②嘉纳治五郎(1860—1938)，日本明治至昭和时期的柔道家、教育家，现代柔道的创始人。

　　③1906 年，清廷设殖边学堂，以各寺院藏传佛教僧人为教授，教授蒙古语、藏语及殖边等科目。

办法》《普通教育暂行课程标准》《小学教科书编纂办法》及《学生学业成绩考查规程》等,厉行教育改革。蔡元培辞职后,范源濂接任教育总长,又公布了《学制令》《小学校令》《师范学校令》《女子中学章程》《中学校施行规则》及《大学令》《专门学校令》等一系列规章制度,促使各省积极筹办学校,并带动商务印书馆、中华书局等也竞相出版新教科书,使得教育事业呈现一派新气象。1913年2月,范源濂因病辞去教育总长职务,回到天津休养,不久赴上海任中华书局编辑长。1916年,护国战争爆发,范源濂担任护国军务院驻沪委员,同年7月,担任段祺瑞内阁的教育总长,其间他推荐蔡元培回国担任北京大学校长。1917年春府院之争,范源濂再次辞职回到天津。1919年他发起创办"尚志学会",邀请当时西方著名学者杜威、罗素等到中国讲学,编译出版文化、科学类书籍,人们评价说:"尚志学会规模虽小,无疑中国社会事业之一苗圃。"①1920年,靳云鹏组阁,范源濂三任教育总长。

范源濂一生多次赴欧美考察教育。1918年5月至11月,范源濂与严修赴美国考察教育,回国后撰写了《调查美国教育报告》《范静生先生演说赴美调查教育之情形》《美国教育行政谈》,讲述了他游美考察教育的观感和收获。3年后,他再次赴美考察农业教育和公民教育,并在美国旧金山参加了万国教育会议。翌年,借赴英国讨论退还庚子赔款事项,他又对欧洲各国教育进行了考察,主张利用赔款在国内设立各种学术研究院、图书馆等推动学术研究和社会教育,并主张在外国大学设中国学术讲座,以宣扬中国文化。

范源濂重视大学教育,对南开大学和北京师范大学的建立和发展都起到了重要的作用。1918年,范源濂与严修共赴美国考察教育期间,特别注意考察美国私立大学的建设发展情况,旨在为南开学校筹

---

①王淑芳、邵红英:《师范之光:北京师范大学百杰人物》,北京师范大学出版社,2002年,第34页。

办大学部(即南开大学)做准备。在回国的船上他们具体商谈了筹办私立南开大学的相关事宜,第二年便开始筹建南开学校大学部。面对最为棘手的经费问题,范源濂不仅自捐数万元,解创建南开大学燃眉之急,而且还尽全力募捐筹款。历经4个月,终于9月25日举行了开学典礼,私立南开大学正式诞生,范源濂当选为学校董事会董事,后为校董事长。1923年7月,北京师范大学成立,范源濂应师生力邀于11月就职首任校长,亲自编写了师大校歌,对学校进行了大力整顿,与师大师生共同度过了艰难的创业期。后因经费短缺,发展举步维艰,范源濂于1924年9月辞去校长一职。此后不久,范源濂又担任了中华教育文化基金会会长,国立京师图书馆委员会委员、代馆长。

1927年12月23日,范源濂病逝于天津英租界寓所,终年51岁。

参考文献:

欧阳哲生、刘慧娟、胡宗刚编:《范源濂集》,湖南教育出版社,2009年。

傅任敢:《近代中国教育人物像传》,首都师范大学出版社,2011年。

王淑芳、邵红英:《师范之光:北京师范大学百杰人物》,北京师范大学出版社,2002年。

李新等主编:《中华民国史·人物传》第2卷,中华书局,2011年。

徐友春主编:《民国人物大辞典》(上),河北人民出版社,2007年。

(张雅男)

范竹斋

范竹斋(1869—1949),名安荣,字竹斋,以字行,天津东郊范家庄人。他出生于贫寒农家,父亲范华生因谋生由范家庄迁居城里,以挑担走街串巷卖糖面角为业。而后生意越来越兴旺,成为城厢鼓楼西一带有名的"面角范"了。范竹斋幼年曾读过私塾,1886年进入天津双福成广货庄做学徒。双福成是经营腿带、丝线等物的杂货铺,因需从上海采购货物,便将范竹斋派驻上海,经常往来于津沪之间。1893年,范竹斋进入天津庆盛成洋布庄任职,一年后转入天津义成裕洋货铺。1897年,范竹斋担任景德和棉纱庄驻上海的代理人,1900年任天津景德和棉纱庄经理。

1906年,范竹斋和潘耀庭、金贵山合作开设瑞兴益棉纱庄,任经理。1913年,范又与上海大丰纱厂创办人徐庆云、上海统益纱厂创办人吴麟书在天津合股经营同益兴棉纱庄,任经理。不久,其他股份先后退出,同益兴棉纱庄转为独资经营。原瑞兴益百分之九十职工随范由估衣街迁至北门外竹竿巷内,进了同益兴纱布庄。1919年,由瑞兴益、同益兴发起,联合同业隆聚、隆顺、敦庆隆、万德成、庆丰义和永昌银号,集资二百万元,组织创办北洋纱厂,瑞兴益号经理吉士箴任北洋纱厂首任经理。吉病逝后,范竹斋继任北洋纱厂经理。范竹斋在经理任期内,对籽棉采购、储备、调度管理有方,使北洋纱厂扭亏为盈。

1928年,范竹斋独家创办靖源隆纱布庄,后又筹办嘉瑞面粉厂。1929年,独资创立福安信托股份有限公司,任董事长兼经理。1932年,应法商东方汇理银行聘请,任华账房总管。同时,还在天津法租界

306

梨栈大街和法国菜市之间,出资收买大片地皮,迅速建起竹远里、大安里、大庆里等多处铺房和住房。此外,在城厢鼓楼西大街建筑了铺店、住房百余间。1933年,与张钰生合资开设余牲原、余丰厚纱布庄。仅同益兴从开业至1929年,在17年的经营过程中,共盈利300万元。范竹斋以其在绸布商中的财产实力和社会声望,成为民国初年天津绸布商"新八大家"之一,在当时纱布业中名声显赫。

范竹斋酷爱书画。1930年,范竹斋在天津特地拜访了青年画家张大千,从此他们互有往来。1937年,68岁的范竹斋特约张大千作画,张大千对范竹斋的要求甚为重视,很快完成了《华岳高秋》《松树高士》《行乐图》《华山》四幅作品,并且在《华岳高秋》上为范竹斋题词。张大千于当年3月又在颐和园为范竹斋作了《仿唐宋元各家十二条山水画》。

范竹斋热心慈善事业。他深感国家之贫弱、教育之落后,遂多方面资助教育,如资助范家庄小学每年经费300元。1919年,农村粮食歉收,范竹斋出资向家乡范家庄和妻子王氏的家乡刘安庄放赈。两个村子不分姓名,凡属贫户,大口小口,每人三斗粮食,还发放了单衣、棉衣等物品。1924年第二次直奉战争期间,范家庄"天合当"遭到士兵骚扰,面临倒闭绝境。范竹斋购置了当铺旧址,嘱咐他的子女们在家乡建筑学校。1931年,范竹斋任天津福安信托股份有限公司董事长。他和石长印、赵玉洪等慷慨解囊,资助公善水局。1938年,因年景欠佳,范竹斋再向范家庄放赈。此外,范竹斋还一直念念不忘为家乡建学校。1947年,他告诉子孙们,老家范家庄当铺旧址地皮约四亩要盖中学。当年,他与范家庄杨万生、范作雨等知名人士取得了联系,但因种种困难而搁浅。1949年1月15日天津解放。范竹斋交出"天合当"旧址和范庄子村南"阎场子"千亩耕地的地契,并表示希望建中学,并愿将天津"大安里"作为奠基筹金,但终因困难重重未能实现。

1949年,范竹斋逝世,终年80岁。

参考文献:

天津市东郊区政协文史委编:《天津东郊文史资料》第2辑,1990年内部印行。

(张慕洋)

方 地 山

方地山(1872—1936),名尔谦,字地山,又字无隅,别署大方,1872年6月9日(清同治十一年五月初四日)生于江苏江都。其父方霈森(字汝霖),1867年举人。1886年,方地山应府试,中秀才。1888年,赴江南乡试不第。但同年方地山以精研蒙古史而为贡生,自此设馆授徒。

方地山博学多才,娴于辞章,善书法,通联语,尤擅即兴嵌名联,其文字古朴拙实,对仗工整,平仄协调,被时人称为"联圣"。1905年,经友人闵尔昌举荐,方地山到天津主持《津报》笔政,主撰论说,斟酌时宜,词意精警,为时人所重,更被直隶总督袁世凯看中,聘为家馆宾师,教授袁氏子弟诗词作文,并与袁世凯次子袁克文成为莫逆之交,后结为儿女亲家。

方地山还先后在京师大学堂、天津北洋武备学堂兼任教职。1909年后,方地山曾一度任长芦盐政督办处总务厅坐办,掌管天津长芦盐场。1913年前后,方地山与戏剧家曹禺之父万德尊相识,并结下深厚友谊。1917年左右,应万德尊之邀,方地山成为曹禺的家教老师。曹禺对方地山第一次授课时的情景非常难忘:他第一次就给我讲他写的《项羽论》,我记得第一句的4个字"叱咤风云",讲起来摇头晃脑。方地山也很欣赏曹禺的聪慧和才智,他曾多次在万德尊面前夸奖曹禺,还曾做过一首绝句诗:"年少才气不可当,双目炯炯使人狂。相逢每欲加诸膝,默祝他年姓字香。"

1916年初,袁克文离开北京寓居天津,方地山也随之迁入天津。同年,袁世凯在万众唾骂中病逝,方地山撰挽联:"诵琼楼风雨之时,南国皆知公有子;忆便殿笑谈相对,北来未以我为臣。"同年11月,爱国将领蔡锷去世后,方地山曾代小凤仙挽蔡锷联云:"不幸周郎成短命,早知李靖是英雄。"[①]

方地山在津二十年间,与张大千、周叔弢等平津地区的社会名流结下了深厚的友情,20世纪二三十年代活跃于天津的各界名流他几乎都题写过嵌名联语。他与画家张大千性情相投,结成忘年交,曾赠楹联七八种。1934年6月,张大千赴韩国远游。方地山即席作了两副嵌名联相赠:"世界山河两大,平原道路几千";"八大到今真不死,半千而后又何人"。1920年6月,周叔弢过30岁生日时,方地山赠寿联:"生日似荷花,六月杯盘盛瓜果;宗风接荛圃,三郎沉醉在图书。"同年秋,又以抄本《茗雅剩稿》相赠。从此,方地山常将自己收藏的古籍善本或赠或卖与周叔弢。

方地山精收藏,对金石书画和古籍版本诸学多有精通。他原就家道殷实,其弟方泽山兼办实业,为他早期的收藏提供了物质基础。来津后,方地山专好古泉,遂将旧藏中金石书画等名器,多数都卖出换成了古泉。他收藏的古币曾经称富一时,泉坛中有天成元宝、大蜀通宝和建炎元宝等极品、珍品。他的女儿方庆根与袁克文的公子袁伯崇结成儿女亲家,双方定婚时,并无仪式及世俗礼币之赠,两家只是交换了一枚珍贵古泉。方地山撰联志其事:"两小无猜,一个古钱先下定;万方多难,三杯淡酒便成婚。"

方泽山去世后,方地山依靠卖文和典当藏品度日。二三十年代,天津的《北洋画报》《天津商报画刊》《风月画报》等常见方地山手书联语和所提供的图片。天津的名流寿诞或谢世,嫁女娶妻,他都会奉上一副对联,讨得一点酬金。天津县长陈诵洛、天津商会会长王文典的弟弟王诚斋、剧作家王伯龙等,都时常接济方地山。30年代后,每况愈

---

① 《大方先生追悼专页》,《风月画报》,1937年1月17日。

下的方地山开始举债过生活，他不得不将自己珍爱的藏品一件件售出。

方地山为人豪爽，善交游，社会各界的文人雅集，他是有请必到，而且是第一个报到最后一个离去。席间饮啜辄过常人，纵谈古今，若决江河，滔滔不绝。散场前，必要即兴书联赠予大家，以致成为惯例。"宴罢，笔墨已陈，客皆纷请书联，并有代友而求者。于是先生昂首急思，得句疾写，联复一联，如机械之大量生产。"①晚年的方地山虽是须发尽白，但精神矍铄，毫无老态。

1936年12月14日，方地山病逝于天津，终年64岁。1937年1月17日，天津文艺、新闻各界在东兴楼举行了公祭活动。

周一良为其辑有《大方联语辑存》存世。

参考文献：
《北洋画报》《风月画报》，1936年12月至1937年1月。

（周利成）

---

① 枕木:《记已故方地山先生》,《北洋画报》,1937年1月19日。

方 显 廷

方显廷（1903—1985），浙江宁波人，1903年9月6日（清光绪二十九年七月十五日）生于珠宝商人家庭。

方显廷幼年时家庭迭遭变故，14岁被迫辍学，进入由著名实业家穆藕初创办的上海厚生纱厂做学徒工。在纱厂工作期间，方显廷努力上进，入基督教青年会夜校学习英语，又借阅棉纺织书籍自学专业知识，深受穆藕初的赏识，并由其资助考入上海南洋公学附属中学就读高中。一年之后因成绩优异，又由穆藕初资助赴美留学，先进入威斯康星大学，随即转入纽约大学学习。1923年，穆藕初因经营失利而无法继续提供资金支持，方显廷依靠勤工俭学获得纽约大学经济学学士学位，并于1924年进入耶鲁大学继续深造。在耶鲁学习期间，方显廷与何廉结识，两人成为一生的挚友和多年的合作伙伴。

1928年，方显廷以论文《英格兰工厂制度之胜利》获得耶鲁大学博士学位后，回到上海，由穆藕初推荐，被孔祥熙任命为工商访问局局长。而时任南开大学社会经济研究委员会（后更名为经济研究所）主任的何廉，在得知方显廷回国后，立即向张伯苓大力推荐，并亲赴上海，力劝方显廷去南开大学担任教职。在何廉的盛情邀请下，方显廷毅然放弃了上海3倍于南开大学的高薪职位，于1929年1月来到天津，担任南开大学经济史教授和社会经济研究委员会研究主任。

当时，经济学在中国仍然是一门比较新兴的学科，相关课程使用的主要是国外的原版教材，教授们也大都是照本宣科，与中国的具体国情相脱节。因此，学生毕业后往往无法学以致用，不能适应社会的需要。为了改变这种局面,方显廷和何廉在南开大学致力于实现经济学理论与中国具体国情的结合,组织经济研究所的教师,编写了多部针对中国国情的经济学教科书。在这些教科书或讲义中,由方显廷编写或主持编写的主要有:《中国之工业讲义大纲》《经济地理讲义大纲》《近代欧洲经济史讲义大纲》《中国之合作运动》《劳工问题》和《中国经济研究》等。

要真正实现经济学的中国化,除了在教学上联系具体国情之外,还必须在研究中深入实际。然而,当时由政府和学界开展的经济调查与统计工作严重不足,仅有的一些统计数据也"多不可靠,不可恃之以为解决问题之资料","欲洞明真相,非实地调查不为功"。因此,方显廷和何廉又将南开经济研究所的主要研究方向设定为:"通过统计数字的收集、编纂和分析,以数量来表示国内的经济情况",组织开展了大量对华北工业、手工业和农村经济的调查研究。

在这些调查的基础上,方显廷撰写了多份研究报告,包括《中国之棉纺织业》等对新式工业的调查报告,《中国之乡村工业》和《华北乡村织布工业与商人雇主制度》等对乡村工业的调查报告,以及《天津地毯工业》《天津织布工业》《天津针织工业》和《天津之粮食业及磨房业》等对旧式工业的调查报告。

方显廷在耶鲁大学学习和在南开大学教授的专业都是经济史,他的这些研究成果也充分体现了经济史学者的历史主义研究风格。

首先是高度重视统计数据的运用,因为统计是对事实资料的抽象和概括,而定量化也意味着研究者对于研究对象认识程度的深入。在方显廷的每部著作里,我们几乎都能看到大量的统计数据,以《中国之棉纺织业》为例,正文中通过120个统计表和39个图表,详细考察了中国棉纺织业的区位、生产、销售、劳工状况、工厂组织管理和进出口贸易情况,书末还另附有21个统计表。

其次是对研究对象发展历程和制度背景的全面考察。在方显廷对中国工业的多项研究中,总要回顾近代以来中国工业的发展历程,并联系中国的社会、政治、文化等制度背景和自然资源禀赋来进行探讨。在对天津地毯业、织布业、针织业和粮食业、磨房业的调查报告中,方显廷除了记录工人数、资本额等经济指标外,还特别注意考察各个行业的生产工艺流程,使用的机械、技术和产品销售方式,运输路线以及商业习惯等问题,对工人的调查也都要涉及其籍贯、年龄、婚姻家庭、工作环境和职业病、消闲生活、工会组织等方面,把所有这些经济问题放在历史进程和具体的社会、文化等制度背景中进行考察。

最后是重视对经济现象特殊性的探讨。方显廷的研究很少致力于构建经济理论模型,总是把经济学理论当作自己研究经济问题和搜集资料的方法,更为关注各个地区和各个行业在经济上的特殊性。例如,在《中国之乡村工业》《华北乡村织布工业与商人雇主制度》和《由宝坻手织工业观察工业制度之演变》等调查报告中,方显廷尤其注意把中国华北乡村工业与西方手工业进行比较,认为乡村小工业本身就比大工业更适合中国的经济情形和社会制度,中国也无须走欧美那种先集中于城市、再分散到乡村的工业发展路径,可以通过技术、教育和农村合作制度来发展自己的乡村工业道路。

方显廷治学极为严谨认真,常常日以继夜地忘我工作。到全民族抗战爆发前夕,他已经完成了超过50种的中英文论文和专著,这些研究成果不仅引起了国内学术界的广泛重视,很多还送藏国外的主要大学和图书馆,有的还被译成外文,成为外国学者研究近代中国经济的重要参考资料。在很多当时的中国问题专家和后来的经济史学家的著作中,均大量引用了方显廷的这些研究成果。

在方显廷和何廉的共同领导下,南开大学经济研究所也迅速成为当时中国经济研究的重镇。1935年,南开大学参与创办的华北农村建设协进会正式成立,何廉任主席,方显廷任秘书长。为了配合协进会的工作,他们决定在南开大学经济研究所招收经济学硕士研究生,到

1952年停止招生为止,合计招收了14届共80名研究生。这也是我国自己培养的第一批经济学研究生。他们中的很多人后来都成为著名学者。

1936年,何廉赴国民政府任职,方显廷代理南开大学经济研究所所长。七七事变爆发后,方显廷随学校辗转至长沙、昆明和贵阳,1939年又率领经济研究所迁至重庆沙坪坝的南开中学校内,继续主持研究所的教学和科研工作。抗战期间,他撰写了大量论文,对与工业化相关的一系列问题进行了深入探讨,提出了很多卓有见地的观点和政策建议,大多被收入由他主编的《战时中国经济研究》和《中国战后经济问题研究》等论文集中。

1941年,方显廷受洛克菲勒基金资助赴美访学,在哈佛大学进行研究工作和学术活动,其间撰写了《战后中国之工业化》一书,征引了大量文献资料,系统展现了中国的经济社会和资源情况,深入分析了中国工业、农业和交通的发展状况,提出了中国战后工业化的理论蓝图和实施方案。这本书是他学术生涯中的代表作。

1944年,方显廷回国重任南开大学经济研究所教职,同时应何廉之邀,担任中央设计局研究部主任,受命主持编制《(战后)第一期经济建设原则》和《第一期国家经济建设总方案:物资建设五年计划草案》。其中许多构想和计划,由于各种原因最终未能付诸实施,但体现了方显廷和他的同事们关于中国工业化的思路,有着十分重要的学术价值。

1946年,方显廷和何廉在上海创建同德经济研究所(即后来的上海中国经济研究所),方任执行所长,同时主编《经济评论》周刊。1947年,混乱的时局和剧烈的通货膨胀严重干扰了研究所的正常工作和研究人员的生活秩序,使研究所的各项工作计划无法顺利开展。当时,联合国亚洲及远东经济委员会刚刚成立,时任执行秘书长的洛克内森教授亲自登门拜访方显廷,并热情邀请他参加秘书处的工作。最终,方显廷决定接受邀请,参加联合国亚洲及远东经济委员会的工作。

1948年11月,方显廷随联合国亚洲及远东经济委员会从上海迁往泰国曼谷,此后他相继担任了联合国"亚远经委会"的调查研究室主任和调查研究与计划处主任,编辑《亚洲及远东地区经济年鉴》及《亚洲及远东地区经济季刊》,发表了多篇分析亚洲各国经济的文章,为发展经济学增添了很多具有亚洲特色的思想内容。而《亚洲及远东地区经济年鉴》的内容也自1953年起,对于中国大陆的发展给予了更为透彻的报道。特别值得一提的是,方显廷在1953年发表的论文《1949—1953年中国大陆的经济发展》,对新中国的经济成就进行了深入而客观的评论,引用了中国政府公布的许多数字,说明中国经济恢复的速度是惊人的,也肯定了1949年以后中国经济框架的改变对生产的恢复所起到的积极作用。

1964年方显廷从亚洲及远东经济委员会退休之后,任亚洲经济发展及计划研究院副院长,并于1966年至1968年间担任亚洲及远东经济委员会工业经济地区顾问,为联合国贸发会议撰写了泰国、印度尼西亚、韩国、菲律宾和中国香港、台湾工业出口前景的研究报告。1968年,方显廷接受新加坡南洋大学的邀请,任经济学客座教授,讲授经济史和经济发展课程,主持编辑《南洋大学学报》,并于1972年被南洋大学授予荣誉教授。

1971年,方显廷正式退休,此后在英国、美国和瑞士生活,并于1981年回国访问。回国期间,方显廷还专门与他的老友、时任全国政协副主席的钱昌照会面,并委托他将自己关于中国经济建设的一些看法和建议转达给中央主要领导同志参考,充分体现了方显廷作为海外游子对祖国的真挚感情。

1985年3月20日,方显廷在瑞士日内瓦的寓所逝世,终年82岁。

参考文献:

方显廷:《方显廷回忆录》,方露茜译,商务印书馆,2006年。

方显廷:《方显廷文集》第1卷,商务印书馆,2011年。

方显廷:《方显廷文集》第2卷,商务印书馆,2012年。

方露茜:《我的父亲方显廷——一位20世纪中期经济学家的执著与追求》,《人物》,2006年第9期。

（关永强）

冯　棣

　　冯棣(1907—1983),又名冯朋弟,号止堂,祖籍北京通县,1907年生于四川成都。其父为商人,在成都开设裕川银号,清末时停业。冯棣5岁时父亲去世,由唱川剧、京剧的大哥和母亲养大。

　　冯棣幼时上私塾,1920年至1923年在成都上小学至毕业,1923年入四川省立第一师范学校,1929年至1930年在国立成都师范大学艺术系上学,1930年至1931年转学至上海艺术专科学校西洋画系并毕业。自幼聪颖的冯棣经过美术专业训练,才华渐绽,创作日盛。

　　1931年九一八事变之后,中国民众的抗日救国热情日益高涨,冯棣所创连环漫画《马大人》发表于北京通俗读物编刊社出版的期刊《民众周报》上,同时为《民众周报》画了两期封面,均表达了夺回东三省的强烈愿望。此间,冯棣还为冯玉祥将军的爱国诗篇配画。1932年,冯棣考入北京联华电影人才养成所,学习4个月后毕业。1933年春,冯棣来到天津,在河北省立民众教育实验学校教授美术、音乐、戏剧等课程,还为大公报社出版的《赵望云农村写生集》设计了封面。

　　1936年夏,冯棣在天津《大公报》当校对。7月,在上海出版的期刊《漫画界》第4期上,冯棣原创的首个漫画人物形象"万能博士"诞生了,还刊登了近800字的《"万能博士"传》,可窥知其匡扶正义,反对压迫、剥削,反对不抵抗主义,以及反抗日本帝国主义侵略的情怀。其文语句怪诞、亦庄亦谐。

　　"万能博士"是冯棣漫画生涯初期创作的漫画形象。1936年11月,他还以漫画《"万能博士"大冲锋》参加了在上海举行的第一届全国漫画展览会。著名画家曹涵美点评《"万能博士"大冲锋》"题材好""画面好""独出心裁"。

1936年9月至1937年7月,冯棣先在上海《大公报》编"每日画刊",后在北京通俗读物编刊社当美工,画历史题材连环画。1937年1月,冯棣还在上海《时代漫画》之《职业问题专号》和1937年3月之《摩登世像专号》上,分别发表了《出路必经成功之路》和《头等电车中》。《头等电车中》是冯棣"情色"漫画的早期作品。1937年7月3日,冯棣在北京与叶浅予、孙之俊、陆志庠等共同发起筹备的、具有强烈抗日爱国主题的北平漫画展览会,在中山公园春明馆举行。展览引起强烈的社会反响,间有日本浪人捣乱、警察干预。展览于7月7日闭幕后数小时,七七事变爆发。

七七事变后,冯棣回到天津,他以普通市民读者为受众,创作出"老白薯""老夫子""阿摩林"三个符合当时市民阶层审美意趣的漫画人物形象。1938年起,刊登"老白薯""老夫子""阿摩林"故事的四格(偶有六格、八格)漫画陆续在天津《庸报》《银线画报》等报刊上推出,受到了市民读者的欢迎和追捧。而此时冯棣创作的漫画全然以谐音字"朋弟"署名。随着"朋弟"所画的"老白薯""老夫子"和"阿摩林"故事频频问世,冯棣的漫画艺术也日臻完美,登上其创作巅峰。

"老白薯""老夫子"和"阿摩林"皆为小人物,造型各异但都滑稽可笑,性本善良却又常露狡黠,故事情节全然从日常生活中撷取素材并加以提炼,以其轻松谐谑的特质极大地满足了城市平民和小资产阶级在特殊政治时期的文化需求。1940年至1941年间,《老白薯》《老夫子》《阿摩林》等幽默漫画集陆续推出,并一版再版,多次加印。1942年,以"老白薯""老夫子""阿摩林"三位组合而生出新故事的连环漫画《发财还家》和《上海现形记》的出版发行,在冯棣的读者群中又引起新的轰动。

同时冯棣还在他所编的北京《立言画刊》漫画专栏中发表漫画,

《条件不苟》《人不如狗》《金兰之交》《财神潦倒》《经济之至》《上等年礼》《原来如此》《维他命X》《临时汽艇》等作品,表现了沦陷区人民缺吃少穿、民不聊生的社会真实景象。他一方面恣肆地罗列笑点,以满足市民和小资读者,另一方面又在不经意间深刻描写社会现实。

1943年初冬,冯棣远走四川。1944年春起在成都敬业中学教音乐和美术。1947年初,他离开敬业中学,去重庆适存商业专科学校教国文和音乐,不久举家迁回天津。为维持全家生活,他创作的《老白薯》《老夫子》《阿摩林》等漫画新作在《民国日报》《星期日画报》发表。这一时期冯棣的漫画,在一定程度上揭露了国民党统治区人民生活困难、民不聊生的现实。

1949年1月天津解放,冯棣到天津新华书店出版社(后为新华印刷厂)任美术设计。10月1日,新中国举行开国大典,天津举行全市大游行庆祝。瘦高的冯棣腰扎红绸、脸敷脂粉,在队伍里大步扭着秧歌,心情十分激动。

1950年7月,冯棣在众城广告社工作,他应资深报人、天津大众书店负责人张道梁之邀,完成了描写红军长征故事的连环画《通过傈僳区》。在1951年镇压反革命运动中,冯棣再应张道梁之邀完成了连环画《一贯害人道》,同样受到读者欢迎。在此期间,冯棣为天津大众书店设计了众多通俗文艺作品的封面,如杨润身、王雪波创作的秧歌剧《哥俩好》,马际融与赵青勃所编诗集《中国的十月》,等等。还为天津《新儿童》杂志1950年国庆特大号绘制封面,4个儿童扮成工人、农民、知识分子和学生,均手持红旗,红旗上有一颗象征中国共产党的五星,画面十分火炽,表达了冯棣对新中国的挚爱。

1950年11月,冯棣到长辛店坦克学校(即中国人民解放军第一战车学校)政治部宣传科搞美术工作。1951年底,冯棣调入中国京剧一团艺术处,该处后来并入中国戏曲研究院,他从事美术、戏曲史研究和资料绘制、编汇工作。

1957年6月13日,《北京日报》刊出一组冯棣四格漫画新作《老白薯出土》,这是冯棣漫画的绝笔。

1983年,冯棣在北京病逝,终年76岁。

参考文献:

曹涵美、王敦庆编:《全国漫画展览会第一届出品专号》,《漫画界》,1936年10月号第7期。

肖英华:《我心中的朋弟》,载冯骥才编著:《文化发掘:老夫子出土》,西苑出版社,2001年。

冯棣:《冯朋弟简历》,载《(原版)老白薯》《(原版)老夫子》《(原版)阿摩林》《(原版)发财还家》和《(原版)上海现形记》诸册"附录",西苑出版社,2003年。

《朋弟画的两部连环画》,载张道梁:《往事九十年》,天津人民美术出版社,2009年。

张启仁:《忆七七前夕北平的一次漫画展》,载孙燕华等:《为了记住的纪念——孙之俊纪念文集》,学苑出版社,2012年。

(李建新)

冯 国 璋

冯国璋(1859—1919),字华甫,一作华符,直隶河间人。1859年1月7日(清咸丰八年十二月初四日),冯国璋出生于河间县诗经村一户没落地主家庭,在其祖父冯丕振时期,家境尚属富裕,其父冯春棠科举落榜,家道逐渐中落。在兄弟四人中,冯国璋行四。他7岁入本村私塾读书,5年后入其外公家所在地三十里铺毛公书院读书,1876年结业,考试成绩名列前茅。在堂叔冯甘棠的资助下,冯国璋于1881年到保定莲池书院进修两年,因家境困难,1883年辍学回家。

1884年,冯国璋经叔父介绍,赴天津大沽口投军。1885年,冯国璋入淮军直字营当兵。6月,北洋武备学堂在天津创办,冯国璋成为武备学堂第一期步兵学员。1888年,冯国璋参加科举,考取秀才第一名,后参加顺天乡试未中,仍返回武备学堂继续攻读步兵科。1889年7月,冯国璋以优异成绩毕业,并留校任教习。1893年春,冯国璋入聂士成军中做幕僚,他忠于职守,受到聂的器重。他协助聂士成编撰《东游纪程》,详细记述了东北三省边境见闻。甲午战争期间,他随聂士成赴朝鲜及东北前线作战,战后他得到了候补知县并加五品顶戴的虚衔,被派管理军械局,不久由聂士成推荐担任中国驻日本使臣裕庚的军事随员。在日本,他与日军将领福岛安正和青木宣纯等结识,留心考察日本军事,编成兵书数册。1896年初回国,先呈送聂士成,未被重视,又转呈袁世凯。袁视为"鸿宝",赞赏他"军界之学子无逾公者"①。当

---

① 《故代理大总统冯公事状》,载张一麐:《心太平室集》卷4,1947年刊本。

时,袁世凯在小站创办新建陆军,遂留冯国璋担任督操营务处帮办兼步兵学堂监督,不久升任督操营务处总办,主持编写兵法、操典、营制、勋章及各项图说,"新军兵法操典多经其一手修定"[①]。

1899年新建陆军改称武卫右军,袁出任山东巡抚,武卫右军开往山东,冯国璋也随军入鲁。在山东,冯国璋奉命改编山东旧军,组成武卫右军先锋队20营。因参与镇压义和团"有功",次年由袁世凯奏保以补用知州升为补用知府。1901年底,李鸿章去世,袁世凯继任直隶总督,在保定创设军政司,下辖兵备、参谋和教练三处,冯国璋任教练处总办,负责创办将弁学堂及测绘学堂等。

1903年底,清政府在顺天府设立练兵处,作为督练考察全国新军的机关。经袁世凯举荐,冯国璋担任军学司司长,仍常驻保定,督理北洋各武备学堂,兼北洋陆军速成学堂和陆军师范学堂督办,培养了一大批北洋系军官,并输送到北洋六镇和各地新军中。1906年,冯国璋署正黄旗蒙古副都统兼陆军贵胄学堂总办,在任期间,冯和满族亲贵建立了较为密切的关系。1907年至1911年,冯国璋一直担任军咨使,负责办理军咨处(后改为军咨府)的日常事务。1909年初,载沣以袁世凯"患足疾"为借口,命他"回籍养疴"。冯国璋亦屡次请辞,均未获准。

1911年10月10日,武昌起义爆发,清廷派陆军大臣荫昌率第一军南下镇压革命,派冯国璋组织第二军增援。但冯和北洋系各将领不愿服从荫昌指挥。冯在湖北按兵不动,有意拖延。清廷迫不得已,被迫起用袁世凯并授其军政全权。袁出山后,奏请由冯国璋接替荫昌担任第一军总统,冯国璋率军与革命军激战四昼夜,于1911年11月1日攻陷汉口。冯国璋指挥第一军由蔡甸和驼罗口渡过汉水,于11月27日攻陷汉阳,并隔江炮轰武昌,使新成立的革命政府受到严重威胁。清廷赏给冯国璋二等男爵爵位。当时冯国璋欲乘胜渡江攻取武昌,被袁

---

①李宗一:《袁世凯传》,国际文化出版公司,2006年,第55页。

r gh

世凯制止,北洋军与革命军呈相持状态。由于冯国璋没有理解袁世凯的真正意图,12月,袁命令段祺瑞代替冯统率湖北各军,调冯为察哈尔都统。12月15日冯离开汉口北上,抵京后,奉命留京统筹京畿防务,兼充禁卫军总统。冯国璋掌握了禁卫军的武装后,按照袁的旨意,对满族少壮军官进行恫吓和利诱,使得禁卫军官兵同意清廷"逊位",由袁世凯组织"临时政府"。

袁世凯当上民国临时大总统后,冯国璋仍统领禁卫军,兼充总统府军事处处长。1912年9月,冯国璋出任直隶都督兼民政厅长。二次革命爆发后,冯国璋任江淮宣抚使兼北洋军第二军军长,指挥北洋军沿津浦路南下镇压,于1913年9月2日攻占南京,扑灭了二次革命。12月16日,冯国璋接替张勋出任江苏都督,同年晋升陆军上将,后又授以宣武上将军,仍坐镇南京,成为雄踞东南的实力派。1913年底至1915年初,冯国璋多次发出通电,支持袁世凯解散国会、撕毁约法,攻击责任内阁制,主张实行总统制。但他对袁世凯企图称帝并不支持,并于1915年6月22日谒见袁世凯试探消息,得到了袁不会称帝的表态。后来局势的发展,使冯国璋深感自己受了袁的欺骗,不肯再为帝制出力,引起了袁世凯的顾虑。12月18日,袁世凯下令调冯国璋任参谋总长,意图使其脱离部队与地盘。冯国璋托词"害病"拒不进京。

云南护国军发动讨袁行动后,贵州、广西等省相继响应。袁世凯让冯国璋代替段祺瑞兼理征滇总司令,他托病未上任。12月21日,袁世凯封其为一等公。1916年3月19日,冯国璋联络长江巡阅使张勋、江西将军李纯、山东将军靳云鹏、浙江将军朱瑞,联名发出了致各省将军的密电(史称"五将军密电"),征求各省对撤销帝制的意见[1],对袁世凯产生了很大的影响。袁世凯被迫于1916年3月22日取消帝制,但仍想通过冯国璋出面联合各省将军,挽留其继续做大总统。5月11

---

[1]季宇:《段祺瑞传》,安徽人民出版社,1992年,第174页。

日,冯国璋、倪嗣冲、张勋三人联名通电发起召开未独立各省代表会议。18日,十五省区代表齐集南京开会,最终未达成一致意见。

1916年6月6日袁世凯病亡,黎元洪继任大总统,10月30日经过国会补选,冯国璋当选为副总统,仍兼江苏督军,在南京办公。此后,随着北洋集团分裂为皖系、直系、奉系,冯国璋成为直系首领。1917年7月,大总统黎元洪与国务总理段祺瑞的府院之争引发张勋复辟,为段祺瑞所镇压。黎元洪辞职,段祺瑞派人南下迎副总统冯国璋赴北京代理大总统(任至1918年10月10日期满),段祺瑞复任国务总理。为了维护直系在长江中下游各省的实力,入京前,冯国璋安排李纯担任江苏督军、陈光远担任江西督军。冯国璋于8月1日抵京就职。

不久,冯国璋和段祺瑞的矛盾便尖锐起来。冯国璋主张和平统一全国,反对段祺瑞的"武力统一"。在讨伐广州护法军政府的过程中,冯国璋暗中指使直系军队消极怠战,曹锟、李纯、陈光远、王占元等直系督军相继发表主和通电,段的"武力统一"政策严重受挫,于1918年11月先后辞去陆军总长和国务总理职务,冯派王士珍继任。段祺瑞唆使皖系督军团要挟冯继续对南方作战,奉系军阀张作霖也派兵入关,支持皖系。在内外形势的逼迫下,冯国璋只得派曹锟兼两湖宣抚使,率军进攻湖南,并准王士珍辞职,复任段为国务总理。

段祺瑞上台后,继续推行"武力统一"政策。冯国璋表面支持,暗中唆使李纯、曹锟等直系将领与西南军阀接洽和谈。1918年8月12日,新国会(安福国会)开幕。段祺瑞声明要辞职,迫使冯国璋于8月12日也声明不参加大总统竞选。9月4日,安福国会选举徐世昌为新任大总统。10月10日,徐世昌正式就任大总统,同时与冯国璋行交替礼,冯国璋和段祺瑞同时下野,直皖两系的冲突日趋剧烈。为了平息冯的不满,徐世昌特准冯国璋仍节制北洋十五、十六两师。这两个师是由禁卫军改编而来,师长刘询、王廷祯都是冯的亲信。

冯国璋下野后,于1919年春返回家乡河间县经营家业。除了在诗经村有千余亩土地外,他在苏北还与张謇合办盐垦公司,占地七十万亩;在北京、天津和南京拥有几个钱庄,其中较著名的有华通银行、华充银号;此外,在开滦煤矿、启新洋灰公司、中华汇业银行等还有大量投资。

1919年10月,冯国璋回到北京,12月初,感染风寒,医治不愈。12月28日,冯国璋病逝于北京帽儿胡同冯宅,终年60岁。

参考文献:

李新、孙思白主编:《中华民国史资料丛稿·民国人物传》第2卷,中华书局,1980年。

吕伟俊、王德刚:《冯国璋和直系军阀》,河南人民出版社,1993年。

杨雯:《冯国璋研究》,四川大学出版社,2011年。

潘荣:《冯国璋家族》,金城出版社,2000年。

杨颖奇主编:《民国政治要员百人传》,南京出版社,2014年。

(欧阳康)

冯文潜

冯文潜(1896—1963),字柳漪,河北涿县人。1896年12月2日(清光绪二十二年十月二十八日),冯文潜生于涿县一个盐商家庭。1903年,冯文潜入私塾读书,两年后在其父自办的养正小学堂接受新式教育。1912年起,冯文潜先后就读于天津南开中学和大学预备班,开始接触新思潮、新知识,并因此与周恩来、黄钰生等熟识。他与黄钰生等共同创办的"三育(德、智、体)竞进会"(后改名为"敬业乐群会"),受到时任南开校长张伯苓的赞赏。

1917年,冯文潜赴美国留学,在艾奥瓦州格林奈尔学院学习,主修哲学,获文学学士学位。1920年入美国芝加哥大学研究院学习,两年后获哲学硕士学位。1922年又远赴德国柏林大学哲学系学习哲学和历史,他与周恩来等人一起讨论国际形势。冯文潜还认识了陈寅恪、俞大维等中国留学生。他们常在一起讨论国事,认为中国只有发奋图强才能抵御外侮。冯文潜注重社会实践,常利用假期徒步旅行访问德国农村和中小城市,进行社会调查,这为其之后多年的教学生涯提供了模式和思路。在调查期间,他积极向在德华侨介绍祖国形势,宣传爱国主义。

1928年,冯文潜回国,在南京中央大学哲学系任讲师、副教授。1930年,应张伯苓之邀,任南开大学哲学教授,开设西方哲学史、美学、德文等课程,他治学严谨,诲人不倦。1937年七七事变爆发,7月24日,南开大学紧急疏散人员和图书、仪器等物资。当时,冯文潜伤寒未愈,抱病与黄钰生及文科师生一起抢救文科图书设备,避至英租界,后冯文潜又主动留守南开大学,直至1938年才随师生一起南迁至西南联大,任西南联大哲学系教授兼系主任。此时冯文潜贫病交加,身患斑疹伤寒和膀胱结石,但仍坚持上课,并和黄钰生、陶云达一起负责筹备南开大学边疆人文研究室。

抗日战争胜利后,南开大学迁回天津,冯文潜一直担任哲学系教授兼文学院院长、哲学系和历史系主任。1952年,南开大学院系调整,南开大学哲学系合并到北京大学,冯文潜离开讲台改任南开大学图书馆馆长,直至1963年逝世,冯文潜为南开大学图书资料建设做出了巨大贡献。

冯文潜学贯中西,博古通今,治学严谨,诲人不倦。他常有意识地将国外相关学术动态、新的学派、学术思潮等介绍给学生。讲授西欧古代哲学史、美学史时,他每课必认真备课,让知识融会贯通于自己的头脑中,从不照本宣科,不讲无用之话。他对学生要求极严,反对学生"读死书""死读书",强调学生要读懂读通原著,并能复述;注意引导学生联系实际,研究社会实际问题;极力宣传鼓励文科师生组织课外学习团体,促使南开大学哲教系师生联合组织了"哲教学会",开展学术讨论、社会调查等课外活动。

冯文潜学识渊博,精通汉学和英、德、法、俄、意、日等多国文字,酷爱图书。任南开大学图书馆馆长期间,他根据"百花齐放,百家争鸣"的方针,结合高校图书馆的性质、特点、服务对象,有重点、有选择地搜集了一些与本馆收藏重点有关的古今中外书刊资料,初步建立了南开大学图书馆的藏书体系。[1]同时,他注重利用藏书,改变了之前图书重藏轻用的理念。

冯文潜精于美学研究,谙熟西方美学史,尤其康德、黑格尔等人的美学思想,并且认真研究了中国先秦诸子有关美学的著作和言论,并

---

[1] 张峰:《大学图书馆馆长研究》,合肥工业大学出版社,2007年,第165页。

对中西美学思想进行比较研究。讲到中西美学之不同时,他以建筑为例,认为中国的建筑和它的处境,就像母子一样,彼此关系十分密切,十分融洽,是一种与自然的相安、相亲,而西方则处处要征服自然,处处要表现人的力量,显露人为的痕迹。

冯文潜多年讲授西方哲学史、美学、柏拉图哲学、逻辑学、德语等课程,培养了一批西方哲学史的研究人才。他治学极为严谨,从不轻易发表文章、论述。终其一生,共留下30多本用中、英、德三种文字写成的哲学史讲稿及大量手稿、笔记、信札、日记等。著有《冯文潜美学讲演录》《西方哲学史讲稿》,译有《近代哲学的精神》等。后人可从中寻绎其学术思想的轨迹。

1963年4月,冯文潜逝世,终年67岁。天津市人民政府、南开大学等单位联合举行了公祭。周恩来和邓颖超送了花圈,挽联上写着"鞠躬尽瘁,永树风规"。

参考文献:

尚海、孔凡军、何虎生主编:《民国史大辞典》,中国广播电视出版社,1991年。

方克立、王其水主编:《二十世纪中国哲学·人物志》,华夏出版社,1994年。

天津市政协文史委编:《天津文史资料选辑》第31辑,天津人民出版社,1985年。

张峰:《大学图书馆馆长研究》,合肥工业大学出版社,2007年。

（张雅男）

冯 文 洵

冯文洵（1880—1933），字问田，祖籍天津，出生于河北涿县一个盐商家庭。

冯文洵曾在北京警官学校学习，毕业后赴四川成都从事警务工作。1904年，回到天津学习。1914年，他被派赴黑龙江，1917年至1921年间先后担任泰来、海伦知事。冯文洵一生漂泊，多在警务、政府等部门工作，但其在政事之外，还十分擅长文事。1926年，冯文洵开始撰写《丙寅天津竹枝词》，有些"丙寅词"陆续刊载于（天津）中文《泰晤士报》。1928年，冯文洵离开天津再赴黑龙江，担任黑龙江省政府秘书。

清末民初，由白菜腌制的酸菜开始普及。他在《海伦杂咏》中写到了酸菜："纯洁耕牛乳，权桠野鹿茸。旱烟消永昼，酸菜备严冬。熊掌脂何厚，猴头味正浓。青山虽咫尺，难得是飞龙。"冯文洵不仅喜欢作诗，而且在诗文内容上也多有偏好，不论是咏酸菜诗，还是《丙寅天津竹枝词》，其诗文所涉猎的内容多是社会生活、风俗习惯等方面。

1931年九一八事变爆发后，冯文洵"归隐天津"。但实际上不是真正的"归隐"，在津期间，他曾担任河北省北运河河务局局长。1934年，他的《丙寅天津竹枝词》由京津泰晤士报社铅印。竹枝词的形式与七言绝句无异，内容则以咏百业民情、岁时风俗为主，且文词上比较直白和通俗，因而具有较高的史料价值。《丙寅天津竹枝词》中的三百首诗词均描绘天津一地，详细咏述了天津的风土人情，以诗歌的形式反映了当时天津的社会风貌。

冯文洵是天津城南诗社的主要成员,著有《紫箫馆诗存》《丙寅天津竹枝词》等,尤以《丙寅天津竹枝词》著称。

1933年夏,冯文洵因病去世,终年53岁。

参考文献:

冯邦编:《中华冯史文典》(上),2009年内部印行。

李兴盛主编:《流人名人文化与旅游文化·黑龙江历代旅游诗选与客籍名人》,黑龙江人民出版社,2008年。

董丛林:《由"丙寅词"看天津近代社会》,《河北师范大学学报(哲学社会科学版)》,2014年第1期。

(葛宜鑫)

冯 武 越

冯武越(？—1936)，广东番禺人，学名冯启镠，以"武越"名于世。冯武越家族显赫，家庭条件优越。其父冯祥光供职于外交界，晚清时为五大臣出洋考察团随从人员，民国时曾任驻墨西哥公使。因此冯武越对于西方文化有着较为丰富的认识。

冯武越早年曾留学比利时、法国、瑞士多年，学习航空机械。1921年归国后曾在奉系军界任职，一度担任张学良的法文秘书，1925年任职东北航空署，逐步产生"弃武就文，以笔墨为生"[①]的想法。

据冯武越自述，少年时同小伙伴"在北京合办了一个誊写版印的什么《儿童杂志》，那时不过十三岁而已，放着书不去念，干这无谓的玩意儿，给家长大大的申饬了一番"。但也自此"立下了办报的根基，到得壮年，不但喜欢看报、玩报，而且玩外国报，也是常干的事"[②]。20世纪20年代初，他先后在北京创办《电影周刊》和《图画世界》。《图画世界》以"时事、艺术、科学"为口号，内容包罗万千，靡有遗弃，为知识分子所赞赏。仅出版三期，便因战事突起，销路阻滞，亏损甚多而停刊。后来在《京报》副刊上刊发的《图画周刊》，算是《图画世界》的后续，但也只出过十多期便停止。冯武越认为《电影周刊》和《图画世界》可算是北方铜锌版画报的鼻祖。《电影周刊》和《图画世界》虽然夭折，但是冯武越由此积累了办报经验，为日后《北洋画报》的成功打下了基础。

---

①吴秋尘：《记冯武越》，《益世报》，1936年4月26日。
②武越：《笔公自述》，《北洋画报》第101期，1927年7月6日。

1926年，冯武越在天津创办《北洋画报》，"当年办画报、看画报者，无不知有武越其人"[①]。冯武越本人"能书画，工摄影，长小品文字，具美术天才"。冯武越利用这份报纸，尽力交结一些名流。有些名士写稿无有稿费，只是每期赠给经常写稿人画报一份。冯武越好客，每星期邀请名士和撰稿人举行宴会一次，佳肴美酒，谈艺论诗。其内弟赵道生为大华饭店经理，当然可以办到又丰盛、又省钱的筵席。大华楼头，一夕盛会，就算他对投稿朋友的厚谢了。许姬传将《北洋画报》社称为天津的"沙龙"。

1928年张学良改旗易帜后，冯武越曾在东北文化促进社任职。他还积极参与一些天津文化团体的活动，并先后担任群一社社长、旅津广东音乐会会长和北洋摄影会总干事等职。30年代，冯武越还曾提倡国民体育普及化，他认为要想造就"强健体魄之国民"，就决不能"仅仅在推广学校体育做法而得称止境，必也使不能得到学校体育训练利益之普通国民，咸有享受体育之机会，并使曾在学校久经锻炼之壮儿，于出校入社会以后，仍得维持其体魄之强健，然后国家乃能得到多数体魄健全之国民，肆力于各种工作，社会乃能有进步。欧美各国各城市均有无数的体育会、体育学校、健身房，不是为学生而设"[②]。而中国目前"太偏重于学校体育，而置国民体育于不顾，殊非国家社会之利，是宜亟亟普及民众体育，俾养成全体国民的健全体魄，使人人皆有健全的精神，然后乃能造成健全的社会与国家"[③]。冯武越的提议得到了培才学校校长郝铭的响应，二人共同发起成立志成健身会，并制定会章，选举常务委员。

冯武越本患肺疾，1931年九一八事变后，华北形势趋于紧张，冯武

①吴秋尘：《记冯武越》，《益世报》，1936年4月26日。
②武越：《国民体育应普遍化》，《北洋画报》第629期，1931年5月26日。
③武越：《国民体育应普遍化》（续六二九），《北洋画报》第631期，1931年5月30日。

越的病情受时局影响而加重,又适逢其父去世,使得他对经营《北洋画报》感到力不从心。1932年初,冯武越南游广东,本欲借机休养。孰料春夏时节北平、天津霍乱流行,其弟冯至海不幸染霍乱病逝,年仅30岁。这更给冯武越以打击。同年,冯武越为茔葬先人遗骨再度南返。1933年3月,冯武越将《北洋画报》全部让渡于同乡同生照相馆经理谭林北接办。此后冯武越赴北平西山疗养,但仍乐于参与京津社会文化活动,写有《山中杂记》数篇描述西山景致,发表于《北洋画报》。

1936年1月,冯武越病逝于北平,终年不详。

参考文献:

《北洋画报》,书目文献出版社,1985年影印版。

《益世报》,南开大学出版社、天津古籍出版社、天津教育出版社,2005年影印版。

《大公报》,人民出版社,1983年影印版。

(王兴昀)

冯 熙 运

冯熙运(1885—1951),字仲文,天津人,出生于天津河东的一个世家望族。冯熙运自幼在冯氏私塾就读,天资聪颖,深得塾师的赞扬。1900年,冯熙运脱离家庭私塾,改入学堂学习西学。1904年,冯熙运以优异成绩毕业于天津官立中学堂,考入北洋大学堂,攻读法科法律学门。上学期间,冯熙运学习非常刻苦,除学习专业课程外,经常出入图书馆,他专心读书,考试成绩均列优等,深受授课外籍教授的赞扬。1907年,冯熙运被清政府选派赴美国留学,入哈佛大学学习法律。1909年,毕业获学士学位后,冯熙运又考入芝加哥大学研究院攻读博士学位,1911年毕业回国。

民国建立后,冯熙运担任直隶省检察厅检察官。冯熙运精通律法,为人正直,在检察官任上颇多政绩。

1913年,冯熙运应聘到北洋大学堂任教。他学识渊博,精通中外法律,在讲课中联系实际案例,旁征博引,调动起学生们的兴趣,因此深受学生的欢迎。1912年,北洋大学堂改称北洋大学校,教育部派赵天麟担任校长。赵天麟与冯熙运是北洋大学法律系的同学,又是同乡、同事,更成为要好的知己。冯熙运一心协助赵天麟把学校办好,努力改进学校管理,提高办学质量。

1920年1月,冯熙运担任北洋大学校长,他积极贯彻严谨治学的传统,对招生、升留级都认真把关,不徇私情,对政府拨给的经费也精打细算。1923年,他利用节约的办学经费,建设了新的学生宿舍楼。原来的学生宿舍是利用武库的6座库房改建而成,以两米高的木板隔成了两米见方的小屋,库房很高,上面完全通着,两侧和中间各留一条走道,各屋在走道一边挂有布帘,两间屋共用一个电灯。中间堂屋是公用洗脸处所。多年来学生一直就生活在这样条件简陋的宿舍里。新建的这幢楼房平面形状如英文字母U,人称"U字楼",是当时学校中颇具规模的正规学生宿舍,不仅房间宽大、采光明亮、设施齐全,而且有盥洗室、浴室、卫生间等,学生的生活条件得到较大改善。

按当时的社会风气,"U字楼"的施工方要对学校的负责人进行馈赠,冯熙运对此陋习断然拒绝,他让施工方用此款购买一批树苗,在校门口的北运河堤岸上种植桃树,成为本校师生和附近居民憩游之所。这些桃树栽下后,每值春季桃花盛开之时,桃红柳绿,景色宜人,号称"桃花堤",不但成为北洋大学师生憩游之所,也为津沽增添一景。直到今天,冯熙运兴建桃花堤的义举仍为人传颂。北洋大学校歌中"花堤霭霭,北运滔滔",正是对这一景色的描写,至今仍为天津大学的学子们所传唱。

冯熙运担任校长时,动辄以强硬的手段处理学潮,要求所有参加罢课的学生必须写出悔过书方准上课,不写者统统开除,还以停水、停电、停办伙食相威逼,一时被开除者达一百多人,占全部在校学生之半数。1924年春,难以忍耐的学生们掀起了"驱冯运动",列举了冯熙运昏愦、腐化、蛮横、顽固等种种事实,推举代表向教育部请愿。冯熙运恼羞成怒,竟宣布将学生带头人予以开除。此举无疑是火上浇油,全校学生一起罢课,结队赴京到教育部请愿,要求驱逐冯熙运出学校。在校内外舆论的巨大压力下,冯熙运只得辞去校长职务,离开北洋大学。

1927年,离开北洋大学的冯熙运与赵天麟、王龙光等人筹办了天津公学,学校包括中学教育和小学教育。后来又选新校址、建新校舍,更名为耀华学校,冯熙运担任学校的董事。

应滦州矿务公司之聘,冯熙运担任该公司的法律顾问,他对公司的经营管理提出许多切实可行的建议。与此同时,冯熙运还被选为启新洋灰公司、滦州矿务公司、开滦矿务公司、耀华玻璃公司、振华纸板公司等八大知名企业董事会的董事,为推动我国北方实业的发展做出了一定的贡献。

冯熙运喜书法、善篆刻、好收藏,曾治印多方分赠亲友。晚年酷爱近代名人字画,曾收集华世奎、孟广慧、赵元礼、严修等名家书法,以及张大千、溥心畬、齐白石、刘奎龄等大师的绘画,每以品评欣赏字画为乐。新中国成立后,冯熙运的大部分藏品都捐赠给天津市艺术博物馆和天津图书馆。

1951年秋,冯熙运因病在天津去世,终年66岁。

参考文献:

周川主编:《中国近现代高等教育人物辞典》,福建教育出版社,2012年。

左森、胡如光编:《北洋大学人物志》,天津教育出版社,1990年。

天津市档案馆、天津市河北区档案馆主编:《旧天津意奥租界故事》,天津人民出版社,2011年。

天津大学校史编写组编:《天津大学简史》,天津大学,1980年。

(郭嘉宁)

冯 紫 墀

冯紫墀（1902—1981），字子持，天津人。

1924年，冯紫墀毕业于南开大学商学系，先任教于南开中学、省立中学，后到何廉主持的国货研究所任研究员。1927年，英商平安电影有限公司董事长兼总经理卢根，将该公司所属的天津平安、北京平安、光明等三个电影院，与以罗明佑为首的北京真光电影公司所属的北京真光电影院、中央电影院、天津皇宫电影院等三家影院合作营业，双方六个电影院的总管理处定名为华北电影公司。1929年秋，冯紫墀考入华北电影公司，在短暂充任平安电影院院务主任后，旋即回到国货研究所。1930年春，国货研究所停办，冯紫墀受华北电影公司的聘请，充任公司总管理处英文秘书兼编译之职。当时，冯紫墀等人编写了《人道》《城市之夜》等剧本，影片上映后轰动一时。

1932年4月，真光电影公司与英商平安电影有限公司的合同期满，华北电影公司宣告解散。真光电影公司、英商平安电影有限公司收回各属影院自办。平安电影有限公司董事长兼总经理卢根派丹麦人克林从上海来北京接办。冯紫墀受邀担任了原华北电影公司同人合办的河北电影院经理。华北电影公司解散后，原公司董事兼司库陈霁堂组织了北中电影公司，承租经营两个平安及光明等三影院。陈自任经理，邀请冯紫墀为副理。管理处设在光明电影院楼上。影院直接与美国米高梅、华纳及雷电华三大电影公司签订了头轮片在京津两个平安电影院上映的合同，并选择了对白少、易于中国人理解的影片在光明及北京真光、中央等电影院作二轮放映。这三家影院又联合与明星、联华等国产片公司签订了供应合同。但头轮片放映情况并不顺利,天津平安与当时另外两家头轮片影院大光明及光陆影院形成鼎足之势。

1936年,天津泰康商场内主演曲艺的小梨园,经营每况愈下,更换了几任经理也无济于事。冯紫墀得知后,便把小梨园租下,委托族兄冯登墀为经理。经过调研,他发现旧"三行"制度(即手巾把、糖果案子、茶房)是观众一致反对的恶俗,便予以废除。采取预先售票、对号入座、不收小费等新式管理方式。在园内备花茶,茶资算在票价内,改善了环境和观看体验,受到观众的欢迎,小梨园的营业状况得以大大改观。

1939年,庆云戏院改演曲艺节目,将小梨园的名角全都挖走,小梨园遭受沉重打击,一度被迫停演曲艺节目。冯紫墀毅然决定改演评戏。当时天津评剧还处于成长阶段,但冯紫墀已从观众对它的喜爱程度中看出了评戏在天津的发展势头。冯特邀新翠霞戏班进园,戏班除演传统评戏外,还以新的电影片为脚本,在冯的指导下排演了很多新编戏目。冯紫墀利用自己在光明电影院的身份,在晚场电影散场后,把来津后尚未公演的新电影片先让评戏演员观摩,再按照故事情节排成新戏,在极短的时间内排练了《红花瓶》等新剧,受到观众的喜爱。同年,冯紫墀又租下经营不善的大观园,改名为大观园方记,专门演出曲艺节目。他任辛德贵为经理,参照小梨园的方式进行经营,使大观园方记成为又一个有新意的娱乐场所。

1937年平津沦陷后,日伪军警特务横行,影院生意大受影响,北中电影公司亏损严重,拖欠片租及职工工资,内外交困。1939年天津水灾,平安、光明两影院均被水淹。陈霁堂把公司仅有的流动资金从银行中提取干净,逃往上海。为维持平安、光明两影院的生存,卢根、冯紫墀、刘锜三人合组平安影业公司,承租平安、光明两影院继续营业。新公司资本总额为伪银联券12万元,卢根认股半数,冯紫墀入股

3.5万元,刘锜认股2.5万元。

平安影业公司于1940年4月1日成立,卢根仍居沪上,以总经理名义签订影片合同,商洽排片、演期等事务。平安影院直接与美片商派拉蒙、联美、雷电华、环球等公司签订合同,继续营业;光明影院则施工改善内部设备,力求革新。9月12日,光明影院开幕,首演米高梅、派拉蒙公司拍摄的影片。因光明影院声光设备好,实行对号入座新办法,宣传花样翻新,一时营业之盛,甲于同业。

冯紫墀经营电影业有自己的特点:一是大力争取首先放映美国新片的专利,当时美国八大公司(如华纳、米高梅、哥伦比亚、环球、二十世纪福克斯等)的新片,都在平安影院首轮放映,光明影院二轮放映;二是善于联络英法两国工部局和租界内的印度警察、越南警察,因此影院秩序良好;三是学习英商的经验,改进影院的服务工作,注重效率,讲究礼貌,清洁卫生;四是在电影放映中场休息时,他常常请杂耍艺人加演曲艺节目,赢得大量拥趸。加上光明和平安两影院地处租界繁华地带,设施设备先进,虽然天津影院众多,但始终不能与平安、光明相抗衡。冯紫墀在电影业中享有盛名。

1941年12月太平洋战争爆发,美国影片被禁运,中国片及存片均由日本人控制的华北电影公司统筹配给,京津大小影院排片大权完全掌握在日本人手中。由于卢根为英国国籍,1942年底,日军天津防御司令部宣传班长史野荣策中尉偕日商田中公等到平安、光明两院,声称两院均系敌产,应予军管。田中公等人出面组织"天津影业协会",准备由冯紫墀任理事,同时担任企划职务,冯紫墀婉辞未就。后经卢根、冯紫墀等人多方奔走,日方发还平安、光明两影院。1944年,日方仍借机将光明影院强行接收,因平安影院地处偏僻,无利可图,免遭灾难。

抗战胜利后,光明影院被国民党中宣部驻津办事处"接收"。冯紫墀托人多方说情,始得发还。平安、光明两院同时恢复了营业,美国影片充斥其中,娱乐场所营业又繁荣起来。但这时国民党伤兵到处横行霸道,军警也动辄寻衅,苛捐杂税名目繁多,加之官吏百般挑剔,趁机敲诈,常常在扣除影片放映租金外,所余有限,几乎难以维持开支。市面上通货膨胀严重,物价飞涨,影院业务不振,光明、平安两影院的运作极为艰难,冯紫墀为此开办了亨孚银号。1946年,冯紫墀出任南开校友会天津总会常务委员。1947年8月,南开校友成立"公能学会",冯紫墀出任常务委员。1949年4月,冯紫墀担任私立南开中学董事会董事。

新中国成立后,冯紫墀继续担任平安影业公司经理。平安、光明两影院除上演少数苏联影片外,仍继续大量上演留存的美国影片。1952年,光明影院由市文化局接管。1953年,大观园方记歇业。1956年,影剧业实行全行业公私合营,小梨园也停止演出,冯紫墀到中学任教。

1981年,冯紫墀病逝于昆明,终年79岁。

参考文献:

天津市档案馆、天津市河北区档案馆主编:《旧天津意奥租界故事》,天津人民出版社,2011年。

冯紫墀:《我在平安电影院二十年的经历》,载天津市政协文史委编:《天津文史资料选辑》第75辑,天津人民出版社,1997年。

中国曲艺志全国编辑委员会、《中国曲艺志·天津卷》编辑委员会编著:《中国曲艺志·天津卷》,中国 ISBN 中心,2009年。

王文俊、梁吉生等编:《南开大学校史资料选(1919—1949)》,南开大学出版社,1989年。

《天津南开中学志》编修委员会编:《天津南开中学志》,天津教育出版社,2014年。

(高　鹏)

芙 蓉 草

芙蓉草(1901—1966),乳名久林,学名赵同山,后改桐珊,字醉秋,京剧旦角演员,艺名芙蓉草,天津武清人。1901年7月13日(清光绪二十七年五月二十八日)出生于武清县小长亭村,其父赵万春,是流动木匠;母亲王氏,1890年前后在北京当女佣,10年后回到家乡。52岁得子的赵万春对儿子十分疼爱,附近村庄每演庙会戏,他必定带着芙蓉草去看,使芙蓉草从记事时起就对庙会戏产生了浓厚兴趣。每次看完戏,回到家就模仿戏台艺人又唱又舞,逗得一家人大笑不止。

芙蓉草念过3个月的私塾,8岁时拜年长他二十有余的堂兄赵庭玺为师,学唱梆子老生。同时跟张凤仪(艺名麻子红)练习"跷"功,兼学梆子青衣,开蒙戏是《忠孝牌》,然后学演《三疑记》《女起解》《玉堂春》《探寒窑》。1910年春节,他在北京东四牌楼隆福寺内的景福茶园第一次登台表演,之后在西四牌楼的天河茶园、西安园、人和园,朝阳门外菱角坑的小戏园,永定门外的四合号茶馆,天桥的歌舞台、燕舞台,口袋胡同的咸丰茶园都曾演唱过。两年后,进入华乐、庆乐、三庆园、广德楼、中和等大戏园演唱,艺名芙蓉草。10岁时北京的观众就把他与名角崔灵芝、丁灵芝、李灵芝、任灵芝和还阳草联系到一起,统称"梆子六草"。

1913年,13岁的芙蓉草加入三乐社科班(正乐社前身),由梆子名家冰糖脆、大玻璃翠重新开蒙。那时,三乐社的艺徒是一面学一面演,多在王广福斜街的汾阳会馆里实习。芙蓉草曾经演过《双锁山》《汴梁图》《游湖阴配》《七星庙》等梆子青衣、花衫戏。尤其是他跟跷功特别好的冰糖脆所学《梵王宫》《喜荣归》等卖弄跷功的花旦戏,演出很受观众欢迎。

当时,京津戏台上时兴梆子、京剧合演,俗称"两下锅",芙蓉草在学唱梆子的同时,又跟王桂山、田桂凤学会《战宛城》《胭脂虎》《乌龙院》《浣花溪》等京剧花旦戏。他扮相俊俏,嗓音清亮,特别是他敏而好学、肯于吃苦,未满师即在戏台上唱出了名。他与三乐社里唱二黄的正工青衣尚小云、演玩笑旦的白牡丹(荀慧生的艺名)一起获"正乐三杰"的雅号。享有"通天教主"美誉的王瑶卿,认为芙蓉草是个大有前途的可造之才,主动把自己的《儿女英雄传》《雁门关》《失子惊疯》《棋盘山》《梅玉配》《万里缘》等一些拿手戏传授给他。芙蓉草的艺术功底一天比一天厚实起来。

1914年底,芙蓉草随科班来到河北梆子的发源地保定府,在贡院街会馆演出梆子本戏《万花船》《错中错》《玉虎坠》《忠义侠》,观众预言芙蓉草早晚要超过响九霄(田际云的艺名,当时鼎鼎有名的梆子旦角)。一次,他在台上扮演《玉虎坠》里的冯傅氏,演到继母诬她丈夫杀人,于左右两难的情境下,芙蓉草一声长叹,做了个无可奈何的表情动作,台下观众给他叫了好。他由此开了窍,懂得了演戏,戏是"演"(做)出来的,不能光靠"死唱"。以后再演戏,他刻意追求表情动作的自然和灵巧,一改前辈旦角艺人捂着肚子干唱的传统演法。

15岁后,芙蓉草开始从梆子转向专攻京剧。他在杭州,利用演戏余暇向曹银奎学会《天水关》《文昭关》《琼林宴》《空城计》等京剧老生戏,学会了俞振庭擅演的花脸戏《牧虎关》。在宁波,他与盖叫天同台合演《十三妹》,武功场面尝试使用真刀真枪。芙蓉草在汉口的"爱国花园"挂头牌,贴出的海报上用"多才多艺,生旦净丑,无一不能"等词语作为宣传,连续唱了4个月,上座率始终居高不下。

芙蓉草16岁进入上海,在新舞台演出连台本戏《女侠红蝴蝶》,扮演主角赵凌茹(红蝴蝶),表演、唱腔、道白等方面完全遵循王瑶卿的戏路,深受当地观众欢迎。于是他放弃梆子,专演王(瑶卿)派京剧。他在《悦来店》《能仁寺》里饰演侠肝义胆的侠女十三妹(何玉凤),颇有前贤王瑶卿的风范。芙蓉草的身段动作干净利落,表情细致传神,特别是爽脆明快的京白,赢得了当地观众的高度赞誉,他被新闻界称为"上海王瑶卿",驰誉申江。

芙蓉草这次南下江、浙、闽、沪演出,经受了舞台实践的检验,不仅在各地剧坛留下绝佳的名声,而且他转益多师,虚心钻研,自觉接受盛行于江南的"海派"戏曲影响,在艺术上开阔了眼界,拓宽了创作道路,认真朝一专(旦行)多能(文武昆乱不挡)的方向发展,以适应各地不同阶层、不同行业观众艺术欣赏的需要。芙蓉草博闻强记,不耻下问,因此会戏多、演技精,梆子、京剧的传统戏、古装戏、时装戏、连台本戏,无所不演,生旦净丑诸行当无所不能。他扮演青衣、花旦,嗓音脆亮,道白清晰,四声准确,对剧中人物的心理刻画十分细腻委婉,以情动人;他扮演刀马旦,身段功架遒劲挺秀,柔美之中寓刚强之气。他所饰演的各种身份相殊、性格各异的人物,均能演出独具的特色,与传统的千人一面演法截然不同。他曾得到著名红生王鸿寿亲传,并为其配演《走麦城》中的廖化。还曾经贴演《空城计》(老生诸葛亮)、《牧虎关》(净角高旺)、《断桥》(小生许仙)、《八蜡庙》(武戏,褚彪),甚至丑行(《金山寺》之小和尚、《御碑亭》之报录人等),亦演得格外出色,是那个年代京剧舞台上文武昆乱不挡的难得人才。上海的戏曲评论家把他这种演法称为"能派"(无所不能),把他封为"能派"代表人物。后来,他经过与南北各派演员长期合作演出,从中吸取了各派各家之长,很快形成了自身独特的演出风格。他对于南北艺术交流起到了融合作用。

芙蓉草18岁那年从南方回到北京,在东安市场内的丹桂茶园演唱,同台有侯喜瑞等名角。他主演的连台本戏《双鸳鸯》《红蝴蝶》特别受欢迎,引得那些旗妆太太们天天蜂拥而来。1919年,梅兰芳去日本演出,特邀芙蓉草随行助演。12天演期内,他扮演过《金山寺》里说苏白的小和尚;在《游园惊梦》里扮演老旦;在《天女散花》里前饰仙女,后饰罗汉;在《御碑亭》里,他前饰德禄,中间改俊扮的报录人,戴罗帽、黑三,穿青褶子,念上韵的"数板";在二本《虹霓关》里扮家将,进城时翻筋斗。他一人扮演多个角色,每个角色都演得特别出彩,载誉而归后在北方剧坛声名鹊起。梅兰芳演《五花洞》,约他配演潘金莲;程砚秋演《梅妃》,约他配演杨玉环;荀慧生演《樊江关》,约他配演樊梨花。芙蓉草虽然扮二路角色助演,但在每一出戏里,都与主角配合得严丝合缝,既不抢戏,也不因扮演配角而掉以轻心。某些不为人所重视的次要角色,经他演来,熠熠生辉,带给观众一种新的意境。

在几十年的舞台生涯中,芙蓉草熔青衣、花旦、刀马旦于一炉,形成了全面多能的京剧艺术家风格。20世纪40年代,芙蓉草在北平和王又宸(谭鑫培之婿)搭班,经常演出《穆柯寨》《穆天王》《悦来店》《能仁寺》《贵妃醉酒》等剧,名噪一时,以纯熟的武功底子和精细的做工,将巾帼英雄穆桂英的勇敢、豪爽、开朗、多情的性格,活生生展现出来。

芙蓉草一生不计较名分、地位,他演主角文武全能、唱做兼优;陪衬他人扮演二路角色,依然像演主角那样全神贯注,心甘情愿在舞台上做绿叶。赵君玉、李玉茹、童芷苓、黄桂秋、高庆奎、周信芳、马连良、林树森、陈彦衡、侯喜瑞、时慧宝、李永利等名重一时的京剧演员,都曾特邀他同台合作。他对名票也无私提携。当年张伯驹在上海演出跟余叔岩所学《打渔杀家》,特邀芙蓉草饰演桂英。他以演主角的才能,为这出戏锦上添花,增光添色。有人譬喻芙蓉草为"药中甘草",名角荟萃的戏,有他参加,格外动人耳目,平添号召力。当年他在荀(慧生)剧团作为荀慧生的得力助演,排演了许多荀派新戏,京剧界把他与金仲仁、张春彦、马富禄并称为荀(慧生)剧团的"四大金刚"。

新中国成立后,芙蓉草先后在华东京剧实验学校、东北戏曲学校、中国戏曲学校专心致力于戏曲教育工作。他向学生传艺,能示范,善启发,教学效果好,成才率高,不但教会学生唱念做打各项表演技能,而且引导学生懂戏明理,学会艺术创造。他在教学时,充分发挥自己兼通各行的优长,为学生教授戏里的每一个角色的唱念做表。经他教授的《临江驿》《儿女英雄传》《万里缘》《贵妃醉酒》《得意缘》《辛安驿》《拾玉镯》《坐楼杀惜》,以及他参加编导的现代剧《刘胡兰》等,均被评为优秀教学剧目。20世纪50年代的京剧舞台和戏曲教学岗位上的佼佼者,如刘秀荣、谢锐青、杨秋玲、刘长瑜、李维康、艾美君、王小蓉等,都是得过芙蓉草亲传的学生。

1966年6月6日,芙蓉草因病逝世,终年65岁。

参考文献:

王永运:《由怀念芙蓉草所想到的》,《剧坛》,1982年第4期。

赵桐珊口述,何时希整理:《芙蓉草自传》,北京市戏曲研究所,1983年内部印行。

赵幼兰:《纪念父亲芙蓉草》,载《河北戏曲资料汇编》第5辑,河北省文化厅,1984年内部印行。

(甄光俊)

傅　莱

　　傅莱(1920—2004)，全名理查德·施泰因(Richard Stein)，中国籍奥地利犹太人，1920年2月11日出生于奥地利维也纳一个殷实的中产家庭。傅莱的父亲是地方财税官员，母亲是个裁缝。

　　1934年2月，奥地利爆发了国内战争，社会民主党人和劳工阶级组成革命军与政府军队展开巷战，14岁的傅莱帮助搬运弹药，为伤员包扎。1935年，傅莱加入奥地利共产党领导下的共产主义青年团。后来到维也纳的赫尔兹科勒西特放射专科医院和维也纳大学皇家附属医院，学习放射治疗专科技术和实习。他还经常到维也纳大学化学系旁听，并与系里学生中的共产党员交上了朋友。1937年他加入奥地利共产党，在校内秘密宣传共产主义，在校外参加反法西斯主义的地下活动。1938年3月，法西斯德国吞并奥地利后，他被列入盖世太保的黑名单，12月，奥共通知他必须紧急转移，于是他来到向往已久的中国。①

　　1939年1月15日，傅莱先在上海的一家传染病医院行医，3月离开上海来到天津，先后在德美医院、马大夫医院的放射科、化验室工作。1940年，他通过在保定基督教青年会任职的美国进步人士胡本德与中共北平地下党取得了联系。②北平地下党考虑到他的医生身份，

①［德］理查德·傅莱(小)：《缅怀父亲——傅莱逝世十周年纪念》，《友声》(总178期)，2014年12月。

②宋安娜：《党龄最长的中共"洋党员"》，《每日新报》，2014年2月23日。

给他的任务是为晋察冀和平西抗日根据地购运部队急需的药品。

1940年，八路军发起百团大战，平西抗日根据地急需大量的奎宁、消炎粉和红药水，而天津日伪当局也加紧了对外出物资的检查和封锁，企图彻底断绝天津市对抗日根据地的物资供应。在此严峻的情况下，通过原来的输送渠道已不可能，而此时德租界的商人正好有一批化妆品要运送到北平，傅莱急中生智，很快与德商取得了联系，说自己也有一批物资要运到北平，希望能与他们的物资同行，结果获得同意。傅莱在医院三名中国员工的帮助下，对药品进行了严密的包装，因日本与德国同属"轴心国"，日伪当局对这批物资没有进行严格检查，顺利通过了日军的关卡，安全地运送到平西抗日根据地，为百团大战的胜利发挥了重要作用。傅莱出色的工作，受到晋察冀军区司令员聂荣臻的高度评价。[①]

1941年秋，傅莱到达平西抗日根据地，之后前往晋察冀抗日根据地，聂荣臻安排他在白求恩卫生学校任教员。他的中文名字"傅莱"就是聂荣臻司令员按他母语"自由"的发音而起的。在晋察冀他多次参加了残酷的反扫荡战斗，救治了大量伤员，培养了许多八路军医务工作人员。1943年根据地流行疟疾，由于日军的封锁，医院缺少药品，傅莱向当地老中医学习针灸治疗疟疾的方法，并到部队施救和加以推广，使边区军民战胜了疟疾，获得毛泽东、朱德通报全军的褒奖。1944年，经聂荣臻司令员的介绍和中央组织部部长彭真同志的批准，傅莱加入了中国共产党。同年，中央调他到延安医科大学从事传染病内科的教学工作。[②]

1945年初，为了解决部队缺医少药的困境，傅莱通过宋庆龄与美国援华委员会取得了联系，并获得了美国研制青霉素的菌种和部分资

---

①王凯捷：《天津人民不会忘记你》，《今晚报》，2004年12月6日。
②天津市河西区档案馆编：《天津德式风情区漫游》，黄河出版社，2010年，第59页。

料。不久,他与助手在极其艰苦的条件下,经过多次试验,首次在中国成功地研制出初制青霉素和外用青霉素,解决了前线和根据地军民急需青霉素的难题,挽救了众多将士的生命。《解放日报》当时作了头条报道。

解放战争中,傅莱从延安来到张家口,负责收编日伪蒙疆医院,并继续研制生产青霉素供应前线。不久,他带着医疗器械参加了大同、太原、张家口、石家庄和天津等战役。在战役中,傅莱作为华北军区卫生顾问,亲临前线组织伤员救护工作。他根据天津战役的规模、参战兵力和特点,及时提出组建多个野战医院的建议。在他的积极努力下,天津周围很快建立了十几个野战医院,同时他还就手术治疗、药品供应和防敌偷袭等问题,进行了周密而细致的部署,从而为解放军顺利解放天津做出了重要贡献,受到天津战役前线指挥部司令员刘亚楼的充分肯定。[①]以后,他又转战大西南,开展防疫工作,担任西南军政委员会公共卫生处负责人。

新中国成立后,傅莱加入了中国国籍,担任重庆市卫生局顾问,在重庆医学院从事教学工作。他经常深入农村、边远少数民族地区研究地方病和传染病,为中国疾病预防工作提供了大量详实的宝贵资料,他还编写了《人民保健组织学》等医学著作。60年代初,他被周恩来总理调到北京。

1979年,傅莱出任中国医学科学院医学情报研究所副所长,同时担任中国生物医学情报中心网络项目的领导工作。在他的领导下建成了全国生物医学情报中心和网络中心,以及中国第一个医学文献分析与检测系统中心、MEDICINE 数据库。1985年,傅莱退居二线,担任中国医学科学院顾问、医学情报所名誉所长。傅莱曾担任第六至第九届全国政协委员,其间,他不顾年迈多病,仍时常到农村、边疆和基层

---

①王凯捷:《天津人民不会忘记你》,《今晚报》,2004年12月6日。

调查研究,为国家经济建设和医疗事业的发展建言献策,他还到过许多国家和国内二十几个省市,为国内外的医学科研交流牵线搭桥。

2004年11月16日,傅莱在北京病逝,终年84岁。遵照他的遗嘱,把他的遗体捐献给了中国医学科学院。

傅莱逝世后,全国政协在维也纳为他竖立了纪念牌,其碑文由奥地利总统撰写。2007年,傅莱纪念碑在晋察冀烈士陵园揭幕,正面上书"傅莱之墓",两侧的对联是"辗转万里投身中国革命事业,奉献一生弘扬国际主义精神"。

参考文献:

张绍祖:《"天津的白求恩"——傅莱》,载天津市和平区政协、天津市和平区档案馆编:《抗日战争与天津》,2015年内部印行。

天津市河西区档案馆编:《天津德式风情区漫游》,黄河出版社,2010年。

(张绍祖)

傅 增 湘

傅增湘(1872—1949)，字润沅，一字沉叔，别署双鉴楼主人、藏园居士、长春室主人、清泉吟社主人等，四川省江安县人，生于1872年10月9日(清同治十一年九月初八日)。1877年，发蒙入塾读书，并受教于祖父傅诚。其后随父世榕离开四川，辗转宁波、奉化、江宁、海州等处，每到一处即入塾就学。1881年，其父来到天津，在津海关道周馥处任职20余年。傅增湘随父抵津，得以长期安居，正式延师受业，聘蒋峨峰为塾师。1888年，纳粟捐监生，应顺天乡试中举人，主试者翁同龢批有"词藻纷披，考据翔实"字样。父亲担心他英华早露，因诚勉其勿"志得气骄"，以防"学不加进"。①

1891年，傅增湘随父迁居保定，入莲池书院学习，受到山长吴汝纶赏识。1898年中进士，授内阁中书。1902年春，经友人吴彭秋介绍，接袁世凯聘书，受委军政司总文案。数月后，随袁移节天津，再次定居沽上。1903年考试散馆，以一等第一名授翰林院编修，7月充顺天乡试同考官，出闱后请咨赴北洋，袁世凯委其总理天津女学事务等，从此投身教育。

1904年，傅增湘与吕碧城及英敛之、卢木斋、姚石泉等，筹集款项增设女学。在袁世凯、杨士骧、唐绍仪等支持下，创办北洋女子公学，傅任监督，吕任总教习。1905年，创办北洋高等女学堂，傅任监督，张

---

① 傅增湘：《藏园居士六十自述》，载天津市政协文史委编：《天津文史资料选辑》第72辑，天津人民出版社，1996年，第65页。

相文任教务长。1906年,创办北洋女师范学堂,"吴君霭辰督外堂,汪潘夫人志明察内舍,而监理内外总纲挈领,则凌夫人主之"①。凌夫人即傅增湘之妻。1907年,杨士骧接任直隶总督,对傅亦极器重,仍留在天津委用。

1908年,学部奏设京师女子师范学堂,委傅增湘总理其事。至此,傅在天津创办女学3所、女小学8处,简授直隶提学使,并蒙慈禧召见。筹设初级师范4所,分布保定、天津、滦州、邢台各地,为全省小学广储教师。

1909年,傅增湘在天津组建直隶教育总会。同年,中国地学会在津成立,傅为总理,张相文为会长。1911年,傅任中央教育会副会长。辛亥革命爆发后,他随唐绍仪参加南北议和。1912年1月5日,请解直隶提学使职,隐退天津。1917年12月始,连续出任三届北洋政府教育总长,1920年7月免职。1927年,任故宫博物院管理委员会委员兼图书馆馆长,1929年改任专门委员会通讯专门委员兼图书馆专门委员。1930年,在清华研究院任教。1937年后闲居北平,主要从事访书、校书、刊书。1938年,他参加日本人控制的东亚文化协议会,先后任副会长、会长。

1912年辞职之后,傅增湘在天津英租界筑宅。1917年9月,天津遭遇特大洪灾,部分城区被淹泡。9月27日,傅致信张元济,告知"更以重价买舟,撑入寓内,将宋元抄校各种计四十箱运出"②,藏书幸未遭水害。傅旋即举家迁京,暂租醇亲王故邸栖身。1918年任教育总长后,决计在北京西四石老娘胡同买宅,取苏东坡"万人如海一身藏"诗意,号之曰"藏园"。此前在1914年,傅将王秉恩校《邵亭知见传本书目》再行校订成新本,付天津官报书局排印行世,世称"藏园排印本"。

①傅增湘:《藏园居士六十自述》,载天津市政协文史委编:《天津文史资料选辑》第72辑,天津人民出版社,1996年,第67页。
②缪荃孙:《艺风堂友朋书札》,上海古籍出版社,1980年,第582页。

傅增湘生于"三世善守"的藏书世家。祖父傅诚宦游江南时,即喜搜旧籍。父世榕亦好藏书,与莫友芝等名家同游,以学问相砥砺。傅氏叙家族藏书历史时说:"昔同治乙丑,先大父励生公官金陵,得元刊《资治通鉴》胡注,即世所谓'兴文署本'者……是为吾家藏书之鼻祖。余频年搜采,宋元椠本略有所储,差幸仰承先序,今复得此巨编,正与梅磵刻本后先辉映。敬题藏书之所曰双鉴楼,并援莪翁之例,别写得图书,征求通人题咏,上以表先人之清德,下以策小子之孟晋焉。"①此文题百衲本《资治通鉴》后,文末署"丙辰十一月一日",可见1916年傅氏居天津时,藏书处已有"双鉴楼"之号,非徙居京城后才命名。

傅增湘少年时即嗜古书,他回忆在保定生活时说:"余绮岁耽书,尤嗜古本,月课所入,辄散坊贾。保阳陋肆,无书可求,即名家行卷,亦取旧刻丛残、世不经见之本。每挟书归塾,先母辄迎门而笑曰,辛勤膏火乃易断烂纸裹乎?"②至1905年在天津创设女学,因在京津及江南代学校购书,逐渐接触古籍善本。1911年参加南北议和暂居上海,又以沪为中心在江浙访书。在沪时,他以百金购得宋刊《古文集成》,是其搜购宋版书之始,从此"每见异书,驰往质证,习之数月,忽有解悟,遂敢放意搜求"。1912年3月离沪时,已是"裒聚千有余册,连簏北归"。

1918年,傅增湘在京购筑藏园时,藏书总量已达相当规模。1929年,他统计1911年以来藏书成果,宋辽金本为3400余卷,元本为2300余卷,以明刊抄校得3万卷,写定目录4卷。

傅增湘藏书宋元刊本很多。据1929年《双鉴楼善本书目》统计,其时所藏宋刊本189种(其中北宋本10种),元刊本55种,元写本1种,金刊本2种,日本活字本9种,日本刊本5种,高丽活字本2种,高丽刊本2种。明清刻本中多汲古阁本,也是傅氏藏书的一大特色。《双鉴楼

---

①傅增湘:《藏园群书题记》,上海古籍出版社,1989年,第106页。
②傅增湘:《藏园居士六十自述》,载天津市政协文史委编:《天津文史资料选辑》第72辑,天津人民出版社,1996年,第68页。

善本书目》著录汲古阁刻本24种,《双鉴楼藏书续记》著录汲古阁抄本2种,《藏园群书经眼录》则著录所藏毛刻近30种。此外,宋元人别集多、孤本抄本多、名家题跋多,也是傅氏藏书一个特色。伦明在《辛亥以来藏书纪事诗》中,对傅增湘藏书和校书都予以高度评价。

傅增湘与诸多藏书大家和公立图书馆相熟,因觉"私家之时不敌公库之藏",逐渐形成藏书归公思想并付诸实践。1947年,他将部分藏书捐给北平图书馆,手自检点20余箧。这批藏园校订书籍,当时点交清册为337种3581册,1959年编入《北京图书馆善本书目》。1948年,他两次出让少量明刊善本及名家抄本给北平图书馆,也编入《北京图书馆善本书目》,总约79种。1949年去世前,将多年珍藏之"双鉴"献给国家,年末,家人将宋本《新唐书》等77种售归北京图书馆。1950年,家人遵遗嘱捐3.4万卷图书给四川,现藏重庆图书馆与四川大学图书馆。1951年,北京图书馆举办版刻展览,征购其宋金元刊本7种,其后又征购其宋本《乐府诗集》用于影印。1956年,家人售宋元抄校本200种给北京图书馆。

傅增湘著述宏富,其游记、题跋等常见诸报刊,结集行世亦很多,其间重要者包括:《双鉴楼善本书目》4卷(1929年藏园排印)、《藏园居士六十自述》1卷(1931年手写石印)、《清代殿试考略》(1933年天津大公报社)、《藏园居士七十自述》1卷(1941年手写石印)、《藏园群书题记初集》8卷(1943年藏园排印)、《张元济傅增湘论书尺牍》1册(1983年商务印书馆)、《藏园群书经眼录》19卷附《总目》1卷(1983年中华书局)、《藏园群书题记》20卷(1989年上海古籍出版社)、《藏园订补邵亭知见传本书目》23卷(1993年中华书局)、《藏园游记》(1995年印刷工业出版社)、《藏园老人遗墨》(1995年印刷工业出版社)等。

傅增湘另有大批手稿,存其长孙傅熹年处。其中《津逮阁戊申以后买书记》一册,著录1908年至1909年所购普通明清刊本;《津逮阁清人诗文集目录》1册,著录1910年以前藏清人诗文集;《津逮阁藏书目》

1册,著录1916年以前藏善本;又《蠹迹琐谈》1册,为1910年至1911年购书记录,内多清人诗文集。凡此四种都成于傅增湘居津期间,所说的"津逮阁"是傅氏在津的藏书处所。《津逮阁藏书目》专门著录善本,反映了傅增湘在天津藏书的成果。

傅增湘寓居天津长达25年。1949年10月20日,傅增湘因病在北京逝世,终年77岁。

参考文献:

孙荣耒:《近代藏书大家傅增湘研究》,山东大学2007年博士学位论文。

张元济等:《张元济傅增湘论书尺牍》,商务印书馆,1983年。

傅增湘:《藏园群书题记》,上海古籍出版社,1989年。

苏精:《近代藏书三十家》(增订本),中华书局,2009年。

(杜 鱼)

傅 作 义

　　傅作义(1895—1974),字宜生,山西运城人。1895年6月27日(清光绪二十一年五月初五日)出生于荣河县安昌村。傅作义祖辈世代务农,父亲当船工,靠摆渡、贩煤为生。后家境渐殷实,成为当地富户。

　　傅作义6岁入私塾,1905年入荣河县立小学堂,3年后考入运城河东中学堂。1910年考入太原陆军小学,辛亥革命时参加太原起义,任起义学生军排长。1912年被保送入北京清河镇第一陆军中学读书。

　　1915年,傅作义以优异的成绩升入保定陆军军官学校第五期步兵科,1918年毕业后分配到阎锡山晋军独立炮兵第十团任见习官,后历任排长、连长、营长等职。1924年9月,第二次直奉战争爆发,傅作义随军出兵石家庄,因战功升任第四旅第八团团长。1926年5月,冯玉祥国民军攻打天镇,傅率部坚守3个月,天镇解围后升为第四旅旅长,翌年晋军扩编,旋升为第四师师长。

　　1927年6月,阎锡山附蒋反奉,1928年2月晋军改为国民革命军第三集团军,后兵分三路出京汉、京绥线攻打奉军。傅作义的第四师作为别动队,间道出太行,突袭攻入直隶涿州城。后长期被奉军包围,坚持守城近3个月,城中军民断粮。次年初,傅作义亲赴保定与张学良议和,所部接受奉军改编,傅被软禁于保定。

　　1928年4月25日,傅作义在友人的帮助下潜逃至天津,设法集结旧部。6月,奉军撤往关外,阎锡山接管天津,任命傅作义为国民革命军第三集团军第五军团总指挥兼天津警备司令。他对部下约法三章:

"不吃喝嫖赌,不敲诈勒索,不贪赃枉法,有触犯者,必予严惩。"①他本人也身着布装,不近烟酒,仅嗜好骑马、打猎和照相。在津期间,傅作义延请学者讲授时事政治,请南开大学英语教师段茂渊讲英语,与南开大学校长张伯苓、《大公报》主编张季鸾等名流过从甚密,还结交了北大校长胡适。

1930年5月,蒋、冯、阎中原大战爆发,傅作义任阎锡山部第四路军指挥官,负责指挥津浦线北段战事,率部进占济南,任济南行辕主任。不久,阎锡山和冯玉祥国民军大败,傅作义密赴沈阳企图说服张学良支持阎锡山未果,返津后痛不欲生,举枪自裁,幸被家人所救。9月,张学良入关,傅接受改编,所部移防绥远,出任第三十五军军长、代理绥远省政府主席。1931年九一八事变后,傅作义与宋哲元等50余名将领于9月28日联名通电抗日。

1933年1月,日军侵占榆关(今山海关),危及华北,傅作义致电南京国民政府,请缨抗战。15日,以省主席名义发表《告全省民众书》,号召救国御侮。25日,率三十五军开赴察热地区抗击日军。长城各口相继陷落后,北平形势骤然紧张,国民政府急调数军增援。2月上旬,傅作义出任第七军团总指挥。4月30日,傅奉命驰援昌平,亲率五十九军急行军到达昌平。5月14日,部队开至怀柔、牛栏山一线。19日,日军攻占密云,进犯怀柔,向中国守军发动总攻。傅作义沉着应战,打退日军的多次进攻,三次收复阵地,痛击日军早川联队,使战局形成对峙局面。傅作义挑选能征善战的500人组成奋勇队,夜袭敌营,以扩大战果。怀柔之战是五十九军在长城抗战中的最后一战,毙敌346人,伤600人。国内各报以《以血肉当敌利器,傅部空前大牺牲》《肉搏数十次,使敌失所长》《沙场战士血,死也重泰山》等大字标题,赞誉抗日

①潘纪文:《跟上时代的步伐——记傅作义将军走过的道路》,载全国政协文史委编:《回忆傅作义》(《文史资料百部经典文库》),中国文史出版社,2013年,第36页。

官兵。①

随后,国民政府令各部队南撤,傅作义率部返回归绥,制定了治绥的具体规划,重点抓了剿匪清乡、安缉地方,建设农村基层政权,稳定社会、整顿市容、整顿金融、开源节流,城乡建设和发展教育等六方面工作。短短三年,绥远地区的经济、教育均有较大发展,社会秩序基本安定。1935年4月,傅作义晋升为陆军二级上将。

1936年初,在日本人的策划下,德王和汉奸李守信等成立伪蒙古军总司令部和伪蒙古军政府,公开叛国。6月下旬,日军在拉拢收买傅作义碰壁后组织日伪军进犯绥边兴和,傅指挥守军奋力抵抗,并指挥骑兵等多次反击。11月12日,日伪军再次集中兵力,在数架飞机的掩护下进犯红格尔图。傅作义召开军官会议,立志为抗战而死,死而无怨,要各部队全力以赴。16日,傅作义亲赴集宁,令董其武率部突袭日伪军。18日夜,董其武指挥3个步兵团、1个骑兵团及炮兵营等部发起总攻,围歼日伪军于土城子村,19日上午取得红格尔图战斗胜利。傅作义决定乘胜收复百灵庙。11月23日,傅作义所部夜袭敌前沿阵地,随即山炮营占领百灵庙东南高地炮轰敌机枪阵地,装甲车队冲入百灵庙。经10小时激战,日伪军溃退而逃,傅军一举收复百灵庙,共毙伤日伪军1000余人,俘虏400余人,缴获大量火炮、物资。毛泽东、朱德发来贺电,称此战为中华民族争一口气,为中国军人争一口气。②

1937年7月,全民族抗战爆发。8月,傅作义出任第二战区第七集团军总司令,命董其武收复察北商都等地,赴平绥路东段张家口至南口一线抗日。旋转赴山西,参加平型关战役、忻口会战。10月承担太原防务,苦战三昼夜,终因所部伤亡过重,退至石楼、柳林修整。

1937年底,傅作义任第二战区北路军总司令,设总部于柳林镇,派

---

①黄存林主编:《长城察绥抗战》,中国文史出版社,1993年,第116页。

②《毛泽东、朱德贺绥远守军抗日胜利》(1936年11月21日),载黄存林主编:《长城察绥抗战》,中国文史出版社,1993年,第374页。

员赴延安与中国共产党建立联系,建立了北路军政治工作委员会等,邀请共产党员协助建立机构。1938年4月,为策应徐州会战,北路军发动绥南战役,全歼日军岩田骑兵联队。1939年1月,傅作义担任第八战区副司令长官,从此脱离阎锡山晋军体系。12月,傅作义指挥部队奔袭日军占据的包头,激战半月,歼灭日伪两个团。1940年3月,傅作义又率部对盘踞五原之敌发起猛攻,血战两昼夜,收复五原,击毙日军水川一夫中将,取得五原大捷。其间,成立战地复兴委员会、土地整理委员会、水利指挥部、军耕农场,以保证军需。

1945年5月,傅作义赴重庆出席国民党第六次全国代表大会,当选为国民党中央委员。8月,任第十二战区司令长官,奉命东进绥远、察哈尔、热河,接受日军投降。内战爆发后,傅作义不愿内战,决心引退,向国民政府提交辞呈,未获批准。1946年10月,傅作义率部占领张家口,被南京国民政府任命为察哈尔省政府主席。

1947年12月,傅作义出任华北"剿总"总司令,设总部于北平西郊。1948年11月初,傅作义飞往南京参加最高军事会议,他在会上提出"固守平津塘倚海作战"主张。傅作义返回北平后,将张家口的眷属移至天津,令陈长捷积极构筑工事,以缓和蒋要南撤的胁迫。11月中旬,傅作义密电毛泽东表达和平解放北平的愿望。12月,傅部主力三十五军在新保安被围歼,一○四军、一○五军在怀来、张家口先后被歼,傅作义深受震动。

1949年1月15日,天津解放。傅作义派邓宝珊为代表与解放军平津前线司令部林彪、聂荣臻商谈,签订《北平和平初步协议》。21日,傅作义召集高级将领会议,宣布北平城内的国民党守军接受和平改编,并颁布《关于全部守城部队开出城外听候改编的通告》。第二天,各部队以师为单位分别开赴指定地区听候改编。1月31日,中国人民解放军举行隆重的进入北平城仪式,北平宣告和平解放。8月28日,傅作义携毛泽东"不用武力解决绥远问题"①的亲笔信,从北京乘专车到归绥市(今呼和浩特),协助绥远和平起义工作。9月19日,国民党绥远省政府主席董其武、兵团司令官孙兰峰等联名通电,率部6万余人举行起义,宣布脱离蒋介石反动集团,绥远和平解放。

1949年9月,傅作义参加中国人民政治协商会议第一届全体会议,当选全国政协委员、中央人民政府委员会委员。新中国成立后,中央人民政府任命傅作义为水利部部长,并担任中央军事委员会委员。12月,傅作义出任绥远军政委员会主席、中国人民解放军华北绥远省军区司令员。

1950年6月,傅作义上书毛泽东,积极主张抗美援朝。12月,向毛泽东建议,调原绥远起义部队入朝参战,得到毛泽东的批准。

1954年,傅作义当选第一届全国人民代表大会代表。相继担任水利部部长、水利电力部部长、国防委员会副主席,全国政协第二、第三届委员会常务委员,第四届全国政协副主席,授予一级解放勋章。

傅作义不忘祖国统一,撰写《给台湾一些旧朋友的公开信》在《大公报》发表;还抱病参加全国政协纪念台湾人民二二八起义26周年座谈会,并发表谈话说:"血浓于水,落叶归根,七亿同胞无不殷切期望,热烈欢迎亲人归来。"②

1972年10月,傅作义因病辞去水利电力部部长职务。1974年4月19日,傅作义在北京医院逝世,终年79岁。其骨灰安放在八宝山革命公墓内。

参考文献:

全国政协文史委编:《回忆傅作义》(《文史资料百部经典文库》),

---

①②《傅作义生平大事纪要》,载全国政协文史委编:《回忆傅作义》(《文史资料百部经典文库》),中国文史出版社,2013年,第458、464页。

中国文史出版社,2013年。

李新等主编:《中华民国史·人物卷》,中华书局,2011年。

荆楠编著:《1936绥远大捷报——绥远抗战影像全纪录》,长城出版社,2015年。

《北平和平解放全过程纪要》,载林可行编著:《决战北平》,吉林文史出版社,2006年。

（井振武）

盖苓

　　盖苓(1884—1952),全名罗尔夫·盖苓(Rolf Geyling),1884年6月7日出生于奥地利维也纳的一个玻璃画世家。1903年进入维也纳大学学习建筑和土木工程,1907年大学毕业后留校任教,随后到维也纳技术大学进一步深造,1910年获得了硕士学位。1909年至1911年,在维也纳美术学院辅修建筑学,师从近代建筑史上著名的维也纳学派巨擘奥托·瓦格纳。

　　1910年至1912年,盖苓在维也纳Janesch & Schnell公司担任建筑师。在此期间,他遇到了携手一生的妻子赫尔曼·施密特,并于1913年结婚。婚后,盖苓随施密特定居于她家所在的罗马尼亚首都布加勒斯特。盖苓在那里继续从事建筑设计工作,同时还经营了一家钢筋混凝土预制件工厂。

　　1914年第一次世界大战爆发后,盖苓应征加入奥匈帝国的军队,不幸于1915年在俄罗斯被俘,随即被流放至西伯利亚。1918年,盖苓又被转往符拉迪沃斯托克的战俘营。在战俘营里,有设计专长的盖苓仍像以前一样作为建筑师开展工作。他为当时的战俘营负责人设计建造了私人住宅,战俘营负责人非常满意,后来他用伪造的文件帮助盖苓逃往中国。

　　1920年2月,盖苓沿西伯利亚大铁路经满洲里进入中国,辗转来到天津,加入了德籍建筑师魏迪西开办的天津润富建筑事务所(The Yuen Fu Building and Engineering Company),任总建筑师,并成为合伙人。

盖苓在中国的建筑设计经历,起步于北戴河的大规模开发建设活动。1897年,津榆铁路(天津至山海关)通至北京,把北京、天津与北戴河紧密联系起来。1898年,清政府开放北戴河为"允许中外人士杂居"的避暑之地,外国侨民和传教士纷纷来北戴河置地建房。1901年,天津先农股份有限公司开始参与北戴河海滨的别墅设计与施工。在天津开业的外籍建筑师也随之前往从事建筑设计工作。

1918年,寓居天津的朱启钤为了"争主权、拒洋人",组织原北洋政府同僚和华人实业家等,发起成立了北戴河海滨公益会,负责海滨的地方公益事业以及市政管理、建筑规划、税务收支、开发建设等事宜,希望把北戴河建成一个属于国人的避暑疗养胜地。

盖苓与魏迪西受公益会之托,在北戴河完成了大量的建筑设计作品,主要包括:北戴河海滨酒店、联峰山的钟亭、霞飞馆、西山拱形桥以及市内交通设施,等等。

与此同时,盖苓在天津所承接的主要是与那些北洋政府军政要人和实业家相关的建筑设计项目,如皖系吴光新的住宅(后为段祺瑞旧居),实业家章瑞庭在天津的住宅和在北戴河的别墅"章家大楼"。在公共建筑方面,盖苓设计了天津金城银行、天津交通银行室内大厅等方案。通过张作霖父子的关系,他还承接了东北大学理工学院大楼的设计任务。盖苓的早期建筑风格多为西洋古典式样,惯常采用山花、柱式,以及孟莎式屋顶、蘑菇石基座等设计手法。

在天津安顿下来后,盖苓于1922年回到维也纳,将他的夫人和女儿接到天津。从此,盖苓和他的家人在天津生活了整整30年。

1923年,魏迪西返回德国,润富建筑事务所解体。1924年,盖苓成立了自己的事务所,中文名为盖苓美术建筑事务所(Rolf Geyling Architect & Engineer Tientsin),"未几与(奥籍)土木工程师施克孚(F. Skoff)合伙,迁至英租界中街营业,更西名为'Geyling & Skoff',中文名'同义洋行'。承办建筑设计及相关工程咨询业务。所设计的马场道几所斜面住宅颇负盛名。30年代初同施克孚拆伙,盖苓独自执业,恢复原称。先后在博目哩道及威德大院营业"[1]。

虽然盖苓美术建筑事务所在天津很有名气,但规模不大,往往只是盖苓自己设计、自己画图。盖苓的儿子回忆道:"我父亲是一个非常勤奋的人,他大都每天工作12个小时,成为一种习惯,从早晨8点开始到下午1点都待在办公室里;休息两小时后,3点到8点又工作5个小时;吃完晚饭后从10点到12点工作,所以他非常勤奋。他因为能力很强且设计新颖而在业内非常有名。他开始新设计的方式是与客户进行探讨,首先拿出一个用来发展自己想法的小图,有些时候非常小的图上也有很多细节。例如,我记得香港大楼最初就是从明信片上引发出来的。最终在客户完全同意后,他就开始画一张大幅的建筑透视图,全部自己来画。"[2]

这个时期盖苓的设计风格已趋于简化,住宅形式大都采用德奥式双坡屋顶,如原北洋政府要人曹汝霖住宅、张鸣岐住宅,以及实业家吴颂平住宅、李勉之住宅;公共建筑有德美医院、天津德国西门子办公楼及展示厅、天津德国领事馆等。

除此之外,盖苓还在沈阳、大连、青岛、南京、上海等地都留下了他的建筑设计作品,主持或参与了300多项建筑工程设计。但他主要的建筑设计活动是在天津,设计项目多达250余个。[3]

由于盖苓还有土木工程的知识背景,因此,除了从事建筑设计外,他还与华商陈贵廷的合顺兴建筑公司,合作承担了天津市多项海河水利工程的建筑与包工事务,如海河工程局的英租界墙子河船闸、英租界工部局的戈登路桥等。整理海河委员会还委托盖苓和合顺兴建筑公司,承包天津北仓附近屈家店船闸工程的设计施工。

①黄光域:《外国在华工商企业辞典》,四川人民出版社,1995年,第26页。

②③采访盖苓的儿子弗朗茨·盖苓,见天津电视台专题片《洋楼背后的故事》,2005年制播。

在天津,盖苓充分施展了他在设计、投资与经营方面的特长,设计并投资建筑了多座大型公寓式建筑,其中,尤以剑桥、香港、民园三座大楼在当年的天津可谓老幼皆知。1936年,盖苓在洋行买办徐楚泉的一块土地上设计并投资建造了一幢公寓式住宅——剑桥大楼,主要用于出租,并将其建筑事务所搬至此处。他以同样的方式相继又设计并投资建设了民园大楼和香港大楼,皆为公寓式住宅,供出租使用。盖苓设计的这三幢公寓式住宅,从功能布局和外观形式上已是纯粹的现代主义建筑,在租界建筑中极为少见。

除了建筑方面的工作,盖苓还积极参与其他社会活动。1923年,来天津不久的盖苓被奥地利政府授予奥地利驻天津的名誉领事。1929年至1934年,天津工商学院聘请当时在天津建筑界已颇有名气的盖苓在工学院任教,担任房屋建筑学教授,主要教授结构分析、钢筋混凝土结构与建筑设计等课程。

1937年七七事变后天津沦陷,受到战争局势的影响,盖苓的建筑设计业务也基本停止。1945年11月,抗战胜利后不久,盖苓以前奥地利驻津领事的名义函请当时的天津市政府,在奥地利政府还没有正式派遣领事来天津之前依照北平方面的办法,拟组建奥国侨民协会来暂时处理奥国侨民的事务。1945年12月2日,盖苓在浙江路2号(原英租界)他的一处房产内成立了奥国侨民联合会。1946年1月,盖苓又函请外交部和内政部,为居住在天津、北平、青岛、济南等城市的一百多名奥国侨民办理身份证。

1949年初,北平、天津相继解放,盖苓没有像大多数旅居天津的外籍侨民那样撤离回国,而是继续留守。同年6月,天津市人民政府工务局重新注册建筑师营业执照,盖苓申请成立盖苓工程司,继续在天津从事建筑设计工作,直至1952年去世。之后他的妻子带着孩子回到了奥地利。

参考文献：

赵国祥、冯树合编著：《魅力联峰山》，中国文献出版社，2009年。

宋昆、黄盛业：《奥地利籍建筑师罗尔夫·盖苓及其建筑设计作品考察》，载金磊主编：《中国建筑文化遗产》(11)，天津大学出版社，2013年。

天津市档案馆相关档案。

（宋昆　黄盛业）

甘 成 恩

甘成恩(1901—1961)，全名罗伯特·埃兹拉·甘成恩(Robert Ezra McCann)，美国人，1901年生于中国烟台。其父为美国基督教牧师，于1897年来华，原住山东临清，后移居烟台，负责基督教公理会的总务财产事宜。

甘成恩初入北京的美国基督教学校读书，后转至通州美国基督教学堂。1918年赴美国普罗摩纳(Promona)大学攻读经济法律专业，1922年毕业后来华，在上海亚细亚建设公司任职员。当时，该公司承修山东利津县境内的黄河大坝，工程浩大，甘成恩任该项工程的采购会计，由于工作业绩突出，一年后即调往北京任上海亚细亚建设公司驻京代表。1924年该公司倒闭，甘成恩来到天津。1926年8月，天津公懋洋行成立，甘成恩经人推荐任天津公懋洋行经理。[1]

公懋洋行总公司设在华盛顿，在中国华北各大城市均设有分公司或经销店。天津公懋洋行经营业务主要是进口汽车等交通工具和交通器材，推销美国克莱斯勒(Chrysler)公司生产的汽车。太平洋战争爆发后，1941年12月，甘成恩被日军逮捕，关押在北平，后转押上海，不久乘第一次换侨轮船返美。[2]数月后，甘成恩在华盛顿充任租借总署管理处中国组主任。1944年再度来华，在昆明对外经济部运输部任主任，掌管中美汽车供应及售后服务，负责美军、国民党政府及中国私

---

①天津市档案馆馆藏档案，J2-2-1728。
②天津市档案馆馆藏档案，J101-1-1329。

商共计2万辆汽车的进口业务。

抗战胜利后,甘成恩于1947年出任天津公懋洋行董事长兼总经理,并担任天津扶轮社主席,定居于第一区长春道。

天津解放前夕,在美驻津领事馆的指令下,甘成恩接受间谍任务在天津潜伏下来。天津解放后,他积极搜集有关中苏关系、民主人士动态及其他军事、政治情报,并通过天津、北京前美国领事馆电台及密写、暗语信件、外侨出境捎带等方式,发往美国间谍机关。

北平和平解放后,甘成恩为国民党"华北剿匪总部"兵站副监王子余非法向海外转拨1150两黄金,并企图利用此种关系对民主人士进行阴谋活动。他还先后为北京辅仁大学事务主任德国人徐思本,美国人赖恩,法国人梅馥瑞及前天津美领事人员非法转汇近30万美金。1950年4月至9月,他为策划轰炸天安门的国际间谍山口隆一提供经费8200万元人民币,同案被捕的徐思本也曾以代售卡车价款之名在公懋洋行取款4.8亿元人民币。①甘成恩获悉山口隆一在北京被捕后,非常惊慌。

在掌握充分的证据后,1951年6月14日,天津公安人员将甘成恩逮捕,并当场缴获一部电台、密写纸、密码本、情报提纲及间谍活动经费等。在审讯中,甘成恩对其间谍罪行供认不讳。1955年11月2日,依照中国法律,天津市高级人民法院判处甘成恩有期徒刑15年,②羁押于天津监狱。甘成恩接到判决书后,在具结书中表示服从上述判决和裁定,没有异议。

服刑期间,监狱并没有给他安排重体力活,而是注重对他的思想改造。1959年,安排他参观了天津工业展览会、农业展览会及海河建闸工程等。特别是1960年6月到北京参观了人民大会堂、新车站等七

①天津市档案馆馆藏档案,x58-c-1120。
②天津市档案馆馆藏档案,x58-y-25。

大建筑,颐和园、陶然亭等名胜景观,十三陵水库、红星人民公社及北京市钢筋混凝土预制构件厂后,甘成恩为中国的巨大变化所震动。他写了一封长信寄给了他的妻子弗洛拉·麦坎,在信中表达了他极其兴奋的心情。后经公安部批准,1961年1月,甘成恩的妻子来津探视他。

1961年初,甘成恩被确诊出肺癌。根据中央和市委指示,有关部门一方面集中医疗力量采取有效治疗方法;另一方面由中国红十字总会及时将甘成恩的病情通知了他的妻子。弗洛拉·麦坎到达天津后,天津市政府给予了她必要的方便和照顾。弗洛拉·麦坎向中国红十字总会正式提出释放请求。

1961年4月3日,河北省高级人民法院工作人员向弗洛拉·麦坎宣读了经中央批准的裁定书,准甘成恩回国治疗,并将该裁定书及英译本交给了弗洛拉·麦坎。4月6日,在天津市公安局、中国红十字总会工作人员及医生、护士、翻译一行7人的护送下,甘成恩夫妻出境。

1961年5月,甘成恩死于菲律宾美国陆军医院,终年60岁。

参考文献:

周利成、王勇则编著:《外国人在旧天津》,天津人民出版社,2007年。

(周利成)

高 渤 海

　　高渤海(1910—1982),字柏林,天津人,祖籍江苏南京,买办高星桥之子。高渤海幼年入读私塾,1924年至1927年,先后就读于南开中学和新学书院。中学读书期间,因酷爱京剧,高渤海拜尚和玉为师,擅演《长坂坡》《连环套》《刺巴杰》《铁笼山》等,能司鼓、操琴。

　　自1927年起,高渤海初在德商礼和洋行轮船部做练习生,后调入出口部任华账房司账。

　　因对京剧的痴迷,1928年,高渤海以劝业场少东家身份投资1万元,在天华景戏院成立稽古社戏班。由于高渤海缺乏管理经验,戏班很快就面临着赔本倒闭的危险。在其父高星桥的支持下,高渤海认识了京戏老生梁一鸣,还聘请孟丽君、赵化南和徐东明、徐东来姊妹,以及强云樵等,以加强稽古社的演员阵容、提高演出水平。高渤海购买了全部戏服,添置蟒、靠、道具等,力求服装、布景、灯光、道具具有独特风格,使稽古社的演出大为改观。他还聘请尚和玉任名誉社长、娄廷玉为社长、韩富信为副社长。在这一年的春节开业后,天天客满,一个月里不仅补上了1万元亏累,还净赚3万元。为了保持业务势头,考虑到连台本戏更卖座,高渤海重用连台本戏编导陈俊卿排演了《西游记》《封神榜》《天仙配》,一经公演,即轰动津城。《西游记》排演到第20本时,已盈利20余万元,稽古社成为天津著名的"彩头班"。

　　1936年,高渤海辞去洋行的职务,全力经营稽古社。高渤海为了培养天华景戏院稽古社子弟班,不惜重金聘请京剧名演员李吉瑞、尚和玉教授京剧,并请来英文教师及外国艺人教学英语及舞蹈等。高渤海既注重传统技艺的传授,又大胆创新,曾排演了外国题材的京剧剧目《侠盗罗宾汉》《月宫宝盒》及现代题材的剧目《侠盗燕子李三》等,使稽古社盛极一时,获利甚丰。至1942年,稽古社培养出"华""承"两科学生100余人,不少学生后来驰名国内剧坛。1944年9月,稽古社宣告解散。

1945年,高渤海成立渤海影业公司,经营大光明、天津、天宫、天华景各影戏院,并承包影片进口生意。1946年,应苏联大使之聘,高渤海任苏联亚洲影片公司经理及东北、华北文化交流代表。1948年,高渤海接替高星桥任新业公司总经理,经营天津劝业场、交通旅馆、渤海大楼等房地产。

新中国成立后,在党和政府的关怀下,高渤海响应人民政府"发展生产,繁荣经济"的号召,出资数亿元(旧币)①修缮劝业场。作为第一区推销公债委员会主任委员,高渤海带头认购公债1万份(折合旧币2.3亿元),在其带领下,第一区最后认购公债18.7万份,超额完成15万份的认购任务。之后,高渤海还继续参加了第六、第八、第十区的推销任务,均圆满完成了定额。他还以渤海大楼抵押银行的方式高利透支,以补足交付认购现款款项。高渤海后将渤海大楼以低于市价的价格出售给天津市房管局,并主动出资,在9天的时间内将房客全部搬迁安置。

同时高渤海还担任七八所私立小学校董,积极资助天津教育事业,解决教职工生活困难等问题。如1950年春节,胜水小学教职工40人过年困难,高渤海立即拨给每人50万元,共计2000万元。

1951年,高渤海担任华北物资交流大会联络招待委员会交际处副处长,负责15,000名农民代表的食宿及娱乐。为了及时解决农民代表的食宿问题,高渤海以身作则,亲自下工地带领千人投入劳动。不

---

①本文中出现的人民币值1万元,相当1955年币制改革时的1元。

到4天,高渤海筹建了马场和民园两处大食堂,修建了住所,置备了被褥。为了解决饮水问题,高渤海从劝业场等处调来6个大锅炉以备不时之需。大会前夕,农民代表临时增加到25,000人,另有学生代表4000人到会就餐。高渤海临危受命,连夜动员汽车及12家饭店人员到会。大会结束后进行总结表彰,高渤海被授予一等奖。

1952年4月,高渤海在"反封建把持运动"期间被捕,被判刑12年。服刑期间,他认真接受改造,1959年9月被特赦出狱,留用于天津板桥京剧团。他先后任演员、导演、副团长,演出、传授了《岳飞》《搜孤救孤》《艳阳楼》《恶虎村》《华容道》《铡美案》《扫松下书》《夜战马超》《徐策跑城》《文昭关》等剧。1963年排演了现代戏《儿女风尘记》。

1962年以后,高渤海积极投入文史工作,撰写了《劝业场的兴建》《高星桥的发家史》《英国人塔拉第》《美商瑞隆洋行戴维斯》《天津行商公所》《汉纳根在中国的掠夺》《稽古社和稽古社子弟班》《天津八国租界》等文史资料。

1982年9月7日,高渤海在天津病故,终年72岁。

参考文献:

天津市政协文史委编:《天津文史资料选辑》第17辑,天津人民出版社,1981年。

中国戏曲志编辑委员会编:《中国戏曲志·天津卷》,文化艺术出版社,1990年。

天津市政协文史委编:《天津文史资料选辑》第111辑,天津人民出版社,2008年。

(王　静)

高贵友

高贵友(1831—1916),天津武清人,出身于贫苦农家,乳名狗子,父亲高福顺,母亲王氏,生育有两女一子。清朝道光年间全家逃荒至天津,靠高福顺捡破烂为生,生活极其困难。

为了给家里减轻负担,高贵友15岁时来到侯家后中街的刘记蒸食铺(一说为天津金钟桥“天地成”包子铺)[①]做学徒。学徒初期,高贵友每天给师父做些生活方面的杂事,但平时师父做包子时,他注意暗中学习,逐渐掌握了一些做包子的技法。一年以后,他开始学手艺时,揉面、剁馅、掐面剂、擀面片这些活,高贵友一点就通、一学就会,很快就能独立蒸出味道鲜美的包子了。

高贵友学徒出师后,在侯家后搭起一间棚子,用学来的手艺做包子卖。小店没有字号招牌,也没有店员、伙计,里外全靠高贵友一人支撑。高贵友待人敦厚和善,包子也做得好吃,小店生意日渐兴隆起来。后来高贵友看中一间门面房,花钱兑了过来,请人刻制了字号,取名“德聚成号”,经营愈发精益求精,他的包子也越来越有名气,吃的人越来越多。一些熟人来吃包子时,总是习惯地称呼他的乳名,他听之任之。时间一长,“狗不理包子铺”越叫越响,“德聚成”字号反而渐渐地被人们忘了。

“狗不理包子”的调馅、和面以及蒸制火候等方面,均有其独到

---

①河北省政协文史委编:《河北文史集粹·工商卷》,河北人民出版社,1997年,第311页。

之处。高贵友选择使用进口的美国面粉,色泽雪白、筋道有劲儿,用它做出的包子皮儿绵薄透亮。包子皮儿用半发面,不渗油,有咬劲儿。包子馅儿用百十来斤的嫩猪肉,以三成肥肉、七成瘦肉配比,用刀剁成玉米粒大小,将熬得发白的骨头汤凝结成膏后用之调馅儿。馅料中的酱豆腐选用浙江绍兴所产,十斤一大块,香咸适宜。剁好的葱末须用香油煨好,以保持葱的鲜香味道。包子的个头小巧,一两三个,一个包子要捏出二十多个褶来,褶纹均匀,蒸熟的包子宛如朵朵含苞待放的白莲花。

高贵友严格掌握投料标准和操作规程,"狗不理"的包子汤汁多,鲜美柔软、肥而不腻。天津的市井平民、官宦名流,以至外来洋人都慕名争相品尝。侯家后这个地方,虽然算是天津老城的繁华之地,但是五方杂处,恶势力横行,"狗不理包子"要进一步发展,不是易事。袁世凯任直隶总督时,曾将"狗不理包子"进贡给慈禧太后品尝,慈禧对之称赞不已。一次,慈禧太后的得宠宫监安德海来到天津,高家打通关节,通过安德海攀上了慈禧太后,得到了一块御赐牌匾——富贵楼,从此"狗不理包子"名声大震。高贵友以这层显赫的关系震慑住了地方恶势力。1900年八国联军入侵后,天津的商业中心逐渐由侯家后向南市和日、法租界一带转移。"狗不理"包子铺随之离开了它的发祥地,迁到法租界天祥市场的后门附近。后来还曾因经营不如意一度停业。

1916年,高贵友去世,终年85岁。

新中国成立后,在党和政府的关怀与支持下,具有天津风味的"狗不理"包子铺恢复营业。不久山东路77号丰泽园饭店迁往北京,"狗不理"包子铺便搬迁到这里。1956年3月15日,人民政府找到高贵友的孙子高焕章重新开业,改名为"天津包子铺"。但因天津人民对"狗不理包子"怀有深厚感情,不久又恢复了"狗不理"这块招牌。

参考文献:

阎兴华、刘增祥主编:《沧州名人传》,河北人民出版社,2005年。

肖东发主编,周红英编著:《百年老号:百年企业与文化传统》,现代出版社,2015年。

（王社庄）

高镜莹

　　高镜莹(1901—1995)，天津人，祖籍山西，其祖上在明代永乐年间迁居天津。高镜莹于1901年4月9日(清光绪二十七年二月二十一日)出生在天津的一个商人家庭。

　　高镜莹自幼聪颖好学，读了3年私塾后，1911年辛亥革命爆发，他插班升入高小。读中学时，因其英语与数学成绩很好，老师鼓励其出国留学。1917年，高镜莹考入专门培养留美学生的北京清华学校高等科(清华大学前身，4年毕业)。

　　1919年5月4日，五四运动爆发，高镜莹和罗隆基一起参加了天安门广场的集会，并在街头演讲。6月3日上午，北京20多所学校各派了数百名学生，陆续集中在各自的预定地点，挑起讲演团的大旗，展开爱国宣传活动。这时，街头的警察、步兵、马队横冲直撞，驱散听众，逮捕学生。高镜莹与170余名学生相继遭到军警的逮捕，拘押在北京大学法科讲堂之内。尽管第二天即被释放了，但按清华学校校方的规定，高镜莹、罗隆基等人受到了推迟出国留学的处分。

　　高镜莹于1922年赴美留学，就读于密歇根大学，获工科学士学位，又攻读大地测量学科，获硕士学位，后曾在工程师事务所担任制图与设计工作，在密歇根大学暑期测量营担任讲师。①

　　1925年，高镜莹回国后，参加了培修汉口张公堤水利工程，先后担

---

　　①张绍祖、张建虹:《记著名水利工程专家高镜莹》，载天津市政协文史委编:《天津文史资料选辑》第105辑，天津人民出版社，2005年，第51—52页。

任北洋大学、河北省立工业学院讲师,以及东北大学教授、华北水利委员会黄河测量队队长等职。1930年初,高镜莹任华北水利委员会工务课课长,年末,转任海河整理委员会工务处处长。1934年,回到华北水利委员会任工程组主任。

高镜莹是海河流域治理的开拓者。他对华北水系的自然状况和运动规律了解精详,主持规划设计了海河流域整体治理方略和关键工程建设。其主持的海河放淤工程是华北治水的重要组成部分。1932年至1939年,共放淤14次,减少了海河干流的淤积,维持了泄洪功能。施工中他坚持按规划设计进行,严把工程质量,不合格的闸门退回,延误工期就罚款,赢得很高的声誉。

1936年,华北政局动荡,高镜莹兼任永定河官厅水库工程处副处长,亲手制定官厅水库工程计划,用3个月时间主持修筑了永定河中泓南堤,疏浚了永定河23千米长的中泓河道,完成土方134万立方米,被认为是工程领域的奇迹。

高镜莹曾多次提出海河各大支流分流入海的方案,以解决华北水患。如兴建独流减河,由独流镇向东南方开挖,至赵北庄入海;在献县臧桥开减河,向东与捷地减河相接,以分泄子牙河洪水;加固和扩建永定河卢沟桥和金门闸分泄工程;建潮白河苏庄闸,挽潮白河洪水回归北运河故道等。[①]

1937年七七事变后华北沦陷,高镜莹因故未能随机关南迁。1938年初,他受聘任天津工商学院教授兼土木系主任。其间他的收入大减,经常靠卖东西贴补家用,生活清苦。

高镜莹对学院土木系的课程设置进行了调整,除一般基础课和专业课外,增设高等结构工程、超静定结构、流体力学、土力学和水利工

---

①张绍祖、张建虹:《记著名水利工程专家高镜莹》,载天津市政协文史委编:《天津文史资料选辑》第105辑,天津人民出版社,2005年,第53—54页。

程等新课程。他亲自编写教材,在教学中注重以实际工程为例进行讲课,使学生在理论与实践的结合中提高理解能力。他还组织学习班专门研究美国田纳西水利工程,利用暑期组织学生进行测量实习,包括导线、水准、地形测量、夜间观星和制图,形成了从课堂到实地勘测一整套作业,使学生大为受益。

1945年抗战胜利后,高镜莹出任华北水利委员会堵口复堤工程处处长。华北水利委员会改名为华北水利工程总局后,他任副局长。他积极开展基础工作,修复河堤,筹备永定河梁各庄堵口和官厅水库工程。

新中国成立后,高镜莹任华北水利工程局总工程师、天津市工程师协会会长。他提出了海河防洪体系方案,1951年底,主持了华北第一座大型水库——官厅水库的修筑工作。为了专心于技术工作,他获准辞去了官厅水库工程局局长职务,改任总工程师。施工3年间,他没有回过家,总是夫人带上女儿在寒暑假去工地探望他。

1954年,高镜莹调任水利部勘测设计局副局长,全家从天津搬到了北京,翌年任水利部技术委员会主任兼技术司长。1958年,任水利电力部技术委员会副主任,仍主管水利技术管理方面的工作。1979年任水利部顾问。

高镜莹是中国水利技术管理工作的奠基人,他主持水利部技术委员会工作期间,建立了委员初审责任制,既充分发挥了投资效用、提高了工效、缩短了工期,又提高了工程设计技术水平。高镜莹力主立法,组织科研、设计、施工单位总结经验教训,相继拟定了《水利工程等级划分及设计标准》《水利工程隧洞设计规范》《碾压土项设计规范》及《混凝土工程规范》等一系列工程规范,供各地进行规划设计时参考、试用,既适应了当时的需要,又为进一步正式制定规范标准打下了基础。

在大量的水利工程建设中,面对重大的工程技术问题,高镜莹组织技术委员会,结合科研、设计和施工单位,深入调查研究,提出处理方案。他在水利技术上造诣很深,但仍不断阅读国内外书刊,收集新知识,详细记录于手本并附图示,需要时不厌其烦地讲给人听。他的这些手本笔记全部交由水利部统一保存。

高镜莹的生活非常俭朴,他的衣服大多是夫人手缝的中式便装,穿破了就请夫人缝补后接着穿。他穿的上衣、领子、袖口带补丁,裤子带补丁,连整齐叠放在樟木箱子内的绒衣、绒裤也都是带补丁的。1963年,高镜莹已62岁,妻子身体也不好,他悉心照料妻子,支持独生女儿去新疆工作,直至1990年夫人去世。

高镜莹曾任河北省人民委员会委员,第三届全国人大代表,第五、第六届全国政协委员。曾担任中国水利学会常务理事、副理事长、名誉理事,水利部顾问(副部级)。

1995年3月16日,高镜莹因病在北京逝世,终年94岁。[①]

参考文献:

《河北大学史》编纂委员会编:《河北大学史·人物传略·高镜莹》,河北大学出版社,2001年。

2004年1月张绍祖采访高镜莹女儿高蕴瑛记录。

2004年2月张绍祖采访高镜莹学生张准(天津市水利学会名誉理事长、天津市节水及水处理研究会理事长)记录。

(张绍祖)

[①]水利部:《高镜莹同志生平简介》,高镜莹女儿高蕴瑛保存、提供。

高 凌 霨

高凌霨(1870—1943),字泽畬,晚年号苍松,天津人。先祖原籍山东,明永乐年间迁天津。高凌霨生于1870年9月12日(清同治九年八月十七日),1894年甲午科举人。

1900年,高凌霨以捐班知府分发湖北候补,1904年以候补知府任湖北督练公所兵备处帮办。1908年,经湖广总督张之洞保奏,以湖北候补道任湖北提学使。1910年9月,又经张之洞保荐,擢升湖北布政使。

1911年10月武昌起义爆发后,高凌霨辞官避居上海。1912年任共和党干事。1913年3月,高凌霨奉北洋政府命令督办改组各省银行、推行纸币及开办金库等事宜。3月,共和党与民主党合并为进步党。7月31日,熊希龄以进步党名誉理事的名义出任国务总理,高凌霨被任命为直隶省财政司司长,兼直隶征税调查处、国税筹备处处长。曹锟时任陆军第三师师长,驻防保定,高凌霨主动与之结交,过从甚密。1914年4月,高凌霨辞去直隶省财政司司长等职,受聘于奉天省张锡銮为高等顾问。

1917年11月,皖系军阀段祺瑞等人成立新国会(安福国会),成立临时参议院,高凌霨被推选为直隶籍参议院议员。1918年8月,新国会正式成立,高凌霨任参议院议员。1920年8月,靳云鹏再次组阁,高凌霨任农商部次长。

1921年1月,高凌霨获二等大绶嘉禾章。同年7月任农商银行副总裁。是年靳云鹏第三次组阁,高凌霨由曹锟力荐于10月28日继任财政总长。同月,获颁一级大绶嘉禾章。11月以财政总长兼任盐务署督办、币制局督办。12月17日,靳云鹏被迫辞职,外交次长颜惠庆暂代国务总理,高凌霨改任内务总长。12月24日梁士诒出任内阁总理,高凌霨仍任内务总长。

1922年1月7日,高凌霨由内务总长兼任赈灾事务督办、京师市政督办和长江水利讨论委员会会长等职。同年3月,获一等文虎章。4月底,第一次直奉战争爆发。5月,奉军战败退回关外,直系军阀掌握了政府实权,叶恭绰、梁士诒、张弧等人被免职,高凌霨兼代交通总长。6月初,曹锟、吴佩孚迫使"安福国会"选出的大总统徐世昌辞职。6月11日,黎元洪暂代大总统职权,任命颜惠庆署内阁总理,谭延闿为内务总长(未就职)。18日,直隶省长曹锐称病辞职,由高凌霨继任直隶省长。9月19日,黎元洪任用吴佩孚亲信王宠惠担任内阁总理,高凌霨改任农商总长。10月,高凌霨获一等大绶宝光嘉禾章。是时,直系内部本居中调处的"保派"曹锟在急进分子的鼓动下动摇,他唆使以曹锐为首的"津派"积极扳倒黎元洪,迫不及待地想要登上大总统的宝座。对此,吴佩孚"洛派"明确表示反对。两派就"先选总统后制宪"和"先制宪后选总统"展开了激烈争斗,互相掣肘。王宠惠内阁核心成员均属"洛派",仅高凌霨一人属"津派",对此曹锟策动倒阁运动,企图改派高凌霨为内阁总理。大总统黎元洪对双方均不敢得罪,11月29日,提出由汪大燮继任王宠惠出任总理,高凌霨改任内务总长。然而,此事遭到各派势力的反对。高凌霨也以生病为由拒不就职。在骑虎难下之际,吴佩孚、黎元洪屈从曹锟,"保派"内阁形成。

1923年1月4日,张绍曾出任内阁总理,高凌霨仍任内务总长。2月,兼任长江水利讨论会委员长。曹锟指使高凌霨等人秘密收买国会议员,紧锣密鼓进行倒阁以逼走黎元洪。6月6日,高凌霨在内阁会议上抨击黎元洪独断专行,侵越内阁职权,胁迫内阁总理张绍曾辞职。6月13日,黎元洪被逼去职。第二天,高凌霨以内务总长身份暂代国务总理并摄行总统职权。随即高凌霨便开始为曹锟操办总统选举事宜。6月16日,高凌霨与吴景濂、张伯烈密商,由其出面致送每位议员"节敬"500元,共发出600多份。6月底7月初,高凌霨等人分别宴请各省议员,为曹锟疏通。并多次为曹锟贿选发出支票,贿款共计1300万元之多。10月5日,国会举行选举,曹锟以480票当选。同日,摄政内阁通电全国,宣布曹锟当选总统。10月10日,曹锟自保定到北京,在怀仁堂就职。为表彰高凌霨有功,曹锟于10月12日任高凌霨兼代国务总理。

曹锟当选总统后,直系内部的"津""保"两派矛盾凸显,国会议员对曹锟亦多有不满,高凌霨内阁倒台。高后在孙宝琦、颜惠庆两届内阁中任税务督办、农商总长。1924年9月,第二次直奉战争爆发。10月,直系冯玉祥倒戈,发动北京政变,曹锟被囚,高凌霨感到大势已去,离京赴沪。

1926年,高凌霨回到天津,隐居在日租界姚山街。宦海沉浮多年的高凌霨开始与亲日派密切来往,加入日本驻屯军控制的"中日同道会",逐渐成为日军侵华战争的同谋。九一八事变爆发后,日军开始图谋分离华北,日本僧人吉井芳纯来津设立"中日密教研究会",亲日的皖系首领段祺瑞任会长,高凌霨、王揖唐任副会长,以研究佛教为掩饰,秘密进行政治活动。高凌霨获取日本军政方面的消息,与伪满洲国外交大臣张燕卿互通款曲。

1932年,南京国民政府通令各省重修省志,高凌霨任河北省通志馆馆长,搬到天津河北宙纬路南的通志馆内居住。时日军策动汉奸制造所谓"华北特殊化",唆使一些亲日分子大肆活动,以"经济提携"为名,组织各种公司、协会进行经济渗透和掠夺。1935年9月,高凌霨等人听命于日本关东军司令部、满铁株式会社及中日实业公司,发起成立"救济华北经济委员会"。日军又成立"东亚经济协会",推举高凌霨等15人为理事。1935年12月,冀察政务委员会在北平成立,宋哲元为委员长,高凌霨是委员之一。

1937年七七事变爆发后,7月25日,天津日本驻屯军特务头子茂川秀和召集张弧、高凌霨等人,在日租界福岛街召开在津建立伪组织的预备会。27日,茂川秀和与高凌霨在茂川公馆具体研究组织伪天津市治安维持会事宜,由高凌霨推荐具体人选。29日,日军占领天津后,首先在高凌霨宅(河北省通志馆)前设立岗哨进行保护。1937年8月1日,伪天津市治安维持会正式成立,高凌霨出任会长。高凌霨随即发表了《天津市治安维持会市政工作报告》及《天津市治安维持会章程》,事无巨细均需请示日本驻津陆军特务机关长裁定。

1937年12月14日,伪中华民国临时政府成立,高凌霨为议政委员会委员。伪临时政府成立后,各地伪治安维持会解散,伪天津特别市公署成立,高凌霨成为首任伪天津特别市市长,兼任伪河北省省长。

1938年1月7日,伪天津市市长一职被宿怨潘毓桂取而代之,高凌霨只任伪河北省省长职务。1938年5月,高凌霨因出任伪职遇刺。1939年3月,伪河北省署由天津迁往保定,高凌霨因之辞职,后避居北平。1943年2月因病去世,终年73岁。

参考文献:

天津市政协文史委编:《天津文史资料选辑》第20辑,天津人民出版社,1982年。

李新等主编:《中华民国史·人物传》第2卷,中华书局,2011年。

杨大辛主编:《北洋政府总统与总理》,南开大学出版社,1989年。

谷丽娟、袁香甫:《中华民国国会史》(下),中华书局,2012年。

(夏秀丽)

高凌雯

　　高凌雯(1861—1945),字彤皆,天津人,出生于商人家庭。父亲名志鹄,字立臣,青年时当过会计,以勤谨见称,后开始经商,乐善好施。

　　1870年前后,高凌雯入黄氏私塾。1893年,高凌雯参加乡试,并中举人,始有文名,1902年任国子监候补博士。1900年庚子事变后,高凌雯与王小铁、林墨青、王寅皆、高凌霨等人商议,在城西稽古书院空闲房地兴办新式学堂。1901年3月9日,他们创办的天津普通学堂正式成立,置中学1班,小学1班,后增至4班,共招生100多名,聘有英语、汉语教师。此时,学堂章程尚未颁布,高凌雯悉心擘画,规则秩然。1902年,学校改为官立中学堂,为天津开办最早的公立学校。高凌雯认为教育应当普及,复参与开办广仁堂、太阳宫初等小学2处,准提庵、白衣庵、红寺女子小学3处,河东、河北、西马路宣讲所3处。因其热诚兴学,于1902年被委任为国子监行走。1905年,国子监裁废,其教育行政职能并入学部,高凌雯于1906年任学部普通司兼专门、实业两司行走。1908年,由一等书记官升任普通司主事。

　　民国之后,高凌雯退居乡里,从此主要投身天津方志的编修。其时,徐世昌倡议重修天津县志。此前,天津已有《天津县志》《天津府志》《天津史稿》《续天津县志》等。徐世昌嘱托严修与华世奎议办,复又延请高凌雯、李士鉁等人参加修志事宜。1916年,天津修志局正式成立,地址在城内仓廒街北洋行营发审处西房,由高凌雯负责办理采访事宜。他拟定了采访办法,函请天津县公署备案,并转知公署及各局所,通过拨款和捐赠两个途径解决经费。经过三年采访工作,他收回征询函520多件,借书500多种,得旧家朱卷乾隆年4册、嘉庆年15册、道光年68册,咸丰以下不计其数。各家谱牒32姓,搜集碑刻70多种。他认真阅读了沈文和的《敬止述闻》、徐沅青的《敬乡笔述》等文集、诗集,还从《东华录》《曾文正公全集》以及《谕折汇存》《政治官报》等文献档案中,抄录有关天津史料千余则。高凌雯的《刚训斋诗集》(卷四)中有《秋日坐志局中》诗,记录了这三年间搜集资料的艰辛:"世乱容颜老,秋风白袷轻。新凉犹病起,多难转忧平。止酒心无戒,摊书眼尚明。故乡文献尽,谁识网罗情。"

1919年,修志采访资料工作结束。为做好志书编纂工作,高凌雯延请王守恂先生合作编志。高凌雯不仅身体力行搜集资料,还亲自执笔撰写志文。经过四年的编修,于1922年完成《天津县新志》书稿,于1924年出版。

自1924年《天津县新志》结集出版到1945年去世,高凌雯把精力主要用于地方文献的整理和诗文创作上。1936年编辑出版了《志馀随笔》(6卷)和《天津诗人小集十二种》两书。前者为他编纂《天津县新志》的感想、体会,以及对体例的选择、内容增删所作的解释说明,及一些在新志中不宜载入的民间掌故旧闻等,共有札记442条,另有附录18则。他的《健饭集(1936—1937)》里有《手订〈志馀随笔〉以诗纪之》一诗,道出了他撰写《志馀随笔》的用意:"平生数典乐忘疲,说与人知胜独知。梓里旧闻搜坠简,兔园小册写芜词。眼花灯暗模糊处,碎锦零缣补缀时。敢谓一朝文献尽,茫茫沧海恐珠遗。"后者是他将修志时征集到的12位乡人诗稿汇编而成。这些乡人诗集,多为未刊之稿,高凌雯修志之暇,略加甄择,遂谋付梓,以永其传。收入12家计21卷,名曰《天津诗人小集十二种》,后由金钺为之刊刻,可谓有功于津门艺林。另外,他还撰有两部未刊书稿:一为将修志时收集到的诗集二百余种,编为《天津诗人辑存小传》一书(原稿本今藏天津图书馆);一为根据修志时征集的乡人朱卷和家谱编为《天津士族科名谱》(有邱学士抄本流落民间）。

高凌雯自1901年开始进行诗文创作，仅收录在《刚训斋集》中的诗集就有12卷，合计503题820篇，创作时间跨度长达42年。这些诗集的内容，可以归纳为以下几个方面：第一类为咏史怀古之作。第11卷《咏史十二首》，对历史事件做了自己的评判，如"陈桥自是欺人事，篡夺无形作计深"。再如，《沽上四逸咏》，对李大拙、张笨山、查为仁、金玉冈等人在天津文化史上的贡献给予肯定，对于他们的交游、擅长和遭际亦有所反映，具有重要的史料价值。第二类为寄简怀人之作。高凌雯在国子监时，曾与一些朝臣共事，故交挚友颇多，因之多有书简往来，如《寄幼樵成都》《再寄仁安》《醉后简仲佳》《岁暮感怀简壁臣并示诸友》等，或叙旧情，或论时事，或慨叹时光流逝。第三类写景抒情之作。在诗人笔下，水西庄、八里台、海光寺、望海寺、藏经阁、鼓楼、西沽等风物，或为历史陈迹，或为旅游胜地，为我们了解天津风物提供了丰富的资料。如《水西庄石》记载了水西庄园林用石被盗走的史实。第四类是祝寿挽人之作。与高凌雯来往的多是津门耆宿、文人雅士和京城故交，此类祝寿哀挽文字构成高凌雯诗作的一大特色，其中仅挽诗即有17首，涉及严修、华世奎、严慈约、王守恂等社会名流。第五类是战乱纪事之作。诗人经历了庚子之变、辛亥革命等历史事件，这在诗人笔下都有反映。如《壬子兵劫》："猎火连天十丈红，夜来一片镝鸣风。颓垣覆地云霞惨，短铗惊人囊箧空。"六是诗酒唱和之作。城南诗社成立之前，高凌雯主要与修志局同人或京城故旧诗酒唱和。1921年城南诗社成立后，作为创始人之一的高凌雯，与严修等众多诗友唱和，这些诗作对于了解天津城南诗社发展史具有十分重要的意义。

高凌雯收录在《刚训斋集》中的文集有6卷91篇，内容也同样丰富，概括来说有如下几个方面：一是记录重要文化遗存的兴废，如《重建天津鼓楼记》《重建天津府县学馆记》。二是记载乡贤兴学之举，如《林君兴学碑记》《天津普通学堂记》。三是反映重要历史事件，如《记庚子教案》等。四是诗钞文集序跋,如《欸乃书屋乙亥诗集跋》《欲起竹间楼文集跋》《醉茶子诗草跋》《汇刻天津诗人小集序》等。五是人物传记、寿文及祭文,如《张仲佳传》《阁丞华公家传》《祭严侍郎文》等。由于高凌雯上述文集多是修志期间亲历亲闻,所涉及文献之广、人物之多,非其他民国文献所能比,因此史料价值极大。

1945年6月26日,高凌雯逝世,终年84岁。

参考文献:

卞僧慧:《高凌雯先生修志兴学事略》,载天津市政协文史委编:《近代天津十二大学人》,天津人民出版社,2011年。

卞僧慧:《天津史志研究文集》,天津古籍出版社,2011年。

高凌雯:《刚训斋集》,龚望自印本,1994年。

来新夏、郭凤岐主编:《天津通志·旧志点校卷》上、中、下,南开大学出版社,1999年。

(侯福志)

高　少　洲

　　高少洲(1892—1950),名锐荣,字少洲,以字行,天津人。高少洲是民国初年直隶省银行经理王兰生之姐夫的遗腹子,自幼在王家长大成人。他曾在天津新学书院读书,以后进入兴隆洋行做小职员,得到德商吉勃里(亦译作吉波利)的赏识,逐步升为高级职员。第一次世界大战中,兴隆洋行停闭。1919年,宁波帮买办李组才等集资10万元开设了利济贸易公司,由出资人分任董、监事和经理。高少洲因未加入股本,只做了一个高级职员。

　　利济公司开业后,需要与各国建立贸易联系,决定趁第一次世界大战中欧洲各国急需食品的时机,拿出全部资本孤注一掷,购买了食品、蛋品和少量羊毛,包雇一艘货轮,准备沿地中海、大西洋航行,向各口岸兜售。高少洲遂自告奋勇押运此船货物赴欧。但因他不谙欧洲各埠买卖习惯,沿途碰壁,生意失败。

　　高少洲的这次生意虽然遭到失败,但却看清了外国商人依仗各国在华特权牟取暴利的行径,也积累了进出口贸易的经验。高少洲于1921年商得吉勃里同意,由高出头集合资本,收买兴隆洋行铺底,继续使用兴隆洋行的中外文字号在德国领事馆注册,对外仍称德商企业,以享受一切特权。收买后,以高少洲的"集成堂高"的户名顶名。除高少洲外,新股东还有王兰生和盐业银行经理王郅卿,首任经理为叶星海。洋行改组后,于1922年2月开始营业。叶星海一年后即辞职,高少洲自任经理。高少洲于1923年拉进北帮大买办、聚利洋行的宁采轩,德泰洋行的胡寿田和盐业银行副理石松岩等人充任新股东。

高少洲对兴隆洋行的经营方式采取旧式商号所惯用的多"打厚成"的办法,尽量减少分红,并尽可能把开支压低,准备把利润投入扩充业务和开发副业。为了扩展业务,高少洲决心建立一座附有公事房的大型仓库,作为进行各种副业和其他活动的基地。高少洲于次年凭借金融界贷款,以20万元盖起一座七层的仓库大楼。

依靠德商的招牌,兴隆洋行在进出口手续上享受银行给洋行的优待及租界里洋商所能享受的一切特权,并借此逃避捐税和商品检验。当时,天津商人能直接与国外的买主和制造商往来的还极少,高少洲的兴隆洋行成为天津市面上的骄子,获得各方面特别是金融界的重视和支持。后来德国领事馆认为兴隆洋行已没有德国人的权益,通知兴隆洋行取消注册。兴隆洋行虽失去了德国人的庇荫,但也未向中国政府注册,继续沿用德商名义做了30年的生意。

近代中国粮食匮乏,进口粮食成为很多洋行的主要业务,其中以英商怡和、新泰兴两个洋行做得最大。兴隆洋行自1933年起开展洋面进口业务,并逐渐发展成为进口洋面的三大洋行之一。兴隆洋行进口的洋面,最初多为美国货"洋楼"牌,后来多为澳洲货"钟楼"牌,还有加拿大的"飞马"牌面粉。兴隆洋行进口面粉的数量,最多时每年有十几轮船,总数约有一百万袋。另外,兴隆洋行包销的美国化妆品种类甚多,如"棕榄"香皂、"花旗"牙粉等,包销这些货除能得到回扣外,还能得到其他的好处,这些都是兴隆洋行的额外收入。兴隆洋行也做一般货物如颜料、纸张、洋针、西药、五金、仪器、化工原料等进口生意。兴隆洋行出口的土产有绒毛、皮张、草帽缏、桃仁、花生、菜籽、油脂、油料、蛋品等。在这些土产的收购上,兴隆洋行沿用德商的名义享受到种种的特权,其中三联单的使用让它得到最大的好处。外商根据不平等条约在我国内地收购土产时可以不纳内地税,仅在交纳海关出口税时多交半倍,名为子口税。当外商或买办往内地收货时即先在海关领出三联单,持此单便可在内地运货免税通行。

在高少洲的推动下,兴隆洋行还开展了很多副业,如客货栈、仓库业、木行业,等等。1936年,高少洲在兴隆洋行内附设了隆顺当。另外,高少洲在东门内经司胡同开设了一家源丰居内局酱园,制售酱菜、腌菜和各种调味品。源丰居开业后经营颇为顺利,得利甚厚。随后又在东门内天津府学对面增设了一处源丰居门市营业。房地产行业也是高少洲涉足较多的行业,他在河西、南开、河北购置了大量房产出租,这些不动产使兴隆洋行财产得到保值。

新中国成立后,兴隆洋行被并入联营社,1956年实现公私合营。

1950年,高少洲病逝于天津,终年58岁。

参考文献:

天津市政协文史委编:《天津文史资料选辑》第37辑,天津人民出版社,1986年。

全国政协文史委编:《文史资料存稿选编·经济》下,中国文史出版社,2002年。

全国政协文史委编:《文史资料选辑合订本》第14辑,中国文史出版社,2011年。

(高　鹏)

高 桐 轩

高桐轩(1835—1906),字荫章,天津人,出生于天津杨柳青。画室别名"雪鸿山馆"。父亲经营绸布生意,家境比较富足。

高桐轩年幼聪慧,曾入村塾学习,深爱绘画。高桐轩白天下地干活,晚上读书、画画,或是为街坊邻居画像。后师从本地的张姓画师,由此习得一套传真技巧、年画作法,并临摹大量画谱。当时著名的年画作坊齐健隆画店,离高家不远,高桐轩经常往来此处,长期的耳濡目染,使其学到了作坊中的刻版、套色、印刷、开脸等一系列工序技法,技艺大为精进。

高桐轩20多岁时,父亲去世,高桐轩做瓦工木匠艰难度日。30岁后,高桐轩才开始挂笔单卖画,画一些扇面、灯画或是年画新稿赚钱谋生。

1866年,清廷如意馆总管管金安奉命到杨柳青诏画师为慈禧画像,高桐轩被选中入宫。所绘《仙山渔隐图》得到慈禧赞赏,并获得赏银。自此,高桐轩经常供奉如意馆,名声大振,求画像者络绎不绝。从入京起至60岁期间,高桐轩主要以画像为主,往来于京津之间。他曾把传真画像概括为:追容法、揭帛法、绘影法、写照法、行乐图五种。[①]

高桐轩为慈禧所绘《仙山渔隐图》,尺幅不大,画中慈禧着蓑衣戴草笠,坐于一叶扁舟之上,神态自若。从太监处得知慈禧喜欢奉佛诵经,高桐轩特意以南海瀛台为背景,瀛台位于南海中央,三面绿波环

---

① 王树村:《高桐轩》,上海人民美术出版社,1963年,第48—50页。

绕,台上轩阁巍峨,犹如蓬莱仙境。

《行乐图》是高桐轩为其好友的写真画作。画家牢牢抓住了诗人在写诗作对时寻觅佳句、抬头冥思的那一霎那,眼神刻画微妙,炯炯有神而又飘渺不定,仿佛诗人遨游于内心的精神世界之中,真可谓"目送飞鸿",令观赏者神往。桌上摆放着厚厚的书,以及砚台、水盂等文房用具,书香之气扑面而来。左上方不起眼的几片树叶,更增添了画面的无穷意趣。

高桐轩根据南北方人物的骨骼形神差异,陆续绘制成《追容像谱》一册。像谱共绘人像20页,面形依据甲、田、申、由等骨法各举一例,凡女子发髻、男子须眉具作苏浙人像之面容,且依据胖瘦宽窄、净润斑麻、男女老壮等人物典型的特点绘制而成,是研究传统肖像画重要的参考资料。

高桐轩60岁后,开始专心于年画的创作,并开设雪鸿山馆画室。高桐轩所绘年画,题材丰富,形式多样,如表达幸福生活和子孙昌盛等吉祥美好寓意的题材;新春大喜、庆贺佳节、庆祝丰收、加官晋爵等题材;历史小说中的故事情节等。他晚年的年画创作,将绘、刻、印、染合于一体,技艺精湛。

《庆贺新年》(三裁年画)①画面,农历除夕,妇女们在焚香点烛,做馅包饺子守岁,两个儿童在玩升官图,整幅画面洋溢着一派喜庆欢乐。上面题字"庆贺新年",旁有"兰闺同守岁,兄弟对升官",反映了对家庭和美欢乐的美好愿望,也是当时家庭生活的真实写照。

《瑞雪丰年》(贡尖年画)②图绘寒冬腊月,雪停放晴,三五童子在庭院中堆雪嬉戏的场景。大雪为亭阁及远山裹上了一层亮丽的银装,厚雪积压下的松、竹劲挺有姿。画中的色调主要以红、绿、白三种颜色为

①三裁:一种体裁尺幅,即一整张粉帘纸三折裁开,尺幅大小为纵61厘米、横37厘米。
②贡尖,一种体裁尺幅,即整张粉帘纸,尺幅大小为纵117厘米、横183厘米。

主,色彩搭配和谐,对比强烈。远景平静与近景喜庆热闹的场面形成鲜明的对比,极富丰年乐岁之诗意。画上还题了诗。

《二顾茅庐》(贡尖年画)取材历史小说《三国演义》。图绘刘备、关羽、张飞三人再访诸葛亮未得,怅然失意,诸葛均送客出门,不远处黄承彦迎面而来的情景。远景中的深山古寺、松竹泉石烘托出隆中"猿鹤相亲,松篁交翠"的寂静境界。画中的人物神情各异,顾盼生姿。画家通过人物的不同姿态传达出不同人物的性格。无论是故事情节的选择,还是章法布局都达到了较高的艺术水准。

在民间,羊象征着吉祥,古"祥"字与"羊"字通。《吉羊如意》(贡尖年画)图中绘两童子坐在羊车之上,后面一妇人挈一名手举金磬如意的幼童,步行于桥上的情景。盖取"羊"与"如意"之寓意,传达出一种美好的愿望。

此外他还创作有《荷亭消夏》《春风得意》《四美钓鱼》等优秀年画作品。

高桐轩喜好搜集古今名画,尤其喜欢钱选、唐寅等文人画作品,他曾以五百金的高昂价格,购得唐寅的一幅画,认真反复地展观临摹。他认为仇英的画娇娆妍媚,久习令人笔姿骨软。[1]高桐轩画作吸收了文人画的长处,以写生的方式来传写人物神态,并且将身边所见的景物移入画面,带有浓厚的生活气息。他所绘人物形象有突破一般类型化的追求,以生动的形象刻画来加强年画的感染力,给人耳目一新的感觉,推动了杨柳青年画的发展。

高桐轩勤于绘画的同时,也极其重视画法理论的探求。他将民间年画理论知识,以及自己多年丰富的生活经验和创作实践系统地总结出来,整理抄录记载,并由他的儿子高翰臣补充修订而成《墨余琐录》。《墨余琐录》关于画诀、画论方面的论述,是后人研究民间绘画的重要

---

① 王树村:《民间画师高桐轩与他的年画》,《文物》,1959年第2期。

资料。

1906年,高桐轩逝世于杨柳青,终年71岁。

参考文献:

王树村:《中国民间美术史》,岭南美术出版社,2004年。

冯骥才:《天津年画史述略》,《民间文化论坛》,2009年第1期。

郭因:《中国绘画美学遗产中的一颗珍珠——民间画工高桐轩的绘画美学思想》,《河北大学学报(哲学社会科学版)》,1980年第4期。

徐湖平主编:《明清肖像画选——南京博物院珍藏系列》,天津人民美术出版社,2003年。

(孟雷　华克齐)

高 星 桥

高星桥(1881—1949),名文奎,祖籍江苏南京,出生于铁匠世家。高家素以开办红炉铁铺打制兵器为生,手艺超群,其标志品牌"高记三挺刀"一直是清朝武科场的专用兵器之一。祖父高玉春,曾为太平天国打造刀剑等兵器。1864年清兵攻陷南京,高家仓促北迁天津,在芦庄子赁屋而居,父亲高永福仍以铁匠为业养家糊口。

高星桥7岁时进入天津东门里济生社主办的私塾读书,8年后高星桥童试未第,回到铁铺向父亲和兄长高文祥学习打铁手艺。高星桥对打铁颇有兴趣,几年间,不仅身体练得健壮高大,还掌握了一套用煤看火的绝活儿,熟知不同种类的煤炭,对来自不同煤矿、不同种类煤的性能如数家珍,这为他以后从事煤业贸易打下了基础。

因技艺高超,高永福父子被当时的清室端王载漪赏识并为其打造枪支,端王还命高记铁铺迁至北京香山,专为清军打制新式手枪和快枪。1900年义和团大举进入北京,高星桥的兄长被杀,全家又迁回天津,其父也因惊恐而死。当时高星桥年仅17岁,抚养高家从祖母到弟妹9口人的重担,一下子全落到高星桥的身上。

在后来的10年里,高星桥一直没有稳定的职业,在岳父的资助下承包过煤球厂,但因经营不善很快就倒闭了。1908年,津浦铁路北段开工,高星桥承包了铁路枕木、桥梁铆钉的制造,后又转任火车司炉工。

高星桥28岁时,在朋友帮助下来到德商泰来洋行谋到了一份走街串户推销井陉大砟煤的工作,后又通过关系进入了井陉矿务局,任司镑员,每月工资只有十几元。但他利用这个机会对矿务局及煤业运销进行了全面了解,也初步掌握了德语。一次,德籍总办汉纳根到司镑处亲自查问,高星桥以德语回话,汉纳根见其精明能干、办事用心,提拔他到洋行账房工作。后由于工作出色高星桥被提升为售煤处经理,并最终取得了井陉煤矿买办的资格。

1914年第一次世界大战爆发时,天津德租界成为华北的德侨中心。一次,德侨集聚在德国俱乐部认购战争公债,为了表示对德国政府的效忠,高星桥也跟着认购了150万马克(折合中国银元5万元)成为认购大户。他的这种表现,深得德皇威廉二世的赞许,为此特颁谕旨和奖状,赐予高星桥阖家享有德国贵族头衔,高星桥从此成为德国贵族。1918年德国战败,井陉煤矿主管汉纳根被中国政府遣返回国,他便把自己在中国的产业全部交给高星桥代管。后经汉纳根介绍,德华银行、起士林餐厅等许多德国商人的产业也都交给高星桥代管,继续经营。高星桥成为德商在天津的代理人。

1920年,德国人汉纳根回到天津,高星桥把他的财产一一交还给他,加上经营的利润,完整无缺。不久,井陉煤矿被直系军阀接收。1925年,汉纳根在天津病逝。从此,高星桥结束了买办生涯。

20年代,高星桥经过考察,选中法租界21号路的一片空地。当时,这片空地的两边已盖起楼房,北面是1925年落成的浙江兴业银行,南面是1926年落成的惠中饭店。高星桥先是斥资10.4万两白银,从英国先农公司手中购得这块面积5.2亩的地皮。合同签订后,经法国工部局介绍,高星桥又以白银1万两聘请永和公司法国工程师慕乐设计,建设一个大型商场。建筑面积2.1万平方米,主体五层,转角局部七层,采用钢筋混凝土框架结构,七层之上设有塔楼,由两层六角形塔座、两层圆形塔身和穹隆式塔顶组成,塔顶上装有旗杆和兼具装饰功能的避雷针。按设计图纸初步估算,建设资金至少需百万大洋,高星桥的财力难以承受。于是他成立股份公司募集社会各界资金,解决了资金困难。1928年12月20日,商场大楼落成。

这个商场建在当时的天津法租界,租界当局提出称之为"法国商场",而颇有经济头脑的高星桥觉得加上"法国"二字,民众望而却步,不利经营,于是取名为劝业商场,简称劝业场。其经营宗旨以"劝业商场"四字的字头写出四句警言,即"劝吾胞舆,业精于勤,商务发达,场益增新",作为商业经营指南,以求发达。这就是"劝业场"三个字的来由。劝业场悬挂的牌匾"天津劝业场"字迹稳健、苍劲有力,是由著名书法家华世奎书写。

劝业场一至三楼分别租给各个店铺、货摊,主体经营日用百货、布匹绸缎、各种器皿、钟表首饰、文房四宝、旧书古玩等,而最让人感兴趣的是它不只是一个商场,同时还是一个大型娱乐场所。当时商场里设有"八大天",即天宫影院、天华景戏院、天乐戏院、天升戏院、大观园、天纬球社、天露茶社以及屋顶花园天外天。当时在天华景戏院经常有京剧名角的演出,日夜爆满。劝业场一时成为天津最繁荣的商业娱乐中心。

随即高星桥又在劝业场附近兴建了交通饭店和渤海大楼,形成了天津新的商业中心。交通饭店于1928年建成,主要供在华外国人及社会上层人士入住,内设西餐部。渤海大楼于1936年建成,是当时天津最高、最新式的大楼,也是市中心的标志性建筑。大楼主要出租给律师及会计师事务所、保险公司、洋行的华账房等作办公之用。

1937年七七事变爆发,天津很快被日军占领,由于日本兵成天打靶演习,设置路卡,对来往行人和车辆进行搜查,居民惶惶不可终日,随着顾客不断流失,劝业场的生意每况愈下,惨淡经营。1945年日本无条件投降后,高星桥为躲避国民党官员的陷害,南下到上海寓居。

1949年,高星桥在上海病逝,终年68岁。

参考文献:

天津市政协文史委编:《近代天津十大买办》,天津人民出版社,2002年。

晓阳:《诚信谋财 义在利先——天津劝业场创建人高星桥的发家史》,《中国工商》,2002年第4期。

江成子:《说不尽的劝业场》,《文史精华》,2000年第1期。

（任吉东）

戈　登

　　戈登（1833—1885），全名查尔斯·乔治·戈登（Charles George Gordon），祖籍英国苏格兰，出生于伦敦东南的伍尔维奇市。戈登出身军人世家，父亲亨利·威廉姆·戈登为英国皇家炮兵军官，母亲伊丽莎白·戈登为伦敦茶商巨头之女。①7岁时，戈登进入陶顿学校就读。16岁时进入皇家军事学院。1852年，他被授予英国皇家工兵军团少尉职务。1854年，晋升中尉。不久，克里米亚战争爆发，他于1855年1月被派到巴拉克拉瓦（现属乌克兰）参战。战争结束后，约于1858年底回到英国，担任工兵学校的教师，1859年晋升上尉。②

　　1860年，第二次鸦片战争中，戈登随英国远征军来到中国，并于9月26日到达天津，隶属驻扎天津的英国联队。10月6日，他与工兵队一起，随大军进攻北京。数日后，按照英国公使额尔金和英军统帅格兰特的命令，戈登指挥部队洗劫圆明园。事后在给母亲的信中，戈登写道："我们在那里先是每个人发狂地尽量抢劫，然后才把整个园林烧掉"，"以最野蛮的方式，摧毁了世界上最宝贵的财富"，"这个财富即便花费400万镑也很难恢复"。信中还写道："那地方非常宽广，而我们抢的时间很短促，因此不能仔细地抢掠，许多金质东西都被误认为黄

---

　　①［日］赤松紫川：《戈登将军》，赵必振译，新民译印书局，1903年，第1—2页。［美］R. J. 史密斯（R.J.Smith）：《19世纪的常胜军：外国雇佣兵与清帝国官员》，汝企和译，中国社会科学出版社，2003年，第156页。

　　②［英］利顿·斯特拉奇（Lytton Strachey）：《维多利亚时代四名人传》，逢珍译，花城出版社，2003年，第186页。

铜而摧毁。"①

11月8日,戈登随军回到天津。身为英国工兵队技师,他带领属下主要从事搭建帐篷、侦察地形、修建碉堡等工作。一个月后,他在给家人的信中写道:"我在这儿住所很好。目前工兵队每天雇有六百个左右的中国泥水匠和木匠等,由我指挥。这比待在香港好多了。"而据他的信件可知,他曾多次到北京侦察清廷朝野情报,又沿着万里长城长途旅行以测绘山形地理,并考察俄国西伯利亚地区的交通状况。他在天津主持建筑与测绘工程,经常活动于天津周围地区。②

1860年《北京条约》签订后,天津开埠。1860年12月,英国公使布鲁斯照会直隶总督恒福、三口通商大臣崇厚等,提出要划天津城东南海河右岸自紫竹林至下园一带为英租界。其范围东至海河、西至海大道(今大沽路)、南至博目哩道(今彰德道)、北至宝士徒道(今营口道),占地面积约为460亩。清政府被迫同意。戈登即带人开始进行勘测,并初步绘制了英租界包括道路、街区、河坝等在内的区域详图。然后,他把不同区域分段标号,进行拍卖。此后,依照戈登提供的规划方案,英租界当局在租界内排除了积水,垫高了地基,修建了码头,并修建了大批房屋。

1862年初,太平天国将领李秀成等统兵逼近上海。为抵御太平军,英法两国与江浙巨商、士绅等组织了一支雇佣军——"洋枪队",并由美国人华尔训练与指挥。而此时驻扎在天津的英军统帅认为北方的形势已经相当稳定,决定调动麾下支援保卫上海。于是,戈登率领工兵队于4月28日离开天津,5月3日抵达上海,投入攻打青浦的战斗。在战斗中,戈登颇得上级赏识。9月,在浙江慈溪同太平军作战

---

①方兆麟:《戈登与戈登堂》,载天津市政协文史委编:《天津文史资料选辑》第75辑,天津人民出版社,1997年,第37—38页。
②转引自[英]伯纳特·M.艾伦(Bernard M. Allen):《戈登在中国》,孙梁编译,上海古籍出版社,1995年,第20页。

时,华尔受伤身亡。其继任者为美国人白齐文,队伍更名为"常胜军"。不久,白齐文因劫掠清军饷银被撤职。江苏巡抚李鸿章于是要求英国公使另派军官来指挥"常胜军"。1863年3月,戈登被正式任命为"常胜军"新统帅。戈登上任后,对"常胜军"进行整顿,建立严格的操练制度,并禁止士兵掳掠,而代之以优厚的军饷和奖金,不到三个月,这支杂牌军扩充到三千多人。在戈登的带领下,"常胜军"配合李鸿章的淮军,对太平军发起一场又一场的围剿,两年内参加了30余场战斗,攻克城池数十座,使太平天国终成败局。1864年5月,英政府决定解散"常胜军",而戈登因镇压太平军"有功",受到清廷厚赏,赐黄马褂和顶戴花翎,并授予提督衔。

随后,戈登离开中国返回英国,曾两次充任苏丹总督,英国晋升他为少将,并封为巴兹勋爵士。1885年戈登在苏丹被起义军打死,终年52岁。1890年,天津英租界当局为纪念戈登在开辟天津英租界过程中的"贡献",把在维多利亚公园兴建的英租界市政厅大楼命名为"戈登堂"。1941年太平洋战争爆发后,戈登堂被日军占领。抗战胜利后,国民党天津市政府即设此。1949年天津解放后,戈登堂成为天津市人民政府的办公楼。1976年该楼在唐山大地震中受损后被拆除。

参考文献:

[英]伯纳特·M.艾伦(Bernard M.Allen):《戈登在中国》,孙梁编译,上海古籍出版社,1995年。

[美]R.J.史密斯(R.J. Smith):《十九世纪中国的常胜军:外国雇佣兵与清帝国官员》,汝企和译,中国社会科学出版社,2003年。

[英]利顿·斯特拉奇(Lytton Strachey):《维多利亚时代四名人传》,逢珍译,花城出版社,2003年。

周利成、王勇则编著:《外国人在旧天津》,天津人民出版社,2007年。

(罗海燕)

宫 白 羽

  宫白羽(1899—1966)，本名宫竹心，曾用名宫万选，笔名杏呆、宫梅、耍骨头斋主等。祖籍山东省东阿县，出生于直隶青县的马厂。其父宫文彩为军人，官至北洋新军管带，曾任袁世凯卫队营长。

  宫白羽5岁时随父迁居天津，由塾师开蒙认字读书。1906年7岁时又随父移防辽宁省开原县，翌年迁黑龙江省安达县。1909年随其父返津，居津西芥园，多年后他仍对少年玩耍之地念念不忘："芥园有荒坟似山，有水坑如河，我与学友游玩不倦。这真是我儿时游钓之乡，直到现在，还引起我的留恋!"①

  1912年民国建立，宫白羽随父迁居北京。他进入学堂，接受新式教育。1918年，其父辞世，宫白羽被迫辍学养家，先后做过商贩、家庭教师、军中文书、邮局职员及税吏。但经过新文化运动的洗礼，他心中最大的愿望是做一名新文学家。他从任职邮局接触的信函中，查得新文化风云人物周作人住址，便以借书为名写信向周作人讨教，结果却意外地结识了鲁迅。在与鲁迅通信十余封后，1921年9月28日下午，他终于应约来到北京八道湾11号"苦雨斋"，见到了心仪已久的鲁迅与周作人。初次见面的印象刻骨铭心，多年后他回忆起这次相见的情景："在苦雨斋见了鲁迅和作人先生，我昂然地坐在两个文学家之前，大谈一阵。鲁迅先生透视的刺人的眼和辛辣的对话，作人先生的敦厚

---

  ①白羽:《话柄》，天津正华学校，1939年印行，第41—42页。

温柔的面容与谈吐,给了我很深的印象。"①近一小时的谈话结束时,周作人将自己收藏的契诃夫小说的英文版借给他。随后他便译出五六篇,均由鲁迅校订后荐往北京《晨报》发表。

这之后,宫白羽又往八道湾拜见鲁迅多次,并相互通信达数月之久。此时他产生了辞去工作专以创作为生的念头,虽遭鲁迅劝阻,但他仍辞了职。这期间鲁迅不但继续为他修改、推荐作品,而且为他的考学与工作问题多方奔走,但几个月下来,收效甚微。宫白羽不得不放弃卖文求学之念,到通州去教私馆,时间不长便失业。又经友人推荐,以千字一元之酬,于一月之内为一家日报的"妇女界"专版写了万余字,但当付总酬时却被编辑核减为大洋4元,一怒之下,他辍笔停稿。旋又至《民立日报》当校对并兼刻写钢板,谈妥月薪20元,然而领薪时又被社长太太扣去4元,随后该报停刊,就连这16元的生活费也付之东流。②经过这一系列的打击,他才真正领悟到鲁迅信中所言"以文笔做生活,是世上最苦的职业",可谓金玉良言。1926年,宫白羽在迭遭失业之苦与投稿被骗之后,幸被张恨水慧眼所识,受聘为《世界日报》副刊特约撰述,写文史掌故养家糊口,并在这里开始了他的第一部武侠小说《青林七侠》的写作。③

1928年夏,宫白羽应天津名记者吴秋尘之约,只身重返天津,任天津《商报》编辑兼总校阅。不久,因与报馆主人王镂冰不睦而离去。从这时到1936年底,他在津担任多家电讯社、通讯社、报社记者和天津社会局公务员、天津市救济院办事员等职。1936年秋天,他以通讯社记者身份,真实报道了因刺杀孙传芳而被捕的施剑翘出狱消息,获得"名记"的声誉。

为了调养病体,宫白羽偕家眷于1937年春天到河北霸县居住,边

---

① ②宫白羽:《话柄》,天津正华学校,1939年印行,第80—83页。

③倪斯霆:《宫白羽第一部武侠小说发现记》,载倪斯霆:《旧人旧事旧小说》,上海远东出版社,2010年,第157—171页。

养病边执教于乡村师范。

1937年七七事变爆发,是年底,宫白羽携家眷仓皇返津。为了维持生计,他决定鬻文办学。他先借友人在中山路南段开设的"东方补习学校"牌子,自己充当国文、英文及数学补习教员,招生授课。因津城沦陷之初学校大都停办,其补习班一开课便学生众多,他见此便有了自己独立开办学校的想法。在经过多方比较和慎重选择后,最终租下中山路以西二马路与黄纬路交口处的二贤里8号院为校址,开办正华学校,内设补习班与小学。为了补贴建校费用,学校稍一安顿,他便有了鬻文的想法。恰在此时,已沦为日本北支派遣军机关报的天津《庸报》文艺部长何海鸣找上门来,约他撰写小说于报上连载。为生计犯愁的宫白羽接受郭云岫的劝告,提出只写与现实无关的武侠小说。于是,一部日后使他誉满全国的长篇小说开始了构思与写作。

1938年初,沦陷后的天津报业萧索,文坛凋零。随着赵焕亭、还珠楼主等名家的出走,战前红火一时的通俗小说创作跌入谷底。是年2月,《庸报》上连载的一部武侠小说横空出世,为沉闷的华北文坛带来些许生气,这便是宫白羽在二贤里创作的《十二金钱镖》。此书写作伊始,宫白羽约来在家赋闲的好友郑证因,请其一边帮忙料理校务,一边帮忙设计武打招式。郑证因不久以其武侠代表作《鹰爪王》,成为继宫白羽之后又一民国北派武侠小说代表作家。

《十二金钱镖》的问世,为宫白羽赢得极大声誉。随着连载日久,此书在民间不胫而走,深入人心。随处可见租书铺子门口所贴"家家读钱镖,户户谈剑平"的对子,可谓该书轰动一时的真实写照。这部作品随写随刊,后由天津书局出版单行本第一集。此后,其余各集均由宫白羽自办的正华出版部出版,至1943年已出到16卷总80章。他又于1947年在天津《建国日报》续写第17卷5章,终结全书。

继《十二金钱镖》之后,在十余年时间里,宫白羽陆续完成了二十余部社会武侠小说的创作,终成民国时期武侠小说作家之翘楚。其亲撰社会武侠小说如下:《十二金钱镖》《武林争雄记》《牧野雄风》《联镖记》《血涤寒光剑》《毒砂掌》《雁翅镖》《青衫豪侠》(又名《白刃青衫》)。《青衫豪侠》另有上下集、单行本面世,上集名为《青林七侠》,下集名为《粉骷髅》。以及单行本《剑底惊螟》《雄娘子》《弹剑记》(又名《子午鸳鸯钺》)《偷拳》(又名《惊蝉盗技》)《横江一窝蜂》(又名《黄花劫》)《龙舌剑》《太湖一雁》《秘谷侠隐》《侠隐传记》《河朔七雄》《摩云手》《绿林豪杰传》等。

40年代中期,宫白羽于武侠小说创作外,开始了对甲骨文的研究,并在《立言画刊》《新天津画报》连载《白鱼琐记》《金甲证史诠言》等相关研究文章,得到甲骨文学界前辈王襄先生的首肯。其研究成果经后人整理,于香港《中华国学》刊出。

1949年7月,宫白羽作为唯一的武侠小说作家,以平津代表身份参加了新中国第一届文代会。随后,当选为天津市文学工作者协会第一届常务理事、天津市文联委员,并被安排到天津通俗出版社任特约编辑。1955年,应中国新闻社之约,为香港《大公报》撰写武侠小说《绿林豪杰传》。《大公报》副刊编辑陈文统阅后赞叹不已,由此自己也开始武侠小说写作,并取笔名“梁羽生”,意为宫白羽私淑弟子。1961年,宫白羽任天津文史研究馆馆员。

1966年3月1日,宫白羽病逝于天津,终年67岁。

参考文献:

白羽:《话柄》,天津正华学校,1939年印行。

张赣生:《民国通俗小说论稿》,重庆出版社,1991年。

倪斯霆:《旧人旧事旧小说》,上海远东出版社,2010年。

叶洪生:《论剑——武侠小说谈艺录》,学林出版社,1997年。

(倪斯霆)

宫 邦 铎

宫邦铎(1881—1941),字振声,祖籍山东德平县,幼年随父经商到天津。1898年,宫邦铎入武卫右军随营步兵学堂,1899年选派至日本,先入日本陆军成城学校完成预备学业,继入日本陆军联队步兵大队实习,1902年6月考入日本陆军士官学校第三期,1903年11月毕业。

回国后,宫邦铎投效北洋军李纯部,于1904年出任北洋督练处委员,1906年任陆军第六镇步兵十二协第二十三标教练官。1906年5月考入陆军行营军官学堂。1908年2月毕业后,复归李纯部,任该部步兵标炮兵营管带、参谋官。1912年10月任李纯将军公署咨议官,1912年12月任北京政府中央陆军第六师步兵第十二旅第二十四团团长。1914年8月7日任北京政府中央陆军第六师步兵第十二旅第二十三团团长,率部驻军江西南昌地区。1916年11月,署北京政府中央陆军第六师第十二旅旅长,率部驻军湘西地区。1917年,李纯任江苏督军,宫邦铎任中央陆军第六师第十二旅旅长,率部驻军南京地区。1919年6月9日被北京政府陆军部授予陆军少将衔。1920年6月11日,被北京政府陆军部授予陆军少将加中将衔。

1920年10月,李纯突然死于督军署内,齐燮元自行宣布就任江苏督军。宫邦铎投归齐燮元麾下,1920年12月任江苏江宁镇守使。1921年12月被北京政府陆军部授予陆军中将衔。1923年11月被北京政府陆军部授予将军府振武将军。1924年7月任直系控制北京政府中央陆军第十九师师长,兼任淞沪镇守使。1924年9月任直系军苏军总司令部第一陆军司令部司令官,兼任陆军第十九师师长,统辖四个师两个混成旅兵力,率部参加江浙战争。后任齐燮元部前敌总指挥部总指挥、淞沪护军使等职。1924年12月13日,北京陆军部电令宫邦铎回任第六师师长,所遗第十九师师长即令何丰林继任。[1]齐燮元战败后被迫下野,离宁赴沪。直系失势使宫邦铎倒向奉、皖。齐燮元见宫邦铎已离心离德,便唆使驻上海之第六、第十九师军官逼迫宫邦铎离职。1925年1月10日晚,宫邦铎致电段祺瑞和卢永祥,宣布辞职下野。随后,宫邦铎到天津英租界寓居赋闲。

1927年6月,张作霖任大元帅的安国军政府成立,宫邦铎任张作霖军政府军事部陆军署军械司司长。1928年6月,安国军政府垮台,宫邦铎再次下野,到天津租界当了寓公。1930年春,冯玉祥邀宫邦铎赴郑州赞襄军务,任国民革命军第二集团军第四方面军新编军军长、冯(玉祥)阎(锡山)反蒋联军第一方面军总司令部预备炮兵军军长。1930年6月中原战败后,宫邦铎仍回天津寓居,从此不问军政事务。

宫邦铎在天津寓居期间沉溺于天津最大的赌场——回力球场,终至家业败落,妻离子散。1941年11月,宫邦铎病逝于天津,终年60岁。

参考文献:

陈予欢编著:《中国留学日本陆军士官学校将帅录》,广州出版社,2013年。

陈玉堂编著:《中国近现代人物名号大辞典》(续编),浙江古籍出版社,2001年。

辛平编著:《民国将领录》,辽宁人民出版社,1992年。

(万亚萍)

---

[1]《军务厅关于宫邦铎、何丰林分任第六师、第十九师师长函稿》,载中国第二历史档案馆编:《中华民国史档案资料汇编·军事》(一)(上),江苏古籍出版社,1991年,第252页。

龚　望

　　龚望(1914—2001),又名望宾、王宾,字作家,一字大迁,别署迁公,号沙曲散人,斋号"四宁草堂",出生于天津侯家后萧家大门胡同。龚望出身书香门第,其祖父龚晓珊、父龚翼臣皆为饱学而不求闻达之士。龚望8岁时迁居西沽桥口街,少年时代就读于直隶第一模范小学校。小学毕业后入河北中学读书,一年后退学,在家塾读书、习字。

　　龚望19岁时入李实忱(廷玉)创办的天津国学研究社,22岁因学业优异入天津崇化学会,师从李实忱、章式之、陈哲甫等研习经史子集、文字学、训诂学、音韵学及作诗文之法。龚望天资聪颖、才华出众、一心向学,23岁留任崇化学会讲习科执教,讲授《孟子》《尔雅》《易经》及书法。其学融通汉儒、宋儒两派,更能贯通儒、释、道三家学术,熟读孙过庭的《书谱》、包世臣的《艺舟双楫》、康有为的《广艺舟双楫》等书论名著,并深有体悟。

　　龚望受家庭影响,自幼酷爱书法,先后师从刘嘉琛、陈嚣洲,于真、行、草、隶、篆各体皆精,兼工治印。他的隶书因其鲜明的美学风格和对中国书法史的贡献而被称为"龚隶"。他借鉴天津书法家张体信用鸡毫创作的成功实践,主张用弹性很大的软笔写硬字,强化线条的飞白效果,以鸡毫为书写利器,达到了精熟无碍、从心所欲的地步,在率意中把握分寸,在畅达中流露个性,在不假思索中蕴涵天然韵味,将鸡毫的工具性能发挥到了极致。他遍临汉碑代表作,化用汉隶中最不易学的《石门颂》,在隶书中融入草书的意味、笔势,运笔迅疾,如飞鸟入林、快马入阵,笔下有千钧之力,在运笔和结体上小敛大纵、收放自如,形成了柔中寓刚健、拙中见大巧的"龚隶"书体美学风格。龚望的楷书自唐楷入手，遍习欧阳询、虞世南、褚遂良、颜真卿、柳公权各家，行笔斩截利落、气雄力壮；其行书法孙过庭，旁涉二王、李邕，婀娜有致；其篆书出入秦汉金石、周鼎商盘乃至甲骨，于汉篆书体开辟新天地；他的篆刻取法秦汉印，平正朴茂，气韵高古，字法、章法、刀法无一不妙。

1939年春，郑菊如被聘为天津市立第二图书馆馆长，鉴于藏书之处地势低洼，若遭沥涝，图书必难以挽救，龚望同郑菊如等四处奔波，另租馆址，运出图书。这一年夏洪水淹及津城，由于馆址地势高，使藏书幸免于难。此举奠定了天津图书馆古籍文献藏书的基础。

龚望是最早开始弘一大师李叔同研究之人。1956年，他与大悲禅院住持惠文法师倡议在大悲禅院建立"弘一法师纪念堂"，并率先捐赠藏品，使纪念堂颇具规模。此后他一直致力于搜求李叔同的墨宝、著述，以自藏李叔同早年印谱7册为主体，先后出版了《李叔同印存》《弘一大师李叔同篆刻集》，为研究李叔同的艺术道路提供了直接而可信的材料。

龚望撰写了《李叔同金石书画师承略述》《惠文法师事略》《嵎洲师讲授书法会议》《王纶阁先生事略》《陈哲甫先生事略》，涉及天津重要的学者、教育家、艺术家、僧人，是研究天津地方文化史、教育史、宗教史不可或缺的文献。

龚望早年即热衷于金石考订及文物集藏和审鉴，曾受业于长洲章式之。他将许多金石器物拓成拓片，加以考释题跋，或寥寥数语点明其年代、评估其价值；或洋洋洒洒阐述其真赝之依据、流传之经过。60年代，他购得隋代廉州柏肆县花成寺奉安舍利塔塔座，其正面有造像刊铭。龚望从年代、文字、艺术及流传等方面对这一塔座石刻详加考证，撰写了数百字的跋语，考证严谨、见解独到。他收藏的北魏砖像、残石、瓦当、古砖等，亦多题记作跋。

龚望热心于书法教育，天津诸多书法家、篆刻家出自他的门下。

1958年，龚望联合王翰臣、王襄等人，由人大代表王翰臣提出议案，在天津成立中国书法研究会，经批准该会设在天津文史研究馆。

龚望重视津沽文脉的传承。他苦心搜求乡贤著述、墨迹，发现与天津有关的文献资料和书画作品，倾其所有，极力收藏。他购藏了大量梅宝璐、华文宰、顾叔度、王襄、陈哲甫等乡贤的手稿、信札及书法作品。60年代，在经济状况十分拮据的情况下，龚望花费250元购买梅成栋重要著述《欲起竹间楼文集》四卷抄本，他个人筹资刊行，使梅氏文集晦而复显，为研究天津地域文化做了一件大事。此后他又出资刊印了记载清末民初天津风貌的重要文献史料——高凌雯遗著《刚训斋集》，以及邱学士、孙默庵利用剩稿残篇编写而成的《梅树君先生年谱》。他珍藏并亲自题署的《郑菊如先生诗存》誊写油印本，嘱托其子龚绶捐赠天津图书馆保存。这一时期还刊印了《华世奎先生大小楷》等。

龚望是天津古乐研究会八音①小组和天津佛乐团的积极组织者。1980年，龚望不遗余力，奔走倡扬传统文化瑰宝——古乐，创建天津古乐研究会八音小组，并集齐了所有八音之属②的乐器。参加小组活动的多为老一辈书画名家、文化教育界人士，如冯谦谦、王坚白等，有着广泛的社会影响，为社会培养了一批人才。1988年，在龚望指导下，在大悲禅院成立天津佛乐团，终使流散断绝数十年的天津佛乐得以复生，时任天津市佛教协会名誉会长的龚望自任团长。

龚望晚年曾写下"心迹双清"四字。龚望一生以笃实至诚的态度为学、为艺、为人，对赈灾、扶贫、支教、助残等公益事业多有捐助。

---

①"八音"是自周代开始宫廷雅乐制度的乐器分类方法。根据制作材料的不同而将乐器分为金、石、丝、竹、匏、土、革、木八类，每一类下面均包含有几种乐器，有些乐器正濒临失传或已失传。

②钟（金之属）、磬（石之属）、琴（丝之属）、篪（竹之属）、笙（匏之属）、埙（土之属）、鼓（革之属）、祝敔（木之属）等。

龚望曾任中国书法家协会天津分会副主席、天津市文史研究馆名誉馆员、天津佛教协会名誉会长、天津居士林名誉林长、天津弘一大师–李叔同研究会顾问等职。

2001年，龚望在天津逝世，终年87岁。

2004年，为纪念天津建城600年，天津市地方志编修委员会办公室和周邓纪念馆举办龚望先生收藏天津书画家作品展，展出了从明末到民国间80多位书画名家的100多件作品。

龚望主要著述有《龚望书法集》《龚望隶书楹联集》《龚望临封龙山碑临石门颂碑》《龚望临汉石门颂》《孙过庭书谱·龚望读本》《四宁草堂学术杂丛》《陶渊明集评议》等。

参考文献：

王忠琪编：《龚望纪念集》，百花文艺出版社，2006年。

郑菊如：《郑菊如先生诗存》，南开大学出版社，2011年。

（章用秀）

龚心湛

龚心湛(1868—1943),本名心瀛,字仙舟,亦作仙洲,安徽合肥人。1868年6月2日(清同治七年四月十二日)出生于合肥一个没落的官宦世家,兄弟七人中,龚心湛行三。1877年,因家境贫困,龚心湛随堂兄由合肥到上海,投奔时任苏淞太道的三伯父龚照瑗。龚照瑗对这个侄儿非常喜爱,安排他与自己的儿子一起入国学为监生,但龚心湛仰慕西学,不久便独自转到金陵同文馆学习新学,[①]他刻苦学习英语,为他后来跻身外交界奠定了基础。

龚心湛毕业后,适逢薛福成出任清政府驻英特命钦差大臣,他作为薛福成的随员出使英国。1893年,薛福成任满回国,继任者为龚照瑗,龚心湛以随员身份继续留任,先后辗转清政府驻英、法、意、比等国公使馆,升职为参赞。龚心湛在欧洲停留8年,对欧洲各国的政治、经济、社会状况及风土人情有了深刻的了解。

1896年9月,龚照瑗得知孙中山已从纽约来伦敦,他试图依照香港、缅甸引渡条款,缉拿孙中山送回国内,被英国外交部拒绝。为了向清政府邀功,龚心湛建议:"委托'司赖特侦探社'窥探孙中山行踪,然后再作决定如何?"[②]龚照瑗采纳了这个办法,孙中山刚到英国,就被英国的侦探盯梢,他们协助清政府驻英使馆秘密绑架了孙中山。在英国外交部、内务部的斡旋下,最终由龚心湛出面宣布恢复孙中山的自由。

---

① 杨大辛主编:《北洋政府总统与总理》,南开大学出版社,1989年,第313页。
② 李联海、马庆忠:《一代天骄:孙中山传记》(上),重庆出版社,1986年,第117页。

来接孙中山离开使馆的英国外交部特派专员等应龚心湛"给我公使馆一个面子"的请求,未走正门,而是从侧门悄然步出清使馆。1898年,龚照瑗任满归国,龚心湛也一起回国。经广东布政使岑春煊保荐,龚心湛以知府衔晋京陛见,分发广东省任命。时任两广总督的李鸿章与龚家是世交,两家都是合肥的名门望族,龚心湛一到广州就被任命为广州知府兼洋务局会办。1901年,龚心湛任广州府试主考官时,恰逢汪兆镛、汪兆铭(汪精卫)兄弟二人同时应试,文章写得都不错,按常理,录取时应遵照兄先弟后的顺序,但龚心湛认为,兄长的文章不如弟弟,他力排众议,一锤定音:"抡才大典,论文不论长幼"①录取汪兆铭为第一,汪兆镛第二。

1912年,担任财政总长的周学熙推荐龚心湛任中国银行汉口分行行长。1913年秋,安徽北部旱灾严重,龚心湛参与筹办安徽省赈抚事宜,并任赈抚局督办。袁世凯称帝后,龚心湛辞职,寓居天津。袁世凯死后,北洋军阀分裂为直、奉、皖三大势力,皖系掌控北京政权。由于周学熙的提携,龚心湛成为"安福系"的重要一员,1918年任安徽省省长,不久调任财政总长。1919年6月,大总统徐世昌任命龚心湛暂代国务总理。此时,全国掀起拒签《巴黎和约》的请愿高潮,6月21日,山东省七团体代表到北京请愿,时逢大雨滂沱,代表们跪在新华门外号啕大哭,坚决要求拒签《巴黎和约》,收回胶澳权益。28日,龚心湛答复山东请愿代表:山东问题"不能保留,即拒绝签字";顺济、高徐路约"力图收回,断不继订正约"。②这在一定程度上满足了请愿代表的要求。暂代国务总理的龚心湛,上任以来一直处于外交、学潮、内政、南北和谈以及各派系争斗倾轧的矛盾中,遂于9月辞去本兼各职。

龚心湛与财政总长周学熙有同乡之谊,又是旧识。周学熙见龚心

---

①安徽省政协《安徽著名历史人物丛书》编委会编:《政界人物》,中国文史出版社,1991年,第106页。

②杨大辛主编:《北洋政府总统与总理》,南开大学出版社,1989年,第314页。

湛闲居无聊,主动辞去中国实业银行总经理之职,推荐龚心湛担任总经理,并让他参与到周家主办的各项企业之中。从此龚心湛与周学熙开始长达多年的合作。周学熙认为龚心湛性情温和,善于理财,特别是不擅专权,与许多股东交谊深厚,可以由他出面化解各种矛盾与争端,因而举荐龚心湛先后担任通益味精公司董事长,启新洋灰公司总经理、董事长,耀华玻璃公司总董、开滦矿务局议董长,大陆银行、中孚银行、永宁水火保险公司董事,江南水泥公司常务董事等职。由于受到周学熙的器重,龚心湛逐渐在天津实业界崭露头角,成为实力派人物。1924年10月,冯玉祥发动北京政变后,段祺瑞入京任临时执政,龚心湛出任内务总长兼赈务督办,1925年改任交通总长,1926年三一八惨案后,内阁总辞职,龚心湛从此脱离政坛。

龚心湛对佛学颇有研究,除参加企业的经营活动外,在家烧香礼佛,过着居士的生活。1940年,龚心湛与周叔迦、靳云鹏等居士共同发起"复兴大悲院"之举,前后奔波,与有关方面交涉,收回大悲禅院。同时,多方筹划,向社会广泛募捐,交倓虚法师主持扩建大悲禅院,经过7年的经营,完成了大悲殿、配殿及大雄宝殿的修建工程。龚心湛积极捐款,为弘扬佛法做了大量基础性工作。徐蔚如在天津创办刻经处及佛教功德林时,龚心湛都给予资助,并担任功德林的首任林长。

龚心湛还致力于社会福利与救济事业。1937年卢沟桥事变后,大批难民为躲避战火逃到天津市区,龚心湛积极筹款救济,并组织伤病难民救济会,由医生进行治疗。1939年天津遭水灾时,全市成为一片泽国,龚心湛积极成立临时医院,收治急症病人。当时天津处于日伪统治下,粮价昂贵,民不聊生,龚心湛发起成立临时急赈会,邀集各界人士募款数百万元,赈济饥民。

龚心湛非常重视教育事业。日伪统治时期,教会开办的天津工商学院一度财政紧张,难以维持。龚心湛挺身而出,自任工商学院的董事长,捐赠巨款,并多方募集,缓解学院财政紧张的局面,使学院得以继续开办。

日军占领天津后，大肆网罗旧官僚与下野寓居天津的军政要员，组织汉奸伪政权，由于龚心湛的社会地位与社会威望，他也在日本侵略者网罗的范围之内。1940年3月，汪精卫在南京成立伪中央政府，原设在北平的伪临时政府改称"华北政务委员会"，日伪要员积极动员龚心湛出山，担任"委员长"，请他主持华北伪政权。在民族大义面前，龚心湛不因威逼利诱而动摇，坚决不出任伪职，保持了晚节。后来，他被强行扣上伪华北政务委员会咨询委员的头衔。①

龚心湛拒不合作的态度，令日本侵略者恼羞成怒，他们把报复的目标对准龚心湛经营的工商企业。日本轻工业株式会社在军队的支持下，强行拆走江南水泥厂的电机、钢磨等设备，龚心湛多方奔走，要求归还被拆物品，终无结果，该厂直至抗战胜利后才恢复生产。启新洋灰厂是当时华北仅有的大型水泥企业，日军多次想实行军管，龚心湛出面与日方交涉，使启新洋灰厂保有一定的经营权益。1943年，日军对水泥的需求量增加，强行对启新洋灰厂实行军管。龚心湛不顾七旬高龄，以衰老之躯亲往北京与日方进行交涉，不料反遭日方羞辱。身心俱疲的龚心湛积劳成疾，回到天津后一病不起，在病中仍备受日本侵略者的迫害和侮辱。

1943年12月，龚心湛病逝于天津寓所，终年75岁。

参考文献：

卞孝萱、唐文全编：《辛亥人物碑传集》，团结出版社，1991年。

天津市和平区政协文史委编：《近代天津名人故居》，天津人民出版社，2009年。

---

① 张炳如：《华北敌伪政权的建立和解体》，载全国政协文史委编：《文史资料选辑》第39辑，文史资料出版社，1980年，第126页。

陈娟、乔晓玲编著:《总理的炎凉:北洋政府总理的最后结局》,华文出版社,2006年。

天津市档案馆、天津市和平区档案馆编:《天津五大道名人轶事》,天津人民出版社,2008年。

（郭登浩）

谷 钟 秀

　　谷钟秀(1874—1949),字九峰,直隶定县人,光绪年优贡,出生于直隶定州马家寨。少年时就读于保定莲池书院。1898年,考入京师大学堂,后于1901年赴日本早稻田大学攻读政治经济学。留日期间,谷钟秀结识孙中山等革命党人,加入中国同盟会。1902年,在"废科举、兴学堂"的维新思潮影响下,定州知州王忠荫接受州绅王振尧、谷钟秀和定武书院绅董王延伦、王维新等人建议,改"定武书院"为"定武学堂",不久,定名为"定州官立中学"。1906年,袁世凯在天津设立自治局,谷钟秀同孙洪伊等人组织"天津自治研究会"。

　　1908,谷钟秀从早稻田大学毕业,[①]回国后曾任教于直隶师范学堂,后任直隶总督署秘书、浙江巡抚署宪政筹备处科长、顺直咨议局议员等。1911年辛亥革命爆发,谷钟秀被推举为直隶省代表,参加各省都督府代表联合会武汉会议和南京会议,选举孙中山为中华民国临时大总统。1912年4月11日,谷钟秀偕同吴景濂等创立统一共和党,次年并入国民党。1913年4月,第一届国会成立,谷钟秀任国会众议院议员、宪法起草委员会委员,参与起草《中华民国宪法草案》。二次革命失败后,1913年11月袁世凯下令解散国民党。谷钟秀联合原国民党人张耀曾、杨永泰等组成民宪党,以国会为阵地,反对袁世凯独裁统治。袁世凯解散国会后,谷钟秀于1914年1月创办《正谊》杂志,并开始在《正谊》杂志上连载《中华民国开国史》。1914年5月,谷钟秀与陈

---

　　① 李正东:《谷钟秀与〈正谊〉杂志》,《教学交流》,2010年第11期。

独秀、章士钊等人在东京创办《甲寅》月刊。1914年8月组织并参加在东京成立的欧事研究会(后改名政学会)。1915年10月,他与杨永泰、徐傅霖等人到上海创办《中华新报》,任主笔,大力进行反袁宣传。1916年参加了护国战争,任广东军务院驻沪委员。

袁世凯死后,1916年7月,谷钟秀任段祺瑞内阁农商总长兼全国水利总裁。之后,谷钟秀南下广州,参加孙中山领导的南方政府。因在派系斗争中失利,1923年返回北京,仍为国会议员,任收回铁路筹备处总办。[①]1925年辞职后寓居天津。

1927年谷钟秀任冯玉祥顾问、豫陕甘三省建设委员会主任委员等职。1930年中原大战时,任冯的代表驻太原。1933年冯玉祥组织抗日同盟军,谷应邀前往,任参赞军务。1936年任河北省政府委员兼井陉矿务局局长。抗战胜利后,曾任北平市参议会议长、北平文物整理委员会主任委员、河北省政府民政厅厅长、河北通志馆馆长。著有《中华民国开国史》《世界地理》等。

1949年12月25日,谷钟秀病逝于北京,终年75岁。

参考文献:

闵杰编著:《晚清七百名人图鉴》,上海书店出版社,2007年。

刘国铭主编:《中国国民党百年人物全书》上册,团结出版社,2005年。

河北省政协学习委员会等编:《河北近现代历史人物辞典》,亚洲出版社,1992年。

吴成平主编:《上海名人辞典》,上海辞书出版社,2001年。

(万亚萍)

---

①梁梓主编:《历代中国政要秘书高参档案》下册,金城出版社,1998年,第2398页。

关 颂 声

　　关颂声(1892—1960),字校声,号肇声,广东番禺人,1892年8月29日(清光绪十八年七月初八日)生于天津。祖父关元昌是注册牙医。父亲关景贤为关元昌六子,做过清廷御医,常年居住天津。关景贤娶妻张氏,育有五男六女,关颂声是家中长子。

　　关颂声曾就读于上海圣约翰大学,后考入清华留美预备学校,1913年毕业。1914年入美国麻省理工学院建筑系学习,1917年获建筑学学士学位,1918年入哈佛大学市政研究院学习市政管理一年。曾入美坚尼等工程师事务所实习。1919年回国,先后任天津警察厅工程顾问、津浦路考工科技正、内务部土木司技正、北宁路常年建筑工程师等职。曾协助监理北平协和医院建筑工程。[①]

　　1920年,关颂声在天津创办天津基泰工程公司,设计永利制碱公司、天津大陆银行和中国实业银行大楼。

　　1923年,毕业于美国宾夕法尼亚大学建筑系的朱彬与关颂声的二妹结婚,同年加入基泰公司,任建筑工程师。朱彬后来成为设计工作的主力,关颂声则抽身专事经营。朱彬主持设计了北京西交民巷大陆银行、天津大陆银行货栈、天津中原公司大楼等。1926年前后,公司实行合伙人制,改名为天津基泰工程司。

　　1927年,留美归来的杨廷宝加入天津基泰工程司,成为第三位合伙人。1928年,杨宽麟和关颂坚成为第四、第五位合伙人,天津基泰工

---

①《基泰工程司及合伙人介绍》,《申报》,1933年10月10日。

程司如虎添翼,日益壮大。关颂声与五弟关颂坚主管外业,负责社会活动、承揽业务;朱彬作为二把手管理内业,负责经济计算、内务管理;杨廷宝和杨宽麟分别作为总建筑师和总结构师掌管图房。1927—1928年,基泰大楼在关氏家宅址上建设,由关颂坚、杨廷宝设计。大楼主体首层是商业店铺,二、三层为出租公寓,第四层是基泰工程司的办公用房,同时附建关家自宅。这成为基泰工程司走向兴盛的标志。

通过时居天津的张学良的关系,关颂声开始承接奉天的设计项目,并成立了基泰工程司辽宁事务所。

1927年4月国民政府建都南京后,国家的政治、经济重心从京津转向沪宁。关颂声将天津基泰工程司交关颂坚负责,自己和朱彬分别开拓南京和上海市场,成立了基泰工程司南京事务所和上海事务所。关颂声逐渐将天津事务所的主要设计力量调至南京,公司更名为基泰工程司,去掉了"天津"字样,突破了地域性。

关颂声和朱彬南下以后,基泰工程司天津总部由关颂坚负责,北方的设计项目主要由杨廷宝和杨宽麟承担,其中以沈阳和北平的项目居多,又以东北大学和清华大学为多。但关颂声对天津公司并未完全放手,合同和图纸仍由关颂声审核盖章。

1928年起,关颂声与时任中央大学建筑工程系主任刘福泰、东北大学建筑工程系主任梁思成,共同参与全国大学工学院分系科目表的起草和审查工作。1930年关颂声加入中国建筑师学会,后任常务理事。

关颂声在清华学校读书时曾是体育健将,[①]这使他与体育建筑结下不解之缘,主持设计了多座中国早期的体育场建筑。1931年,关颂声主持设计了举办南京全运会的首都中央体育场。1934年,为在天津举办第十八届华北运动会,河北省政府在天津宁园东侧选址兴建河北省体育场(今北站体育场),其规模和条件在当时的远东地区屈指可

①1913年,关颂声参加马尼拉远东运动会,获两枚银牌。

数。基泰工程司承担了设计工作,关颂声特意回天津主持该项目。

1935年初,旧都文物整理委员会委托基泰工程司对天坛进行全面修缮,基泰工程司为此专门成立了北平事务所。其间,关颂声和杨廷宝都加入了营造学社,关颂声还成为营造学社理事会成员,并多次资助营造学社的研究工作。

1937年七七事变爆发后,北平、天津相继被日军占领,平津地区的建筑业走入低谷,基泰工程司总部由天津迁至南京,主要设计人员调往南京,关颂坚独自留守天津租界。1938年初,关颂声随国民政府撤至重庆,并创办了重庆基泰工程司总所。1941年1月,关颂坚离开基泰工程司。关颂声委任张镈接管平津地区的基泰工程司,并将北平、天津事务所合并为华北基泰工程司,天津事务所成为华北基泰工程司分所。

1945年日本投降后,关颂声将基泰工程司总部由重庆迁回南京。1948年11月,平津战役打响,关颂声派张镈安排天津事务所的善后工作,然后紧急转移到上海,华北基泰工程司至此终结。

1949年关颂声去往台湾,创建台湾基泰工程司,继续从事建筑设计。曾任台湾建筑师公会理事长、台湾田径协会理事长,对台湾的社会福利和体育事业也做出重要贡献。

1960年11月27日,关颂声病逝于台北,终年68岁。

参考文献:

高仲林:《天津近代建筑》,天津科学技术出版社,1990年。

赖德霖主编:《近代哲匠录——中国近代重要建筑师、建筑事务所名录》,中国水利水电出版社、知识产权出版社,2006年。

武玉华:《天津基泰工程司与华北基泰工程司研究》,天津大学出版社,2010年。

关颂声等修撰:《关氏元昌公家谱》,1937年。

(宋昆　武玉华)

郭 德 隆

　　郭德隆(1905—2008),出生在山东临朐县城北的农村,9岁时举家迁到天津。起初,他在教会做童工。15岁时才有机会上学读书,在天津汇文中学毕业后考入燕京大学。在威尔逊教授的帮助下,郭德隆得到谷润德大夫的资助,顺利完成学业。谷润德资助郭德隆的条件只有一个,"毕业后只能在医学校或医院工作,不要开业行医"[1]。

　　1936年,郭德隆从山东齐鲁大学医学院毕业,获医学博士学位,1940年进入燕京大学担任校医。1941年秋,他带领工作人员来到天津,借用天津中华基督教青年会(下文简称"天津青年会")部分房室,为燕京大学当年在天津录取的新生进行健康检查。检查的内容除一般体检外,还做了结核菌素试验和肺部 X 光透视,以便及时发现肺结核,实施治疗。这项工作引起天津青年会的注意,遂邀请郭德隆在联青社的例会上,作了题为《肺结核病对青年的危害及其预防方法》的演讲。演讲结束后,仁立毛纺厂总经理朱继圣非常激动地说:"我的将要高中毕业的爱女,就是由于我们缺乏结核病的知识死去了!"[2]随后,天津青年会总干事杨肖彭写信给燕京大学校务长司徒雷登,约请郭德隆来津为青年会会员检查肺病。青年会会员都表示支持开展预防肺结核的工作,一致认为应建立天津结核病院,遂成立了"天津结核病院筹

---

　　①郭德隆:《勤奋·机遇·服务》,载天津市政协文史委编:《天津文史资料选辑》第53辑,天津人民出版社,1991年,第32页。
　　②郭德隆:《天津公立结核病防治院的始末》,《结核病健康教育》,2000年第1期。

备小组",其成员有:仁立公司总经理朱继圣、百货售品所经理吉玉如、东亚毛织公司总经理宋棐卿、东亚毛织公司副经理陈锡三、天津航业公司经理王更三、青年会董事卞俶成、陈芝琴、青年会会员倪念先、冯紫墀等人,并推举朱继圣为组长,杨肖彭为秘书,聘郭德隆为顾问,委托郭德隆购置X光设备。

郭德隆与通用电气公司联系,计划购买一台100毫安的X光设备,售价3600美元。在筹备小组第二次会议上,决定由仁立毛纺厂朱继圣、东亚毛纺厂宋棐卿、中华百货售品所吉玉如、天津航业公司王更三、天津中央银行行长卞俶成和天津外贸经营人陈芝琴各承担六分之一的费用。由朱继圣用其在美国的存款与通用电气签订合同。不料1941年底太平洋战争爆发,所订购的X光设备被冻结,天津市结核病院的筹备工作陷于停顿。

1942年春节期间,郭德隆来津拜访朱继圣,朱继圣决定再次出资,购得德商兴华公司所存北京德国医院替换下来的一台X光设备,并委托原协和医院的胡技师进行修理。筹备小组会议决定,将筹备小组改为天津结核病院董事会,由朱继圣任董事长,郭德隆任院长。1942年7月4日,门诊部举行了开诊仪式并接受肺结核患者就诊,门诊收费等事由青年会人员负责。从此,天津结核病患者有了就诊之处,不必再往北平奔波了。在这里看病做透视所花的费用,比外面私人诊所要便宜四分之一。

同年秋天,经过周密的准备,医院将门诊部的X光设备运到仁立和东亚两厂,对约计4000名职工进行了肺结核病早期检查。当时,两厂每年各有10余名青壮年死于肺结核病。郭德隆与厂方共同商订相关的劳保条例:"对需要停工治疗的肺结核病患者照发工资,一切治疗费用全部由厂方支付。在当时,这样的优越条件是前所未有的,在全国也属首创。"①在董事会的资助下,郭德隆在马场道租到一所意大利式两层楼房,院内有较大的空地,还有平房,环境安静,适合养病。房屋修缮后设36张病床,还有手术室和化验室。初期收入患者多为东亚和仁立两厂的工人。后又在北平香山设立疗养所,以供轻度肺结核患者休养。

1943年,郭德隆辞去北平道济医院职务,来津专任结核病院工作。1944年,又在长沙路建立了肺部保健处。天津结核病院包括门诊部、住院部和肺部保健处,共有医护人员和职工20余人。医疗设备费由董事会筹措,日常开支及工作人员薪金由医院收入支付,不足部分由董事会资助。郭德隆"以结核病院为中心策源地,展开了防痨工作,以工厂、公司及学校团体为对象,实施普遍检查。先后经过那一副老黑透镜检查的有很多的单位:工厂方面如仁立、东亚、恒源、北洋等;公司银行方面如百货、中原、河北、新华、上海、交通、久耐等;学校方面如耀华、圣功、三中、工商等。职工及学员被检查者数千人,其收获不言可知"②!

1945年抗战胜利后,郭德隆赴南京卫生署汇报北平、天津两市肺结核病的流行情况,获得联合国救济总署和美国红十字会提供的防痨设备,并于1947年5月携设备回到天津。回津后,郭德隆向杜建时市长作了汇报,杜建时当即批示:"将旧英国侨民医院院址拨给天津结核病院永久使用,即时办理交接手续。"③

朱继圣、宋棐卿等几位董事对该医院进行实地考察后,决定出资对该院进行整修。新院址修缮一新后,董事会召开了特别会议,决定

---

①郭德隆:《勤奋·机遇·服务》,载天津市政协文史委编:《天津文史资料选辑》第53辑,天津人民出版社,1991年,第36页。

②《平津防痨协会近况》,《益世报》,1946年8月29日。

③郭德隆回忆,郭妹珠整理,任勇撰:《天津防痨事业的开拓者》,《天津日报》,2009年3月21日。

为了更确切地表达医院组织性质,将"天津结核病院"改称"天津公立结核病防治院",仍由朱继圣任董事长,郭德隆任院长。[①]

1947年11月17日,天津公立结核病防治院举行了隆重的揭幕仪式,朱继圣主持。天津公立结核病防治院"共设有内、外、预防3科,设25张病床,此外还有X光室、化验室和手术室。X光和化验设备除美国红十字会捐赠的以外,还有X光设备6套,供做集体照肺部70毫米片的设备两套,其中一套便于到院外进行团体检查"[②]。天津公立结核病防治院的成立结束了以前门诊、住院部四处分散的局面,使医院的软硬件水平得到大幅提升。同时,郭德隆邀请黄夏、李永春、朱宗尧、张纪正等著名医学专家来津充实技术队伍。天津防痨事业的规模和技术水平得到充分发展和不断提高。

天津公立结核病防治院特别注意肺结核病的预防工作,提倡团体肺部检查。在防治院成立后的几个月中,在结核病'防'的方面已经收到相当效果,各机关、学校请求作肺部团体检查的愈来愈多,经检查的达万余人。

1948年,郭德隆赴丹麦、瑞士、英国,参观学习肺结核的防治。1949年1月天津解放,郭德隆谢绝国外朋友的挽留,于5月回津,继续致力于结核病的防治工作。1949年秋,中纺医院开始建立,缺少X光设备,经董事会同意,将美制100MA的X光设备转让给中纺医院,用所得款买到大理道一所楼房,设立了有65张治疗病床的分院。1950年10月间,天津市卫生局与天津公立结核病防治院董事会达成协议:将防治院交由天津市卫生局领导,并改称天津市第一结核病防治院。不久举行了隆重的移交仪式,卫生局仍任命郭德隆为院长。

---

①参见郭德隆:《天津公立结核病防治院的始末》,《结核病健康教育》,2000年第1期。

②郭德隆:《勤奋·机遇·服务》,载天津市政协文史委编:《天津文史资料选辑》第53辑,天津人民出版社,1991年,第39页。

此后,郭德隆继续致力于结核病的防治工作。1955年发表《异烟肼对于早期和轻度浸润型结核在继续工作情况下疗效的初步审定》《于继续工作情况下锁骨上下浸润型肺结核之转归观察》等6篇论文。1957年又撰写了《早期轻度肺结核患者服用异烟肼不休息的处理方法》一文,在印度新德里召开的第十四届国际防痨联盟大会上进行宣读,得到与会专家的好评,并刊登于国际防痨论文汇编。

1957年郭德隆被错划为"右派","文化大革命"期间蒙冤入狱五年。1977年恢复工作后,他把主要精力放在危害全市人民健康的恶性肿瘤、冠心病、高血压、脑卒中等病的防治研究上,多次到广州、哈尔滨、石家庄等地作专题报告,在广播电台、电视台作《吸烟与健康》《吸烟对人体的危害》《吸烟对心血管系统的影响》《冠心病的预防》等专题讲座。1982年,郭德隆在太原召开的全国卫生科普积极分子表彰大会上获奖。1992年获国家科技成果奖。

2008年,郭德隆在天津去世,终年103岁。

参考文献:

朱宗尧:《从事防痨五十年回顾》,载天津市政协文史委编:《天津文史资料选辑》第45辑,天津人民出版社,1988年。

杨肖彭:《天津结核病院的创建经过》,载天津市政协文史委编:《天津文史资料选辑》第38辑,天津人民出版社,1987年。

萧英华:《郭德隆与天津防痨事业》,载天津市和平区政协文史委编:《天津和平文史资料选辑》第4辑,1992年内部印行。

(王兴昀)

郭隆真

郭隆真(1894—1931),本名郭淑善,1894年4月出生于直隶省元城县金滩镇一户回民家庭。1909年,聪明好学的郭隆真便和父亲一起在自己家里办了一所女学,定名为元城县第一女子小学堂,免费招收了20名女孩子读书。1913年,郭隆真到天津直隶第一女子师范学校学习,先入简易师范班,再入预科,之后考入师范本科第八级,1919年暑期毕业。

1919年五四运动爆发,郭隆真同周恩来、马骏、刘清扬、邓颖超等一起领导天津学生参加五四运动。5月5日晚上,经郭隆真和邓颖超等研究后,于6日下午由郭隆真主持召开直隶女师各班代表会议。会上,她慷慨激昂地陈述巴黎和会上中国所受的耻辱,揭露帝国主义与卖国贼,并大声疾呼:"国难当头,妇女应当从深渊中跳出来,冲破封建束缚,救国救民,爱国不分男女,救国不能后人!"

为了把天津各女校学生组织起来参加爱国运动,郭隆真和刘清扬、邓颖超等到各女校联络,筹备建立妇女组织。经过她们紧张的活动,5月25日,天津女界爱国同志会成立大会举行,参加会议的有天津中西女中、高等女校、普育女中等女校的学生600多人。会议公推女师毕业生刘清扬和女师附小教员李毅韬为正副会长,邓颖超、郭隆真、张若名为评议委员,并组成爱国宣传讲演队,以邓颖超、郭隆真为讲演队队长。女界爱国同志会成立后,郭隆真率领讲演队日夜奔走在天津的大街小巷进行讲演,内容除揭露帝国主义和卖国贼的罪行外,还宣传争取妇女解放、男女自由平等、反对包办婚姻、保护妇女儿童等。

在爱国学生和全国各界人民的斗争下,北京政府于6月上旬罢免了曹汝霖等3人。6月中旬全国学联成立后,号召和组织各地学生,投入拒签和约运动。各地学联纷纷通电呼应,天津学联和女界爱国同志会推选马骏、刘清扬、郭隆真等10人为代表,与北京学联等一起到总统府请愿。这是郭隆真第一次进京参加请愿活动。在全国人民抗议活动的压力下,参加巴黎和会的中国代表没有在和约上签字。

1919年8月,山东军阀济南镇守使马良枪杀山东回教救国会会长马云亭和其他两位领导人,宣布山东戒严,野蛮镇压爱国运动。马良的暴行引起了全国公愤。这时天津当局在回民中散布"天下教友是一家"的谬论,企图挑拨离间回汉青年的团结。郭隆真和刘清扬等召集天津一部分回族群众开会,向大家指出:既然教友是一家,为什么身披"教友"外衣的马良下毒手杀害了回民马云亭?这分明是骗人的迷魂药,是挑拨回汉团结的阴谋。接着,郭隆真又一次参加了进京请愿活动。天津学联推选她和刘清扬、张若名以及男学生代表共10人于8月23日进京。到北京后,他们联合北京学生代表瞿秋白等15人,组织了25人的请愿团到总统府前请愿,要求惩办刽子手马良,要求爱国自由。大总统徐世昌拒不接见。郭隆真在总统府门前向过路的各界群众演讲,痛斥卖国贼枪杀爱国领袖的罪行,带领群众高呼"打倒卖国贼""还我山东"等口号。经过一天一夜的斗争,反动政府派军警逮捕了学生代表,将代表们拘押在北京警察厅。请愿代表被捕后,全国各地强烈抗议。在强大的压力下,反动政府不得不在8月末释放了郭隆真等请愿代表。

9月初,在从北京回天津的火车上,郭隆真首先提议:为了今后斗争的需要,男女同学要更好地联合起来,天津学生联合会和天津女界爱国同志会应该更紧密地合作,成为天津爱国运动的核心。经过一番酝酿和准备,1919年9月16日,两个组织在草厂庵天津学联办公室召开会议,决定各派10个人参加。其中男代表有周恩来、马骏、谌志笃等,女代表中有刘清扬、郭隆真、邓颖超等。会上决定出版刊物《觉悟》,主办刊物的团体就叫觉悟社。觉悟社成立后请李大钊来津指导。李大钊特别称赞他们男女同志合组团体,勇敢打破封建隔阂的精神,鼓励他们团结奋进,努力学习新思潮。

觉悟社成立后,郭隆真第三次进北京请愿。应山东爱国团体的要求,天津、上海、南京、河南等省的18个爱国团体的31名代表陆续到京。天津各界联合会派出代表8人,其中有郭隆真等3名女生。10月1日,全体代表齐集新华门前,要求徐世昌大总统接见。在请愿书中,除要求惩办马良、解除山东戒严外,还要求不得补签对德和约,不得与日本直接交涉,取消"二十一条",解散安福俱乐部等。徐世昌避而不见。当晚9时,京师警察厅派出五六百军警,将郭隆真等代表强行押至警察厅。由于郭隆真等全体代表的坚决斗争和全国人民的声援,北京反动政府于11月10日被迫释放了全体代表。

郭隆真被释放后,回到天津参加领导抵制日货斗争。1920年1月23日,天津学生从奸商处查获日货后,遭到日本浪人殴打。天津各界联合会推举代表到直隶公署请愿,要求惩办凶手和奸商,但省公署逮捕了请愿代表,查封了天津各界联合会和学生联合会,激起天津人民的极大愤慨。在周恩来、郭隆真、于兰渚、张若名等人的直接领导下,天津一千余名学生于1月29日举行大规模的示威请愿活动。他们来到省公署,省长不见。周恩来、郭隆真等奋不顾身,从省公署大门挤了进去,向省长请愿,遭到警察逮捕。在警察厅拘押期间,周恩来、郭隆真等秘密串联全体被捕代表,进行绝食斗争,坚决反抗非法拘押,要求公开审判。在全市人民的声援下,他们的绝食斗争取得胜利,4月17日全体被捕代表被移送到检察厅。他们在检察厅得到可以看书学习、互相往来和开展娱乐活动的权利。其间,郭隆真虽曾患病,但始终保持乐观的精神和斗志。她积极地学习,热情地联络和照顾大家,受到大家的敬重。由于全体被捕代表和天津各阶层人民的坚决斗争,反动当局不得不于7月17日宣布所谓"期满释放"。

五四爱国运动后,中国知识界兴起赴法勤工俭学运动的浪潮。郭隆真决心赴法勤工俭学,以开阔自己的眼界,寻求救国救民的真理。觉悟社和天津学联的同学们热情地支持郭隆真,并为她筹措出国的旅费,帮助她实现了赴法勤工俭学的愿望。

1920年10月31日,第十五届赴法学生团组成。周恩来、郭隆真、张若名等都是这届赴法学生团的成员。11月7日,郭隆真等乘坐邮轮赴法,于1921年初到达法国。

当时法国正值第一次世界大战后经济不景气的时期,许多工厂裁减工人,大批赴法勤工俭学学生遇到极大困难。法华教育会不仅不履行代找工作、安排就学的承诺,反而把来自国内的一点捐款也贪污了,许多勤工俭学学生求学不能,做工不得,生活无着。为了改变这种困难处境,1921年2月27日,勤工俭学学生召开了代表大会,通过了争取"吃饭权、工作权、读书权"的斗争口号;28日组织了400多名勤工俭学学生到中国驻法公使馆请愿示威,郭隆真、张若名等参加了这次运动。

此后,郭隆真与张若名进入巴黎郊区一家云母厂当工人,工作条件非常艰苦。其间她接触了法国工人和华工,与他们一起感受到了资本主义对工人的剥削与压迫,也进一步了解了法国及欧洲工人运动的情况。她努力学习法语,阅读大量法文版的马克思主义著作。

留法勤工俭学学生虽然多次斗争,但经济困难问题一直未得到解决,许多人无法维持生活,有的被遣送回国,有的饥寒交迫,有的甚至自杀,而女生之苦尤甚。郭隆真于1921年秋考入法国省立女子高等学校,但她和许多女学生一样,生活异常困苦。为此,她写了血书及泪书寄回国内,刊登在1921年12月22日的上海《时事新报》上,在国内引起很大的震动和同情。

1923年夏,山东临城匪徒劫车案发生后,英、美、法、意、日、比、荷等帝国主义外交使团多次开会,以"中国土匪猖獗,政府无能"为由,议决在中国设国际警察,共管全中国铁路,并已讨论具体实施办法。在法华人闻此消息,愤慨万分,于7月8日集会巴黎,商量对策。郭隆真代表旅法女子勤工俭学学生参加会议,参与领导旅法华人斗争,也鼓舞了国内各阶层人民的斗志。各帝国主义慑于中国人民斗争的威力,也由于帝国主义之间的矛盾,共管中国铁路的阴谋未能得逞。

郭隆真在斗争实践中得到了锻炼,坚定了对马克思主义的信仰,于1923年加入中国社会主义青年团,同年转为中共党员。1924年秋,郭隆真结束了4年的勤工俭学生活,与李富春、蔡畅等一起离开法国,到莫斯科东方大学进行短期学习。

1925年春,在国内革命高潮的形势下,郭隆真回到北京,在李大钊负总责的北方区党委领导下工作。这时,正处于第一次国共合作时期,郭隆真被派往国民党北京市党部妇女部工作,负责创办《妇女之友》刊物。郭隆真还经常到香山慈幼院及北京女高师、清华大学、燕京大学等处活动,进行发展党团组织等工作。

1926年6月,奉系军阀张作霖进占京津,加紧镇压革命。白色恐怖笼罩着北京,环境异常险恶。1927年4月6日,反动军阀袭击苏联驻中国大使馆,逮捕李大钊等共产党员。接着郭隆真也被捕,关押在北京第一模范监狱。她在狱中毫不屈服,还鼓舞同狱难友坚持斗争,并向监狱看守宣传爱国反帝的思想。由于没有证据,郭隆真被判处十二年徒刑。后经亲友和同学多方营救,于1928年末释放出狱。

由于党组织遭到很大破坏,不少同志调离北京,有的被捕殉难。郭隆真出狱后和组织失去了联系。1929年初,郭隆真赴上海寻找党组织,并与党组织接上关系。

1929年春,郭隆真被派到东北,在满洲省委负责组织职工运动。郭隆真受党派遣来哈尔滨工作,与共产党员李梅五假扮夫妻组成家庭,开展革命活动。中东路事件后,东北当局借机大批裁减中国工人,企图把责任推给苏方。郭隆真领导三十六棚总工厂的产业工人,组织失业复工团,同失业工人一起投入了反裁工斗争。失业复工团在在业工人后援会的支持下团结一致,斗志昂扬。他们派代表找铁路局副局长郭宗熙谈判,使铁路当局一刻也不得安宁。迫于工人的压力,铁路当局答应失业工人的要求,恢复了他们的工作。这是以郭隆真为首的党组织领导三十六棚工厂工人取得的首次胜利。

反裁工斗争有力地推动了反对"黄色工会"的斗争。1918年10月,受俄国十月革命的影响,三十六棚工业维持会成立。工业维持会起初还为工人做了一些好事,其后逐渐被铁路当局收买,变成"黄色工会",站到工人的对立面。郭隆真按照刘少奇的指示,在反裁工斗争一开始,便领导工人开展推倒工业维持会,筹备成立工人自己工会的斗争。但是,李梅五一心想当工业维持会的会长,拉拢一部分人,非法搞小组织活动,与党唱反调。为此,刘少奇严厉地批评李梅五,不要另搞一套,一定配合郭隆真组织赤色工会。但李梅五阳奉阴违,继续背离党的指示,另搞一套。新工会成立后,工业维持会越来越孤立,李梅五想当会长的美梦也彻底破灭。于是,他与工业维持会头头勾结,开始捣乱和破坏。李梅五的真实面目暴露后,哈尔滨市委内部开展了反对以李梅五为首的托洛茨基取消派的斗争。李梅五对自己的错误毫无改悔之意,终于被清除出党。

此后,刘少奇在给中央的报告里表扬郭隆真是"在工作上最积极,在政治上又是很正确的好干部"。在省委召开的全满工运工作会议上,她被邀请进行专题经验介绍。她还被选为满洲省委委员,担任了职工运动委员会书记,挑起了领导东北工运的重担。

1930年3月,郭隆真离开哈尔滨去沈阳工作。1930年夏秋之交,郭隆真被中央派到山东省委工作。郭隆真到山东后,任青岛市委常委、宣传部部长。1930年8月间,青岛市委发动了一次大规模游行集会,遭到敌人镇压,党组织也暴露了,一部分同志被捕。这时敌人疯狂地搜捕共产党人和革命群众,地下党的活动十分困难。1930年11月2

日,郭隆真被捕。

被捕后,郭隆真被关押在济南监狱。敌人对她施行各种惨无人道的酷刑,她始终坚贞不屈。1931年4月5日,郭隆真英勇就义,时年37岁。

参考文献:

中共党史人物研究会编:《中共党史人物传》第13卷,陕西人民出版社,1984年。

（周　巍）

哈荔田

　　哈荔田(1912—1989),直隶省保定人,回族。哈荔田出生于中医世家,其祖父、叔祖、父亲皆是知名的中医。哈荔田幼承庭训,对中医耳濡目染有所了解,且产生兴趣。中学时代便自学中医,对中医传统教材《药性赋》《汤头歌》《濒湖脉诀》诸书,倒背如流,铭记于心,为日后学医、从医打下了坚实的基础。

　　1931年,哈荔田考入北平华北国医学院学习。这所学院由当时京城四大名医之一施今墨创办,课程设置以中医学科为主,兼以西医基础课。哈荔田在学期间,初步领略中西医结合的理念,对日后行医产生了深远的影响。哈荔田有家学渊源,带艺求学,且学习刻苦,故学习成绩名列前茅,深得施今墨先生赏识与器重,对其亲自指教和辅导,故而学业大进。

　　1935年,哈荔田从北平华北国医学院毕业,取得行医执照,到父亲哈振冈在天津河北区平安街的诊室行医。初时,哈荔田作为助手,做一些誊写医方医案的辅助工作。翌年,哈荔田得到父亲首肯,挂牌行医,主治内科、妇科,坚守中华传统医学望、闻、问、切的四步诊法,同时积极践行中西医相结合。应诊伊始,哈荔田便使用听诊器、血压计和喉头镜等简单器械,对需要进行X光检查者,就介绍病人到专门诊所透视、照相。哈荔田医德高尚,本着治病救人的初心,贫者送诊,赤贫者酌给药资,医患关系十分融洽。哈荔田"为了博采众家之长,他遍访津沽名医,潜心钻研,与同人们研讨医理,交流经验,临床每获卓效,不久便名扬津门,成为天津中医界的佼佼者"①。

新中国成立后,中华传统医学文化得到应有的重视、传承与发展。1954年,天津市卫生局领导及陆观虎、赵冀凡等名医出面,邀请哈荔田参加组织中医门诊部的工作,不久在河北区小树林组建了中西医联合诊所,哈荔田出任中医妇科主任。哈荔田一边应诊,一边组织同人互相交流学习,取长补短。

1955年,天津市委决定加强各局领导力量,调哈荔田任市卫生局副局长,分管中医药方面的工作。上任伊始,他首先在全市开展了中医普查工作,根据普查情况,提出建议成立中医医院的议案,经市领导批准,天津市中医医院很快成立。哈荔田还提出在各医院设立中医科的议案,都得到了有关领导的采纳并实施。

1957年,在哈荔田的积极提议下,天津市中医学校(中专)成立。与此同时,根据卫生部的要求,在天津市举办了华北地区西学中训练班,哈荔田任班主任,组织编写教材,亲自安排学习,并检查授课情况。西学中训练班共办了6期,培养和锻炼出一大批中西医结合的医务人才。1958年,天津市中医学校提升为天津市中医学院(大专),哈荔田出任院长。

哈荔田在"文化大革命"中遭受迫害。1969年,哈荔田被安排在反帝医院(今天津医院)看门诊,后又调至天津市中心妇产科医院。1979年,哈荔田恢复正常工作,再度出任天津市卫生局副局长、天津中医学院院长。

1982年7月,哈荔田作为中华全国中医学会副会长,主持召开了第一届妇科学术交流会。1984年10月,中华全国中医妇科委员会成立,哈荔田当选主任委员。1986年6月,哈荔田退休。

---

① 哈孝贤:《漫忆先叔哈荔田教授》,载天津市政协文史委编:《天津文史资料选辑》第62辑,天津人民出版社,1994年,第114页。

哈荔田先后担任全国政协委员、天津市政协副主席、中华全国中医学会理事、中华全国中医妇科委员会主任、天津市中医学会会长等职。主要著作有《哈荔田中医妇科医案医话选》《中医妇科验方选》等。

　　1989年9月,哈荔田逝世,终年77岁。

参考文献:

天津市政协文史委编:《天津文史资料选辑》第62辑,天津人民出版社,1994年。

（尹忠田）

韩 俊 卿

韩俊卿(1915—1966),直隶雄县人。韩俊卿出身贫苦,从小被生母忍痛卖给唱戏的艺人韩月恒夫妇。韩月恒在戏班里演京剧武生,其妻李玉亭(艺名金宝玉)是河北梆子青衣演员。韩俊卿被这对夫妻收为养女后,以雄县西柳村为籍贯。

韩俊卿5岁开始随月恒夫妇学习河北梆子,每天天不亮就到野外去喊嗓子,在院子里练习踢腿、下腰、耗顶、劈叉等基本功。早饭后再学打把子、对刀、翻跟头,一直练到戏台上打头通锣鼓,吃上几口饭,就到后台听候招呼,若有娃娃生、娃娃旦的戏,她就要上场,一天要演两场戏,夜戏一直演到12点左右才散。

韩俊卿从10岁开始登台表演折子戏。少年时代的韩俊卿非常聪明,学习东西非常快,而且见到什么都想学、想练,随时随地向艺人们求教。人们见她小小的年纪却这么有心胸,什么都愿意教给她,尽量满足她求知学艺的愿望。

韩俊卿生活在这些前辈艺人中间,拼命学习,继承下来许多传统技艺。她12岁的时候,已经成为能兼演青衣、花旦、武生、刀马、彩旦等多种行当的"老练"演员了。《杀狗》《辛安驿》《采花赶府》等玩笑旦戏,《坐楼杀惜》《翠屏山》等刺杀旦戏,《拾玉镯》《喜荣归》等花旦戏,《捡柴》《藏舟》等闺门旦戏,《双官诰》《三娘教子》《忠孝牌》《走雪山》等青衣戏,《花蝴蝶》等武生戏,都是她经常登台表演的剧目。她跟随戏班先后到过鲁西北、冀中、辽西、内蒙古以及库伦(今蒙古国乌兰巴托),名声日益传播开来。

1928年,韩俊卿随养父母来到河北梆子名角荟萃的天津卫。首演于龙泉栈、大昆仑以后,其名不胫而走。就在这时候,韩俊卿的不幸遭遇却接踵而来。她的养父韩月恒有了外遇,养母金宝玉遭到遗弃,由于痛苦的折磨,身体明显虚弱起来。这样,韩俊卿不得不独立承担起家庭的担子。偏偏这时她又生了天花,却仍须日夜奔波劳累地演唱,最后把声带唱坏了。张嘴一唱,只有中低音,高音沙哑。戏班的管事见她的嗓音很难讨俏于观众,便把她给辞退了。

韩俊卿在陷入困境、走投无路的时候,意外地遇上了急公好义的河北梆子前辈演员银达子。他认为韩俊卿是个有前途的人才,经与班主商量,将她接到了他所在的戏班里。是年,银达子34岁,韩俊卿13岁。从这时候开始,直到银达子64岁病故时止,这一老一小断断续续地合作了30年。

韩俊卿来到这个戏班,先以花旦应工。她嗓音不担活,只能走平腔、低腔,尽量避免高腔、花腔。她坚持扬长避短,一连演出了《辛安驿》《采花赶府》《翠屏山》《小放牛》等几出以做工取胜的折子戏,虽然嗓音不佳,演技却赢得观众的满堂彩。

韩俊卿把扮演花旦当作探索新路的过渡。她一面演花旦戏以维持生活,一面坚持喊嗓练声,试验新的唱法。经过反复实践,韩俊卿逐渐形成一种行腔多在中音区,本工(真声)与背工(假声)结合使用的演唱方法,其声腔旋律平易淳朴,感情深沉真挚,既长于叙事,又适宜抒情,许多唱段经她唱来,浑厚饱满、声韵苍凉,味道很浓。在技巧方面,她严格控制气息,留有余量,音断而气不绝,对于声音的"虚实、收放、轻重、疾缓"八个字掌握得体,做到了"字真、收清、送足、达远"。她不仅赢得了观众的赞誉,也得到了同行们的首肯。

从1937年天津沦陷,直到解放前夕,天津的河北梆子很不景气。艺人们为了生存,不得不以格调低下的表演迎合观众。1945年,中华茶园的经理魏学瀛邀请银达子组班到他的戏园去唱。在银达子操持下组成了当时在天津唯一能够进入正式戏院演出的梆子班。在困难的情况下，有人提议上演一些格调低下的"叫座戏"，但韩俊卿不答应，她说，越是不上座，越要演好戏，凭邪门歪道赚来的钱，花着不光彩。由于艺人们的抵制，中华茶园的这个梆子班，从来没有演过伤风败俗的剧目。

韩俊卿认为京剧与梆子相比较，艺术更臻完美，梆子应该从京剧汲取营养。她虚心地向京剧演员学习身段动作和表演技巧，向他们讨教发声、吐字、归韵的方法和气息的控制。他们帮助韩俊卿重新排练了《玉堂春》，在京剧表演的基础上，将台词和表演动作重新设计。韩俊卿在《会审》一折中还增加了八句慢板唱段，唱腔新颖别致，抒情叙事兼有，听起来不噪不吵。这出戏在中华茶园上演，剧终时台下掌声不绝，观众连呼："好！好!"嗣后，她又从京剧移植了《孔雀东南飞》《碧玉簪》等剧目，特别是移植了程派名剧《荒山泪》《锁麟囊》，这在河北梆子剧种是绝无仅有的。河北梆子爱好者，欣赏到了高质量的梆子戏，中华茶园也由此兴旺起来。河北梆子剧种在天津站稳了脚跟，保留了梆子剧种和人才，银达子、韩俊卿的功绩是不可磨灭的。

1949年1月天津解放后，河北梆子艺人很快就组织起来，先后成立了复兴、移风、云香、民主等几家剧社。韩俊卿心情舒畅，每天坚持两场演出。韩俊卿响应人民政府的号召，带头对所演出的剧目进行清理，凡是内容不好的，坚决不演；凡有不健康的台词和表演，一律取消。韩俊卿是剧团里的台柱子，又是一位享有盛誉的演员，她带头进行戏曲改革，她排演的《刘巧儿》受到领导和观众的称赞。天津市文艺工会成立时，她被选为工会委员。1950年和1951年，她连续被评为劳动模范。

1952年夏天，天津市文化局从几家剧社抽调主力艺人，组成自负盈亏性质的天津市实验秦腔剧团，为参加第一届全国戏曲观摩演出大会做准备，确定以韩俊卿主演的《秦香莲》作为参加会演的剧目。同年

9月底,实验秦腔剧团进京参演,在全国各地的23个剧种近100个剧团中,韩俊卿主演的《秦香莲》,获演员一等奖。

1953年10月,韩俊卿参加由贺龙任总团长的中国人民赴朝鲜慰问团,到朝鲜前线慰问中国人民志愿军。领导上考虑到韩俊卿缠过足,怕她到朝鲜山区行动不便,不准备让她去。她听说之后,到上级机关三番五次地表示非去不可。由于她态度坚决,终于得到批准。异国的严冬,风啸雪扬,滴水成冰。一场戏下来,演员们冻得嘴唇青紫,张口说不出话来。负责业务安排的领导同志为了照顾韩俊卿的身体,总想让她少演几场,但她坚决不同意。在朝鲜前线的两个月,韩俊卿思想经受了锻炼。经过这一阶段的熔冶,她的思想觉悟产生了飞跃。归国之前,她向党组织郑重地提出入党的请求。1959年3月,她加入了中国共产党。

1953年7月,国营河北梆子剧团初建时,共有38位演员,平均年龄52岁。韩俊卿特别关心培养青年演员的问题。为了给年轻人开路,她时常在舞台上为青年演员"挎刀"(在其他演员主演的戏里扮演配角,行话谓之挎刀)。台下教,台上带,帮助年轻人迅速成长。为了在观众中树立年轻演员的威信,她还经常在青年演员主演的戏中扮演没有台词的群众角色。

1954年,韩俊卿参加天津市第一届人大期间,与银达子联名提出关于建立戏曲学校的提案,引起政府的重视。市领导为此接见了韩俊卿和银达子,认真听取他们对培养戏曲接班人的意见。在党和政府的关怀下,天津市戏曲学校于1956年9月成立,几十年来,培养出众多京、评、梆专业毕业生,许多人享誉全国。

1958年7月1日,天津市河北梆子剧院建立,市委宣传部抽调韩俊卿到剧院所属小百花剧团专事艺术教学。她愉快地服从组织决定,以42岁的大好年华息影舞台,成为学生们生活中的慈母、学习上的严师。

1959年4月,韩俊卿被任命为剧院副院长。1959年国庆节,小百花剧团奉调进京,参加建国十周年庆祝演出。在献礼演出的一次宴会上,周恩来总理一眼就认出了韩俊卿,亲切地握着韩俊卿的手说:"噢,河北梆子,韩俊卿。你们干得很好嘛,培养了一个'小百花',你的功劳不小呀!"

小百花剧团在京期间,毛泽东、刘少奇、周恩来、朱德等国家领导人都观看过他们演出。中宣部副部长周扬在进京献礼演出总结大会上说:"河北梆子已经不愁后继无人,天津市走在了前面,为戏曲事业培养了新生力量。"他还号召各省市向天津学习,走"小百花"的道路。此后,韩俊卿率领小百花剧团,经常为党和国家的重要会议演出,为来访的外国元首与政府首脑演出。北至东三省,南达两湖、两广及江西,无不留下他们的足迹。

韩俊卿对天津戏曲事业的贡献得到党和人民的肯定。她曾任全国政协委员、天津市和河北省人大代表、中国戏剧家协会理事、天津市戏剧家协会副主席、天津市文艺工会副主席、天津市妇联执行委员,连续多次当选市级劳模、全国三八红旗手,到北京出席全国群英会,她还多次受到毛泽东、刘少奇、周恩来等党和国家领导人的亲切接见。

1966年"文化大革命"开始后,韩俊卿受到残酷迫害,于1966年6月28日服毒自尽,终年51岁。

1978年10月28日,天津市委在烈士陵园为韩俊卿举行了隆重的追悼会。党组织对韩俊卿生前受到的诬陷予以彻底平反,对她一生为戏曲事业做出的贡献,做出客观、公正的评价。

参考文献:

天津市文化局存韩俊卿人事档案。

(甄光俊)

韩 慎 先

　　韩慎先(1897—1962),本名德寿,字慎先,以字行,别署夏山楼主。出生于北京,少年时代在天津读私塾,后来定居天津。其父韩麟阁,曾为清廷吏部官员,一生喜好京剧,与戏曲界众多名家交往甚密。韩慎先从小耳濡目染,受到京剧熏陶,业余时间观戏学唱,日积月累,颇有心得。

　　韩慎先从十几岁开始粉墨票戏,在舞台实践中对唱、念、做、舞孜孜以求,二十几岁时票戏的水平已不亚于专业艺人,尤其是唱功,嗓音高、亮、脆、劲具备,能用"正宫"调演唱。运腔圆润流畅、高低自如,以嗓音虚实相生为特色。

　　20世纪20年代,韩慎先经陈彦衡推荐,相继在上海的高亭、开明、百代等唱片公司灌制唱片。高亭公司的唱片有:《定军山》(陈彦衡操琴)、《朱砂痣》(陈彦衡操琴)、《举鼎观画》(杨宝忠操琴)、《洪羊洞》(杨宝忠操琴)、《卖马》(杨宝忠操琴)、《武家坡》(杨宝忠操琴);开明公司的唱片有:《打鼓骂曹》(陈彦衡操琴)、《乌龙院》(陈彦衡操琴)、《托兆碰碑》(陈彦衡操琴);百代公司的唱片有:《八大锤》(郭仲霖操琴)、《捉放曹》(郭仲霖操琴)。1931年长城公司又为他录制唱片,多系他进入中年后的得力之作。其中包括《洪羊洞》(杨宝忠操琴,杭子和司鼓)、《二进宫》(杨宝忠操琴,杭子和司鼓)、《汾河湾》(杨宝忠操琴,杭子和司鼓)、《乌盆记》(杨宝忠操琴,杭子和司鼓)、《战太平》(杨宝忠操琴,杭子和司鼓)、《探母》(杨宝忠操琴,杭子和司鼓)、《搜孤救孤》(杨宝忠操琴,杭子和司鼓);中国唱片公司的唱片有:《鱼肠剑》(郭仲霖操琴,杭子和司鼓)、《桑园寄子》(郭仲霖操琴,杭子和司鼓)、《李陵碑》(郭仲霖操琴,杭子和司鼓)。韩慎先早年录制的唱片共21张之多,这些唱片已成为十分珍贵的京剧录音资料,不仅具有很高的欣赏价值,而且对于后人研究谭派声腔艺术甚至是研究京剧发展史,都具有重要的参考价值。收藏者视其如珍宝,影响遍及海内外。

有人说韩慎先表演方面的造诣与余叔岩不相伯仲,唱功在言菊朋之上。韩慎先不仅在京、津、沪的伶票两界享有很高知名度,而且蜚声海外。北京的名角每到天津演出,一般都要登门拜访韩麟阁、韩慎先父子。王瑶卿、王凤卿到津,必然下榻韩家。

新中国成立后,1953年天津人民广播电台为韩慎先演唱的京剧节目录音保存,计有《卖马》《宿店》《打渔杀家》等剧唱段,均为郭仲霖操琴。韩慎先晚期的演唱录音,嗓音虽不及青壮年时期,韵味却远胜往昔。1961年,韩慎先与吴小如、王慧祯(韩慎先的女弟子,应工老生,亦唱旦角)合作,赴北京在中国唱片社灌录了三出戏,制成密纹唱片发行。

韩慎先对京剧艺术孜孜以求,多有贡献。而京剧艺术只是他业余爱好的一个方面,他还致力于文物收藏、书画鉴定。

韩慎先自幼秉承家学,博览群书,爱好广泛,诗文、书画、音韵皆学有渊源。他十几岁即涉足古玩交易,20年代初在天津达文波路开设了一家古玩店,自主经营,久之对文物慧眼独具,尤其精于书画鉴定,从笔墨流派、名家题跋到收藏著录,乃至纸绢、印章辨别真伪,都有深入研究。他常从旧物中发现珍品,"赝品"中发见真迹。他在北平琉璃厂发现一幅绢本古画,系元代大画家王蒙(号黄鹤山樵)的山水《夏山高隐图》,在天津友人处见到清初王石谷临《夏山高隐图》挂幅,他力排众议,果断收藏。后来,这两幅画都被行家看好,并辗转入藏故宫博物院。韩慎先遂以这两幅画的画题取"夏山楼"为斋名,号"夏山楼主"。

他在天津市文化部门任职期间,为国家搜集了大量文物,其中尤以宋人张择端的《金明池夺标图》最为珍贵。在此以前,张择端的传世作品仅有《清明上河图》一件。他从著名文物收藏家张叔诚收藏的真伪并存的宋人杂画册中,识出了此画,以及马远的《月下把杯图》、杨补天的《梅花》等宋画稀世珍品。1961年他在北京宝古斋选画,宝古斋傅凯臣、靳伯声、张采臣等人,把真伪混杂的大批书画提供给韩慎先过目,他挑出了不少真迹,还发现了画史上未见记载的万邦正、万邦治等明代院体画家的作品,填补了中国美术史的空白。

经韩慎先鉴定的书画作品,还有宋代苏东坡的《古木怪石图》(无款),宋拓黄山谷《此君轩诗碑》(现存中国国家博物馆),明徐青藤《墨葡萄》(现存故宫博物院),宋拓佛遗道经(现存天津博物馆)等。1950年,韩慎先被天津市文化事业管理局特聘为顾问,负责文物检查、鉴定工作,后被任命为艺术博物馆副馆长。

1962年韩慎先因病逝世,终年65岁。

参考文献:

寇丹:《1947年的天津剧坛》,《综艺》第1卷1期,1948年。

姚惜云:《票友和房票》,载天津市政协文史委编:《天津文史资料选辑》第21辑,天津人民出版社,1982年。

张强:《夏山楼主二三事》,《剧坛》,1983年第3期。

许姬传:《七十年见闻录》,中华书局,1985年。

佚名:《老生名票韩慎先》,载天津市政协文史委编:《京剧艺术在天津》,天津人民出版社,1995年。

(甄光俊)

汉 纳 根

汉纳根(1854—1925),全名康斯坦丁·亚历山大·斯特凡·冯·汉纳根(Constantin Alexander Stephan Von Hanneken),德国人,1854年12月1日出生于德国古老的城市特里尔,其家族为德国世袭贵族、军人世家,祖父、父亲和叔父都是普鲁士将军。汉纳根少年时即被送往普鲁士卡得特军官学校学习。19岁时,在东普鲁士第八步兵团第四十五营任候补军官,之后晋升为少尉军官。1877年,被调到驻扎在德国中部城市美因茨的野战炮兵团第二十七营任职。不久,汉纳根因与反对帝制、主张共和的社会党人发生冲突而被迫退役。①

1879年,李鸿章不仅积极购买军舰发展北洋海军,而且也开始修筑沿海炮台以巩固海防,急需一位军事顾问。李鸿章身边的洋顾问德璀琳向其举荐了汉纳根。经过严格的面试和一个月试用期的考察,25岁的汉纳根被李鸿章正式聘用,在担任军队教官的同时,兼任修葺大沽炮台的工程师。

1880年,旅顺海防阵地建设被提到清廷的议事日程上来,是年5月,汉纳根被李鸿章指令负责在旅顺考察炮台的选址、规划炮种和驻兵数量等重要事务。1886年,汉纳根又奉命在山东半岛修筑威海炮台。在八年时间里,汉纳根在旅顺、威海要塞修建了十几座炮台,以当时的国际标准来衡量,这些炮台均达到了先进水平。1891年10月和

①张畅、刘悦:《李鸿章的洋顾问:德璀琳与汉纳根》,台湾传记文学出版社,2012年,第32—33页。

1893年1月,已于1887年回国休假的汉纳根先后被授总兵衔、赏戴花翎和宝星勋章。①

1893年,汉纳根第二次来到中国,继续担任李鸿章的军事顾问。此时,中日甲午之战一触即发,李鸿章决定派五营清军增援朝鲜。汉纳根奉命以私人身份护送运兵船入朝。1894年7月23日上午9时,汉纳根和准备开赴朝鲜的清军一起,搭乘从怡和洋行租来的英籍"高升号"运输船,从大沽口出发去朝鲜。船上悬挂英国旗,载有1200余名清军士兵、12门火炮以及枪支弹药等,并由北洋舰队的"济远""广乙"二舰护航。25日清晨8点左右,遭遇日本舰队袭击,汉纳根代表船上清兵与日本人谈判,拒当俘虏,"高升号"随即被日舰击沉。汉纳根游泳数小时到陆上向外国军舰求救,救回二百多名落水清兵。

甲午战争爆发后,李鸿章、丁汝昌仍决定聘请汉纳根为顾问,出任"北洋海防总监",监督管理水师。1894年8月21日,汉纳根抵达旅顺口就职。9月17日上午12点左右,黄海海战开始,汉纳根与提督丁汝昌在"定远号"旗舰上协同指挥作战。丁汝昌受重伤后,刘步蟾代为指挥作战,汉纳根仍参与决策。激战中,汉纳根也被一块弹片穿透髋骨,他效法丁汝昌不下战场而是留在炮台上鼓舞士气。海战持续到下午,以日舰主动撤出战斗结束。②战后,汉纳根荣获二等双龙宝星勋章,不久又受到慈禧太后召见,并加恩赏授提督衔。

黄海海战后,汉纳根先后向李鸿章和清政府提出速购鱼雷快艇、快舰的意见,又向清廷条陈整顿海防节略,还提出统一海军领导、建立海军司、裁汰冗员等八条建议,但未获采纳。1894年底,总理衙门邀请汉纳根到北京面商练兵事宜,汉纳根向清政府建议彻底改组清军的编

①姜鸣:《中国近代海军史事日志(1860—1911)》,生活·读书·新知三联书店,1994年,第184、186页。

②泰莱(Wukkuan Ferckubabd Ttker):《泰莱甲午中日海战见闻记》,载《中日战争》第6册,新知识出版社,1956年,第51页。

制,全面采用德式装备和训练方法,建立一支由外国军官指挥、受皇帝委托亲王直接领导的中央军。由于这项编练新军的建议完全排除了李鸿章的参与,遭到李鸿章及其幕友胡燏棻的阻挠和反对。妥协之下,清廷决定采用汉纳根提出的建议,同意新建一支军队,派胡燏棻在天津附近的小站编练"定武军",聘汉纳根为总教习。最终,汉纳根以"所办各节,事多窒碍,旋即中止"[1],离开了这支新军,回到德国。

汉纳根回到德国后,主要从事工业方面的事务。1897年11月,德国侵占胶州湾,准备在山东修筑铁路、开发矿山。汉纳根于当年在德国组建"德中工业与矿山开发公司",德璀琳也是合伙人之一。1899年,汉纳根第三次来华,投身于中国的采矿事业。来华不久,恰逢井陉煤矿招募股本,汉纳根立即投资与当地绅商合资办矿。井陉煤矿于1903年11月开工,1908年4月又收归官方,由官方与汉纳根的公司合办,中方任督办和总办,日常生产经营由汉纳根负责。汉纳根为井陉煤矿购进了先进的机械设备,扩大生产规模,并引进了现代技术和管理制度,产煤量得到提高,1914年炼出了我国第一批优质焦炭。井陉煤矿与开滦煤矿等并列为中国近代中外合办七大煤矿。

汉纳根第三次来华后,主要居住在天津。除了井陉煤矿之外,他还在天津投资报业、餐饮业、房地产业和市政建设等。义和团运动期间,北京使馆区与天津各国租界之间的电报线与铁路轨道被毁,交通、通信中断。1900年6月,汉纳根自告奋勇修复天津到北京间的电报线,用破啤酒瓶的瓶颈来代替绝缘体,很快架好电线并连通了电报。[2]这条简陋的电报线在八国联军入侵并占领京津地区的几个月中,被使馆用于向国外发送密码电报,以讨论八国之间如何协调行动、如何处置清政府和瓜分中国。后来,荷兰人璞尔生(H.D.Poulsen)创办天津电

①来新夏主编:《北洋军阀》第1册,上海人民出版社,1988年,第37—38页。
②[英]雷穆森(O. D. Rasmussen):《天津租界史(插图本)》,许逸凡、赵地译,刘海岩校订,天津人民出版社,2009年,第73页。

话公司,将汉纳根所架设的"瓶颈电报线"改为单线式电话线,这是天津与北京之间的第一条电话线。[①]

八国联军占领天津后成立了临时政府,称作天津都统衙门,自1900年7月30日至1902年8月15日统治天津。1902年2月,都统衙门下属公共工程局准备在天津老城兴修排水系统。于是,汉纳根在天津成立一家股份制公司,名为"大厂公司",也称"汉纳根洋行",承建这个排水系统项目。作为条件,大厂公司低价购买到大片土地以兴建房地产。这套排水系统于当年完成施工,一直沿用到20世纪50年代才被改造。借兴建排水系统之机,汉纳根与德璀琳还从都统衙门得到一笔经费,修建了一条由天津旧城西南角经炮台庄、出僧格林沁围墙之海光门、在德租界同大沽路相接的道路,连接了天津旧城与汉纳根所居的德租界。

1895年3月,41岁的汉纳根与德璀琳21岁的大女儿埃尔莎(Elsa)结婚。汉纳根把家安在德租界,住了近20年,他和埃尔莎生育了两个儿子和两个女儿。除了在天津德租界内的房产,汉纳根还在北戴河修建了一座面积1400多平方米的两层别墅,供全家避暑度假之用。

1914年第一次世界大战爆发,1917年8月14日中国对德宣战。汉纳根作为敌国侨民受到监视,遂向北洋政府方面代表自请由井陉矿务局德方总办降为雇员。11月,他与另一位德国侨民一起被北洋政府收容,移送到一处专门看管敌国侨民的暂居地。1918年11月11日,德国战败投降,汉纳根在中国的所有不动产、债券、股票,包括在井陉矿务局的股份,都作为敌国财产被悉数没收,他们一家人与其他德国在华侨民一起被遣送回国。

1919年,中国宣布结束与德国的战争,并于1921年与德国签订新

---

①倪瑞英等译:《都统衙门——天津临时政府会议纪要》上,天津社会科学院出版社,2004年,第185—191页。

约。1922年，黎元洪复任大总统。因曾在"高升号事件"中营救过黎元洪，汉纳根寄希望于得到其帮助，这一年已经68岁的汉纳根第四次来华，费尽心机想要收回属于他名下的那部分煤矿股权并收回部分财产。他一方面请德国使馆照会中国外交部，要求会商解决井陉煤矿股权等问题，另一方面求助于大总统黎元洪。经多方努力，他终于要回井陉煤矿四分之一的股权，北洋政府还发还了他在天津德租界和北戴河的房产。

汉纳根重整旗鼓，继续经营井陉煤矿。1923年1月，井陉矿的新井举行开工仪式，同时还修筑了一条运煤铁路。但时间不长，井陉煤矿被军阀王承斌占有，1937年七七事变后，汉纳根家属将井陉股权卖与日本商人。1925年3月14日，失意之中的汉纳根因病在天津去世，终年71岁。他的遗体被运回德国故乡安葬。

参考文献：

倪瑞英等译：《都统衙门——天津临时政府会议纪要》，天津社会科学院出版社，2004年。

天津社会科学院历史所、天津市档案馆编：《津海关年报档案汇编（1865—1911）》下册，1993年内部印行。

（张　畅）

郝英吉

  郝英吉(1887—1949),河北省高阳县人,出身贫苦,幼时即酷爱曲艺,被艺人们的精彩技艺所吸引,萌生了说书的愿望。年纪稍长便拜师西河大鼓"南口"代表人物马小疯的门下。

  西河大鼓尚未正式定名,郝英吉在马小疯门下,很快就学会了几部中篇书目。可惜马小疯英年早逝,郝英吉又拜"南口"另一位代表人物王殿邦为师。

  郝英吉学戏十分勤奋。初时,西河大鼓没有固定的唱词,艺人都是根据师傅讲述的故事梗概(称为"梁子")即兴编唱词,称为"趟水",编唱词为了合辙押韵,就会出现些词不达意的词汇,称为"水词儿"。他省吃俭用买来唱本,再请有文化的人给他读唱本,他一边背词儿一边识字,久而久之,他"趟水"时就几乎没有"水词儿"了。出师后不久,他就成为"南口"的代表人物之一。

  1914年,郝英吉偕妻儿来到天津。他撂地演出,说唱的第一部书是《月唐》。由于他口齿清晰,白口干净,嗓音洪亮,气力充沛,唱时运用的板式丰富,所以《月唐》尚未说唱完毕,他就被一书场老板相中,进入书场演出。来津不久他即成为颇受欢迎的西河大鼓艺人。

  由于郝英吉读过无数唱本,善于编纂故事,他的长篇书目情节精细、抓人,一环套一环,每一回书后都有一个扣人的悬念,总会使观众继续听下去。经他连缀的长篇《彭公案》《东汉》《残唐》《月唐》《江大人私访》《前后七国》等书目,流传甚广。

  郝英吉为人豪爽、仗义,善于与艺人切磋交流,他与著名的评书、西河大鼓艺人福坪安、卢芷臣、牛德兴、咸士章、赵玉峰、黄福才、程福田等九人结为金兰之好,更便于他吸收"北口""小北口"西河大鼓的优长,学习评书的表演技艺。他兼收各家之长,在表演书目时讲究手、眼、身、法、步的准确,充分运用表情与神态表现喜、怒、忧、思、悲、恐、惊各种情绪,刻画男女老幼不同人物。此外,他拿手的唱腔有"二黄大反腔""双高""悲腔刀刀痛""炸口"等,唱"垛子句"与"串口"准确、流利,善于变换嗓音,还常常摹拟风声、雨声、雷声及鸟兽鸣叫,利用口技烘托气氛,惟妙惟肖。他的三弦弹奏也极见功夫,这都为"郝派"西河大鼓的确立奠定了坚实基础。

1934年,郝英吉举家离津赴大连、沈阳等地演出,1948年返津。

郝英吉是"郝派"西河大鼓开创者,为西河大鼓艺术的发展做出了卓越贡献。

郝英吉于1949年在天津去世,终年62岁。

参考文献:

中国曲艺志全国编辑委员会、《中国曲艺志·天津卷》编辑委员会编著:《中国曲艺志·天津卷》,中国ISBN中心,2009年。

采访高玉琼的口述材料。

（刘　雷）

何　迟

何迟(1920—1991),本名赫福昆,北京人,满族,其父赫春林,青年时代先中秀才后入选拔贡,曾任小学校长,他热爱戏曲、曲艺、话剧、电影,家庭环境对幼年的何迟产生了一定的影响。

何迟4岁识字,5岁上学,7岁开始跟一位老秀才学读《龙文鞭影》《幼学琼林》《论语》《孟子》。上中学时,他经常到西单商场听相声,陆续听会几十段,逐渐由喜爱进而进行表演。同时,他还受到果戈理、莫里哀等外国剧作家的影响。这些经历为他后来从事文艺创作奠定了坚实的基础。

1935年,何迟参加了一二·九运动。1936年夏,由于家庭生活日益穷困,何迟考入陇海铁路客车招待生训练所。1937年卢沟桥事变爆发后,他从招待生班毕业,分配到陇海铁路的列车上做客车招待生。当时,中国共产党在这里建立了支部,并领导了救亡团体车上服务团,何迟积极参加服务团组织的活动,开始接受共产党的抗日主张。1938年秋,党组织送他到延安抗日军政大学学习。他在抗大业余剧团参加了《油布》《矿工》《红灯》《弟兄们拉起手来》等剧目的演出。

1939年,何迟调入华北联合大学文艺工作团,开赴晋察冀敌后抗日根据地,成为革命队伍里的专业文艺工作者。他初到解放区,与张煌合作,把《八扇屏》《对对子》《八大改行》《拉洋片》等传统相声段子加以改编,加入了揭露日军凶恶本质、反映沦陷区人民大众凄惨生活、歌颂解放区战斗英雄、表现共产党领导下边区军民丰富多彩的社会生活等内容。旧的艺术形式装进新的内容,在文化生活相当匮乏的边区各地,令群众耳目一新。

何迟被解放区军民如火如荼的斗争生活所激励,他深入人民群众中去观察、体验生活,积累素材,创作出一批流行于时的戏剧作品。何迟创作于1940年的话剧《我还是我》,讲述一个贫苦农民的儿子被抓当了伪军,经过被俘的两名抗日干部的宣传教育,毅然放走两名抗日干部,最后与成群的敌人同归于尽。1942年何迟创作的《喜讯》刊载于《晋察冀戏剧》,把传统相声语言、莫里哀式喜剧手法、地方戏曲的某些程式综合成一种戏剧新样式。解放区军民称之为相声剧,很受观众欢迎。同年,何迟针对某些干部作风方面存在的问题,创作了形式轻松活泼、主题严肃的相声剧《某甲乙》,用以配合在解放区开展的整风运动。剧作者又是剧中主角扮演者的何迟,用他独具特色的舞台语言和滑稽有趣的肢体动作,逗得全场观众捧腹大笑。何迟所开创的相声剧,人物少,道具不多,很快就在解放区流行开来。

1943年,晋察冀部队在平西地区相继攻下敌人的许多据点,随即建立起人民政权。当地老百姓从未接触过共产党、八路军,长期受敌人反革命宣传影响。为了戳穿敌人的阴谋,让人民群众对共产党、八路军有正确的了解,以巩固这些新建立的人民政权,何迟及时写出《眼睛亮了》和《东西庄》两出戏,还创作了反映为保护群众牺牲的烈士事迹的长篇鼓词《复仇》。

抗战时期,何迟以"为中国百姓所喜闻乐见的中国作风和中国气派"为标准,运用革命的戏剧感染军民群众,激发群众抗日热情。他反复比较近代的相声艺术同古代参军戏之间在形式方面的渊源与异同,搜集到140多段传统相声和1000多则民间笑话。他虚心向晋察冀边区民间艺人学习,在延安和晋察冀边区工作期间,先后创作、导演、出演河北梆子、京剧、评戏、吹腔和话剧,盛行于解放区的歌舞剧,以及由他独创的相声剧等各类作品有五六十种。这些文艺作品,深刻反映了边区社会的时代精神和风貌,剧中人物形象源于解放区热火朝天的斗争生活,作品主题思想有感而发,爱憎鲜明。1942年何迟加入中国共产党。

1945年抗战胜利后,边区各地出现了青年人踊跃报名参军的情景,为此他创作了评剧《赶路相遇》。他借鉴传统戏曲《桑园会》的表现形式和程式动作,运用误会手法,真实地反映出解放区青年农民争先当兵、英勇杀敌,后方亲人加紧生产支援前方的生动情景,在宣传群众、教育群众方面起到很好的作用。1948年1月,他根据真实故事写出独幕戏《别敲鼓》,通过具体的舞台形象,有针对性地宣传土地改革中保护合法工商业者利益的政策。何迟在解放区创作的戏剧作品,还有话剧《两个包袱》《血衣》《二大伯》和对口相声剧《鸡》《二五减租》。他与胡可、韩塞合作创作了《姐妹顶嘴》《十女夸夫》《双十纲领》等解放区歌舞剧。他的戏剧作品通俗而富于哲理,形象生动,好学好唱,很快就在边区民众中间流行开来。

1949年1月,何迟随人民解放军进入天津,担任军管会文艺处旧剧科科长。新中国成立后,历任天津市文化局秘书主任兼党组成员、天津人民艺术剧院副院长、天津影剧公司经理、中国戏剧家协会天津分会副主席、中国曲艺家协会天津分会副主席、天津文联副主席兼党组成员,1956年天津戏曲学校创建,兼职首任校长。他依旧把文艺创作当作自己的神圣职责,创作、改编了京剧剧本《二两银》《三喜图》《碎玉记》《仁义北霸天》(与王久晨合作),评剧剧本《乌鸦告状》《杜十娘怒沉百宝箱》(与陈元宁合作)、《刘伶醉酒》《范玉莺》《白蛇传》(与林彦合作)、《王二姐思夫》《蝴蝶杯》等。其中的《杜十娘怒沉百宝箱》,已成为评剧的经典剧目。他编导的舞台艺术影片《杂技艺术表演》,现已成为研究新中国杂技艺术发展历程的珍贵资料。

何迟精力充沛,戏曲、话剧、电影剧本及相声、幽默小品、鼓词,乃至诗歌、杂文、艺术评论,他无所不写,尤其擅长喜剧作品。新中国成立后的喜剧作品,与他在战争年代的创作实践相比较,艺术性方面更趋精到。他创作相声二十多段,诸如《买猴儿》《开会迷》《今晚七点开始》《新局长到来之后》《统一病》等,语言犀利、幽默,格调雅俗共赏,富有深刻的社会意义。他在《买猴儿》里塑造的典型艺术形象"马大哈",已经成为专用词语,大江南北家喻户晓。他编写的电影脚本《不拘小节的人》(长春电影制片厂出品)、《马大哈进北京》《孝子》(与吴同宾合作)等,喜剧效果强烈。这些作品热情讴歌伟大的时代和人民,赞美社会生活中的真、善、美,鞭笞假、恶、丑,引导人民积极向上。

1957年何迟被错划为"右派","文化大革命"期间又遭到严重冲击和折磨,导致他长期瘫痪在床。他强忍病痛折磨,在病榻上继续文艺创作,先后出版了《何迟诗选》《何迟相声选集》《舞台艺术的真实感》《何迟自传》等,撰写了数以百计的文艺作品和研究文章。

1979年春,何迟得到彻底平反,恢复党籍、原职、原薪。他激动地在病床上赋诗一首:"欣逢盛世锁眉扬,身欲奋飞病在床。老马嘶风为呐喊,衰牛犁土不彷徨。推敲好句歌红日,结构乱弹战黑帮。荡垢涤尘喜展望,阳光普照耀八荒。"抒发了老骥伏枥的壮志。

1979年冬,在中国文学艺术工作者第四次代表大会上,何迟当选为中国曲艺家协会常务理事。1991年1月何迟病逝,终年71岁。

参考文献:

古立高:《怀念喜剧作家何迟》,《新文学史料》,1994年第1期。

(甄光俊)

何　廉

　　何廉(1895—1975),字淬廉,1895年出生于湖南邵阳县硖石口的一个乡绅家庭。他从8岁起在家馆和族馆中学习旧学,14岁后又在邵阳中学和桂林陆军小学堂接受新式教育,1914年以第一名的成绩考入长沙雅礼中学,1919年由家庭和何氏宗族共同资助赴美国留学。到达美国后,何廉在其雅礼同学陈翰笙的推荐下,进入波姆那学院学习,并选择经济学作为主修专业。1922年从波姆那学院毕业后,进入耶鲁大学研究生院深造,主修经济学,兼修社会学。在耶鲁学习期间,他在著名经济学家欧文·费雪的指导下从事了大量的价格指数编订工作,并与同在耶鲁学习的方显廷结为莫逆之交。1926年,何廉获得耶鲁大学博士学位,随即接受南开大学的邀请担任南开大学财政学和统计学教授,开设经济学原理、财政学和统计学等课程,同时开展有关中国经济问题的研究工作。

　　回国伊始,何廉通过对国内10余所名校经济学教学的考察,在教学和科研中确立了"经济学必须中国化"的指导思想,强调经济学理论与中国具体实践的结合。以他主持的财政学课程为例,何廉通过各种渠道搜集了大量关于中国古代和民国时期税收、国债和财政支出的材料,油印后作为补充教材发给学生。在讲课的过程中他注重联系中国现实的财政问题,指导学生将理论应用于具体实际,还仿照美国流行的财政学教材编写自己的讲义。经过课堂实践和不断修改补充,形成了由何廉和助手李锐合编的《财政学》教科书,经商务印书馆出版后,迅速被国内高等院校广泛采用,两三年就重印到9版。[1]

何廉到南开后开展的第一项研究工作是物价指数的编制。他注意到,中国经济学界非常缺乏调查和统计资料,官方的一些统计数据也很不可靠,根本无法支持能够与西方学者相匹敌的经济研究。因而,他决定从经济活动中最活跃的价格问题入手,运用从费雪教授那里学到的指数编制方法,对中国经济进行调查和统计。他个人出资聘请了两名学术助手,首先对财政部驻沪调查货价局和广东农工厅编制的上海和广州物价指数进行了修正,随后立足于天津地区,开展了华北批发物价指数和天津工人生活费指数的编制工作。

1927年9月10日,何廉创办了南开大学社会经济研究委员会,后更名为经济研究所。1929年,方显廷应何廉之邀加入南开,在他们的精诚合作和共同努力下,经济研究所获得了来自太平洋国际学会的资助,推动了东北移民调查和华北工业化调查等研究工作的开展。1928年,南开经济研究所与《大公报》合办了该报副刊《统计周刊》(后更名为《经济研究周刊》《经济周刊》),同时创办英文期刊 *Nankai Weekly Statistical Service*《南开统计周报》(后更名为 *Monthly Bulletin on Economic China*《中国经济月报》、*Nankai Social & Economic Quarterly*《南开社会经济季刊》)。1932年,创办了《经济统计季刊》(后更名为《政治经济学报》)。这些期刊刊载了何廉和方显廷等南开学者的大量调查报告和研究论文,不仅引起了国内学术界的重视,很多还送藏国外的主要研究机构和图书馆,从而使欧美学者得以通过南开经济研究所的著作,获得了有关中国经济的翔实资料。何廉主持编制的物价指数,形成了蜚声海内外的包括华北批发物价指数、天津工人生活费指数、中国进出口贸易指数和津、沪外汇指数在内的"南开指数"体系。

在这些研究成果中,一以贯之的是何廉所倡导的经济学中国化思

---

① 胡寄窗:《中国近代经济思想史大纲》,中国社会科学出版社,1984年,第451页。

想。他认为,经济研究不是明了经济学原理及国外之经济组织与制度即可,贵在能洞彻本国之经济历史,考察本国之经济实况,融会贯通,互相比较,以为发展学术、改进事业之基础,才称得上中国化的经济研究。他强调经济学"不仅在知经济学上之原则与理论,并须熟稔中国之经济情形、工商实况,始能措施得宜⋯⋯若仅承舶来之学,而昧实地之事实,特胶柱鼓瑟耳,又何足以言改善?"[1]在东北移民和华北工业化等研究中,何廉都深入当地进行调查,设立工作站,聘请和培训专业的调查人员,并且不断根据调查对象的具体情况修正研究的方法,形成了一整套自己的研究理论和方法。

在何廉的卓越领导和经济学中国化思想的指导下,南开经济研究所迅速取得了一批面向世界而又富于中国特色的重要研究成果,在国内外学术界具备了良好的知名度,进而吸引了越来越多从哈佛、耶鲁、哥伦比亚等海外名校学成归来的经济学者,南开经济研究所也由此成为当时中国经济学重镇。

在何廉与校长张伯苓的多次交流中,逐渐形成了对南开发展前景的共识,即立足于天津作为商业都市和华北工业中心的区位优势,重点培育企业管理和工程技术人才。因此,1931年5月,受张伯苓委托,何廉将南开大学的经济研究所和商学院、文学院经济系合并组成南开大学经济学院,这是中国大学中的第一个经济学院,由何廉任院长,同时设立经济学院董事会,邀请颜惠庆任会长,吴鼎昌任副会长,范旭东、周寄梅、张伯苓任常委。

担任院长期间,何廉对南开经济学院的课程设置进行了改革,力图革除国内经济学专业划分过细的弊端,要求第一年讲授公共课程,第二年讲授经济学基本课程,三年级再划分专业。他还参照理工科的教学实验室创设了系列教学实习室,陈列主要的交易商品和商业单据

---

①何廉:《中国今日之经济根本问题》,《大公报·经济研究周刊》,1930年3月10日。

等,并邀请企业和银行界的经理来亲自指导和讲解,促使学生学以致用。为了充实完善教学科研所需的图书资料,他花费大量资金购置了当时国内最完整的海关关册报告、《京津泰晤士报》合订本和东亚同文书院研究论文集等重要书刊文献,广泛搜集各种工资记录、商业契约、账册报表和政府档案等特色资料,再加上他和方显廷等从国外购回的英、日文图书,终于为南开大学的经济类藏书奠定了坚实的基础。

何廉主张教学应与科研相互促进,他要求经济研究所的研究人员兼任经济学院的教师,这既有助于学生学习从实际调查中获得的经济知识,也可以增加研究人员的收入,并使他们的调查研究通过学生的协助而得以拓展。针对国内经济学术用语使用混乱的局面,何廉还组织经济学院的教授定期会议,集中探讨经济学术用语的标准化问题。1934年,国民政府教育部组织成立国家自然科学用语标准化经济学工作委员会,邀请何廉担任主席。他编撰的《经济学名词》,由教育部颁布,推广到全国各大学使用。

与此同时,何廉还为南开经济研究所争取到了美国洛克菲勒基金会的持续资助,把经济研究所的研究范围进一步扩展到华北农业经济、乡村工业,以及地方行政与财政等领域,何廉也因此被誉为中国最早重视农业的经济学家。[1]1935年2月,南开经济研究所与北京协和医学院、燕京大学、清华大学和金陵大学联合成立了"华北农村建设协进会",由何廉任主席。为了配合协进会的工作,何廉和方显廷决定,在南开大学经济研究所率先招收经济学硕士研究生,进一步巩固了南开大学在中国经济学界的领先地位。从1935年开始,到1952年停止招生,南开经济研究所合计招收了14届共80名研究生,这是国内培养的第一批经济学研究生,他们后来大都成为经济学名家或财经工作者,为经济学研究和国家经济建设做出了重要的贡献。

---

①林毅夫、胡书东:《中国经济学百年回顾》,《经济学》,2001年第1期。

在南开工作期间,何廉应全国经济委员会的邀请对浙江省进行专门调查,并受邀赴庐山就相关情况向蒋介石做报告,由此而深受蒋介石赏识。1936年,他被任命为行政院政务处处长,受命考察国民政府经济部门的机构设置状况、政府在经济建设中的作用和财政收支状况。

1937年七七事变爆发后,何廉相继担任了国民政府经济部次长兼农本局总经理、农产调整委员会主任和粮食管理局局长等职,并短期兼任过三民主义青年团的执行干事、经济处处长。其间,南开经济研究所内迁至重庆沙坪坝的南开中学校内,由方显廷任执行所长,何廉仍兼名誉所长,并经常到所视事。

1938年,何廉将农产调整委员会并入农本局统一管理,并对农本局进行了机构调整,大量招收大学毕业生和水利专业人员,在西南各省广泛设立合作金库和农业仓库,推广农产运销、水利灌溉和改良种子贷款,取得了可观的成就,是近代中国农村金融建设中一次非常有益的尝试。

1941年,何廉的职务被撤销,改任军事委员会参事。此后,他恢复了在南开经济研究所的研究工作,赴香港与企业界人士共同商讨经济问题,并与金城银行的友人一同赴甘肃、陕西、青海、宁夏和新疆考察西北经济。

1944年,何廉再度被任命为中央设计局副秘书长和经济部次长,主持编制了战后的《第一期经济建设原则》和《第一期国家经济建设总方案物资建设五年计划草案》,他主张采取公私混合的经济体制,有计划地发展国营和私营企业,同时尽量将政府的控制减少到最小程度。但这项五年计划没有被付诸实施。

1946年,何廉辞去了国民政府的全部工作,与方显廷、张纯明等在上海设立中国经济研究所,并在上海和南京分别创办了期刊《经济评论》和《世纪评论》。他还与龚饮冰等在上海组建了晨南企业公司并任董事长。

1948年6月,张伯苓因调任国民政府考试院院长,电邀何廉回天津代理南开大学校长。10月14日,何廉就任南开大学代理校长,随即募修战时被日军炸毁的南开大学图书馆,并通过私人关系解决了师生面临的粮食和冬季取暖问题。12月,何廉返回上海家中,而上海中国经济研究所的各项工作也陷入了停顿,于是,何廉决定携全家赴美。

1949年6月,何廉接受哥伦比亚大学的邀请,任经济学教授,相继开设了"中国经济结构""共产党中国的经济发展"和"中国土地制度"等课程。1961年,因高血压症困扰而退休。其间,他应哥伦比亚大学历史学教授韦慕廷之邀,与其共同主持了哥伦比亚大学中国口述历史工程,先后联络采访了16位在美的民国政要等,留下了大量宝贵的历史研究资料。

1975年7月,何廉病逝于美国纽约,终年80岁。

参考文献:

何廉:《何廉回忆录》,朱佑慈等译,中国文史出版社,1988年。

何廉、李锐:《财政学》,商务印书馆,2011年。

杨敬年:《期颐述怀》,南开大学出版社,2007年。

张东刚主编:《日就月将:南开大学经济研究所八十年》,2007年内部印行。

（关永强）

何 心 冷

　　何心冷(1898—1933),江苏苏州人,生于1898年,幼年父母早故,为家中独子,少年时代以连环画和童话、小说为伴。稍长,何心冷立志求学,从北平民国大学肄业,承继父亲的事业,服务于财政部。

　　1916年,何心冷到江苏省立第二中学等地表演救国新剧,随后在常州武进县女子师范学校任教。1919年,何心冷赴上海任教。1922年,胡政之在上海创办国闻通讯社,何心冷加入国闻通讯社,从此进入新闻界。当时国闻通讯社声名鹊起,何心冷更是誉满沪江。胡政之曾评价道:"他(指何心冷)有清晰的头脑,明敏的手笔,每到上海各界有开会的时候,出去旁听,全凭脑力,回来一挥而就,记载无误。……国闻社能在上海造成坚实的基础,心冷实与有力焉。"[1]1924年,《国闻周报》创刊,何心冷的能力得到充分的发挥。"从封面题字,广告撰文,以至报内的补白,一切打杂零活差不多全是他一人包办。"[2]在《国闻周报》第一、第二卷中差不多每期都有何心冷的文章,"小说、电影评论、时装小志,花样翻新,心思百出"[3]。其间,何心冷鉴于上海情形复杂,旅行及住居上海者每觉隔膜,特编《小上海》游览指南一册,内容包括衣、食、住以及交通、学校、医院、官署、公共机关等,分类罗列加以简洁之说明。

　　1926年,胡政之、张季鸾、吴鼎昌接手天津《大公报》,何心冷调来天津,此后两三年身兼两职,兼顾《大公报》和《国闻周报》工作。《大公

---

　　①②③胡政之:《十二年的转变》,《大公报》,1933年11月12日。

报》复刊前,编辑部人员在商量报务时,何心冷提出的建议,均被同人采行。何心冷主要负责《艺林》副刊,当时因为外边投稿的人太少了,除小说系特约而外,其他的短篇差不多都是他一个人化名作的。而且何心冷十分重视读者的意见,发刊后一早就跑出去看看买《大公报》的人有多少,并了解读者的口碑和兴趣所在。在大公报社,何心冷"不但管编辑部事,还要管理到发行印刷,他那和蔼的性情,爽直的言语,不但经理编辑两部同人和他要好,即使工场的工友徒弟,也都对他亲爱非常。而且他那一支隽永深刻的妙笔,在天津卫博得若千万读者的同情"①。

何心冷在《大公报》工作期间,主要精力在副刊编辑出版上。初期主要是《艺林》,到了1927年,随着何心冷对天津社会的情形渐渐熟悉,便开始着手新的副刊《电影》专刊的创刊。何心冷在上海时就对电影极有研究,他撰写的影评,无不中肯,且持论公正,不稍偏袒,颇为电影界所称道。何心冷来到天津,对天津的电影界也是极为关注。在《艺林》副刊中设立了"影戏世界"栏目,刊登影评文章。1927年2月15日,《电影》专刊创刊,为电影观众赏析电影提供了帮助。1927年3月7日,《铜锣》副刊创刊。1927年9月1日,《艺林》改名为《副刊一》,专载小说与诗文;《铜锣》改名为《副刊二》,专载新闻性的稿件。1928年1月1日,《副刊一》与《副刊二》合并成《小公园》。《小公园》包含的内容十分丰富,正是"公园虽小,玩艺不少。庄并谐臻,风流儇巧"②。在加强副刊编辑出版的同时,何心冷深感当时中国儿童教育的不足,于是从1927年11月9日开始,何心冷不定期编辑《儿童特刊》,以求供给儿童些校外读物。"第一目的先引起小孩子看报纸的兴趣,由看报多认得几个字,多增长点知识,以至学好、成人,这便是我们的宗旨。"③在阅读

①胡政之:《十二年的转变》,《大公报》,1933年11月12日。
②《小公园开市大吉》,《大公报》,1928年1月1日。
③一个大孩子(何心冷):《起头的几句话》,《大公报》,1927年11月9日。

《小公园》来稿的时候,何心冷发现其中有"不少在时代之下闹着烦闷苦恼,以及恋爱痛苦的来信,希望解答"①。为了力所能及地给青年男女贡献一些意见,1930年11月30日,何心冷创办了专为青年男女排忧解难的《摩登》专刊,开创了报纸社会情感服务版的先河,取得了良好的社会反响。之后一些报纸纷纷效仿,设立类似的版面。

因多年忘我的工作,何心冷身体健康受损,于1930年底重返上海,并担任《大公报》的特约通讯员。但是上海的生活并不如意,1931年何心冷应胡政之、张季鸾的邀请再次来津,他再次忘我地投身于《大公报》。长期积累的病患,使何心冷的健康每况愈下,1933年10月29日病逝于天津,时年35岁。

参考文献:

李秀云:《〈大公报〉专刊研究(1927—1937)》,新华出版社,2007年。

李秀云、高建光:《何心冷的副刊编辑思想》,《新闻爱好者》,2008年第10期。

李秀云:《何心冷的副刊编辑生涯》,《新闻知识》,2010年第1期。

(王兴昀)

---

①园丁(何心冷):《摩登》,《大公报》,1930年11月26日。

赫　德

赫德（1835—1911），全名罗伯特·赫德（Robert Hart），字鹭宾，1835年2月20日生于英国北爱尔兰亚马郡波泰荡的一个没落酒坊主家庭。不久，因为父亲亨利·赫德（Henry Hart）的酒坊发生火灾而举家迁往希尔斯堡。

赫德10岁时结束了小学生活，进入陶顿的教会学校卫斯理预科学习，翌年转学至都柏林。1850年中学毕业后，考入爱尔兰女王大学所属贝尔法斯特学院，1853年取得学士学位后继续攻读硕士。1854年春，学院招收驻华领事馆工作人员，他放弃了学业，怀揣父亲给他的50英镑路费来到了中国。

1854年7月，赫德先在香港受训3个月。英国驻华公使、语言学家包令爵士在语言学习上对赫德帮助很大，他给赫德的训词是："观察你周围的一切"，还教导他："不要一直关在室内，要经常外出走走，在大街小巷中留心观察中国人的语言举动，风俗习惯；要注意听中国人的谈话，阅读所能见到的一切中文读物，就是路牌、店号、商标也不应轻易放过，在中国，学习中国语言文字的机会是无所不在的。"[①]

1854年9月，赫德被分配至宁波领事馆，成为见习翻译，奉命陪同英国领事阿礼国会见上海道台吴健彰，这是赫德第一次见到清朝政府的官员。他仔细观察着吴健彰的举止，揣摩着他的语言。在发现清朝

---

①卢汉超：《中国第一客卿：鹭宾·赫德传》，上海社会科学院出版社，2009年，第16页。

官员的繁文缛节后,他马上投其所好,从公务包里抽出一张精美的信纸,折成一个尖顶的帽子,然后把吴健彰的随从叫过来,深鞠一躬,将纸帽双手献上。该随从心领神会,毕恭毕敬地将纸帽转交给吴健彰。赫德的这个举动让吴健彰对他产生了认同感。

1855年2月,赫德升任二等助理,后代理驻宁波英国领事,其出众的管理能力和冷静的头脑逐渐显露。1858年3月,赫德调任广州英国领事馆二等副翻译,不久又兼任英法三人委员会秘书,10月升任正式翻译官。此时的赫德不但能讲一口流利的汉语,深谙中国的人情世故,而且已结识了许多政界要人,尤其是两广总督劳崇光,非常欣赏他的管理才干和谨慎圆通的性格,把他视为知己,经常就一些军政大事征求他的意见。

1858年4月,英法联军占领广州后,北上白河口,攻陷大沽炮台。6月,迫使清政府签订《天津条约》。咸丰皇帝虽然批准了《天津条约》,但私下里并不满意,特别对于"外国公使驻京"尤其耿耿于怀,他甚至要以"全免关税"为代价,换取英法同意修改。远在广州的赫德得知后,立即向英法方面提交了相关情况的备忘录,为英法代表提供了重要的内部信息。

劳崇光注意到上海江海关在李泰国的领导下运作非常成功,遂请赫德为广东海关制定一套管理制度。为此,赫德向首创中国近代海关的李泰国虚心请教。正值李泰国奉钦差大臣何桂清之命筹建粤海新关,遂请赫德担任新关的副税务司。1859年5月27日,赫德辞去英国领事馆的职务,6月30日正式进入清政府海关。

1860年1月,总理各国事务衙门成立,正式委任李泰国为海关总税务司。不久,李泰国因伤病回国休养。行前,推荐费士来和赫德会同署理总税务司职务。赫德则因与总理衙门过从密切而实际独掌了总税务司大权。他极力争取总理衙门掌权大臣的信任,经常主动提出一些关于税务、洋务及外交等方面的建议。1863年11月,清政府解除了李泰国总税务司职务,正式任命赫德为中国海关总税务司。从此,年仅28岁的赫德开始了他对中国海关长达45年的统治。

1864年5月,赫德开始在北京海关总税务司衙门办公。上任伊始,他采用当时先进的西方行政管理制度,对各地分关实行垂直统一领导。进出口货物按章征税,申报、查验、估税、审核、征税、交款,直至验放等各个环节,都有制度保障,严防舞弊。同时,重视海关人员的素质操行考核,健全了人事、财务、统计、审计、缉私、员工管理等项制度。

1866年,总税务司署内成立了邮务办事处,管理公使馆邮件,办理北京、天津和上海之间的邮件运送邮递。1876年,赫德建议清政府创办送信官局,被总理衙门所采纳,遂饬令各通商口岸及就近地方设立送信官局,由总税务司管理。北洋大臣李鸿章积极支持,鼓励赫德先试办海关邮政,待收到成效后,再改为国家邮政。于是,赫德扩充海关邮递事务,令各口海关均设邮务办事处(又称海关邮局),并准收寄普通百姓交寄各通商口岸的信件。

1878年3月9日,赫德在李鸿章的支持下,指派津海关税务司德璀琳以天津为中心,在北京、天津、牛庄、烟台和上海五地,依照欧洲模式试办邮政。23日,德璀琳在天津发布公告,天津海关书信馆对外开放收寄华洋公众邮件。中国近代邮政由此发端。

但中国邮政推行每多窒碍,发展缓慢。为此,赫德一再呈请总理衙门和李鸿章,尽快开办官立邮政局,以统一全国邮政,并在《开办邮政章程》中详细规划了开办国家邮政及全国性邮局的规模、业务、经费、地方分局的设置和邮区等级等事宜。1896年3月20日,清政府谕令立即筹备国家邮政,创立大清邮政官局,全国通行,令赫德在管理海关外兼理总邮局司事宜。至此,全国邮政走上了一体化的道路。

1875年,英国以"马嘉理事件"借题发挥,用炮舰政策向清政府勒索更多、更广泛的在华利益。事件伊始,赫德就以联络员身份参与其中。在赫德的撮合下,清廷派直隶总督李鸿章与威妥玛在烟台谈判。

李鸿章对赫德说:"你把我拖进这个烂摊子,如果谈判失败,我要承担罪责;如果成功,我也没半点功劳。"赫德说:"不必担忧,只要你与我在一起工作,就会毫无困难。在我俩事先未取得一致意见以前,你不必言,不必行,不必允诺任何事情。"谈判期间,每天晚上10点,赫德都会来到李鸿章的住处一起总结当天谈判的成败,商量次日的安排。1876年9月13日,中英签订《烟台条约》。赫德不无得意地电告海关驻英代表金登干:"经此事件后,海关比任何时候都强大,我认为今后20年之内绝无翻船的可能。我开始感到我出色地驾驶了这条船。"中英《烟台条约》不仅按英国政府的意图结束了马嘉理事件,也由此实现了在华西南边境扩大通商的特权,并且这一权益很快为其他列强"一体均沾"。

赫德是一个谨慎、含蓄甚至有些内向的人,他从小就不喜欢体育运动,但却是一位音乐迷。他不仅熟知音乐常识、写歌作乐,还能够演奏小提琴、大提琴。1885年,天津海关的督员向他报告,洋雇员里有一个人能够训练乐队。赫德从英国购来一批西洋铜管乐器和乐谱,请来那位洋雇员德国人比格尔担任艺术指导,从天津本地招募一些年轻人做乐手,于是,一个初具规模的西洋铜管乐队就这样诞生了。①

赫德乐队除了在他工作时常常在院中奏乐作陪、在家庭舞会中担任伴奏外,还曾进宫在一些外交场合演奏。1904年光绪皇帝接见德国王子时,在席间奏乐的就是赫德乐队。他们还多次在天津租界内草地网球俱乐部、英国工部局动物园等处举办的重要活动中演奏。到了冬天,乐队在每天下午也会在天津租界内的溜冰场上演奏助兴。

赫德在长达45年的总税务司任期内,深得清政府倚重和赞赏,不断得以加官晋爵。赫德1864年被授予按察使衔(三品),1869年被授予布政使衔(二品),1881年被授予头品顶戴花翎,1885年被授予双龙

①韩国黄:《中国的第一个西洋管弦乐队》,《音乐研究》,1990年第2期。

二等第一宝星,1889年被授予三代正一品封典。1902年2月23日,慈禧太后亲自接见了赫德,并赠送了卷幛、字轴等礼物。为了表彰赫德对维护英国在华利益所做的贡献,英国政府也于1879年授予他圣迈克尔和圣乔治十字勋位爵士,1889年授予他圣迈克尔和圣乔治大十字最高级勋位爵士,1893年封他为男爵。

1908年赫德告假回国休养。1911年9月20日,赫德病故于英国白金汉郡,至死才卸任总税务司一职,担任这一职务长达48年之久。他死后,清政府追封他为太子太保,终年76岁。

参考文献:

[英]赫德:《步入中国清廷仕途:赫德日记(1854—1863)》,傅曾仁等译,中国海关出版社,2003年。

卢汉超:《中国第一客卿:鹭宾·赫德传》,上海社会科学院出版社,2009年。

赵长天:《大清王朝的英籍公务员——赫德传》,人民文学出版社,2012年。

梁启超:《李鸿章传》,陕西师范大学出版社,2009年。

天津市档案馆编:《天津邮政档案史料选编》,北京航空航天大学出版社,1989年。

中国近代经济史资料丛刊编辑委员会主编:《中国海关与邮政》,中华书局,1983年。

（周利成）

赫 立 德

赫立德（1858—?），全名塞缪尔·拉文顿·哈特（Samuel Lavington Hart），英国人，中文名赫立德，也被译为哈特、哈德、贺德、赫德等。

赫立德"少年即有电学上的重要发明"[1]，曾留学法国巴黎，获科学学士学位，英国剑桥大学理科硕士[2]、伦敦大学理科博士。后为剑桥大学圣约翰学院名誉校员兼讲习员。

1892年，赫立德成为基督教伦敦会传教士。"伦敦会对他大加表扬，称历来传教事业中，鲜有像他这样学历超卓的人选。"[3]赫立德于1892年10月偕妻来华，相继在伦敦会汉口分会辖区的汉口、武昌传教。其妻是一名护士，担任苏格兰籍传教医师马尚德的助手。1895年4月，基督教伦敦会总会将赫立德夫妇调至伦敦会华北分会工作。

赫立德来津后继续传教，并参与创办天津基督教青年会。1897年7月10日，天津基督教青年会第一届董事会在赫立德书房召开，赫立德当选董事。[4]

1902年，赫立德在天津法租界海大道创办新学书院（亦称中西书院、英华书院），自任院长。1904年，赫立德创办附设于新学书院的华

---

①胡适：《胡适全集》第29卷，安徽教育出版社，2003年，第224页。

②中国社会科学院近代史所翻译室编：《近代来华外国人名辞典》，中国社会科学出版社，1981年，第194页。

③邝兆江：《马尚德——谭嗣同熟识的英国传教医师》，《历史研究》，1992年第2期。

④乔维熊：《我对天津青年会的认识》，载天津中华基督教青年会编：《天津中华基督教青年会与近代天津文明》，天津人民出版社，2005年，第334页。

北博物院(亦称中西博物院),以"开民智而悦民心",后成为天津早期传播西方博物馆文化的阵地。华北博物院的展品包括自然与人类学两类,如动植物标本、矿物等标本大多采集于中国北方,英国人苏柯仁等新学书院教师为主要采集者。华北博物院颇具特色的展品还包括234种蝴蝶标本,如采自南美洲亚马孙河森林中的大翠蓝蝴蝶标本等;南洋土著使用的武器、食具、衣被等人类学实物,以及南洋群岛特大甲虫等标本;中国官绅捐献的殷墟甲骨、青铜器、玉器、陶器和工艺品等珍宝古物。

新学书院初创时,仅有学生75名,1906年增至250名,但仅有预备科和中学科。赫立德的理科学历背景影响了这所教会学校的教育模式,其教学偏重于西方科学,神学并未占绝对主导地位。尤其是毕业于利物浦大学的英国人戴乐仁,于1906年来新学书院任教后,学校的重科学之风气愈加明显。戴乐仁因在维多利亚大学"从事科学搜考,极著成效,且于商业应用科学夙有经验"[1],因而得到赫立德赏识。戴乐仁后任副院长、代理院长,成为赫立德的得力助手。

赫立德谋求学校规模扩张,得到直隶总督袁世凯的捐款支持,新学书院校舍得以扩建。1907年9月7日,赫立德将落成的新堂正式命名为"宫保堂",并于当年秋季开学时增设专修科。"充任专修教员者,皆来自英国各大学。伦敦传道会除遣派戴乐尔君外,陆续选任牛津、剑桥、伦敦诸大学之人才,来襄其盛。"[2]新学书院后亦称新学大书院,即源于此。

1911年11月10日,中国红十字会天津分会在新学书院宫保堂召开成立大会。董事会选出中董、西董共50余人,赫立德任西董长。[3]1912年1月3日,赫立德邀集驻津各国西人所组织之音乐大会会友70

①②《天津中西书院》,《教育杂志》第8卷第4期,1916年。
③《红十字会志略》,《大公报》,1911年11月12日。

余人,在宫保堂举办"红十字音乐助捐会",募得捐款500余元。

新学书院,文理结合,中西交融,重视英语和体育教育。书院初为大学学制,学制4年,并附设四年制中学班,还附设有华北博物院。书院师资力量雄厚,外交家王正廷曾任英文科主任,并聘有多名外籍教师,在当时教育界有很高声望。1913年,民国后的第一届毕业生典礼,梁士诒代表袁世凯出席。

1919年1月7日,天津拒毒会在天津基督教青年会成立,其宗旨为:"凡关于有害或可以成瘾之各种药物,一切不合法律及不正当之贩运、制造、种植、销售或使用,本会悉会同官府并其他机关,严行禁止之。"①赫立德初为天津拒毒会董事,1920年2月21日当选副会长。1921年12月21日,赫立德宣布天津拒毒会停办。

五四运动期间,新学书院学生融入天津反帝爱国斗争洪流,赫立德支持且同情爱国学生。1919年9月16日,由周恩来等20人组织的青年爱国进步社团——觉悟社成立后,曾利用新学书院礼堂顶上的天文台室开展活动。

1920年,华北五省发生严重旱灾,旱荒县份92个,灾民达600万人。1920年9月27日,赫立德当选华北华洋义赈会副会长兼募捐股主任,积极推动助赈。1921年又参与组织全国急募赈款大会天津支部,发动新学书院等校学生劝募各界捐款。②因热心参与社会公益活动,赫立德于1921年、1922年分别获得四等和三等嘉禾章。

1925年五卅运动后,天津新学书院学生群情激愤,立即开展反帝爱国声援行动。赫立德等对爱国学生集会、讲演、罢课等均采取遏制手段。新学书院爱国学生痛斥道:"校长阳允学生之要求,阴阻学生的组织。用种种破坏方法,想要学生团体自行分散。但我们的团体愈经

---

① 《天津拒毒会简章》,《益世报》,1919年1月18日。
② 《天津急募赈款会经过》,《申报》,1921年3月13日。

破坏愈形坚固。"①6月13日,赫立德宣布诸生即日上课,不许再有爱国举动,否则一同驱逐,取消毕业资格。爱国学生全然不听这一套说辞,决定不回新学书院读书,毕业季的学生牺牲了毕业证书。

脱离新学书院的四五百名学生联名指斥:"此次'沪案'发生,同人为我中华民国爱国运动,竟遭解散,当时限令出校。如此情形,新学书院实为英帝国主义者对中国文化侵略之机关,与我中华爱国学生自无丝毫关系,而吾中华爱国学生亦决不欲与此种机关发生关系。"由于张伯苓、李石曾等爱国人士大施援手,竭力安置愤而退学的新学书院学生继续就读,使赫立德在社会上颜面扫地。

1928年后,天津新学书院改称私立新学中学,推选华人担任校长。赫立德淡出该校决策层后,于1929年9月2日返回英国。

赫立德卒年不详。著有《中国的教育》一书。

参考文献:

《天津中西书院》,《教育杂志》第8卷第4期,1916年。

翁之熹:《我所知道的天津新学书院》,载全国政协文史委编:《文史资料存稿选编》第24辑《教育》,中国文史出版社,2002年。

涂培元:《天津新学书院的形形色色》,载全国政协文史委编:《文史资料存稿选编》第24辑《教育》,中国文史出版社,2002年。

(王勇则)

①中共天津市委党史资料征集委员会编:《五卅运动在天津》,中共党史资料出版社,1987年,第202页。

洪 麟 阁

洪麟阁(1902—1938),本名洪占勋,号洪侨,满族人,出生于河北遵化县地北头村。

1917年,洪麟阁考入丰润县车轴山中学。1921年就读于直隶法政专门学校。同年底,与同窗好友结伴到北京,听李大钊在马克思主义研究会上所作的专题演讲,初步接受了马克思主义的洗礼。时值国内军阀混战时期,由于政局动荡,学校经常停课,洪麟阁借机走向社会,与同学共同创办地毯工人临时医务所、工人"千字课班",还成立了"天津青年勉励会",并在1924年毕业后帮助"青年勉励会"创办起一所旨在普及文化知识的平民学校。

1927年北伐期间,洪麟阁离开天津,到河南省担任主管司法的"帮审"。当时驻县的冯玉祥部士兵中有人酗酒寻衅闹事,洪麟阁掌握证据后,立即将其关押,并致函冯玉祥申明原委。冯玉祥看过信后,对洪麟阁依法处置此事非常满意。不久,在母校校长的推荐下,洪麟阁参加冯玉祥部,踏上了从军之路。

1933年5月,日军相继侵占长城各关口和冀东各县,华北形势危急,洪麟阁随冯玉祥、吉鸿昌等率领的察哈尔民众抗日同盟军进击侵犯察北的日伪军,一度收复失守的张北、沽源、康保等地。然而,在日军的反扑和国民党军队的进逼之下,察哈尔抗战最终以抗日同盟军被迫解散而告终,冯玉祥也被迫下野。洪麟阁既为察哈尔抗战失败惋惜,也为冯玉祥的处境担忧。经反复考虑,他找到冯玉祥,忍痛当面请辞道:"军阀混战,独夫拥兵,就是不打日本人。我回去换个阵地,继续抗日。"①

1933年秋,洪麟阁辗转抵达唐山,受《工商日报》总经理马溪山和报社社长王恩朴的赏识,出任报社总编辑。在他主持编务期间,宣传抗日救国,尖锐抨击时政,报纸一度被当局查封。洪麟阁、马溪山等人作为被告,被传唤到北平的法庭上。公堂之上,洪麟阁慷慨陈词:"如今国家处于危急存亡之秋,凡引狼入室者为卖国,抗战图存者为爱国。我们报纸宣传抗日救亡,罪在何处?"②报社查封期间,洪麟阁等人积极协助唐山人力车夫反对增加车捐的斗争,公开支持开滦煤矿、启新洋灰公司、华新纺纱厂工人以增加工资、要求抗日为目的的罢工。

1935年夏,洪麟阁进入天津的河北工学院任职,分管斋务科行政事务。由于尽心筹办专供平民学生用餐、轮流帮厨的简易食堂"穷膳团",他深受学生爱戴。洪麟阁晋升教授后,经常在课堂上对学生进行爱国教育,指导学生阅读进步书刊,热情地鼓励他们投入抗日救亡斗争。

1935年底,华北形势更加危急。北平学生在党的领导下,举行了大规模的爱国示威游行,此即一二·九运动。天津学生获悉后立即响应,洪麟阁积极组织学生参加游行,声援北平学生。当游行队伍路遇军警阻挠时,洪麟阁指挥学生分成两队,分批行进,最终冲破阻截,按预定路线会合。

1937年七七事变爆发后,日军占领平津。日军飞机肆意轰炸,河北工学院顿成火海,建筑物全部被炸成废墟。河北工学院代理院长路秀三召集洪麟阁、杨十三等知识分子,在天津法租界吉泰大楼秘密开会,共商对策。在座者同仇敌忾,指出:"中国已经到了最危难的时刻,

---

①②中共天津市委党史资料征集委员会:《天津抗日英烈》,天津古籍出版社,1995年,第67页。

475

应该万众一心,拿起武器,抗击日本侵略军。"[1]他们以河北工学院师生为主,组织成立了"工字团"。此时,受中共中央派遣,共产党员李楚离、胡锡奎到天津开展地下工作,领导抗日民族统一战线。洪麟阁作为党外人士、社会名流,被吸收为华北人民抗日自卫委员会的主要领导成员。

1938年2月,洪麟阁带着中共河北省委以华北人民抗日自卫委员会名义发出的"组织发动冀东抗日暴动"的指示,回到故乡遵化县地北头村,组织民众抗日暴动。5月,洪麟阁以地北头村为大本营,在丰润、玉田、遵化一带组织抗日联军队伍。

为了筹措军费,洪麟阁变卖了自己的房产和土地,还将妻子陪嫁的首饰、银元拿出来凑款。在洪麟阁的带动下,当地巨商豪绅积极响应号召,为抗战捐款捐物。天津、唐山的爱国人士得知他的爱国行动后,也纷纷解囊相助。

在组织起义前,洪麟阁进行了大量的抗日宣传鼓动。他经常以宴请宾客为名,邀请各村进步人士开会座谈,开展抗日民族统一战线工作。他还经常组织本村青年上"千字课",通过识字学文化,动员他们参加抗日斗争。他还请来评书老艺人为当地群众讲《水浒传》《杨家将》《说岳全传》等,中间穿插抗日宣传内容,使群众的爱国情绪更为高涨。短短3个月内,洪麟阁组织的抗日队伍由最初的五六十人,发展到1000多人。

1938年6月,冀热边特委在丰润县召开军事会议,正式建立抗日联军,洪麟阁任副司令员及第三路纵队总指挥。会议决定7月16日在遵化、丰润、迁安、滦县等6个县同时举行起义。洪麟阁将起义指挥部设在地北头村,部队定名为冀东人民抗日联军第三军区第四军分区游

---

①中共天津市委党中央资料征集委员会:《天津抗日英烈》,天津古籍出版社,1995年,第69页。

击队,活动范围在丰润、玉田、遵化三县。

暴动前夕,洪麟阁等人一方面抓紧做好起义准备工作,另一方面仔细研究战局和社会动向。不料,由于叛徒告密,伪丰润县县长率警备队袭扰地北头村。洪麟阁率众奋起抵抗,击退了敌军。由于这一意外情况的发生,起义时间不得不提前到7月9日。

洪麟阁宣布起义后,伪丰润县政府的日本顾问亲自出马,调来玉田、丰润的保安队和民团1000多人及日军200多人。当时联军分散在各村,仓促间来不及通知,洪麟阁便带100多名战士组织突围,直奔玉田,随后转战丰润,集结抗日力量。这时,不少民团在抗战形势的影响下,纷纷投奔联军,抗日武装力量日益壮大。联军采取破坏交通、砸毁日军汽车、砍倒电线杆等斗争方式,搅得敌伪惶惶不可终日。

经过休整,洪麟阁率部进军沙流河日伪军据点。抗日联军借助地形,打一阵转一阵,使敌人晕头转向。经过两小时激战,联军终于拿下沙流河镇,缴获枪支600多枝,俘敌700多人。在洪麟阁的带领下,联军越战越勇,先后在北小家和王庄子一带击溃从玉田县城出来的日伪军,并攻克鸦鸿桥、窝洛沽两大重镇,连同沙流河在内,共拔掉日军在冀东腹地插下的三颗"钉子"。7月12日,在蓟县第五总队的协助下,洪麟阁趁守敌空虚,率部攻入玉田县城。攻下玉田县城,大大增强了乡民们抗日必胜的信念,他们踊跃参加联军,洪麟阁部扩大到5000多人。洪麟阁所属各纵队,分别到鸦鸿桥、高桥、鲁家峪集训,洪麟阁驻防玉田境内。

8月初,上级命令洪麟阁攻打遵化县城。当洪麟阁北进遵化珠山、笔架山时,伪县政府发觉联军行动,秘密组织日伪军伏击联军。由于敌军人多势众,洪部且战且退,迂回突围,大部队得以转移,随后进驻玉田鸦鸿桥。

1938年8月,由邓华主持,四纵党委、冀热边特委及抗联各路指挥员在遵化铁厂举行会议。会上总结了暴动的成绩,提出建军建政和建设根据地的任务,决定成立冀察热辽军区统一指挥抗日军队。不久,日军突然大量增兵,镇压冀东抗日暴动。

10月,党组织决定抗日联军退出冀东,洪麟阁率部西撤。西撤途中,洪部走在最后。队伍行至范家坞、燕山口一带,日军发觉抗日联军动向,立即调兵堵截。洪麟阁沉着指挥,战士们冒着大雨,英勇杀退敌军。进驻蓟县台头村后,洪部遭到日伪军更加疯狂的反扑。战斗中,由于敌众我寡,洪麟阁头部和腿部负重伤。负伤后的洪麟阁扯下杨树皮,用血写下誓言:"还我河山"。在用尽力气扔出一颗手榴弹炸死10余个日军后,他把最后一颗子弹留给了自己。洪麟阁牺牲时,年仅36岁。

参考文献:

中共天津市委党史资料征集委员会编:《天津抗日英烈》,天津古籍出版社,1995年。

（杨　　颖）

侯 德 榜

　　侯德榜(1890—1974)，又名启荣，字致本。1890年8月9日(清光绪十六年六月二十四日)，出生于福建侯官县凤尾坡村(即长沙村)的一个农民家庭。6岁时由祖父侯昌霖启蒙入学。1902年，侯德榜在姑母的资助下进入福州英华书院读书，1906年，因参加反美罢课运动，被书院开除。1907年，侯德榜考入上海闽皖铁路学堂。1910年毕业后被分配到津浦铁路做施工实习生。1911年考入清华留美预备学堂。1913年侯德榜从清华学校毕业后，以特优成绩保送到美国麻省理工学院化工科学习化学，1916年获得学士学位。1917年入喀拉特专科学院学习制革化学。1918年入哥伦比亚大学研究院研究制革，1919年获得硕士学位，1921年获得博士学位。

　　1921年，侯德榜收到范旭东邀请他到永利制碱公司担任工程师的信函，欣然接受了聘请，离美返国。1922年初，侯德榜来到塘沽，开始参与永利碱厂的建厂工作。1923年，他担任永利碱厂总工程师兼制造部长。在侯德榜的主持下，永利碱厂创造性地解决了蒸氨塔堵塞、碳化不稳定、煅烧炉结疤、产品带色等一系列制造工艺问题，最终在1926年6月取得苏尔维法制碱的成功。同年，在美国费城举办的万国博览会上，永利制碱公司生产的"红三角"牌纯碱获得了金质奖章，并被誉为"中国近代工业进步的象征"。此后，"红三角"牌纯碱畅销中国、日本及东南亚等市场，在中国化学工业史上写下了光辉的一页。1930年，在瑞士举办的国际商品展览会上，"红三角"再获金奖，享誉欧、亚、美。

1933年，侯德榜以十多年来摸索出的制碱技术和经验为基础，写成英文 *Manufacture of Soda*（《制碱》）一书，于同年被列入美国化学会丛书第65卷出版，这是该会第一次出版中国学者的著作。《制碱》揭开了国际苏尔维公会封锁了长达70年的技术秘密，被国际化工界公认为制碱工业的权威著作。侯德榜此举得到科学界的普遍赞扬，该书相继被译成多种文字出版，为世界制碱工业的发展做出了积极的贡献。为了表彰侯德榜突破苏尔维法制碱技术奥秘的功绩，1930年哥伦比亚大学授予他毕业生服务成绩优良一等奖，1933年中国工程师协会授予他荣誉金奖，1943年英国皇家学会聘他为名誉会员，成为当时全世界12位名誉会员之一。

制碱成功后，制酸成了侯德榜的又一个心愿。1933年，永利得到行政院的特许，承担创办硫酸铵厂的重任，工厂地点设在南京卸甲甸。1934年，永利碱厂改组为永利化学工业公司，侯德榜任总工程师兼碱厂、铵厂厂长，负责筹建硫酸铵厂。此后，侯德榜进行了大量的资料查阅和现场勘察，并率队赴美国进行铵厂的设计工作。1936年春，侯德榜一行从美国归来，马上投入紧张的建设工作。在侯德榜主持下，1937年初，具有世界先进水平的永利南京硫酸铵厂建成投产，开启了中国化肥工业的新纪元。永利南京硫酸铵厂建成之后，中国化学工业有了"两翼"——酸与碱，克服了基本原料缺乏的状况。为了表彰侯德榜对永利生产、科研方面的突出贡献，范旭东将永利南京硫酸铵厂新建的实验大楼命名为"致本楼"。

然而，永利同人千辛万苦建成的亚洲一流水平的硫酸铵厂投产短短几个月之后，全民族抗战爆发。1937年8月21日凌晨，日机向永利硫酸铵厂投弹10余枚，又在9月27日和10月21日继续轰炸。硝烟中，侯德榜按照范旭东的指示，整理重要图纸，拆运仪表、机件，撤走永利的技术人员。1937年12月5日，装载铵厂最后一批人员和物资的太古公司"黄埔"号拖轮起锚，侯德榜才登上撤离南京的轮船。

永利迁川后,将新厂址定在四川犍为县岷江东岸五通桥东南十里的地方,利用西迁的设备、仪器,在此地建设华西化工中心。抗战期间,侯德榜先后担任永利川厂厂长、总工程师,永利首席协理兼设计师、化工研究部部长等职,负责筹建工厂,购买设备,研究新的制造技术。

由于华西的盐比塘沽的海盐质差价昂,而采用苏尔维法原料盐的利用率仅70%左右,为了提高盐的利用率,侯德榜开始寻找新的制碱方法。1924年,德国人发明了名为"察安法"的制碱新工艺,以碳酸氢铵和盐为原料,循环反应,最后得到纯碱和氯化铵两种产品,这种新方法将盐利用率提高到90%~95%,而且几乎不产生废液。为了早日建成华西化工基地,范旭东决定优先考虑向德国厂商购买专利技术。1938年8月,侯德榜等人赴德考察察安法制碱流程,侯德榜一行抵达德国柏林后,原来计划参观的各碱厂均采取严格的保密措施,拒绝他们参观生产现场。对于永利的技术专利购买意向,德方在谈判中索价高昂,另外还提出苛刻的条件:用新法生产的产品不准在东三省出售。事关国权,为维护民族尊严,侯德榜毅然决定停止谈判。

谈判不成,侯德榜转而赴美,他在美国纽约遥控指挥永利技术人员在国内进行各种试验。在极端困难的条件下,经过500多次循环试验,分析了2000多个样品,并对工艺流程进行了三次重大改进之后,侯德榜领导永利技术人员最终试验成功适合华西环境的新制碱法——联碱法。这种制碱法吸收了苏尔维法和察安法的优点,原料盐利用率达到98%以上,远远高于苏尔维法的利用率,从等量的盐中可生产出更多的纯碱。盐中的氯也不再生成无用的氯化钙,而是制成农用肥料——氮肥(即氯化铵),从而使原料盐得到充分的综合利用。采用联碱法后,纯碱生产成本比苏尔维法降低40%,碱厂设备费比苏尔维法减少1/3,建设氨厂所需的资本额也大大降低。1941年3月15日,永利川厂厂务会议正式将此新制碱法命名为"侯氏碱法",它为世界制碱技术开辟了新途径。1943年12月,中国化学会第11届年会在四川乐山召开,通过听取报告和参观试验车间操作运行,年会对"侯氏碱法"给予高度评价,认为是化工技术上的重大发明。但由于战争影响,条件困难,这套装置运转两个多月就停产了。

在技术援助和传播上,侯德榜也做出了卓越的贡献。1945年1月,应巴西政府之邀,侯德榜和解寿缙赴巴西进行碱厂厂址勘察及原料调查工作,并代为设计碱厂的建设。同年6月,侯德榜随范旭东由美回国时,途经印度,协助塔塔公司改进纯碱生产的技术,增加该厂产量。通过技术交流和技术支援,扩大了永利及侯德榜在世界化工领域的影响力。

1945年10月,范旭东逝世,侯德榜继任总经理,全面领导永利化学工业公司的工作。他立即组织恢复永利塘沽厂与南京硫酸铵厂的生产。南京厂的硝酸设备在战争中被日本侵略者运往日本,经侯德榜和李烛尘等人一再向有关方面严正交涉,他亲赴东京盟军司令部等处据理力争,才于1948年全部归还,恢复硝酸生产。

1949年,侯德榜第五次赴印度工作期间,得知中共中央领导人很关心永利的事业,并希望与他共商国家大计,他十分激动,于是谢绝了印度塔塔公司年薪10万美元的聘请,冲破重重阻碍,历时50天,绕道泰国、香港、韩国赶回北京。聂荣臻亲自到车站迎接。周恩来亲自到永利驻北京办事处探望他,祝贺他胜利返国,赞扬他的爱国主义精神,邀请他参加中国人民政治协商会议。几天后,毛泽东也接见了侯德榜,详细倾听了他对振兴工业的意见,并提出了恳切的希望。侯德榜受到极大鼓舞,决心加倍努力工作,报效祖国。1953年,他加入了民主建国会,并当选为第一、第二届中央常委。1957年,他加入了中国共产党。他先后担任全国政协首届委员、第二至第四届常委,全国人大第一至第三届代表,先后被任命为中央财经委员会委员、政务院重工业部技术顾问、化学工业部副部长,受聘为中国科学院技术科学部委员,等等。

同时,他更加勤奋于科学技术工作,为发展化学工业日夜操劳。他先后向中央领导人介绍过"永利公司建设十大化工企业的设想",提出过"对复兴工业的意见"等多项建议。他参与了全国化学工业和科技事业的许多重要决策,领导了化工行业许多重大科技活动。在他的建议和指导下,对联合制碱新工艺继续进行补充试验和中间试验,1961年,第一条8万吨级生产线建成,投入试生产。1964年,试生产达到了预定的各项指标,国家科委副主任亲临现场,主持通过了联合制碱新工艺的技术鉴定。之后,这种新工艺陆续在全国50多家工厂推广,年产纯碱和氯化铵各达百万余吨,成为我国生产纯碱和化肥的主要方法之一。1958年,他又提出了碳化法合成氨流程制碳酸氢铵化肥新工艺的设想,亲自领导示范厂的设计、施工、试验和改进,1965年获得成功。在各级政府大力支持和广大职工共同努力下,陆续推广建厂1000多座,其产量长期占全国氮肥总产量一半以上,对我国农业的发展做出了贡献。此外,侯德榜在发展磷肥、农药、聚氯乙烯、化工机械等工业和化工防腐技术,以及传播交流科学技术、培育科技人才等方面,也做出了许多贡献。

　　1972年以后,侯德榜日渐病重,行动不便,仍多次要求下厂视察,帮助解决技术问题,还多次邀科技人员到家里开会,讨论小联碱技术的完善与发展等问题,呕心沥血,直至生命的最后一息。

　　1974年8月26日,侯德榜因病逝世,终年84岁。

参考文献:

郑开宇:《化工先驱侯德榜》,天津人民出版社,1990年。

《纯碱工业》编辑部编著:《侯德榜传略》,《上海化工》,1990年第5期。

李祉川、陈歆文:《侯德榜》,河北教育出版社,2001年。

(李健英　李娟)

胡鄂公

胡鄂公(1884—1951)，字新三，号南湖，湖北江陵人，生于1884年10月11日(清光绪十年八月二十三日)。

胡鄂公少年受私塾教育。1903年始在湖北公安学习新学，曾与同学倡立日新社。1906年春，肄业于江陵郝穴预备中学堂，与熊得山等组织辅仁社，任社长。1908年赴北京，入江汉学堂。翌年，考入保定直隶高等农业学堂林科。1910年组织成立共和会，任干事长。1911年由保定转学江西高等农业学堂，入农业林科。同年5月，与邝摩汉等成立共和会江西分会。

1911年辛亥革命爆发后，11月，京津保同盟会先后派冷公剑、杨时杰代表北京、天津、保定等地革命团体前往武昌革命军政府，请求派人北上主持革命。当时在湖北军政府任水陆指挥的胡鄂公因曾在保定组织共和会，熟悉北方情形，被革命军政府任命为湖北军政府全权代表赴天津，主持北方革命运动联络事宜。11月24日，胡鄂公抵天津，住在法租界紫竹林的长发栈。

12月1日，汪精卫在天津意租界的寓所召集在津的部分革命党人成立了中国同盟会京津保支部，胡鄂公等人到会，并加入京津保中国同盟会，任军事部委员。2日，胡鄂公与白毓昆等人在北洋医学堂召开直隶各革命团体代表会议，研究各地武装统一问题，最后一致同意成立天津、北京、保定、通州、滦州、石家庄、任丘革命总指挥部，公推胡鄂公为总指挥，下设秘书处和参谋、军事、交通、联络等部。会议还决议成立总司令部，暂时统一了直隶各地的革命力量。

12月14日,北方革命协会在天津英租界小白楼成立,参加会议的有同盟会代表胡鄂公等,还有北方革命团体共和会、铁血会、振武社、急进会、克复学会、北方革命总团、共和革命党、北方共和团、女子北伐队、女子革命同盟代表等18人。会议推举湖北军政府代表胡鄂公为会长,通过了《北方革命协会简章》。北方革命协会成立后,进一步把在天津的革命组织统一起来,指导直隶各地发动了一系列武装斗争。

12月25日,北方革命协会在天津召集各革命团体代表会议,一致吁请孙中山制止各省代表与袁世凯中途议和,领导各省军民同志推翻清朝、肃清官僚,建立真正共和政体,以贯彻全国彻底革命初旨。同时向孙中山发了电文。29日,丁开嶂、李孝通等由滦州来天津,并携有王金铭、张建功、施从云等致胡鄂公与天津各革命团体快电,拟请天津革命同志至滦,指导革命,组织滦州军政府。北方革命协会遂派白毓昆等人由天津赴滦州。

1912年1月1日,孙中山就任中华民国临时大总统。1月初,胡鄂公从天津南下抵上海后,与沪军都督陈其美会晤,得知孙中山正在积极策划北伐,希望北方革命党人武装行动加以配合。1月13日,胡鄂公抵南京,在总统府谒见了孙中山。孙中山指示他:"沪军都督陈其美昨晚来电,亦谓北方革命,现在极宜推动,不可有所瞻顾。北方革命运动,固重于目前一切也。"①即命黄兴从陆军部拨给北方经费20万元。

胡鄂公返回天津后,于1月27日在法租界召开了北方革命协会各团体代表紧急会议,胡鄂公传达了在南京谒见孙中山的情况,讨论了建立北方革命军总司令部及发动武装起义的问题。会议推举胡鄂公为北方革命军总司令。27日下午,北方革命协会在法租界吉祥里14号(胡鄂公在津寓所)召开会议,具体研究了天津起义及北京、保定、通

①胡鄂公:《北方革命实录》,载中国史学会主编:中国近代史资料丛刊《辛亥革命》第6册,上海人民出版社,1957年,第274页。

州等地响应起义的步骤,确定于1月29日夜12时举事。计划分为九路军,以进攻直隶总督衙门为主要目标。攻占督署之后,立即宣布成立津军都督府。

1月29日,由于过早地发出了起义信号,各路队伍一时措手不及,原来的部署全被打乱,在集中力量攻打督署时,遇到了清军的强烈抵抗并被包围,攻占督署的行动宣告失败。其他各路军亦均失利,殉难多人。

起义失败后,胡鄂公等人决心重整旗鼓,命令革命同志夜以继日地由遵化、玉田、丰润、迁安、静海等地集合武装力量,分期分批来到天津。1912年2月7日,正当北方革命军总司令部在小白楼筹划起义方案时,袁世凯勾结英租界当局破获了起义机关,逮捕了革命同志,所有的印旗、武器、文书、饷银等均被搜去。2月8日下午3时,胡鄂公访晤英国驻津领事署,责其不守中立,租界当局被迫释放起义人员,归还了印旗等物品。2月,胡鄂公在天津创办《大中华报》,未几停刊。

1912年2月,孙中山辞去临时大总统职务,临时参议院选举袁世凯为临时大总统,北方各革命团体在法租界吉祥里14号召集会议,宣布北方革命协会总部、北方革命军总司令部及所属各地指挥机构与其他各革命机关一律解散。

1912年4月,胡鄂公回到家乡荆州,任荆州荆旗善后局督办,并参加共和党。1913年4月,当选为第一届国会众议院议员。5月,与张伯烈等成立新共和党。1914年,任荆州法政专门学校校长、总统府咨议。1915年,任四川将军署秘书。1917年11月,任广东潮循道尹。1921年到北京,与熊得山等组织马克思主义研究会,并刊行《今日》杂志。1922年8月,任国会众议院议员,12月任北京政府教育部次长,1924年1月底辞职。同年7月,胡鄂公联合参众两院150名议员发起"反帝国主义大同盟",并创刊《反帝国主义运动》旬刊。

1927年南京国民政府成立后,胡鄂公寓居上海,曾任孔祥熙私人政治经济顾问。1945年冬,任孔祥熙系《时事新报》发行人兼总经理。1949年去台湾。

1951年10月8日,胡鄂公病逝于台北。终年67岁。

著有《五十家论文书牍》《古文辞粹》《原农》《原林》《辛亥革命北方实录》等。

参考文献:

中国史学会主编:中国近代史资料丛刊《辛亥革命》第6册,上海人民出版社,1957年。

全国政协文史委编:《辛亥革命回忆录》第5集,文史资料出版社,1963年。

徐友春主编:《民国人物大辞典》(增订版)上,河北人民出版社,2007年。

李新等主编:《中华民国史·人物卷》,中华书局,2011年。

丁日月主编:《辛亥百年图谱》,中国文史出版社,2012年。

（葛培林）

胡　佛

　　胡佛（1874—1964），全名赫伯特·克拉克·胡佛（Herbert Clark Hoover），1874年8月10日出生于美国艾奥瓦州西布兰奇一个公谊会教徒家庭。父亲杰西·胡佛是一名铁匠和农机具店主，在胡佛6岁时去世，三年后，母亲荷尔达·胡佛也去世。胡佛和一个哥哥、一个妹妹暂由叔叔阿伦·胡佛抚养，两年后胡佛迁到舅舅约翰·明索恩家寄居。1885年11岁后搬到俄勒冈州，由当医生兼任学校督导的伯父将其抚养成人，并在纽伯格友好太平洋学校读书。

　　胡佛17岁考入斯坦福大学攻读地质学。在这里，胡佛遇到了他后来的妻子——攻读地质学的卢·亨利。1895年，胡佛大学毕业后未能找到理想的工作。为了生存，他只得到加利福尼亚州的一个金矿挖了两年矿石，每天工作10小时，每小时却只能挣到可怜的20美分，后进入路易斯·加恩开办的工程公司担任打字员。

　　胡佛的命运转机发生在1897年。英国专门在亚、非、拉、澳等地区从事矿业投资的最大公司毕威克-墨林公司，想寻找一名年龄在35岁以上且有一定采矿经验的美国工程师去澳大利亚，胡佛通过虚报年龄和工作经历获得了这份工作。1897年5月13日，胡佛抵达西澳大利亚金矿，担任矿业开发工程的技术监督。

　　1899年2月，24岁的胡佛奉派来到中国，3月抵达北京，而后前往天津并居住下来，妻子亨利在天津的一家医院工作。为了适应在中国的生活，亨利在忙于工作和操持家务的同时认真学习中文。他们还分别给自己取了一个中文名字，胡佛叫胡华，亨利叫胡潞。

开平矿务局督办张翼的德籍顾问,是津海关税务司德璀琳,在他的撮合下,胡佛担任了张翼的技术顾问。胡佛来中国之前,毕威克-墨林公司董事长 C.A.墨林通过向开平矿务局办理采矿机器的买卖,了解到开平局为建设秦皇岛码头要向外国借款的消息,认为这是染指开平局的大好时机。胡佛到津后,在较短的几个月内即促成此事。他通过津海关税务司、开平矿务局顾问德璀琳,于1899年9月20日经办了借款交易,即以开平局全部财产作抵押,向墨林公司借款20万英镑(合平银140万两),嗣后,开平局又向德华银行借款45万两。这些外资的融入,在很大程度上影响了开平局资金的构成比例。当时,开平局的股本为150万两,加上官、私借款84万两,共计234万两,而向外国的借款为185万两。这样,外国资金已经占了开平局全部资金419万两的44%。此事也为日后胡佛、德璀琳合谋盗骗开平煤矿主权留下了隐患。

胡佛利用技术顾问的合法身份,对开平煤矿进行了全面调查,搜集了许多有关开平煤矿的资料和生产经营情报,并写出一份《开平矿务局报告》给墨林。这个报告对开平煤矿的开采历史、地理位置、煤田面积、各矿产量、采矿权等各个方面情况都进行了详细记述,并统计分析了开平煤矿的资产总值、地质、煤质、煤层、储量、采煤成本、市场煤价和铁路、运河、港口运费及预计盈利等大量资料。正是胡佛的这份报告,促使英国人下决心吞占开平煤矿。

胡佛来华几个星期后,中国便爆发了声势浩大的义和团运动,在天津各国租界被围困期间,胡佛负责外国租界中食物和用水的分配工作,并多次代表墨林公司与时任开平矿务局代理总办德璀琳进行秘密谈判,主要是商讨墨林公司向开平煤矿投资或合作的可能性与方案。胡佛根据在中国了解到的情况,先后向墨林公司提出改组开平煤矿的几套方案,并将每次谈判的情况密报墨林公司,积极向墨林公司提出各种建议。1900年7月30日,胡佛与德璀琳、墨林合谋签订了"卖约",

规定把开平的产业和权益完全卖给墨林,再由墨林移交给英商随后成立的"开平矿务有限公司"。然后胡佛与德璀琳密谋,草拟了一份"移交约",在威逼利诱下迫使张翼签字。一个初具规模且有广阔前景的中国近代企业——开平煤矿,就这样,被英国人巧取豪夺到手。

1901年2月,胡佛因骗占开平煤矿和秦皇岛港有功,被提升为中英合办的开平矿务有限公司总办。但是好景不长,同年秋,比利时股东从欧洲其他股东和中方股东手中买下了公司的大部分股份,他们派了自己的人来做公司经理,还带来了比利时技术人员。胡佛因同新任经理意见不合而辞职。11月,墨林公司以20%的股权吸收胡佛入伙,胡佛便携眷回到伦敦。直至1908年前,他以墨林合伙人的身份仍在世界各地从事矿业开发,同时还拥有开平矿务有限公司的部分股份。

1902年,胡佛在澳大利亚发现了有利可图的锌矿,之后又到缅甸开采银矿。1904年后,他还为开平公司经秦皇岛向南非金矿输出华工收取佣金。1908年,胡佛成立了自己的工程公司,在全球范围内帮助开采地下资源,从事矿业咨询。因其专业技术精湛,被誉为"病矿良医"。1913年,胡佛回到美国,在旧金山开设了总公司,并在世界各地设立分公司,从事矿业、铁路、冶金等业务,成为矿业界的富豪和商界知名人士。到1914年,他已成为拥有400万美元的富翁,这为他后来步入政坛奠定了物质基础。

1917年至1919年,胡佛任美国粮食总署署长,1921年至1928年任商务部长,1928年11月6日,成为美国第31任总统。1964年10月20日,胡佛在纽约去世,终年90岁。

胡佛一生著述颇丰,著有《采矿原理》《对自由的挑战》《持久和平问题》《回忆录》(3卷)、《美国史诗》(4卷)等。

参考文献:

李富明等:《美国总统全传》,国际文化出版公司,1997年。

周利成:《胡佛发迹在中国》,《档案春秋》,2008年第1期。

李志龙、赵彤:《从开滦走出的美国总统——胡佛》,《档案天地》,2009年第11期。

雷家琼:《美国前总统胡佛的一段中国经历》,《国际人才交流》,2009年第4期。

（任吉东）

491

胡 家 祺

胡家祺(1870—1929)，字玉孙，别字玉荪，天津人。清朝丁酉(1897)科举人。

1902年10月，胡家祺出任严修、林墨青等创办的天津最早的私立小学——民立第一小学堂教习。1903年秋，经直隶省学校司督办严修推荐，胡家祺与陈哲甫、陈宝泉等10余人东渡日本留学，入宏文学院速成师范科。1904年，胡家祺任天津府官立中学堂监督。1905年，严修创办了天津最早的幼儿师范学校——严氏保姆讲习所，胡家祺受聘讲授国文。

1905年，胡家祺创办天河初级师范学堂，任监督。该学校是天津最早的师范学校之一，堂址在天津城西北角文昌宫北洋校士馆内。学堂设有完全科和简易科。其中简易科1年毕业，完全科5年毕业，经费由天津、河间二府提供。1907年，废除简易科，增设优级理化选科，为中小学堂及初级师范学堂培养理化教员。此时学校改名为天津两级师范学堂。为了便于学生实习，该学堂办有两所附属小学堂，为天津最早的官立小学堂之一。

胡家祺在该学堂担任监督期间，积极参加天津立宪派的请愿运动。1906年9月，胡家祺在直隶初级师范学堂内设立地方自治研究所，其研究科目有"自治制""选举法""户籍法""宪法""地方财政论""教育、警察行政""经济学""法学通论"等。1906年12月，天津教育会成立，胡家祺当选为首任会长。1907年，天津举行了首次投票选举，选出议员胡家祺等30人，组成了天津县议事会。

清廷迫于形势,于1908年8月颁布了《钦定宪法大纲》,规定用9年的时间作为预备立宪的期限,并明令各省于1909年10月前成立咨议局。根据清廷颁布的《各省咨议局章程》,经过选举,直隶省于1909年成立咨议局,共选出议员168名,胡家祺当选为顺直咨议局议员。

1912年民国建立后,天津两级师范学堂改称直隶省第一师范学校,胡家祺任校长。1913年改为预科1年、本科4年。1914年本校及分校迁至河北公园内学务公所旧址。同年6月,胡家祺调北京教育部任秘书职。1914年后,胡家祺先后任直隶、山东、江苏省教育厅厅长等职。

1929年胡家祺病逝,终年59岁。

参考文献:

故宫博物院明清档案部汇编:《清末筹备立宪档案史料》(上、下),中华书局,1979年。

来新夏主编:《天津近代史》,南开大学出版社,1987年。

(张绍祖)

胡 树 屏

胡树屏(1849—1927),名维域,字树屏,以字行,天津人。胡树屏祖籍浙江,9岁时父亲去世,年少时在天津跟随胞兄学文化及书算技能,并在其兄资助下在天津的益太昌棉布店学做生意。胡树屏学做生意一贯努力勤快,得到经理芮辅庭的赏识器重,很快由学徒转为伙计,并拥有了自己的股份,后升为经理。他与另一名经理孙烺轩两人工作都兢兢业业,营业效益很好。胡、孙二人,不愿久居人下,遂共同商议一起向芮提出辞职,合伙开办了元隆绸布庄。元隆资本总额为银2万两,胡树屏、孙烺轩、胡子彬与郑桐勋各出资5000两,胡树屏、孙烺轩任经理。1908年前后,郑桐勋、胡子彬因故退出,该店改由胡树屏、孙烺轩二人继续经营。

元隆初开业只从上海进货,因地区差价不多,赋税又重,加上从业人员20多人的开支,仅一年多时间原本亏尽。这时胡树屏主张改变策略,扩大规模。胡、孙两人依靠钱庄借款20余万元,解决了资金不足的问题。第二年在估衣街租得新营业门市一处,前部为门市,后部做批发,很快发展起来。

胡树屏有胆识,懂经营,眼光敏锐,有管理和经营的才能,能够抓住机遇,使元隆日益繁荣昌盛,成为天津第一流的绸布商店。元隆绸布庄与其他绸布庄在经营上存在很大的不同。第一,独创本牌色布。用高底子白布,由定点染厂专门染色,用本号标牌,颜色真,不缩水,尺码足,耐穿用,外地称赞天津染色布货真价实、童叟无欺,深受欢迎。第二,服务热情周到。对一般顾客有迎有送,有座有茶;对大主顾敬纸烟,给糕点或留餐。帮助顾客挑选时新称心的绸布,千方百计让顾客满意,若有空手出门没买货者,经理必追究接待人员的责任,查找原因,改进接待工作。第三,产品消息灵通。在上海及日本,元隆派专人了解商情信息、负责购货营销,保证元隆买进头水货、畅销货,吸引顾客购买,避免积压,增加盈利。第四,结交大户,做大生意,做常年生意。设专门"走街"人员,经常了解富商大贾、官僚政客、军阀寓公家里的婚丧嫁娶、生日满月等活动日期和所需绸布用量,以便适时送货上门,殷勤逢迎,货款立折子,"三节"算账。这类大户人家,元隆掌握有数百家,后来达到1000余家。

元隆非常重视宣传。当年,《益世报》的重要版面常被元隆包下,"天津元隆号,货全价公道"十个大字横贯全版。另外,从天津到北京铁路沿线各站,全涂有元隆绸布店广告;北京的正阳门车站东西两面也全被元隆广告占据。各大戏院是人群汇集的地方,元隆便不惜巨资向戏院赠送绣花幔帐、桌围、椅披等,图案花样均为元隆的广告。除了宣传,元隆也很擅长促销。每年春、夏两季,元隆的三个门市部照例搞两次"大减价""大甩卖"的促销活动。"大减价"之外,还要赠送扇子、肥皂等小礼品。每逢春节,专制一种随货赠送的红绫小灯笼,上绘有"恭贺新禧"金字,题有"元隆号敬赠"字样,颇受儿童喜爱。因此,许多顾客为了得盏小灯笼,都去元隆买布匹,从而增加了年关的营业额。

元隆绸布庄在胡与孙的密切合作下,买卖愈做愈兴隆,但是他们从不满足现状。他们见天津、上海两埠贸易往来频繁,就兼办申汇,仅此一项盈利就能解决元隆的大部分开支。胡与孙两人运用在益太昌棉布店的经验,承包军活,制作军装,承包铁路员工制服,获利甚多。当时国家战乱频仍,元隆把仓库设在估衣街德厚里一住家院内,幸未遭到各方军队的抢掠。时局平复之后,市面货物奇缺,元隆乘机以"慰问顾主大减价"为招牌,吸引了大批买主来店购买货品,不仅门市赚钱倍增,而且还创出了名声。第一次世界大战以前,天津纱布商以经营英、俄货物为主,当时英国的十八子牌白市布、俄国的不落色花布,很受城乡居民的欢迎。胡、孙二人鉴于欧洲风云日紧,一旦爆发大战,纱布货源势必减少,甚至断绝。于是向英商太古、怡和洋行订购了大量的各色棉布,果然欧战爆发,纱布来源减少,市场出现纱布紧缺,价格随之上涨,而订货结汇付款时,英镑已经贬值,元隆因而获得双重巨额厚利。

元隆还发售各种礼券,1919年发售"红贴",现卖现写,起到吸收无息存款的作用。后来发展为"礼券",既收了大量的预付货款,充实了资金,又推销了商品。元隆进入极盛时期后,除绸布之外,又增添百货柜,从毛毯被褥到衣服裤袜,甚至日常生活用品等,无不俱备。由于元隆的名气越来越大,天津富有人家男婚女嫁,如果不用元隆的东西就深觉不够排场。元隆发展起来后,胡家和孙家都成了新天津"八大家"之成员。

除元隆绸布庄外,胡树屏还有与人联办的晋丰银号、元聚棉布庄和元裕棉布庄。这四处买卖中,他最重视的是元隆和晋丰。晋丰银号开办于1915年,由"棉布业八大家"的胡树屏、孙烺轩、金桂山、潘耀庭四家合资经营,资本银10万两。该银号专营存款、放款、申汇、买卖银元。银号办事规矩认真,对客户计算利息公平合理,每年盈利大部分作为公积金,至1934年结束时积累达百多万元,为其他银号所望尘莫及。

胡树屏乐善好施。1917年天津遭遇水灾,胡树屏个人捐款5000元赈济灾民。另外,胡树屏每年冬季都向贫民施舍玉米面几万斤,向老百姓无偿施舍医治慢性病的胡氏金丹。

1927年,胡树屏病逝,终年78岁。

参考文献：

杜少川：《估衣街的元隆绸布庄与胡树屏》，载天津市红桥区政协文史委编：《红桥文史资料选辑》第2辑，2001年内部印行。

李焕章、刘家琛：《解放前天津大纱布庄概述》，载天津市政协文史委编：《天津文史资料选辑》第49辑，天津人民出版社，1990年。

卞瑞明主编：《天津老字号》(下)，中国商业出版社，2007年。

（王社庄）

胡燏棻

胡燏棻（1841—1906），原名国栋，字尧臣，号寄虹山人，别号芸楣，安徽泗州人，原籍浙江萧山。

1864年，胡燏棻由监生中式同治三年甲子科补行戊午科江南乡试举人，报捐郎中，签分刑部奉天清吏司行走。1869年4月学习期满，留刑部奉天清吏司候补。因胡燏棻此前在江北粮台时曾捐献炮艇，获赏戴花翎。

1874年，胡燏棻参加甲戌科会试中进士，选为翰林院庶吉士。1876年学满三年散馆后，8月选授广西灵川县知县，未赴任，后纳赀为道员，分发直隶试用，12月到任。李鸿章派其到保定营务处任职。1877年1月，改派胡燏棻至直隶练饷局筹治北洋粮饷。胡燏棻为筹措粮饷颇为用心尽力，深得直隶总督李鸿章赏识，称其"才明识练，处事精详，措置裕如"①。

1877年至1878年，华北发生大旱灾，以山西、河南为中心，波及直隶、山东等数省，史称"丁戊奇荒"。1877年4月，胡燏棻被派兼办河南地区筹赈捐输事务。1878年1月试用期满，经李鸿章奏保，以繁缺道员补用，会办晋赈新捐事务。12月，因胡燏棻在候补道任内，"经理练饷，总司筹画，督率委员，按时分拨，源源运解，俾士卒借获饱腾，于各

① 顾廷龙、戴逸主编：《李鸿章全集》11《奏议十一》，安徽教育出版社，2008年，第441页。

路兵机不无裨助"①,李鸿章颇为赞赏,奏请赏二品顶戴。还因胡燏棻办理山西地区赈灾有功,奖励随带加三级。1879年11月,胡燏棻短暂署理大顺广道,1880年5月即交卸。

1884年7月,胡燏棻会办天津海防支应局事务,1885年1月署理天津道,5月交卸天津道,仍办理天津海防支应局、海防新捐局、天津筹赈局、工程局等处事务。其间,刘铭传因胡燏棻在基隆法军撤退和台北解除戒备中负责运送粮饷、军械颇为用心,奏保胡燏棻仍以道员归候补班补用。前浙江巡抚刘秉璋也因胡燏棻此前负责浙江分发赈捐有功,奏请奖励加一级记录一次。

1886年7月12日,胡燏棻再度署理天津道。李鸿章鉴于胡燏棻"明达事体,究心吏治,河工、洋务均有历练"②,奏请朝廷委胡燏棻任天津道。7月21日,奉旨授天津道。1889年8月署理长芦盐运使,12月回天津道本任。

1890年,天津遭受水患,灾情极重,天津城居民流离失所,胡燏棻建议李鸿章扩大北仓、西沽粥厂,为百姓安排临时住所,李鸿章从其言,赈济灾民。其间,胡燏棻募集各省赈捐善款百余万两白银,并监督河工整治南北运河,堵塞河道缺口数十处,使田地不再被洪水淹没,百姓方得种植庄稼。李鸿章评价胡燏棻"殚竭心力,劳瘁不辞,舆情爱戴"③。

1891年8月30日,清廷授胡燏棻为广西按察使,依例胡燏棻在上任之前先进京谒见光绪帝。9月,李鸿章上疏光绪帝,奏称其"办理工赈各事,头绪纷繁",又"经手事件甚多,必须逐一清厘",特请旨令胡燏

①顾廷龙、戴逸主编:《李鸿章全集》8《奏议八》,安徽教育出版社,2008年,第269页。
②顾廷龙、戴逸主编:《李鸿章全集》11《奏议十一》,安徽教育出版社,2008年,第441页。
③顾廷龙、戴逸主编:《李鸿章全集》14《奏议十四》,安徽教育出版社,2008年,第164页。

菜暂留天津道,至12月方交卸天津道,进京入觐。足见李鸿章对胡燏棻十分倚重。

1892年1月,因胡燏棻在督办直隶地区赈灾等事务中有功,赏加头品顶戴。5月,胡燏棻到广西,先署广西布政使。9月交卸,接按察使,掌管一省司法与监察事务。胡燏棻在任两年期间,秉公执法,惩奸除恶,广西所辖州县多有巡查,办理多件重要案件,颇得广西百姓敬慕。为使在监囚犯获释后有谋生手段,不再继续作恶、危害社会,他在广西创办了逊业堂,教授囚犯技艺,并敦促各县知县督办囚犯学艺之事。此举是清末狱制改良的重要探索,在司法史上具有重要意义。

1894年甲午战争爆发后,清军节节败退,亲身经历黄海海战的德国人汉纳根奉召入京,向清政府提出"在陆军方面需加练兵士十万人,按照德国军制进行训练,在海军方面需向智利、德国、英国等国购买快船,并聘募外国将弁水手同船来华"的建议。清廷遂于11月15日下旨,责成胡燏棻会同汉纳根商定章程,立即施行。在磋商过程中,胡燏棻认为汉纳根提出的建议均属切实可行,但对于练兵募将等方面的问题却意见相左,未能议定。11月26日,胡燏棻向清廷奏报,陈述办理筹购船炮、筹办练兵经过,并缕析清政府财政的承受能力、外洋军火商的供货能力、遴选将弁及对洋员的管理等种种困难等情形,并认为汉纳根此举目的似乎不纯,他指出:"汉纳根于大鹿岛之战,虽能出力,此次建言本意,似欲多购船械,为牟利起见。窃恐事权过重,所用洋员过多,积久难以钤束。"[1]胡燏棻在12月3日致军机处的电文中还称汉纳根在磋商过程中希望自命为军师、总统并设军务府,一切兵权、饷权均由其主政,即做全军主将,仅接受清帝的命令,胡燏棻则要求汉纳根归

---

①《桂臬胡燏棻奏统筹洋员汉纳根呈请召募洋将练兵添船购械各节折》,载王彦威纂辑,王亮编:《清季外交史料》第5册,王敬立校,湖南师范大学出版社,2015年,第2025页。

他节制。①最终交涉无果,汉纳根离开北洋舰队,而购船计划也最终落空。尽管汉纳根的计划半途而废,但已施行的部分却并未完全中止。所募洋员,有10人留在了榆关炮台,而所招兵勇也没有被遣散。据胡燏棻所奏,他在11月19日返回天津后便开始派唐仁廉、曹克忠等人在天津招募兵勇,又派人赴山东、河南、口外、朝阳一带招募,至12月末,已召集新兵3营。胡燏棻对于招募的新兵,其家庭背景和身体素质都有着严格的要求:"先由本籍地方官查取住址,亲族年在十六以上二十以下者方许入营当勇,以杜将来逃亡之弊。到营时先验身材,不入格者即剔退。"②胡燏棻率军驻扎马厂,用德式编制组织军队,马、步、工、炮各兵种相辅而行,以西法操练,训练洋操洋枪,定名"定武军",得到清廷"颇见成效"的赞誉。

1895年5月8日胡燏棻上奏,言其续募练兵,已成10营,创练新军,也已购置一切器具。胡燏棻组织的定武军共计4750人,其中步兵3000人,炮兵1000人,骑兵250人,工程兵500人。10月中下旬,胡燏棻鉴于马厂仅有5营兵房,已不敷用,故移驻距天津70里的新农镇(即小站),此为所部淮军驻扎、屯田之地。胡燏棻十分看重新式军官的作用,在10月25日上奏清廷的奏折中称,北洋武备学堂学生熟悉西国兵制,训练有方,因此可以让武备学堂的毕业生负责新式军队的日常操练,何宗莲、吴金彪、田中玉等人得以被提拔任用。12月16日派袁世凯正式接练新军,③在胡燏棻与袁世凯交接期间,胡燏棻仍大力举荐武备学堂学生鲍贵卿等人。袁世凯接掌定武军后,加以扩充,易名为"新建陆军",开始了闻名于后世的小站练兵。

《马关条约》签订后,胡燏棻认为对待外国的侵略如果只是割地赔

---

①参见《德汉纳根军门语录》,载林乐知、蔡尔康等撰,上海广学会译著:《中东战纪本末》卷7,图书集成局铸版,1896年4月。

②刘锦藻撰:《清朝续文献通考》第3册,商务印书馆,1936年,第9508页。

③《袁世凯小站练兵所属营务札件》,中国社会科学院近代史研究所藏。

款、一味求和,得到的仅是暂时的苟安,并非长久之计。胡燏棻于1895年向朝廷上奏《因时变法力图自强条陈善后事宜折》,提出十项建议:一是"开铁路以利转输",二是"铸钞币、银币以裕财源",三是"开民厂以造机器",四是"开矿产以资利用",五是"折南漕以节经费",六是"减兵额以归实际",七是"创邮政以删驿递",八是"创练陆兵以资控驭",九是"重整海军以图恢复",十是"设立学堂以储人才"。[1]胡燏棻的改革建议是"变法自强"改革方案的典型代表。清政府深以为然,决定次第实行。

在胡燏棻所提出的十条变法革新建议中,清政府认为铁路为通商惠工要务,而京师附近地区战略位置重要,因而兴办铁路优先考虑京畿一带。12月16日委派胡燏棻为督办津芦(天津至卢沟桥)铁路大臣。

1897年津芦铁路建成,清政府于7月31日任命胡燏棻为津榆铁路督办,继续负责关外铁路的修筑。关外铁路首倡自李鸿章,其目的在于加强东北地区防务以钳制沙俄,至甲午战争前已筑至山海关外65千米之中后所(今绥中县城)。甲午战争后,沙俄接造西伯利亚铁路,横穿黑龙江、吉林地区,直达海参崴(今符拉迪沃斯托克),后又修筑了从哈尔滨到旅顺、大连湾的南行支路。胡燏棻认为沙俄已将"奉、吉两省东北之利尽为所占",故奏请在建筑中后所至锦州一段铁路的同时,还应"由大凌河赶造至新民厅铁路,以备联络沈阳之路,并可兼护蒙古、热河矿务;一面由营口至广宁,庶中国海关不至为俄侵占,尚可保全奉省西北之利"。[2]而涉及筑路资金的问题,胡燏棻再次提出筹借洋款,但这一次他在奏折中明确表示:"此路应认为中国永远产业,无论

①中国史学会主编:中国近代史资料丛刊《戊戌变法》第2册,上海人民出版社,1957年,第277—290页。
②赵尔巽等撰:《清史稿》,吉林人民出版社,1998年,第3050页。

何国不得借端侵占"①,终于得到清政府批准。8月6日胡燏棻兼署都察院左副都御史。

1898年2月16日,胡燏棻提出各省应以现有兵饷精练陆军,沿海、沿江地区需抓紧精练陆军,请各省武备学堂毕业生充任教习,参用西法操练士兵,且神机营也需改习洋枪等建议,这类革新建议在戊戌变法期间均得以施行。

1898年秋,关外铁路修筑工程开工,到1900年1月,由中后所到锦州连接营口的铁路建成,到新民厅的铁路则由于八国联军侵华战争展缓了几年才告竣工,并与津芦铁路合称为关内外铁路。关外铁路开工之际,胡燏棻又奏请修筑由卢沟桥至门头沟的京西铁路,开采西山一带所产烟煤以备"京城炊爨之用",清廷旨准,并命其筹款勘办京西运销铁路。11月9日,授胡燏棻总理各国事务衙门行走。12月8日,清政府改派胡燏棻督办天津至镇江铁路,以张翼为帮办。

1898年10月23日,驻防南苑的董福祥甘军士兵数人与外国铁路工程师在卢沟桥附近发生冲突,双方均有人受伤。胡燏棻调查清楚后,一方面为外国工程师请医生治疗,一方面对因纪律散漫而滋事的人员予以责罚,清政府对其处理结果亦甚满意。但英国公使却要求清政府将甘军调离京畿,其他各国公使也遥相呼应,予以支持。胡燏棻据理力争,使甘军得以留驻京畿,但却开罪了外国人。清政府随即以胡燏棻"办理铁路事务较紧"为借口,罢去其总理各国事务衙门行走职。1902年3月26日,胡燏棻被授予刑部右侍郎。

1905年8月,沈钧筹办女学堂,该学堂是清末新政时期较具代表性的官办女子学堂,课程设置重视修身,涉及音、体、美等多方面教育,并开设家政课,胡燏棻对此十分支持。胡燏棻还与袁世凯筹办铁路学

---

①中国人民银行总行参事室编:《中国清代外债史资料(1853—1911)》,中国金融出版社,1991年,第263页。

堂,聘英国人葛尔飞为总教习,并订立学堂条规为试办章程。该学堂遂定名为路矿学堂,即唐山铁路学校、上海交通大学的前身。

1906年2月10日,胡燏棻调任礼部右侍郎。8月22日,胡燏棻因病请假。11月6日,清政府增设邮传部,胡燏棻为右侍郎。11月29日,胡燏棻病逝,终年65岁。

1908年1月27日,清廷依直隶总督杨士骧所请,准予附祀李鸿章专祠内。

参考文献:

朱寿朋:《光绪朝东华录》,张静庐点校,中华书局,1958年。

秦国经主编:《清代官员履历档案全编》第5册,华东师范大学出版社,1997年。

赵尔巽等撰:《清史稿》,吉林人民出版社,1998年。

顾廷龙、戴逸主编:《李鸿章全集》,安徽教育出版社,2008年。

王彦威纂辑,王亮编:《清季外交史料》,王敬立校,湖南师范大学出版社,2015年。

(王　冬)

胡 政 之

胡政之(1889—1949),本名嘉霖,后名霖,字政之,笔名冷观。祖籍四川。1889年6月25日(清光绪十五年五月二十七日)出生于四川成都。9岁那年,因父亲胡登崧在安徽做官,他随父入皖,就读私塾,继而进安庆省立高等学堂,开始接触西方文明。他喜读《天演论》,有扎实的古文基础。

18岁时,父亲病逝,他退学扶灵回川。1906年,承家庭资助,胡政之赴日留学,在东京帝国大学主修法科。在日留学期间加入同盟会。1911年,胡政之学成回国,先在上海一家馆教英文,后通过律师考试,与友人合办律师事务所。嗣后在河南淮阳任法庭推事,不久任江苏高等法院第二庭庭长。1912年,他在上海服务于于右任的民立图书公司,并以"冷观"的笔名投稿于《民立报》。翌年,他应聘章太炎主办的《大共和日报》,任新闻栏目日文翻译兼写评论,深受章的赏识,被提升为总编辑。1913年,他与四川万县前清举人之女文英结婚,女儿出生不久,便迁居北京,在某大学教书,并兼《大共和日报》驻京特派员。1915年,他前往吉林任法院推事,不久被吉林巡按使王揖唐选任为秘书长。

1916年,胡政之随王揖唐回到北京,任北洋政府内务部参事,9月,迁家天津。10月,在津与英敛之面洽后,担任《大公报》经理兼总编辑。他接手《大公报》后,锐意革新,对该报进行改版,使其内容更加丰富,形式更加美观、实用。

胡政之任职天津《大公报》经理兼总编辑的前五年中,已形成自己

的办报思想。1917年1月,他在《大公报》刊文《本报之新希望》,指出:
"新闻事业之天职有二:一是报道真切公正之新闻,一是铸造稳健切实
之舆论。"

1917年至1918年,他多次外出,赴南方和东北等地采访,以"冷
观"笔名,冷眼观察,写出了大量新闻通讯和时事评论。他在《大公报》
上陆续发表了《今后实业界之隐忧》《世界大势与中国》《内外暗潮》《国
内永久和平之前提》等文章,可以看出血气方刚的他对第一次世界大
战爆发及其战争本质的独到分析,对当时中国出路的担忧与关注,彰
显了他作为年轻政论家的基本素质。

1918年12月,他以《大公报》记者的身份赴巴黎采访巴黎和会。
此为中国记者第一次采访国际会议,是巴黎和会上唯一的中国记者,
在中国报业史上被誉为"国际新闻的先驱"。巴黎和会期间,他发回了
大量专函专电,及时详细地报道了会议情况。1919年7月9日至12
日,他在《大公报》发表巴黎特约通讯《平和会议决定山东问题实纪》,
揭露了日本勾结英法等国强夺我国山东青岛主权的情况。在巴黎,他
还参加招待会发表讲话,并以中国报界的名义向巴黎新闻界发表"声
明",说明中国不能在对德和约上签字的理由。1920年5月,胡政之回
国。次月,他在《大公报》刊出《本报之改良》,意在提倡"世界潮流"和
"新文化"的新闻思想,可惜国内社会状况使他的改革纲领难以实施。
8月12日,他在《大公报》发表辞职启事云:"余自欧洲返国,仍主持大
公报社务,原欲以最新知识唤醒国人迷梦,今见社会空气愈益恶浊,断
非一时……将《大公报》主笔兼经理职务概行辞退。"1920年9月,胡政
之开始在著名报人林白水主持的《新社会日报》担任主编。

胡政之在欧洲采访期间,考察了日本、美国、法国、德国、意大利、
英国等著名通讯社,决心回国创办一家全国性通讯社,以争取中国新
闻报道的独立性。1924年秋,他设国闻通讯社总社于上海,此后陆续
在天津、北京、沈阳、汉口、长沙、重庆、广州、贵阳等地建立分社或聘请

特约通讯员。国闻通讯社每天发稿由最初的六七千字到后来的万余字,且有英、日文翻译稿。所发消息除被国内各报大量采用外,美联社、路透社及法国哈瓦斯、日本联合社等都订有国闻通讯社的稿件。同年8月,胡政之在上海创办《国闻周报》,它是当时国内刊物中发行量最大、影响最深远的周刊。

1925年11月,天津《大公报》因经济困难而停刊。胡政之与张季鸾、吴鼎昌商议接管《大公报》,遂将《国闻周报》和国闻通讯社总社迁往天津。翌年6月,胡与张、吴共同组织"新纪公司",接盘《大公报》,并于9月1日复刊。胡政之与同仁确定了"不党""不私""不卖""不盲"的"四不"方针,使报纸销量大增。

1927年1月,《大公报》第一个专门性副刊《白雪》创刊。此后,《家庭妇女》《电影》《戏剧》《儿童》等专栏副刊陆续创刊。转年,《大公报》副刊《小公园》创刊,由何心冷主编,成为连续出版时间最长的综合性文艺副刊。同时,由著名学者吴宓主编的《文学副刊》《体育周刊》《电影周刊》也陆续创刊。由于新纪《大公报》办报形式多种多样,内容丰富详实,发行量大增,广告收入也逐渐提高,成为当时华北地区影响最大的一份报纸。

1928年6月2日,皇姑屯事件爆发的前两天,胡政之进京采访张作霖的部下杨宇霆。3日,在《大公报》发表《张作霖出京详报》。4日,张作霖因在军阀混战中失利,被迫从北平乘火车撤回东北,途中经京奉铁路和南满铁路交叉的皇姑屯车站时,被日本关东军预先埋设的炸弹炸死。5日,胡在《大公报》发表《沈阳站头之大炸弹案》,报道了张作霖专车遇难的消息。9月,他出关赴东北采访,探询军事与外交情况,历访张学良及各界要人,连续在《大公报》发表《东北之游》,揭露日本侵犯我国领土、掠我东北资源的罪行,引起各界人士对东北问题的关注。

1931年,九一八事变当晚,胡政之接到张学良用暗语打给他的电话,胡立即派记者连夜搭车赴沈阳,第二天一早赶到现场。转天,《大公报》及时报道事变消息,为当时各报报道之先。与此同时,他亲自赴北平,到协和医院访问张学良,是九一八事变发生后第一位见张学良的记者。由于《大公报》不断发表宣传抗日的报道和评论,引起日军不满。11月8日,《大公报》在津办事处被日军包围寻衅闹事,形势紧张。胡政之与张季鸾及全体工作人员坚守报馆,防止日军破坏。由于日军滋事,使得当天的报纸发不出去,不得不停刊数天,工作人员陆续撤离。报馆迁到法租界30号路161号新址后,仍然坚持抗日宣传。1932年,新年伊始,《大公报》为配合抗日宣传,创设《军事周刊》,并在"本报特辑"专栏连载王芸生所辑《六十年来中国与日本》,以助国人"明耻",反响强烈。

为了创新《大公报》版面,1933年,胡政之和张季鸾一起去北平,宴请包括蔡元培、胡适在内的文化界人士数十人,为即将开辟的"星期论文"约稿。1934年1月,胡适的《报纸文字应该完全用白话》成为"星期论文"的首篇文章。同年4月,胡政之离津赴南方五省,在南昌与蒋介石见面。回津后,在《国闻周报》发表《四十五天的五省旅行》。

1935年7月,萧乾正式任职《大公报》,此前他曾有五年时间兼职为该报撰稿。在胡政之的支持下,萧乾将《大公报》之《文学副刊》和《小公园》合并,创办《文艺副刊》。同年8月,胡与张季鸾决定开设上海《大公报》馆,并着手筹建。次年4月,在上海增出《大公报》沪版。

1937年7月8日,卢沟桥事变后第二天,胡政之亲自撰写社评《卢沟桥事件》,旗帜鲜明地反对对日妥协。不久,津版《大公报》宣布停刊。8月,上海抗战开始,沪版《大公报》也面临办报难问题,胡政之只好送张季鸾赴汉口创设《大公报》汉口馆,9月发刊,由张季鸾主持。12月13日,沪版《大公报》停刊,人员分赴汉口、四川等地。1938年3月,胡政之率杨历樵等人由沪飞赴香港,亲自领导《大公报》港版筹备工作,并请萧乾到香港主持《大公报·文艺副刊》的复刊工作。13日,港版《大公报》创刊。同年10月,汉口版《大公报》停刊。12月1日,重庆版

《大公报》发刊,仍由张季鸾主持。1939年5月,日机轰炸重庆,《大公报》被迫停刊。8月,在胡的主持下重庆版《大公报》选址复刊。在抗战大后方的重庆,《大公报》无疑还是宣传抗日和革命文艺家敢于亮剑的阵地,先后发表了《抗战三周年献辞》及于右任《迎接胜利的第四年》、老舍《三年来的文艺运动》、郭沫若《三年来的文化战》、黄炎培《从后方轰炸声中经过第四个"八一三"的感想》等文章。1941年3月15日,胡政之亲自主持《大公报》桂林版创刊。同年4月,他收到美国密苏里大学新闻学院教务长马丁的信函:"将本学院今年颁赠外国报纸之荣誉奖章一枚赠与贵报。"此为中国报纸获国际荣誉的开端,《大公报》也是获此奖章的唯一中国报纸。

1943年,胡政之选任国民参政会参政员。同年11月,宪政实施协进会成立,董必武、黄炎培、孙科、张伯苓、胡政之等12人为该会成员。12月,胡政之以参政员的身份参加中国访英团。翌年9月,参政会组织延安视察团,胡亦为成员之一。

1945年4月,胡政之作为中国代表团成员之一,赴美国旧金山参加联合国制宪大会,在"美国之音"电台,发表《世界是进步的,和平必须成功》的讲话,该文后刊载在重庆版《大公报》。21日,他又与董必武等同机抵达纽约。同年11月,胡政之在重庆红岩村家中接待周恩来、王若飞、叶挺、秦邦宪来访。同年,沪版、津版《大公报》先后复刊。

1946年2月,胡政之由上海飞天津,视察津馆工作,并赴北平活动。在津期间,他在天津市政府讲演"内外大势",讲稿刊于19日《大公报》。1948年3月,香港《大公报》复刊,胡政之将其视为自己事业的"最后开创"。他每晚亲审稿件,撰写社评,呕心沥血,废寝忘食。此时期的《大公报》,沪、津、渝、港四版同时发行,总销量为20余万份,总资产达60多万美金。

1949年4月14日,胡政之病逝于上海,终年60岁。

参考文献：

王瑾、胡玫编:《胡政之文集》,天津人民出版社,2007年。

杨秀玲主编:《〈大公报〉戏剧资料选集(1902—1949)》,天津社会科学院出版社,2013年。

李新等主编:《中华民国史·人物卷》,中华书局,2011年。

（杨秀玲）

花 莲 舫

花莲舫(1893—1956),天津人。花莲舫少年时学习河北梆子,后改学梅花大鼓。10多岁时以梅花大鼓艺人的身份,在上海"大世界"演出。回津后,正值"警世戏社"的头班(当时叫"庆春班")的唐山落子(评剧)在天津演出,评剧演员月明珠担任主演,花莲舫被月明珠的演唱深深吸引,决定改行学唱落子。

1912年,19岁的花莲舫拜孙凤岗为师,进入"孙家班"改学评剧。花莲舫虽是孙家班的徒弟,可是她非常喜欢由月明珠担当主演的"警世戏社"头班、二班的艺术,特别是艺人月明珠、金开芳和杨柳青的唱腔和表演。花莲舫天天上头班去看月明珠的戏。头班艺人的表演有骨有肉,词句规矩,耐唱受听。"警世戏社"对花莲舫的艺术发展影响深远,她演唱的《马寡妇开店》《打狗劝夫》《杜十娘》也受到头班的影响。这几出戏,由于接受了头班的艺术熏陶,又经过她自己的消化和整理,在艺术上取得很高的成就,形成了她自己独到的艺术风格,成为她演艺生涯中的代表剧目。

1924年,金花玉班成立,创办人为谢文玉,主要演员为李金顺、花莲舫,演出于聚华戏园及天福舞台等处。1926年,花莲舫离社,独挑大梁,在天津同庆戏园演出达11年之久,红极一时。花莲舫在"同庆"担任主角时,少年的白玉霜、刘翠霞、花荣桂等都给她配演过。花莲舫传授三本《杜十娘》给白玉霜,经花莲舫帮白玉霜拍板,反复指点,白玉霜的嗓音变宽了、变低了,形成了自己的风格,成为鼎鼎大名的评剧演员。

花莲舫的成名得益于她特殊的演唱和表演技艺。花莲舫幼年嗓音纤细，甜美脆亮，后学习男旦的演唱风格，追求腔韵醇厚。唱腔方面她充分发挥字正腔圆、曲调多变的优势，将梆子、大鼓和杂腔小调融入自己的唱腔。她发声坚实洪亮、嗓音宽厚、气息饱满，吐字清晰有力，既有女声的柔美，又有平腔梆子男旦的风韵，形成了字清腔柔、质朴流畅的演唱风格。花莲舫扮相俊俏，体态多姿，塑造了很多生动的人物形象，如《打狗劝夫》中贤淑善良的老嫂子，《马寡妇开店》中温良的少妇，扮相都非常别致，引人注目，风靡一时。

二三十年代，百代、高亭公司为花莲舫灌制了唱片《高成借嫂》《书囊记》《老妈辞活》《黄爱玉上坟》《马寡妇开店》等。

抗战胜利后，花莲舫返津，曾与李金顺、新凤霞合作义演《打狗劝夫》《马寡妇开店》《杜十娘》等戏。十几岁的新凤霞十分喜欢花莲舫的艺术，花莲舫无私地将自己的技艺传授给她。新凤霞《打狗劝夫》那一大段唱，就是花莲舫亲自教授的。

新中国成立后，花莲舫于1952年参加了评剧教学工作。1954年中国评剧院在北京成立，剧院将花甲之年的花莲舫由天津接到北京给青年演员说戏。1955年，中国评剧院挖掘传统戏，重新排演花莲舫的代表剧目《马寡妇开店》。主演新凤霞想用更加稳重、引人怜惜的情感去表现马寡妇的艺术形象。花莲舫非常肯定新凤霞的做法，并尽心帮助新凤霞提高表演技巧。

花莲舫在中国评剧院辅导评剧训练班时兢兢业业，将自己的全部艺术积累传授给新一代评剧人，使训练班的学员很受启发，使评剧这一宝贵的艺术财富得以传承。

1956年，花莲舫由中国评剧院返津，当年病逝，终年63岁。

参考文献:

新凤霞:《新凤霞回忆录》,百花文艺出版社,1980年。

胡沙:《评剧简史》,中国戏剧出版社,1982年。

王林:《评戏在天津发展简史》,天津人民出版社,1991年。

中国戏曲志编辑委员会、《中国戏曲志·河北卷》编辑委员会编:《中国戏曲志·河北卷》,中国ISBN中心,1993年。

中国戏曲志编辑委员会编:《中国戏曲志·天津卷》,文化艺术出版社,1990年。

（齐　悦）

花 四 宝

花四宝(1910—1941),本名范静宜,天津人,出身贫苦。花四宝幼年时因家里生活无着,被卖给四顺班的班主张庞氏,人称庞四姑,并改名张淑文。当时,四顺班是落子班,班里的弦师兼教师名叫邱玉山,是当时许多时调、京韵大鼓、梅花大鼓艺人的开蒙老师。张淑文也拜在邱玉山门下,学唱梅花大鼓。张淑文在师父的精心教授下,14岁时以艺名"花四宝"在山泉茶社演出,一炮打响。

1927年,天津无线广播电台开始播音,被邀请演播者就有年仅17岁的花四宝。花四宝的演唱引起了广大听众的关注,对她给以极高评价。

花四宝18岁时,已在诸多梅花大鼓女艺人中脱颖而出,红遍天津卫。师父邱玉山从花四宝与梅花大鼓的发展着眼,举荐花四宝投师卢成科,卢成科是当时天津最著名的曲艺弦师、教师。

卢成科出生于1903年,自幼双目失明,曾拜师著名弦师韩永禄学习弹奏三弦。两年后,他不仅能伴奏、独奏,还能模仿京剧、梆子等多个剧种,京韵大鼓、单弦等多个曲种,以及飞禽走兽、军乐、马步等声音,而且惟妙惟肖。花四宝拜在他的门下,技艺有了很大提高。

卢成科指导花四宝对梅花大鼓流派唱腔单一的状况,进行了大胆改革。

花四宝的歌喉天赋极高,以高亮柔美著称。因此,卢成科在"金派"唱腔的基础上,将唱腔向高音区拓展,使花四宝的嗓音发挥得更突出,这样就有别于金派了。师徒二人边唱边改,对每一个唱腔进行修饰、润色,对每一个节拍进行调整,使唱腔更加华丽多彩、灵活曲折,比金派唱腔高亢、婉转、柔美、巧俏,非常适合女声演唱,尤其适合花四宝的嗓音条件。花四宝的嗓音圆润明亮,音色甜美纯净,音域宽广,演唱自如,吐字清晰悦耳,行腔柔婉细腻,即使在缺少音乐性的上板数唱时,也不流于平俗,而是擅长运用无数个小腔,变化万端,声声入扣,直至高亢的收尾唱腔圆满结束,完整贯通,毫无懈怠之处。花四宝把女声歌喉运用得淋漓尽致,非常成功地展现出改革后唱腔的新颖优美。

由于改革后的梅花大鼓大量融入了天津时调的旋律、唱法及特点,使其风格趋向"天津化",被称为津派梅花大鼓,与金派梅花大鼓的典雅苍劲、媚而不脆风格产生了极大的区别,自然形成了融"悲、媚、脆"为一体的独特风格。因其改革是卢成科和花四宝师徒共同完成的,因而,既可称为"卢派",又可称为"花派",成为与金派相提并论的一个崭新的流派。

1931年,《大中华报》进行了选举鼓界主席的活动,花四宝以票数第一而当选为梅花大鼓主席,并荣膺"梅花女王"的称号,与铁片大鼓女艺人王佩臣、时调女艺人赵小福合称"女鼓三杰"。

1936年初,花四宝应邀赴上海灌制唱片,灌制了《杏元和番》《青楼遗恨》《王二姐思夫》《鸿雁捎书》等曲目。她与师父还应邀到南京、济南等多地演出,花派(卢派)梅花大鼓享誉大江南北。

花派梅花大鼓艺术的产生,为女艺人开拓了新的艺术途径。于是,她们纷纷投在卢成科的门下,先后成名的有花五宝(本名张淑筠)、花小宝(本名史文秀)、花云宝、花莲宝、花银宝等,花派成为梅花大鼓的主流流派。

1936年9月后,花四宝因官司与婚姻变故几度辍演。1937年5月复出后,被燕乐杂耍园聘为"大梁",再度受到观众的热烈欢迎。

1941年,花四宝因急症去世,年仅31岁。

参考文献:

中国曲艺志全国编辑委员会、《中国曲艺志·天津卷》编辑委员会编著:《中国曲艺志·天津卷》,中国ISBN中心,2009年。

采访高玉琮的口述材料。

（刘　雷）

华 粹 深

华粹深(1909—1981),满族,出身于清宗室爱新觉罗家族,其祖父宝熙曾任清政府学部侍郎,其父任北洋政府陆军部科员。少年时代他在北京汇文中学读书,后考取东北大学,1931年九一八事变后,流亡入关,转入北平清华大学中文系,受业于俞平伯、朱自清。

华粹深自幼酷爱戏曲,大学期间利用课余时间参加昆曲社,从学于京剧和昆曲研究家、票友溥侗(别署红豆馆主),潜心精研昆曲的文学曲词和关汉卿、汤显祖等人的名著,并对京昆源流、名家师承、艺术特点,乃至各行当著名演员的表演技巧、戏班戏社更迭演变等戏剧史料做深入研究。在清华大学中文系读书期间,写成京剧剧本《哀江南》。这部剧作的初稿曾得到朱自清的指点,是京剧史上第一部正面描写南唐后主李煜国破身亡悲惨际遇的剧本,展露了华粹深编剧方面的才华。

1935年从清华大学毕业后,华粹深先在北平的一所私立中学当老师,未久,应邀进入程砚秋、焦菊隐等人创办的北平中华戏曲专科学校出任国文教员。这期间,他经常到剧场里观摩名角演出,即时撰写评论文章送交《晨报》《新民报》刊登。后来汇编为文集《听歌人语》出版发行。这些戏曲评论直言不讳,对马连良等红极一时的名角也是如此。

1940年,中华戏曲专科学校停办,在伪满洲国做官的宝熙,屡召华粹深前往东北任职,他断然拒绝,自甘在北平过清贫的教书生活。后在中国大学、北京大学任教。

1947年,华粹深被南开大学文学院聘任为教授,主教明清文学史的戏曲部分,他从此落户津门。

1949年1月15日天津解放后,军管会文教部抽调华粹深进入华北人民革命大学政治研究院短期班作学员,接受培训。新中国成立初期,文化部指示全国各地的文化界、戏曲界,立即开展改人、改戏、改制的"戏改"运动。在南开大学担负繁重教学任务的华粹深,以实际行动积极响应,带领学生整理旧戏、编写新剧本,把课堂教学与社会实践相结合,受到学生们欢迎。军管会文教部推举他为天津市剧艺协会副主席,参与筹建天津市戏曲改进委员会。委员会成立后,华粹深当选主任委员兼戏剧编导委员会委员、剧目编辑委员会副主编。华粹深陆续在天津的《益世报》《天津日报》《新晚报》等报刊上,发表戏曲评论和有关剧坛轶闻掌故的文章,为戏曲史研究留下了许多珍贵资料。

华粹深创作、改编的剧本有30多部,如抗战时期发表的京剧剧本处女作《哀江南》,解放战争时期所写《陈胜吴广》,抗美援朝时期所写《窃符救赵》《正义援邻》,无不贯穿爱祖国、爱人民的宗旨,富有一定的现实意义。他创作、整理、改编的戏曲剧本还有很多,诸如京剧《青陵双蝶》《智赚解差》《虎皮甽》(与许政扬共同创作)、《大泽乡》(与吴同宾共同创作);河北梆子《窦娥冤》(根据关汉卿《感天动地窦娥冤》改编)、《打金枝》《秦香莲》《教学》《杀江》(根据老艺人口述改编);昆曲《牡丹亭》(剧本经俞平伯校订,1959年10月由北京昆曲研习社作为国庆十周年献礼节目,演出于北京长安大戏院)。华粹深去世后,其最具代表性的9个剧本被编成《华粹深剧作选》,于1984年由中国戏剧出版社出版。

1952年10月,第一届全国戏曲观摩演出大会在北京举行,华粹深受命担任天津代表团团长,率领河北梆子演出团、曲艺剧《新事新办》演出队赴京参演。

1956年,华粹深兼任天津市戏曲学校副校长、教研室主任。他组织成立了南开大学中文系小说戏曲研究室,把全部精力投入戏曲研究和教学工作中,为戏曲研究培养了后备力量。

1959年,南开大学中文系小说戏曲研究室与河北省戏曲研究室、天津市戏曲研究室合作,共同抽调力量组成河北梆子剧种史编写组,华粹深为负责人之一。在他的指导下,编写组搜集到河北梆子老艺人口述的很多传统剧目,诸如《打渔杀家》,与同一题材的京剧在情节上、艺术处理上差别很大,丰富了戏曲史研究的内容。

华粹深酷爱收藏唱片,有空就流连于各专卖店,广泛搜罗。各个时期唱片社所灌制的戏曲唱片,他大都成套收藏,总计多达千余张,其中很多为戏曲唱片珍品,包括谭鑫培、余叔岩,京剧四大名旦、四小名旦,乃至于清末最早出版的唱片,不管是哪家公司出版的哪种版本,几乎无一遗缺。其他诸如汉剧余洪元、陈伯华,昆曲周传瑛、朱传敬、沈传芷名角灌制的唱片,他也收藏很多。

"文化大革命"结束后,南开大学中文系恢复小说戏曲研究室。1979年,华粹深抱病接受聘任,继续担任该室主任。他带领四名研究生,专攻戏曲史研究。次年,华粹深不顾病魔缠身,接受有关部门聘请,兼任《中国大百科全书·戏曲曲艺卷》编委会委员。

华粹深是天津市第二届人大代表,曾担任中国剧作家协会天津分会副主席。

1981年1月22日,华粹深在天津逝世,终年72岁。

参考文献:

佚名:《著名剧作家——华粹深》,《南开学报(哲学社会科学版)》,2012年第5期。

(甄光俊)

华 凤 翔

华凤翔(1897—1984)，又名如毅，天津人。1897年3月29日(清光绪二十三年二月二十七日)，华凤翔出生于天津，其父死于八国联军入侵，家庭生活靠母亲做针线活维持，家境贫寒。因无力缴纳学费，华凤翔10岁时才进入一所免费的半日制学校就读。因学习刻苦、成绩优异，华凤翔考入天津官立中学就读。1916年，华凤翔考入北京清华学校。1919年五四运动爆发后，清华学校的师生纷纷参加爱国学生运动，华凤翔是学校治安纠察队成员之一。1920年，华凤翔从清华学校毕业，公派到美国麻省理工学院学习造船工程专业。他一边刻苦学习，一边利用假期到造船厂劳动。1923年毕业后，他先到船厂实习了几个月，后又进入密歇根大学继续攻读造船和机械工程专业研究生，1924年获硕士学位。

毕业后，华凤翔先是在美国东部参观了一些工厂，并于1925年春回到天津。由于谋职艰难，他在家中赋闲一年多。1926年，经同学李庆善介绍，华凤翔到设在广州的广东省立工业专门学校做教员。1929年夏，华凤翔离开广州北上，到唐山交通大学任副教授，讲授材料试验学及动力学。1933年，华凤翔入上海交通部航政局任验船师。1934年，杭州笕桥的中央飞机制造厂(中美合营)征聘工程师，华凤翔自荐进入该厂，任工程师、生产部主任，开始从事航空技术工作。1936年，华凤翔去美国考察飞机制造工厂，后被派赴马丁厂监造轰炸机，获得了不少经验，于1937年回国。1937年7月七七事变爆发，8月14日，中央飞机制造厂遭敌机轰炸，美方人员弃厂而逃，华凤翔挺身而出，主持工厂内迁武汉工作,并肩负起厂长职责,迅速把工厂生产恢复起来。1938年四五月间,美籍经理、厂长又来到武汉接管工厂,华凤翔愤然离开工厂。1939年后,他在上海私立工业专科学校教书。1941年,在桂林的广西纺织机械工厂工作。

1942年,应杭州飞机制造厂原总经理、时任航空委员会成都航空研究院副院长王助的邀请,华凤翔到研究院任材料研究组副组长,从事航空科学研究工作。1944年,到重庆战时生产局任专门委员。1945年,华凤翔到新成立的善后救济总署工作。1946年春到上海,就任善后救济总署工矿业务委员会主任委员。1946年秋,因美国大量倾销其战时的"剩余物资",不但不能救济中国受损的工矿业,反而冲击了民族工商业的正常发展。华凤翔被派往美国交涉补救办法,但收效甚微,使他对帝国主义的侵略本质有了进一步认识。1948年4月,华凤翔应中国航空公司主任秘书王助的邀请,到中国航空公司任顾问,后兼任器材课课长。1949年4月,随中航迁到香港。

1949年,中国航空公司迁台,引起绝大多数员工的强烈反对。在中共地下党组织的领导下,中国航空公司和中央航空公司(简称"两航")的爱国员工酝酿起义。九十月间,华凤翔曾参加何凤元、陆元斌等中共地下党员召开的中航中上层骨干会,研究飞回大陆的问题。华凤翔表示愿意参加起义,为祖国效劳。地下党组织认为他为人正直,有爱国思想,请他参加鼓励和动员中航总经理刘敬宜起义的工作。11月9日,"两航"12架飞机北飞,起义成功。华凤翔在原"两航"上层人物中年龄比较大,有资历,对中层干部颇有影响。中航留港起义员工及机航组积极分子,公推华凤翔代理机航组主任职务,留在香港参加护产斗争。机航部门在香港的财产最多,工作量大。华凤翔积极执行党保护在港财产、抢运器材回国的政策,主持机航部门的护产工作,在"两航"护产斗争中起了积极作用。

1950年10月,华凤翔回到广州。11月,到北京参加"两航"起义周年纪念会。之后,他留在北京,担任军委民航局机务处副处长,同时参与筹备建立民航太原机械修理厂。1950年7月,军委民航局机航处提出在太原建立飞机修理厂的建议,经民航局呈报周恩来总理批准。1951年1月,民航局任命华凤翔为太原机械修理厂厂长。建厂期间,正值严冬季节,全体员工冒着寒风大雪,白天工作,夜间轮流站岗,工作虽然十分艰苦,但大家热情很高,创造了百日建厂的高速度。1951年5月2日,民航太原机械修理厂举行开厂典礼。华凤翔勉励大家发扬建厂精神,加强政治和技术学习,不但要修理,还要研究创造。1952年,民航太原机械修理厂的全部人员、设备、厂房设施等移交给政务院重工业部航空工业局。1952年1月,华凤翔由太原调回北京,被任命为中航检查小组组长,投入民航局直属机关的"三反"运动。"三反"运动结束后,华凤翔任民航局机务处副处长。

1956年,党中央发出了"向科学进军"的伟大号召,民航局随即成立了由华凤翔、林立仁、顾其行三人组成的民航科学研究规划小组,华凤翔任组长。1956年7月28日,我国政府聘请苏联民航科学院专家组来华,协助中国民航做科学规划工作。三人小组陪同苏联专家去全国各主要地区民航科研机构进行参观访问和座谈,商讨并制定民航科研的短期和长期规划以及民航科研机构的编制和设施。在苏联专家组的协助下,1957年1月修订了《关于中国民航科学研究工作的初步方案(草案)》,制订了《民航科学研究所组织系统图》《科学研究所规章草案》《科学研究所1957—1959年编制草案》《1958—1967年研究项目规划草案》《科学研究所技术委员会章程》等。1957年7月9日,国家科学规划委员会批准成立民航科学研究室。同年12月,华凤翔被任命为科学研究室副主任。1958年12月11日,经交通部批准,在民航科学研究室的基础上正式成立民航科学研究所。研究所设技术经济研究室、飞机发动机研究室、无线电通讯导航研究室、技术情报研究室及一个金工车间。1963年9月,华凤翔被任命为民航科学研究所副所长。

1979年12月,华凤翔被任命为民航局顾问。

华凤翔喜欢看书、买书,他工资收入的很大一部分都用于买书,拥有大量的个人藏书,民航科学研究所组建之初,他把自己珍藏的部分技术业务书籍捐赠给新建的民航科学研究所。他还是一个考古工作的业余爱好者,对甲骨文颇有研究,收藏有许多这方面的标本、资料。此外,他还担任《中国大百科全书·交通运输卷》编辑委员会委员。华凤翔曾当选为全国人大第二至第五届代表,中国航空学会第一至第三届理事。

1984年3月,华凤翔于北京逝世,终年87岁。

参考文献:

宁珊:《记华凤翔》,载中国民航总局史志编辑部编:《"两航"员工爱国起义壮举(续编)》,1994年内部印行。

宁珊:《华凤翔》,载中国科学技术协会编、顾诵芬本卷主编:《中国科学技术专家传略·工程技术编·航空卷》(2),航空工业出版社,2002年。

(高 鹏)

华 南 圭

华南圭(1876—1961),字通斋,1876年4月4日(清光绪二年三月初十日)生于江苏无锡。华氏为无锡荡口镇的望族。华南圭早年接受传统教育,考中秀才。后入以新学著称的苏州沧浪亭中西学堂(后为江苏高等学堂)学习,掌握了法语。1896年华南圭考中举人。

1902年京师大学堂师范馆招生,华南圭被江苏省选送进入京师大学堂学习,成为师范馆的第一届学生。1904年,华南圭以优等成绩被派往法国公立工程大学学习土木工程,成为该校第一位中国留学生。1908年夏,华南圭获得了工程师学位,后入法国大北铁路实习。这期间,华南圭在巴黎与波兰人华罗琛女士结婚。1910年,华南圭夫妇一同回到中国,任京汉铁路工程师。

1911年,华南圭通过了清政府学部游学毕业生考试,列最优等,授工科进士。同年又获廷试一等,授翰林院编修。1913年始协助詹天佑创办中华工程师学会。1919年詹天佑去世后,华南圭继续主持学会,曾先后担任副会长、总干事和会务主任,直至1931年该会与其他类似学会合并为中国工程师学会。

1913年起华南圭任北洋政府交通部技正,其间协助交通部部长叶恭绰创办了天津扶轮中学,并在交通部交通传习所(今北京交通大学前身)创建了以中、英、法、德四国语言教授的土木科,任教务长。为了在教学中加强对实践能力的培养,华南圭还创设了交通博物馆,广制轨道、机车、车站设备、桥梁等各种模型,而所有配件均以实物陈列。1914年协助朱启钤修建天津公园。

524

1921年，任京汉铁路总工程师的华南圭，协助叶恭绰将交通部所属的北京、上海、唐山各校合并成立交通大学。1928年10月，北平大学艺术学院创办了建筑系，华南圭兼职教授建筑工程和材料耐力学课程，1929年被聘为建筑系主任，[①]1930年艺术学院停止招生后离任。

1928至1929年，华南圭担任北平特别市工务局局长期间，提出了疏通平津运河的计划。疏浚通航之后，西山的煤、石、砖、灰、菜、药等，均可从北平通县运至天津，天津输入北平各货，也可由水路而来北平。[②]

1929年，华南圭任北宁铁路局总工程师，对于平津地区铁路的发展建设颇多建树。他所承担的较大工程项目有天津东站雨棚天桥、滦河边新站新桥等。为将平津快车行车时间由3小时减为2小时，他主持特别修改轨道，加固道碴与枕木，采用路签自动交换机，并由号志专家汪熙成规划设计，一律装设电气号志。

1930年，华南圭任天津特别市政府设计委员会专门委员、古物保管委员会天津分会委员，并以顾问工程师的身份参与编订了《天津市公私建筑规则》。1931年，华南圭应北宁铁路局局长高纪毅之邀，参与规划设计了天津市北宁公园扩建工程。1932年，华南圭任天津市整理海河委员会主任，倡议并主持了海河挖淤工程。

1933年8月，天津工商大学更名为私立天津工商学院，分工、商两科。按照教育部相关规定，必须由华籍人士主掌，学院遂聘请华南圭为院长兼铁路工程学教授。

华南圭的办学思想彰显出注重实践和强调技术的特点，他最早将法国大学中先进的"实习"理念引入中国教育。他亲自带领学生去工厂实习，让学生有机会把学到的理论知识与实践相结合。工商学院的

---

①《艺术学院建筑系聘华南圭为主任》，《北平日报》，1929年3月9日。
②白陈群：《发展北平之根本政策》，《中华工程师学会会报》第16卷，1930年。

教师聘任分专任和兼职两种,专任教师要求"富于学历经验,而时间充裕者担任之",大多为"名宿"。兼职教师则"以富于实习经验,而自身有相当职业者担任之",大多为"工师",使学生"获得学理及实习双方之利益"①。

华南圭不仅重视知识的传授,还注重人格的培养。他在工商学院校刊上为学生题词:"君子小人之辨,端在廉与不廉;进退究何所凭,视乎能与不能;廉能俱是空名,苟非济之以勤;社会财力有限,公私皆应崇俭;吃白食最腼颜,食力须先康健。"②而华南圭一生都在践行着"廉、能、勤、俭、健"的箴言。

华南圭担任工商学院院长的四年中,竭尽全力办学,推动学院的发展。为使学生所学更为专长,并适合国家建设需要,将工学院分设出土木工程系与建筑工程系。1937年秋,建筑工程系正式开学。

华南圭具有民族气节。七七事变后日军占领华北。1938年夏冬之间,北宁铁路成为南满铁路附庸,华南圭遂辞职归田。1939年春,日伪华北交通公司邀华南圭为理事,利诱威胁,华南圭被迫离开工商学院流亡法国。1946年,华南圭回国,任京汉铁路顾问。

新中国成立后,华南圭先后任北京市都市计划委员会总工程师、顾问。1950年,华南圭兼任国营天津建筑公司顾问工程师。在1949年11月的北京市第二届人大会议上,他重拾心愿,提交了"请修京津航渠"提案,希望"畅运京西产品以送天津,畅运天津产品及国内外来货以至北京"③。

1961年4月23日,华南圭因病于北京同仁医院逝世,终年85岁。

作为中国近代铁路、土木、建筑工程教育的开拓者之一,华南圭撰

---

①《天津工商学院院务报告书》,1935年。
②《工商学院校刊》,1936年。
③《北京市第二届各界人民代表会议提案》,1949年11月,类号建17,总号19,华新民提供。

写出版了《铁路》《房屋工程》《土石工程撮要》《力学撮要》《公路及市政工程》《材料耐力》《钢筋圬工撮要》《建筑材料撮要——置办及运用》《铁筋混凝土》《圬工桥梁》《活重及铁桥》等十多部高等教育教材和专著,并撰写有百余篇学术文章。

参考文献：

张仁佑:《记我国土木工程界先辈华南圭先生》,《北京政协》,1998年第1期。

阎玉田:《踞析津之阳——天津工商大学》,人民出版社,2010年。

徐苏斌:《近代中国建筑学的诞生》,天津大学出版社,2010年。

温玉清:《中国近代建筑教育背景下天津工商学院建筑系的历史研究(1937—1952)》,天津大学2002年硕士学位论文。

李白羽:《我国近代建筑教育先驱——华南圭研究》,天津大学,2010年硕士研究生毕业论文。

(宋昆　李白羽)

华 世 奎

华世奎(1864—1942),字璧臣、启臣,号思闇,晚年别号北海逸民,生于1864年6月26日(清同治三年五月二十三日),家族排行第七,世人称为"华七爷""华璧老"。先世由江苏无锡迁居天津,以经营盐业起家,为天津"八大家"之一。

华世奎天资聪慧,勤学好强。祖父华长治熟读医书,以医济世;祖母姜氏平生善习书画,有《百蝶图》传世。华世奎3岁时跟从祖母练习书法。华世奎的父亲华承彦对《周易》的研究颇有成就,著有《周易篇第考》《学庸述易》等。他教子读书习字极为严厉,除入家塾学习之外,课余指定书目亲自讲授。为加强其腕力和定力,在笔杆上罗列铜钱和茶碗,有掉落时,即用滚烫的铜烟袋锅触其脖颈,日久伤痕累累。严厉的训示,使华世奎受用终身。华世奎自幼拜天津著名学者、诗人杨光仪为师,深受影响,为日后的诗文和品行修养打下坚实基础。

华世奎于1879年入泮考中秀才,成为县学庠生,1885年22岁考取乙酉科优贡,入京提任内阁中书,由王恩湛推荐任国史馆校对。30岁时应顺天乡试,于1893年考中恩科举人,升为翰林院编修。越年,是慈禧太后的六十整寿,官员士子纷纷书写贺寿颂圣的文章。华世奎的书法超众,文章得体,被选中送呈御览,得到慈禧的夸奖,遂被选入内阁。1911年奕劻组亲贵内阁,被升任内阁丞。

1912年2月12日,清帝退位。华世奎当即返回天津故里。袁世凯曾挽留他,他称病推辞,寓居在意奥租界交界处二马路的一幢洋楼中,过起隐居生活。他深居简出,不问政事,以鬻字为生。其作诗云:"忠孝我今都已矣,泣题斋额曰思闇。"作为清朝遗老,他始终对清朝王室怀有深厚感情。他对清朝的覆灭痛心疾首,以"北海逸民"为号,坚守文人的传统道德观念,洁身自好,但又深为无奈和失望,遂取"思闇"为斋号。①华世奎对清皇室忠贞不渝,至死也没有剪掉拖在脑后的辫子,所以,溥仪在华世奎丧事出殡时派人送来皇封谥号——贞节公。

华世奎的书法宗学颜真卿并独具自己的艺术风格。他勤奋刻苦临池习字,初学晋唐小楷,兼攻秦汉篆隶碑帖,又从颜真卿《小麻姑仙坛记》入手,比较吸收多家颜书高手及苏东坡、黄庭坚、钱南园等名家大师的风格,秉众家之长,终以"华体"风貌被世人称道,并以"华、孟、严、赵"(华世奎、孟广慧、严修、赵元礼)津门四大书家的口碑传于世间。

华世奎的书法作品存世颇丰,大字至经尺以上榜书,骨力开张,浑厚挺拔;小字细于蝇头之微,灵动端庄,功力坚实。他一生题写过大量的榜书匾额,如:"天津劝业场"(1928)、"正兴德"(1835)、"隆顺榕"(1920)、"天津同仁堂"(1913)、"恒祥公"(1923)、"德昌公"(1934),及"祥德斋""万年青""真素楼"等等。其"天津劝业场"金字巨匾,以500元大洋润资及字体雄健的气势和神采而闻名,先后被天津电视台拍成专题节目《金匾传奇》和《华世奎醉写天津劝业场》等电视剧,并制作成多种广播专题节目流传。

华世奎的中楷和小楷也颇具沉着劲锐之气。除了他书写的《九老诗》(1896)、《思闇诗集》(书稿)之外,1921年和1925年书写的《先妣田太夫人行述》《祖父母遗事存略》,以及1924年《原道》帖、1929年《朱柏庐先生治家格言》、1919年《祭母孝嶂》,也都是他的佳作。华世奎一生书丹刻石的墓表碑文类作品很多,如《张文襄公遗爱碑》(1911)、《周公祠碑》(1900)、《孝经》(1936)、《范老人碑》(1936)、《南皮张氏双烈女

①华世奎:《思闇诗集》(上),1943年自印本,第44页。

碑》(1920)、《林君兴学碑记》(1934)、《清故文学任先生墓表》(1930)、《李子香墓志》《生裕性墓表》等,这些碑文拓片已成为宗颜氏楷书后学所临习借鉴的素材,也为天津地方文史及书法艺术研究留下较有价值的资料。此外还有大量条幅、中堂、对联、扇面、书札传世。另外,京津两地也有不少华世奎题写的牌坊匾额,如北京的"中华门"和天津的"耀远里""德安里"等大量的民间友情题书。著名文人老舍、沈从文、黄苗子等,都对他的书法造诣给予很高的评价。

华世奎的书法作品在报刊上发表很多,国内博物馆和国内外拍卖会上也多有所见。1925年世界书局出版的《影印名人楹联真迹大全》、1936年8月18日的《北洋画报》,以及《新天津画报》等都登载过。此外,1982年天津市历史博物馆、1989年天津市艺术博物馆、2012年天津美术馆的馆藏展览,都有他的作品展出。上海、天津、深圳、黑龙江、安徽等地出版社,先后出版了几十种华世奎书法碑帖类图书。

华世奎曾出任天津崇化学会董事,长期主持文庙的活动,包括举办学会及诗社雅集,出任每年农历八月二十七日例行的孔子诞辰祭典的主祭。北洋时期军人一度占据文庙,他与几位文化界元老竭力周旋,才使文庙不致遭到更为严重的破坏。1923年天津乡绅捐款重修文庙,他书写了"明伦堂""礼门""义路""棂星门"等匾额。庙门左右的"德配天地""道冠古今"两座牌坊位于东门里大街,因年久失修而柱基朽烂,有人认为它妨碍交通,建议拆除,也是华世奎、林墨青等人出面力阻,后来在柱下半部砌筑了长方形立式石座,相应垫高了牌坊,又在两边加柱支撑,将其加固保全,成为天津老城里保存完好的一处古建筑,此乃"各府县学宫毁改殆尽,如天津两庙俱存者,仅矣"①。

华世奎热心公益事业,每当国内有地方受灾,他都慷慨捐款,听说四川受灾,他组织天津的书友募捐,筹办义展,把所得的4000元全部

---

① 华世奎:《思闇诗集》(下),1943年自印本,第61页。

大的"蜀山系列",其前传:《长眉真人传》《柳湖侠隐》《北海屠龙记》《大漠英雄》;正传:《蜀山剑侠传》《蜀山剑侠后传》《峨眉七矮》;新传:《蜀山剑侠新传》《边塞英雄谱》《冷魂峪》;别传:《青城十九侠》《武当七女》《武当异人传》;外续传:《云海争奇记》《兵书峡》《天山飞侠》《侠丐木尊者》《青门十四侠》《大侠狄龙子》《蛮荒侠隐》《女侠夜明珠》《皋兰异人传》《龙山四友》《独手丐》《铁笛子》《黑孩儿》《白骷髅》《翼人影无双》。

1933年底,天津电话局局长段茂澜离任,还珠楼主也辞去秘书之职,归家安心创作。翌年,出任《天风报》副刊编辑。

1936年冬,还珠楼主举家迁居北平东单东观音寺85号。不久,即被冀察政务委员会委员长宋哲元聘为书启,第三次穿上了军装。七七事变爆发后,宋哲元移驻保定。还珠楼主退出政委会专职小说写作,成为当时华北最畅销小说作家。1942年2月,日伪人员上门劝说其出任伪职,被严词拒绝。未几,日本特务便以"涉嫌重庆分子"将其抓入宪兵队,施以重刑,眼睛由此落下残疾。70多天后,才被家人保释出狱。

为摆脱日伪的不断纠缠,1944年底,还珠楼主孤身一人南下赴沪,以挂单鬻字维持生活。不久,上海正气书局老板陆宗植以重金购得《蜀山剑侠传》单行本全部版权,交由上海正气书局出版并总发行,并言定还珠楼主其他作品版权全归正气书局,未写出者,一旦完篇均由正气书局独家印行。于是,还珠楼主接着续写《蜀山剑侠传》等书。1946年秋,还珠楼主家眷由平迁沪定居。这一时期他同时为上海、香港、无锡、镇江、北平等地报刊撰写连载小说。

1948年冬,举家搬至苏州,并在此迎来新中国成立。1950年初,他出任上海天蟾京剧团总编导,编写《岳飞传》《雪斗》等戏。一年后,他担任军委总政治部、文化部京剧团编导,于是欣然北上,第四次穿上军装,并同时兼任尚小云剧团、北京京剧三团编导及北京市戏曲编导委员会委员,积极参与戏曲改革。1954年,总政京剧团撤销,他转业后跟随黄药眠、阿甲等人学习文艺理论及苏联表演体系。1957年于上海《新闻日报》连载历史小说《剧孟》。

1961年2月21日,还珠楼主病逝于北京,终年59岁。

参考文献:

观贤、观鼎:《回忆父亲还珠楼主》,《人民日报》(海外版),1988年3月15—29日。

徐国桢:《还珠楼主论》,上海正气书局,1949年。

李观承:《我的父亲还珠楼主》,载叶洪生批校:《近代中国武侠小说名著大系·还珠楼主卷》,台湾联经出版事业公司,1984年。

叶洪生:《天下第一奇书〈蜀山剑侠传〉探秘》,学林出版社,2002年。

（倪斯霆）

黄白莹

黄白莹(1917—1941),本名黄冠义,笔名白莹、白丁、欧阳丽娜,原籍广东南海,1917年生于天津。

黄白莹家境贫寒,11岁就给一个富户当小用人,13岁在一家理发店当杂工,16岁随父亲在饭馆当学徒。他白天工作,晚上到天津众成商业学校读书。在商校,他的各科成绩均为优秀,博得了老师和同学们的赞誉。父亲见他读书如此用功,成绩又好,便让他专心读书。他博览群书,注重研究社会现实,寻求革命真理。他颇有诗人才华,从少年时代就开始创作和发表诗歌作品,逐渐成为令社会瞩目的青年诗人。

从幼年到青年,黄白莹生活在天津这个半殖民地半封建的大都市里,耳闻目睹了帝国主义、殖民主义者和封建官僚、买办、资本家等欺压人民、鱼肉百姓的种种罪恶行径,从小树立了同情劳动人民,痛恨人压迫人、人剥削人的黑暗旧社会的思想。他的早期诗作大多数是反映劳动人民的劳动和生活。他主张诗歌要用最通俗的、接近大众的、新鲜的、与大众生活有关的词句写作。1934年2月,他发表了一篇反映搬运工人的诗作《出力者之群》,深刻地反映了劳动者的苦难,同时热情地讴歌他们无比的创造力,引起社会的广泛关注。

黄白莹在诗歌创作上鲜明的政治倾向和才华,使他迅速结识了邵冠祥、孟英等当时天津的一些左翼诗人。他们经常一起聚会,交流思想、分析形势,讨论诗歌创作方向。在战友们的鼓舞、帮助下,黄白莹逐渐坚定了走革命道路的决心。1935年12月,一二·九运动爆发。12

月18日,天津广大学生在党的领导下,也举行了声势浩大的爱国示威游行。黄白莹积极投身于抗日救亡运动,带头参加罢课斗争和示威游行。

1936年2月,"中华民族解放先锋队"在北平成立,一个抗日救亡运动高潮在平津和华北兴起。黄白莹参加了"民先"组织,投入抗日救亡宣传,创作了大量的革命诗篇。他在《五月》中写道:"超过泰山,越过渤海,捣毁傀儡的满洲。"这些铿锵有力的诗句,犹如催人奋进的号角,极大地激励了天津人民的战斗意志。

为了进一步发挥新诗歌在抗日救亡中的作用,1936年6月,他与邵冠祥、曹镇华、简武等人组织了新诗歌团体——海风社,出版了《诗歌小品》。在如火如荼的抗日救国斗争中,黄白莹逐步受到了锻炼,写出了不少号召抗日救国的战斗诗篇。在他与简凌共同创作出版的诗歌选集《海河夜之歌》中,有许多描述天津劳动人民的诗作,如《出力者之群》《啊!好壮的手》《船家女》《卖唱女》《换破烂的女人》等。1936年10月4日,他发表了气势磅礴的诗作《镇风》,表现了华夏儿女英勇无畏的气概。

1937年七七事变爆发后,日本侵略者残酷镇压中国人民的抗日斗争,秘密绑架和杀害了邵冠祥等革命诗人。黄白莹以无比愤怒的心情写下了《没有自由的地带》,控诉日本侵略者的罪行。1937年7月30日,天津被日本侵略者占领。为加强抗战力量,党组织决定共产党员、"民先"队员和抗日积极分子撤离天津,到华北各地农村开展抗日游击战争。

根据党的指示,黄白莹等人乘船南下,经烟台转往济南。此时济南尚未沦陷,他在济南加入了"平津学生流亡同学会",随同"平津学生剧团"开展抗日宣传。他们在济南街头、山东省民众教育馆剧场等场所和鲁西南、冀南、豫北一带,演出了《放下你的鞭子》《打鬼子去》《烙痕》《张家店》等抗日剧目。黄白莹等还在街头教群众唱《义勇军进行曲》《救中国》《救亡进行曲》《松花江上》《全面抗战》等抗战歌曲。他还到火车站救护由沧州前线撤下来的抗日负伤战士,到济南各医院慰问伤员。

在中共山东省委和中共山东联络局的推动和帮助下,国民党第三路军政训处筹办政治干部训练班,培训抗日干部,共产党员黄松龄任教务长。黄白莹参加了第一期训练班。1937年10月下旬,党组织派黄白莹等240名爱国青年赴聊城,帮助国民党爱国军人范筑先组织抗日武装,开展游击战争,建立鲁西北抗日政权。黄白莹到聊城后,在公署政训处担任上尉政治服务员。当时,聊城专区辖鲁西北10余个县。11月初,黄白莹被派往冠县发动和组织群众,开展抗日斗争。这时,日本侵略军第二军第十师团正沿津浦铁路线向济南进犯,斗争环境极其险恶,不但有日军的侵略威胁,还有地方反动武装的骚扰,供给十分困难。黄白莹毫无畏惧,在中共冠县县委的领导下,进行了艰苦卓绝的斗争。

1937年底至1938年初,日军相继侵占了济南、泰安等地,其后日机多次轰炸聊城。在中共鲁西北特委的领导下,政训处积极开展抗日宣传。黄白莹负责出版《抗战日报》,刊载武汉电台每天早晚广播的战讯和本地区军事政治新闻等。该报分送司令部各单位、各县政训处和各游击部队,并在聊城的重要街市张贴。在济南、上海、南京相继沦陷,外地进步报纸被迫停办的情况下,黄白莹主办的这张油印报纸,曾起过重要的宣传作用。它的编辑、刻版、印刷、张贴和寄发等具体工作都由黄白莹承担。1938年5月1日,这张《抗战日报》改为四开铅印,成为鲁西北共产党人所领导的第一张铅印报纸,日出数千份,发行到鲁西北、冀南抗日根据地数十个县,也寄往延安和武汉。

为了培养抗日干部,1938年5月,中共鲁西北特委派黄白莹等20多名党员和"民先"队员赴延安学习。在延安,黄白莹进入中国抗日军政大学第五期五大队十中队。在延安,黄白莹等聆听了毛泽东等人所作的报告,成长为深刻把握党的路线、方针和政策的青年干部。

1939年初春,黄白莹学习期满离开延安,回到鲁西北。这时,聊城已沦陷,日军不断向鲁西北地区进行残酷"扫荡"。在险恶的形势下,党组织派黄白莹到黄河南岸大峰山泰西地委宣传部工作。当时,地委为了培养干部,在大峰山建立了泰西地委党校,由邵子言和黄白莹负责。黄白莹在党校为学员讲授政治课,并发挥他的特长,经常编写诗歌,鼓舞人们坚定持久抗战。

1941年春,日本侵略军减弱了对华中国民党正面战场的战略进攻,抽调两个师团增援华东日军,实施第一次"治安强化运动",妄图消灭鲁西北抗日根据地,泰西根据地的斗争环境更加残酷。3月12日,黄白莹和部队在游击行动中,在肥城西南莲花峪被大批日军包围。在激烈的突围战斗中,黄白莹身先士卒,同敌人展开殊死战斗,不幸牺牲,年仅24岁。

参考文献:

中共天津市委党史资料征集委员会编:《天津抗日英烈》,天津古籍出版社,1995年。

（李卫永）

黄钰生

黄钰生(1898—1990),字子坚,湖北沔阳人。1911年,黄钰生13岁时从家乡来到天津,在舅父卢木斋的教育之下成长。1916年,黄钰生考入北平清华学校留美预备班,1919年官费赴美留学,主修教育学,1923年获得芝加哥大学教育心理学硕士学位。1925年,在即将进行博士学位答辩时提前回国,担任南开大学哲学教授,两年后担任南开大学大学部主任,后来改称秘书长。

黄钰生写于1930年的《大学教育和南大的意义》,显示了他高远的抱负。大学是干什么的?他认为一是"润身",二是"淑世"。鉴于当时的复杂形势,黄钰生认为"南大将淑世放在润身之先"。他说严修、张伯苓办学,就因为屈辱于日、英而"不服这口气",南开的特点就是"不服气精神",就是用"人格和学问去争气","南大不信中国人根本不行……怕难的不必来,好奉承的不必来,服了这口气的不必来!"[1]

正在南开大学蒸蒸日上之时,1931年九一八事变爆发,天津形势险恶,日本浪人策划便衣队暴动,枪炮就架设在南开园周边,形势危急,黄钰生安排学生暂避。1937年7月7日,七七事变爆发,7月28日,日本侵略者侵占天津。29日,日军疯狂轰炸南开校舍。黄钰生奋力指挥疏散师生,迅速转移大量实验仪器、图书,一切处置停当后,他才乘小船告别熊熊火光中的校园。辗转半个月后,他在南京面见张伯苓,交上学校的一大串钥匙,张伯苓感动至极,含泪道谢。

---

[1] 申泮文主编:《黄钰生同志纪念集》,南开大学出版社,1991年,第49—57页。

1937年11月,国立北京大学、国立清华大学和私立南开大学组成国立长沙临时大学,1938年4月到达昆明后,更名为国立西南联合大学。在向昆明转移过程中,300余名男生组成"旅行团",完成了徒步穿越湘、黔、滇三省到达昆明的壮举。黄钰生任该团"教师辅导委员会"主席。申泮文回忆道:"旅行团的全部总务事宜,举凡路线选定、前站、宿营、伙食等杂务,都担在黄钰生一人肩上。他把全团旅行经费数万元巨款缠在腰间,自嘲'腰缠万贯'。"①黄钰生率团跋涉3000里,历时60多天,安全抵达昆明。

西南联大的领导机构是三校长组成的"常委会"。但抗战期间张伯苓校长常驻重庆,担任国民参政会副议长,在昆明代表南开的实际是黄钰生,他经常与北大蒋梦麟、清华梅贻琦两校长平列。联大的校务都由教授组成的各种委员会来董理,黄钰生任委员的就有二三十个,其中半数都由他担任主席或召集人。②

1938年,联大校常委会委托黄钰生以北大的教育学系为基础创办"师范学院",与文、理、法、商四学院并列,黄钰生成为联大五位院长之一。他把这看做实验独特理念的难得机会,自主制定学院方针,把学院办成"校中之校"。师资方面他巧借联大精英,请朱自清等兼任系主任,聘冯友兰、闻一多、陈岱孙等名家为教授,自己讲授"教育哲学"。他要求学生"领导青年为人师表"。他把自己的教育理念施于师院附属中学的实践,使南开中学重视体育锻炼、提倡社团活动的传统得以实现。抗战胜利后,联大师范学院及其附校整建制地留在昆明,其后身为昆明师范学院、云南师范大学。

1941年清华校庆,张伯苓从重庆提示黄钰生说,要突出清华和南开的通家之好,兼具两校学历的黄钰生在会上强调,清华的梅贻琦是

---

① 申泮文:《南开大学元老黄钰生教授》,《炎黄春秋》,1998年第3期。
② 参见王云:《黄钰生院长在西南联大》,载申泮文主编:《黄钰生同志纪念集》,南开大学出版社,1991年,第21—28页。

南开的首批高才生;冯友兰登台说北大"胡适院长是清华人,我是清华的院长,出身北大",顿时会场上气氛热烈,"所有的人都感到联大的团结"。①此外,黄钰生在管理工作中留意促进师生的团结,避免对南开学生偏袒。

抗战胜利后,南开大学回天津复校。黄钰生一生专注于教育救国,一直不肯参加党派,直到蒋梦麟出面动员才集体加入国民党。黄钰生出任天津市教育局局长4个月后,值"反甄审"请愿发生,他立刻辞职,回到南开大学继续担任校秘书长。

1952年,黄钰生调任天津图书馆馆长,埋头于外文科技图书采购,创立"专家阅览室",积极购置宋版岳珂撰《棠湖诗稿》等珍本图书。他首创的"西文书刊采购经验"等成就,得到全国业界的推崇。

1977年,黄钰生当选为天津市政协副主席,历任第五、第六届全国政协委员。1979年,中国图书馆学会复建,他被公推为副理事长。1981年率团参加美国图书馆学会第一百次年会。黄钰生动员以西南联大校友为主的"五大学校友会",创办"天津联合业余大学"。②1983年他任天津联合业余大学校务委员会主任委员。1985年加入中国共产党。1986年任天津图书馆名誉馆长。

1990年4月11日,黄钰生病逝于天津,终年92岁。

参考文献:

高成鸢:《被遗忘的大教育家黄钰生》,《社会科学论坛》,2014年第5期。

(高成鸢)

---

①《梅贻琦、黄子坚、胡适在联大校庆九周年纪念会上的讲话摘要》,载西南联大校友会编:《笳吹弦诵在春城:回忆西南联大》,云南人民出版社,1986年,第511页。
②《黄老与天津联合业余大学》,载申泮文主编:《黄钰生文集》,百花文艺出版社,2009年,第325页。

黄 月 山

黄月山（1850—1900），天津人，河北梆子、京剧兼工的著名演员，人称"黄胖儿"。黄月山幼年曾得著名武生任七亲传，武功根基扎实，长靠、短打均能，且有高亢洪亮的天赋佳嗓，初工梆子武生，后改皮黄武生和文武老生，以唱工刻画人物和精妙的髯口功为冠，表演风格以激昂苍劲为主，人称"黄派"，与俞菊笙、李春来并称清末武生三大流派。

1874年，黄月山在上海搭班，巡演于各茶园，以跌扑繁重的《伐子都》等戏著称。1877年，黄月山在上海经营大观茶园，因营业不佳而倒闭，而后到咏霓茶园、天桂茶园等处演出。1880年，他北上京津，最初搭班于嵩祝成班，后又搭瑞胜和梆子班。1887年，随班到天津金声园演出，后该班改名为宝胜和。1896年3月，他应田际云之邀加入玉成班，与田桂凤、孙怡云等同台演出，曾主演《精忠传》等剧。1900年3月，黄月山搭四喜班，曾与李连仲合演《独木关》。黄月山在艺术上专演以唱念、表演为主的武生戏，不仅武功精湛，而且唱念俱佳，皮黄腔里多掺以梆子腔。尤其擅长扮演挂白髯的武老生戏，熟练耍髯口，技巧非常精到。同时他还擅编演新编戏，代表作有《独木关》《凤凰山》《百凉楼》《绝燕岭》《莲花湖》《剑峰山》《反五关》等。黄月山还兼演小生应工的《黄鹤楼》《岳家庄》《群英会》及老生戏《四郎探母》等。他嗓子好，气力足，韵味厚，每一出戏都堪称经典，足以垂范后世。

在俞菊笙大红大紫的时期，黄月山才刚刚来到北京。俞菊笙的表演，侧重于以武功技巧刻画人物：开打勇猛、讲究气魄，运用武技、注重造型,以此刻画英雄人物的雄伟风貌,观众看的就是他的"绝活",至于唱工则没有人去苛求。黄月山欲与俞菊笙争锋,就必须另辟蹊径,自立门户。黄月山武功扎实,嗓音天赋很好,高下疾徐,游刃有余,他便在唱念上狠下功夫,形成了武戏文唱的独特艺术风格。于是以唱念表演为主的另一风格的武生流派——黄派,应运而生。黄月山擅唱二黄〔摇板〕和〔反二黄〕,唱腔悠扬清越,念白酣畅激昂,具有极强的感染力。如《独木关》中黄月山饰演的薛仁贵,屡建奇功却被张士贵冒功,满怀悲愤,抑郁成疾,在月下自叹的一段独唱,在当时的街头巷尾,随时都可以听到学唱的声音。在《翠屏山》中扮演石秀,被潘巧云栽赃诬陷和当面侮辱所激怒,抗争争辩的一段演唱,因"慷慨悲歌"之特色被传唱一时,成为黄派的代表性唱段。此外,黄月山以演武生戴髯口的老头戏最为拿手。演《溪皇庄》的老英雄褚彪,口戴白色乀须与采花蜂尹亮对打、空手夺刀的下串,速度奇快,长须不乱,横摔"过人锞子"连"鲤鱼打挺"接摔"拨浪股子",边式利落,流畅连贯。

黄月山还创造了老生开打的技巧,如在《绝燕岭》中的"耍双枪",表演精彩,符合人物性格。《绝燕岭》是一出靠把老生戏,定燕平兵败,愤而自杀。这出戏的定燕平很不好演,首先是表演者的扮相:扎硬靠、打扎巾、翎子、狐尾、白满、厚底。然后是表演与武打,比其他使双枪的戏都难演。尤其是在最后一场,定燕平战败,退到绝燕岭下,身逢绝地,气恨交加。这时黄月山通过双枪的抖动、翎子的颤动、靠旗的飘动、髯口的起动,以及脚步和眼神的表演,把定燕平气愤、绝望的心情表现得淋漓尽致、荡气回肠。

黄月山偶尔也演猴戏,但只演一出俞(菊笙)、李(春来)两派都从来不演的《狮驼岭》。《菊部丛刊》说他所饰演的各剧与"俞菊笙取法不同,各臻其至,未可有所轩轾,故近世论武生者,并称俞、黄二派"。

除了擅长演戏外,黄月山还能编剧和导演,比如《反五关》(根据《封神演义》)、《二桃杀三士》(根据《东周列国志》)、《风尘三侠》(根据

《隋唐演义》)、《倒铜旗》(根据《说唐》)、《卧虎沟》(根据《三侠五义》)、《大名府》(根据《水浒传》)、《百凉楼》(根据《大明英烈传》)等,就是出自他的手笔。黄派武生对京剧武生一行有一定影响,在天津、东北一带影响更广。

1900年12月,黄月山病故,终年50岁。

参考文献:

刘嵩昆:《崇文梨园史料》,崇文区政协文史委,2009年内部印行。

北京市艺术研究所、上海艺术研究所组织编著:《中国京剧史》(上),中国戏剧出版社,2005年。

吴同宾、周亚勋主编:《京剧知识词典》,天津人民出版社,1990年。

(齐　悦)

黄 佐 临

  黄佐临(1906—1994)，曾用名黄作霖，广东番禺人，1906年10月24日(清光绪三十二年九月初七日)生于天津。1939年更名黄佐临。1901年，黄佐临的父亲黄颂颁从广东来到天津，初在德商世昌洋行做普通职员，后在英商亚细亚石油公司任高级职员。黄颂颁是个戏迷，因此，黄佐临自幼便对中国戏曲有了深刻的印象。黄佐临上学的时候，其父已经成为一个很富有的商人。

  天津新学书院是英国人赫立德创办的一所教会学校，校舍是欧洲古城堡式的建筑，除了语文课外，所有课程都是用英语授课。黄佐临在这里完成了小学至中学的所有课程，不但学习了基础知识，也接触到了西方戏剧与文学。在老师的指导下，他阅读了挪威戏剧大师易卜生的英文版戏剧著作，还在家里为弟弟妹妹们导演莎士比亚名作《威尼斯商人》。毕业后，希望子承父业的父亲安排他于1925年8月到英国伯明翰大学攻读商科。

  到国外读书以后，性格内向的黄佐临在西方同学们的影响下逐渐开朗起来。不久，黄佐临决定申请转入社会研究科，由研究英国社会问题，进而发展到喜爱英国的戏剧。他经常到戏院观看世界各国的古典和现代名剧，还经常参加学生们组织的晚会和演出活动。虽然他还不太懂得真正的戏剧表演，但他却深深地喜欢上了这门艺术，他还悄悄地用英文进行戏剧创作，获得了同学们的好评。在大家的鼓励下，他鼓足勇气把自己的处女作《东西》《中国茶》寄给了英国的大文豪、诺贝尔文学奖获得者萧伯纳，并在信中表达了对萧伯纳、易卜生的敬意。

非常幸运,萧伯纳对这个初出茅庐的中国青年人给予了肯定,并热情鼓励他"必须依赖本人的自我生命,独创一格"①。大师意味深长的话,让黄佐临下定了决心,要想在戏剧创作中有所成就,就一定要走自己的路。

1929年9月,23岁的黄佐临学成归国回到天津。不久,他观看了南开学校为纪念建校25周年而演出的根据英国著名剧作家高尔斯华绥的剧本改编的《争强》。因为这位作者是黄佐临最为崇拜的剧作家之一,并且他在英国时就看到过一个戏剧研究社排演此剧。因此,他看完演出后非常激动,写下了三千字的感受,将这一中一西的两次演出进行了仔细的比较与分析。该文章分三次刊登在1929年9月23日至25日的天津《大公报》上。他不仅与该剧的主演曹禺、张平群、伉蕴如等交上了朋友,还认识了导演张彭春。

1930年,黄佐临接替父亲担任天津英商亚细亚石油公司华人顾问,这是一个收入颇丰的闲职。业余时间他就到天津新学书院教学,经张彭春介绍到南开大学兼职讲授萧伯纳研究和狄更斯研究。其间,他在讲课之余,还把研究成果《萧伯纳与高尔斯华绥比较》全文发表在英文版《京津泰晤士报》上,获得了胡适等人的关注。他还把该文印在考究的宣纸上分别寄给了这两位大师,高尔斯华绥在回信中给予他热情的鼓励,萧伯纳后来到中国时与之进行了晤谈。

这一时期,天津话剧演出活动非常丰富,机缘、兴趣使黄佐临观看了大量的戏剧演出,并撰写发表了很多戏剧评论,为他后来建立独特的戏剧观奠定了坚实的基础。特别是他在观看中西女中用英语演出的莎士比亚剧目《如愿》时,对剧中女主角"罗瑟琳"的扮演者的表演大加赞赏,并通过她的妹妹牵线相识,她就是丹尼,本名金韵之。1935年夏,黄佐临再度出国,先到美国与在纽约哥伦比亚大学留学的丹尼举

---

①纪宇:《喜剧人生——黄佐临》,山东画报出版社,1996年,第24页。

行了婚礼,后一起赴英国在剑桥大学皇家学院专门研究莎士比亚戏剧,并在伦敦戏剧学馆向法国著名导演米·圣丹尼学习戏剧导演,研究欧美戏剧、电影流派。为写好毕业论文,夫妇二人看遍了在英国演出的莎士比亚剧目。1937年5月,黄佐临从伦敦戏剧学馆导演班毕业,并顺利地获得了剑桥大学文学硕士学位。

1937年全民族抗战爆发以后,黄佐临义无反顾地返回祖国。临行前,他再一次拜访了萧伯纳,萧伯纳为他写下了临别赠言:"起来,中国! 东方世界的未来是你们的,如果你有毅力和勇气去掌握它。那个未来的盛典将是中国戏剧。"①并再次嘱咐他"不要用我的剧本,要你们自己的创作"②。为此,萧伯纳还特制了一个羊羔皮封面的相册送给他,希望他存放自己创作的满意的剧作照片。

回国后,黄佐临在天津度过了8个月的书斋生活,白天读剧本、小说,晚上观摩戏剧、戏曲。并将用英文撰写的《狮吼记》《火判》《蟠桃会》等昆曲剧目简介发表在报纸上,引导外国人和所谓的"高等华人"对昆曲的兴致,使韩世昌的昆曲剧团一度摆脱了困境。后经曹禺的推荐,他到重庆国立戏剧学校任教,还结合教学排演了《阿Q正传》。丹尼则把斯坦尼斯拉夫斯基体系引进课堂。洪深先生在《抗战十年来中国戏剧运动与教育》一书中写道:"我国最早介绍斯坦尼的为金韵之。"

1939年,黄佐临的父亲病逝,他回天津奔丧路过上海时,发现这里话剧活动的空间非常大,于是在料理完父亲后事之后,便在上海购置了住房,并加入了上海剧艺社。1941年秋,黄佐临与周剑云、姚克等组建了上海职业剧团。由黄佐临任导演,丹尼、石挥、韩非等主演的打炮戏《蜕变》(曹禺编剧)连演37场,场场爆满,成为上海话剧演出的一枝奇葩。1942年春,黄佐临又在上海职业剧团原班人马基础上筹建了"苦干剧团",主要成员有吴仞之、柯灵、姚克、孙浩然、石挥、黄宗江、丹

---

①②纪宇:《喜剧人生——黄佐临》,山东画报出版社,1996年,第68页。

尼、白文等。由于用人得当，大家齐心合力，迅速打开了上海话剧演出的市场，先后排演了《荒岛英雄》《秋海棠》《大马戏团》《天罗地网》《福尔摩斯》《梁上君子》《视察专员》《林冲》《金小玉》《夜店》《乱世英雄》等中外剧目。其中大部分剧目为黄佐临导演，这是他导演剧目最多的时期。

抗战胜利后，社会经济环境继续恶化，没有投资方的"苦干剧团"，每周要演出9场戏，也只够维持大家的生计。1946年6月，剧团被迫解散。同年8月，黄佐临参与创建了文华影片公司，与桑弧共同担任艺术创作。在这里，他导演了自己的第一部影片《假凤虚凰》，剧中使用了辛辣的讽刺手法，对当时社会上盛行的欺骗之风进行了无情的揭露，获得了广大观众的认可，票房飙升。他还将影片译成英语，制成中国第一部英语拷贝输出国外。

1948年底，黄佐临参加了中共领导的地下影剧工作者协会的筹备工作。1949年，他改编并导演了电影《表》。该片大量选用非职业演员演出，真实的情感始终充满了影片，被法国电影史学家萨杜尔列为世界电影史中的经典。6月，黄佐临作为敌占区文艺工作者代表赴北平参加了全国第一届文艺工作者代表大会。返沪后，被任命为上海市军管会文艺处副处长。1950年，参与创建上海人民艺术剧院，先后担任该院副院长、院长、名誉院长达44年之久。其间，他在从事行政工作的同时，还导演了《布谷鸟又叫了》《黄浦江的故事》等影片，并执导了中国舞台上第一个布莱希特的作品：《胆大妈妈和她的孩子们》。

20世纪五六十年代，苏联戏剧理论学说统领了中国话剧舞台，甚至中国戏曲也开始学习斯坦尼斯拉夫斯基表演体系。这让很多演员特别是戏曲演员有些不知所措。1962年在广州召开的"全国话剧、歌剧、儿童剧创作座谈会"上，黄佐临提出了除斯坦尼斯拉夫斯基表演体系之外，还有德国的布莱希特表演体系、中国戏曲梅兰芳表演体系的观点。他通过对这三个体系的深入分析，得出了"汲取他们的精华，去创造出我们自己的'写意戏剧''的结论。这篇名为《漫谈戏剧观》的发言,不仅将斯坦尼斯拉夫斯基、布莱希特表演方式介绍给中国广大的戏剧、戏曲工作者,而且"写意戏剧"的观点在戏剧界也引起了广泛的关注。

1976年"文化大革命"结束以后,他与中国青年艺术剧院合作了布莱希特的《伽利略传》,在北京连演80场,场场爆满。1980年,他作为总导演把话剧《陈毅市长》搬上了银幕,把陈毅这位开国元帅在刚刚解放的上海市进行城市建设的形象塑造得生动感人,该片获得了文化部1981年优秀影片奖。

80年代末,进入耄耋之年的黄佐临,明确提出并论证了"写意戏剧观"的理论观点,他主张:"虚戈作戏,真假宜人,不像不成戏,太像不算艺,悟得情与理,是戏又是艺。""画有三:一、绝似物象者,此欺世盗名之画。二、绝不似物象者,往往托名写意,亦欺世盗名之画。三、唯绝似又绝不似物象者,此乃真画。""比普通实际生活更高,更强烈,更有集中性,更理想,更典型,因此更带普遍性。""情与理,形与神,不可分割……"①

1987年,他与陈体江、胡雪桦共同导演的话剧《中国梦》在首届中国艺术节上亮相,这个剧目彻底贯彻了写意戏剧观,树起了"写意话剧"的旗帜,获得了专家学者和观众的一致赞誉。

黄佐临在近60年的艺术生涯中,共导演话剧、电影百余部,著作有《漫谈戏剧观》《导演的话》《我与写意戏剧观》等,并培养了大批戏剧、电影工作者。1988年,黄佐临获得中国话剧研究所颁发的振兴话剧导演奖(终身奖)。他曾任第一至第三届全国人大代表,第五届全国政协委员,中国戏剧家协会副主席,上海对外友好协会副会长。

1994年6月1日黄佐临病逝于上海,终年88岁。

---

① 纪宇:《喜剧人生——黄佐临》,山东画报出版社,1996年,第164页。

1995年10月，黄佐临塑像矗立在了上海人民艺术剧院的草坪上。1996年，上海话剧艺术中心设立"佐临话剧艺术奖"，奖励在话剧艺术方面有突出表现和特殊贡献的话剧工作者。

参考文献：

纪宇:《喜剧人生——黄佐临》,山东画报出版社,1996年。

黄蜀芹:《我的爸爸黄佐临》,载王人殷主编:《东边光影独好——黄蜀芹研究文集》,中国电影出版社,2002年。

黄蜀芹口述,张仲年、顾春芳整理:《我的父亲黄佐临》,《档案春秋》,2010年第4期。

刘忆斯:《黄佐临:温良恭俭让的中国现代戏剧宗师》,《晶报》,2009年9月15日。

（齐会英）

霍 元 甲

霍元甲（1868—1910），字俊卿，天津静海人，祖籍河北东光，生于天津静海小南河村。

霍元甲出身武术世家。父亲霍恩第，武艺超群，曾为镖局镖师。霍恩第兄弟三人，共生有十子，其中霍元栋、霍元甲、霍元卿为霍恩第所生。霍元甲自小体弱多病，时常遭到街坊邻居孩子的欺负，在众兄弟之中也经常受到讥笑。于是，霍元甲希望练武强身，白天他在"技击室"外偷学武艺，晚间则到村中的枣树林练习。十余年间，霍元甲武艺日渐纯熟。静海某位武术家曾经与霍元甲比武，被其轻易打败，从此，霍元甲"武艺高强"的名声不胫而走。

1896年，霍元甲来到天津脚行谋生，后来结识怀庆药栈掌柜农劲荪。农劲荪早年留学日本，追随孙中山为同盟会会员，具有革命思想。他知识渊博，爱好武术，善交武林人士。他仰慕霍元甲，故邀请其入怀庆药栈。一天，怀庆药栈运来一批中药材。三个伙计共扛一捆牛膝，已然气喘吁吁。霍元甲则找来一个扛棒，独自挑起一捆牛膝，大家都很佩服霍元甲之神力。[1]两个大青石辘轳斜立在井口上，难以撼动，霍元甲来到井口，猫下腰去，用两手捧住辘轳，把两个辘轳同时推了出去。从此人送绰号"霍大力士"。[2]

---

①萧汝霖:《大力士霍元甲传》,《青年杂志》,1916年第1卷第5号。

②晨曲:《武术大师霍元甲生平事略》,载天津市政协文史委编:《天津文史资料选辑》第22辑,天津人民出版社,1983年,第120页。

1900年，北京源顺镖局王子斌使得一把大刀，排行第五，人送绰号"大刀王五"，他钦佩霍元甲之武艺，亲自来津拜访，二人结为好友。1900年8月，八国联军攻入北京时，大刀王五率众进行反击，最后不幸战死。联军将大刀王五的头割下来，挂在城门上示众。霍元甲得知后，与《老残游记》的作者刘鹗，设法将大刀王五的头颅从笼子里取出来，入土安葬，并由刘鹗为其竖碑。

　　农劲荪的革命思想深深影响了霍元甲，他立志武术救国。八国联军侵略中国，京津地区惨遭涂炭，好友惨死，都使霍元甲深感惭愧，他精心改良家传绝技迷踪拳，更其名为"迷踪艺"，使其更能克敌制胜。他还打破家传武术不传外姓人的家规，招收刘振声、张文达、边云山等人为徒。

　　1901年，俄国大力士来津表演绝技，登报自称世界第一大力士，并说世界第二大力士为英国人，第三为德国人。霍元甲闻而愤愤不平，认为这是肆意侮辱中国人，他挺身而出与其比武。大力士得知霍元甲勇武绝伦，随后便表示其以技艺养家，故夸大其词。霍元甲要其登报谢罪，俄国大力士登报认输。

　　霍元甲武艺高强，引起了著名武术家李瑞东的关注。李瑞东，直隶武清县人，曾拜太极宗师杨露禅研习太极拳剑。1903年，李瑞东派弟子摩巴邀请霍元甲赴武清比武切磋，比武数日，未分胜负。①

　　1909年春天，英国大力士奥皮音在上海亚波罗影戏院登台表演健美、举重等运动项目，并扬言愿意与华人进行武艺比试，还以"病夫"之名污蔑中国人。同盟会会员陈其美、农劲荪等人决定邀请霍元甲来上海与奥皮音比武。当霍元甲赶赴上海时，奥皮音借故推脱。1910年，霍元甲再次抵达上海，与奥皮音商议比武，约定日期为4月14日。霍元甲在张园设置擂台一月，以待奥皮音，并采用西文发传单登广告的

――――――――――

　　①《霍元甲先生》，《益世报》，1919年1月25日。

方式,宣言曰:"世界讥讽我国为病夫国,某即病夫国中之一病夫也,愿意世界健者来校,有以一拳一脚加我身上者,奉金表金牌各一面,以为纪念。我欲为国人雪耻争荣。"①结果无人应战。出于满足上海民众观看武术的愿望及扩大武术影响之考虑,霍元甲与徒弟刘振声、张文达,以及一位赵姓武术家商议,在张园设计了一场擂台比武。结果赵某、张文达分别被霍元甲及刘振声击败。霍元甲的名声开始被上海民众所知晓。

张园打擂之后,霍元甲产生了打破门派观念设立武术会的想法。他希望国人都来习练武术,使"病夫"都成为壮士。陈其美、农劲荪、霍元甲等人经过商议,决定创办精武体操会,也作为训练革命青年的场所。②1910年6月14日,《时报》上连续数日刊登署名为霍元甲的"中国精武体操会广告宗旨"。1910年7月7日,中国精武体操会成立,农劲荪担任会长,霍元甲全面主持技术训练工作。会址在上海华界闸北旱桥西王家宅。

精武会成立后,日本浪人对霍元甲十分忌恨。日本柔道队精选了十几个队员来到上海,意图打败霍元甲。霍元甲只带刘振声一人出场。刘振声出手便接连打败几个日本柔道队员。日领队非常恼火,命日本武士出场,刘振声又将两名日本武士击倒。三位日本武士联手攻击霍元甲,霍元甲以肘将其中一人臂骨打折,其余的人皆不敢再比试。而此时霍元甲患上呛病,日本医生秋野为其诊治。1910年9月14日,霍元甲骤然病逝,终年42岁。霍元甲病逝后,弟子们将霍元甲服余的药品送到公立医院检查,医院确定此药为慢性毒药,疑为日本医生秋野所为。③

---

①警钟:《国术名人传·静海霍元甲》,《天风报》,1933年8月11日。
②胡玉姣:《上海精武体育会:体育现代化研究(1910—1937)》,华东师范大学2011博士研究生毕业论文,第41页。
③《精武本纪》,上海市档案馆藏档案,Q401-10-48、SC0033。

霍元甲去世之后,其次子霍东阁与叔父霍元卿及卢炜昌等人继续经营精武会。1916年,中国精武体操会改名为中国精武体育会。孙中山先生感慨地说:"欲使国强,非人人习武不可",并为精武体育会题词"尚武精神"。

参考文献:

陈公哲:《精武五十年》,春风文艺出版社,2001年。

晨曲:《武术大师霍元甲生平事略》《蜚声南洋的我国武术家霍东阁》,载天津市政协文史委编:《天津文史资料选辑》第22辑,天津人民出版社,1983年。

(汤锐　晨曲)

姬奠川

姬奠川(1887—1960)，别名奠浚，河北定兴人。1913年，姬奠川毕业于天津北洋法政学校商科，曾任北平中国大学、甘肃中山大学教授，同时任国民党甘肃省党部监察委员，后投身金融界。

抗战前，姬奠川主要从事金融活动，他先后任北平中国银行总稽核，兰州西北银行经理，甘肃省西北银行经理兼银行总办，绥远平市官钱局、察哈尔省官钱局、甘肃平市官钱局、河北省银行经理等职，与西北军将领交往密切。1929年，姬奠川任天津中国农工银行副经理。1930年，姬奠川与西北军友人组织同兴银号和天津市小本借贷处。天津同兴银号由郑道儒、戴汇川、姬奠川共同出资兴办，姬奠川任银号常务董事。该银号以经营存放款为主，注册资本5万元，正式注册为股份有限公司。银号内部分营业、会计、出纳、总务四课，会计系统按财政部统一会计制度处理，是当时最早使用新式簿记的银号。1931年，天津中原商业储蓄银行总行成立，姬奠川任董事长。1933年，任河北省银行总经理。1937年天津沦陷后离津，转任西安裕华银行经理。

抗战期间，姬奠川奔走各地，以身许国，备著勋劳。曾任天津特别市市长的张廷谔因不满日人统治而遭到日军威胁。为躲避日伪政府迫害，姬奠川利用自己的社会地位，以去香港开银行董事会为借口，协助张廷谔临时乘坐英国轮船转移至香港。1945年抗战胜利后，姬奠川回津任河北省银行总经理，兼天津市民银行经理、中原商业储蓄银行经理、裕华银行天津分行经理。

1946年，天津商会改选，因姬奠川为西北军旧人，北平第十一战区司令长官孙连仲推荐姬奠川当选为天津市商会理事长、全国商会联合会常务理事。姬奠川任商会理事长一年期间,以纾民困、解商艰为己任,奔走于政府与商会之间。

1946年,江苏省政府上呈粮食部,声称:"凡本省粮食对南北各省,如平津等地商人来境采购,非先经本部核准一律禁止出口。"[①]并下令,如果来省采购米面应先向粮食部请领核准之证明文件。这样的举动直接影响了平津民众的日常之需。消息传出,立刻在平津等地掀起波澜。姬奠川在致行政院院长张群的呈文中指出:"华北粮产原不甚丰,兼以年来战争频仍,乡间食粮多被封锁控制,以致不能畅通。如今平津各地民食堪虞,亟应南粮北运,以救眉急。如苏省食粮再禁出口,则华北粮荒将不堪设想。因此,希望行政院早日解除禁令,以解倒悬。"[②]为此,国民政府粮食部采取消除华北经济险象的7条措施,解除了南粮北运等各项限制,同时打通了北方土货换取外汇购买国外粮食的渠道,缓解了平津民食之虞。

1946年,国内工商业所得税征收比例过高,商界苦不堪言。为此,天津市商会成立赋税研究委员会,姬奠川任委员。姬奠川联合全国商界,要求政府缓纳1945年度所得税,以争取全免或缴纳1/3。此项请愿虽未达到预期效果,但促使天津直接税局体察商业凋敝状况,参照上年纳税情况,从轻从减进行征纳,缓解了商户负担,维护了商民权益。

1947年,姬奠川还为日本赔偿天津工业设备积极奔走。当时经济部公布的配备方案中只给天津配设了轧制铝锡品工厂设备,与天津的产业重点完全不符。为此,姬奠川与时子周、李烛尘陈情经济部,指出天津设置该厂既无原料也无市场。因此,不适宜设置轧制铝锡品工

---

①②天津市档案馆等编:《天津商会档案汇编(1945—1950)》,天津人民出版社,1998年,第812页。

厂,而"天津纺织工业素极发达,仅亚于上海,实居全国之第二位,全市纱厂10余单位共拥有纺纱机40余万锭,棉煤产区亦多近在左右,需要补充之纺织机械,较诸广桂等地,实更迫切,而其他工业部门需要之内燃机及工具机,亦同感切要"[①]。同时提出解决问题的三点建议:首先组织专家制定计划,其次经济部重新考虑各地工业设备配设问题,最后设备拆除应由日人承担,安装亦应由原拆卸人负责,以尽快发挥其生产效能。该项建议得到了采纳。

1948年,姬奠川当选为国民党"国大代表",后去台湾,曾当选为台湾"立法"机构的民意代表及财政金融委员会委员。台湾当局还聘请姬奠川与中纺厂董事长束云为专门小组召集人,研究台湾经济建设问题,并提出若干经济发展建议。姬奠川还联合原河北省主席孙连仲等人组织成立了"冀联行",意指河北人联合办的商行,并担任董事长。

1960年,姬奠川因病在台湾去世,终年73岁。

参考文献:

孙大干编著:《天津经济史话》,天津社会科学院出版社,1989年。

刘国铭主编:《中国国民党百年人物全书》(下),团结出版社,2005年。

天津市档案馆编:《近代以来天津城市化进程实录》,天津人民出版社,2005年。

(王　静)

[①]天津市档案馆等编:《天津商会档案汇编(1945—1950)》,天津人民出版社,1998年,第522—523页。

吉 鸿 昌

吉鸿昌(1895—1934),本名恒立,字世五,1895年10月18日(清光绪二十一年九月初一日)生于河南扶沟一个贫苦的农民家庭。14岁在首饰店学徒。16岁为杂货店伙计。

1913年8月,冯玉祥在河南郾城一带招兵,吉鸿昌到郾城投军,入左路备补军第二团。1914年春,随冯玉祥部入豫"清剿"白朗起义。4月,冯玉祥部奉命改编为第十四旅,驻西安,吉鸿昌被选入第十四旅模范连受训。1917年7月被调到手枪队,不久被提升为连长。1919年被任命为直属工兵连连长。1921年被提升为第十一师二十一旅四十三团营长。1924年10月,冯玉祥发动北京政变,吉鸿昌奉命守卫北京南苑。1925年10月,升任绥远都统署直辖骑兵团团长兼绥远警务处处长。1926年6月,任第十二师三十六旅旅长。

1926年9月17日,冯玉祥所部在五原誓师,组成国民军联军,响应北伐战争。吉鸿昌此时不在五原,但当他听到消息后,立即召集所部,宣讲孙中山的三民主义和联俄、联共、扶助农工三大政策,并率部参加北伐。

1926年冬,第三十六旅扩编为第十九师,吉鸿昌任师长。5月率部进驻潼关。当时,共产党员宣侠父领导的前敌总指挥部政治部,在各部队大力开展思想教育,宣传革命理论,宣讲孙中山三大政策,还将一批共产党员派入吉鸿昌的第十九师工作。吉鸿昌对这些政工人员十分尊重,主动接近他们,与他们亲切交谈,并和士兵们一起听课,学到许多新鲜的革命理论,使自己朴素的"当兵救国,为民造福"思想有了新的提高。

1927年5月,国民军联军改为国民革命军第二集团军,东出潼关,会同北伐军进攻河南。同年7月,第二集团军内部进行清党,大批共产党员被迫离队。而在第十九师,吉鸿昌暗中保护了一批共产党员及政工人员。1928年冬,吉鸿昌担任西北军第十三师师长。1929年7月,任第十军军长,同月任宁夏省政府主席。

1930年5月,冯、阎、蒋中原大战爆发,吉鸿昌部被调往前线作战。在这场军阀混战中,吉鸿昌虽然打了不少胜仗,但他看到内战把人民推向更加苦难的深渊,内心十分痛苦。中原大战冯玉祥失败后,吉鸿昌得到冯玉祥的同意,将所部由国民政府改编为第二十二路军,任总指挥。

1930年11月,蒋介石调集10万兵力对中央苏区进行第一次"围剿",又调集9个多师的兵力,向鄂豫皖根据地发动进攻。吉鸿昌所部受蒋介石派遣进攻鄂豫皖根据地,驻扎在潢川、光山一带。他对"围剿"苏区红军十分反感,以种种托词按兵不动。1931年8月,吉鸿昌被撤去军职,任军事参议院参议,受命出国考察。1932年1月28日,日军悍然进攻上海。吉鸿昌闻讯,立即结束了欧洲之行,乘船回国。在上海他与中共党组织取得了联系,表明了自己坚决抗日的决心,随后回到天津。在天津,他很快与中共华北政治保卫局接上关系。为了开展反蒋抗日斗争,他经常奔走于平津两地,同时抓紧撰写出国观感《环球视察记》,于同年5月由北平东方学社出版。不久,根据党的指示,赴上海参加东北抗日救亡后援会工作,并与宋庆龄等爱国人士广泛接触。他还潜入湖北,组织发动驻扎宋埠的旧部起义。1932年秋,党组织批准他加入中国共产党。

1933年,言鸿昌由天津起程到达张家口,与冯玉祥等组织民众抗日同盟军,组织领导察哈尔抗战。为解决经费困难,吉鸿昌毁家纾难,拿出6万元购置军火。他派人回天津协助妻子胡洪霞购买了一批冲锋枪和手枪,秘密运送到张家口。5月26日,察哈尔民众抗日同盟军宣告成立。吉鸿昌担任北路前敌总指挥,带领部队英勇作战,先后收复康保、宝昌、多伦等地。然而,在日、伪、蒋三方夹击围堵下,察哈尔民众抗日同盟军失败。吉鸿昌乔装辗转回到天津。此时,天津地下党、团组织及许多进步团体相继遭到国民党特务的破坏,大批共产党员和革命者被捕入狱。吉鸿昌没有被吓倒,他到津后主动寻找党组织,急切地要求投入新的战斗。

1934年1月,吉鸿昌与共产党员宣侠父取得联系。后在宣侠父副官牛建忠陪同下秘密前往上海,见到中共中央军委特科王世英同志。随后吉鸿昌向党组织汇报了察哈尔抗日斗争的经过,听取了党的指示。几天后,他肩负着新的使命返回天津。3月初,南汉宸夫妇受党的指示来到天津。根据党的指示,吉鸿昌与南汉宸、宣侠父广泛联络各地反蒋抗日力量,为组织抗日民族统一战线展开了积极的工作。

1934年4月10日,中共中央发表《为日本帝国主义占领华北并吞中国告全国民众书》。在党的领导下,中国民族武装自卫委员会华北分会成立,在天津召开了武装自卫代表会,成立了天津武装自卫委员会。天津、唐山等地工人罢工接连不断。形势的发展为吉鸿昌等人的工作提供了非常有利的条件。由于吉鸿昌在西北军和察北抗战中的威望,他们很快便与全国各地反蒋抗日力量取得了联系。

1934年5月,吉鸿昌与南汉宸等在天津成立了包括冯玉祥、李济深、方振武、任应岐等各派反蒋抗日力量的中国人民反法西斯大同盟,吉鸿昌被选为大同盟中央委员会委员。为了宣传抗日,吉鸿昌等决定编辑出版《民族战旗》,作为反法西斯大同盟的机关刊物。他在自己家的三楼设置了简易印刷所,除油印《民族战旗》外,还承担着印刷党的秘密文件的任务。为了将抗日宣传品及时安全地散发出去,胆大心细的吉鸿昌经常派人到日租界邮局给全国各爱国团体、各学校、各派系的军队邮寄宣传品。《民族战旗》积极宣传中国共产党的抗日民族统一战线政策,号召"枪口对外不对内""全国各种抗日力量在民族旗帜下团结起来",在全国各地产生了很大反响。

吉鸿昌在法租界的住宅成了党在天津的主要联络站。为了顺利开展党的秘密工作,完成党交给的任务,吉鸿昌特意对楼内设施、房间通道进行了安全改造,楼道铺上地毯,房间一室多门。党的许多负责同志路经天津都住在这里,一些失掉关系的党员也找到这里,吉鸿昌总是想尽办法掩护他们。他还根据党"必须抓紧白军士兵中的工作……与工农劳苦群众及一切抗日义勇军联合起来,发展游击战争"①的指示,与南汉宸、宣侠父等同志一起紧张地奔波于平津和华北各地,进行组织联络工作,同时暗中筹集资金,购买军火,准备建立抗日武装。

中国人民反法西斯大同盟成立的同时,吉鸿昌还准备在家乡河南发动中原暴动,重新举起武装抗日大旗。经党组织同意,吉鸿昌与南汉宸、宣侠父等一起拟定了暴动计划,准备将吉鸿昌旧部两个师调回河南,与河南当地的地方武装结合起来,组成有十几万人的抗日义勇军,然后,全部人马转移到西北,与杨虎城的部队联合,开辟西北抗日根据地。为实现中原暴动计划,吉鸿昌一面加紧对江西旧部的策反工作,一面派人到南方联络方振武将军,同时派人与杨虎城将军进行联系,得到了杨虎城将军的全力支持。

与此同时,吉鸿昌在南汉宸等人的帮助下,通过各种渠道,联络了一批原西北军中具有反蒋抗日爱国心的军官。党组织决定由吉鸿昌出面,秘密将这些人请到天津,由南汉宸及曾任中共河北省委宣传部部长的李铁夫负责对他们进行谈话、训练。然后,将其作为武装抗日的火种,分别派往西北各省及豫南、豫西、安徽等地,组织人民武装抗日自卫军,点燃抗日的烽火,以配合中原暴动计划的实施。吉鸿昌策

---

① 中共天津市委党史资料征集委员会编:《战斗在天津的共产党人》,天津人民出版社,1991年,第204—205页。

动和组织武装暴动的工作取得了很大进展。

吉鸿昌的积极活动引起了国民党特务的密切注意。南京复兴社特务加紧对吉鸿昌等共产党员及反蒋抗日爱国者监视,同时还派特务混进反法西斯大同盟组织内部窃取情报,进行破坏活动,吉鸿昌的家也受到敌人日夜监视。为了党组织及同志们的安全,吉鸿昌当机立断,改变了联络方式,到惠中饭店等处"访友""打牌""听戏",与各地抗日反蒋人士会谈、联络,并在北平鼓楼大街建立了新的秘密联络点,接待外地而来的反蒋抗日人士。

1934年八九月间,被派往安徽发动武装抗日的同志被捕,吉鸿昌在津组织训练武装抗日力量的工作暴露。蒋介石暴跳如雷,严令国民党北平军分会不惜一切手段逮捕吉鸿昌,同时密令复兴社特务暗杀吉鸿昌、南汉宸、宣侠父等人,并派驻北平军分会的特务头子郑介民亲自指挥。党组织获悉后立即通知吉鸿昌、南汉宸等撤离天津。但吉鸿昌决定暂时留下坚持工作,让南汉宸先行撤离。

10月初,根据工作需要,吉鸿昌将家搬到英租界牛津别墅,在法租界国民大饭店38号房间开辟了新的秘密联络点,准备在购置的武器到手后撤离天津。11月9日晚,吉鸿昌和李宗仁的代表在国民大饭店秘密会谈时,跟踪而至的国民党特务闯入房间,将会谈代表当场打死,吉鸿昌与任应岐也身负枪伤。法租界工部局的巡警倾巢而出,将国民大饭店团团围住,以杀人嫌疑罪名将吉鸿昌、任应岐逮捕,并于11月14日将吉鸿昌、任应岐等引渡给国民党天津市公安局。

吉鸿昌被捕后,党组织想尽办法积极组织营救,社会进步舆论也一再要求国民党政府释放吉鸿昌,但蒋介石仍然下令"就地枪决"。1934年11月22日,吉鸿昌被国民党军警押解到北平。11月24日,吉鸿昌在北平英勇就义,年仅39岁。

参考文献:

中共天津市委党史资料征集委员会编:《战斗在天津的共产党人》,天津人民出版社,1991年。

中共天津市委党史资料征集委员会编:《天津抗日英烈》,天津古籍出版社,1995年。

中共天津市委党史研究室编:《民族英雄吉鸿昌》,中共党史出版社,2005年。

徐友春主编:《民国人物大辞典》,河北人民出版社,1991年。

(周　巍)

籍 忠 寅

　　籍忠寅(1877—1930),字亮侪,曾自署困斋,河北任丘人。籍家曾是当地"富甲一县"的大户。籍忠寅青少年时期生活坎坷,17岁丧父,22岁丧母,自幼随兄长籍忠宣(进士)学习和生活。幼年的籍忠寅既善口辩,又富有组织才能,"尝集村童数十人,指挥而进退之"。后来赴保定莲池书院求学,成为桐城派古文学家吴汝纶的学生,并深得先生赏识。其"力学精思,生平学术,实植基于是时"①。数年间籍忠寅的学问大有长进,诗文、书法均臻于佳妙境界。籍忠寅19岁时,参加童生试,以冠军补博士弟子员。1902年,清政府科举废八股改试策论,籍忠寅"应岁科试,皆列榜首",以优贡入太学,为学使陆宝忠所赏识,被聘为陆家的家庭教师。

　　籍忠寅对家乡教育的发展非常关心,当时任丘没有新学学堂,学生都是在私塾读书。籍忠寅首先倡导在本村建立新学学堂,筹资建校舍,延聘名师,集中全村学龄子弟上学念书。此外,他对群众文体活动也很重视,在村里建起了武术五人义班,每年冬闲,集中全村青壮年练习武术。②

　　1903年,籍忠寅中举人。此时正值内忧外患之际,恰逢直隶资送学生赴日本留学,籍忠寅考取官费留学,先后在日本经纬学堂、正则英

　　①卞孝萱、唐文权编:《辛亥人物碑传集》,团结出版社,1991年,第550页。
　　②任丘市地方志编纂委员会编纂:《任丘市志》,书目文献出版社,1993年,第644页。

语学堂、早稻田大学政治经济科学习。在日本求学期间,他结识了许多有识之士,接受了民主救国的思想。因为用功过度,染上了咯血之疾。1908年暑假回国省亲,探望在济南的哥哥籍忠宣时,籍忠宣突然病逝,遂帮助料理丧事。大病初愈的籍忠寅,猝遭兄丧,伤恸至极,呕血复发,在料理完兄长的丧事后,前往天津看病。

在天津养病期间,籍忠寅与天津学界交往频繁,病愈后担任天津北洋法政专门学堂教务长。籍忠寅是立宪派人士,他在北洋法政专门学堂任职期间,积极参加社会活动,先后当选顺直咨议局议员、资政院议员,还参与发起成立了宪友会。

1912年2月,籍忠寅等人在北京、天津发起筹建国民协进会,有会员200余人,大部分为清末立宪团体宪友会和辛亥俱乐部成员。为促进袁世凯统一政府早日成立,该会致电南京参议院及唐绍仪等,请唐及南京国务员"先期到京",并电请上海民国公会"联合团体,分别劝阻"南方勿"率重兵北来"。当北方报界传说袁世凯同意南方派兵北上,袁将与国务员同时移居南苑时,又连忙上书,要求袁取消此举。5月,该会与统一党、民社、民国公会等政团合并,组成共和党。

中华民国建立后,籍忠寅到北京,进入政界,曾任北京临时参议院议员、常任法制委员、国会参议院议员、常任财政委员、研究宪法委员会委员、法律编查会编查员、天津中国银行副行长、直隶巡按使署顾问、经界局专任评议员、政事堂存记等职务。

1915年,袁世凯称帝,蔡锷领导反袁起义,出师护国,发起人中就有籍忠寅。籍忠寅参与组建宪法研究会,成为"研究系"的骨干之一。1917年,张勋复辟帝制,遭到梁启超的强烈抨击,籍忠寅又为梁启超联络游说冯国璋。事后,他任国会议员,但因国会受到"安福系"控制,"研究系"议员势单力薄,形同虚设,籍忠寅遂和其他"研究系"成员相继转而从事文化教育工作,参与创立尚志学会、新学会等文化社团,还和梁启超创建的讲学社一同邀请杜威、罗素两位洋博士来中国演讲,成为轰动文化界的大事。"研究系"成员创办了《晨报》《国民公报》《时事新报》，籍忠寅是办报资金的主要筹集者之一。1920年，籍忠寅任国会筹备事务局局长时，投身实业，筹办牲生日用化工厂，和刘壬三等人筹建福星面粉公司，并任董事。

1923年，曹锟倒阁驱黎之后，"贿选"总统。籍忠寅虽不同意曹锟的这种做法，但因与曹系亲戚，碍于情面而为之周旋，损害了议会威信。1924年第二次直奉战争中，冯玉祥发动"北京政变"，曹锟被囚，籍忠寅称病引退，在北京做寓公。早在日本留学期间，籍忠寅就因用功过度而染上咯血之病，中年奔走国事，复又积劳加剧。在北京家中养病期间，籍忠寅以诗书自娱，不再过问政事，孰料竟从此一病不起。

1930年，籍忠寅因病在北京家中去世，终年53岁。

参考文献：

张宪文、方庆秋、黄美真主编：《中华民国史大辞典》，江苏古籍出版社，2001年。

天津市河北区政协文史委编：《天津河北文史》第1辑，1988年内部印行。

任丘市地方志编纂委员会编纂：《任丘市志》，书目文献出版社，1993年。

（郭嘉宁）

季 安

季安(1909—1944),本名安禄,曾用名占中,1909年4月1日(清宣统元年二月十一日)出生于蓟州太平庄一个木工家庭,兄弟五人,排行第二。幼年时期,季安读过私塾,但因生活所迫中途辍学。全家十几口终日劳作仍不得温饱。苦难的生活,使季安从小就痛恨旧社会的黑暗。

1930年,在中共蓟县党组织的领导下,季安投入了抗捐、抗租斗争。1935年春,季安带领太平庄及附近20多个村庄的贫雇农向地主发起斗争,先后取得不同程度的胜利,在群众中树立了威信。不久,他被推选为村互助会会计。

1937年,在蓟县党组织的指示下,他以做木工为掩护,在道古峪一带进行抗日宣传活动。在他的宣传和组织下,道古峪村贫雇农开展斗争,收回被地主强占25年的山地大柴林。在发动群众反对伪政府收缴枪支的斗争中,季安散发传单,联系群众,揭露敌人收枪的阴谋,给敌人收枪造成了极大的困难和阻力,为当地救国会参加抗日武装暴动创造了有利条件。

1938年,经李子光介绍,季安加入中国共产党。不久,他担任蓟县抗日联军十六总队总务处长,积极投身于党在蓟县领导的抗日武装大暴动。他认真执行党的抗日民族统一战线政策,积极开展工作,不但保证了队伍的后勤供应,并且收集了100多支枪。10月,季安随军撤到平西进行整训学习。1939年6月,季安随同王少奇、王克兴等50余人返回冀东坚持斗争。9月下旬抵达蓟县盘山后,季安被分配到下营一带开展工作。他带着木工家什,奔走于各个村庄,深入群众,与农民一同劳作,开展抗日救国宣传。在他的努力下,短短半年时间,几十个村庄相继建立了党支部。为提高党员素质,他亲自动手刻印党员知识课本,到各村党支部辅导党员学习。随着党组织的建立和发展,民兵和妇联工作也开展起来。同年冬,季安率八区基干队在爨岭庙下冰凉沟一带设伏,歼灭伪军16人,缴获步枪11支、子弹千余发,焚毁敌人汽车1辆,取得伏击战的胜利。

1940年4月,季安担任蓟(县)平(谷)密(云)联合县县委委员,10月,担任蓟(县)宝(坻)三(河)联合县八区区委书记。他重视发展民兵武装,经常与民兵一起研制土雷打击敌人。1942年4月,季安被调任蓟宝三联合县社会部部长,不久任组织部部长。1943年8月,季安担任蓟(县)遵(化)兴(隆)联合县县委书记。1944年5月16日,季安等200多名各县县委和县政府干部,随同冀东第一专署专员杨大章、十三团副政委廖峰,在蓟县下营团山子举行县区干部会议,因消息走漏,后转移至爨岭庙,被日伪军包围。季安和杨大章等大部分干部战士在战斗中壮烈牺牲,终年35岁。

季安等人牺牲后,当地群众将他们的遗体秘密埋葬在爨岭庙西南山坡上。1957年,中共蓟县县委和县政府在该地建立"爨岭庙烈士陵园",将季安等烈士遗体迁葬于陵园中。

参考文献:

中共天津市委党史资料征集委员会编:《天津抗日英烈》,天津古籍出版社,1995年。

(曹冬梅)

江　浩

江浩（1880—1931），本名江文浩，字注源、著元、竹源，1880年11月13日（清光绪六年十月十一日）生于直隶玉田刘家村一个地主家庭。江浩兄弟三人，他排行第二。14岁时入本村私塾读书，1900年与本县老中医之女刘玉莲结婚，育有三女一子。

江浩天资聪明，善于思索，清末考取"拨州秀才"①。他自幼关心国家大事，为寻找救国救民真理考取了留学生，自费留学日本，攻读造纸专业，认同走"工业救国"的道路。留日期间，江浩结识了孙中山，接受了三民主义，加入了同盟会，积极从事推翻清政府的革命活动。

1910年，江浩毕业回国，在遵化县第五中学任学监，秘密组织反清斗争。武昌起义后去职来津，与李锡九等人在法租界天增里29号建立同盟会北方支部，他经常来往于京津之间，与革命党人共同策划推翻清政府的武装起义。1912年1月初，他随革命党人白雅雨等赴滦州策动当地驻军起义，因遭清军伏击，起义失败，他只身返回天津。随后，他又参与谋划"天津起义"，终因敌众我寡，起义又遭失败。1912年民国建立，江浩当选为直隶省议员，次年，又被选为国会参议院候补议员。后因从事反袁斗争遭到通缉，江浩回到家乡创办农民业余学校、女子小学、读报社等，向广大民众进行革命宣传。1916年，黎元洪继任大总统，恢复国会，江浩被选为国会议员。1917年，段祺瑞执掌政权

---

①应试成绩已达到录取条件，但本州县名额已满，遂被拨到附近州县录取为秀才，故称为"拨州秀才"。

后，拒绝《临时约法》，江浩追随孙中山高举护法大旗，与大批国会议员南下广东。1919年五四运动爆发后，他在广州与国会议员共同发表通电，要求释放被捕学生，严惩卖国贼。

俄国十月革命后，江浩开始接受马克思主义，并逐步实现了由民主主义者到共产主义者的转变。1920年底，江浩由广州回到北京，在李大钊的帮助和影响下，参加了北京共产主义小组，成为中共的早期党员。后来，江浩在回顾这段历程时说："摸索了十多年啊！直到俄国十月革命后我才懂得，只有马克思主义，只有共产党，才能够救中国啊！"[①]入党后他把当议员的每月400银元大部分交给党做活动经费，而个人和家庭生活仍很清苦。1921年暑假，江浩应聘到保定育德中学任学监。此间，他通过各种方式宣传马克思主义，传播革命思想，有的学生在其影响下走上了革命的道路。

第一次国共合作时期，江浩在天津参加了创建中共天津地方党组织的工作，并积极参与组织领导五卅运动和国民会议运动，为建立革命统一战线发挥了重要作用。

1924年1月，江浩在广州参加了国民党一大。同年春天，他和于方舟、李锡九同来天津，帮助国民党建立直隶省党部，江浩为主要负责人。9月，在江浩家——法租界24号路普爱里34号，成立了中共天津地方执行委员会，于方舟任书记，江浩任组织部主任。天津地委建立后，江浩积极协助于方舟开展党团组织建设工作，并参与组织了以党团员为骨干的反帝国主义运动联盟和非基督教大同盟，改组了天津学生联合会，建立妇女组织和出版《妇女日报》。与此同时，他还经常往来于京津之间，吸收进步工人、学生和贫苦农民入党，不断壮大党的队伍。在此期间，江浩还到北京向李大钊汇报和请示，就天津党的发展

---

① 张明远：《冀东早期革命家江浩同志》，载河北省民政局编：河北革命烈士史料《浩气长存》（3），河北人民出版社，1982年，第13页。

工作听取指示和建议。

在从事党的秘密工作期间,江浩十分注意运用长期以来形成的工作做法和经验。当时,他很少请客应酬,也从来不去戏院、茶馆、公园等娱乐场所,并且提醒别的同志也不要去。他经常告诫大家:出入要注意附近的情况,看一看有没有人在注意你的行动;出入要走后门,叫门时要用暗号;走的路线也要时常变换,身上不要带可疑物品,等等。他的家作为中共天津地委机关,保持了普通家居的风格。书架上摆放的都是一般的书刊,绝没有能引起人怀疑的文件和书籍。对于来往信件,也是阅后立即焚毁。地委的会议一般安排在晚上,会议结束后与会人员马上撤离。

1924年10月,冯玉祥发动"北京政变",随即邀请孙中山北上。李大钊关于迎接孙中山北上必须加强党的领导和统战工作的指示,江浩认真贯彻执行。为此,江浩与于树德、马千里等在《新民意报》报馆具体研究欢迎孙中山事宜。11月24日,中共天津地委召集41个团体的代表举行会议,商讨有关迎接孙中山的准备工作。江浩以国民党特派员的身份主持了会议。会议决定由江浩、马千里负责与孙中山接洽。29日,天津地委召开第二次筹备会议。江浩向与会代表通报了孙中山抵津日期、各界欢迎孙中山准备工作情况和提请会议讨论的有关事项,包括:(一)向孙中山提议八条要求;(二)推举崔溥、汪志清、邓颖超、马千里、宋则久等10人为代表晋见孙中山;(三)确定欢迎孙中山的口号为:"孙中山先生万岁""国民会议万岁""国民革命万岁";(四)议定赠送孙中山先生锦旗一面,上书"代表全民众而奋斗"。[①]12月4日上午,孙中山与夫人宋庆龄抵达天津,江浩、于方舟等各界代表登船迎接。此后,江浩自始至终参加了欢迎孙中山的活动,推进了党的革

①中共天津市委党史研究室编著:《中国共产党天津历史》第1卷,中共党史出版社,2005年,第78页。

命统一战线工作。

在中国共产党的号召下,孙中山发起召开国民会议运动,以"造成独立自由之国家,对内扫除军阀,对外取消一切不平等条约"①。为此,中共天津地委在欢迎孙中山的同时,就开始了国民会议运动的筹备工作。12月27日,在江浩和于方舟领导下,天津地委召开了天津国民会议促成会筹备会议,江浩等当选为起草委员。1925年1月3日,天津国民会议促成会正式成立,江浩主持成立大会。会议讨论并通过了天津国民会议促成会简章和宣言,选举江浩为总务委员长,邓颖超、马千里、宋则久等5人为总务委员。

为推动国民会议运动深入开展,江浩多次发表演讲,向广大民众宣传革命思想和党的反帝反封建纲领。为抵制段祺瑞召开善后会议的阴谋,推进国民会议运动,中国共产党和国民党左派决定发起国民会议促成会全国代表大会,为此,天津国民促成会推选江浩、于方舟等作为代表赴北京参加全国代表大会,他们当选为常务委员。孙中山逝世后,在天津追悼孙中山的大会上,江浩担任讲演主席,介绍了孙中山一生的伟大功绩和新三民主义,激发了广大民众的革命热情。他的演讲和报告,道理深刻、通俗易懂,深受群众欢迎。

五卅运动爆发后,江浩与邓颖超等积极筹建天津各界联合会,江浩被选为章程、宣言和通电的5名起草人之一。1925年6月10日,天津各界联合会召开成立大会,在江浩等人的努力下,章程顺利通过。6月14日,天津各界200多团体10万余人举行市民大会,江浩、邓颖超等7人被选为请愿代表。会后,江浩等带领示威群众到省公署请愿,向直隶督办李景林递交了《各界请愿书》,要求收回英、日租界;取消领事裁判权;废除英、日不平等条约;英、日政府必须惩办肇事驻沪领事;

---

①李腾俊、董振修编著,中共天津市委党史研究室、中共玉田县委党史研究室编:《江浩传及其史料》,1996年内部印行,第20页。

惩办凶手,担负抚恤金。

　　五卅运动后,为策应冯玉祥的国民军攻占天津,江浩遵照上级指示,担任中共天津地委国民运动委员会书记,与于方舟共同负责国民运动的领导工作。1926年2月,全国铁路总工会第三次代表大会在津召开,引起了国民党右派的恐慌,他们公开质问江浩等人是共产党领导国民党,还是国民党领导共产党。对此,江浩和于方舟等与国民党右派进行了坚决斗争,决定在天津秘密召开全省共产党员代表和天津全体党团员参加的大会,并吸收天津的国民党党员参加会议。3月10日,国民党直隶省代表大会在天津召开,江浩作政治报告,于方舟作关于《政治现状的决议案(草案)》的报告。会议通过了开展工人、农民、青年、妇女、商民等群众运动的决议案,选举江浩等9名中共党员为国民党直隶省党部委员,从而掌握了全省120个县和天津市国民党党部的领导权。

　　1926年3月12日,日本军舰炮击大沽口中国守军,引发"大沽口事件"。面对帝国主义和反动军阀联合进攻国民军的形势,中共天津地委发动各界群众声援国民军。3月21日,天津各界几十个团体1万余人在南开学校操场召开"废约驱段"国民大会。大会由江浩主持,并作了《大沽交涉案和援助北京惨案》的报告。大会推举于方舟、江浩等10人为代表向直隶督办孙岳、国民军前线总指挥鹿钟麟请愿。

　　1925年底,奉系军阀李景林与张宗昌组成直鲁联军,向国民军发起进攻。1926年3月,直鲁联军占领天津,对中共及其领导的革命力量进行血腥镇压。为保存党的组织,中共天津地委决定转移在津的党组织负责人,其中,江浩和李锡九到张家口暂避。11月23日,奉系军阀褚玉璞逮捕了江浩的儿子——共产党员江震寰等人及国民党左派共15人。江浩闻讯后,立即派人组织营救,并对前去营救的同志说:"你们不要只营救震寰一人,要设法营救所有被捕的同志!"1927年4月18日,江震寰等15位革命志士在南市上权仙刑场英勇就义,江震寰年仅23岁。

江浩撤离天津后,先后在张家口、广州、武汉等地继续开展革命活动。七一五反革命政变后,江浩毅然同毛泽东、宋庆龄等22人,以国民党中央委员名义发表了《中央委员会宣言》,号召全国人民"与一切假冒本党革命名义者坚决斗争",遭到汪精卫通缉。南昌起义时,江浩担任革命军事委员会委员。1927年10月赴苏联学习。1930年10月回国途中,因心脏病发作留海参崴(符拉迪沃斯托克)休养,1931年病逝,终年51岁。党组织为他举行了隆重的葬礼,遗体安葬在当地郊外的一座山丘上。

参考文献:

中共天津市委党史研究室编著:《中国共产党天津历史》第1卷,中共党史出版社,2005年。

河北省民政局编:河北革命烈士史料《浩气长存》(3),河北人民出版社,1982年。

李腾俊、董振修编著,中共天津市委党史研究室、中共玉田县委党史研究室编:《江浩传及其史料》,1996年内部印行。

(王凯捷)

姜 立 夫

姜立夫(1890—1978),本名姜蒋佐,1890年7月4日(清光绪十六年五月十八日)生于浙江省平阳县宜山区凤江乡灵头村一个知识分子家庭。其祖父姜植熊是优贡生,父亲姜炳阊是国学生,哥哥姜蒋侪是举人。姜立夫从小父母早逝,由哥哥嫂子抚养长大。他幼年在祖父开办的家馆读书,祖父在他14岁时去世,哥哥送他到平阳县学堂读书。17岁时,姜立夫只身到杭州府中学堂读书。

1910年夏,清政府招考第二批留学生,姜立夫应考备取。次年春,他入游美肄业馆(清华学堂、清华大学前身)高等科补习英文,7月英语口试合格,8月乘"中国号"邮船赴美求学,入加利福尼亚州立大学,1915年获理学学士学位。随后他转到哈佛大学做研究生,专攻数学。1918年,姜立夫在哈佛受聘为助教,成为奥斯古德教授的助手。1919年5月,他完成博士论文《非欧几里得空间直线球面变换法》。他获得博士学位后留校任职。1919年10月,得知哥哥去世的消息,姜立夫辞去哈佛的工作回国,承担起抚养、教育侄辈的责任。在家乡平阳,他创办了爱敬小学。

1920年初,应张伯苓校长聘请,姜立夫到天津南开大学创办算学系,任教授兼系主任。他和随后来校的邱宗岳、饶毓泰、杨石先等人是南开大学理学院的奠基人。他说:"我是用美国退还的一部分庚子款去留学的,那当然不是美国的钱,也不是清政府的钱,那是全国人民辛勤劳动积累起来的钱,我应当为全国人民做一点好事,我的决心是把西洋数学一起搬回来,数学是一切自然科学的基础,中国最需要的是科学。所以也需要数学,我愿把一生献给数学。"[1]

姜立夫根据学生情况,需要什么课,就开什么课。多年来,在他独立支撑执教的"一人系",姜立夫除了为本系学生开课外,还要为理、商学院有关学系开设必修或选修课程。自1920年至1930年的十年中,姜立夫先后为本系及外系开设过初等微积分、高等微积分、理论力学、代数方程论、微分方程论、解析几何学、投影几何学、非欧几何学等。姜立夫严于律己,堪为后学之楷模。在教学上,他备课一丝不苟,十分认真;讲起课来,说理透彻,言简意赅,方法得当。他的学生吴大任曾说:"他就像熟悉地理的向导,引导着学生寻幽探胜,使你有时似在峰回路转之中,忽然又豁然开朗,柳暗花明,不感到攀登的疲劳。听姜先生讲课是一种少有的享受。"[2]

课外练习是姜立夫教学的另一个重要环节。他对习题要求十分严格,每课必留练习。他亲自批改作业,每次上课前,他必帮助学生分析作业。姜立夫的这一整套教学方法,使学生接受了严格而全面的训练。姜立夫不仅在课堂上为学生讲授知识,还与杨石先、邱宗岳等人成立了早期的科学学术研究会,姜立夫经常在科学学术研究会演说。1926年5月,姜立夫曾作非几何学的专题报告,到会者踊跃,连礼堂的走廊里都站满了听讲的学生。20世纪二三十年代,姜立夫为祖国培养了一大批日后著名的数学家,其中,江泽涵是第一位把拓扑学移植到中国来的学者,陈省身则是蜚声国际的微分几何巨匠。1936年,由姜立夫、胡敦复、孙光远、陈建功、熊庆来、郑桐荪等14位审查委员会委员审定的《数学名词》一书完成。

姜立夫很早就十分重视数学文献的搜集,把它作为办好数学系的重要基本建设,并且亲自动手,甚至连编目这样细微的工作也亲自处

---

[1] 刘秀芳:《中国现代数学先驱姜立夫》,载天津市政协文史委编:《近代天津十二大自然科学家》,天津人民出版社,2011年,第5页。

[2] 吴大任:《怀念姜立夫先生》,《中国科技史料》,1980年第3期。

理。抗战前,南开大学的数学藏书全国一流,世界上完整的最重要的数学期刊、著名数学家的论文集也是齐全的,还有许多名贵的绝版书。

抗战时,姜立夫将妻儿留在上海,只身前往昆明西南联大任教。那时,他虽已年过半百,但仍跟自己的学生及学生的学生教同样份量的课,并奋力从事圆素与球素几何的研究。这一时期他在十分困难的条件下主持了数学界的两项重要活动。一是"新中国数学会"的工作。当时,中国内地的数学家们鉴于西南的科学空气相当浓厚,原在上海成立的"中国数学会"与西南各省无法联络,进而于1940年在西南联大成立了"新中国数学会",选举姜立夫为会长,理事有熊庆来、陈建功、苏步青、孙光远、杨武之、江泽涵、华罗庚、陈省身等人,陈省身任文书,华罗庚任会计。二是受命担任中央研究院数学研究所筹备处主任兼研究员,在陈省身的协助下开始筹建。陈省身后来称赞说:"立夫师任筹备处主任。他洞鉴了当时中国数学界的情形,只求切实工作,未尝躁进,树立了模范。"①这两个学术团体和研究机构对团结全国数学工作者,改变七七事变以后数学界学术研究的落后局面起了重要作用。据统计,在1940年至1942年新中国数学会举行的三次年会上,共宣读、发表论文150余篇,篇篇凝聚着中国数学家的心血。姜立夫是一位胸怀坦荡、正直无私,没有任何门户之见的学者。从1941年数学研究所筹备处成立至1943年,他以兼容并包的雅量,先后聘请了陈建功、苏步青、江泽涵、陈省身、华罗庚、许宝騄、李华宗等留日、留美、留德、留法、留英的兼任研究人员,集数学精英于一堂,至今仍传为数坛佳话。

姜立夫的主要研究对象是圆素几何和球素几何。1943年他撰写论文(《圆素和球素几何的方阵理论》),发表在《科学记录》I(1942—

①刘秀芳:《中国现代数学先驱姜立夫》,载天津市政协文史委编:《近代天津十二大自然科学家》,天津人民出版社,2011年,第14页。

1945）上。

抗战胜利后，姜立夫由西南联大返沪与家人团聚。1946年，姜立夫奉派赴美国普林斯顿高等研究院进修，数学所筹备处主任职由陈省身代理。1947年7月，中央研究院数学研究所在上海正式成立，姜立夫被任命为所长。翌年3月，他当选中央研究院院士，夏季回国。上海解放前夕，他被迫先把数学所的图书装运到台湾，随后自己一家也去台湾。不久，他毅然摆脱国民党的羁绊，在广州解放前回到大陆，应岭南大学陈序经校长的邀请，到校创办数学系，迎接解放。

新中国成立后，姜立夫在岭南大学任教三年，1952年因院系调整到中山大学工作，任校筹备委员、数学系筹备小组成员。在那里，他悉心为新中国培育数学工作者，度过了幸福的晚年。党和人民也给予他很高的荣誉和政治地位。1950年，他当选中华全国自然科学专门学会联合会第一届委员会委员，1954年被选为广东省第一届人大代表，1955年以后任全国政协第二至第四届委员。1955年，他去北京开会，周恩来总理同他亲切握手，并说自己也是"南开"的学生。姜立夫时刻眷恋着自己事业的起点——"南开"。1964年，他曾来天津访旧。

1978年2月3日，姜立夫在广州逝世，终年88岁，遗骨安放在广州革命公墓。1989年10月，南开大学设立姜立夫奖学金，并竖立了姜立夫的雕像。

参考文献：

张洪光：《中国现代数学先驱姜立夫》，载南开大学办公室编：《南开人物志》，南开大学出版社，1994年。

刘秀芳：《中国现代数学先驱姜立夫》，载天津市政协文史委编：《近代天津十二大自然科学家》，天津人民出版社，2011年。

（张绍祖）

蒋 廷 黻

蒋廷黻(1895—1965),字绶章,笔名清泉,湖南邵阳人,出生于一个务农兼商的家庭。蒋廷黻的父亲做过靖港镇的商会会长,母亲在他6岁时去世。蒋廷黻幼读私塾,接受旧式教育,10岁入长沙明德小学,次年改入美国基督教长老会创办的湘潭益智学堂,开始学习英文。

1911年,蒋廷黻由基督教青年会介绍自费赴美留学,入密苏里州派克学院预科,毕业后转入俄亥俄州奥伯林学院主修历史,获文学学士学位。之后,他曾应基督教青年会征募赴法国为华工服务。1919年夏,复返美入哥伦比亚大学研究院,先是专攻新闻,继而攻学政治,最终转学历史。当时该校历史系人才鼎盛,教授都是一流学者,蒋廷黻师从最著名的海斯教授,深受其"新史学"进化史观的影响。1923年春获哲学博士学位。

1923年,蒋廷黻回国担任南开大学历史系教授,任南开大学第一任历史系主任,与梁启超成为南开史学的奠基者,讲授中国外交史和西史大纲、欧洲近代史、法国革命史等课程,并开始从事中国近代史研究。在这一领域的研究中,他引进了新的观念和新的研究方法。蒋廷黻十分重视对原始资料的搜集和研究,倡导口述历史学和社会调查,努力探寻历史直接服务于社会的途径,这在当时大学历史教学中开风气之先。他指出,社会科学与自然科学的研究一样,要以事实为基础,历史研究有其自身的规律,规律之一就是必须从研究原始资料入手。他身体力行,为了掌握李鸿章1896年至1900年期间从事外交活动的史料,他走访了许多李鸿章的旧部,为搜集整理中国近代外交原始资料付出了大量心血。他想方设法联络鉴定家、收藏家，频繁地访亲问友，抓住一切机会搜集历史资料。经过多年努力，他终于积累了大量中国近代外交史的一手资料，率先在南开大学历史系讲授中国近代外交问题，并以西方现代史学体例编纂出我国第一部《近代中国外交史资料辑要》，为日后中国近代外交史的研究铺平了道路。

蒋廷黻在传授现代研究方法的同时，又引进了新的研究观念。他主张研究历史要参考多方面意见，本着客观的态度解释史实。1928年，他在介绍英国历史学家汤因比《中国革新运动与日本、土耳其革命运动的异同》译文的前记中，特别强调要借鉴外国人看中国的见解。对于中国近代外交史研究，他也指出："一切外交问题少则牵连两国，多则牵连数十国"，因此，"研究外交者必须搜集凡有关系的各方面的材料。根据一国政府的公文来论外交等于专听一面之词来判讼"①。蒋廷黻对中国传统的考据式治史方法持批评态度，认为中国旧的史学家往往熟读许多史书，或专治一部史书，费了很大的精力，对版本训诂也许有所发现，但对史料本身却没有多少知识，人们只是为研究古籍而研究古籍。这是"治史书而不是治历史，这种研究方法已经落伍，不能再继续下去了"。为此，他首倡开创新史学、培养新式历史学家的教学目标，即区别于中国古代史学的考据方法，而采用西方综合的治史方法。为培养和训练这种方法，他要求历史系学生"多习外国语及其他人文学术，如政治、经济、哲学、文学、人类学"，从而"帮助我们了解历史的复杂性，整体性，帮助我们作综合的工夫"②。

担任南开文科主任期间，蒋廷黻反对学生死读书，主张"使教育人生化，与中国生活的实际事实相关联"③。蒋廷黻谆谆告诫学生，社会经验是文科学生不可或缺的；读书并不是求学的全部，而只是其中一

---

① 蒋廷黻：《近代中国外交史资料辑要》，湖南教育出版社，2008年，第38页。
② 陈之迈：《蒋廷黻的志事与平生》，台湾传记文学社，1967年，第6页。
③ 陈之迈：《蒋廷黻的志事与平生》，台湾传记文学社，1967年，第96页。

小部分。他指出,人们经常把语言或文字作为事实,听某人说过什么,某报某书写过什么,就深信不疑,这不是研究问题的科学态度。为丰富学生的社会知识,他亲自带领南开经济史班的学生去调查八里台村的村史和裕元纱厂工人生活史。他向学生传授调查研究的方法,要求他们事先准备好调查问卷,以备填写。他要求学生深入纱厂,了解工人的生活、家庭、工资、工作时间、所受教育、卫生状况、娱乐活动、年龄状况和死亡率等状况,用科学的方法组织排比,撰写成调查报告登诸报端,以有所贡献于社会。20世纪20年代后期,在蒋廷黻等人的倡导和推动下,社会调查成为南开的一项正式教学制度。蒋廷黻还是学生开展第二课堂活动的热心赞助者和支持者。他曾带领南开文学社的学生,利用课余时间翻译了他的导师、美国著名历史学家海斯的《国家主义论文集》,他亲自为之作序并推荐到上海教育书店出版。他也是学生编辑出版的《南开大学周刊》的顾问之一。蒋廷黻在南开倡导通才教育,他任文科主任期间,曾列举世界许多著名社会科学家同时精通自然科学的例子,鼓励文科学生略识生物学、物理学、化学、数学等理科学科,并稍习试验课程,以培养和训练清晰的思维和科学的态度。

1929年,蒋廷黻接受清华大学校长罗家伦邀请,出任清华大学历史系主任、文学院院长,并在北京大学兼课,主讲中国外交史及法国革命史,并从事中国近代史教学和研究。蒋廷黻曾撰写《中国近代史》《最近三百年东北外患史》等著作,同时他还在《清华学报》《中国社会政治学报》《独立评论》等刊物上发表了数篇学术性文章,其著述虽然不多,但对旧中国史学界却产生了相当大的影响。在当时的中国史学界,蒋廷黻有关近代中国史和近代中国对外关系史的著作,几乎成为大学历史系的误本,影响十分广泛。

蒋廷黻对我国当时的大学教育提出了许多中肯的意见。如他对国内大学照抄照搬西方教育模式,社会科学学科西方课程占统治地位的状况很不满意,认为留学归国的博士、教授不能只读洋书、教洋书,还应研究和探索中国的政治、经济、社会和历史,开拓中国社会科学的新园地。他主张"教育以中国的实在需要为基础,不以外国的模型为基础"①。蒋廷黻重视体育,认为中国旧文人,尤其是文人而成为名士者,大都手不能动,足不能行,背不能直,这种体格上的虚弱是我们这个民族最根本的毛病之一。他本人十分热爱体育活动,常常打网球、高尔夫球、游泳、滑冰、打猎和骑马。

1935年冬,蒋廷黻出任国民政府行政院政务处处长,走上从政道路。1936年至1938年任驻苏联大使,1944年出任联合国善后救济总署中国代表及国民政府行政院善后救济总署署长,1947年任国民政府驻联合国常任代表。蒋廷黻从政后,并没有荒废学术,仍乐于探讨学术,手不释卷,一遇好书,便热切地推荐给亲朋好友,常常利用职务之便,对学术事业给予特别的扶植和保护。他对研究历史仍有高度的热忱,常读历史书籍。出任驻外大使时,他对外交档案特别重视,颇有雄心重理旧业。

1965年,蒋廷黻退休,同年病逝于美国纽约市,终年70岁。

参考文献:

陈之迈:《蒋廷黻的志事与平生》,台湾传记文学社,1967年。

蒋廷黻:《近代中国外交史资料辑要》,湖南教育出版社,2008年。

郭廷以:《近代中国史纲》,格致出版社、上海人民出版社,2009年。

（王　进）

---

① 范泓:《蒋廷黻这个人》,《读书时报》,2004年7月28日。

焦 菊 隐

　　焦菊隐（1905—1975），本名焦承志，笔名居颖、居尹、亮俦，艺名"菊影"。天津人，生于1905年12月11日（清光绪三十一年十一月十五日）。曾祖父焦佑瀛，是清咸丰朝八位顾命大臣之一，1861年"辛酉政变"中被慈禧太后革职后，回到津门故里，以"遁播臣"自命，在锦衣卫桥附近修筑园林，取名"遁园"，过起隐逸的生活。到焦菊隐父亲焦子柯一代，家道中落，又遭八国联军洗劫，陷入困境之中。焦菊隐童年的生活，用自己的话说还是"很悲惨的"。

　　到了读书年龄，父亲将他送进直隶省立第一模范小学就读。五四运动前夕，南开中学新剧团上演了多部反封建、反压迫题材的新剧，社会反响极大。模范小学的学生在进步老师的带领下，自发地组织新剧社演出。为了演出方便，剧社成员都有自己的艺名，焦菊隐的艺名是"菊影"，后改为"菊隐"。

　　小学毕业后，焦菊隐进入天津官立中学。学校课余生活丰富多彩，有不少社团组织，特别是新剧团，每年农历正月都演出话剧，剧目有《姑嫂贤》《武清县》《爱国潮》等。这些新剧深深地影响着焦菊隐，为他日后从事戏剧活动打下了坚实的基础。

　　1923年暑假，焦菊隐转到北京汇文中学读高中，由于他学习成绩优异，提前毕业保送到燕京大学政治系，攻读国际政治专业。在校期间，他阅读了大量的外国戏剧，并翻译了莫里哀、哥尔多尼等人的剧本。毕业前夕，他和同学们一起组织演出了熊佛西的多幕话剧《蟋蟀》。

1928年从燕京大学毕业后,与焦菊隐过从甚密的李石曾把筹办中国第一所新式艺术学校——"北平戏曲专科学校"的重任交给了他。1930年,北平戏曲专科学校正式成立。与以往"科班"不同,学校实行董事会制,董事由银行界及戏曲界知名人士担任,李石曾任董事长,焦菊隐任校长。戏校改革旧式的教育模式,实行男女合校体制,除戏曲和音乐传统专业课程以外,设置了外语、历史、书画、中外戏剧史及西洋音乐原理等课程;对中国传统戏曲艺术进行革新,废除陈规陋习,改革传统唱腔等。除此之外,戏校还十分重视对学生品德方面的培养和教育,力图提高学生自身的艺术修养。这是焦菊隐对中国近代戏曲艺术发展及教育做出的重要贡献。该校为京剧界培养了一大批优秀的表演人才,如宋德珠、李和曾、王金璐、李金泉、迟金声、徐玉兰、李玉如、高玉倩等。戏校学生首次到天津演出是在春和大戏院。来津学员阵容整齐,行当齐全,李和曾、宋德珠、王金璐等优秀学生演出了《碰碑》《芦林坡》《挑车》《孟津河》《起解·玉堂春》《群英会》《探母回令》《雁门关》等剧目,检阅了戏校成立以来所取得的成绩。天津《大公报》《北洋画报》等多家报刊,进行了详细报道。

　　1935年,焦菊隐辞去校长之职赴法留学。在法期间,他学习和观摩了大量西方古典和现代戏剧作品和演出,他的文学博士论文《今日之中国戏剧》得到巴黎学术界的重视和赞赏。1938年焦菊隐回国,在广西桂林任教,同时积极参加抗日演剧活动。在重庆、桂林等地组织上演了夏衍的多幕剧《一年间》,他是执行导演之一。

　　1940年至1945年抗战胜利,是焦菊隐最忙碌也是生活最困苦的时期。此间,他不仅发表了一系列关于戏曲改革的文章,翻译了大量外国著名剧作家的作品,还为国防艺术社、国立戏剧专科学校导演了曹禺的名剧《雷雨》和阿英编剧的《明末遗恨》等。尤其在国立戏剧专科学校任教期间,他在国内首次将莎士比亚的名著《哈姆雷特》搬上舞台。

1946年,焦菊隐辗转回到阔别多年的北平,任北平师范大学英语系教授兼主任。在任教的同时,他还参加了中共地下党领导的演剧二队,导演了由柯灵、师陀根据高尔基的剧本《底层》改编的话剧《夜店》,在平津等地演出获得很大成功,界内人士称该剧"具有很高的艺术境界,是中国话剧史上一座现实主义的高峰"①。同在演剧二队的夏淳回忆道:"我们那个时候也提向生活学习,但是,自觉地把体验生活作为艺术创作的方法,却是从焦先生排《夜店》才开始的。"这是焦菊隐第一次在话剧舞台上展现他导演艺术的光彩。1947年底,他创办了北平艺术馆,导演了话剧《上海屋檐下》、新编京剧《桃花扇》等。

　　新中国成立后,焦菊隐就任北京师范大学文学院院长,兼西语系主任。1950年,北京人民艺术剧院邀请焦菊隐担任老舍创作的多幕话剧《龙须沟》的导演。《龙须沟》是一个思想性与艺术性高度结合的作品,表现活生生的、普普通通的百姓生活。在当时的社会背景下,如何体现这部剧的新现实主义创造力,给焦菊隐出了一个难题。这就要求他既要和作者的创作热情保持一致,又要从生活的深度认识和把握劳动人民的优良品质和他们在不同的社会环境中的思想与情感。用焦菊隐的话说:"为了符合老舍先生和我的一致的'内在创造力'里所渴望使之活起来的人物与人物的思想情感,要求我、作家、人物三位一体,打成一片,这恐怕就是新现实主义导演的创造力的主导源泉。"②《龙须沟》成功上演,老舍非常感激焦菊隐,他说:"导演没有改动我所创造出来的人物性格,我觉得很光荣。这也正说明了导演必须怎样地热爱一个作家,尊重一个作家。"③这部剧是新中国成立后焦菊隐完美塑造舞台艺术形象、凸显人物鲜明个性、展示浓郁生活气息和地方色彩的第一部优秀作品,而让观众难以忘怀的还有他的另一部杰作

---

①田本相主编:《中国话剧艺术通史》第1卷,山西教育出版社,2008年,第298页。
②③焦菊隐:《焦菊隐戏剧论文集》,上海文艺出版社,1979年,第100页。

《茶馆》。

1952年6月,北京人民艺术剧院改组成为专业话剧院,曹禺任院长,焦菊隐任第一副院长兼总导演和艺术委员会主任。这期间他相继导演了话剧《明朗的天》《虎符》《茶馆》《蔡文姬》《星火燎原》《胆剑篇》《武则天》《关汉卿》等。他始终强调"以导演为核心,和演员一起共同创造"的思想,提出演出集体必须在深入生活的基础上对剧本进行"二度创造",并在斯坦尼斯拉夫斯基"内心视象"的基础上提出了对表演创作中不能忽视的"心象说"。主张以深入开掘和鲜明体现人物性格形象为创作目标,进一步探索话剧向戏曲学习、走舞台艺术民族化的道路。在排演中,焦菊隐把斯氏体系的思想与中国戏曲艺术的美学原则融会贯通,逐步形成了自己的导演学派,其代表性剧目就是《茶馆》和《蔡文姬》。

《茶馆》和《龙须沟》同是采用现实主义的导演手法,但在艺术处理上却有所不同,他不再过分强调表现"逼真的生活场景",而是重视"艺术的真实",突破舞台空间安排布景结构和舞台调度,使演员在舞台上的真实感和观众的艺术感受趋于一致。这点在《茶馆》中表现得最为突出,他强调演员要以"具有语言性的行动"来突出人物的神似,把重要的台词直接说给观众,使演员的感情能够更自由地抒发出来。经过他精心打造的《茶馆》,不仅充满浓郁的诗情韵味,而且人物形神兼备,情感状态、心理体验和外在动作有机统一。《蔡文姬》则是焦菊隐将郭沫若的新编历史剧以精美的舞台表现形式,将文采诗情、磅礴气势及浪漫主义色彩发挥到极致的又一次创造。

新中国成立后,焦菊隐担任了中国文学艺术界联合会委员,中国戏剧家协会常务理事兼艺术委员会主任。"文化大革命"中,焦菊隐身心遭到摧残,于1975年2月28日在北京病逝,终年70岁。

焦菊隐一直关心和支持家乡的戏剧创作。1962年初,天津人民艺术剧院排演话剧《钗头凤》,邀请他亲临指导,他提出要着力提高《钗头凤》的思想性,加强演出的浑厚气魄和奔放情感。在他的指导下,该剧的演出水平大大提高。他还专门为天津人艺的导演、演员、舞台美术设计者作了题为《演员如何创造角色》的学术报告,全面讲授了他的"心象"学说。

焦菊隐的戏剧论著和艺术研究专集有《焦菊隐戏剧论文集》《焦菊隐戏剧散论》《〈茶馆〉的舞台艺术》《〈蔡文姬〉的舞台艺术》《〈龙须沟〉的舞台艺术》等。

参考文献:

天津市政协文史委编:《近代天津十大影剧家》,天津人民出版社,2001年。

田本相主编:《中国话剧艺术通史》,山西教育出版社,2008年。

焦菊隐:《焦菊隐戏剧论文集》,上海文艺出版社,1979年。

(杨秀玲)

金 邦 平

金邦平(1882—1946),字伯平,安徽黟县人。其父金庆慈举人出身,博学多才,精于测量学,深受时任直隶总督李鸿章的赏识和器重,被聘为天津北洋武备学堂教习。19世纪80年代,金庆慈举家由黟县迁到天津居住。金邦平天资聪颖,勤奋好学,从小接受了良好的新式教育。

1895年,14岁的金邦平以优异的成绩考入中国第一所近代高等学校——天津北洋西学学堂(1896年改为北洋大学堂,是天津大学的前身),成为该校律例科的首届学生。

1899年,金邦平从北洋大学堂毕业时,正值国内出国留学之风盛行,金邦平选择出国留学。他先是在日本东京高等商业学校学习,后转入早稻田大学学习法学。在日本留学期间,金邦平眼界大开,接触到许多西方的新思潮、新观点、新学说。为了向国人介绍、宣传西方的新学说、新观点,金邦平参加了留日学生成立的第一个翻译团体——译书汇编社,并很快成为其主要成员。他先后参加欧美、日本的政法名著的编译工作,在该社主办的《译书汇编》上介绍、宣传西方资产阶级政治学说。1902年,金邦平与20多名留日学生共同发起组织"中国青年会",该会以民族主义为宗旨,是留日学生中第一个具有明显革命倾向的组织。

1905年,金邦平自日本早稻田大学毕业,回到国内。清政府推行"新政",出台了归国留学生考试制度。金邦平参加清政府主办的留学生归国考试,并取得优异成绩,"给予进士出身,赏给翰林院检讨"①。

直隶总督袁世凯非常赏识金邦平的才干,亲自将他要到身边,担任文案、北洋常备军督练处参议等职,专门负责对外法律交涉事务,被袁世凯称赞并名列"十策士"②之一。中国近代史上著名的革命活动家、宣传家陈天华,在《民报》发表了时评《丑哉金邦平》,直斥金邦平为"留学生中之败类也",对留学生进士金邦平进行口诛笔伐。③

1906年,清政府预备立宪,载泽、袁世凯等人负责编纂官制,在袁世凯的大力推荐下,金邦平成为编制馆起草课成员。

20世纪初的天津,直隶总督兼北洋大臣袁世凯对天津试办地方自治表现出积极态度,为金邦平等人搭建起施展政治抱负的舞台。在袁世凯的大力倡导和支持下,天津地方自治进展顺利,金邦平与知府凌福彭在天津府衙门成立天津自治局,并在天津初等师范学堂设立地方自治研究所,成立天津自治期成会,讨论自治章程,组织进行选举,成立天津议事会。

中华民国成立后,金邦平跻身政界,1912年任中国银行筹办处总办,1914年任袁世凯内阁政事堂参议,1915年任农商次长兼全国水利局总裁及农商部林务处督办,1916年任北洋政府农商部总长。1916年6月6日,袁世凯病逝,时年35岁的金邦平毅然辞去农商部总长的职务,从此告别政治舞台,转到实业界发展。

金邦平进入实业界后,曾一度迁往上海居住。1926年,周学熙为解决启新洋灰公司的矛盾,请出曾任国务总理的龚心湛担任启新洋灰公司的总理,聘请金邦平为总经理。金邦平出任启新洋灰公司总经理

---

①陈正怖、田正平编:《中国近代教育史资料汇编:留学教育》,上海教育出版社,1991年,第61页。

②陈灝一:《新语林》,上海书店出版社,1997年,第73页。

③陈天华著,刘晴波、彭国兴编校:《陈天华集》,湖南人民出版社,1958年,第166—167页。

后,1927年率全家迁回天津居住。

1938年6月,正值日本占领天津时期,年仅52岁的耀华学校校长赵天麟因参加抗日救国活动,遭到日本操纵的"暗杀团"刺杀。在这危难时刻,金邦平毅然出任耀华学校校长。他在担任校长期间,尽力保护全校师生的人身安全,维持正常的教学秩序,一次次把准备骚扰学校的日伪人员拒之校门外。

金邦平在担任校长期间,积极倡导学校各科教员进行教学研究,提出改进教学与考核方法的建议,组织中小学各科教员围绕教学展开研讨,并指定主席负责考核推动。根据教学需要,他把高中分为耀部、华部,原特班学生均入华部,并准华部学生转入耀部,取消特班,全校统一上课。耀部高中二、三年级文理分科,华部课程仍采用三三制。[①]虽然金邦平担任耀华学校校长不足一年,却起到了"承前启后"的作用,为耀华学校的发展做出了积极的贡献。

1946年12月,金邦平在天津寓所去世,终年65岁。

参考文献:

张绍祖:《著名政治家、实业家、教育家金邦平》,《天津政协公报》,2008年第11期。

陈正恂、田正平编:《中国近代教育史资料汇编:留学教育》,上海教育出版社,1991年。

天津市耀华中学编:《天津市耀华中学》,中国大百科全书出版社,2007年。

全国政协文史委编:《文史资料选辑》第53辑,文史资料出版社,1981年。

(郭登浩)

---

①天津市耀华中学编:《天津市耀华中学》,中国大百科全书出版社,2007年,第289页。

金 宝 环

金宝环(1924—1993)，河北梆子演员，宝坻黄庄人，本姓季，名彩霞。6岁时举家迁居天津。她的父亲季金亭是民国年间在京、津、冀、鲁、辽、吉、黑等地名气很大的河北梆子演员。季彩霞受环境的熏陶，自幼酷爱河北梆子，能唱许多唱段。她9岁随武生演员王双奇练习基本功，次年又随刀马旦、花旦兼演的金灵仙学演折子戏。13岁那年，季彩霞拜在刀马旦、花旦演员李志亭门下，学演河北梆子，以"金宝环"为艺名。在师父的教导下，她进步很快，还没有出师就已经远近闻名。

金宝环从学艺之初就是花旦、刀马旦、闺门旦乃至小生、武生诸行无所不学、无所不演，而且是梆子、京戏兼工。那时她登台所演《法门寺》《乌龙院》《梅龙镇》《三娘教子》等十几出戏，既有梆子，也有京剧。她受业的师父多、学戏杂，因此艺术积累十分丰厚，为她后来的艺术创作奠定了扎实的基础。

金宝环跟随大人们在城乡各台口闯荡，经过锻炼，在各地群众中的影响日益扩大，到十五六岁时，已经小有名气。她最为拿手的是在台上扮演花旦。她天赋出众，身材合度，扮相娇美，嗓音脆亮。而且她功底扎实，在戏台上动作轻盈，眼神灵活，话白流利，特别是她融闺门旦、小旦、玩笑旦、泼辣旦乃至刀马旦等多种行当的表演技巧于一身，在舞台表演中运用起来得心应手。在七七事变爆发之前，金宝环已经是天津年轻女演员中的佼佼者。

1937年七七事变后，平津地区很快沦陷。天津市面萧条，社会动荡，民不聊生，河北梆子失去了观众，急剧衰落。艺人们在天津难觅立足之地,遂在银达子的带领下到河北省农村谋求出路,但那里是日寇、汉奸的势力范围。戏班在文安县演出时,金宝环被当地的汉奸队长张相臣强抢并幽禁起来,戏班艺人们到处奔走呼号也无济于事,直到1945年日本无条件投降后,被折磨得浑身是病的她才逃出虎口返回天津,带病参加了以银达子、金钢钻、韩俊卿为主演的中华茶园梆子戏班。

中华茶园是当时天津市唯一能演河北梆子的娱乐场所,但是要与什样杂耍同台合演,不分主角与配角,每天早晚两场戏,大家平均分配演出所得,往往辛苦一天,分不到买二斤棒子面的钱。金宝环无力延医治病,银达子和戏班里的其他艺人从生活到演戏都对她多有关照,使她的身体逐渐好转起来。银达子又帮她排戏,恢复了一批她的保留剧目,使她很快确立了在中华茶园的主演地位。她和中华茶园梆子班的艺人们共同努力,上演了不少高质量的新戏,吸引了不少河北梆子观众,把中华茶园搞得红红火火。

新中国成立初期,天津百废待兴,从旧社会坚持下来的河北梆子演员队伍年龄老化,行当不全,经济拮据,金宝环和剧社的艺人们在银达子、韩俊卿的带领下,得到政府部门的支持扶植,组建民办公助的"复兴"秦腔(河北梆子旧称)剧社。他们一面排演新戏,一面加紧对传统剧目进行改造,演出质量不断提高,吸引来许多观众。河北梆子在天津出现了兴旺繁荣的局面。

那一时期,金宝环排演了《王贵与李香香》等一批来自解放区的新戏。此后她又相继排演了《洞庭英雄》《翠娘盗令》《棠棣之花》《双蝴蝶》《红娘子》等一大批新编剧目,还把京剧《红楼二尤》《梅玉配》《红娘》等移植成河北梆子。在排练过程中,她积极实践导演制,在导演的帮助下,艺术修养有了明显提高。她特别明确了演员在舞台上的一举一动都必须从塑造人物的需要出发,绝不能单纯为卖弄个人技巧而破坏整体艺术的完整性。

1952年，文化部在北京举办第一届全国戏曲观摩演出大会，天津选派银达子、韩俊卿、金宝环、王玉磬等主要演员赴京参演。金宝环主演《喜荣归》获演员二等奖，为天津的河北梆子剧种赢得了荣誉。

1953年，天津市文化事业管理局批准创建天津市河北梆子剧团，金宝环成为主演之一。剧团建立后三个月，她参加了文化部第三届赴朝慰问团，在朝鲜前线慰问演出表现出色，获得慰问团的表彰。归国后，她多次当选天津市青联委员、政协委员和天津市人民代表，并且加入了中国共产党。1954年，天津市举办第一届戏曲汇演，金宝环扮演《喜荣归》里的崔秀英，获演员一等奖。

1955年，文化部在北京举办戏曲演员学习班，各地各剧种限定尖子人才参加，天津市选派的演员是金宝环。她在学习期间，得到梅兰芳、程砚秋、张庚、阿甲等戏曲界大家的指教，开阔了艺术视野。从学习班结业后，她认真尝试把在学习班所学的知识运用到舞台实践中去，尤其是在传统声腔音乐方面做了大胆的改革，并取得宝贵的经验与成功。她所主演的剧目无论是传统戏还是新编剧目或移植剧目从不墨守成规，而是根据个人对剧情与人物的理解及本人的嗓音条件，不断进行新的设计，她主演了传统戏《梵王宫》《蝴蝶杯》，根据川剧移植的同名古装戏《燕燕》，新编河北梆子历史剧《苏武》，现代戏《党的女儿》《西吉滩》等一大批剧目。鉴于她在艺术创作方面做出的重大贡献，1958年，她被中国戏剧家协会、中国音乐家协会分别吸收为会员，并当选这两个协会天津分会的理事。

为解决河北梆子队伍后继乏人的难题，金宝环和银达子、韩俊卿一起，积极倡议招收少年学员，组成少年训练队，她积极参加每周一次的义演，为少年训练队筹措资金，还在繁重演出的余暇，自愿为少年学员教戏，培养出许多优秀的演员。

"文化大革命"结束后，她带病参加电视台录像、电台录音，并多次登台演出。1987年，金宝环调入天津市表演艺术咨询委员会任委员，由于身体方面的原因,不再登台表演,她把全部精力转移到培养接班人上。1993年5月11日,金宝环因病在天津逝世,终年69岁。

参考文献:

天津河北梆子剧院存金宝环人事档案。

1964年6月,笔者接受市委派驻天津河北梆子剧院工作组的委派,执笔记录老艺人季金亭(金宝环之父)的口述材料,其中涉及金宝环。

中国戏曲志编辑委员会编:《中国戏曲志·天津卷》,文化艺术出版社,1990年。

(甄光俊)

金 隄

　　金隄（1921—2008），浙江吴兴人人。1921年9月，金隄出生于一个知识分子家庭。他的父亲是当地小学的校长，金隄上小学就在父亲所在的学校读书。金隄的父亲是一个思想开明的人，他反对"填鸭式"教学法，倡导新式教学法，鼓励学生按自己的兴趣爱好自由发展。父亲的为人和为师之道对金隄的为人和治学之道影响深远。金隄从小就喜欢文学，并打下良好的国学功底。

　　金隄高中时就读于杭州高中，抗战后转入国立贵州第三中学，后考入西南联大电机工程系。但是鉴于自己对文学的痴迷，金隄在大二后要求转入中文系。当时很欣赏金隄文采的国文老师——诗人陈梦家曾提醒他："要想从事创作，就应该吸收世界各国的优秀文化遗产。"于是，金隄直接要求转到外文系。金隄极具语言天赋，到了外文系，可谓如鱼得水。在大学三年级时，一次偶然的英文写作作业，金隄翻译了一篇沈从文的小说。这篇译稿受到写作老师英国诗人白英教授的赞许，并鼓励他继续翻译下去。金隄的才华也得到了沈从文的认可，并亲自为他选定了要翻译的小说。于是，金隄就在老师和沈从文的鼓励和支持下，与白英合作翻译沈从文的小说集。*The Chinese Earth：Sto-ries by Shen Ts'ung-wen*（《中国土地——沈从文小说选》），1947年在英国出版，受到欢迎，后于1982年在美国哥伦比亚大学出版社再版。

　　金隄于1945年从西南联大毕业后留校任助教，同时在美国驻华新闻处兼任翻译工作。1947年至1949年，金隄在北京大学文科研究所读研究生期间,兼任北京大学西语系助教。其间,他获得了英国著名文学和文艺理论家威廉·燕卜荪教授的指导。1948年至1949年间,北平见不到英文报纸,燕卜荪和夫人对汉语一窍不通,看报纸对于他们来说就成了一件可望而不可即的事情。那两年,金隄每天上午都会到燕卜荪家给他们夫妻读报。当时,《红楼梦》的译者、英国著名翻译家霍克斯也是燕卜荪家的常客。他见此情景,以为金隄读的是英文报纸,后来知道真相后非常吃惊,赞叹金隄的英语水平了得。这段读报的经历,对金隄英语水平的提高很有帮助。后来,在英文杂志《中国建设》任编辑兼记者时,金隄就曾多次担任会议的同声传译,并圆满完成了任务。

金隄在读大学期间,曾发表过许多诗歌和散文。在北平读研究生即将毕业时,他毅然辞去北大助教的工作投笔从戎,参加中国人民解放军"四野"南下工作团。他想到激烈的斗争中去搜集创作素材,但没能如愿。于是他忍痛放弃了自己当作家的梦想,走上了文学翻译的道路。1957年,金隄调入南开大学外文系任教。"文化大革命"中下放农村劳动。其间,他应邀翻译过一些科技文章。1977年,金隄从农村返回天津市,恢复工作后在天津外国语学院任教,直到退休。退休前,他曾担任中国译协理事、天津市译协顾问和天津市政协委员。

对于大多数人而言,退休就意味着事业的终结、颐养天年的开始。可是对金隄而言,退休却意味着创作高潮的到来。金隄的主要翻译作品和大部分翻译理论著作都是退休后在美国完成的。1978年,在南开大学讲授翻译课的金隄,应中国社科院之邀尝试翻译乔伊斯的《尤利西斯》。之后,金隄用一年时间才完成了5000字的《尤利西斯》译稿。1987年,金隄应乔伊斯研究学会邀请和资助,赴美国进行《尤利西斯》的翻译和研究工作,后一直旅居美国进行翻译、教学和学术研究。1993年底,金隄出版了《尤利西斯》上卷,这是首部《尤利西斯》中文版。1996年,金隄的《尤利西斯》全译本正式面世。其间,金隄曾经在英国牛津大学,美国耶鲁大学、弗吉尼亚大学、圣母大学、德莱塞大学、华盛顿大学、全美人文学科研究中心及中国香港城市大学等机构任研究员、客座研究员,为美国俄勒冈大学客座教授。曾经在北京、天津、台湾、香港等地的著名大学做学术讲座,与世界各国学者进行翻译和乔学研究学术交流,传播中国文化。他还在国际译联会刊和《乔伊斯季刊》上发表多篇学术论文。

早在1978年,金隄在《联合国文件翻译工作简报》上发表的《论翻译的准确性》一文,就初步表达了他的"等效翻译"思想。一位听过他演讲的美籍教师认为,他的翻译思想与美国的翻译理论家奈达很接近,并介绍他认识了奈达。与奈达相识,使他走上了中国传统译论和西方科学译论相结合的道路,并最终形成了自己独特的"等效翻译"理论。1982年出版的 *On Translation*(《论翻译》)和1989年出版的《等效翻译探索》,就是他在翻译理论研究上的成果。

金隄于2008年11月7日在天津去世,终年87岁。

参考文献:

郝岚等:《世界文学与20世纪天津》,中国社会科学出版社,2011年。

（冯智强）

金 钢 钻

　　金钢钻(1900—1948),本名王莹仙,祖籍沧州,1900年出生于北京。9岁开始跟刘小仲学演河北梆子,以小客串名义登台实习演出。两年后拜文和(艺名青菊花)为师,12岁以"金钢钻"为艺名,在北京的三庆园、广德楼等戏园做正式演员,应工梆子青衣行当。又几年定居天津,但演戏的地区很广,除天津外,在上海、北京、汉口、奉天、张家口等地也多有演出和名气。

　　金钢钻身材矮小,额头上有轻微白癜风,但扮出戏来妩媚动人。她嗓音天赋出众,歌唱清脆洪亮,中气充足。她很善于发挥唱功特长。她的演唱调高通常在D调或bE调,行腔多在高音区盘旋,每句唱腔的尾部余音宛如金属震动,悠扬动听。她在文和的指导下,吸收了老生行当唱腔的刚劲风格,加入夯音、腭音等技巧,听来别具特色。板式方面也多有变化,后来深受群众欢迎的反调二六板(亦称反梆子)、悲调二六板等,均为她在舞台演出时首唱。她演《孟姜女》,在《过关》一折加唱小曲,自她试演之后,为后学者视为成规沿袭下来。她的唱念,字音使用京腔京调,摒弃山陕地方语言音韵,唱出的声腔醇厚、隽永。民国初年,金钢钻和一大批梆子女演员在北京演出,时人以"金喉铁嗓"称赞她,并把她与小香水、小荣福、张小仙并称"青衣四杰",后又得到"梆子大王"徽号。各地相邀者争先恐后,月包银多时达1800元。

　　金钢钻丰富和发展了河北梆子女声唱腔,因此成为卫派梆子青衣行当的代表人物,私淑者甚众。她擅演的剧目很多,《大拾万金》《丁香割肉》《汾河湾》《烧骨记》《苦中苦》《孟姜女》《三世修》《三娘教子》《十八扯》《妻党同恶报》等都是她的代表性剧目。她在这些戏里,或唱或做,各有独到之处。20世纪30年代,经高亭、蓓开、百代、胜利、维克多等多家唱片公司灌制的唱片有数十张,销路很广,扩大了她在海内外的影响。

金钢钻不仅河北梆子演得出色,京剧也唱得不同凡响。她从青年时候就好学上进,学会许多京剧剧目,诸如《目连救母》(老旦)、《钓金龟》(老旦)、《三进士》(老生)、《空城计》(老生)、《翠屏山》(武生)等,她都擅演。她扮演生、旦甚至丑行,皆能演出自己的特色。当年,她常日演两场,每场双出,剧种不同、行当不同、演法不同,传为佳话。1923年,她在北京洪庆社担任主演,演出于庆乐园。她前演《三疑记》,饰端庄稳重的李月英,对唐寅诉冤时的演唱,凄怆欲绝,如泣如诉,动人心弦。大轴戏她重新登台,改演别具情趣的《十八扯》,饰孔尚英,说学逗唱滑稽风趣,很是精彩。有时她以京剧《钓金龟》开场,后边再演梆子《三娘教子》。有时她前演京剧《空城计》,饰诸葛亮,后边再演梆子《大拾万金》,饰李翠莲。她演京剧老旦,效法著名演员小慧芬,时人称赞她演《目连救母》,"从头至尾一气贯注,真个就似小慧芬再生"。

对于传统戏曲艺术,金钢钻青年时候起就希望革新。成名之后,经常请人帮助编写新剧本,或对传统剧目加工、锤炼。1920年七夕,她在天津第一舞台演出根据她的意向重新编写的《牛郎织女》,据当年报纸记载,该剧在天津相当轰动。30年代,她与小莲芬、小爱茹在天津重新编排《庚娘传》《珊瑚传》等戏,情节有所变化,唱腔也由她自己重新设计,表现出头脑的敏捷和多才多艺。她对河北梆子剧目、唱腔有创造性贡献,这是她深受同行敬重、观众欢迎的重要原因。直到河北梆子已呈现衰落之势的1940年,《庸报》所刊登的署名文章还评述说:"现在金钢钻和小香水,无论在什么地方演戏,戏报贴出,仍然可号召一部分听众。天津的老头儿们、老婆婆提到这两个人时,都不肯直呼其名,而把钻儿、香水儿当作代名词,足见大家对她们是多么地爱好了。"

金钢钻为人诚实热情,乐于助人,与同台合作者关系融洽,还热心于公益事业。著名女演员小香水由青衣改工老生之后,与金钢钻一生一旦合作了很长时间。这两位剧坛挚友,都是成名于民国初年、陨落于40年代的早期河北梆子女星,一位获得"秦腔①泰斗"称号,一位享有"梆子大王"美誉。云笑天、小爱茹、赵紫云、小菊处、王金城、银达子以及秦凤云、韩俊卿、柳香玉,也是她在不同历史时期的同台合作者。她在与这些艺人合作时,虚心听取别人的意见,注意吸收她们所长。别人向她讨教,她也不保守,因此与她合作的艺人都很敬重她。1917年,秦凤云首途天津,于大舞台戏院为金钢钻演开场戏。金钢钻见凤云聪颖可爱,便经常抽空为她教唱说戏,指点艺事,使秦凤云的演技大有长进,并获"小金钢钻"美称。秦凤云为报答金钢钻提携之恩,常以师礼相待,金钢钻拒不应允。后来秦凤云成长为誉满京津的一代名角。1925年7月,金钢钻参与组织天津艺曲改良社,在天津东天仙戏院举行义演,将所有收入汇寄上海,支援那里的五卅运动。

那个年代,戏曲演员身边往往有许多"捧角家",尤其是女艺人,更是形形色色人物所垂涎的目标,金钢钻洁身自爱,不屑逐浪随俗,无论是手握生杀大权的权贵,还是腰缠万贯的豪富,"有欲登门一瞻色相者,均严遭拒绝"。有一年她在张家口演戏,被一群流氓绑架,由于当地名人陈某全力相救,她得以脱险。事后陈某托人为其子求婚,被金钢钻婉言谢绝。有人抱怨她知恩不报,她理直气壮地说:"救人于危难的善人,绝不图谋报恩,图谋报恩而救人于难的人,也绝非善人,无异于置人于危难。"

1928年,金钢钻在天津嫁给京剧演员刘汉臣(艺名八岁红)。婚

---

①河北梆子由流入河北的山陕梆子演变而成,形成于清道光年间,故有"秦腔"之称。

602

后,夫妻二人常在丹桂戏院等处以"风揽雪"演法,梆子、皮黄两个剧种同台不同腔,各展其能,各尽其妙,合演《红鬃烈马》《柳金蝉》等剧目,观者十分踊跃。金钢钻与刘汉臣情义笃深,但与公婆不睦,1930年夫妻忍痛离异。翌年,金钢钻改嫁河北梆子演员梁云峰(艺名梁达子),夫妇二人在天津行艺至终。

金钢钻与评戏演员的交往也很多,她不因评戏新兴而有所轻视,评戏演员向她请教,她总是热心给予指点。刘翠霞、白玉霜都与她相友好。1935年,她两次与评戏班刘翠霞等人,在春和大戏院联合举行秦腔、评戏"两下锅"演出,引起天津观众的兴趣。40年代,河北梆子日渐凋敝,艺人星散,班社寥寥。京剧界的一些友好鼓励金钢钻改工京剧。戏院老板也出高薪邀请她唱京剧,她执意不肯。有人在报上著文称,金钢钻"以秦腔门户支柱自任,绝不肯改弦更张,向皮黄人物低眉"。她与小香水、银达子、韩俊卿等志同道合的同行组织梆子戏班,固守天津的梆子阵地。为组班底,她将私有戏箱变卖,又和银达子一起到电台以清唱方式为商业代做广告,将微薄收入平分给同班艺人维持生活。由于他们在艰难困苦的环境里坚持不懈,使天津的河北梆子队伍维持到天津解放,正如当年报纸所评述:"秦腔不致绝种,实在是她们的伟大功绩。"

由于多种原因,金钢钻染上了严重的毒瘾。长年嗜毒导致她中年之后百病缠身,体力衰竭,40多岁就难以应付繁重的演出,但为生活所迫,又不得不终年带病登台。1948年4月9日下午,她在天津中华茶园演出《捡柴》,戏刚终场,她就猝然昏倒在后台,同班艺人们将她送往马大夫医院,但医治无效,于次日上午逝世,时年48岁。

金钢钻曾经是红及大江南北、名扬海内外的河北梆子名家,但她死后,其亲属竟买不起棺木。德高望重的银达子,于中华戏院舞台上借演《烧骨记》之机,身穿孝服跪在台口,哭诉金钢钻凄惨而终的情景,向观众求资。观众出于对已故艺术家的敬重和同情,纷纷往台上抛掷财物,人们就是靠这些钱财,才把金钢钻草草安葬。

参考文献:

《庸报》,1940 年。

《天津商报》《益世报》《大公报》,1920—1937 年。

（甄光俊）

金　梁

　　金梁(1878—1962),字锡侯,后改为息侯、希侯,又号小肃,著述署名瓜圃老人、瓜圃居士、一息老人等,1878年生于浙江杭县新龙巷的新衙。①籍隶满洲正白旗,瓜尔佳氏,杭州驻防八旗。

　　金梁自幼勤奋好学,聪颖异常,受过私塾教育,5岁开始读书,习诗文篆隶。10岁时与章太炎一同赴试。16岁作《大同新书》,王韬为之作序,呼为神童。②金梁性情耿直,敢说敢言,关心国事。甲午中日战争与戊戌变法期间,金梁三上万言书,言词激烈,指斥宫闱。1904年,金梁参加科举考试,中进士,授翰林院编修,先后任京师大学堂提调、内城警察厅知事、民政部参议、奉天旗务处总办、新民府知府等职。

　　1908年,金梁主管盛京内务府事务,他阅览了奉天故宫崇谟阁中的大量藏书,其中记录清太祖、太宗朝事务的珍贵文献——《满文老档》,深藏内府,是研究满族兴起史的重要资料,均用无圈点的老满文书写,整理翻译非常困难。1912年,日本人内藤虎次郎以搜集史料为名,将藏于崇谟阁的满文老档全部盗拍,带回日本进行翻译研究。金梁对此非常忧虑,认为满文老档的汉译工作已经迫在眉睫,因此迅即组织精通满汉文的学者10余人进行翻译,两年后完稿,分装百册,但后来译稿散佚。后故宫博物院学者张溥泉偶然从奉天的旧书摊上发

---

①沈阳市政协文史委编:《沈阳文史资料》第17辑《满族史料专辑》,1990年内部印行,第123页。
②全国政协文史委编:《文史资料存稿选编》第1卷《晚清·北洋》(上),中国文史出版社,2002年,第814页。

现其中 26 册译稿,遂以"满文老档拾零"为题,发表在 1933 年至 1935 年的《故宫周刊》上。金梁则从译稿中摘录若干段,分上下两编出版,此即《满文老档秘录》一书,实为汉译满文老档的选本。这两种老档译本成为研究清史、满文史的重要史料。

清朝灭亡以后,金梁离开奉天,先到大连,后到北京,被清逊帝溥仪任命为"小朝廷"的总管内务府大臣。1914 年 3 月,袁世凯批准设置清史馆,负责纂修清史。在友人的推荐下,金梁进入清史馆,任收掌校对科长。由于清史馆内部矛盾重重,许多稿件未经馆长审阅,便直接交付金梁刊印,金梁加以篡改后共印刷 1100 部,并将其中的 400 部运往关外。1928 年 6 月,故宫博物院派员接收清史馆,金梁篡改《清史稿》一事才被发现。有关人员对剩余在清史馆的 700 本史稿中被篡改部分进行抽换,重新刊刻,从此便有了"关外本"与"关内本"之分。后来,金梁对关外 400 部的《清史稿》进行重印,又称"关外二次本"。

金梁对 1924 年冯玉祥领导的国民军驱逐溥仪出宫非常不满,经常风尘仆仆地往来于京津之间,竭尽全力为在天津的"小朝廷"奔走。1931 年九一八事变后,金梁一度出任伪奉天地方维持会委员,为日本侵略者效力。他在天津曾组织清朝遗老结成"俦社",发起"拥徐世昌迎驾溥仪"活动。[1]1931 年 11 月,他赶赴天津,参与策动寓居天津的溥仪潜赴东北。

伪满洲国成立后,金梁听从家人及朋友的劝告,未在伪满洲国任职,而是选择寓居天津,埋首著述。虽然生活清贫,他却乐此不疲。

寓居天津时期,金梁编纂了许多颇具价值的清史著作。金梁认真阅读、研究晚清四大日记:翁同龢的《翁文恭公日记》(中华书局排印本称《翁同龢日记》)、李慈铭的《越缦堂日记》、王闿运的《湘绮楼日记》、

---

①刘秀荣、张剑锋、赵少峰:《金梁与〈清史稿〉》,《兰台世界》,2009 年 7 月(上半月)。

叶昌炽的《缘督庐日记》。这四种日记内容丰富,取材多样,各具特色,极其珍贵,其中以《翁同龢日记》最为重要。金梁在研读日记的基础上,仔细挑选,斟酌概括,编辑了收录600余人的《近世人物志》一书,具有很高的利用和研究价值。

金梁工书法,长于篆籀,尤善用干墨、枯墨书写钟鼎文,"笔法灵动,风格清奇诡异,不落前人窠臼"①。金梁的篆书在民国时期的北京书坛带有很强的独创性,成为一个重要的流派。

金梁出身文献世家,颇多收藏。新中国成立后,金梁迁居北京,在国家文物部门担任顾问等职,还将其个人收藏的《永乐大典》捐给北京图书馆。

1962年10月21日,金梁病逝于北京,终年84岁。

参考文献:

沈阳市政协文史委编:《沈阳文史资料》第17辑《满族史料专辑》,1990年内部印行。

沈广杰整理:《金梁年谱资料选编(1908—1931)》,《沈阳故宫博物院院刊》,2006年第2辑。

马国华、徐立春:《略论金梁及其著述》,载东北师范大学图书馆编:《图书情报学论文集》,吉林人民出版社,1981年。

牛一兵、王宏主编:《天津小洋楼:名人故居完全档案》第2卷,天津教育出版社,2011年。

（郭登浩）

---

①周斌编著:《中国近现代书法家辞典》,浙江人民出版社,2009年,第476页。

金 显 宅

　　金显宅(1904—1990),原籍韩国汉城(今首尔),1904年3月7日生于汉城。1916年入汉城私立培才中学学习,1919年3月参加朝鲜独立运动,为躲避日军追捕,随一位药材商人来到中国,投奔在张家口开办医院的大哥金显国,并跟随一位美国教师学习英文。1920年,考入沪江大学附中,1923年毕业,被保送入沪江大学医学预科学习。

　　1926年,金显宅以优异成绩考入北京协和医学院,因他是沪江大学第一批考上协和医学院的学生,因而获得沪江大学每年100元的奖学金。校方的奖学金及大哥的资助,使他顺利读完了大学课程,并于1930年加入中国国籍。1931年从北京协和医学院毕业,获美国纽约州立医科大学博士学位。[①]毕业后,任协和医院外科住院医师、助教、讲师。1933年,协和医院创办肿瘤科,经外科主任劳克斯推荐,金显宅任肿瘤科讲师。1933年12月,金显宅与天津买办、纺织业巨头吴调卿的孙女吴佩球结婚。

　　1937年,他在研究工作中发现了"嗜伊红细胞增生性淋巴肉芽肿",并在协和医学院教授会议上做了报告。7月起,协和医学院选派金显宅到美国纽约纪念医院肿瘤中心和芝加哥肿瘤研究所学习。1938年3月至10月,又赴英、法、比、德等欧洲国家的肿瘤中心进修。美国研究机构曾以优厚待遇聘请他留下工作,被他婉言谢绝。

　　1939年9月回国后,金显宅任协和医学院外科副教授兼医院肿瘤

---

　　①当时协和医学院不是独立学校,是美国纽约州立医科大学的分校。

科主任。在此期间,他创研出"舌癌根活性联合切除术",1941年初在协和医学院学术报告上做了宣读。1941年12月太平洋战争爆发后,协和医学院被强行关闭。1942年,金显宅应同学卞万年、方先之等人的邀请来到天津,与他们共同集资2万多元开办了恩光医院,金显宅任外科、肿瘤科主任医师。

1945年日本投降后,金显宅应美国导师柯特乐邀请,到芝加哥大学比林氏附属医院肿瘤外科和芝加哥肿瘤研究所继续深造,1947年2月回国,继续在恩光医院工作。

新中国成立后,在医学家朱宪彝等人的影响下,金显宅决定留在天津参加新中国建设。1949年11月,他担任了天津中纺医院的肿瘤科顾问医师。1951年夏参加了抗美援朝志愿医疗队。1951年10月,天津市卫生局接管了原马大夫医院,更名为天津市人民医院,于1952年11月成立肿瘤科,金显宅被聘为顾问医师。

人民医院肿瘤科成立后,设备、人才缺乏而病人众多,金显宅和方先之、施锡恩、赵以成等给肿瘤科医师授课,讲解放射物理学、放射生物学等课程,讲课时联系临床实际,学员进步很快。这些讲稿经整理后印成《肿瘤学讲义》一书。

从1954年起,卫生部委托金显宅在津开办高级肿瘤医师进修班,每年1期,每期2个月,为各省市肿瘤研究所、医院培养了大批骨干力量,其中很多学员后来成为全国知名的专家学者。

1956年,金显宅关闭了恩光医院,任天津市人民医院肿瘤科主任。他精通解剖学,手术时止血准确,操作有条不紊,节奏快而不乱。他擅长治疗乳腺癌、口腔癌、颌骨肿瘤、贲门癌、直肠癌等,在天津享有盛誉,被称为"瘤子金"。

1959年,他在《天津医药杂志》上发表论文,在国内首先描述了"腮腺下颌内侧部的肿瘤"。他率先在国内推广了头颈部肿瘤联合根治术、胃贲门癌胸腹联合根治术、乳腺癌扩大根治术以及晚期子宫颈癌的盆腔内容清除术等。1962年,在莫斯科召开的国际抗癌学术会议上,他提交了论文《乳腺癌根治术与扩大根治术的疗效比较》。

1963年,金显宅创办了中国第一份肿瘤学杂志《天津医药杂志·肿瘤学附刊》,并任主编,"文化大革命"中杂志停刊,1978年复刊,1984年改名为《肿瘤临床》,1986年改名为《中国肿瘤临床》。1987年他任名誉主编。

1972年春,著名人口学家马寅初被诊断为直肠癌,当时他已经91岁高龄,按照惯例,不适宜进行手术,只能化疗。家人慕名找到金显宅,他提出了先做结肠造口,然后切除肿瘤的建议,得到了马寅初本人和家属的认可,并上报国务院,周恩来总理亲自批示由金显宅主刀。1972年5月31日,手术顺利进行,三个星期后伤口痊愈。十年后,马寅初以百岁高龄辞世时,癌细胞也没有扩散和复发的迹象,此事被医坛传为佳话。

1972年,天津市成立了肿瘤研究室,金显宅任主任。1977年研究室扩大为天津市肿瘤研究所,他任副所长。1980年任天津市人民医院院长和天津市肿瘤研究所所长。1981年主持了在天津市召开的全国肿瘤医师进修班第一届学术交流会。1983年任天津市人民医院名誉院长和天津市肿瘤研究所名誉所长。

1984年4月,金显宅主持了在天津市召开的中国第一届国际乳腺癌学术会议,他倡议建立"中国抗癌协会",翌年,中国抗癌协会正式成立,他担任名誉理事长。同年,美国肿瘤外科学会授予其荣誉会员称号。

在金显宅的长期努力下,1986年天津市肿瘤医院建成。1988年,美国临床肿瘤学会吸收他为正式会员。1989年10月,他参加了在天津市召开的全国肿瘤医师进修班第二届学术交流会,在会上被誉为"中国肿瘤医学之父"。

金显宅从事医学研究和临床医学工作近60年,先后发表中英文论文100多篇,并出版了《肿瘤学讲义》《实用肿瘤学》《乳腺癌的研究》和《医学百科全书·肿瘤分卷》等著作,并多次被国外文献引用。

1990年9月4日,金显宅病逝于天津,终年86岁。

参考文献:

天津市政协文史委编:《天津文史资料选辑》第56辑,天津人民出版社,1992年。

《中国科学家传略辞典》编委会编:《中国科学家传略辞典》现代第一辑,1980年内部印行。

吴惠阶编:《北京高等教育史料》第1集,北京师范学院出版社,1992年。

天津市政协文史委编:《近代天津十二大名医》,天津人民出版社,2002年。

中国科学技术协会编:《中国科学技术专家传略·医学编·临床医学卷》,人民卫生出版社,2000年。

(赖新鹏)

金 钺

金钺（1892—1972），字浚宣，号屏生、屏庐、屏庐学人、屏庐居士等，天津人。祖以业盐起家，亦商亦儒，渐成巨族。父金汝琪（字润圃），为天津著名士绅。

金钺出身监生，1909年17岁时，出任民政部员外郎。民国成立后赋闲家居。金家开有新泰兴洋行，又投资于金城银行，家境优裕。1916年天津修志局成立，金钺出任编修。1922年清史馆学者金梁等改组清朝遗老组织俦社，金钺以"遗少"身份参与其事。[1]1927年，又随严修、林墨青等发起组织崇化学会，并长期担任董事。1939年天津大水后，与章梫、金梁、陈一甫等创办天津保婴会，专门收养弃婴。[2]

金钺以极大的精力和财力投入到搜集、整理、刊刻乡邦文献之中。洋行的经营利润和银行的股份收入，支撑起金钺藏书、刻书的巨大投入。刊刻图书尤其是天津乡邦文献，是金钺一生最著之贡献。崇化学会李炳德藏《天津金氏屏庐刊印各种书籍价目》，大体反映了1941年冬金钺刊印书籍的重要资料，主要有：《许学四种》四册一套，《屏庐丛刻》十二册二套，《黄山纪游》一册，《黔行水程记》一册，《志馀随笔》二册，《天津文钞》四册一套，《天津诗人小集》十二种十册，《欲起竹间楼存稿》二册，《天津县新志·人物艺文》单行本四册一套，《天津政俗沿革

---

[1]李世瑜：《俦社始末》，《今晚报》，2007年2月27日。
[2]王根法编著：《翰逸神飞——章梫和他的书法艺术》，浙江人民美术出版社，2010年，第21页。

记》四册,《王仁安初集》十二册二套,《王仁安续集》十六册二套,《王仁安三集》二册,《金氏家集》四种六册一套,《辛酉杂纂》四册一套,《广瘟疫论》二册,《洪吉人补注瘟疫论》四册,《曝书亭词拾遗》一册,《善吾庐印谱》一册。[①]

金钺刻书注意根据读者的不同需求和购买力,确定所刻重要典籍的用纸品种、印刷工艺,最后定出不同的价格。学者伦明把金钺刻书比作"空谷足音",并将其与著名藏书家、刻书家鲍廷博并称,肯定了金钺对传播天津乡邦文献的贡献。[②]津人高凌雯的记述,则可为伦明之语当作注脚:"天津有藏书之家,无刻书之人。近惟浚宣喜为此,网罗旧籍,日事铅椠,十余年未尝有间,由其先人撰述,推及乡人著作,已刊行二十余种,大率零星小部,扩而充之,不难为定州王氏之继也。"[③]

金钺刻先人撰述,主要是《金氏家集》四种十四卷,包括金平《致远堂集》三卷(含《金氏家训》),金铨《善吾庐诗存》一卷、附录一卷,金玉冈《黄竹山房诗钞》六卷、补一卷,又附《田盘纪游》一卷,金至元《芸书阁剩稿》一卷。所刻乡人著作主要是金钺自辑的《屏庐丛刻》和高凌雯所辑的《天津诗人小集》。《屏庐丛刻》刊于1924年,共十五种二十四卷。包括王又朴、查为仁、查礼、陈玠、华琳、金玉冈、栾立本、沈峻、沈兆沄、梅成栋、杨光仪、徐士銮、金颐等人作品。《天津诗人小集》刊于1935年,共十二种二十一卷,包括张霔、张坦、张埙、胡捷、周焯、胡睿烈、丁时显、查昌业、康尧衢、梅成栋、刘锡、李庆辰等人作品。

金钺刻书之名遐迩咸闻,其文学艺术方面亦成就显著。金钺著作有文集《屏庐文稿》(1941年)、《屏庐文续编》(1951年)。《屏庐文稿》四卷,所收多序跋题识之文,从中可觇知金氏刻书之大略。《屏庐文续编》收

---

① 李炳德:《金钺:天津近代喜好刻书的藏书家》,《中老年时报》,2011年6月20日。

② 伦明:《辛亥以来藏书纪事诗》,上海古籍出版社,1990年,第102页。

③ 高凌雯:《志馀随笔》卷5,载来新夏、郭凤岐主编:《天津通志·旧志点校卷》下,南开大学出版社,2001年,第729页。

有《希郑轩所藏书尽赠崇化学会记》《金君致淇藏书尽赠崇化学会记》《梦选楼所藏书尽赠崇化学会记》，均是天津藏书史上的珍贵资料。诗集有《戊午吟草》（1920年）、《屏庐题画》（1936年）行世。金钺晚年仍吟哦不辍，常书于各种纸头之上，以遗龚望等师友。又撰有《辛酉杂纂》（1921年），其中《偶语百联》属于楹帖，乃集子部经典之言而成，以发人心而正风俗。

金钺善画竹石，其藏有明代夏昶墨竹作品多幅，所绘深受其影响。故后人评其墨竹云："浓淡相间，层次分明，亭亭玉立，气味不俗。虽宗法明代夏昶，但有自家新意。"①画家余明善师从金钺学画墨竹，亦认为老师笔下的墨竹是学者画，极富清雅之气。

新中国成立后，金钺将珍藏的碑拓、书籍、板片等捐献国家。其中《皇甫骥墓志》极其珍贵，被罗振玉辑入《六朝墓志菁华》。2003年夏，金钺所刻诸书残存板片，经由天津图书馆协调，从北京运回天津收藏。

1972年金钺在天津去世，终年80岁。

参考文献：

金钺：《辛酉杂纂》，中国书店出版社，2012年。

王謇：《续补藏书纪事诗》，书目文献出版社，1987年。

伦明：《辛亥以来藏书纪事诗》，上海古籍出版社，1990年。

（杜　鱼）

---

①彭成秋：《金钺先生学画石》，《今晚报》，2015年10月30日。

金 韵 梅

　　金韵梅(1864—1934),又名金雅梅、金阿妹、金雅妹。浙江宁波人。其父金鼎禹是当地基督教会的一位牧师。金韵梅两岁半时,父母亲因患时疫相继去世,她被宁波基督教长老会的美国医生麦加缔夫妇收养。

　　1869年,5岁的金韵梅随麦加缔夫妇到美国接受幼儿启蒙教育,后来随麦加缔夫妇回到中国,再去日本,在日本接受初等和中等教育。1881年,金韵梅17岁时,又随麦加缔夫妇赴美,考入纽约女子医科大学学习医学,1885年6月毕业。之后,她曾在费城、华盛顿、纽约、佛罗里达等地实习和工作,并先后担任过纽约大医院及纽约一家华人精神病院的住院医生。1887年,纽约《医学》杂志刊出了她的学术报告《显微镜照相机能的研究》,引起同行专家的重视。她还在《医学》杂志上发表过《论照相显微术对有机体组织的作用》等学术论文,提出了独到见解。

　　1888年,金韵梅放弃了美国优越的工作、生活条件,在荷兰基督教复兴会妇女会的赞助下回到中国,在福建厦门开业行医。一年后,她患了病疾,再次前往日本。在神户,她从事与基督教南方卫理公会有关的工作。1894年,30岁的金韵梅与西班牙籍葡萄牙裔音乐家兼语言学家达·西瓦尔结婚。1904年两人离异,同年,金韵梅参加了在波士顿举行的第一届世界和平大会,并作了专题演讲,成为大会17位副主席之一。1905年,金韵梅回到中国,居住在烟台。

　　1907年,金韵梅被聘为北洋公立女医院(局)院(局)长。1908年8

月,直隶总督兼北洋大臣袁世凯令天津海关拨银两万两,委托长芦盐运使张镇芳督办,由院长金韵梅创建北洋公立女医院(局)附属学校——北洋(长芦)女医学堂。该堂由长芦盐运使司主管,金韵梅出任堂长兼总教习。这是中国第一所公立女子护士学校。

北洋女医学堂借用老育婴堂堂址,因年久失修,无不渗漏。金韵梅"于该处建筑讲堂、割症房、产科院各一所"①。学堂于1908年9月5日开学,初招生30人,分产科、看护两科,以两年为修业年限,主要包括产科、看护科及通用药理、卫生、种痘等课程。教学方式上仿行西法,教学与实践相结合,学生除学习课堂讲授的知识外,还要在公立北洋女医院进行实习。

金韵梅一人兼顾学堂、医局、广仁堂三处,还经常奉差外出,女医学堂及附属之养病院一切事务均由她负责,工作非常繁忙。金韵梅聘英国女医生卫淑贞为实习教习,还特聘中国第一位护理专业女留学生钟茂芳任看护教习。②

金韵梅在主持北洋女医学堂期间,引进西方先进护理技术和理念指导教学,提倡妇女解放,参与社会服务。1910年,北洋女医学堂第一批23名女学生毕业。1911年9月,刘善庭任会长的家政研究会举办第一次讲演会,由金韵梅演说家庭卫生。同月,白毓昆、胡宪等人发起组织天津红十字会,徐华清任会长,孙实甫、金韵梅任副会长,白毓昆等任干事。

1916年,天津海关停付该院经费,由严修、李琴湘等人接办该校。

---

① 《女医学堂总教习金韵梅为查勘育婴堂估建女医学堂事致长芦盐运使张镇芳禀文》,载天津医专校史编写组编:《从学堂到医专——天津医学高等专科学校百年华诞纪念集》,天津人民出版社,2008年,第8页。
② 张绍祖:《金雅梅与北洋女医学堂》,载贾长华主编:《水阁医院108年》,百花文艺出版社,2011年,第29—30页。

金韵梅辞去院长、校长职务,后定居北京。^①

金韵梅定居北京后,主要从事社会活动,她对北平孤儿院十分关心,对燕京大学社会学系所办的扶贫组织——清河实验中心也很感兴趣。她还是很多俱乐部的成员。1933年9月,她在北平扶轮社作了最后一次公开讲演,讲题是《新旧中国妇女》。

1934年3月,金韵梅患肺炎医治无效,在北平协和医院逝世,终年70岁。

金韵梅留下遗嘱,把她一生的积蓄都捐献给教育事业。

参考文献:

天津医专校史编写组编:《从学堂到医专——天津医学高等专科学校百年华诞纪念集》,天津人民出版社,2008年。

贾长华主编:《水阁医院108年》,百花文艺出版社,2011年。

罗澍伟:《中国第一位女留学生及护理医学奠基人——金韵梅》,载李红梅主编:《天津河西老医院》,华龄出版社,2016年。

(张绍祖)

---

① 张绍祖:《中国护理教育开拓者金韵梅》,载贾长华主编:《水阁医院108年》,第34—35页。

靳　以

靳以（1909—1959），原名章方叙，笔名靳以，天津人。靳以生于天津，在家中排行第二，有一个姐姐、五个弟弟。因其父在东北沈阳经营五金生意，靳以在3岁时随父到东北生活。父亲对靳以的教导十分严格，为他购置了大量书籍，如《四部丛刊》、"二十四史"等，为其创造了良好的读书条件。

12岁时，靳以回到天津，不久便进入南开中学就读。靳以对南开中学的感情非常深厚，他曾在自传文章《从个人到众人》中回忆道："喜爱文学是从中学就开始了的，那是由于我的一位先生的教导，看我有一点写作的能力，也喜欢阅读，于是我就算跨上了文学的道路。不过那时候我只热心阅读新书刊，作文稍稍好一点，在学校的文学团体中打打杂，做一个小刊物的发行而已。我还记得那时我在南开中学，我们的刊物叫做《绿竹》；另外还有一个刊物叫做《玄背》。"

靳以从南开中学毕业后，由于家庭和身体的原因进入复旦大学商学院的国际贸易系，成为一名商科学生。虽然身为商科学生，但靳以心中始终未能放下对文学的热爱，从大学二年级开始便向杂志投稿，在陆续发表短诗的同时，开始转向小说的创作。他的小说处女作《偕奔》（短篇小说）写于1929年10月，在《小说月报》上发表，署名"靳以"。

1932年，靳以从复旦大学商学院毕业后，直奔哈尔滨，通过与父亲的反复协商，毅然放弃了待遇优厚的银行工作，决心以文为生。

1933年，靳以只身前往北平，正式开始文学生涯。他租下了三座门大街的一套房屋，那里不仅是他的住所，还是其正在筹办的《文学季刊》的编辑部。当年10月，靳以的第一本短篇小说集《圣型》出版。

1934年初，由靳以和郑振铎担任主编的《文学季刊》在北平问世，靳以承担实际编务和具体工作。《文学季刊》一经出版就获得了巨大反响，很快便成为团结进步作家、培养青年作家的重要阵地，不仅许多知名作家如鲁迅、周作人、老舍、冰心等人的作品在这里发表，许多名不见经传的青年作者如何其芳、李广田等的创作也能在这里发表。由于《文学季刊》销路很好，1934年10月《文学季刊》编辑部创刊附属刊物《水星》。

1935年底，《文学季刊》出版8期后宣告停刊，《水星》出版了9期。此后靳以前往上海，在上海良友图书印刷公司的支持下，他与好友巴金先后合作主编了《文学月刊》和《文丛》两本大型文学刊物。《文学月刊》虽然只存世7个月，但它发表了女作家罗淑的处女作《生人妻》，令罗淑一举成名。《文学月刊》还留下了3部精彩的作品连载：巴金的《春》，鲁彦的《野火》，曹禺的《日出》。这本刊物还团结了一大批作家，如茅盾、丁玲、欧阳山、萧红、刘白羽、田涛、沈从文、叶圣陶等，留下许多载入中国现代文学史册的作品。从1934年至1936年，在担任编辑的同时，靳以笔耕不辍，共出版了7本小说集，即《群鸦》《青的花》《虫蚀》《珠落集》《残阳》《秋花》《黄沙》。

1937年八一三淞沪抗战爆发后，靳以和巴金被迫离开上海，《文丛》杂志也随着他们辗转到广州、桂林等地出版。1939年1月《文丛》杂志宣告终刊，靳以编辑生涯的第一次高峰至此结束。而后，靳以受邀在重庆复旦大学中文系任教。虽然抗战的爆发中断了其文学刊物的事业，但未能扑灭他从事编辑工作的热情。教书原非靳以本意，却对靳以的一生产生了重大的影响。靳以在《从个人到众人》中回忆道："在我的生命中，这是一个极大的转折点，使我从一个人，投身到众人之中，和众人结成一体了。"靳以一周任课12小时，在选课制下，靳以的课总是被学生早早选满。他还被学生聘请为两个进步读书会"抗战文艺习作会"和"读书会"的指导教授。靳以的许多学生,因他的教导和鼓励走上了文学道路。此时的靳以,一边教书,一边写作,完成了长篇小说《前夕》,散文集《雾及其他》《火花》,以及短篇小说集《洪流》《遥远的城》,并坚持写作《人世百图》。在教书的同时,靳以受邀为重庆《国民公报》编辑一个文艺副刊《文群》。

1941年皖南事变后,靳以被国民政府教育部以思想不稳的罪名解聘,让其到福建永安附近的福建师范专科学校执教,任文史地科主任。在福建期间,靳以又接手了由黎烈文主办、王西彦主编的《现代文艺》杂志,担任第四至第六卷(1941—1942年)的主编。在好友马宗融的保荐下,1944年靳以回到重庆复旦大学。靳以除了教书、指导学生习作、写文章外,还参加一些进步人士的聚会,如"北碚聚餐会",此为民主人士和大学教授的一个小组织,在聚餐会上,大家时常在漫谈的名义下,对一些事件交换意见,发表看法,以及在一些宣言上签名。

抗战胜利后,靳以随校回沪,任复旦大学国文系主任。他依然热心于文学活动,接手编辑上海的《大公报》副刊《星期文艺》,还与叶圣陶、楼适夷、梅林等人合编文协刊物《中国作家》,并由友人曹未风介绍,到商务印书馆担任特约编辑。这期间,靳以的《人世百图》终于结集出版,他还出版了中篇小说《春草》、短篇小说集《生存》《黑影》,以及散文集《血与火花》《红烛》。此外,靳以受邀担任复旦大学"缪司社"的指导老师,该社是中共地下组织领导的综合性学生文艺团体,包括音乐、舞蹈、美术、戏剧等。解放前夕,靳以还参加了护校活动,他作为"教授会"的负责人之一,积极开展工作。为此靳以的名字被列进国民党政府的黑名单,致使其在上海解放前夕大约一个月的时间里,只能躲避在大学同学康嗣群的家中。

1949年7月,靳以参加了在北平召开的第一届全国文代会。1950年9月,靳以在北京出席了全国英模代表大会。在继续任教的同时,靳以还受邀为平明出版社主编了一套《新中国文艺丛书》。1951年初,靳以受教育部调遣,到沪江大学担任教务长,进行该校的整顿及并校工作,又于1952年秋返回复旦大学。1953年,靳以离别了前后任教约10年的复旦大学,调入华东文联工作,最初在创作研究部工作,后又兼华东文联代秘书长。年底,华东作家协会成立,靳以担任协会常务副主席,后该协会改为上海分会,靳以仍任常务副主席。

1957年,靳以接受了中国作家协会的委托,与巴金共同主编了新中国最大的综合性文学刊物《收获》双月刊。该刊在北京印刷发行,编辑部设在上海,由靳以主持。对此刊靳以倾注了大量的心血,直至病逝前,他仍在病床上为《收获》阅稿、看样。1959年11月7日凌晨,靳以因心脏病复发在上海离世,终年50岁。

在三十年的文学生涯中,靳以曾主编和参与编辑过10多种大型文学期刊及文艺副刊,并有40多部作品集留存于后世,在中国现代文学史上留下了不可磨灭的印迹。

参考文献:

章洁思:《曲终人未散·靳以》,东方出版中心,2009年。

王余光、徐雁主编:《中国阅读大辞典》,南京大学出版社,2016年。

（齐　悦）

靳云鹏

  靳云鹏(1877—1951),字翼青,别字翼卿,山东济宁人,原籍山东邹县,生于普通农家。靳父先逝,依靠寡母邱氏卖煎饼、当奶妈维持生活。靳云鹏8岁时入私塾读书,后辍学,到南关柳行街当勤杂工。

  1895年12月,袁世凯在天津小站督练新建陆军,18岁的靳云鹏应募入伍当了炮兵,后升任哨长。1898年,靳云鹏入随营武备学堂学习,为第一期炮兵科学员,毕业后留任教习。1902年任北洋常备军军政司参谋处提调,参谋处总办为段祺瑞,靳与段朝夕相处,关系逐渐密切。1910年任浙江新军标统。1911年调任云南新军督练公所参议。由于段祺瑞的推荐,1912年7月,北洋政府委派靳云鹏到山东接任第五镇统制,并会办山东军务。9月,授予陆军中将军衔。1913年8月,代理山东都督,9月署理山东都督。1914年,袁世凯废除各省都督,设立将军诸名号,任命靳云鹏为泰武将军,督理山东军务。1915年,袁世凯密谋称帝,9月15日,靳云鹏与14省将军联名电请袁世凯登基,12月被袁授封一等伯爵。

  1916年6月,袁世凯病逝,黎元洪继任大总统,段祺瑞任国务总理,掌握政府大权。靳云鹏受段重用,多次担任要职,被段倚为肱骨,与徐树铮、曲同丰、傅良佐一起成为段手下四大金刚,而靳居其首,曾代表北洋政府与日本签订《中日陆军共同防敌军事协定》《中日海军共同防敌军事协定》等丧权辱国条约。1919年1月,靳云鹏任陆军总长,9月,兼代理国务总理。11月,在直、奉通电支持下,任国务总理,并兼陆军总长。因遭到安福系的激烈攻击,于1920年5月辞职。同年8

月，靳云鹏在直奉两系的支持下，再度出任国务总理，并兼任陆军总长。1921年4月，靳云鹏邀约曹锟、张作霖在天津召开会议，提出局部改组内阁，因此与"交通系"结怨过深，在多方面受到夹攻，处境困难，12月，在张作霖和"交通系"的逼迫下辞职。此后，靳云鹏寓居天津，过起了寓公生活。

下野后的靳云鹏暂时离开了政治斗争的漩涡，将注意力转向经营实业，聚敛财富。他利用自己的人脉，竭力拉拢济南商会会长张肇铨等人，与日本大仓系财阀合作，以中日合办的名义，成立胶东鲁大矿业公司，自任中方理事长兼总经理。还在济宁、济南等地广置房宅和田产，又与人合伙投资在济南开设鲁丰纱厂，还在济宁等地开办电灯公司、面粉公司等企业。据不完全统计，从1908年到1926年的18年中，靳云鹏独家投资或合伙经营的企业有20多家，拥有资产6500万元之巨。[①]

靳云鹏在全力从事经济活动的同时，并未忘情政治。政治舞台上稍有风吹草动，他就进行活动，期望可以重返政治舞台。1926年夏，直奉两系联合打败冯玉祥的国民军后，张作霖又想起了靳云鹏，提议由他出面组阁，但此事由于吴佩孚的坚决反对而未果。一年后，张作霖在北京就任陆海军大元帅，与手下将领商议总理人选，有人主张非靳云鹏莫属。靳本人闻讯后大喜过望，迫不及待地拟好就职宣言，预备进京上任。不料吴佩孚又致电反对，而奉系实力派张宗昌等人也主张任用潘复，遂使靳云鹏的总理梦再次落空。

此后靳云鹏转而吃斋诵经，皈依佛门，取法号"智证居士"。他在天津英租界自家公馆设立佛堂，每日三遍经，早晚一炷香，拜佛参禅甚是虔诚。他还常到位于英租界的天津佛教居士林礼佛诵经。不久，居士林创办者洋行买办陈锡舟病故，居士林无人操持，面临解散。靳云鹏与天津大盐商"李善人"的后代李颂臣商议，集资把坐落于老城里东

---

①宋凤英：《北洋军阀靳云鹏的人生沉浮》，《文史春秋》，2008年第5期。

南角的李氏家祠清修禅院改建为居士林。1933年建成后,靳云鹏自任林长,定期由富明法师讲经,来此的居士多时达千余人。

靳云鹏对天津佛教界的另一贡献便是首倡恢复大悲院。大悲院是天津最有影响、在北方亦颇具盛名的十方丛林。在此开坛受戒、剃度的僧人最多时达百余人。后历经战乱日益凋敝,到20世纪40年代,大悲院只剩下两位出家人和一个老伙计,除了他们自住的几间房外,其余的均被法院、消防队和警察所占据。曾经香火缭绕、庄严神圣的佛教圣地,竟变成了乱糟糟的大杂院。靳云鹏遂与龚心湛等居士发起复兴大悲院之举。他们利用自己的影响力找主管当局协调,多方设法,把房子全部腾出,又积极出资并筹款重修大悲院,还特邀著名高僧倓虚法师来寺主持修建工作,使大悲院又重新成为天津地区僧俗会集的重要场所。

靳云鹏吃斋念佛,过着悠闲的寓公生活,很少参与政治活动。1937年七七事变后,日本特务头子土肥原贤二多次派人劝靳云鹏放弃隐居生活,与日本人合作,组织华北伪政权。后于1942年3月任伪华北政务委员会咨议会委员。

1951年,靳云鹏在天津病逝,终年74岁。

参考文献:

鲁宁:《靳云鹏经营念佛两不误》,载李正中主编:《近代天津名人故居》,天津人民出版社,2009年。

宋凤英:《北洋军阀靳云鹏的人生沉浮》,《文史春秋》,2008年第5期。

刘玉平:《靳云鹏》,载王志民主编:《山东重要历史人物》第5卷,山东人民出版社,2009年。

(郭以正)

邝荣光

邝荣光(1863—1962),字镜坷,广东新宁人。其父曾出洋在澳洲金矿当矿工,小有积蓄,希望孩子将来能成为矿冶工程师。其叔父邝其照是容闳的朋友,[①]曾任清政府驻新加坡商务领事,1868年编著《华英字典集成》,轰动一时。

东南沿海"洋务"渐浓,邝父为了方便与葡萄牙人做生意,从台山迁到靠近澳门的珠海拱北北岭居住。当时,容闳为组织幼童留学,奔波于州县劝导。邝父得知消息,马上带着邝荣光前去报名。1871年底,邝荣光离开家乡,赴上海出洋局(预备学校)接受培训,学习传统汉学和基本英文会话与英文知识,为出国做准备。邝荣光最终通过了严格的选拔考试,成为留美幼童中的一员。

1872年8月11日,邝荣光等30名首批幼童从上海登船出发,赴美留学。初到美国,他被安置在新英格兰地区一位和蔼可亲的马修斯小姐家中。在马修斯小姐的教诲下,邝荣光先入北安普顿中学学习。他学英语、吃西餐,很快就适应了国外的生活环境,与美国学生一起做体操、打棒球、划船,参加时评专栏、朗诵会等活动,十分活跃。后邝荣光考入拉法叶学院攻读地矿专业。在校期间,他的绰号叫"洋基邝"(Yan Yee Kwong)。他与其他留美幼童一起,成为美国文学巨匠马克·吐温和斯陀夫人的忘年交,并受到格兰特总统的接见。

1881年,清政府下令召回所有留美学生。邝荣光回国后,被分派

---

① [美]勒法吉:《中国幼童留美史》,高崇鲁译注,珠海出版社,2006年,第108页。

到直隶唐山开平煤矿。[1]他努力工作、兢兢业业,很快成为一名采矿工程师。邝荣光参与了国内许多煤矿的勘测,足迹遍布东北地区,以及河北、湖南、甘肃等省。湖南湘潭境内矿产蕴藏丰富,有滴水埠之石膏、鹤岭之锰矿,以及谭家山的煤。其中,湘潭煤矿就是由邝荣光率先发现的。他还绘制了《直隶省地质图》《直隶省矿产图》,填补了我国矿产业的一项空白。[2]

应母校邀请,邝荣光撰写了有关开平煤矿的报告,该报告于1887年在明尼苏达州德卢斯市举行的美国矿业工程师会议上宣读,并获得认可。1900年八国联军侵华时期,俄军占领开平煤矿,欧籍员工全部撤离,邝荣光在矿区协助同学吴仰曾(时任开平矿务局帮办)组织“自卫队”保卫煤矿。俄军胁迫中国员工为其在唐山煤矿至天津之间的行车提供燃煤,如不同意立即射杀。邝荣光曾遭俄兵追打,所幸及时逃脱,被吴仰曾藏在车座下,才幸免于难。

1905年,清政府成立直隶省矿政调查局,邝荣光任总勘矿师。临城煤矿的前身是李鸿章指派钮秉臣组办的直隶临(城)内(邱)矿务局。袁世凯接任直隶总督后,派津关道唐绍仪、梁敦彦等与比利时商人谈判订立合同,中比合办临城煤矿,邝荣光出任总工程师。经过两年施工,主副井于1907年先后建成,投入产煤。临城煤矿煤质优良,成为我国近代七大煤矿之一。其间,詹天佑主持修筑京张铁路,邝荣光利用自己丰富的煤矿开采经验,协助詹天佑攻克开凿八达岭山洞的难题。[3]1909年,邝荣光第二次奉清政府之命到辽宁本溪湖勘察煤矿储藏量,并与日方针锋相对,据理力争。1910年5月,中日双方在《中日合办本溪湖煤矿合同》上签字。邝荣光虽然只争回中国对本溪湖煤矿的一半矿权,但其维护主权之功不应被埋没。

①容尚谦:《创办出洋局及官学生历史》,王敏若译,珠海出版社,2006年,第20页。
②梁碧莹:《陈兰彬与晚清外交》,广东人民出版社,2011年,第226页。
③詹同济译著:《詹天佑日记书信选集》,珠海出版社,2008年,第120—121页。

1910年，邝荣光以候选道员、直隶矿务议员，授大清一等工科进士。这一年，邝荣光先后在《地学杂志》上发表了三份图件：第一份图件为《直隶地质图》，比例尺约为1∶250万，发表在创刊号上，这是现今所见中国人自制的第一幅地质图；第二份图件为《直隶矿产图》，发表在《地学杂志》第2号上，图中标明了煤、铁、铜、铅、银、金等6种矿产资源在直隶省的分布状况；第三份图件为《直隶石层古迹图》，发表在《地学杂志》第3—4号上，绘有三叶虫、石芦叶、鱼鳞树、凤尾草、蛤、螺、珊瑚和沙谷棕树共8种化石，也是现在所见出自中国人之手的第一幅古生物化石图。邝荣光成为中国地质学与古生物学的重要奠基人。

　　退休后的邝荣光定居天津。1962年，邝荣光在天津辞世，终年99岁。

参考文献：

　　唐绍明：《清华校长唐国安——一位早期留美学生的报国之路》，清华大学出版社，2016年。

　　井振武编著，天津市口述史研究会编：《留美幼童与天津》，天津人民出版社，2016年。

（井振武）

来 会 理

　　来会理(1870—1949),全名大卫·威拉德·里昂(David Willard Lyon),美国人,1870年5月13日生于中国浙江宁波一个基督教长老会的传教士家庭。1880年随父母回美国接受教育。

　　来会理曾就读于美国俄亥俄州的伍斯特学院,1891年获得文学学士学位,1894年获得硕士学位。在学期间,来会理便开始担任学校基督教青年会总干事。1894年至1895年,来会理在美国芝加哥麦考米克神学院学习,并成为一名长老会牧师。

　　1895年,来会理被选为伊利诺伊州学生志愿海外传教运动通讯员。1895年9月1日,来会理受美国基督教青年会和北美协会派遣,偕夫人从美国启程到中国组织开展青年会活动。

　　1895年10月5日,来会理抵达上海,先在南方各省游历、调查,经过反复考虑和比较,最终他决定将天津作为发展青年会的重点地区。

　　来会理在给北美协会总干事莫尔的信中陈述了他选择天津的理由:第一,天津方面更迫切;第二,北洋医学堂、北洋大学堂内有一些基督教学生组成的文学会,学生们都会讲英语,可以在这些学生中做些紧急的工作;第三,天津是中国新式教育的中心,在这些学生中提倡青年会,就是对新中国未来的伟人做些感化工作,其影响最大自可不言而喻;第四,天津为华北布道的推广区域,交通便利。1895年11月11日,来会理夫妇乘船来到天津。

　　1895年12月1日,来会理出席了北洋大学堂校长安德培组织的"勉励会"欢迎会。来会理以国际委员会首任代表身份做了讲演,指出青年会是青年人的团体,其目的是在德、智、体、群四方面援助青年。同年12月8日,来会理又在北洋医学堂作了第二次讲演,并同时成立了天津中华基督教青年会,中文名称为"天津学塾幼徒会"。就在这次会议上,来会理和美国会员们为会议专门表演了篮球游戏,这成为篮球最早传入中国的标志。从此,天津基督教青年会成员便经常进行篮球运动。1895年12月14日,天津基督教青年会出版了第一期会刊,转天又创办查经班,集会后,大家在会所草场围墙后进行"筐球"(篮球)活动,篮球活动从此传入中国。

1895年12月22日,天津基督教青年会选出任职为期一年的工作人员,来会理当选为总干事。

1896年1月11日,天津青年会发布英文布告:"一场篮球赛将于今日下午举行,所有爱好运动的青年,请于四时踊跃参加。"来会理曾在《中国青年会早期史实之回忆》一文中说:"天津青年会会员对篮球亦极感兴趣,故一时有成为群众运动的趋势。但在玩球以前,他们的一番姿态很是可观,他们必须盘好自己的头辫,修短长长的指甲,把不便利的长袍脱去。这样,他们就把书生的尊严放弃,而换成一副高兴活泼的姿态了。"

1896年9月,对20世纪基督教史和中国基督教史产生重大影响的穆德第一次来到中国。来会理利用他在华工作的经历,陪同穆德到各大城市游历了3个月,几乎遍访了中国所有的高等教育机构,使学校青年会从3个激增到22个。由于学校青年会越来越多,各学校青年会迫切需要一个协调、指导的机构。1896年11月,在上海召开了第一次大学青年会的全国大会,成立了第一个全国性组织——"中华基督教学塾青年会",并选举了"总委办"(即后来的董事会),中外委员各半,会长由西牧潘慎文博士担任,来会理担任"书启"(即总干事),总委办的事务所设在上海。

1897年6月6日,天津青年会会所在来会理操办下落成。在天津成立青年会后,来会理前往山东济南开展工作。

1902年5月,基督教青年会在上海举行第四次全国大会,成立了"中朝港基督教青年会总委办",青年会的活动不局限于学生,而是扩大到知识界;范围不局限于中国,还扩大到朝鲜。

1914年,天津青年会位于东马路的会址建成,内设阅览室、会议室、体育馆、礼堂、招待所等,青年会在推广篮球、乒乓球等运动方面做出了开创性的贡献。

1915年,来会理在语言学校中创办了若干刊物,宣传基督教教义。来会理1920年撰写的《中华基督教青年会二十五年小史》,是目前所见最早的青年会历史概述。还著有《青年会对于促进国际友谊之任务》(《青年进步》第91册)、《基督教书报公会》(《中华基督教会年鉴》,1918)、《文字事业》(《中华基督教会年鉴》,1933)等著作。

1901年至1930年,来会理担任中国基督教青年会国家委员会执行委员。此后,来会理一直在东亚地区工作,主要担任约翰·R.默特文学促进基金的监管,直到他1934年退休后返回美国。

1949年3月16日,来会理在美国加州克莱尔市去世,终年79岁。

参考文献:

来会理:《中华基督教青年会二十五年小史》,青年协会书局,1920年。

杨肖彭:《北美协会和天津基督教青年会》,载天津市政协文史委编:《天津文史资料选辑》第21辑,天津人民出版社,1982年。

邢军:《革命之火的洗礼:美国社会福音和中国基督教青年会(1919—1937)》,上海古籍出版社,2006年。

赵晓阳:《基督教青年会在中国:本土和现代的探索》,社会科学文献出版社,2008年。

(齐　珏)

雷 鸣 远

雷鸣远(1877—1940),字振声,外文名 Frederic Lebbe,比利时人,1927 年入中国籍。1877 年 8 月 19 日,生于比利时根特城一个天主教家庭,受洗名 Vincent(旧时中译名味增爵)。1883 年迁居巴黎,就读圣莱翁小学,1886 年返回比利时。1888 年,受到来华传教的法国神父董文学事迹的影响,立志加入遣使会并到中国传教。1889 年入万圣桑中学。1895 年再赴巴黎,加入董神父所属的遣使会。

1900 年庚子事变后,奉派前来中国传教。1901 年,雷鸣远随北京教区主教樊国梁来华,同年 3 月经天津抵北京,10 月晋升司铎。1902 年 1 月,担任京东大口屯(今属天津市宝坻区)总堂区副本堂司铎。1903 年,调任武清县小韩村本堂司铎,主持重建小韩村教堂;后专任皇后店(今属北京市海淀区)等地本堂司铎等。[①]雷鸣远边传教边学习中国文化,能写出漂亮的毛笔行书,并能用汉语和当地人沟通。

1906 年,雷鸣远担任天津总堂区总铎职。其时,法国势力控制下的天主教会不受中国人的欢迎。鉴于此,他提出"中国归中国人,中国人归基督"的口号,积极推动教廷任命中国本籍主教。

1910 年,他在天津参加红十字会,创办共和法政研究所,延请专职教师和社会名流讲授现代政治学、社会学和法学,出版社会学讲义,并亲任法学教授。1911 年,成立天津区传信善会,设立 9 个宣讲所传播教义。1912 年 3 月,雷鸣远在天津创办《广益录》,亲自兼编辑主任,以

---

① 赵博雅:《烽火中的雷鸣远》,自由太平洋文化事业公司,1965 年,第 250—251 页。

灌输新智、昌明道德为目的,传播西方的新式文化。他又将传信善会改名为"公教进行会",并在天津总本堂区普遍推广,动员教徒分担和参与教会工作。7月,雷鸣远担任新成立的天津教区副主教。当时来华的西方传教士,除照例在教堂中宣教外,还常做社会慈善以扩大影响。雷鸣远也循例在望海楼内办起诚正小学、贞淑女学,招收教内外的华人子弟。1913年4月,在广东会馆举行救国讲演会,邀请马相伯、英敛之讲演,他自己也发表了演说,会后讲演稿辑成《救国》小册子出版。同年6月,雷鸣远返回欧洲募捐,筹划在天津创办报纸。1914年2月,他带着6万法郎返回天津,将《广益录》改为《益世主日报》周刊继续出版。10月,全国公教进行会大会在天津召开,雷鸣远被推举为监督。

1915年10月10日,雷鸣远在《益世主日报》基础上,与中国天主教徒刘浚卿、杜竹萱集资,创办了著名的《益世报》。馆址初设南市荣业大街,1917年迁至东门外小洋货街,1924年再迁至意租界小马路。1931年,报馆扩充资本招集股份,改组成股份有限公司性质的企业,雷鸣远出任公司董事长,规定股东限于中国天主教徒,股票转让须经公司同意。

雷鸣远推动天主教中国本土化的努力,引起其他修会的不满和排挤。他对法国传教士的做法极不赞同,不断在公开与非公开场合予以批评。

1915年9月,天津法租界工部局在老西开地区散发传单,强迫当地居民纳税,激起民愤。1916年5月,法国人又在老西开一带修桥铺路,企图长期霸占老西开地区。天津商会副会长卞月庭等组织维持国权国土会,发动天津民众力谋抗争,这就是著名的"老西开事件"。雷鸣远支持天津市民反对扩展法租界的行动,授意《益世报》发表大量声援文章,与支持扩张的天津教区发生矛盾。6月4日,雷鸣远被调往正定。9月,在各方舆论的压力下,天津教区将雷调回,但安置在教区最南端,担任庆云县副本堂。10月1日,他在《益世报》发表公开信,继续反对法国方面的霸权行径,最终他被逐出天津教区。

1917年3月,雷鸣远降职调往浙江省宁波教区。1920年4月,他由传信部特使安排遣归比利时,在中国留法和留比勤工俭学学生中发展教徒,企图阻止共产主义思想在中国留学生中传播。1923年,他在巴黎组织中国公教青年会。其后,雷鸣远向罗马教廷上万言书,最终得以面见教宗,并举荐6位中国教区主教人选。1926年10月28日,首批6位中国主教在罗马由教宗亲手祝圣。

1927年2月,雷鸣远启程返回中国,8月获准加入中国国籍,并在中国主教管理下的河北省安国教区传教。同年冬,他在安国县提议组织耀汉小兄弟会,会址名为真福院。雷鸣远确定该会的三要精神是三个字——全、真、常,即"全牺牲""真爱人""常喜乐"。1928年,他又提议成立德来小姊妹会。1933年,雷鸣远正式脱离遣使会。

1931年九一八事变后,雷鸣远及《益世报》积极支持中国人民武装抗日的主张。《益世报》主笔罗隆基发表了一系列抗日社论。1937年8月,《益世报》经理生宝堂,因宣传抗日被日本特务绑架暗杀。

雷鸣远不仅在舆论上宣传支持抗日,他还亲自奔赴抗日救亡第一线。1933年长城抗战时,年近六旬的雷鸣远,将真福院教友组成救护队并亲任队长,带队到华北各地进行战地救护。抵达遵化时,有人为拍电影纪录片,请他讲几句话,他说:"你们不要看我的鼻子、我的脸是外国的,我的心是中国的。我们抗战要抗到底!"他还为著名的抗日部队第二十九军专门创办了残废军人教养院。1934年举行开幕礼时他致辞说:"我对大家是表同情的,不但我应当服侍你们,凡是中国人都应当服侍你们,因为你们卫国有功。"1936年绥远抗战时,他再次组织救护队奔赴西北前线。

1937年7月7日,七七事变爆发,雷鸣远于20日成立救护队前赴易县。1938年9月,他赴汉口面见蒋介石,并按蒋之意愿,组成中央军事委员会华北战地督导民众服务团并任主任,在太行山、中条山地区救护伤兵,赈济难民,扶助和教育失学儿童。

1940年6月24日,雷鸣远因患黄疸病逝世于重庆歌乐山,终年63岁。

参考文献：

曹立珊:《春风十年——雷鸣远神父逝世五十周年纪念》,台湾天主教耀汉小兄弟会,1990年。

侯杰、刘宇聪:《雷鸣远与清末民初天津社会》,《天主教研究论辑》,2006年第3辑。

（杜　鱼）

黎 元 洪

　　黎元洪(1864—1928),原名秉经,字宋卿,湖北黄陂人。1864年10月19日(清同治三年九月十九日)生于黄陂木兰乡东厂畈。黎元洪祖籍安徽宿松,从祖父起即经商湖北,遂入籍黄陂。1872年,其父黎朝相经人介绍参加直隶练军,后渐升为司书、把总、都司、游击等职。黎元洪14岁时,全家随父迁往天津北塘。这一年黎元洪开始进入私塾读书。因常去父亲所在的兵营,对军事操练表现出了极大兴趣。

　　1883年初,黎元洪在父亲的大力支持下,考入了天津北洋水师学堂管轮科。刚刚入学时,他学习较为吃力,常常挑灯夜读,但因为勤奋,各科成绩均为优秀。1887年,由于黎元洪不仅学习成绩优秀,而且在教练舰上实习成绩亦佳,年终时受到总办周馥、总教习严复的嘉奖。1888年,黎元洪以优异成绩从北洋水师学堂毕业,被派往北洋水师服役。一到北洋水师即获李鸿章的破格提拔,亲赏六品顶戴,并授以把总。1890年黎元洪奉调广东水师,任"广甲"号三管轮,1892年又晋升为二管轮,并被赏五品顶戴。1894年甲午中日海战爆发,黎元洪随舰队北援,所乘的广甲舰被日舰击沉,他在海上漂泊多时,被渔民救起,幸免于难。

　　1896年,黎元洪投奔两江总督张之洞,受到张的赏识和重用。此时的张之洞正在编练新军,他立即委任黎监修南京城外的狮子山、幕府山、钟山等处炮台,并任命他为南京炮台总教习。不久,黎元洪便由千总、守备、都司到副将,得到张之洞的一路提拔。黎元洪对海军较为熟悉,对陆军则不太熟悉,张之洞便派他三次前往日本考察军事。

1900年庚子事变后,北洋新军和南洋新军成为中国最强大的军事力量,北洋新军是袁世凯一手编练出来的,而张之洞的南洋新军则与黎元洪的努力密不可分。1903年,黎元洪晋升为第二十一混成协协统,官居二品。

1906年,清政府在河南举行彰德秋操,黎元洪统领的南洋新军获得好成绩,受到朝廷嘉奖。1909年,黎元洪以军界代表身份参加了"湖北铁路协会",并支持入京请愿,赢得湖北商民的拥护。

1911年10月10日,武昌起义爆发,由于参加起义的多为新军下级军官和士兵,革命领导人多在海外,军士们希望能有一位湖北籍的高级官员领衔通电全国,于是,他们推出了尚在观望犹豫的黎元洪出任中华民国军政府鄂军都督。不久各省相继独立,面对行将就木的清王朝,黎元洪开始心向共和,成为民国的开国元勋。

1912年1月,中华民国临时政府在南京成立,孙中山当选为临时大总统,黎元洪为临时副总统兼鄂督,黄兴为陆军总长。1912年2月,南北议和成功,清帝退位,孙中山遵守承诺,让出大总统位,袁世凯如愿当上了临时大总统,黎元洪仍任副总统兼总参谋长。

袁世凯当选临时大总统后,黎元洪于1912年2月弹压了群英会,8月8日查封了《大江报》并处死主编,8月16日与袁世凯合谋杀害了湖北军政府军务司副司长张振武和湖北将校团团长方维。

1913年7月,孙中山发动了反对袁世凯的二次革命,希望得到黎元洪的支持,而黎元洪此时已完全倒向袁世凯,并对袁电表忠诚。袁世凯镇压了二次革命后,为表示对黎的感谢,下令拨发湖北军饷100万元,并亲笔书写"民国柱石"四字派人送往武昌,还题赠"中华民国副总统府"匾额,挂在湖北都督府门外。

1913年10月10日,袁世凯就任中华民国大总统,黎元洪为副总统。但此时袁已将黎看作心腹之患,12月,袁世凯以"磋商政要"为名,派段祺瑞把黎元洪从武昌接到北京中南海瀛台,并与黎结成儿女姻亲,将其软禁起来,一切都处于袁的监视和控制之下。

　　1914年6月,袁世凯为复辟帝制,推黎元洪做参政院院长。黎元洪深知袁的用心,终于在帝制与共和的问题上与袁世凯分道扬镳,偕夫人迁居到北京的东厂胡同,闭门谢客。1915年底,袁世凯称帝,特封黎元洪为武义亲王。黎元洪以"致生无以对国民,死无以对先烈"为由,拒不受封,并退走袁世凯派人送来的亲王制服和"武义亲王开拆"的信函,从此再不见袁世凯的面。1916年6月袁世凯死后,黎元洪出任大总统,当时的北京政权实际控制在段祺瑞手中,遂演变成"府院之争"。在各派军阀混战中,1917年6月,张勋复辟,黎元洪被迫辞职,寓居天津约5年时间。1922年直系军阀曹锟、吴佩孚赶走皖系支持的总统徐世昌,黎元洪再次被请出复任大总统。1923年曹锟为了当上总统,逼黎下野,6月黎辞职赴津。1923年11月,黎元洪东渡日本,半年后再次回到天津,从此安心实业,不问政治。

　　当年张之洞任鄂督期间,湖北正兴起洋务运动,最有名的洋务企业就是汉阳铁厂、汉阳兵工厂、"纱、布、丝、麻"四局,黎元洪就是这二厂四局的"兼理",负责生产经营工作,这是他从事实业的开始。1913年黎元洪被袁世凯幽禁在中南海瀛台后,他正式将注意力转向实业投资,与人合伙办起了中兴煤矿公司。1917年第一次从大总统位上辞职后寓居天津期间,黎元洪的实业投资获得极大成功,他热情捐资社会。1923年他再度辞去大总统,后又回到天津,重新开始他的实业投资活动。

　　黎元洪的投资主要分为两个部分。首先是在房地产方面。从清朝末年到民国初年,黎元洪先后在湖北、河北、天津等地购买了大量土地、房屋,一部分用于自家居住,大部分用于出租。据天津市历史博物馆所藏有关黎元洪的田产房契、各种账目,以及收租记录、报表等大量资料统计,黎元洪在武昌城、武昌农村、河北丰润县、北京王府井大街东厂胡同等地购买了大量土地、房屋,在天津英租界、德租界威廉街建有房屋、戏楼、花园等。黎元洪所购土地共5000多亩,房屋581间。其次,黎元洪在金融实业方面也做了巨额投资。从1918年开始,他的土地收入不再用来购置田地,而是转向金融、实业投资。他先后投资银行、厂矿等企业70多个,投资总额达300万元。银行方面,投资有20多家,如在中国银行投资约32万元,在中国实业银行投资55万元;煤矿投资8个,其中投资最多受益也最多的是中兴煤矿,投资达54万元。黎元洪还投资了6家纺织厂、5家面粉厂和食品厂。他在证券和保险业也有不少投资。黎元洪本人还出任黄陂商业银行、中兴银行、中美实业等公司的董事长。

黎元洪热心公益,对文化教育事业多有捐助。黎元洪于1914年捐款2000元中国银行股票,在天津北塘办起一所小学,名为"北塘贫民小学";1919年向天津南开学校捐款"七长公债"1万元,支持南开学校发展,同年9月25日,黎元洪亲自参加南开大学的开学典礼,并与师生合影,以示祝贺。1920年黄陂知名人士胡康民创办前川中学,黎元洪闻讯捐款3000元,为前川中学的发展奠定了基础。辛亥革命后,黎元洪筹资10万元,准备在武昌建江汉大学,后因政事不断,无暇顾及。后黎元洪之子用这笔巨资在武汉大学建造了一座体育馆,名为"宋卿体育馆",以表示对其父未酬之志的纪念。中国地质调查所在北京兵马司9号筹建地质陈列馆,资金困难,黎元洪为此捐款1000元大洋。为了纪念再造共和的蔡锷将军,黎元洪捐资兴建了"松坡图书馆"和"蔡将军公祠"。

黎元洪晚年患有高血压和糖尿病。1928年6月3日,黎元洪因突发脑溢血在天津逝世,终年64岁。

参考文献:

杨大辛等:《北洋政府总统与总理》,南开大学出版社,1989年。

程国安:《黎元洪传》,崇文书局,2009年。

潘荣:《柔暗总统——黎元洪》,吉林文史出版社,1995年。

杨雪舞:《民国总统档案》,人民日报出版社,2011年。

周俊旗主编:《建筑 名人 城市》,天津社会科学院出版社,2012年。

（孙书祥）

李 爱 锐

    李爱锐(1902—1945),全名埃里克·亨利·利迪尔(Eric Henry Lid-dell)。其姓名有多种音译,如伊利克·亨利·里达尔、烈杰尔、利德尔、李杜、李岱尔等。1902年1月16日出生于天津的基督教伦敦会医院,父母均为苏格兰人。父亲詹姆斯·利迪尔是英国伦敦会差派到中国的传教士。在三男一女兄弟姐妹中,他排行第二。其幼年成长在天津,1907年随父母回国,后来进入苏格兰史达灵郡伦敦小学读书。

    1921年,李爱锐入读爱丁堡大学。在这里,他的体育天赋得以充分发挥。他是学校出色的橄榄球运动员,加入了苏格兰代表队。当时,英国著名教练汤姆·麦格·查在橄榄球场上发现了他,便让他改行专攻田径。此后,李爱锐在体育界名声渐大。1923年,他在英格兰赢得400米冠军。随后,他在英国田径队接受训练,为参加1924年在巴黎举行的第八届奥林匹克运动会做精心准备。

    1924年,按照奥运会田径比赛的赛程安排,100米预赛排在7月初的一个星期日举行。这与李爱锐的宗教活动习惯发生矛盾。在队友的帮助下,他改报其他项目。在7月9日举行的200米决赛中,他以21秒9的成绩获得一枚铜牌,但是国内都不满意,纷纷抱怨他改项。7月11日,在400米决赛中,他以47秒6的成绩夺冠,并打破了奥运会纪录和世界纪录。直到第十届奥运会,该项纪录才由美国选手威·卡尔以46秒2的成绩打破。他的队友费奇在奥运日志中写下了对李爱锐的称赞:"虽然他的长项是100米比赛,他却使顶尖的世界级400米选手疲惫不堪;虽然他体型矮小,却快步如飞,足以打败高瘦的竞争者。他跑步时身体后仰、下巴朝天,这样的姿势按我们的标准完全错误,但他却以胆量和耐力赢得比赛。而且最不简单的是,他必须安排好自己全程的速度,稍一犹豫就会导致失败。"①

　　回国后,李爱锐作为奥运英雄受到举国欢迎。他从爱丁堡大学化学系毕业后,英国各界争相聘用他,但都被其婉拒。当年的《格拉斯哥先驱报》发表过一篇题为《埃里克——苏格兰奥运英雄》的文章,其中记述道:"李爱锐在田径赛场上的生涯可能将近尾声,但他会全心致力于在年轻人当中传扬基督教,以及开展门徒训练事工。这一伟大工作才正要开始,其效果可能影响深远,硕果累累。摆在埃里克面前的目标是去中国宣教。"②此时,在天津有关他的消息也不胫而走。住在天津的英国人雷穆森在1925年出版的《天津插图本史纲》中就曾说道:"一位天津出生的运动员李爱锐(Eric Liddell)先生的田径运动纪录已经举世闻名。他本年内可望回到天津担任教会工作。"③

　　1925年夏,李爱锐回到天津,进入英国伦敦会创办的教会学校——天津新学书院④任教。该校对教师有一套严格的任用标准。他经过考试,并写下一份决心书,才被校方录用。他在决心书上这样写道:"来自中国的召唤是如此的热切,我已经做了我终身的决定。我不图荣华富贵,我就是想帮助贫穷落后的中国人。"⑤他到较为贫困的山东省山村实习后,通过答辩,又到北京燕京大学学习一年中文,才登上新学书院的讲台。

----

①②[美]大卫·麦卡斯蓝(David C. Mclasland):《直奔金牌》,苏心美译,世界知识出版社,2008年,第96、99页。

③[英]雷穆森(O.D.Rasmussen):《天津租界史(插图本)》,许逸凡、赵地译,刘海岩校订,天津人民出版社,2009年,第281页。

④1929年新学书院改为新学中学,新中国成立后更名为第十七中学,2009年并入第二十一中学。

⑤于文级:《李爱锐传略:献身中国的奥运冠军、教育家》,天津社会科学院出版社,2009年,第70页。

他从不扮演权威刻板的老师角色，学生总是围在他身边嬉笑，他还常带学生到他家里或者家门前的网球场玩。在天津任教期间，他总是诚心诚意地帮助别人，称得上是教师中的楷模。李爱锐当时是高中班理工科的主要教师之一，一些学生经他推荐，被送往英国伦敦大学学习。

其学生郑汉钧回忆道："Liddell（李爱锐）是一位出色的化学老师，对学生以身作则，以自己的爱心和耐心关爱青少年的成长。班里哪怕有一个学生不能听懂他所讲的课程，他都会再讲一遍。一次，有个学生上学时自行车坏了，晚到了几分钟，Liddell 老师毫不犹豫地将几分钟前所讲的知识又重复地讲了一遍。"①

其学生于文级曾回忆道，（李爱锐）有个习惯就是下课后他先让大部分学生走，而他在教室里找个座位坐下来，对在课堂上没有听懂的学生进行个别帮助，有时也愿意听听学生们对他讲课的意见，以便改进。他对自己的教学非常负责任，常常采纳学生的意见和满足学生的要求。新学书院是一所以英语教学为主的教会学校，然而李爱锐和另一位老师卢克逊曾试用华语教学，但因效果不佳而作罢。

李爱锐任教体育后，注重体育教学，校方的体育活动及教学安排也都是由他倡导的，他要求学生体学并进，不但学习好，身体也要强健。

作为一名教师，李爱锐谦虚、平和、耐心。他的讲课生动风趣，学生们常被逗乐，师生关系非常融洽，因此，他讲的课总是备受欢迎。

他开始在天津执教时，年仅 23 岁，正处在运动巅峰时期。1928年，他在大连举行的一次国际运动会上轻取 200 米和 400 米冠军。1929年，天津英租界当局在民园体育场举办万国田径赛，李爱锐击败500 米世界纪录保持者、德国运动员奥拓·费尔莎，夺得金牌，这是他人

---

①郑汉钧：《感恩人生——郑汉钧传记》，中国铁道出版社，2010年，第54页。

生中获得的最后一块金牌。1991年6月,他的三个女儿把这块金牌及另一枚银盾,赠送给其父曾经任教过的学校——这时的天津十七中学,作为永久纪念。

1925年,天津英租界工部局在改建民园体育场的过程中,还专门约请李爱锐对工程提出改进建议。他根据世界田径赛场的标准及自己参加比赛的经验,提出许多宝贵意见,如跑道的结构、灯光设备、看台层次,等等。

1929年,李爱锐的父亲从宣教工作岗位退休,除李爱锐本人继续留在天津外,全家迁回苏格兰。1934年3月27日,李爱锐在英租界戈登道合众教堂,与加拿大籍女护士弗劳伦丝·麦肯齐结婚。麦肯齐比他小10岁,是加拿大宣教士夫妇的女儿。婚后,他们的大女儿帕特丽夏、二女儿希兹相继于1935年和1937年出生。尽管此间李爱锐曾到河北省中南部宣教,但是他们珍视家庭亲情,在天津度过了一段幸福的时光。

全民族抗战爆发后,李爱锐以教徒身份在河北省中南部一处耶稣布道所参加敌后抗日、救治伤兵和救济难民的活动。1939年他去加拿大探亲,旋即回苏格兰报名参加战斗机飞行队抗击纳粹,在未能如愿后他毅然返津。

由于在津英国人随时有可能被日军拘留,1941年5月,他便让家属返回加拿大避难。当时,他的妻子怀有身孕,后在加拿大生下了他们的第三个女儿慕莲。滞留在天津的李爱锐与家人失去了联系,直到去世,他也没有能够见到最后出生的女儿。

1941年12月太平洋战争爆发后,天津租界的形势日趋紧张,英国侨民被限制不准离开租界。1943年3月,日军决定把在天津的20多名敌对国的侨民,分批囚禁到设在山东省潍县的一个集中营里作为人质。在历时三年的囚牢生活中,李爱锐幽默乐观。他是营区里康乐小组的主席,为所有的青年人安排各种活动,他以热爱生命的热情和活力,帮助大家度过了那段苦难的日子。

李爱锐在日本集中营的最后日子里,写过一首诗,表达了他对人生的感慨:"每个人从出生到死亡,虽然都像是站在同一条跑道上,但每个人所做的事又是不同的,因此,生命的意义也便有所不同。"①

集中营里的生活和医疗条件极为恶劣,李爱锐因患脑瘤于1945年2月21日病逝,时年43岁。

参考文献:

[英]约翰·W.凯迪(John.W.Keddie):《奔跑人生:埃里克·利迪尔——生于中国、献身中国的英国奥运冠军》,况志琼译,华夏出版社,2008年。

王卫东:《埃里克·利迪尔与潍坊》,潍坊市政协文史委编:《潍坊文史资料选辑》第8辑,1992年内部印行。

于文级:《李爱锐传略:献身中国的奥运冠军、教育家》,天津社会科学院出版社,2009年。

周利成、王勇则编著:《外国人在旧天津》,天津人民出版社,2007年。

(方　博)

---

①于文级:《李爱锐传略:献身中国的奥运冠军、教育家》,天津社会科学院出版社,2009年,第114页。

李 邦 翰

李邦翰(1895—1986),字蕃候,天津人,出身于官宦之家。其父李廷玉曾任九江镇守使、赣南镇守使,一度代理江西省省长。

李邦翰自幼生长在家教严格、富有文化氛围的家庭里。1915年从天津德华中学毕业,留学德国,毕业于德国法兰克福大学经济科,获社会经济学博士学位。1918年欧战结束后回国,曾在上海同济大学教书。

1925年,直隶省立法政专门学校校长刘同彬、商科主任刘隽选聘请李邦翰到法政学校任教。1928年,天津特别市市长崔廷献组织临时市政委员会,他被邀为委员。同年,河北省立第一中学校长马千里约请李邦翰到校任教务主任,后任学校秘书。李邦翰到任后,协助马千里改革教育,修改了《学校章程议事细则》《学业考查规则》《操行考查规则》,加强教师阵容,整顿教学秩序,解聘了不称职的教员,聘请了一批德才兼备的好教 师,使学校面貌为之一新。李邦翰协助马千里整顿学校校容校貌,加强对学生进行品德、文明礼貌等教育,学生精神面貌大有变化。

1930年3月,河北省教育厅厅长沈尹默委任李邦翰为省一中校长。李邦翰继马千里之后对学校进行扩建,1933年7月全部落成。此时全校共有教室22间,建有特别室、化学仪器室、化学实验室、物理仪器室、物理实验室、生物标本室及实验室。到1936年,该校图书馆图书增至25000册,理化仪器扩充到2000余件,特别是生物标本扩充到1416件,尤其是古生物标本、食虫植物标本、深海鱼类标本等都是当时国内的珍品。

1932年,该校班级数目增至22个班,其中,高中7个班、初中15个班,学生达千人以上,教职员计60余人。

李邦翰在省一中任职期间,注重对学生进行抗日救国教育,并加强对学生进行军事训练。1931年九一八事变后,他参与组织天津各学校救国联合会,在礼堂发表抗日救国的讲话,全校师生填写了救国志愿书。是年10月,李邦翰印发《日对满蒙阴谋》传单发与学生,并公布《中央告全国学生书》,允许辽宁学生25人来校借读。1932年3月,全校师生捐助在上海英勇抗击日本侵略军的第十九路军慰劳金共两万多元。

1934年,李邦翰主持修订了《学生操行成绩考查规则》《学生学业成绩考查规则》《学生体育成绩考查规则》,以德、智、体三方面来考察学生。在教学方面,李邦翰强调文科应注重基础教学,注重作业练习;理科应注重实验、解题规律,培养学生的自学能力。从1932年起,李邦翰为了让学生接触社会,使课本知识与社会实践相结合,在高中文科增设社会观察课,在高三商科组织社会视察团,先后参观了大公报馆、庸报馆、恒源纺纱厂、高等法院、模范第三监狱等,写了很多调查报告,提高了学生服务社会的能力。李邦翰大力倡导学生开展各种课外活动,培养学生自治能力。

1935年年初,郑道儒出任河北省教育厅厅长,聘请李邦翰任第一科(高教)科长。同年10月,李邦翰被天津市教育局委任为天津市立师范学校校长。1936年3月,他主持调整行政组织系统,在课下设股,在教务课分设课务股、注册股、体育股、图书股(附图书馆),训育课分设课务股、辅导股、卫生股(附校医室),事务课分设文书股、会计股、庶务股,学校工作分工明确,各尽其责,有条不紊。同年9月,他主持修订《天津市立师范学校章程》,内容包括学生学习成绩、操作成绩、体育成绩考察规则,以及《教员服务规则》《职员服务规则》《社会视察规则》

等,使学校各项工作有章可循。李邦翰对学生社会视察活动十分重视,将社会视察列为普通课程。他认为作为未来的小学教师,应该更多地接触社会、了解社会。

李邦翰非常注重对学生进行热爱师范专业的教育。1936年10月1日,天津市立师范学校庆祝建校6周年,他在致辞中阐明了以热爱小学教育为核心的"市师精神"。他强调师范生应能写会画善唱,他非常支持学生开展丰富多彩的普及性的课外活动。当时学校有学生自治会、军乐团、中乐团、戏剧研究会、歌咏团、国画研究会、文艺研究会、出版委员会,还组织体育会、篮球队等。在李邦翰校长的支持下,1935年,学校"孤松"剧团第一个将曹禺的《雷雨》搬上舞台,1936年在中国大戏院公演《哑妻》,受到社会各界好评。

在1936年9月21日的周会上,他向学生述说了本届九一八纪念日的感想,以"敏事""慎重"四字勉励全校师生。在1936年11月9日的周会上,他就鲁迅死后之哀悼及其遗嘱发表感想,特别用其遗嘱第五项"子孙长大,倘无才能,可寻点小事情过活,万不能做空头文学家或美术家"来教诲学生。在1936年11月16日的周会上,他分析了绥东战事,号召师生捐款慰劳绥东前线战士,全校总共捐洋310余元交大公报馆汇寄前方。学校还派代表参加1936年绥远阵亡军民追悼会,送挽联,其词曰:"一堂俎豆英雄泪,万里关山铁血香。"以志哀悼。李邦翰也非常注重学生品德修养的培养,他说青年修养应从"爱""敬"人手,学校教育训练青年应在"爱"与"敬"上下功夫。

1937年七七事变后,天津沦陷,天津市立师范学校暂时被迫停办。李邦翰即居家不出,靠变卖家产度日,不为日伪政权工作。1948年,他应天津市立师范学校校长邓庆澜之约,出任该校教务主任。在解放前夕,他与校长邓庆澜、训育主任刘伯高等一起参加护校工作,使学校财产未受损失。

新中国成立后,陈力任天津市立师范学校第一任校长,李邦翰被提升为副校长。1953年,他调往天津师范学院任图书馆馆长,从事德文译述。李邦翰退休后,在家中从事德文译述,与人合译《黑格尔哲学》。

1986年,李邦翰在天津病逝,终年91岁。

参考文献:

《河北省立天津中学校纪念刊》,1932年,天津博物馆藏。

张绍祖编著:《津门校史百汇》,天津人民出版社,1994年。

天津市第三中学校史资料编辑委员会编著:《官立中学堂——天津市第三中学校史》,2001年内部印行。

（张绍祖）

李 彩 轩

李彩轩（1893—1936），名书瑞，字彩轩，以字行，天津人。1893年生于天津梁家嘴村。父亲李春华是天津永盛竹号创始人。

李彩轩自幼聪敏过人，幼时在本村放生院小学就读，1906年毕业，各科成绩优异，随后进入天津新学书院读中学。该学校的许多教师为美国人，使得李彩轩的英文水平提高很快。李彩轩在学校接受了资产阶级民主思想的影响，在学校中带头剪掉辫子，倡建"天足会"。他还经常在学校通过组织学生罢课争取权益。

在新学书院毕业后，李彩轩曾在美孚油行为美国老板做翻译，不久辞职，进入日本早稻田大学攻读工科。李彩轩在日本攻读之余，曾以社会调查、参观访问、勤工俭学等名义深入东京一些织席、磁瓦和牙签等中小型工厂、厂家学习。在参观调查时，他随时随地搜集资料，不论是工艺流程、机器机床、原料配方还是工厂管理等方面，他都写成笔记，绘成草图。1915年，因为夫人患病，李彩轩辍学从日本归国。1917年，李彩轩看到华北城乡夏季所用凉席，大都是来自日本的机制薄席，而这些凉席的原料均取自中国。为了开办凉席厂，解决织席工艺的关键技术难题，李彩轩瞒着父兄家人，在浙江宁波码头假扮装卸工，搭乘为织席厂家供应席草原料的轮船再次东渡日本，并乘机进入织席厂充当工人数月，偷学得织席要领。

1917年，永丰机器凉席厂成立（亦称永丰凉席厂或永丰工厂）。在父亲李春华的支持下，永丰工厂注册资金2000元，全部由永盛竹号拨给。李彩轩利用在西站西购置的四五亩乱葬岗，逐步垫平修建厂房。

工厂所用织机及印花机全部由李彩轩亲自擘划设计。他先购进一台日本织机，但试用之后发现这种织机并不理想。于是他以日本机器为参考，对中国农村使用的土布织机进行改造。经过反复研究试验，终于研制出一种以木料为主体，能兼织席身和锁边的半手工操作的新式织机。这种机器符合当时电能短缺、劳工价廉和本身资金不足等客观条件。李彩轩最初试制成功两台机器，在产品质量合格、投放市场适销对路之后，立即仿制数十台，最后发展到近百台，进行大批量生产。选草、轧草、织造、结穗、修剪以及印花、蒸汽等各项工艺，也相应地加以改善，使永丰工厂产品的产量、质量大为提高。

工厂的产品有花素单人、双人凉席，枕席，桌、椅席等。据1931年《天津特别市国货一览》的记载，永丰工厂凉席的等级为一等，年产量为80万条，产量、质量均居全市6家凉席厂之冠。永丰工厂开业仅一两年，即以物美价廉赢得了很高声誉，产品供不应求。1920年，该厂经营达到了高峰，一年获纯利8万元。而日本凉席则几乎绝迹于当时市场。

李彩轩参照日本、德国管理方法进行工厂管理。男工全部住在单身宿舍，起居作息严格管理。女工劳动时间较男工少，下工提前。永丰工厂的工资相对优厚。膳食全由厂内供给，每周有一次"犒劳"，工作服厂内统一配发，年节另有馈赠或发"双月"。职工生病由厂医负责治疗。职工家属有婚丧大事，给予特殊补助。李彩轩也非常注重工人的文化生活，他定期向全厂工人进行"经理训话"，讲课的内容很广泛，业务知识、道德教育、厂规纪律、政治时事等，无所不包。

严范孙、林墨青在永丰工厂参观后，曾撰文将该厂事迹刊载于《天津社会教育星期刊》上。

1920年，李彩轩开始筹办模宏磁瓦厂，厂址先设在南开宁家大桥，不久迁往西站西的邵公庄，于1922年正式开业。该厂产品有磁瓦、洋灰砖、琉璃瓦、马赛克，其中工艺难度最大的是磁瓦。李彩轩参考了国内外许多制造陶瓷的技艺,多次到景德镇实地考察。工厂每年可产磁瓦100万块,洋灰砖50万块,由于全部石料及用煤来自冀东山区,全部釉彩购自西欧各国,成本昂贵。当时,工厂不掌握核心技术,生产出的磁瓦质量不高,无法与日本产品竞争。为了提高磁瓦质量,李彩轩潜心研究,不惜一切代价进行试验,历时八九年,经过6次失败后,终于在1931年6月取得成功。在凉席、磁瓦等产品定型之后,李彩轩立即着手研究牙签生产。最初购到一台日本牙签机器进行试验,成功之后于1935年正式投产,厂名为瑞生牙签厂。

李彩轩积极参加各种爱国活动。1927年,天津市各界为要求收回旅顺、大连,发动了大规模的反日示威游行。李彩轩领导永丰工厂全体工人上街参加游行示威。他首先请工厂印花车间工人刻制漏板,又令织席车间工人特织窄长形纛旗式凉席,然后印制成"凉席标语牌"。标语词句为"打倒日本帝国主义""取消二十一条""援约收回旅大,否认二十一条""力争旅顺大连,取消二十一条""还我境域""提倡国货,抵制日货"等等。署名则为"永丰机织凉席工厂"。另外还有许多幅纛旗式凉席印有彩色"醒狮"图案。标语牌准备齐全后,他指挥队伍在运动场内练习队形及呼口号,然后亲自带队上街。当时观者如堵,报社记者纷纷拍照,登诸报端。

李彩轩最崇拜的两位政治人物是孙中山和冯玉祥。1924年孙中山来津,天津市各界召开欢迎会,工商界代表为宋则久及李彩轩等人。李彩轩特别重视教育,他鼓励、帮助自己及亲属家中子弟努力攻读,还多次向社会捐资兴学。为了纪念父亲对他的培养和对他事业的支持,李彩轩以春华公的名义两次向其母校——市立十九小学(原放生院小学)捐建教室3座,并建操场围墙。他还以春华公的名义,将模宏磁瓦厂附近空地上兴建的多座教室,捐献给邵公庄村作为小学,其即后来的市立第三十七小学。

1936年8月,李彩轩病逝于天津,时年43岁。

参考文献:

李世瑜:《李彩轩先生传略》,载李世瑜:《社会历史学文集》,天津古籍出版社,2007年。

天津日报报业集团编,张建星主编:《城市细节与言行:天津600年》卷5,天津古籍出版社,2004年。

（高　鹏）

李　纯

　　李纯(1875—1920),字秀山,天津人,1875年9月14日(清光绪元年八月十五日)生于一个小商贩家庭,祖父李明、父亲李荣平都以卖鱼谋生。李纯幼年过继给大伯李荣庆为嗣。

　　1887年,李纯随嗣父到北塘投靠亲戚谭清远,以经营小杂货铺维持生计。1889年,谭清远为生计所迫投聂士成军,先后任领官、管带,李纯因谭清远的关系入营当差,旋任哨官。1891年,李纯经谭清远保送入天津武备学堂第二期学习,1895年毕业,以精于德国操法而留堂任靠班(班长),并协助教练军操。1895年,袁世凯在小站操练新军,李纯随之前往任教练。1896年1月任新建陆军督队稽查先锋官。1902年5月,袁世凯奏请军政司在保定编练常备军,李纯任教练处(总办冯国璋)提调。1903年初,李纯升任京旗常备军(铁良任翼长)骑兵营管带。同年5月,北洋新建陆军第一镇(统制官王英楷)成立,李纯任该镇骑兵营管带。1905年9月,新军河间秋操,李纯负责唱操,声震全场,为袁世凯称赏,随即升任第一镇第二协(统领何宗莲)第三标统带,驻军北苑,成为袁世凯的亲信。1907年7月,李纯经铁良保荐由参将升为副将,调任北洋陆军第六镇第十一协统领,并兼第六镇随营学堂监督,驻军保定。1911年4月,清廷赏给李纯陆军协都统衔。

　　1911年10月武昌起义爆发后,李纯所部改编为第二十一混成协,编入荫昌指挥的第一军,奉命南下镇压革命,不久由冯国璋改任第一军总统官。10月27日,冯国璋指挥清军猛攻汉口,李纯自孝感绕道蔡甸偷袭革命军侧翼,夺得战略要地龟山。11月6日,李纯署陆军第六镇统制官,并被授陆军副都统衔。11月13日,清军派甲乙二支队逼攻汉阳,李纯率甲支队由孝感水陆并进,27日攻占汉阳,威胁革命军。12月6日,李纯实任第六镇统制官。

1912年民国建立,9月19日,李纯被北洋政府授为陆军中将,改任中央陆军第六师师长,驻河南信阳,兼豫南剿匪总司令。1913年4月4日,袁世凯令李纯部听候黎元洪节制调遣。5月4日,李纯部自保定南下进驻湖北,配合黎元洪监视南方革命党人,做好内战准备。5月13日,北洋政府给李纯加陆军上将衔。6月,袁世凯接连免除江西李烈钧、广东胡汉民、安徽柏文蔚的都督职,令李纯特别关注江西方面国民党人动向。7月6日,李纯率第六师进入九江。二次革命爆发后,袁世凯立即任命李纯署理九江镇守使,一路攻城破地,占领南昌。8月4日,李纯升任江西护军使。27日,兼任江西民政长。9月29日北洋政府令李纯署理江西都督兼民政长,李纯采取严厉政策打击国民党,取缔国民党各级组织,解散省议会,逮捕议员,严禁群众集会,查封报馆,南昌出现"逐日刑人"①的恐怖局面。

1914年6月30日,袁世凯授李纯为将军府"昌武将军",督理江西军务。1915年8月,北京成立"筹安会",袁世凯称帝之心渐露,李纯积极附和。9月,李纯由江西进京,追随段芝贵等人向袁密呈劝进电,袁世凯正式下令改变国体,册封李纯为一等侯。

1916年1月,全国掀起反袁世凯称帝的浪潮,李纯电请袁世凯早登帝位。2月,李纯率第六师赴湘镇压蔡锷的护国军,结果大败,便又转而附和反对帝制。3月20日,冯国璋和江西将军李纯、浙江将军朱瑞、山东将军靳云鹏、湖南将军汤芗铭,联名发出要求袁世凯取消帝制、惩办祸首的电报。22日,袁世凯宣布取消帝制。6月6日,袁世凯死去,黎元洪任命李纯为江西督军,兼浦口商务督办。

---

①唐仕春:《北洋时期的基层司法》,社会科学文献出版社,2014年,第109页。

1917年5月23日,府院之争空前激烈之时,时任江西督军李纯自天津入京调停时局,无功离京南返。8月1日,副总统兼江苏督军冯国璋进京任代理大总统,特任李纯为江苏督军,其成为冯国璋直系的嫡系势力。9月,护法战争开始,李纯对皖系段祺瑞借日款、购军械、准备发动内战的行为多次表示反对。10月20日,李纯、王占元、陈光远联名提出解决南北问题意见,停止湖南战争,撤回傅良佐,改善内阁,整理倪嗣冲部。10月下旬,段祺瑞决定派兵进入湖南,李纯和王占元、陈光远联合提出"停止征湘、改组内阁"①等主张,向段祺瑞施加强大压力。

1918年1月4日,李纯、王占元、陈光远通电主张解散临时参议院。徐树铮拉拢直系曹锟和奉系张作霖准备出兵,并力主政府罢免李纯,再起用段祺瑞内阁,主战派大占上风。10月23日,李纯致电广东军政府岑春煊,又主南北言和,北京同意南北各派代表在南京举行善后会议(此系北方督军之主张)。因江苏督军李纯调停,北洋政府定南北和会名为"和平善后会议",南方政府表示同意。

1919年2月6日,李纯致电南北政府,提出五条主张:福建、陕西及鄂西实行停战,陕鄂军停止前进及增援,南北代表派员监视;划分防区等等。2月20日,南北和平会议在上海开幕,李纯居中调停功不可没,但因陕西靖国军和北洋军战事不停,和平会议中止。3月30日,陕西战事停止。4月1日,李纯、王占元、陈光远、吴佩孚联名电请重开南北和议,李纯主张由旧国会完成宪法,追认徐世昌为总统,新旧国会均解散,另行选举,但遭到安福系反对。

1920年6月,吴佩孚北返至河南,直皖之战已不可避免,徐世昌电召张作霖及曹锟、李纯同来北京,调停直皖之争,曹锟、李纯拒绝。

---

① 张建宇:《1919年南北和会前后的李纯和陆荣廷》,《中山大学研究生学刊》,2015年第4期。

1920年7月14日,直皖战争爆发。17日,李纯通电讨伐安福系,不数日皖系彻底失败。1920年9月16日,北京政府任命李纯为江苏督军兼长江巡阅使。

1920年10月2日,北京政府令长江巡阅使裁改为苏皖赣巡阅使,特任李纯为巡阅使。

李纯在任期间横征暴敛,积累了巨额财富,他在津京两地广置房地产,是当时天津最大的房产主之一。同时他还投资于金融和工商实业。他热心教育,曾在天津的河北、河东捐建了三所秀山小学,日常开销也全部由他负担。同时应教育家严修、张伯苓之请,捐助南开学校50万元,在八里台南开大学修建了秀山堂。

此间,江苏各界发动反对财政厅厅长文和(李纯干儿子)贪污的风潮,报纸连篇累牍影射他任用非人、遗祸全省,李纯逐渐悲观绝望。[①]1920年10月11日夜,李纯突然死于督军署内,时年46岁。

李纯留下遗嘱,其1/4财产捐给南开大学,1/4财产捐作赈济直隶水灾之用。

参考文献:

陶菊隐:《北洋军阀统治时期史话》,生活·读书·新知三联书店,1978年。

刘长林、杜勇:《仪式表演与权力博弈——以北洋军阀李纯葬礼为中心的探讨》,《理论学刊》,2009年第5期。

李新总主编:《中华民国史·人物卷》,中华书局,2011年。

(王　进)

---

①李娟婷:《商会与商业行政——北洋政府时期的政商关系(1912—1927)》,经济管理出版社,2015年,第100页。

李 大 钊

李大钊（1889—1927），字守常，笔名明明、冥冥等，河北乐亭人，生于1889年10月29日（清光绪十五年十月初六日）。李大钊幼年在私塾读书，1905年考入永平府中学，1907年考入天津北洋法政专门学校。在北洋法政专门学校学习期间，他广泛学习中国传统文化与西方文化，确立了终生研究"政理"和社会政治学说的方向。经过这个阶段的系统学习，他"随着政治知识之日进，而再造中国的志趣日益腾高"①。在学期间，李大钊担任北洋法政学会编辑部部长，编辑《言治》杂志。

1905年7月，清王朝迫于形势，决定派五大臣赴欧美各国考察政治。1906年，清政府宣布"预备仿行宪政"。从1910年1月起，资产阶级立宪派发起了四次旨在速开国会的请愿运动。北洋法政专门学校学生勇敢地响应这场运动，李大钊不仅参加了这次运动，还被选举为该校五代表之一，参加天津各校学生在法政专门学校召开的会议，议定办法，推选代表，吁请速开民选的国会。国会请愿运动失败后，李大钊转而同情支持革命。1912年冬，李大钊加入中国社会党。1913年2月，中国社会党天津支部成立。社会党的宗旨是：在不妨害国家存在的范围内，鼓吹纯粹的共产社会主义，以谋生产制度之改革，促共和政治之进行。②成立大会推举李大钊担任天津支部干事。他以编译书刊

---

① 李大钊：《狱中自述》，载中国李大钊研究会编著：《李大钊全集》第5卷，人民出版社，2013年，第235页。
② 中共天津市委党史资料征集委员会编：《战斗在天津的共产党人》，天津人民出版社，1991年，第4页。

为武器,为实现民主共和大声疾呼,为反对帝国主义侵略,及时地进行针锋相对的斗争。他主持编译了《〈支那分割之运命〉驳议》和《蒙古及蒙古人》两本书,还在《言治》上发表论著、杂文、诗歌35篇。

1913年冬,李大钊从北洋法政专门学校毕业后东渡日本,入东京早稻田大学政治本科学习。1914年5月,章士钊在日本东京创办《甲寅》杂志,致力于探讨"政治根本之精神",系统宣传天赋人权的思想,在理论上深入批判专制主义思潮。8月,《甲寅》杂志同时刊登李大钊的《风俗》和《物价与货币购买力》两篇文章。9月,天津《大公报》转载了《风俗》。李大钊在日本组织神州学会,进行反对袁世凯的活动。1915年1月,日本向袁世凯提出签订"二十一条"的要求,李大钊被推举为留日学生总会干事,积极参加留日学生的抗议斗争。1915年2月,中华留日学生总会重新建立,由评议部和干事长推荐,李大钊被聘为文事委员会委员,并当选为编辑部主任,主编总会刊物《民彝》。他撰写文章《警告全国父老书》《国民之薪胆》,揭露日本侵略中国的罪行。

1916年5月李大钊回国后,应进步党汤化龙之邀创办《晨钟报》,与几位友人创办《宪法公言》报,受聘章士钊主编的《甲寅》日刊做编辑工作,撰写了《辟伪调和》《暴力与政治》等具有一定思想深度的理论文章,积极支持孙中山的护法斗争。

1918年1月,李大钊任北京大学图书馆主任,他将原来的北京大学藏书楼建成现代化的图书馆,为北京大学学术研究发展创造了基础条件。他加入《新青年》编辑部,与陈独秀等创办《每周评论》,主编和革新《晨报·副刊》,任《少年中国》月刊编辑主任。

俄国十月革命的胜利极大地鼓舞和启发了李大钊。这时的北京大学是新文化运动的中心,《新青年》已成为新文化运动的旗帜。1918年7月1日,李大钊在《新青年》杂志发表《法俄革命之比较观》。他以深邃的历史眼光,认定俄国十月革命代表着世界新潮流,指出中国人的正确态度应是"翘首以欢迎"。这篇文章标志着李大钊从革命民主主义向马克思主义的转变。1918年11月,李大钊发表《庶民的胜利》和《布尔什维主义的胜利》,他欢呼道:"人道的警钟响了!自由的曙光现了!试看将来的环球,必是赤旗的世界!"

1918年冬,李大钊在北京大学组织"马尔格斯演说研究会",遭到北洋政府的查禁。1919年5月,李大钊为《新青年》轮值主编,他满怀激情将本期编为"马克思主义专号",并撰写发表了《我的马克思主义观》。他在文中宣称"马克思是社会主义经济学的鼻祖,现在正是社会主义经济学改造世界的新纪元",强调唯物史观"有许多事实,足以证明这种观察事物的方法是合理的"。

1919年8月,胡适在《多研究些问题,少谈些主义》一文中,把"问题"与"主义"对立起来,对传播马克思主义提出质疑。李大钊立即著文反驳。此后,李大钊更加自觉地运用马克思主义去解答中国的现实问题,写出了一系列重要的理论联系实际的文章。《物质的变动与道德的变动》《由经济上解释中国近代思想变动的原因》两篇文章,运用马克思主义的历史唯物论,回答了新文化运动中伦理革命与革新守旧问题。

为了更好地在中国宣传列宁和十月革命,李大钊和陈独秀决定创办小型的政治刊物,与发表长篇论著的《新青年》互补短长,在群众中开展宣传教育工作。1918年12月,李大钊与陈独秀发起的《每周评论》创刊,其特点是以短篇文章批评时事,宣传新思想、提倡新文化,推动了马克思主义的传播和新文化运动的发展。

1919年5月4日,五四运动爆发。全国各大城市纷纷罢课、罢工、罢市,举行声势浩大的游行示威。《每周评论》以特大号字的"山东问题"为标题,连续报道和分析运动的进展。李大钊在《每周评论》上连续发表文章,深刻揭露帝国主义列强的侵略本质,进一步指明了中国人民的斗争目标,号召"改造强盗世界,不认秘密外交,实行民族自决"。在社会各界的强大压力下,出席巴黎和会的中国代表拒绝在和约上签字,五四爱国斗争取得初步胜利。

1919年9月,应天津学联和女界爱国同志会的邀请,李大钊来到天津。9月21日,他在基督教维斯理堂公开讲演,阐述第一次世界大战和十月革命胜利的意义。他强调指出:"中国人民反帝反封建运动必须坚持到底。"他告诫青年们:"一要不承认一切卖国条约和密约,二要实行民族独立自决,三要打倒卖国贼和一切危害人民的人。"①讲演后,他与进步团体觉悟社成员座谈,引导青年们走马克思主义的道路。

1920年初,李大钊与陈独秀相约,在北京和上海分别筹建中国共产党的组织。同年3月,李大钊在北京大学发起组织马克思学说研究会,聚集了邓中夏、高君宇、张国焘、黄日葵、何孟雄、罗章龙等一批具有共产主义思想的青年知识分子,为建党做准备。李大钊还在北京多次会见共产国际代表,商讨筹建中国共产党。

1920年7月,李大钊任北大教授,仍兼任图书馆主任,连续四年当选(教授会每年投票推选一次)为北大评议会评议员。后被任命为蔡元培校长室的秘书,成为蔡元培校长的主要助手之一。这期间李大钊担任北京大学史学系、政治学系、经济学系教授,北京师大、北京女子师大、中国大学、朝阳大学等校兼课教授,李大钊站在时代思潮与学术前沿,开设了一系列新课程。

1920年秋,李大钊领导建立了北京的共产党早期组织和北京社会主义青年团,并与在上海的陈独秀遥相呼应,积极活动,扩大宣传,发展组织,积极推动建立全国范围的共产党组织。"南陈北李,相约建党",成为中共党史和中国革命史上的一段佳话。1921年7月,中国共产党第一次全国代表大会召开,宣告中国共产党成立,从此,中国革命

---

①王贞儒等:《李大钊同志在天津的两次演讲》,载中共天津市委党史资料征集委员会编:《战斗在天津的共产党人》,天津人民出版社,1991年,第15页。

的面貌为之一新。李大钊是中国共产党的主要创建人之一。

中国共产党成立后,李大钊负责党在北方的全面工作。为推动和领导全国工人运动,党成立了中国劳动组合书记部,李大钊任北方区分部主任,指导北方工人运动蓬勃发展起来。1922年7月,李大钊当选为中共第二届候补中央执行委员。8月加入中国国民党。1923年6月出席中共第三次全国代表大会,当选为中央执行委员。

这一时期,李大钊频繁奔走于大江南北,多次代表共产党与孙中山会谈,为建立革命统一战线呕心沥血,做了大量工作。1924年1月,李大钊作为大会主席团5位成员之一,出席了国共合作的国民党第一次全国代表大会,参与大会宣言的起草等,为实现国共合作做出了重要贡献,当选为国民党中央执委会委员。1924年2月,李大钊返回北京,领导组建国民党北京市党部、天津市党部。6月,他率中共代表团赴莫斯科出席共产国际第五次代表大会。年底,任中共北方区委书记。1925年1月,出席中共第四次代表大会,当选为中共中央执行委员。1926年1月,当选为国民党第二届中央执行委员,承担了国共两党在北方的领导工作。

在李大钊的组织和领导下,北方地区的反帝反封建斗争蓬勃开展起来。1924年11月,北京开展了声势浩大的支持孙中山北上、反对北洋军阀政府的斗争。1925年五卅运动爆发后,李大钊与赵世炎等人在北京组织5万多人参加的示威游行,有力地支持了上海人民的反帝斗争。1926年3月,李大钊在极端危险和困难的情况下,领导并亲自参加了北京反对帝国主义和北洋军阀的三一八运动,号召人们用五四的精神、五卅的热血,不分界限地联合起来,反抗帝国主义的联合进攻,反对军阀的卖国行为。北洋政府当局十分仇视李大钊的革命活动,下令通缉李大钊。

1927年4月6日,奉系军阀张作霖勾结帝国主义,在北京将李大钊等80多人逮捕。在狱中,李大钊备受酷刑,但始终严守党的秘密,大义凛然,坚贞不屈。4月28日,北洋政府不顾社会舆论的强烈反对和谴责,将李大钊等20位革命者在西交民巷京师看守所内处以绞刑。临刑前,李大钊慷慨激昂:"不能因为反动派今天绞死了我,就绞死了伟大的共产主义,共产主义在中国必然得到光辉的胜利。"他高呼"共产党万岁"英勇就义,时年38岁。[①]

1933年,党的地下组织将李大钊安葬在北京万安公墓。新中国成立后,在河北乐亭、北京市等李大钊生活和战斗过的地方,建立了李大钊纪念馆。1983年10月,李大钊烈士陵园在北京万安公墓建成,中共中央领导亲自参加了隆重的落成典礼。

参考文献:

刘民山:《李大钊与天津》,天津社会科学院出版社,1989年。

中共党史人物研究会编:《中共党史人物传》(精选本)2,人民日报出版社、中央文献出版社,2010年。

(周　巍)

---

① 《李大钊传》编写组编著:《李大钊传》,人民出版社,1979年,第220—221页。

李 辅 臣

李辅臣(?—1910),天津人,家住天津城西,幼年家境贫寒,做过小贩,后来转以换制钱、跑钱帖、兑杂银谋生。他看到天津洋行中的服务人员所得较丰,就托人到天津英商仁记洋行当工友,做杂活。英商仁记洋行是第二次鸦片战争以前在上海创办的,天津仁记洋行创办于1864年,是仁记洋行的分行,也是天津四大洋行(怡和、太古、新泰兴、仁记)之一。清中叶以后,各种宝银、银锭成色不同,各地银价也不同,加上制钱、钱帖、拨码等,汇兑极其复杂,外商感到换算困难,就雇用精通这些事务的当地人专司打算盘、兑银子、数洋钱、催零账目等事项,称会计司事或收账员、记账员。由于李辅臣曾做过兑杂银的生计,掌握一些银子成色的技术,不久被提升为会计司事。

会计司事在外国银行和洋行中的地位并不高,不属于通常所说的会计人员之列,有些人还要兼做杂务。李辅臣做会计司事一段时间后,被调到买办公事房工作,后又经过几次升迁,当上了帮办,1895年成为仁记洋行买办。天津仁记洋行第一任买办是广东人陈子珍,陈子珍能当上仁记洋行买办依靠的是广东帮买办前辈、怡和洋行买办蔡子英的提携。在陈子珍之后,仁记洋行的买办由天津人李虎臣接办,从此,仁记洋行买办由天津帮接办。甲午战争前后,李虎臣当仁记洋行买办发了财,他对自己的生活已经感到满足,不愿再干下去了,便向仁记洋行创办人维廉·傅博斯推荐了当时已升为买办房帮办的李辅臣。1895年李辅臣接任买办后深得赏识,成为天津买办中除广东帮、宁波帮以外的北方帮(也称天津帮)中的代表人物,别号"仁记李"。

当时，天津仁记洋行分"上行"和"下行"。"上行"设在宫北大街大狮子胡同，专门与中国商人做买卖，"下行"设在紫竹林英租界河沿。李辅臣接办仁记洋行买办时，派刘雨洲在"上行"负责，他的内弟王兰亭在"下行"负责，翻译是刘雨洲的儿子刘捷林，后来又添上他的女婿杜琴舫为副翻译。刘雨洲和王兰亭的家族后来也都成为北方帮中的买办家族，被称为"仁记刘家""仁记王家"。

　　李辅臣依靠洋行的特权，凭借从海关领出免纳内地税的凭证即三联单，在产地收购土产，可以毫无阻碍地运到通商口岸，垄断了相当一部分土产的出口。由于"仁记李"的资金雄厚，收购的数量大，又有天津英商仁记洋行的招牌，在各地都有相当的势力。"仁记李"分布在外地的外庄形成了一个收购土产的网络。各地的仁记外庄都有一定的专业性：在宁夏，仁记洋行华账房的外庄专门收西宁毛，在包头的外庄专门收驼绒，在海拉尔的外庄专门收皮张，其他如猪鬃、马尾、棉花、苘麻、桃仁、杏仁、草帽缏等，仁记各外庄都有一定的收购计划与手段，以达到垄断市场、压低价格的目的。这些操纵市价的手段，只有像"仁记李"这样资金充足、收货量特大的买办才能办到。"仁记李"收购的货经常一次能超过一百吨，就是绒毛也能一次收购几十吨。"仁记李"在各种货物的生产地都是最大的买主，能够在当地市场上畅通无阻。"仁记李"生意愈干愈大，外庄的信用也愈来愈好。

　　由于外庄收货时一般都是标期付款，收货后几个月才付钱，给"仁记李"增加了一个资金周转的有利条件。在李辅臣和他的儿子李志年担任买办期间，除了主营仁记洋行华账房的出口业务外，由于资金雄厚，遇到有利可图的货物，李家不经过仁记洋行委托即自行买进，需要加工的就出资雇用工人，按国外需要的规格加工后再卖给仁记洋行，仁记洋行不需要时，就转卖给其他洋行出口。有些货物因季节等原因价格浮动，李辅臣便在价低时收购储存，待行情好时再出手。"仁记李"自办的仁记东栈和仁记西栈为他储存货物，以便控制收购和出口数量,仓库空闲的时候,他还可以经营仓库业务。

"仁记李"的另一个重要财源,是依靠租界和洋行的背景经营房地产生意获取暴利。自1897年起,天津英租界逐步向外扩张,地价也不断飞涨。在扩张的过程中,英租界内市政工程的进行步骤、行政规划、道路沟渠设施等,都与地段地价上涨有关,而作为英商仁记洋行买办的李辅臣则能接触到这些内幕消息,所以"仁记李"的房地产生意经营得颇为成功。1900年庚子事变后地价暴涨,仁记洋行将坐落在宫北大街大狮子胡同的"上行"撤销,将该行址转给李辅臣当作住宅,这是"仁记李"的第一处不动产。随后又在今湖北路、烟台道交口建造了一所大楼和院落,作为住宅之用。此外,"仁记李"还先后购置房产多处。

仁记洋行早年为英国政府在津招募华工,送到英属南非、马来半岛、新加坡及南洋群岛种橡胶、开金矿、做杂工。仁记洋行设有专门组织办理该项事务,由华账房买办"仁记李"负责。李辅臣派他的内弟徐绍文专司其事,经手发放华工的安家费、预付工资、代办食宿及领取洋行付给的手续费等,"仁记李"从中所得甚多。

1910年,李辅臣病故于天津,仁记洋行华账房由其子李吉甫、李志年接办。

参考文献:

天津市政协文史委编:《近代天津十大买办》,天津人民出版社,2001年。

苏更新:《仁记洋行买办李辅臣》,《天津档案》,2002年第6期。

（高　鹏）

李 鸿 章

　　李鸿章（1823—1901），本名李章铜，字渐甫，号少荃，晚年自号仪叟，安徽庐州府合肥县人，1823年2月15日（清道光三年正月初五日）出生于庐州望族的一个官宦之家。据李鸿章回忆说："前吾祖父穷且困，至年终时，索债者几如过江之鲫。"①亲族周家，常予周济。其父李文安耕读持家，勤奋苦学，近四十岁时考取道光年戊戌科进士，分发刑部供职，官至督捕司郎中、记名御史，在京城为官十八载，著有《贯坦纪事》一卷。

　　李鸿章六岁入家中开设的"棣华书屋"学习，1840年考中秀才。三年后在庐州府学拔选为优贡。时李文安已在京做官，1845年李鸿章入京城，投奔其父同科进士、翰林院侍讲学士曾国藩门下，发愤经史，习制举文。1847年李鸿章参加会试，列为二甲第十三名进士，朝考改为翰林院庶吉士，入馆学习。1850年，改授翰林院编修，后充武英殿纂修、国史馆协修。

　　1851年初，太平天国运动兴起。1853年3月，李鸿章被征调前往安徽，先在兵部侍郎周天爵处任幕僚，策划剿杀捻军。后入幕工部左侍郎吕贤基，办理团练防剿太平军。1855年10月，李鸿章因率团练收复庐州有功，奉旨交军机处记名以道府用。1856年9月，随同福济等先后攻克巢县、和州等地，后叙功赏加按察使衔。次年，太平军再陷庐州，李鸿章携家眷出逃。1859年1月，李鸿章投奔湘军统帅曾国藩

---

　　①李金旺主编：《李鸿章家书》，外文出版社，2012年，第195页。

幕府。

1861年太平军占领苏州。12月，曾国藩派李鸿章援沪，并允其自建淮军。1862年2月，李鸿章将张树声兄弟、周盛波兄弟、刘铭传、吴长庆、潘鼎新等团练武装揽于麾下，草创淮军，共计13营6500人，移驻安庆北门外大营。3月乘火轮东去保卫上海。4月，署理江苏巡抚。年底，实授江苏巡抚。

1863年，李鸿章兼署五口通商大臣。年底，李鸿章率部攻占苏州，设宴计杀八降将及抵抗者千人。因功加太子少保衔，赏穿黄马褂。1864年7月，湘军攻陷天京，太平天国被平灭。李鸿章因助剿有功被晋封一等伯（肃毅），赏戴双眼花翎。1865年5月，李鸿章以江苏巡抚署理两江总督，驻节南京，筹划创立江南制造总局和金陵机器局，并在江南制造总局设翻译馆、兵工学校，成为洋务运动先驱。

1867年李鸿章被任命为湖广总督。因剿灭捻军有功，授协办大学士，赐紫禁城内骑马。1870年6月天津教案爆发。9月，接替曾国藩出任直隶总督。11月，清政府撤去三口通商大臣，职权并归直隶总督，在天津的通商六臣衙署改为直隶总督行馆。1872年，清政府诏授李鸿章为武英殿大学士，留直隶总督任。1874年，改文华殿大学士，仍留直隶总督任。同年，受命督办北洋海防事宜。

李鸿章组织修筑了大沽口炮台，并沿海河建成三级防御工事。李鸿章接办军火机器总局，改名为天津机器局，增大规模，分设西局（南门外海光寺）与东局（城东十八里贾家沽）等四厂，制造枪炮、炸弹等，建成了国内最大的具有多种生产能力的军工企业。局内设宝津局（近代化铸币厂）和电气水雷局，还从国外引进天津最早的印刷设备，印刷出版《克虏卜小炮简易操法》《船阵图说》《机锅用法》等军事知识普及读物。①

---

① 《洋务运动在河东》，载天津市河东区地方志编修委员会编：《天津河东区志》，天津社会科学院出版社，2001年，第999—1049页。

1876年9月,李鸿章命唐廷枢"携洋人矿司勘察煤铁成色,查得开平镇所产之煤甚旺,可供未来二三百年"①。遂于次年成立开平矿务局,1881年正式投产。他委任徐润为会办,雇佣矿工三千人,当年产煤三千六百余吨,该局成为洋务运动中坚企业。同年3月,为开平矿运煤需要,李鸿章主持修造了内外运河。

1878年,李鸿章在天津机器局(东局)内附设电报学堂,是为近代中国军事技术教育的先驱。1879年,电报学堂师生参与架设了两条电报线:一条是从天津至大沽北塘海口炮台之间,约60公里,另一条是从天津机器局(东局)至直隶总督行馆之间,约6.5公里。此为中国电报事业之肇始。

李鸿章派遣周盛波、周盛传兄弟的淮军"盛字营"屯垦津郊二十年,使先农镇(今津南小站)及军粮城地区成为著名水稻种植区。②1881年,李鸿章命唐廷枢邀徐润、郑观应等筹集官商股各6.5万两,在宁河县新河一带创办天津沽塘耕植畜牧公司。天津成为率先尝试农业近代化的地区。

1872年,李鸿章命唐廷枢筹办轮船招商局,1873年1月,轮船招商局在上海成立,这是洋务运动中由军工企业转向兼办民用企业、由官办转向官督商办的第一个企业。1878年,李鸿章委托郑观应筹建上海机器织布局,这是国内第一家机器棉纺织工厂。他还委派盛宣怀去江西兴国、湖北大冶兴办矿山,派李金镛、袁大化去漠河办理金矿。据统计,仅漠河黄金年产量即达1.8万多两,该矿一度为洋务企业中的佼佼者。

1878年3月,李鸿章同海关总税务司赫德商定,指派津海关税务

---

①《唐廷枢查勘开平煤矿矿务并条陈情形节略》,载刘志强、赵凤莲编:《徐润年谱长编》,北京大学出版社,2011年,第179页,

②罗澍伟:《淮军战将周盛传兄弟与儒将张树声》,《天津文史》,2008年第2期,内部印行,第34页。

司德璀琳以天津为中心,在北京、上海、烟台、牛庄海关试办邮政。23日在津海新关大公事房内创办了"天津海关书信馆",收寄华洋公众邮件,办理邮政业务。7月,发行中国第一套邮票——大龙邮票,天津成为近代中国邮政的发祥地。①1886年5月,在李鸿章的支持下,津海关税务司德璀琳、英商怡和洋行经理茹臣共同创办了天津第一份中英文报纸《时报》。②

1879年清政府令李鸿章筹建海军。李鸿章在天津设水师营务处,负责筹办海军事宜,并亲赴海河口,奔波于渤海湾间,考察、选定大沽、旅顺和威海,建设船坞军港。1880年初,李鸿章派天津海关税务司德璀琳、道员马建忠在大沽海神庙附近兴建船坞,11月,大沽船坞竣工,成为北洋水师舰船维修之所。1881年,李鸿章派天津军械所总办刘含芳赴旅顺、威海筹办鱼雷营、水雷营,修建船坞,经营军港工程,设屯防营,筑炮台,开办水雷、鱼雷学堂和医院等等。旅顺、威海成为北洋海军重要基地。同年,李鸿章在天津机器局东局旁创立北洋水师学堂,分设驾驶与管轮两个班。这所学堂成为培养北洋海军将领的重要基地。

1880年李鸿章上奏《请设南北洋电报片》,提出在天津创办北洋电报学堂,获得批准。学堂设在老城厢东门外扒头街,招收学员,聘请、雇用洋员讲授电磁学、电报实务、陆线海线架设、测量及电报工程等二十门课程。1881年9月,津沪电报总局在天津东门里"问津行馆"设立,盛宣怀任总办,郑观应襄理局务。在天津紫竹林、大沽口,山东济宁,江苏清江、苏州,上海等地设立电报分局,并架设了连接天津与京师的电报线。年底,天津至上海的电报线竣工,津沪电报业务开通。

---

①张家禄:《李鸿章题写的津海新关匾额》,载天津市政协文史委编:《天津文史资料选辑》第103辑,天津人民出版社,2014年影印本,第108页。
②罗澍伟:《中国历史文化名城天津》,载天津市政协文史委编:《天津文史资料选辑》101辑,天津人民出版社,2014年影印本,第14页。

电报学堂的毕业生被分配到北至恰克图、满洲里,东至上海,中至南京,南至广州、福州,西至湖北、江西的广大区域,[①]从事电报普及与推广,推进了中国近代化进程。

1881年11月,唐胥铁路竣工。第二年,铁路拓展至芦台。李鸿章因军事运输需要,把铁路一直修到塘沽的大沽口。1887年,官督商办性质的开平铁路公司经过改组,增添招商股份,在天津三岔河口望海楼附近成立,更名为天津铁路公司(又称津沽铁路公司)。[②]李鸿章派幕僚伍廷芳担任总办,延揽、网罗筑路人才,调耶鲁大学土木工程毕业的詹天佑,担任铁路公司工程师。这条铁路线被称为"北洋铁路",天津成为中国最早有铁路运营的城市。

1884年4月,朝鲜甲申政变,李鸿章代表清政府与日本签订《天津条约》,承认中日在朝享有同等的权利义务,为日本侵略朝鲜提供了借口。同年5月,李鸿章与法国政府签订《中法新约》,法国不胜而胜,中国不败而败。

1885年初,李鸿章采纳周盛波、周盛传建议,以造就将材为宗旨,仿照西洋军事学院,在柳墅行宫原址创立天津武备学堂。从各营挑选弁兵百余名入堂学习,初学制一年。后招收学生数量猛增,学制遂改为二、三年,办学步入正轨。每逢月考、季考,李鸿章或派司道大员前往监考,或亲往检验甄拔,对学习优秀者送往德国留学深造。学生段祺瑞、冯国璋、王士珍、曹锟、吴佩孚、李纯等人后来成为北洋将领。天津武备学堂首开近代陆军教育,成为各省效法之楷模。

1888年,北洋舰队正式成立,并制定《北洋海军章程》。丁汝昌担任提督,林泰曾为左翼总兵,刘步蟾为右翼总兵,海军衙门设于山东威

---

①《中国出洋局留学生传略》,载容尚谦:《创办出洋局及官学生历史》,王敏若译,珠海出版社,2006年,第19—34页。
②徐景星:《天津近代工业的早期概况》,载天津市政协文史委编:《天津文史资料选辑》第1辑,天津人民出版社,1978年,第132页。

海刘公岛。北洋舰队共有军舰25艘,官兵4000余人,大沽、旅顺、威海设为常驻基地,天津成为中国近代海军诞生的摇篮。

李鸿章担任直隶总督期间,1879年晋太子太傅,1883年署北洋大臣,1885年会同醇亲王办理海军。1893年李鸿章70寿辰,清政府赏戴三眼花翎,成为汉官中受此殊荣第一人。

1894年中日甲午战争爆发。李鸿章从战争开始就主张避战求和。其指挥的淮军在陆战中丢盔弃甲,一败涂地。因督师无功,李鸿章被拔去三眼花翎,褫夺黄马褂,革职留任。黄海大战后,他消极防御,致使北洋海军在威海卫损失殆尽。

1895年2月,李鸿章被任命为头等议和全权大臣,3月20日,东渡日本议和。先是被日本浪人小山丰太郎开枪击伤,继而在马关春帆楼谈判中又被日方代表伊藤博文、陆奥宗光威胁、恫吓。4月17日,李鸿章在割地赔款的《马关条约》上签字。

1896年春,清政府再次起用李鸿章,委派为钦差大臣,乘法国邮船出访俄国、德国、荷兰、比利时、法国、英国、美国等。他签署《中俄密约》,出让中东路权,以期换取外交上的联俄抑日,结果引狼入室,俄国乘机多次要挟,致使清朝落入虎狼围攻之境地。在欧洲期间,英国维多利亚女王赐李鸿章"维多利亚头等大十字宝星"。1899年12月,署理两广总督。

1900年,义和团运动兴起,八国联军入侵。6月,清王朝命李鸿章"迅速来京",李在上海观望动静。8月间,八国联军攻下天津和北京,慈禧太后和光绪帝出逃西安,国内局势一片混乱。9月,李鸿章北上返回天津。10月,再次接手直隶总督大印,将总督行馆迁至河北窑洼海军公所,随即进京,与各国驻华使节周旋交涉,洽谈条约细节。1901年9月,与全权代表庆亲王奕劻一起,在丧权辱国的《辛丑条约》上签字。

1901年11月7日,李鸿章在北京贤良寺去世,终年78岁。清政府颁旨赐谥号"文忠"。有《李文忠公全集》存世。

参考文献:

赵尔巽等:《清史稿》,中华书局,1977年。

梁启超:《李鸿章传》,陕西师范大学出版社,2008年。

欧阳跃峰:《李鸿章幕府》,岳麓书社,2001年。

《李鸿章全集》,安徽教育出版社,2008年。

（井振武　周醉天）

李 厚 基

　　李厚基(1869—1942),字培之,江苏徐州铜山人。1869年生于官宦之家,其父李忠纯系聂士成部下。1900年八国联军入侵时,已经致仕的李忠纯主动请缨,重返沙场,随同聂士成等一同战死在天津八里台。李厚基自幼随父在军营中生活,其母史氏对他要求十分严格,常教导年幼的李厚基"勿贪枉,勿懈驰,勿让先人蒙羞"①。年纪稍长,李厚基在军中随师爷郑廷献习读诗书,深受儒家思想的影响。

　　1889年,李厚基成为李鸿章的亲兵,1890年考入天津北洋武备学堂学习军事。毕业后,他担任直隶总督署卫队长。1896年春,李厚基作为随员跟随李鸿章出使欧美,参加俄皇尼古拉二世的加冕典礼,并随李鸿章游历德、荷、比、法、英、美等国。1909年,李厚基任新建陆军第四镇第七协第十四标标统,随第四镇统制吴凤岭在天津小站练兵。②中华民国建立后,军队改制,李厚基任陆军第四师第七旅旅长。

　　1913年11月,袁世凯派海军总长刘冠雄督率李厚基的部队到福州,以编遣为名解散了湘军。12月底,李厚基任福建镇守使。翌年,李厚基任福建护军使,督理福建军务,从此,李厚基独揽福建的军权。1916年,李厚基任福建督军。1917年6月,他驱逐了福建省省长胡瑞霖,总揽了福建省军政大权。

---

①张建虹:《福建督军李厚基在津的寓公生活》,载天津市政协文史委编:《天津文史资料选辑》第107辑,天津人民出版社,2006年,第274页。
②天津市和平区政协文史委编:《近代中国天津名人故居》,天津人民出版社,2002年,第168页。

1920年直皖战争中，皖系失利，李厚基产生弃皖投直的念头。1922年第一次直奉战争中，直系大获全胜，掌握了北洋政府的大权，此时的李厚基完全弃皖投直。1922年10月，北伐军逼近福州，李厚基仓皇出逃，避入日本银行，在日本领事的保护下进入马尾造船局，乘船离开福建。11月，在江苏督军齐燮元的帮助下，李厚基携带20万元军费及大批的枪支弹药回到厦门，准备进行反攻，结果以失败告终。1924年，直系惨败后，李厚基心灰意冷，淡出官场，与其弟李厚恩一起回到天津，开始住在日租界，后来搬到法租界，开始了长达二十年的寓公生活。

李厚基在天津做起了房地产生意，由于租界内地皮价格昂贵，李厚基将地址选在租界外，建起了三十多座小楼，由于地理位置不太好，一时难以卖出，不仅资金得不到周转，还要雇人进行维护，支撑了一段时间后，由于后续资金不足，李厚基的房地产生意失败了。不久，他把生意转向木材经营，木材主要来自福建。

李厚基在天津居住期间，一直闭门谢客，他的主要活动是练习书法、阅读史书、给孙辈授课、同家人聊天以及打太极拳。李厚基酷爱书法，每天临池不辍。他的书法雄稳大气，用墨凝重，严守法度，功底很深，在民间广为流传，许多博物馆都藏有他的作品。李厚基也喜爱学习书法的儿童，有些孩子经常在家长的陪同下来到李厚基的家中，请他指点书法，传授写字的技艺。

李厚基的另一大爱好是读书，在他的书房中有其亲笔书写的一副楹联："除却读书无所好，恍如造物与同游"，反映了他酷爱读书、恬淡人生的心态。

1937年日本占领天津后，日伪当局极力拉拢李厚基，希望他担任伪职，频繁地派他的部下、旧识登门游说。他不愿意当汉奸，又不敢公开得罪日本人，只得佯称有病，躲到沧州避风头，最终抵住了日伪的劝降利诱，保持了一个中国人的民族气节。

1942年9月,李厚基病逝于天津寓所,终年73岁。

参考文献:

张宪文、方庆秋、黄美真主编:《中华民国史大辞典》,江苏古籍出版社,2001年。

福建省地方志编纂委员会编:《福建省志·人物志》(上),中国社会科学出版社,2003年。

江苏省徐州市政协文史委编:《徐州文史资料》第18辑,1998年内部印行。

(郭登浩)

李 惠 南

  李惠南(1898—1954)，名濂钵，字惠南，以字行，直隶冀县人，1898年10月生于直隶冀县码头李镇。其父李恺义(翊宸)清末时任职吏部，民国后回乡经商，同时在家教子女读书。李恺义共有子女五人，李惠南行二。李惠南幼年时随兄弟在家中由父亲启蒙学习四书五经，后来兄弟们相继去北京上学，李惠南考入北京师大附中读书。

  李惠南读高中时正值五四运动时期，他和一些同学、挚友在课余经常谈论爱国、救国的道理，曾因此受到学校的告诫。这时因农村经济不振，李家渐无力供他们兄弟在北京求学。李惠南得知日本设有给中国留学生的助学费用，于是辗转求助，得到友人的资助，凑够了去日本的旅费。李惠南东渡日本后，不久考取了公费资格。他先在东京第一高等学校学日语，读完预科后考入东京高等工业学校(即后来的东京工业大学)应用化学系学习。

  第一次世界大战后，中国迎来了发展工业的短暂时机。读书期间，李惠南看到日本采用化学方法制造酱油颇有成效，开始致力于酿造化学的研究，并萌生了归国创办酱油厂的念头。1924年夏天，李惠南利用暑期回国，先后在河北、北京和天津等地考察和了解酱油制造业，并细心留意酱油的原料和市场销售等问题。1925年，李惠南从东京高等工业学校毕业，经过学校的推荐，他先到大连的日本酱油公司实习一年。1926年，学成回国的李惠南，决定引进日本制作酱油的技术，用科学方法制新型酱油，创建一座以科学酿造方法生产酱油的工厂。

1926年，在张雅轩、马懋勋等人的协助下，李惠南筹集资本在天津创办了天津宏中酱油工厂，厂名取"宏大中国"之意，厂址设在西站北营门西大街。工厂拥有12座容量在1.2万—1.8万公斤的洋灰槽，8间曲菌培养室，还购置了手摇抽水机、精选机、炒麦机、碎麦机、蒸豆釜等设备，有职工16人。工厂成立董事会，由马懋勋担任董事长，董事有杨辑五、张子英、王悦庭、索亚奎、李惠南、张雅轩等人。李惠南任厂长，负责生产技术；张雅轩任经理，负责业务经营。1927年7月，工厂生产出第一批酱油，取名"红钟"，其洁净卫生、味醇色佳，品质远超出一般的土制酱油。随着红钟酱油的销路日益扩大，李惠南在河北各县镇都设立了代销处，产品还远销至东北、南京、上海、广东以至南洋等地。1928年底，宏中厂收购了大连日本酱油株式会社在天津设立的推销所。

1928年以后，李惠南在天津的河北省工业学院和河北省立水产专科学校同时任教，教授"酿造化学"。他自编教材，热心讲授，为民族工业的发展培养了人才。宏中酱油工厂生产销售稳定以后，李惠南有意发展各种农副产品的加工生产，先后到临清、烟台、无锡等地考察，计划筹资建厂，发展民族工业。1935年，他在故乡冀县码头李镇居住数月，曾南至南宫、卷镇，西至新河，北至辛集，东至衡水，特别是在滏阳河沿岸地带，亲自做过考察了解，提出改造盐碱地和利用土硝开展小规模土法小化工生产的设想。但是，1929年至1933年第一次世界性经济危机波及中国，1937年七七事变爆发后日货充斥中国市场，更加严重打击了中国的农工经济，李惠南的这些设想未能实现。

七七事变后日军占领天津，李惠南利用其在日本东京高等工业学校的关系，结识了不少日本军政人员。酱油属于日军的生活必需品，屡屡有日本商人找到宏中厂要求投资、合作，甚至企图吞并。李惠南等人感到压力很大，决定与其通过日商接受订货，不如主动提出为日军承做加工。其为日军加工酱油的数量占到工厂全部生产量的

65%—70%,成为宏中厂利润的主要来源,余下的产量供应本市市场。抗战胜利后,李惠南及宏中厂被控告与日军有染,国民党天津警备司令部稽查处以汉奸罪名将其逮捕,个人财产全部被查封,宏中厂也被监视起来。李惠南被羁押一年零八个月后出狱,后避居北京。当时,市场情况发生了很大变化,出现了新的制造酱油的化学速成法。天津的小酱油厂蜂拥而起,宏中厂的业务大受影响,资金也被国民党盘剥一空,企业生产陷入困境。

抗战期间,李惠南曾利用自己的身份从事抗日活动。1937年,他的一个留日同学苗剑秋,原系张学良将军的秘书,只身逃到天津。李惠南设法将苗剑秋带到家中,掩护达半年之久。为了躲避日军搜查骚扰,他又把苗护送到当时的英国租界内居住,一直到后来给其资助送出沦陷区。1942年,由于为重庆政府在津抗日活动募款和联系有影响的人物,李惠南和天津市工商界知名人士30多人遭到日本宪兵队逮捕,监禁了3个多月,经多方努力才保释出狱。1943年,经北平实业家刘仁术联系,北平中共地下组织吸收李惠南参加抗敌工作。组织要求李惠南利用其在天津工商界的地位和影响、留日同学会的关系及其精通日语的良好条件,为我方搜集日伪经济、政治、社会及军事情报。1944年,李惠南利用随天津工商界参观团去朝鲜参观之机,了解了当时日本在朝鲜的军工、重工、动力等重要设施,曾写出详细资料和地图交给中共地下联络站。李惠南在这一时期数次为中共方面采购药品和掩护营救中共方面工作人员。

新中国成立后,在党的"发展生产,繁荣经济,公私兼顾,劳资两利"政策的号召下,李惠南开始过问厂务,经过与职工的共同努力,生产恢复,企业的亏损和混乱局面逐步扭转。李惠南亲自主持了一些工业产品的研制工作。为满足基本建设的需要,他曾研制出水泥防水粉并投入生产。继而又主持研究"海藻胶"的提炼生产工艺,以缓解纺织工业对粮食的需求。1954年秋,李惠南接受了草酸提炼研究任务,在研制中苦于纯度和生产成本未达预期,常常寝食难安。

党和政府对李惠南过去的情况十分了解,出面邀请李惠南参加政府工作,出任天津市财委私营企业处处长。李惠南贯彻执行党对天津私营企业的政策,团结天津工商界人士,为恢复和发展天津经济而努力。他为给天津市的经济发展提出有益的建议,曾去甘肃、陕西、山东各地进行调查和联系。他还协助天津工业界耆老李烛尘,做过有关华北轻工业、食品工业生产的调查研究工作,还积极团结工商界人士参加各项社会活动。他被推选为天津市人民代表,曾任民主建国会天津市委常委、工商联天津市委常委、天津市工程学会常务理事等职。

1954年11月21日,李惠南在工作岗位上突发脑溢血去世,终年56岁。

参考文献:

河北省冀县政协文史委编:《冀县文史》第2辑,1987年内部印行。

民建天津市委、天津市工商业联合会文史委编:《天津工商史料丛刊》第1辑,1983年内部印行。

卞瑞明主编:《天津老字号》(下),中国商业出版社,2007年。

(高　鹏)

李 吉 瑞

　　李吉瑞(1868—1938),字星府,又字芝祺,河北新城人。8岁开始在文安县史各庄的吉利科班①学戏,文武两功兼练,齐头并进。1879年,他随科班进入北京,在城外小戏园做实习演出,崭露头角。学艺6年后出科,正赶上吉利科班迁址到天津西马路营门口,整个科班在天津戏院里演戏。

　　1888年,李吉瑞只身赴北京,投奔玉成班的成班人、著名梆子花旦演员田际云(艺名响九霄)。当时北京梨园界名角云集,初出茅庐的李吉瑞只能充任武戏班底。不久,田际云发现李吉瑞功底深厚,因而对他格外青睐,很快就把他提升到二路武生的地位。田际云与武生三大流派之一的黄派创始人黄月山友谊深厚,他把李吉瑞推荐给黄月山做徒弟,使李吉瑞得到黄月山亲传。与此同时,李吉瑞还私淑同班老生演员陈福胜,学会一些老生戏。两年后,李吉瑞赴山东闯荡,往返于济南、青岛、烟台之间。作艺中结识了优秀武生演员薛凤池和程永龙,三个情趣相投的年轻人彼此倾慕,结为金兰之好。他们三人同台合作献艺,均文武皆能,戏演得火爆热闹,备受当地群众欢迎。每有演出,观众总是爆满。他们在山东一演就是10年,盛况不衰。

　　1900年庚子事变发生后,李吉瑞回到天津,参加双顺和班,在这梆

---

　　①吉利科班是以教授河北梆子为主的戏曲科班,曾经培养出许多优秀的河北梆子艺术家。一些学演武戏的艺徒出科后改攻京剧,成为名噪一时杰出人物的也为数不少。

子、皮黄"两下锅"戏班,挑班主演于聚兴茶园。他既在武戏里扮演武生、武老生,又在文戏里扮演文老生。他的唱、念、做、打无一不精,即便是武戏里的唱、念也精雕细琢。他嗓音宽厚,唱出的腔调音大声洪,音节慷慨铿锵。无论是文戏还是武戏,他格外注意工架的规范,表情动作不温不火,专在人物的气质上下功夫。他的代表剧目,武戏有《独木关》《骆马湖》《巴骆和》《溪皇庄》,老生戏有《秦琼卖马》《打渔杀家》《宫门带》等。尤以黄(月山)派《独木关》最有社会影响。他以独具特色的武功技巧与神情姿态,刻画剧中人物薛礼遭受陷害而落魄患病后,仍不失英雄气度的剧情、细节,生动逼真,特别感人。他在剧中所唱"在月下惊碎了英雄虎胆"的二黄声腔,几乎成为当时社会的流行歌曲,街头巷尾时时可闻戏迷群众仿唱之声。著名的百代唱片公司曾经将他在《独木关》《翠屏山》《铜网阵》《刺巴杰》等剧中的唱段,灌制成商业唱片,在各地发售。

几年后,山东烟台的戏园经励科再次邀请李吉瑞前去唱戏,他在那里与大名鼎鼎的尚和玉、张黑两位名角同台合作,时人称之为"三雄鼎峙",呈一时之盛。他们合演的剧目有《田七郎》《风波亭》头二本《连环套》,以及他最擅演的《独木关》《骆马湖》《刺巴杰》等。他此次在烟台作艺,持续8年之久,其盛名远及上海、武汉。

辛亥革命爆发后,李吉瑞回到他出道即享名的宝地天津,在下天仙茶园与把兄弟程永龙、薛凤池联袂主演。在《巴骆和》剧中,李吉瑞饰演骆宏勋,与饰演鲍赐安的程永龙、饰演胡理的薛凤池配合严谨,技巧发挥十分精到。天津群众对这三兄弟表现出极大的热情,令李吉瑞内心感动。他在天津购置了房产,在此定居终生。李吉瑞在天津还排演过《风尘三侠》《宏碧缘》《粉面金刚》等若干连台本戏,为丰富天津戏曲舞台做出了贡献。

李吉瑞为人谦和、诚恳,对同业艺人态度友善,因此深受戏曲界拥护。1913年,他当选为天津正乐育化会(戏曲行业的民间组织)会长。

他在任期间，为戏曲界的公益事业奔走操劳，不遗余力。曾经多方筹集资金，为生活困难的戏曲艺人冬施棉衣、夏舍暑药，年终时节承办"窝头会"（为穷困艺人募捐性质的义务演出），帮助穷苦艺人渡难关。戏曲同行有了困难求助于他，他总是竭尽全力给予帮助。1923年，尚和玉在天津大舞台独立成班，结果入不敷出，亏损严重。李吉瑞得知后，主动为其集合艺人演"搭桌戏"，以帮助尚和玉尽快扭转不利局面。他还组织艺人联合义演，所得收入购置梨园义地一块，并与天津西头老公所（民间慈善组织）商妥，遇有梨园界死后无力葬埋者，捐赠薄板木棺一具。李吉瑞的这些善举，深得戏曲界人士称道。

李吉瑞爱憎分明，热心社会公益，具有爱国之心。1916年10月21日，天津市发生反对法租界当局强占老西开的爱国斗争。11月13日，李吉瑞组织正乐育化会的成员，在大舞台戏园演出特别义务戏，演出所得全部捐赠给组织抗法斗争的公民大会作经费。1922年，浙江发生水灾，天津成立浙江水灾急赈会，于12月29日在南市广和楼戏院组织赈灾义演，李吉瑞带头参演《独木关》，予以支持。1925年五卅运动期间，天津各界爱国群众以各种方式对上海爱国工人给予声援。7月30日，李吉瑞联合天津戏曲界人士，在广东会馆举行义演，筹款支援上海爱国工人。

1938年春，李吉瑞应天津天华景戏院经理高渤海聘请，在该戏院的稽古社子弟班任教师。10月19日，病逝于天津寓所，终年70岁。

参考文献：

《大公报》《北洋画报》《申报》，1913—1925年。

中国戏曲志编辑委员会编：《中国戏曲志·天津卷》，文化艺术出版社，1990年。

（甄光俊）

李 季 达

李季达（1900—1927），字世昌，化名李吉荣，四川巫山人。1900年1月10日（清光绪二十五年十二月初十日），生于巫山县城关镇一个商人兼地主家庭。

李季达天资聪颖，5岁入私塾，10岁入县立小学，15岁以优异成绩毕业，之后考入重庆一所半工半读学校，边做工边学习。他十分关心国内外政治形势，积极参加社会活动，在同学中很有声望。

1918年，吴玉章发起四川留法勤工俭学运动，接受了民主主义思想的李季达积极响应。1919年7月，李季达考入成都的第二届留法勤工俭学预备学校。入学不久，李季达和同学们便投入反对日本帝国主义、反对北洋政府的革命运动之中，他被推举为学生代表，带领同学们上街游行。时成都昌福馆有一个华阳书报流通处，专门出售宣传新文化、新思想的刊物，李季达经常抽空去阅读。李季达逐渐意识到，要想解放中国，就必须实行社会主义。1920年7月，李季达从留法勤工俭学预备学校毕业，通过了法国驻成都领事馆的考试，成为全国第17批赴法勤工俭学的学生。

1921年1月抵法后，李季达等18人被分到法国西海岸圣日耳曼中学学习法文。4月，入克鲁梭史乃德公司钢铁机器工厂铸造车间做工。这期间他结识了赵世炎、周恩来、李立三、邓小平、陈毅、刘伯坚等人，阅读了《共产党宣言》《社会主义从空想到科学的发展》《国家与革命》等马克思主义著作和关于俄国十月革命的小册子，逐步放弃小资产阶级工读主义的幻想，认识到只有走十月革命的道路才能达到"改造中国与世界"的目的,完成了向马克思主义者的思想转变。

1922年春,李季达被北京大学马克思主义学说研究会吸收为会员。同年秋,他同邓小平等几名川籍同学转到巴黎近郊夏莱特·哈金森橡胶厂做工时,被该厂团小组(时称中国少年共产党)作为发展对象。1923年秋加入中国社会主义青年团。不久,李季达考入梭米尔工业学校电机专业。1924年春转为中共党员,加入中共旅欧总支部法国支部。9月,受党组织选派,李季达同穆青、郭隆真、傅烈、范易、聂荣臻、蔡畅等人一起,赴莫斯科东方劳动者共产主义大学学习。1925年4月,李季达同王若飞等回国,积投入国内革命运动。

1925年6月,中共中央派李季达到天津,任中共天津地方执行委员会书记,直接领导天津的反帝爱国运动。他与天津市党、团领导人一起,组织社会各界声援五卅运动,由天津各界妇女联合会负责人邓颖超等人出面,成立了天津各界联合会。1925年8月,成立天津市总工会,李季达以总工会负责人的身份领导天津的工人斗争,发动了天津纱厂工人大罢工,爆发了"砸裕大"事件。同时,积极协同中共北方区委领导了天津海员大罢工,掀起了天津人民反帝运动新高潮,给英、日帝国主义以沉重打击。

1925年冬,冯玉祥率国民军进驻天津,李季达审时度势,提出"国民军要与民众结合"的口号,适时转变斗争策略,领导党组织广泛、深入地发动群众,发展党团组织,积极开展对国民军官兵的争取工作,并以联合战线组织的名义,扩大反帝国主义、反军阀的宣传,积极发展团、工会组织和其他革命团体。

这一时期,李季达还主持出版了《工人小报》,并常为之撰稿、审稿,为天津中共党组织打开了半公开活动的局面。1926年初,李季达连续组织了7次大规模群众集会和纪念活动。在全国铁路总工会第三次代表大会上,李季达发表了慷慨激昂的演讲。他主持召开孙中山逝世一周年纪念大会,李大钊到会讲话,痛斥国民党西山会议派反对孙中山"联俄、联共、扶助农工"三大政策的行为。由于正确分析形势，对策得当，天津工人运动又掀起了高潮，工会组织蓬勃发展，联系工人约10万人。共产党员发展到450多人，建立党支部24个。

1926年3月12日，日本军舰在天津大沽口炮轰驻防的国民军部队，蓄意挑起了"大沽口事件"。3月18日，李大钊组织5000余群众在北京天安门集会，抗议日、英、美等八国向北洋政府提出撤除大沽口国防设施的无理要求，段祺瑞竟下令开枪，制造了三一八惨案。在李季达和天津地委的组织下，3月21日，召开了天津"废约驱段"国民大会，有140多个团体参加，并于会后举行了大规模游行，强烈抗议日舰进攻大沽口、炮击国民军和段祺瑞血腥屠杀北京请愿群众的罪行。3月22日，国民军被迫退出天津，奉系军阀褚玉璞卷土重来，对革命团体施行疯狂报复，各工厂的党、团员和工会积极分子大多被开除。李季达主持地委会议决定：停止一切公开活动，转入地下，撤离部分同志。不久，中共北方区委调彭真(化名傅茂公)等一批骨干来津工作，地委领导机构做出相应调整，李季达仍任天津地委书记。由于采取了周密、果断的措施，天津党团组织几乎未遭受损失。

为冲破军阀褚玉璞的禁锢，中共天津地委决心把工人斗争恢复起来。1926年8月，在李季达和彭真组织指挥下，革命力量相对集中的北洋纱厂首先发动罢工斗争并取得胜利，工人们重建了工会组织。两个月后，天津总工会组织再度成立。这引起了军阀的恐惧，他们勾结英国殖民者对工人运动进行镇压，对共产党组织实施破坏。1926年11月23日，中共天津地委组织部部长、天津市党部常委江震寰等15人遭到逮捕。1927年1月，粟泽、彭真等30多名党团组织领导人又遭逮捕，总工会组织被破坏，李季达多方奔走营救，粟泽、彭真等被捕人员终于以"驱逐出境"名义获释。

在严酷的斗争环境中，李季达与地委妇运负责人王贞儒(化名王卓吾)相爱结婚。1927年元旦，他们租住新居——英租界小河道集贤里六号,同时也将其作为天津地委的办事机关。

1927年4月,全国局势急剧变化,蒋介石叛变国民革命,张作霖与蒋介石遥相呼应,对共产党和国民党左派实施大屠杀。18日,江震寰等15位革命志士在天津被杀害。面对血雨腥风,李季达格外镇定,他一面嘱咐各级组织谨慎行事,一面将党的重要文件和天津500多名党员的名单存放在法租界浙江兴业银行总行,同时将地委机关转移,积极采取措施保护党组织的安全。6月,中共临时顺直省委在天津成立,李季达任省委宣传部部长、工人部部长兼天津市委书记。

1927年8月初,天津市委组织部部长粟泽等12人先后被捕。8月16日,李季达及其夫人王贞儒在南开体育社典华学校内被捕。狱中,李季达化名李吉荣,与敌人进行了英勇斗争。他受尽酷刑,始终坚贞不屈。党组织发动50多家商号出面具保,亲友也多方营救,但未成功。

1927年11月18日下午,李季达、粟泽和地毯三厂青年团员姚宝元三人被押赴刑场。李季达等虽"发须过长,但面不改色,立在车上大声疾呼'打倒军阀,坚持到底'等语"。在围观者人山人海的南市上权仙前刑场,他一面大声演说,一面高呼:"全世界无产者联合起来!打倒万恶的帝国主义!打倒军阀!中国共产党万岁!"[1]

当日下午1时许,李季达壮烈牺牲,年仅27岁。

参考文献:

中共天津市委党史资料征集委员会编:《战斗在天津的共产党人》,天津人民出版社,1991年。

(周 巍)

---

①中共天津市委党史资料征集委员会编:《战斗在天津的共产党人》,天津人民出版社,1991年,第180—181页。